7급

기술직 공무원 대비

손에 잡히는
물리학개론

◆ 서울고시각

**Stand by
Strategy
Satisfaction**

새로운 출제경향에 맞춘 수험서의 완벽서

물리학개론은 모든 과학과 공학의 기본이 되는 학문으로 기술직 공무원 시험에서 가장 중요한 과목이며 시험을 준비하는 학생들에게는 그 중요함과 난이도로 인해 가장 부담이 되는 과목입니다. 저자 역시 그 어려움을 이해하고 수험생들이 좀 더 쉽게 공부할 수 있도록 책을 만들고자 노력하였습니다.

이 책은 7급 공무원 시험의 '물리학개론' 과목을 대비하기 위한 교재입니다. 어떤 시험을 대비하든지 기본은 '이론+기출문제'입니다. 이 교재 역시 국가직·지방직·서울시 등 다양한 시험의 기출문제를 담고 있으며 해당 내용에 대해 확실히 이해할 수 있도록 그림, 도표 등을 통해 자세한 해설을 달았습니다.

또한 기본적으로 알아야 할 공식과 그래프 등을 수록하여 이론을 효과적으로 이해하는 것에 중점을 두었고, 중요한 부분은 참고, 도표 등을 활용하여 수험생 여러분이 쉽게 이해하고 숙지할 수 있도록 하였습니다.

이 책이 나오기까지 저자에게 조언과 격려를 아껴주시지 않은 많은 분들과, 함께 많은 시간을 같이 하지 못하지만 여전히 아빠를 좋아해 주는 두 딸들에게 고마움을 전합니다.

끝으로 시험에 도전하는 수험생 여러분들의 합격을 진심으로 기원하며, 출판까지 많은 도움을 주신 서울고시각 김용관 회장님, 김용성 사장님, 그리고 편집부 직원분들께도 깊은 감사드립니다.

편저자 씀

GUIDE

1 시험과목

구분	제1차 시험		제2차 시험
	국가직	지방직·서울시	
공업직 (일반기계)	언어논리영역, 자료해석영역, 상황판단영역, 영어, 한국사	국어(한문 포함), 영어, 한국사	**물리학개론**, 기계공작법, 기계설계, 자동제어
공업직 (전기)			**물리학개론**, 전기자기학, 회로이론, 전기기기
시설직 (일반토목)			**물리학개론**, 응용역학, 수리수문학, 토질역학
시설직 (건축)			**물리학개론**, 건축계획학, 건축구조학, 건축시공학
방송통신직 (전송기술)			**물리학개론**, 통신이론, 전기자기학, 전자회로
방송통신직 (통신기술)			**물리학개론**, 통신이론, 전기자기학, 디지털공학

※ 지방직·서울시 7급 시험은 1, 2차 병합시험실시
※ 7급 공채시험의 영어 과목은 '영어능력 검정시험'으로 대체
  대체시험 : 토익(TOEIC), 토플(TOEFL), 텝스(TEPS), 지텔프(G-TELP), 플렉스(FLEX)
※ 7급 공채시험의 한국사 과목은 '한국사능력 검정시험'으로 대체

2 시험방법

① 국가직
- 제1차 시험(공직적격성 평가) : 영역별로 25문항, 영역당 60분
- 제2차 시험(전문과목 평가) : 4개 전문과목 시험으로 과목별로 25문항, 과목당 25분
- 제3차 시험 : 면접

② 지방직·서울시
- 제1·2차 시험 : 과목별로 20문항, 과목당 20분
- 제3차 시험 : 면접

❸ 응시자격

① 응시결격사유 등 : 해당 시험의 최종시험 시행예정일(면접시험 최종예정일) 현재를 기준으로 「국가공무원법」 제33조(외무공무원은 「외무공무원법」 제9조, 검찰직·마약수사직 공무원은 「검찰청법」 제50조)의 결격사유에 해당하거나, 「국가공무원법」 제74조(정년)·「외무공무원법」 제27조(정년)에 해당하는 자 또는 「공무원임용시험령」 등 관계법령에 의하여 응시자격이 정지된 자는 응시할 수 없음

② 응시연령 : 18세 이상(단, 교정 및 보호직렬은 20세 이상 유지)

③ 학력 및 경력 : 제한 없음

④ 거주지 제한
- 국가직 : 거주지 제한 없음
- 지방직 : 아래의 요건 중 어느 하나를 충족하여야 함
  - 해당 연도 1월 1일 이전부터 최종 시험일까지 계속하여 해당 지역에 주민등록상 주소지를 갖고 있는 자로서 동 기간 중 주민등록의 말소 및 거주 불명으로 등록된 사실이 없어야 함
  - 해당 연도 1월 1일 이전까지, 해당 지역에 주민등록상 주소지를 두고 있었던 기간을 모두 합산하여 총 3년 이상인 사람
- 서울시는 거주지와 무관하게 누구나 응시 가능

❹ 가산점 적용

구분	가산비율	비고
취업지원대상자	과목별 만점의 10% 또는 5%	• 취업지원대상자 가점과 의사상자 등 가점은 1개만 적용 • 취업지원대상자/의사상자 등 가점과 자격증 가산점은 각각 적용
의사상자 등(의사자 유족, 의상자 본인 및 가족)	과목별 만점의 5% 또는 3%	
직렬별 가산대상 자격증 소지자	과목별 만점의 3~5% (1개의 자격증만 인정)	

※ 취업지원대상자 가점을 받아 합격하는 사람은 선발예정인원의 30%(의사상자 등 가점의 경우 10%)를 초과할 수 없음. 다만, 응시인원이 선발예정인원과 같거나 그보다 적은 경우에는 그러하지 아니함

※ 취업지원대상자 여부와 가점비율은 국가보훈부 및 지방보훈청 등으로, 의사상자 등 여부와 가점비율은 보건복지부 사회서비스자원과로 본인이 사전에 확인해야 함

CONTENTS

CHAPTER 01. 힘과 운동

제 1 절	물리학의 기초	3
제 2 절	운동의 기술	9
제 3 절	운동의 법칙	19
제 4 절	여러 가지 힘	28
제 5 절	중력장에서의 운동	39
제 6 절	원운동과 단진동	49
제 7 절	충격량과 운동량	61
제 8 절	강체 역학	71

적중예상문제 / 77

CHAPTER 02. 에너지와 열

제 1 절	일과 에너지	147
제 2 절	유체 역학	168
제 3 절	열현상과 분자운동	172
제 4 절	열역학 법칙	190

적중예상문제 / 199

CHAPTER 03. 전자기

제 1 절	전기장	255
제 2 절	축전기	268
제 3 절	전류	274
제 4 절	자기장과 전자기 유도	287
제 5 절	교류와 전자기파	307

적중예상문제 / 320

CHAPTER 04. 파동과 빛

| 제 1 절 | 파동 | 391 |
| 제 2 절 | 빛 | 409 |

적중예상문제 / 431

CHAPTER 05. 현대물리

제 1 절	빛의 이중성과 원자의 구조	487
제 2 절	원자핵과 기본 입자	520
제 3 절	상대론적 질량과 에너지	532

적중예상문제 / 541

CONTENTS

부록. 최근 기출문제

01	2024년 국가직 7급 물리학개론	587
02	2024년 지방직·서울시 물리학개론	597
03	정답 및 해설	606

CHAPTER 01

힘과 운동

- **01** 물리학의 기초
- **02** 운동의 기술
- **03** 운동의 법칙
- **04** 여러 가지 힘
- **05** 중력장에서의 운동
- **06** 원운동과 단진동
- **07** 충격량과 운동량
- **08** 강체 역학

CHAPTER 01 힘과 운동

> **출제포인트**
> 공무원 시험 중 가장 기본이 되는 단원으로써 예전에는 기본 개념과 단위가 출제되었으나 최근에 와서는 기본 원리와 공식을 응용하여 다양한 유형의 문제가 출제되고 있다. 특히 등가속도 운동, 운동의 법칙, 중력장에서의 운동, 단진동, 운동량과 충격량 등은 출제 가능성이 높은 부분으로써 적중예상문제를 분석하여 철저히 준비해야 한다.

01 물리학의 기초

1 물리량과 측정

(1) 물리량(Physical Quantity)

자연현상에 대한 관찰의 결과가 물리적으로 취급되어지는 양들을 물리량이라 한다. 물리량은 서로 독립적인 것이 아니고 상호 연관되어 있다. 물리량 중에 독립적으로 사용이 가능한 물리량을 기본량이라고 하며, 기본량의 조합으로 정의 가능한 나머지는 유도량이라 한다.

① 기본량(Fundamental Quantity) : 기본이 되는 독립된 물리량
  - 예 시간, 길이(높이, 거리), 질량, 온도

② 유도량(Derived Quantity) : 기본량으로부터 유도되는 물리량
  - 예 넓이(길이의 곱), 부피(길이의 세제곱), 밀도($\frac{질량}{부피}$), 속력($\frac{거리}{시간}$)

(2) 단위(Unit)

물리량을 측정할 때 어떤 기준이 되는 양을 말하며, 이때 기본 단위와 비교하여 물리량을 수량적으로 표시하는 기술을 측정이라 한다.

① 기본 단위 : MKS 단위계(우리가 보편적으로 사용하는 단위계)와 CGS 단위계가 있다.

단위계	길이의 단위	질량의 단위	시간의 단위
MKS	Meter [m]	Kilogram [kg]	Second [sec]
CGS	Centimeter [cm]	Gram [g]	Second [sec]

② SI 단위계(Le System International d´Unités ; 국제 단위계) : 1960년 도량형총회에서 채택된 국제 단위계로 길이, 질량, 시간, 전류, 온도, 물질의 양, 광도 등 7가지 기본량이 국제 기본 단위이다.

기본량	길이	질량	시간	전류	역학적 온도	물질량	광도
단위	Meter [m]	Kilogram [kg]	Second [sec]	Ampere [A]	Kelvin [K]	Mole [mol]	Candela [cd]

(3) 단위의 표준과 접두사

① 길이의 표준 : 1983년 제17차 국제 도량형 총회에서 1m를 '빛이 진공 중에서 $\frac{1}{299,792,458}$초 동안 진행한 거리'로 정의하였다(우리나라는 현재 '진공에서 아이오딘 안정화 헬륨 네온레이저의 파장을 이용한 미터원기'를 사용한다).

② 질량의 표준 : 백금(90%)과 이리듐(10%)의 합금으로 된 높이와 지름이 각각 3.9cm 원통형 금속을 원기로 사용하는데 이것을 1kg으로 정의하며, 4℃에서 순수한 물의 $10^{-3}m^3$의 질량과 같다.

③ 시간의 표준 : 현재 사용하는 표준시로, 1초를 세슘 원자($^{133}_{55}Cs$)에서 흡수하거나 방출하는 특정한 파장의 복사선이 9,192,631,770번 진동하는 데 걸린 시간으로 정의한다.

④ 온도의 표준 : 절대온도(T) 0℃는 0°K로 나타내며, 0K는 섭씨온도 -273.15℃와 같다. 물의 삼중점에서의 열역학적 온도를 273.16K으로 정의한다. 즉 물의 녹는점은 0℃이지만 절대온도 T=273.16+0=273.16K이 된다.

⑤ SI 접두사

10^1	데카(da)	10^3	킬로(k)	10^6	메가(M)
10^9	기가(G)	10^{12}	테라(T)	10^{15}	페타(P)
10^{-1}	데시(d)	10^{-2}	센티(c)	10^{-3}	밀리(m)
10^{-6}	마이크로(μ)	10^{-9}	나노(n)	10^{-12}	피코(p)

(4) 차원

단위의 성질을 표시하는 식을 차원(Dimensions)이라 한다. 임의의 물리량의 차원은 항상 질량, 길이 및 시간과 같은 양들로부터 유도된다. 즉 기본량의 어떤 조합으로 표현될 수 있다. 물리량의 계산과정은 반드시 같은 차원을 갖는 물리량 사이에서만 연산이 가능하며, 어떤 양 x의 차원이라고 할 때 $[x]$와 같이 괄호를 사용한다.

① 기본량 : 길이[L], 질량[M], 시간[T]

예 속력의 차원 = $\frac{거리}{시간} = \frac{[L]}{[T]} = [LT^{-1}]$

가속도의 차원 = $\frac{속도}{시간} = \frac{[LT^{-1}]}{[T]} = [LT^{-2}]$

힘의 차원 = 질량×가속도 = $[M][LT^{-2}] = [MLT^{-2}]$

운동량 = 질량×속도 = $[M][LT^{-1}] = [MLT^{-1}]$

② **차원의 표시** : $[L^x M^y T^z]$

차원이 같은 물리량은 물리적으로 같은 성질을 갖는다.

예) 면적=길이의 제곱=$[L^2]$

부피(체적)=길이의 세제곱=$[L^3]$

밀도=$\frac{질량}{부피} = \frac{[M]}{[L^3]} = [ML^{-3}]$

압력=$\frac{힘}{단위면적} = \frac{[MLT^{-2}]}{[L^2]} = [ML^{-1}T^{-2}]$

2 벡터의 연산

(1) 벡터와 스칼라

① **스칼라량** : 크기만 가지는 물리량

예) 질량, 거리, 속력, 부피, 밀도, 일, 에너지 등

② **벡터량** : 크기와 방향을 가지는 물리량

예) 무게, 변위, 속도, 가속도, 힘, 전기장, 자기장, 운동량, 충격량 등

③ **벡터의 표시와 크기** : 벡터량인 힘을 표시하면 다음과 같다. 힘이 작용하는 작용점과 방향, 크기를 이용하여 표시하며(힘의 3요소), 문자를 굵게 표시하거나(F로만체) $\vec{F}$와 같이 문자 위에 화살표를 그린다. 힘의 크기는 같은 문자로 표시하고, 벡터 기호 양쪽에 세로줄을 그어 $|F|$로 표시한다.

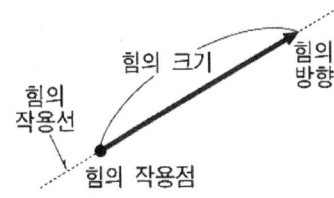

예) 힘의 벡터표시 : $F, \vec{F}$
예) 힘의 크기 벡터표시 : $F, |F|$

(2) 벡터의 합성

① **평행사변형법** : 그림과 같이 한 점 O에 두 벡터 $\vec{A}$와 $\vec{B}$가 특정 각을 이루면서 작용할 때, 합벡터의 크기 $\vec{C}$는 $\vec{A}$와 $\vec{B}$를 이웃한 두 변으로 하는 평행사변형의 대각선이 된다. 이 때, 합벡터의 크기 $\vec{C}$는 $C = \sqrt{A^2 + B^2 + 2AB\cos\theta}$ 이다.

② **삼각형법** : 두 벡터 $\vec{A}$와 $\vec{B}$의 합벡터는 그림과 같이 $\vec{A}$의 머리로 $\vec{B}$를 평행 이동시켰을 때 $\vec{A}$의 작용점으로부터 평행 이동한 $\vec{B}$의 끝점으로 향하는 벡터가 된다. 이러한 여러

Chapter 01

힘을 합성할 때에는 삼각형법이 편리하다.

평행사변형법	삼각형법
$\vec{A}$ $\vec{B}$ ➡ $\vec{C}=\vec{A}+\vec{B}$	$\vec{A}$ $\vec{B}$ ➡ $\vec{C}=\vec{A}+\vec{B}$

(3) 벡터의 차(뺄셈)

한 벡터에서 다른 벡터를 빼고자 할 때에는 반대 방향의 벡터를 합성하면 된다. 아래 그림을 예로 그림에서 $\vec{A}$ 에서 $\vec{B}$ 를 뺀다는 것은 다음과 같다.

그림과 같이 빼고자 하는 벡터와 크기가 같고 방향이 반대인 벡터를 작도하여 벡터의 합성과 같이 평행사변형법으로 합성하면 된다.

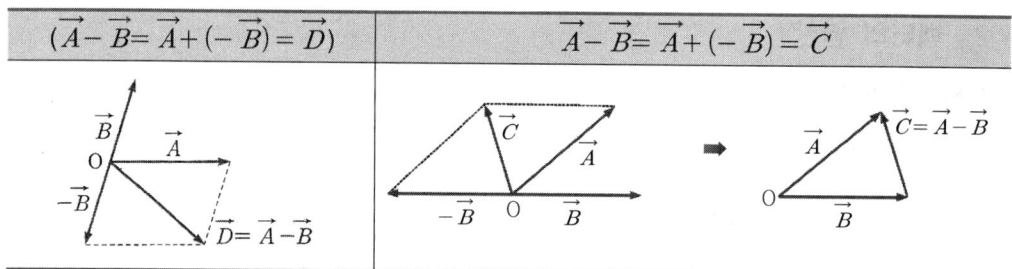

(4) 벡터의 분해

벡터의 합성과 반대 과정이라고 생각하면, 하나의 벡터를 2개 이상의 성분 벡터로 분해할 수 있다. x축에서 각 θ만큼 떨어진 벡터(①) $\vec{A}$ 나 (②) $\vec{F}$ 에서 x, y축 성분을 나타낸다.

①에서 $\vec{A} = (A_x, A_y)$로 쓸 수 있고, $A_x = |A|\cos\theta$, $A_y = |A|\sin\theta$ 이므로 $A = \sqrt{A_x^2 + A_y^2}$ 이 성립된다. ②에서 ①과 마찬가지로 $\vec{F}$의 머리에서 x축과 y축에 내린 수선의 발을 원점 O로부터 점 A까지 향하는 벡터 $\vec{F_x} = F\cos\theta$가 x축 성분이고, 점 B까지 향하는 벡터 $\vec{F_y} = F\sin\theta$가 y축 성분이 되어 $F = \sqrt{F_x^2 + F_y^2}$ 이 성립한다.

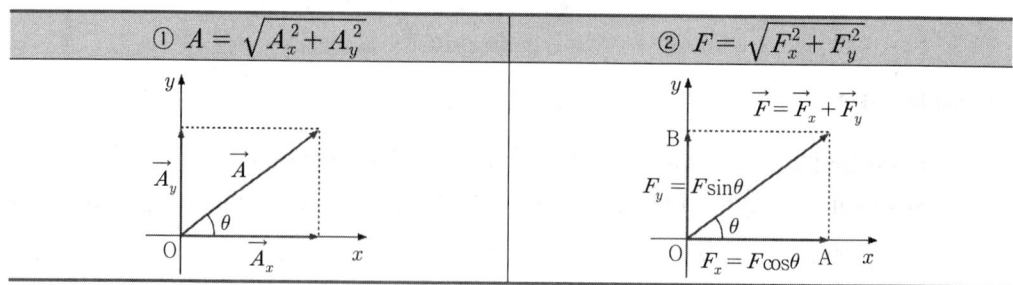

특수각의 삼각비

$\sin\theta$	삼각비	$\cos\theta$	삼각비	$\tan\theta$	삼각비
$\sin 0°$	0	$\cos 0°$	1	$\tan 0°$	0
$\sin 30°$	$\dfrac{1}{2}$	$\cos 30°$	$\dfrac{\sqrt{3}}{2}$	$\tan 30°$	$\dfrac{\sqrt{3}}{3}$
$\sin 45°$	$\dfrac{\sqrt{2}}{2}$	$\cos 45°$	$\dfrac{\sqrt{2}}{2}$	$\tan 45°$	1
$\sin 60°$	$\dfrac{\sqrt{3}}{2}$	$\cos 60°$	$\dfrac{1}{2}$	$\tan 60°$	$\sqrt{3}$
$\sin 90°$	1	$\cos 90°$	0	$\tan 90°$	∞

예제

01 다음 중 기본 물리량으로 짝지어진 것은?
 ① 속력, 길이, 시간
 ② 질량, 시간, 길이
 ③ 시간, 부피, 온도
 ④ 질량, 속력, 넓이

해설 기본 물리량은 질량, 시간, 길이, 온도이다.

답 ②

02 다음 중 밀도의 차원은?
 ① $[LT^{-1}]$
 ② $[LT^{-2}]$
 ③ $[MLT^{-1}]$
 ④ $[ML^{-3}]$

해설 $\dfrac{질량}{부피} = \dfrac{[M]}{[L^3]} = [ML^{-3}]$

답 ④

03 아래 그림은 O점에 작용하는 두 힘 $\vec{A}$, $\vec{B}$의 합력 $\vec{C}$를 구하는 방법을 나타낸 것이다. 옳은 것은?

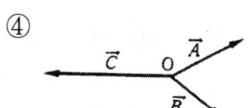

해설 평행사변형법 이용

답 ②

04 크기가 같은 두 힘이 120°의 각도로 한 점에 작용할 때, 합력의 크기는 얼마인가? [단, 힘의 크기는 F(N)이다.]

해설 $\vec{F} = \sqrt{F_1^2 + F_2^2 + 2F_1F_2\cos\theta} = \sqrt{F^2 + F^2 + 2 \times F \times F \times \cos120°} = F$(N)

답 F

05 동쪽을 향하여 5m/s로 진행하는 배가 곡선을 따라 운동하여 나중에 북쪽으로 5m/s의 속도로 나아갔다. 이 동안의 속도의 변화량을 구하여라.

해설 $\Delta \vec{V} = \vec{V} - \vec{V_0} = \vec{V} + (-\vec{V_0})$ ∴ $\Delta V = \sqrt{5^2 + 5^2} = 5\sqrt{2}$ (m/s)

즉, 벡터를 뺄 때에는 빼고자 하는 벡터와 크기가 같고 방향이 반대인 벡터를 그려서 합성한다.

답 북서쪽으로 $5\sqrt{2}$ (m/s)

06 다음 물리량 중 벡터량으로만 짝지어진 것은?
① 속력, 가속도, 힘
② 변위, 질량, 부피
③ 운동량, 전기장, 힘
④ 밀도, 가속도, 운동량

해설 벡터량은 무게, 변위, 속도, 가속도, 힘, 전기장, 자기장, 운동량, 충격량이고, 스칼라량은 길이, 시간, 속력, 일, 온도, 에너지이다.

답 ③

07 어떤 벡터의 x축 성분의 크기는 10이고, y축 성분의 크기는 $10\sqrt{3}$이다. 이 벡터의 크기는 얼마인가?
① 10
② 20
③ 30
④ 40

해설 벡터의 크기 $= \sqrt{10^2 + (10\sqrt{3})^2} = 20$

답 ②

08 다음은 힘의 합성에 대한 설명이다. 가장 옳은 것은 무엇인가?
① 두 힘을 합성하면 두 힘 중 큰 힘보다 반드시 커진다.
② 두 힘을 합성한 힘은 항상 두 힘의 차보다는 작다.
③ 두 힘을 합성한 힘의 크기는 항상 두 힘 중 작은 힘보다 작다.
④ 두 힘을 합성한 힘의 크기는 두 힘의 절댓값보다는 크지 않고, 두 힘의 절댓값 차보다는 작지 않다.

해설 두 힘을 합성하면 힘의 범위는 각각의 힘의 절댓값의 합보다 작고, 차보다는 크다.

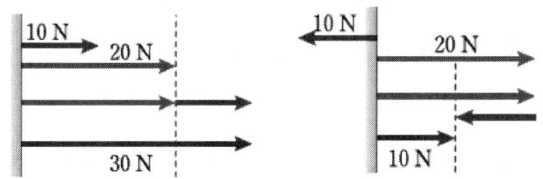

답 ④

09 속도 v로 달리는 차 안에 있는 사람이 등속으로 떨어지는 빗방울을 볼 때, 창밖에서 연직선과 60°의 경사각을 가지고 떨어지는 빗방울의 속도를 나타낸 것은?

① $v\sin 60°$
② $v\cos 60°$
③ $\dfrac{\tan 60°}{v}$
④ $\dfrac{v}{\tan 60°}$

해설 상대 속도(차에 대한 비의 상대 속도): $v_{차비} = v_{비} - v_{차}$

$\tan 60° = \dfrac{v_{차}}{v_{비}} = \dfrac{v}{v_{비}}$ 이므로 $\therefore v_{비} = \dfrac{v}{\tan 60°}$ 이다.

답 ④

02 운동의 기술

1. 속도

1 속력과 속도

(1) 이동 거리와 변위

① 이동 거리 : 물체가 경로를 따라 움직인 거리의 값으로, 방향을 고려하지 않은 스칼라량이다.
② 변위 : 물체의 위치가 바뀔 때 생긴 위치의 변화를 나타내는 벡터량으로, 이동한 경로에 관계없이 처음 위치와 나중 위치를 잇는 선분의 길이와 방향으로 나타낸다.

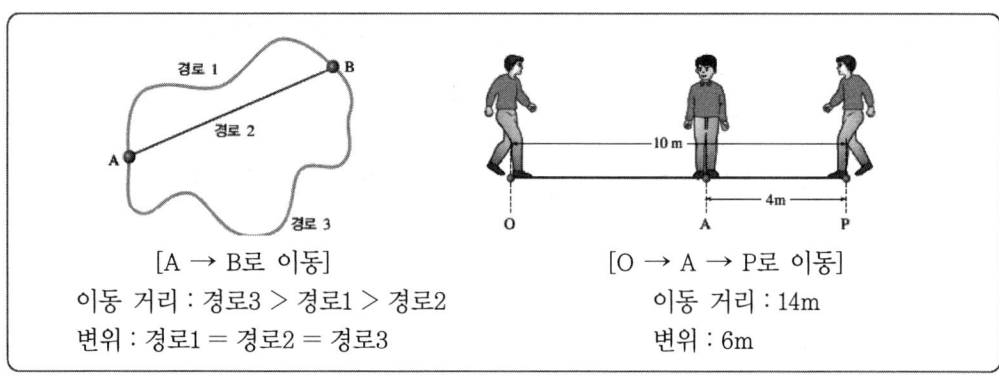

[A → B로 이동]
이동 거리 : 경로3 > 경로1 > 경로2
변위 : 경로1 = 경로2 = 경로3

[O → A → P로 이동]
이동 거리 : 14m
변위 : 6m

제1장 힘과 운동 **9**

Chapter 01

- 경로가 달라도 출발점과 도착점이 같으면 변위는 같다.
- 물체가 출발했다가 제자리로 돌아온 경우 변위는 0이다.
- 직선 운동이 아닌 경우 변위의 크기는 항상 이동 거리보다 작다.

(2) 속력과 속도

① 속력 : 물체의 빠르기를 나타내는 물리량으로, 단위 시간(1초) 동안의 이동 거리로 나타낸다.

$$\text{속력} = \frac{\text{이동 거리}}{\text{걸린 시간}}, \quad v = \frac{s}{t} \;(\text{단위} : m/s)$$

② 속도 : 물체의 운동 방향과 빠르기를 함께 나타내는 물리량으로, 단위 시간(1초) 동안의 변위로 나타낸다.

$$\text{속도} = \frac{\text{변위}}{\text{걸린 시간}}, \quad \vec{v} = \frac{\vec{s}}{t} \;(\text{단위} : m/s)$$

(3) 평균 속도와 순간 속도

속도가 일정하지 않을 때 물체의 변위를 그 동안에 걸린 시간 간격으로 나눈 값을 평균 속도라고 한다.
오른쪽 그림과 같이 t_1 시각에 P에 있던 물체가 t_2 시각에 Q의 위치에 오면, 이 물체의 평균 속도는 변위 $\vec{s_2} - \vec{s_1} = \vec{\Delta s}$를 그동안에 걸린 시간 $t_2 - t_1 = \Delta t$로 나눈 것이다.

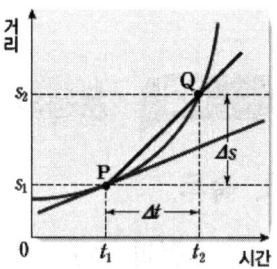

$$\text{평균 속도} = \frac{\text{변위}}{\text{걸린 시간}}, \quad \vec{v} = \frac{\vec{s_2} - \vec{s_1}}{t_2 - t_1} = \frac{\vec{\Delta s}}{\Delta t} \;(\text{선분 } \overrightarrow{AB} \text{의 기울기})$$

한편, 속도가 일정하지 않은 물체의 운동에서 극히 짧은 시간 동안의 평균 속도를 순간 속도로 정의한다. 순간 속도의 크기는 $s-t$ 그래프에서 운동 경로에 그은 접선의 기울기가 되고, 순간 속도의 방향은 접선의 방향과 같다.

$$\text{순간 속도} \; \vec{v} = \lim_{\Delta t \to 0} \frac{\vec{\Delta s}}{\Delta t} = \frac{\vec{ds}}{dt} \;(A \text{점에서 그은 접선의 기울기})$$

(4) 절대 속도와 상대 속도

관찰자가 정지 상태에서 본 다른 물체의 속도를 **절대 속도**라 하고, 운동하면서 본 다른 물체의 속도를 **상대 속도**라고 한다.

① 속도의 합성 : 속도는 벡터량이므로 벡터를 합성하는 것과 같은 방법으로 합성한다.

② 상대 속도 : $\vec{v}_A$의 속도로 달리고 있는 관찰자 A가 $\vec{v}_B$의 속도로 달리고 있는 물체 B를 보았을 때의 속도, 즉 관찰자 A에 대한 물체 B의 상대 속도 $\vec{v}_{AB}$는 다음과 같다.

> A에 대한 B의 상대 속도=물체 B의 속도-관찰자 A의 속도, $\vec{v}_{AB} = \vec{v}_B - \vec{v}_A$

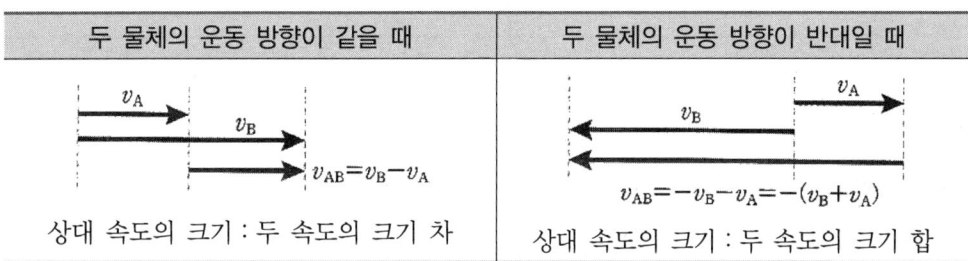

두 물체의 운동 방향이 같을 때	두 물체의 운동 방향이 반대일 때
$v_{AB}=v_B-v_A$	$v_{AB}=-v_B-v_A=-(v_B+v_A)$
상대 속도의 크기 : 두 속도의 크기 차	상대 속도의 크기 : 두 속도의 크기 합

오른쪽으로 운동하는 물체의 속도를 (+)로 나타낼 때 왼쪽으로 운동하는 물체의 속도는 (−)로 나타내어 구한다.

2 등속도 운동

물체가 받는 알짜힘이 0일 경우 물체는 일직선상에서 일정한 속력으로 운동할 수 있으며 이때 평균 속도와 순간 속도가 항상 같다. 속도는 벡터량이므로 등속도의 의미에는 방향이 일정하다는 것을 포함하고 있다. 즉, 등속도 운동은 **등속 직선 운동**이 된다.

(1) 등속도 운동의 식

속도 v로 등속도 운동을 하는 물체가 시간 t 동안에 움직인 변위를 s라고 하면

> 이동 거리 = 속력 × 시간, $s = vt \Rightarrow v = \dfrac{s}{t}$ = 일정

(2) 등속도 운동의 그래프

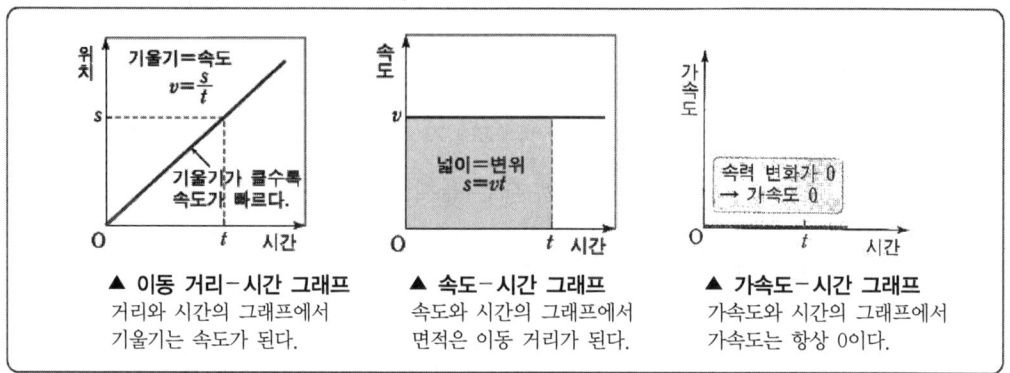

2. 가속도

1 가속도

단위 시간 동안의 속도의 변화량을 가속도라고 한다. 어떤 경로에 따라 운동하는 물체의 속도 v와 시간 t와의 관계가 아래 그래프와 같을 때, $t_2 - t_1$ 사이의 속도의 변화는 $v_2 - v_1$이 된다.

(1) 평균 가속도

속도가 일정하지 않은 운동에서 속도의 변화량을 경과한 시간으로 나눈 값을 **평균 가속도**라고 한다. 그림에서 $t_2 - t_1$ 사이의 평균 가속도 $\vec{a}$는 선분 $\overline{PQ}$의 기울기가 된다.

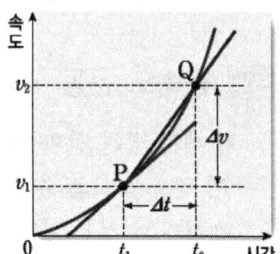

$$\text{평균 가속도} = \frac{\text{나중 속도} - \text{처음 속도}}{\text{걸린 시간}}, \quad \vec{a} = \frac{\vec{v_2} - \vec{v_1}}{t_2 - t_1} = \frac{\Delta \vec{v}}{\Delta t} \quad (\text{단위} : m/s^2)$$

(2) 순간 가속도

(1)의 평균 가속도 그림에서 시간 Δt를 극히 작게 하여 t_1에 접근시켜 가면 속도의 변화량 Δv도 매우 작아져서 $\frac{\Delta v}{\Delta t}$의 값은 어느 일정한 값으로 접근하는데, 이 일정한 값을 시각 t_1에서의 **순간 가속도**라고 한다. 점 P에서 그은 접선의 기울기가 시각 t_1에서의 순간 가속도를 나타낸다.

$$\text{순간 가속도} = \lim_{\Delta t \to 0} \frac{\vec{\Delta v}}{\Delta t} \quad (\text{단위}: m/s^2)$$

(3) 가속도의 값이 (+)이면 속도가 증가하는 운동이고, 가속도의 값이 (−)이면 속도가 감소하는 운동이다.

(4) **가속도 운동의 예**
  ① 속력(속도의 크기)만 변하는 운동 : 자유 낙하운동, 빗면에서 미끄러져 내려오는 물체의 운동 등
  ② 방향만 변하는 운동 : 등속 원운동
  ③ 속력과 방향이 모두 변하는 운동 : 진자(그네)의 운동, 포물선 운동, 낙엽의 운동, 비스듬히 차올린 공의 운동 등

2 등가속도 운동

가속도가 일정한 운동을 **등가속도 운동**이라고 한다. 등가속도 운동에서는 순간 가속도와 평균 가속도가 같다.

(1) **등가속도 운동의 공식**

일직선상에서 초속도 v_0로 움직이던 물체가 t초 후 변위 s만큼 진행하여 속도 v로 움직이고 있다고 할 때,

① s가 없는 운동 공식 : 그림에서 가속도 a는

$$a = \frac{v - v_0}{t} \Rightarrow v = v_0 + at$$

② s와 t가 있는 운동 공식 : 평균 속도를 $\bar{v}$라고 하면 등가속도 운동의 경우 속도의 변화량이 일정하므로 $\bar{v} = \frac{v_0 + v}{2}$이다. 그림에서 물체가 이동한 변위 s는

$$s = \bar{v}t = (\frac{v_0 + v}{2})t = \left\{\frac{v_0 + (v_0 + at)}{2}\right\}t \Rightarrow s = v_0 t + \frac{1}{2}at^2$$

③ t가 없는 운동 공식

$$s = (\frac{v_0 + v}{2})t \Rightarrow a = \frac{v - v_0}{t} \text{에서 } t = \frac{v - v_0}{a}$$

$$\therefore s = (\frac{v_0 + v}{2})(\frac{v - v_0}{a}) \Rightarrow 2as = v^2 - v_0^2$$

(2) 등가속도 운동의 그래프

그래프의 종류	그래프의 모양	그래프 속도가 증가($a>0$)	그래프 속도가 감소($a<0$)
$a-t$ 그래프 ($a=$일정)	• 시간축에 나란한 직선 • 넓이는 속도 ($a>0$) 증가량 또는 ($a<0$) 감소량을 나타낸다.	$\Delta v = at$ 넓이=속도 증가량	넓이=속도 감소량
$v-t$ 그래프 ($v=v_0+at$)	• 기울기는 가속도를 나타내므로 가속도는 (+, −) 값으로 일정하다. • 넓이는 변위(이동 거리)를 나타낸다. • ($a<0$) 속도의 부호가 바뀔 때 운동 방향이 바뀐다.	$v=v_0+at$ 기울기=가속도 넓이=$\frac{1}{2}at^2$ 넓이=$v_0 t$	(+)방향의 이동 거리 (−)방향의 이동 거리
$s-t$ 그래프 ($s=v_0 t + \frac{1}{2}at^2$)	• ($a>0$) 순간 속도를 나타내는 접선의 기울기가 점점 증가한다. • ($a<0$) 위치가 증가하다가 감소할 때 운동 방향이 바뀐다.	$s=v_0 t + \frac{1}{2}at^2$ 기울기=속도	

(3) 위치−시간 그래프, 속도−시간 그래프, 가속도−시간 그래프의 분석

구분	위치−시간 그래프	속도−시간 그래프	가속도−시간 그래프
그래프			

0~1초 구간	속력 증가(기울기 증가)	가속도=2m/s², 변위(이동 거리)=1m	속도 변화량 : 2m/s → 속도가 2m/s 증가
1~2초 구간	속력 일정(기울기 일정)	가속도=0, 변위(이동 거리)=2m	속도 변화량 : 0 → 속도가 일정
2~3초 구간	속력 감소(기울기 감소)	가속도=−2m/s², 변위(이동 거리)=1m	속도 변화량 : −2m/s → 속도가 2m/s 감소

[V] 예제

01 20m/s의 일정한 속도로 달리고 있는 자동차 A가 정지해 있는 자동차 B를 지나는 순간 자동차 B가 5m/s²의 가속도로 뒤쫓기 시작하였다. 두 자동차가 만날 때까지 이동한 거리는?

① 40m ② 80m
③ 120m ④ 160m

해설 자동차 A와 B가 이동한 거리가 같으므로

$20t = \frac{1}{2}at^2$에서 $t = \frac{40}{a} = \frac{40}{5} = 8s$이다. $s = vt$이므로 $20 \times 8 = 160m$

답 ④

02 (1) 오른쪽 그림과 같이 어떤 물체가 O점을 출발해서 A점까지 5m만큼 갔다가 다시 B점까지 되돌아오는 데 2초 걸렸다. 이 물체의 속력과 속도를 구하여라.

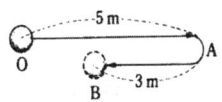

(2) 오른쪽 그림과 같이 어떤 물체가 O점을 출발해서 화살표 방향으로 움직여 A점까지 오는 데 5초 걸렸다. 이 물체의 속력과 속도를 구하여라.

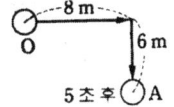

해설 속력 = $\frac{이동 거리}{소요 시간}$, 속도 = $\frac{변위}{소요 시간}$

(1) 속력 = $\frac{8}{2} = 4(m/s)$, 속도 = $\frac{5-3}{2} = 1(m/s)$

(2) 속력 = $\frac{8+6}{5} = \frac{14}{5} = 2.8(m/s)$, 속도 = $\frac{\sqrt{8^2+6^2}}{5} = \frac{\sqrt{100}}{5} = 2(m/s)$

답 (1) 속력 : 4m/s, 속도 : 1m/s (2) 속력 : 2.8m/s, 속도 : 2m/s

03 정지한 물체가 운동을 시작하여 처음 2초 동안은 동쪽으로 3m/s, 다음 4초 동안 북쪽으로 2m/s의 속력으로 움직였다. 속력과 속도는?

해설 이동 거리 = 속력 × 시간 = 3m/s × 2s = 6m, 2m/s × 4s = 8m

속력 = $\frac{이동 거리}{소요 시간} = \frac{14}{6} = \frac{7}{3}(m/s)$, 속도 = $\frac{변위}{소요 시간} = \frac{10}{6} = \frac{5}{3}(m/s)$

답 속력 : $\frac{7}{3}(m/s)$, 속도 : $\frac{5}{3}(m/s)$

Chapter 01

04 오른쪽 그래프는 어떤 물체의 운동에 관한 변위와 시간과의 관계를 나타낸 것이다. 구간 AB에서의 이 물체의 평균 속도와 A점에서의 순간 속도를 구하여라.

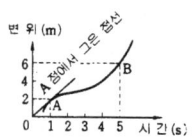

해설 평균 속도 $= \dfrac{s_2 - s_1}{t_2 - t_1} = \dfrac{6-2}{5-1} = 1 \,(\text{m/s})$

A점에서의 순간 속도 = 접선의 기울기 = 2(m/s)

답▶ 1m/s, 2m/s

05 자동차가 처음 40km는 40km/h의 속력으로, 40km는 10km/h의 속력으로 총 80km를 달렸다면 전체 평균 속력(km/h)은?

해설 40km를 40km/h의 속력으로 달리면 1h, 40km를 10km/h의 속력으로 달리면 4h이 걸리므로 평균 속력은 $\dfrac{80km}{5h} = 16$km/h이다.

답▶ 16km/h

06 고속도로에서 같은 방향으로 각각 30m/s, 40m/s의 속도로 달리고 있는 자동차 A, B가 있다. 자동차 A에 탄 사람이 본 자동차 B의 속도는 몇 m/s인가?

해설 $v_{AB} = v_B - v_A = 40 - 30 = 10 \,(\text{m/s})$

답▶ 10m/s

07 연직으로 4m/s의 속도로 내리고 있는 빗속을 3m/s의 속도로 걸어가고 있는 사람이 있다. 이 사람이 본 빗물의 속도는 몇 m/s인가?

해설 $\vec{v}_{AB} = \vec{v}_B - \vec{v}_A = 5 \,(\text{m/s})$

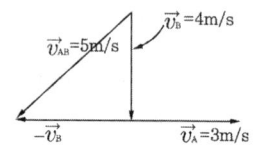

답▶ 5m/s

08 다음 그림과 같이 운동하는 물체가 있다. 이 물체는 6초 동안 몇 m만큼 나아갔는가?

해설 $\begin{pmatrix} \text{등속도 운동} \\ v = 10\text{m/s}, \; t = 6\text{초} \end{pmatrix}$ ∴ $s = vt = 10 \times 6 = 60 \,(m)$

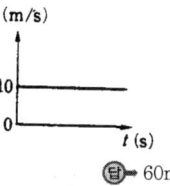

답▶ 60m

09 직선 구간을 3m/s로 달리던 기차가 6초 후에 27m/s의 속도로 달리게 되었다. 이 기차의 평균 가속도는 얼마인가?

해설 평균 가속도 $= \dfrac{\vec{v}_2 - \vec{v}_1}{t_2 - t_1} = \dfrac{27 - 3}{6} = 4 \,(\text{m/s}^2)$

답▶ 4m/s²

10 20m/s의 속도로 달리던 자동차가 4초 후 속력이 0이 되었다. 이때, 이 자동차의 가속도의 크기는 얼마인가?

해설 $\vec{a} = \dfrac{\vec{v_2} - \vec{v_1}}{t_2 - t_1} = \dfrac{0-20}{4} = -5 m/s^2$

가속도의 부호가 (−)인 것은 속도가 감소함을 의미한다. 문제에서 가속도의 크기만 요구하였으므로 절댓값으로 적으면 된다.

답 $5m/s^2$

11 동쪽으로 8m/s이던 물체의 속도가 5초 후에 북쪽으로 6m/s로 되었을 때, 이 물체의 평균 가속도는 얼마인가?

해설 가속도는 단위 시간당 속도의 변화량이다.

$\vec{a} = \dfrac{\vec{\Delta v}}{t} = \dfrac{\vec{v} - \vec{v_0}}{t} = \dfrac{\vec{v} + (-\vec{v_0})}{t} = \dfrac{10}{5} = 2(m/s^2)$

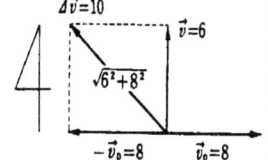

답 $2m/s^2$

12 시속 36km/h의 속력으로 달리던 차가 브레이크를 걸어서 10초 후 정지하였다. 이때 차의 평균 가속도는?

① $1m/s^2$ ② $2m/s^2$
③ $3m/s^2$ ④ $4m/s^2$

해설 $36km/h = \dfrac{36000m}{3600s} = 10m/s$, $\vec{a} = \dfrac{\vec{v_2} - \vec{v_1}}{t_2 - t_1} = \dfrac{0-10}{10} = -1m/s^2$

답 ①

13 정지 상태에 있던 물체가 힘을 받아 15m/s²의 등가속도로 운동하고 있다. 이 물체가 4초 동안에 움직인 거리는 얼마인가?

해설 $a = 15m/s$, $v_0 = 0$, $t = 4s$에서 $s = ?$
$s = v_0 t + \dfrac{1}{2} at^2 = \dfrac{1}{2} \times 15 \times 4^2 = 120(m)$

답 120m

14 20m/s의 속력으로 달리고 있는 기차의 브레이크를 밟고 난 5초 후에 그 속력이 5m/s로 되었다.
(1) 이 기차의 가속도는 얼마인가?
(2) 이 기차가 5초 동안 진행한 거리는 얼마인가?
(3) 속도가 10m/s 되는 지점은 브레이크를 밟은 후 몇 m만큼 이동했을 때인가?

해설 (1) $v_0 = 20m/s$, $t = 5s$, $v = 5m/s$

$v = v_0 + at$에서 $a = \dfrac{v - v_0}{t} = \dfrac{5-20}{5} = -3(m/s^2)$

제1장 힘과 운동 **17**

(2) $v_0 = 20\,\text{m/s}$, $t = 5\,\text{s}$, $v = -3\,\text{m/s}^2$

$$s = v_0 t + \frac{1}{2}at^2 = 20 \times 5 + \frac{1}{2} \times (-3) \times 5^2 = 62.5$$

(3) $a = -3\,\text{m/s}^2$, $v = 10\,\text{m/s}$, $v_0 = 20\,\text{m/s}$

$2as = v^2 - v_0^2$ 에서 $2 \times (-3) \times s = 10^2 - 20^2$ ∴ $s = 50(\text{m})$

 (1) -3m/s^2 (2) 62.5m (3) 50m

15 물체의 운동 속도와 시간과의 관계 그래프가 오른쪽 그림과 같을 때, 물체가 4초 동안에 가는 거리와 가속도는 얼마인가?

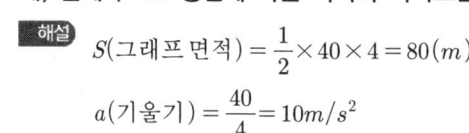

$S(\text{그래프 면적}) = \frac{1}{2} \times 40 \times 4 = 80(m)$

$a(\text{기울기}) = \frac{40}{4} = 10 m/s^2$

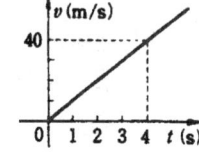

 80m, 10m/s^2

16 그림은 직선 운동을 하고 있는 물체의 시간과 속도와의 관계를 나타낸 그래프이다.
(1) B, C 구간에서 가속도는 얼마인가?
(2) 이 물체가 30초 동안 움직인 거리는 얼마인가?

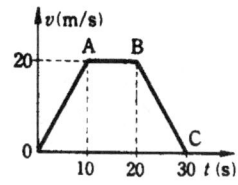

(1) 가속도(기울기) $= -\frac{20}{10} = -2(\text{m/s}^2)$

(2) 거리(면적) $= \frac{(10+30)}{2} \times 20 = 400(m)$

 (1) -2m/s^2 (2) 400m

17 어느 비행기의 활주 거리가 400m이다. 이 비행기가 정지 상태로부터 일정한 가속도로 활주하여 20초 후에 이륙했다면 이 비행기의 이륙 속도는 몇 m/s인가?
① 40 ② 80
③ 100 ④ 120

$s = v_0 t + \frac{1}{2}at^2$, $400 = 0 + \frac{1}{2}a(20)^2$. 이때 $a = 2m/s^2$이다.

$v = v_0 + at = 0 + (2 \times 20) = 40 m/s$

 ①

03 운동의 법칙

1. 운동의 법칙

1 뉴턴의 운동 제1법칙(관성의 법칙)

(1) **갈릴레이의 사고 실험**

① 공 A와 같이 마찰이 없는 빗면에 공을 가만히 놓으면 공은 맞은편 빗면의 공이 출발했던 높이와 같이 높이까지 올라갈 것이다.

② 공 B와 같이 오른편 빗면의 기울기를 점점 작게 하면 공은 더 많이 굴러 같은 높이까지 올라갈 것이다.

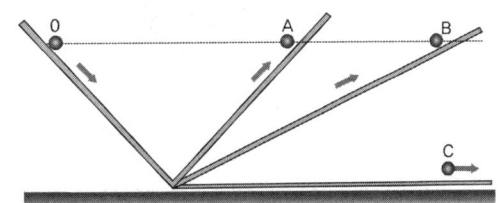

③ 공 C와 같이 오른편 빗면을 수평이 되게 하면 공은 같은 높이까지 올라가기 위해 끝없이 굴러갈 것이다.

[결론] 마찰이 없는 수평면 위에서 운동하는 물체는 등속도 운동을 계속할 것이다.

(2) **관성**

물체들이 정지 상태나 일정한 운동 상태를 그대로 유지하려는 성질로서 일반적으로 **관성은 물체의 질량에 비례**한다.

(3) **뉴턴의 운동 제1법칙(관성의 법칙)**

물체에 힘이 작용하지 않으면(또는 합력이 0이면) 물체는 우주 공간 어디에서나 속도의 변화가 없다. 즉, 정지한 물체는 계속 정지해 있고, 운동하는 물체는 등속도 운동을 계속한다.

예) 정지하고 있던 버스가 갑자기 출발하면 서 있던 사람은 뒤로 넘어지려 한다.
옷의 먼지를 털거나 담뱃재를 손가락으로 두드려 턴다.
뛰어가던 사람의 발이 돌부리에 걸리면 넘어진다.
삽에 흙을 떠서 버린다.

2 뉴턴의 운동 제2법칙(가속도의 법칙)

(1) **운동의 제2법칙**

질량 m인 물체에 힘 F가 작용하면 힘의 방향으로 가속도가 생기는데, 이때 가속도의 크기 a는 물체의 질량 m에 반비례하고 작용한 힘 F에 비례한다. 이것을 **운동의 제2법칙** 또는 **가속도의 법칙**이라고 한다.

Chapter 01

$$\text{가속도} = \frac{\text{알짜힘}}{\text{질량}}, \quad a = \frac{F}{m}, \quad F = ma \text{(운동 방정식)}$$

마찰이 없는 수평면에서 질량이 2kg인 물체에 20N의 힘을 수평 방향으로 작용하였다.	마찰이 없는 수평면에서 질량이 5kg인 물체에 28N의 힘과 13N의 힘을 반대 방향으로 작용하였다.
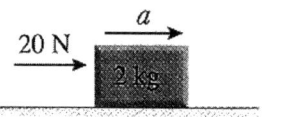	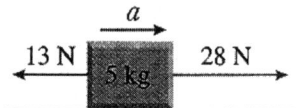
⇨ $F=ma$에서 $a = \dfrac{F}{m} = \dfrac{20N}{2kg} = 10\,\text{m/s}^2$	⇨ 물체에 작용하는 알짜힘 $= 28N - 13N = 15N$ $F=ma$에서 $a = \dfrac{F}{m} = \dfrac{15N}{5kg} = 3\,\text{m/s}^2$

(2) 운동 방정식 이해하기

① 두 물체가 마찰이 없는 수평면 위에 놓여 있을 때

구분	두 물체의 가속도	각 물체에 작용하는 알짜힘

10N → [A 3kg][B 2kg]	• 알짜힘 : 10N
	• 물체의 질량 : 5kg
	• $F=ma$식에 대입
	  $10N = 5kg \times a$
	  ∴ $a = 2\,\text{m/s}^2$
		• A의 알짜힘 : $F=ma$식에 대입
		  $3kg \times 2\,\text{m/s}^2 = 6N$
		• B의 알짜힘 : $F=ma$식에 대입
		  $2kg \times 2\,\text{m/s}^2 = 4N$

- 외력이 10N이므로 A에 작용하는 알짜힘이 6N이며, B가 A를 미는 힘과 A가 B를 미는 힘은 작용·반작용 법칙에 의해 4N이다.

구분	두 물체의 가속도	각 물체에 작용하는 알짜힘

[A 2kg]—[B 3kg] → 15N	• 알짜힘 : 15N
	• 두 물체의 질량 : 5kg
	• $F=ma$식에 대입
	  $15N = 5kg \times a$
	  ∴ $a = 3\,\text{m/s}^2$
		• A의 알짜힘 : $F=ma$식에 대입
		  $2kg \times 3\,\text{m/s}^2 = 6N$
		• B의 알짜힘 : $F=ma$식에 대입
		  $3kg \times 3\,\text{m/s}^2 = 9N$

- 외력이 15N이므로 B에 작용하는 알짜힘이 9N, A가 B를 당기는 힘은 6N이다. 작용·반작용 법칙에 의해 B가 A를 당기는 힘도 6N이다. 이때 실의 장력은 A에 작용하는 알짜힘이므로 6N이다.

② 두 물체가 도르래에 걸쳐 연결되어 있을 때(단, 모든 마찰은 무시하며, 중력 가속도는 10m/s²이다.)

구분	두 물체의 가속도	각 물체에 작용하는 알짜힘
4 kg A, B 1 kg	• 알짜힘 : B의 중력 1kg×10m/s²=10N • 두 물체의 질량 : 5kg • $F=ma$식에 대입 10N=5kg×a ∴ a=2m/s²	• A의 알짜힘 : $F=ma$식에 대입 4kg×2m/s²=8N • B의 알짜힘 : $F=ma$식에 대입 1kg×2m/s²=2N

• B에 10N의 힘이 작용할 때 B의 알짜힘이 2N이므로 A가 B를 당기는 힘은 10N-2N =8N이다. 작용·반작용 법칙에 의해 B가 A를 당기는 힘도 8N이다. 이때 실의 장력 은 A에 작용하는 알짜힘 8N이다.

구분	두 물체의 가속도	각 물체에 작용하는 알짜힘
2 kg A, B 3 kg	• 알짜힘 : B의 중력-A의 중력 30N-20N=10N • 두 물체의 질량 : 5kg • $F=ma$식에 대입 10N=5kg×a ∴ a=2m/s²	• A의 알짜힘 : $F=ma$식에 대입 2kg×2m/s²=4N • B의 알짜힘 : $F=ma$식에 대입 3kg×2m/s²=6N

• B에 30N의 힘이 작용할 때 B의 알짜힘이 6N이므로 A가 B를 당기는 힘은 30N-6N =24N이다. 작용·반작용 법칙에 의해 B가 A를 당기는 힘도 24N이다. 실의 장력은 A가 B를 당기는 힘과 같으므로 장력 T는 24N이다.
• A에 20N의 힘이 작용할 때 B가 A를 당기는 힘이 실의 장력이 되고, 이는 24N이므로 A에 작용하는 알짜힘은 24N-20N=4N이다.

(3) 힘의 단위

① SI 단위(국제 단위, MKSA 단위) : MKS 단위에 A(ampere)를 추가한 것이다.
  • 1N : 질량 1kg인 물체에 작용하여 힘의 방향으로 1m/s²의 가속도를 생기게 하는 힘으로, $F=ma$에서 1N = 1kg·m/s²이다.

② CGS 단위
  • 1dyn : 질량 1g인 물체에 작용하여 힘의 방향으로 1cm/s²의 가속도를 생기게 하는 힘으로, $F=ma$에서 1dyn = 1g·cm/s²이다.

$$1N = 10^3g \times 10^2cm/s^2 = 10^5g \cdot cm/s^2 = 10^5 dyn$$

③ 중력 단위
- 1kg중 : 질량 1kg인 물체를 지구가 잡아당기는 힘으로 지구에서만 쓸 수 있는 단위이다.
  1kg중 = 1kg × 9.8m/s² = 9.8kg·m/s² = 9.8N
  1g중 = 1g × 9.8cm/s² = 980g·cm/s² = 980dyn

3 뉴턴의 운동 제3법칙(작용과 반작용의 법칙)

(1) 작용과 반작용

그림과 같이 두 용수철 저울의 눈금이 같은 것은 손으로 용수철 저울을 당기면(작용) 반대편 용수철이 벽의 역할을 하여 같은 힘으로 (반작용) 용수철 저울을 당기기 때문이다.

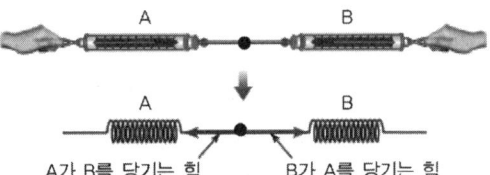

(2) 뉴턴의 운동 제3법칙(작용과 반작용의 법칙)

한 물체 A가 다른 물체 B에 힘 $\vec{F}_{AB}$(작용)를 미치면 B도 A에 크기가 같고 방향이 반대인 힘 $\vec{F}_{BA}$(반작용)를 미친다. 즉, $\vec{F}_{AB} = -\vec{F}_{BA}$이다. 이것을 **작용과 반작용의 법칙**이라고 한다.

① 어떤 물체에 힘이 작용할 때는 반드시 반작용이 있다.
② 작용과 반작용은 크기가 같고 방향이 반대이다.
③ 작용과 반작용은 작용점이 각각 다른 물체에 있으므로 평형 관계가 아니다.
④ 동일 직선상에 작용한다.
⑤ 작용점이 각각 다른 물체에 있으므로 합성할 수 없다.

(3) 작용과 반작용의 예

작용·반작용의 예	달리기 선수가 받침대를 이용하여 출발한다.	노를 저어 배가 앞으로 나아간다.	로켓이 가스를 내뿜으며 올라간다.	사람이 걸어간다.
작용	사람이 받침대를 뒤로 미는 힘	노가 물을 뒤로 미는 힘	로켓이 가스를 아래로 미는 힘	사람이 땅을 뒤로 미는 힘
반작용	받침대가 사람을 앞으로 미는 힘	물이 노(배)를 앞으로 미는 힘	가스가 로켓을 위로 미는 힘	땅이 사람을 앞으로 미는 힘

2. 힘의 평형

1 평형

한 물체에 둘 이상의 힘이 작용하더라도 그들의 합력이 0이 되어서 물체의 운동 상태가 변하지 않을 때 평형을 이루었다고 한다. 따라서 평형 상태가 되면 정지해 있거나 등속도 운동을 하게 된다.

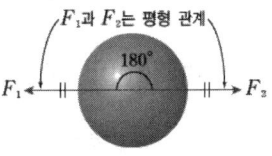

$$\sum Fi = F_1 + F_2 + F_3 \cdots F_n = 0$$

2 두 힘의 평형

물체에 준 힘의 합력이 0이 될 때를 말한다. 두 힘의 평형을 이루려면 크기가 같고 방향이 반대이며, 같은 작용선에 있을 때 평형을 이룬다.

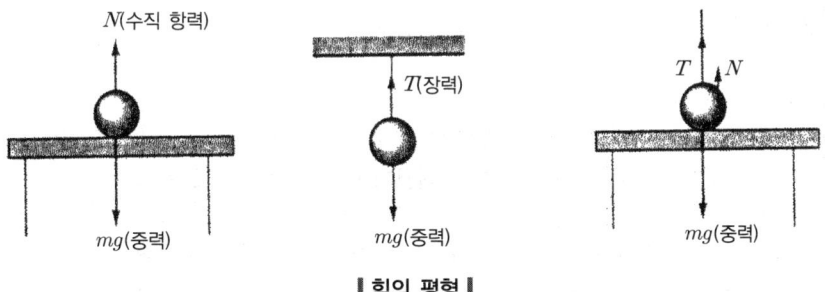

| 힘의 평형 |

3 세 힘의 평형

(1) 세 힘의 평형 조건

물체의 한 점에 세 힘이 동시에 작용할 때의 평형 조건은 다음과 같다. 즉, 세 힘 중에서 두 힘의 합력이 나머지 한 힘과 크기가 같고 방향이 반대이면 세 힘은 평형이 된다. 세 힘을 차례로 평행 이동하면 폐삼각형이 된다.

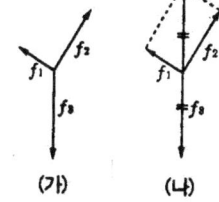

| 세 힘의 평형 |

(가) $f_1 + f_2 + f_3 = 0$ (나) $f_1 + f_2 = -f_3$

이때 $\dfrac{f_1}{\sin\theta_1} = \dfrac{f_2}{\sin\theta_2} = \dfrac{f_3}{\sin\theta_3}$ 또는 $\dfrac{f_1}{\sin\alpha} = \dfrac{f_2}{\sin\beta} = \dfrac{f_3}{\sin\gamma}$ 의 관계가 성립한다. 이것을 라미(Lami)의 정리라고 한다.

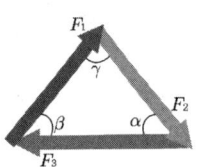

(2) 한 각이 직각인 세 힘의 평형

두 힘의 합력이 나머지 한 힘과 평형을 이룰 때이며, 보통 직각일 때는 삼각형법을 이용하여 푼다.

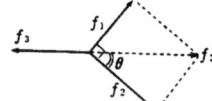

4 여러 힘의 평형

보통 x, y축으로 나누어서 생각하면 x축 방향의 합력 $\sum F_x = 0$, 축 방향의 합력 $\sum F_y = 0$일 때 평형을 이룬다.

예제

01 다음은 물체의 관성에 대한 설명이다. 틀린 것은?
① 물체의 운동 상태를 그대로 유지하려는 성질이다.
② 관성의 크기는 물체의 질량에 비례한다.
③ 물체에 힘을 가할 때 운동 상태가 변하려는 성질이다.
④ 물체에 작용하는 합력이 0일 때 등속도 운동을 하는 성질이다.

해설 관성은 운동 상태의 변화에 저항하려는 성질이다.

답 ③

02 (1) 질량 10kg인 물체에 20N의 힘이 작용할 때 생기는 가속도는 얼마인가?
(2) 질량 2kg인 물체에 1kg중의 힘이 작용할 때 생기는 가속도는 얼마인가?
(3) 질량 5kg인 물체에 $F_1 = 3$N과 $F_2 = 4$N의 두 힘이 오른쪽 그림과 같이 직각으로 작용하고 있다. 이 물체의 가속도는 얼마인가?

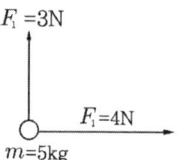

해설
(1) $a = \dfrac{F}{m} = \dfrac{20\text{N}}{10\text{kg}} = 2\text{m/s}^2$

(2) $a = \dfrac{F}{m} = \dfrac{1\text{kg} \times 9.8\text{m/s}^2}{2\text{kg}} = 4.9\text{m/s}^2$

(3) $a = \dfrac{F}{m} = \dfrac{5\text{N}}{5\text{kg}} = 1\text{m/s}^2$ (F는 F_1과 F_2의 합력)

답 (1) 2m/s^2 (2) 4.9m/s^2 (3) 1m/s^2

03 마찰이 없는 평면 위에 정지하고 있는 질량 5kg인 물체가 있다. 이 물체에 10N의 힘이 5초 동안 작용하였다면, 물체가 움직인 거리는 얼마인가?

해설 $a = \dfrac{F}{m} = \dfrac{10}{5} = 2(\text{m/s}^2)$, $v_0 = 0$, $t = 5\text{s}$

$s = v_0 t + \dfrac{1}{2}at^2 = \dfrac{1}{2} \times 2 \times 5^2 = 25(\text{m})$

답 25m

04 그림과 같이 마찰이 없는 수평면 위에 질량이 2kg인 물체 A와 질량이 1kg인 물체 B를 접촉하여 놓고 수평 방향으로 6N의 힘으로 밀고 있다.

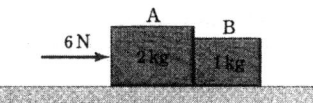

가속도의 크기와 물체 A가 물체 B를 미는 힘의 크기는 몇 N인가?

해설 $a = \dfrac{F}{m} = \dfrac{6N}{3kg} = 2m/s^2$, 물체 B의 알짜힘이 2N이므로 A가 B를 미는 힘은 2N이다.

답 ▶ $2m/s^2$, 2N

05 마찰이 없는 수평면에 놓인 질량 2kg인 물체를 수평으로 밀었을 때 가속도의 크기가 $2m/s^2$이었다.
(1) 이 물체에 작용한 알짜힘의 크기는 몇 N인가?
(2) 이 힘으로 질량이 다른 물체를 밀었더니 가속도의 크기가 $1m/s^2$이었다. 이 물체의 질량은 몇 kg인가?

해설 (1) $F = ma = 2kg \times 2m/s^2 = 4N$
(2) $m = \dfrac{F}{a} = \dfrac{4N}{1m/s^2} = 4kg$

답 ▶ 4N, 4kg

06 그림과 같이 마찰이 작용하지 않는 수평면에 놓여 있는 질량 4kg인 물체 A와 질량 1kg인 물체 B를 실로 연결하여 도르래에 걸쳐 놓았다. 이에 대한 설명으로 옳은 것은?

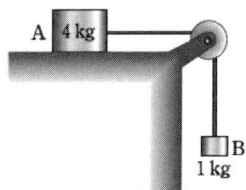

① A의 가속도의 크기는 $2.5m/s^2$이다.
② 실이 B를 당기는 힘의 크기는 8N이다.
③ A가 받는 알짜힘의 크기는 10N이다.
④ 알짜힘의 크기는 A가 B의 2배이다.

해설 두 물체가 함께 운동하므로 가속도는 $\dfrac{10N}{5kg} = 2m/s^2$이다. A가 받는 알짜힘은 $4kg \times 2m/s^2 = 8N$이고, B가 받은 알짜힘은 $1kg \times 2m/s^2 = 2N$이다. 이때 실이 B를 당기는 힘은 중력에서 알짜힘을 뺀 8N이 되며, 이는 A의 알짜힘과 같다.

답 ▶ ②

07 돌멩이를 똑바로 위를 향해 던졌을 때, 맨 꼭대기 점에서 돌멩이의 순간 속도는 0이다. 그러면 그 점에서 가속도의 방향과 크기는?

① ·, $0m/s^2$
② ↓, $9.8m/s^2$
③ →, $0m/s^2$
④ →, $9.8m/s^2$

해설 물체를 위로 던졌을 때, 중력 가속도는 지구 중심을 향하는 아래 방향이므로 물체의 운동 방향과 반대이다. 이때 가속도의 크기는 $-g$가 된다. 가속도의 방향은 아래 방향이며 중력 가속도의 크기는 $9.8m/s^2$이 된다.

답 ▶ ②

08 그림 (가), (나)와 같이 마찰이 없는 수평한 실험대에 질량이 각각 2m, 3m인 두 물체 A, B를 실로 연결하여 운동하는 모습을 나타낸 것이다.

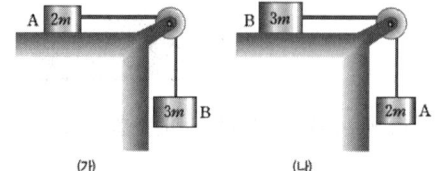

(가)　　　(나)

이에 대한 설명으로 옳은 것만을 모두 고르시오.

> ㉠ 가속도의 크기는 (가)가 (나)의 2배이다.
> ㉡ (가)의 A에 작용하는 알짜힘의 크기와 (나)의 B에 작용하는 알짜힘의 크기는 같다.
> ㉢ (가)에서 실이 B에 작용하는 힘의 크기와 (나)에서 실이 A에 작용하는 힘의 크기는 같다.

해설 ㉠ 가속도의 크기는 (가)에서는 $\frac{3mg}{5m}$이고, (나)에서는 $\frac{2mg}{5m}$이므로 1.5배이다.
㉡ A에 작용하는 알짜힘은 $2m \times \frac{3}{5}g = \frac{6}{5}mg$이고, B에 작용하는 알짜힘은 $3m \times \frac{2}{5}g = \frac{6}{5}mg$이므로 같다.
㉢ (가)의 장력은 A의 알짜힘과 같고, (나)의 장력은 B의 알짜힘과 같으므로 같다.

답 ㉡, ㉢

09 그림과 같이 마찰이 없는 수평면에 정지해 있는 질량 2kg인 두 물체 A, B를 실로 연결하여 20N의 일정한 힘을 수평 방향으로 작용하였더니 두 물체가 등가속도 직선 운동을 하였다.

이에 대한 설명으로 옳지 않은 것은?

① 가속도의 크기는 $5m/s^2$이다.
② A, B가 받는 알짜힘의 크기는 같다.
③ A가 B에 작용하는 힘의 크기와 B가 A에게 작용하는 힘의 크기는 같다.
④ 실의 장력의 20N이다.

해설 가속도의 크기는 $\frac{20N}{4kg} = 5m/s^2$이고, A, B가 받는 알짜힘의 크기는 $2kg \times 5m/s^2 = 10N$이며 A가 받은 알짜힘의 크기가 실의 장력이므로 장력 T=10N이다.

답 ④

10 그림과 같이 질량 2kg인 물체 A와 질량 4kg인 물체 B를 실로 연결하여 도르래에 걸쳐 놓았다. 잡고 있던 A를 가만히 놓았더니 A, B가 함께 움직였다. 이에 대한 설명으로 옳은 것은?

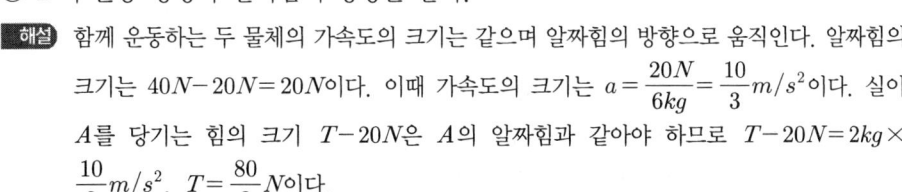

① A와 B의 가속도의 크기는 다르다.

② A의 가속도의 크기는 $3m/s^2$이다.

③ 실이 A를 당기는 힘의 크기는 $\dfrac{40}{3}N$이다

④ B의 운동 방향과 알짜힘의 방향은 같다.

> **해설** 함께 운동하는 두 물체의 가속도의 크기는 같으며 알짜힘의 방향으로 움직인다. 알짜힘의 크기는 $40N-20N=20N$이다. 이때 가속도의 크기는 $a=\dfrac{20N}{6kg}=\dfrac{10}{3}m/s^2$이다. 실이 A를 당기는 힘의 크기 $T-20N$은 A의 알짜힘과 같아야 하므로 $T-20N=2kg\times\dfrac{10}{3}m/s^2$, $T=\dfrac{80}{3}N$이다.

11 질량의 비가 3 : 2인 두 물체 A, B에 크기의 비가 6 : 5인 힘을 작용했을 때 생기는 가속도의 비 $a_A : a_B$는?

① 3 : 2　　　　　　　　　② 4 : 5

③ 6 : 5　　　　　　　　　④ 5 : 4

> **해설** $a_A : a_B = \dfrac{F_A}{m_A} : \dfrac{F_B}{m_B} = \dfrac{6}{3} : \dfrac{5}{2} = 4 : 5$

12 그림은 물체, 책상 면, 지구 사이에 상호 작용하는 힘을 나타낸 것이다. 평형 관계에 있는 두 힘과 작용·반작용 관계에 있는 두 힘을 바르게 짝지은 것은?

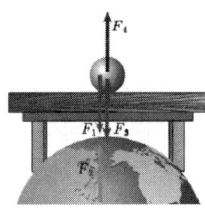

· F_1 : 물체의 무게
· F_2 : 물체가 지구를 당기는 힘
· F_3 : 물체가 책상면을 누르는 힘
· F_4 : 책상면이 물체를 떠받치는 힘

	힘의 평형	작용과 반작용		힘의 평형	작용과 반작용
①	F_1, F_4	F_2, F_3	②	F_1, F_2	F_3, F_4
③	F_3, F_4	F_1, F_2	④	F_1, F_4	F_1, F_2

> **해설** 물체의 무게는 지구가 물체를 당기는 힘이다. 반작용은 물체가 지구를 당기는 힘이므로 F_1과 F_2가 작용과 반작용 관계이다. 물체가 책상 면을 누르는 힘의 반작용은 책상 면이 물체를 떠받치는 힘이므로 F_3과 F_4도 작용과 반작용 관계이다. 힘의 평형은 작용점이 한 물체에 있으므로 보기에서 물체에 작용하는 힘인 F_1과 F_4가 힘의 평형에 해당한다.

답 ④

Chapter 01

13 책상 위에 정지해 있는 책에 대한 설명으로 옳은 것은?
① 책에 작용하는 합력은 중력이다.
② 책상이 책을 떠받치는 힘의 크기는 책의 무게이다.
③ 손이 책을 누르는 힘의 크기는 책상이 책을 떠받치는 힘의 크기보다 작다.
④ 손이 책을 누르는 힘은 책상이 책을 받치는 힘과 작용·반작용 관계이다.

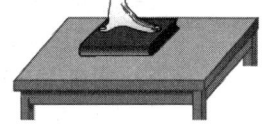

해설 책은 정지해 있으므로 합력은 0이며, 책에 작용하는 중력과 손이 책을 아래로 누르는 힘의 합력이 책상이 책을 받치는 힘과 크기가 같다.

14 힘의 평형 조건이 아닌 것은?
① 두 힘의 방향은 서로 반대이며 크기는 같아야 한다.
② 두 힘은 같은 작용점에 있어야 한다.
③ 두 힘은 같은 작용선상에 작용하여야 한다.
④ 여러 힘이 작용할 경우 힘의 합은 $\sum F = 0$ 이어야 평형을 이룬다.

해설 같은 작용점에 있어도 작용선상이 다르면 평형 조건에 해당하지 않는다.

04 여러 가지 힘

1. 여러 가지 힘

1 자연계의 기본적인 힘

자연계에는 여러 종류의 힘들이 있지만, 현재까지는 네 가지 힘이 기본적인 힘으로 알려져 있다. 그중에 만유인력과 전자기력은 우리가 직접 느낄 수 있는 힘으로서, 먼 거리까지 작용하는 힘이므로 **원거리력**이라고도 한다.

(1) 만유인력

질량 m_A, m_B인 두 물체가 거리 r만큼 떨어져 있을 때, 두 물체 사이에는 질량의 곱에 비례하고 거리의 제곱에 반비례하는 인력이 작용한다. 이것을 **만유인력의 법칙**이라고 한다.

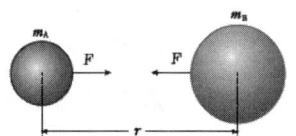

$$F \propto \frac{m_A \cdot m_B}{r^2} \Rightarrow F = G \frac{m_A \cdot m_B}{r^2}$$

여기서 비례상수 G를 **만유인력 상수**라고 한다. 만유인력 상수는 1798년 캐번디시(Cavendish, H)가 비틀림 저울을 이용하여 실험적으로 측정하였다.

$$G = 6.67 \times 10^{-11} N \cdot m^2/kg^2$$

(2) 전자기력

같은 종류의 전하 사이에는 반발력이 작용하고 다른 종류의 전하 사이에는 인력이 작용한다. 이와 같이, 전하 사이에 작용하는 힘을 **전기력**이라고 한다. q_1, q_2의 전기량을 가지고 있는 두 대전체가 거리 r만큼 떨어져 있을 때, 두 대전체 사이에는 전기량의 곱에 비례하고 거리의 제곱에 반비례하는 전기력이 작용한다. 이것을 전기력에 관한 **쿨롱의 법칙**이라고 한다.

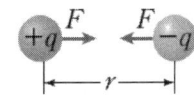

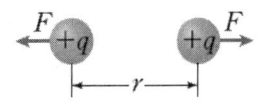

$$F \propto \frac{q_1 \cdot q_2}{r^2} \Rightarrow F = k \frac{q_1 \cdot q_2}{r^2} \quad (k : 비례상수)$$

여기서 비례상수 k를 **전기력 상수**라고 한다. 전기력 상수는 1785년 쿨롱(Coulomb)이 캐번디시가 한 것과 같이 비틀림 저울을 이용하여 $k = 9 \times 10^9 N \cdot m^2/C^2$임을 측정하였다. 자기력도 전기가 원인이 되어 나타나는 힘으로서, 궁극적으로는 전기력과 같은 힘이다.

(3) 핵력

원자핵 속에 들어 있는 입자를 **핵자**라 하고, 핵자 사이에 작용하는 힘을 **핵력**이라고 한다. 핵력은 다시 강한 상호작용력과 약한 상호작용력으로 나누어진다. 핵력은 $10^{-15}m$ 이내의 핵 내부에서만 작용하는 힘이므로, **근거리력**이라고도 부른다.

① 강한 상호작용력 : 원자핵의 내부에 있는 양성자들 사이에 작용하는 반발력인 전기력보다 더 센 힘이 존재하여야 핵 속에 양성자들을 묶어 놓을 수 있다. 이 힘을 **강한 상호작용력**이라 하며, 전기력의 100배나 되는 가장 센 힘이다.

② 약한 상호작용력 : 불안정한 원자핵이 전자나 양전자와 같은 작은 소립자를 방출하면서 다른 원자핵으로 변환되는 과정에서 나타나는 힘이다.

2 탄성력

(1) 탄성과 변형

① 탄성(Elasticity) : 물체에 힘(외력)을 가하여 변형시킨 후에 그 힘을 제거하면 물체가 원래의 상태로 되돌아가려는 성질을 탄성이라 한다.

② 소성(Plasticity) : 물체를 변형시킨 힘을 제거하여도 원래의 상태로 돌아가지 않는 성질을

소성이라 한다.

③ **탄성과 소성** : 탄성과 소성은 모두 물질을 구성하고 있는 분자 사이의 분자력 때문에 일어나는 성질이다.

④ **변형** : 물체마다 정도의 차이는 있지만 외력에 의해서 물체는 모양과 크기가 변하게 된다. 이때 물체 내부의 각 분자 사이의 상대적 위치도 변하는데 이러한 외부적·내부적 변화를 변형이라 한다.

(2) **탄성력**

① 탄성체에 생긴 변형이 탄성 때문에 원래의 상태로 돌아가려는 힘으로, 변형된 방향과 반대 방향으로 작용한다. 일종의 복원력이다. 고체가 영구히 변형하지 않고 원형으로 되돌아갈 수 있는 범위 내에서 변형력이 고체에 줄 수 있는 최대 변형량을 탄성한계라 하고, 그 범위를 탄성영역이라 한다.

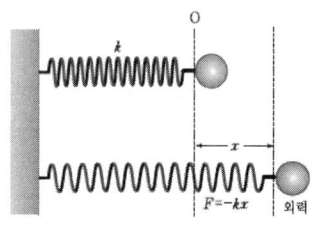

② 일반적으로 용수철의 용수철 상수는 단면적 A에 비례하고, 길이 l에 반비례한다.

$$k \propto \frac{A}{l}$$

(3) **훅의 법칙(Hooke's law)**

탄성력의 크기는 탄성체의 변형된 길이(변위 x)에 비례하며, 그 방향은 항상 변위의 방향과 반대 방향(원래 상태로 되돌아가려는 방향)이다.

$$F = -kx \text{ (단, } k\text{는 탄성계수, 단위는 N/m, kg중/m)}$$

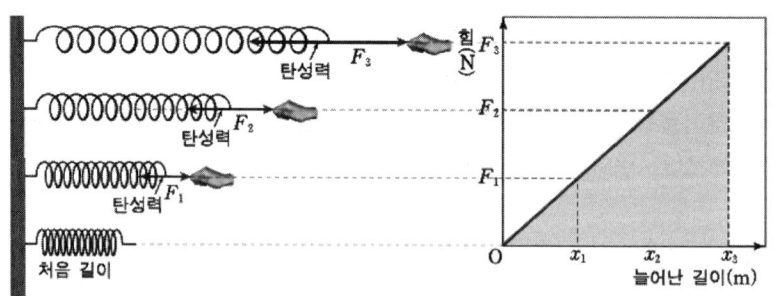

(4) 용수철의 연결

① **직렬연결(탄성력 F가 동일)** : 힘 F를 가했을 때 x_1과 x_2만큼 늘어나는 용수철을 직렬로 연결하여 힘 F를 가하면 용수철의 전체 길이는 $x_1 + x_2$가 된다. $x = x_1 + x_2$에서 훅의 정리를 이용하면 $\dfrac{F}{k} = \dfrac{F}{k_1} + \dfrac{F}{k_2}$ 이고 $F = F_1 = F_2$이

 므로 $\therefore \dfrac{1}{k} = \dfrac{1}{k_1} + \dfrac{1}{k_2}$, 즉 합성 탄성계수는 감소한다.

② **병렬연결(변형 x가 동일)** : 힘 F를 가했을 때 x_1과 x_2만큼 늘어나는 용수철을 병렬로 연결하여 힘 F를 가하면 두 용수철의 길이가 같아지도록 힘 F가 분산되어 걸리며 $F_1 + F_2$가 된다. $F = F_1 + F_2$에서 훅의 정리를 이용하면 $kx = k_1 x_1 + k_2 x_2$이고 $x = x_1 = x_2$이므로 $k = k_1 + k_2$, 즉 합성 탄성계수는 증가한다.

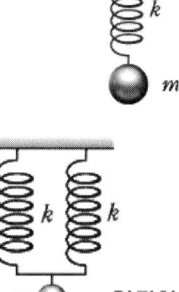

3 마찰력(Force of friction)

한 물체가 다른 물체와 접촉한 상태에서 운동할 때, 두 물체의 접촉면에서 물체의 운동을 방해하는 힘을 마찰력이라 한다.

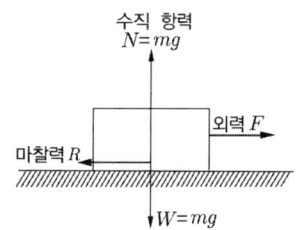

(1) 정지 마찰력(Force of static friction)

정지한 상태에서 표면 상호 간에 작용하는 마찰력을 정지 마찰력이라 한다. 정지 마찰력은 외력이 커짐에 따라 커지는데 일정한 한도를 가지게 된다. 외력이 어느 한도 이상일 때는 물체가 운동을 하게 되는 것이다. 물체의 운동 직전의 마찰력을 최대 정지 마찰력이라 한다.

① 최대 정지 마찰력 F_s는 $F_s = \mu_s N$[μ_s : 정지 마찰계수(Coefficient of static friction), N : 수직 항력]
② 외력과 반대 방향이며 외력보다 크지 않다.
③ 접촉 면적의 넓이에는 관계없다. 즉, 압력에 무관하고 전압력에만 관계한다.
④ 최대 정지 마찰력은 정지하고 있는 물체가 움직일 수 있는지 없는지를 판단해 주는 마찰력이다. 물체가 일단 움직이기 시작하면 운동 마찰력이 나타난다.

접촉면의 종류에 따른 수직 항력의 방향

수평면 위에 놓인 물체	빗면 위에 놓인 물체	벽면으로 물체를 미는 경우
• 수직 항력의 크기=중력의 크기	• 수직 항력은 빗면에 수직인 방향 • 수직 항력의 크기<중력의 크기	• 수직 항력은 수평으로 작용 • 수직 항력의 크기=사람이 물체를 미는 힘의 크기

외력과 정지 마찰력의 관계

수평면 위에 놓인 물체	빗면 위에 놓인 물체	벽면으로 물체를 미는 경우
• 외력의 크기=정지 마찰력의 크기	• 중력의 빗면 방향 분력($mg\sin\theta$)=정지 마찰력	• 중력의 크기=정지 마찰력의 크기

(2) **운동 마찰력(Force of kinetic friction)**

운동 중에 접촉면 사이에 작용하는 힘을 운동 마찰력이라고 한다. 운동 마찰력 F_k는 $F_k = \mu_k N$
- μ_k : 운동 마찰계수(Coefficient of kinetic friction)
- N : 수직 항력

(3) **빗면에서의 마찰**

빗면에서의 수직 항력은 $N = mg\cos\theta$ 이므로 빗면에서의 마찰력 R은 $R = \mu N = \mu mg\cos\theta$ 이다. 오른쪽 그림에서 물체가 미끄러지기 시작할 때의 경사각 θ를 마찰각이라고 한다. 마찰각에서는

$$\mu mg\cos\theta = mg\sin\theta \quad \therefore \mu = \tan\theta \, (\theta : 마찰각)$$

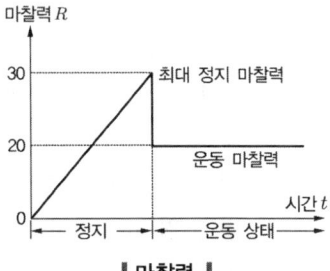

마찰력

(4) 빗면에서의 물체의 운동

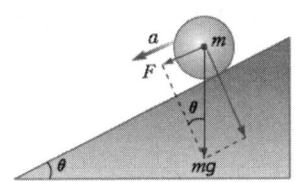
$F=ma$
$F=mg\sin\theta$
$mg\sin\theta=ma$
$a=g\sin\theta$

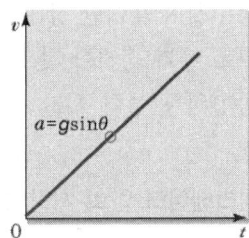

4 관성력(Force of inertia)

힘이 가해져서 운동 상태가 변하도록 강요당할 때 관성에 의해 가속도와 반대 방향으로 힘이 작용하는데 이를 관성력이라 한다. $F=-ma$이고 이때 (−)는 관성력이 가속도의 반대 방향임을 의미한다. 관성력은 가속도 운동을 하고 있는 관측자에게만 느껴지는 힘이다. 또한 관성력은 힘의 근원이 없는 가상적인 힘이므로 작용·반작용이 성립하지 않는다.

(1) 수평 운동의 관성력

① 운동하는 계(예 버스) 밖에 관찰자가 있을 때
 손잡이는 중력 mg와 장력 T의 합력 F를 받아 가속도 운동을 한다.
 $ma=mg+T=mg\tan\theta$,
 즉 가속도의 크기는 $a=g\tan\theta$

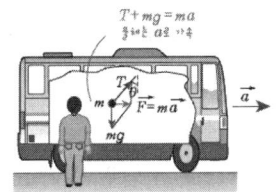

② 운동하는 계(예 버스) 안에 관찰자가 있을 때
 손잡이는 정지해 있는 것으로 보이므로 알짜힘이 0이다. 즉 중력 mg와 장력 T 및 가상의 힘 $F(=-ma)$의 세 힘의 평형을 이루고 있다. 이때 $F=-ma$는 관성력이다.
 $mg+T+F=0$(평형 방정식)
 따라서 $F=-(mg+T)=-ma$
 관성력 F는 $F=-ma$

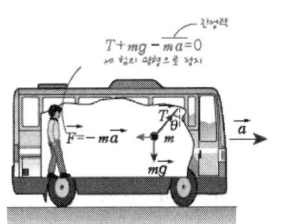

(2) 연직 방향 운동의 관성력

가속도 a로 올라가는 엘리베이터 안의 용수철에 매달린 추
① 운동계 밖에(지상) 관찰자가 있을 때
 중력 mg는 일정하고 추가 위쪽으로 등가속도 직선 운동을 하므로 용수철이 추를 당기는 힘 $F_{탄성력}$이 증가한다. 따라서 추가 받는 알짜힘은 $F_{탄성력}-mg=ma$이다.
 $F_{탄성력}=m(a+g)=mg'$

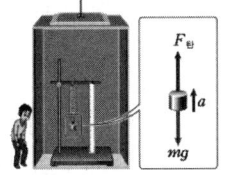

② 운동계 안에(엘리베이터 안) 관찰자가 있을 때
용수철이 늘어난 상태에서 추가 자신과 항상 일정한 변위를 유지하
므로 추가 정지한 것으로 보인다. 즉, 알짜힘은 0이다. 따라서 아래
방향의 관성력 $F_{관성력}$을 도입하면

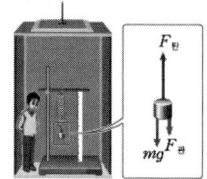

$F_{탄성력} - mg - F_{관성력} = 0$이다. $F_{탄성력} = mg + F_{관성력} = mg'$

③ 엘리베이터 안의 사람이 느끼는 관성력(무게)

운동상태	무게(W)	운동상태	무게(W)
등가속도 a로 상승할 때	$mg + ma$	등가속도 a로 하강할 때	$mg - ma$
등가속도 g로 상승할 때	$mg + mg = 2mg$	등가속도 g로 하강할 때	$mg - mg = 0$
등속도 v로 상승할 때	$mg(a=0$이므로$)$	등속도 v로 하강할 때	$mg(a=0$이므로$)$

5 부력

(1) 밀도

① 단위 부피당 질량, 즉 어떤 물질 1m³의 질량을 밀도라고 한다.

$$\text{밀도} = \frac{\text{질량}}{\text{부피}}, \quad \rho = \frac{M}{V}$$

• 단위 : kg/m³, g/m³

② 비중 : 어떤 물질의 질량을 이 물질과 같은 부피를 가진 물의 질량과 비교한 양이다. 어떤 물질의 밀도와 4℃ 물의 밀도의 비율로 구하며, 단위가 없다. 비중은 기체의 경우 온도와 압력에 따라 달라진다.

$$\text{물질의 비중} = \frac{\text{물질의 밀도}}{4℃ \text{ 물의 밀도}}$$

(2) 유체의 압력

① 유체의 깊이에 따른 압력 : 중력 가속도가 g인 지구의 표면에서 부피가 V, 밀도가 ρ인 유체가 단면적 A, 깊이가 h인 그릇에 담겨 있다. 깊이 h인 곳에서 유체에 의한 바닥의 압력 P는 다음과 같다.

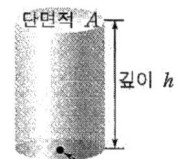

$$P = \frac{F}{A} = \frac{mg}{A} = \frac{\rho V g}{A} = \frac{\rho h A g}{A} = \rho g h$$

⇨ 깊이가 깊은 곳일수록 유체의 압력이 크며, 깊이가 같은 곳은 압력이 모두 같다.

② 유체의 압력에 의한 힘의 방향 : 물체의 모든 면에 수직으로 작용한다.

(3) 수압

물에 의한 압력으로, 물의 깊이가 깊을수록 커진다. 물 표면에서의 압력은 대기압(1기압)과 같고, 물의 깊이가 10m 깊어질 때마다 수압은 약 1기압씩 증가한다.

$$P = \rho g h + P_0$$

(4) 부력

중력이 작용하는 공간에서 깊이에 따른 압력의 차이로 생기는 힘이다. 유체 속에서 압력은 아래로 갈수록 커지므로 위에서 아래로 누르는 힘보다 아래에서 위로 누르는 힘의 합력은 위쪽이 된다. 이렇게 압력의 총합에 의해 나타나는 힘을 부력이라고 한다.

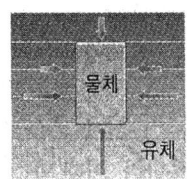

(5) 아르키메데스 법칙

유체 속에 잠긴 물체가 받는 부력의 크기는 그 물체가 밀어낸 부피만큼의 유체의 무게와 같으며 방향은 중력과 반대 방향으로 작용한다.

부력의 크기(F_B)=유체의 밀도(ρ)×물체가 밀어낸 유체의 부피(V)×중력 가속도(g)

$$F_B = \rho V g$$

예제

01 달의 질량이 지구 질량의 1/81이라고 할 때, 지구와 달 사이에 물체의 무게가 없어지는 위치는 지구로부터 얼마나 떨어진 거리가 되겠는가? (단, 지구로부터 달까지의 거리는 R이다.)

해설 오른쪽 그림에서 P점을 물체의 무게가 없어지는 점이라고 하고 이 점에 질량 m인 물체를 놓으면, 이 물체가 지구에 끌리는 만유인력과 달에 끌리는 만유인력이 같게 된다.

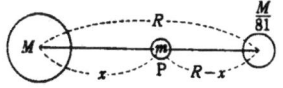

$$G\frac{Mm}{x^2} = G\frac{\frac{M}{81} \cdot m}{(R-x)^2}$$ 에서 $x = 0.9R$

답 $0.9R$

02 자연계에 존재하는 기본적인 힘들 중 그 상대적인 크기가 가장 큰 것은?

① 중력 ② 전자기력
③ 강한 상호작용력 ④ 약한 상호작용력

해설 강한 상호작용력은 중력의 약 10^{38}배이다.

답 ③

Chapter 01

03 $q, \dfrac{q}{2}, \dfrac{q}{2}$의 전기를 띠고 있는 대전체 A, B, C를 그림과 같이 같은 간격으로 떼어 놓았다. 대전체 A와 B 사이에 작용하는 전기력과 대전체 B와 C 사이에 작용하는 전기력의 비를 구하여라.

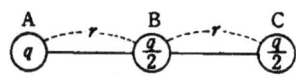

해설 $f = k\dfrac{q_1 \cdot q_2}{r^2}$에서 k, r은 일정하므로 $f \propto q_1 \cdot q_2$

$\therefore f_{AB} : f_{BC} = q \times \dfrac{q}{2} : \dfrac{q}{2} \times \dfrac{q}{2} = 2 : 1$

답 2 : 1

04 그림 (가)와 같이 전하량 $+Q$로 동일한 두 전하 A와 B가 거리 r만큼 떨어져 있을 때, 두 전하 사이에 작용하는 전기력의 크기는 F이다. 그림 (나)와 같이 A와 B 사이의 거리가 $\dfrac{r}{3}$이 되었을 때, 두 전하 사이에 작용하는 전기력의 크기를 구하시오.

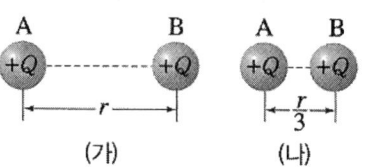

해설 두 전하 사이에 작용하는 전기력은 두 전하의 전하량의 곱에 비례하고, 두 전하 사이의 거리의 제곱에 반비례한다. (나)에서 전하 거리가 $\dfrac{1}{3}$로 줄어 전기력은 9배가 된다.

답 9배

05 다음 중 기본 상호 작용에 대한 설명으로 옳지 않은 것은?
① 다른 상호 작용으로 설명할 수 없는 힘을 기본 상호 작용이라고 한다.
② 중력은 질량을 가진 물체 사이에 작용하는 인력이다.
③ 전자기력은 전기력과 자기력이 통합된 힘이며, 전자기력의 크기와 종류는 전하에 따라 달라진다.
④ 강한 상호 작용은 핵자들을 원자핵 속에 묶어두는 힘이며, 전자기력보다 약하다.

해설 ② 중력은 질량을 가진 물체 사이에 작용하는 인력이다. 중력은 두 물체의 질량의 곱에 비례하고, 두 물체 사이의 거리의 제곱에 반비례한다. 또한 아인슈타인은 질량이 큰 물체 주변의 시간과 공간은 중력에 의해 휘게 된다고 생각했다.
③ 전기력은 전하 사이에 작용하는 힘으로, 전하량에 비례하고 전하량 사이의 거리의 제곱에 반비례한다. 또한 자기력은 전하가 운동할 때 발생하며, 맥스웰이 전기력과 자기력을 통합한 식으로 설명하였다.
④ 핵자들 사이에 작용하는 강한 상호 작용에 의해 핵자들이 원자핵 속에 묶여 있으며 이는 전자기력보다 강하다.

답 ④

06 20N의 힘을 가하면 20cm 늘어나는 용수철이 있다. 이 용수철의 탄성계수는 얼마인가?
① $10 N/m$　　　　　　　② $100 N/m$
③ $20 N/m$　　　　　　　④ $200 N/m$

해설 $F = kx \rightarrow k = \dfrac{F}{x} = \dfrac{20N}{0.2m} = 100 N/m$

답 ②

07 (1) 원래의 길이가 20cm인 용수철에 20g의 물체를 매달았더니 길이가 23cm로 되었다. 전체의 길이가 29cm가 되려면 몇 g의 물체를 매달면 되겠는가?
(2) 질량이 2kg인 물체를 미끄러운 수평면에서 탄성계수가 4×10^2N/m인 용수철에 연결하여 6m/s^{2}의 가속도로 운동시켰다. 용수철은 얼마나 늘어나겠는가?

해설 (1) $F=kx$에서 x가 3배이므로 F도 3배가 된다.
(2) 용수철에 가해진 힘 $F=ma=2\times 6=12(N)$, $k=4\times 10^2$ N/m
$F=kx$에서 $x=\dfrac{F}{k}=\dfrac{12}{4\times 10^2}=3\times 10^{-2}(m)=3(cm)$

답 (1) 60g (2) 3cm

08 질량 20kg의 물체가 수평면 위에 놓여 있다. 물체와 면 사이의 정지 마찰계수가 0.1, 운동 마찰계수가 0.06, 중력 가속도 g는 10m/s^{2}이다.
(1) 최대 정지 마찰력은 몇 N인가?
(2) 운동 마찰력은 몇 N인가?
(3) 22N의 수평한 힘으로 당길 때 물체의 가속도는 몇 m/s^{2}인가?

해설 (1) $R=\mu N=\mu mg=0.1\times 20\times 10=20(N)$
(2) $R'=\mu' N=\mu' mg=0.06\times 20\times 10=12(N)$
(3) 물체가 움직이면 최대 정지 마찰력은 없어지고, 운동 마찰력이 나타난다.
가속도 $a=\dfrac{F(합성력)}{m}=\dfrac{22-12}{20}=0.5(m/s^2)$

답 (1) 20N (2) 12N (3) 0.5m/s^2

09 판자 위에 10kg의 물체를 놓고 판자를 그림과 같이 들어 올렸더니 지면과 판자와의 경사각이 45°되는 곳에서 물체가 미끄러지기 시작하였다. 물체와 면 사이의 최대 정지 마찰계수는 얼마인가?

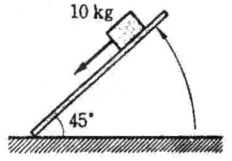

해설 $\mu mg\cos\theta=mg\sin\theta$, $\mu=\tan\theta=\tan 45°=1$

답 1

10 수평면 위에 놓은 질량 3kg의 물체에 10N의 수평한 힘을 가하여 직선 운동을 시켰더니 가속도가 2m/s^{2}이었다. 이 물체가 수평면으로부터 받은 마찰력은?
① 2N   ② 3N
③ 4N   ④ 5N

해설 물체의 알짜힘은 외력에서 마찰력을 뺀 힘이므로 질량 3kg인 물체가 받은 알짜힘은 $3kg\times 2m/s^2=6N$이므로 마찰력은 4N이다.

답 ③

11 무게가 20N인 물체가 수평면에 놓여 있다. 이 물체에 6N의 힘을 수평 방향으로 가할 때 움직이지 않았으나 8N의 힘을 가할 때 움직이기 시작했다. 이 물체에 수평 방향으로 7N의 힘을 계속 작용하였더니 물체가 수평면에서 등속도로 운동하였다.
(1) 6N의 힘이 작용했을 때 물체에 작용한 정지 마찰력은 몇 N인지 구하시오.
(2) 물체와 면 사이의 정지 마찰계수를 구하시오.
(3) 물체의 운동 마찰력은 몇 N인지 구하시오.
(4) 물체와 면 사이의 운동 마찰계수를 구하시오.

해설 (1) 6N의 힘이 작용할 때 물체가 움직이지 않았으므로 정지 마찰력은 6N이다.
(2) 움직이는 순간 물체에 작용한 힘은 최대 정지 마찰력과 크기가 같으므로 물체에 작용한 최대 정지 마찰력은 8N이다. 물체와 면 사이의 정지 마찰계수는 $f=\mu N$에서 $8N=\mu \times 20N$ ∴ $\mu=0.4$
(3) 물체가 등속도 운동하고 있으므로 작용하는 알짜힘은 0이다. 마찰력은 외력과 같은 7N이다.
(4) 물체와 면 사이의 운동 마찰계수는 $f=\mu'N$에서 $7N=\mu' \times 20N$ ∴ $\mu'=0.35$

답 (1) 6N (2) 0.4 (3) 7N (4) 0.35

12 등속도로 달리고 있는 버스 안의 사람이 질량 m인 공을 v의 속도로 연직 상방으로 던져 올렸다. 버스 안에 타고 있는 사람이 보았을 때, 이 공은 어떠한 운동을 하겠는가? (단, 공기의 저항은 무시한다.)

해설 기준계가 관성계이므로(공을 던진 사람이 버스와 같이 등속 운동을 하므로), 버스가 정지하고 있을 때의 운동과 같은 운동을 하여 제자리에 떨어진다. 그러나 버스 밖에 정지해 있는 사람이 이 공을 보면 포물선 운동을 하는 것처럼 보인다.

답 연직 상방운동

13 3m/s²의 가속도로 올라가고 있는 엘리베이터 속에 질량 50kg인 사람이 타고 있다. 이 사람이 느끼는 체중은 얼마인가? (단, 중력 가속도 g는 10m/s²이다.)

해설 이 사람은 중력(mg) 이외에 관성력(ma)을 느끼게 된다.
$F=mg+ma$
$=m(g+a)=50(10+3)=650(N)=65(kg중)$

답 65kg중

14 그림은 버스 밖의 A와 버스 안의 B가 연직 방향과 θ만큼 기울어진 손잡이를 보고 있는 모습을 나타낸 것이다.
(1) 관성력을 느끼는 사람은 누구인가?
(2) A가 손잡이를 볼 때 손잡이가 받는 힘을 모두 쓰시오.

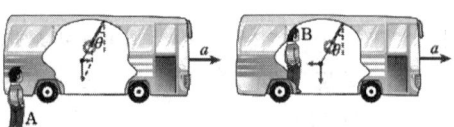

해설 관성력은 운동하는 계에 있는 사람이 느끼는 힘이다. A가 볼 때 손잡이는 중력과 줄이 손잡이를 당기는 힘을 받고 있다.

답 (1) B (2) 중력, 장력

15 그림은 재질이 같은 물체 A, B가 밀도가 ρ인 액체에 뜬 채 가만히 있는 것을 나타낸 것이다. A와 B의 질량은 각각 m, $2m$이다. 물에 잠긴 A의 부피와 B의 부피를 구하시오.

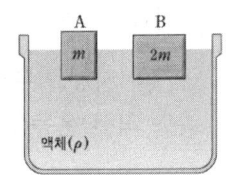

해설 부력의 크기는 물체가 밀어낸 유체의 무게와 같다. 물체 A, B가 정지해 있으므로 무게와 부력의 크기는 같아
$mg = \rho V_A g$ 이므로 $V_A = \dfrac{m}{\rho}$ 이며, B의 부피는 $2mg = \rho V_B g$, $V_B = \dfrac{2m}{\rho}$ 이다.

답 ▶ $V_A = \dfrac{m}{\rho}$, $V_B = \dfrac{2m}{\rho}$

16 오른쪽 그림은 부피가 같은 물체 A, B를 물속에서 가만히 놓았더니 B는 가라앉고, A는 떠올라 정지해 있는 모습을 나타낸 것이다. 정지해 있는 A, B에 작용하는 힘에 대한 설명으로 옳은 것은? (단, 중력 가속도는 g이다.)

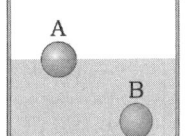

① 물체에 작용하는 부력의 크기는 B보다 A가 크다.
② A에 작용하는 부력의 크기는 A의 무게보다 작다.
③ 밀도는 A와 B가 같다.
④ B의 무게는 B에 작용하는 부력의 크기보다 크다.

해설 부력의 크기는 물체가 밀어낸 유체의 무게와 같으므로 부력의 크기는 잠긴 부피가 큰 B가 A보다 크다. A는 정지해 있으므로 부력과 무게가 같은 상태이며, B의 무게는 부력의 크기보다 크다. 같은 부피일 때 밀도는 질량이 큰 물체가 크므로 밀도는 B가 A보다 크다. 물체 B에 작용하는 합력은 무게=부력+수직 항력이므로 B의 무게는 B에 작용하는 부력의 크기보다 크다.

답 ▶ ④

05 중력장에서의 운동

1. 중력장에서의 직선 운동

1 중력장(Gravitational field)

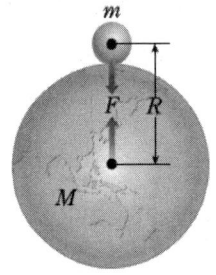

지구의 중력(Gravity)이 미치는 공간을 중력장이라 한다. 또한 중력에 의해 물체에 생기는 가속도를 중력 가속도라 한다.
$g = 9.8 m/s^2 = 980 cm/s^2$
예 물체에 작용하는 중력(무게) $W = mg$

Chapter 01

2 자유 낙하운동

공기의 저항을 무시하면 연직 아래로 떨어뜨린 물체는 일정한 크기의 중력만 받으므로 등가속도 직선 운동을 한다.

(1) 운동 공식

등가속도 직선 운동의 세 공식에 초속도 $v_0 \neq 0$, 가속도 $a = g$를 대입하면, 자유 낙하운동의 세 공식이 나온다.

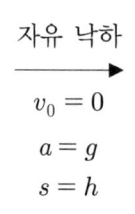 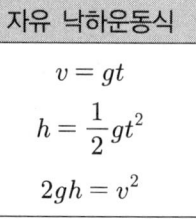 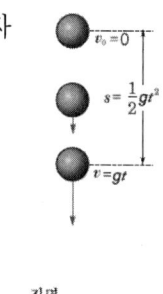

등가속도 직선 운동식	자유 낙하	자유 낙하운동식
$v = v_0 + at$ $s = v_0 t + \frac{1}{2}at^2$ $2as = v^2 - v_0^2$	$v_0 = 0$ $a = g$ $s = h$	$v = gt$ $h = \frac{1}{2}gt^2$ $2gh = v^2$

① 지면 도달 시간 : $h = \frac{1}{2}gt^2$에서 $t = \sqrt{\frac{2h}{g}}$이다.

② 지면 도달 속력 : $2gh = v^2$에서 $v = \sqrt{2gh}$이다.

(2) 자유 낙하운동의 그래프

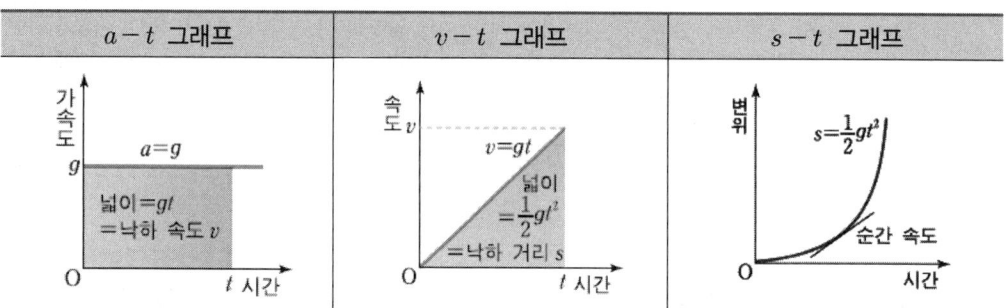

3 연직 하방운동

어떤 높이에서 초속도 v_0로 물체를 연직 아래로 던졌을 때의 운동을 연직 하방운동이라고 한다. 중력만 받으므로 물체의 가속도는 중력 가속도로 일정하며, 가속도가 일정한 등가속도 직선 운동이다.

(1) 운동 공식

등가속도 직선 운동의 세 공식에 가속도 $a = +g$를 대입하면 연직 하방운동의 세 공식이 나온다.

등가속도 직선 운동식	연직 하방	연직 하방운동식
$v = v_0 + at$ $s = v_0 t + \dfrac{1}{2}at^2$ $2as = v^2 - v_0^2$	$\longrightarrow$ $v_0 \neq 0$ $a = g$ $s = h$	$v = v_0 + gt$ $h = v_0 t + \dfrac{1}{2}gt^2$ $2gh = v^2 - v_0^2$

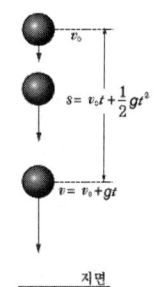

(2) 연직 하방운동의 그래프

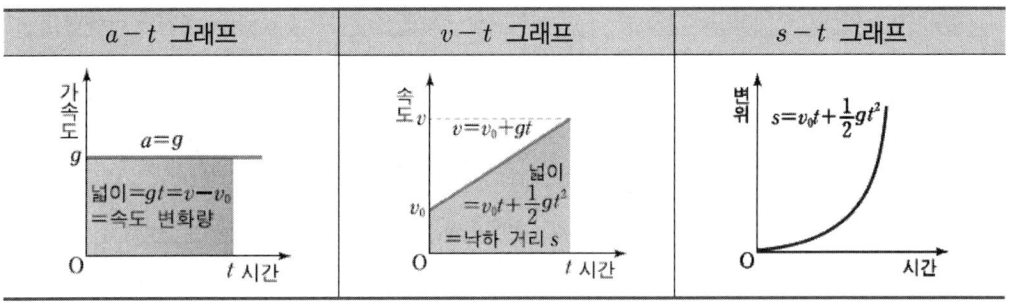

4 연직 상방운동

초속도 v_0로 물체를 연직 위로 던졌을 때의 운동을 연직 상방운동이라고 한다.

(1) 운동 공식

물체를 연직 위로 던졌을 때, 중력 가속도는 지구 중심을 향하는 아래 방향이므로 물체의 가속도 a는 $-g$가 된다. 따라서 등가속도 직선 운동의 세 공식에 $a = -g$를 대입하면 연직 상방운동의 세 공식이 나온다.

등가속도 직선 운동식	연직 상방	연직 상방운동식
$v = v_0 + at$ $s = v_0 t + \dfrac{1}{2}at^2$ $2as = v^2 - v_0^2$	$\longrightarrow$ $v_0 \neq 0$ $a = -g$ $s = h$	$v = v_0 - gt$ $h = v_0 t - \dfrac{1}{2}gt^2$ $-2gh = v^2 - v_0^2$

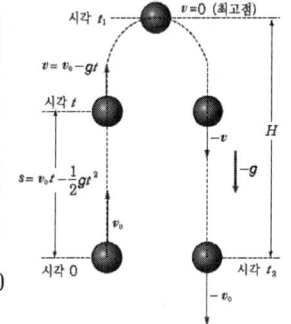

① 최고점까지의 도달 시간(t) : $v = v_0 - gt$에서 나중 속도 $v = 0$
이므로 $t = \dfrac{v_0}{g}$

② 최고점까지의 높이(h) : $-2gh = v^2 - v_0^2$에 대입하면 나중 속도 $v = 0$이므로

$-2gh = 0 - V_0^2 \Rightarrow h = \dfrac{V_0^2}{2g}$

③ 출발점 도달 시간(t') : $h = v_0 t - \frac{1}{2}gt^2$ 에서 $h = 0$ 이므로 $t = t'$, $t' = \frac{2v_0}{g} = 2t$ 로 최고점 도달 시간의 2배이다.

④ 출발점 도달 속도 : $-2gh = v^2 - v_0^2$ 에서 $h = 0$ 이므로 $0 = v^2 - v_0^2$, 즉 $v = -v_0$ 이다. 이는 출발 속도와 지면 도달 속도의 크기가 같음을 알 수 있다.

(2) 연직 상방운동의 그래프

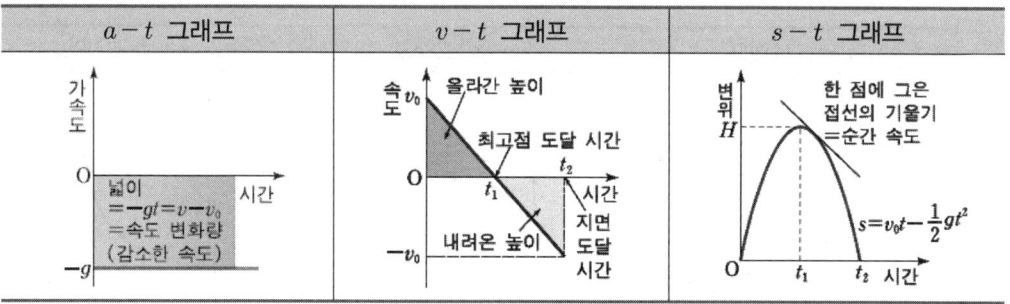

2. 중력장에서의 이차원 운동

1 수평 방향으로 던진 물체의 운동

수평 방향으로는 힘이 작용하지 않으므로 등속도 운동을 하고, 연직 방향으로는 중력이 작용하여 자유 낙하운동을 한다.

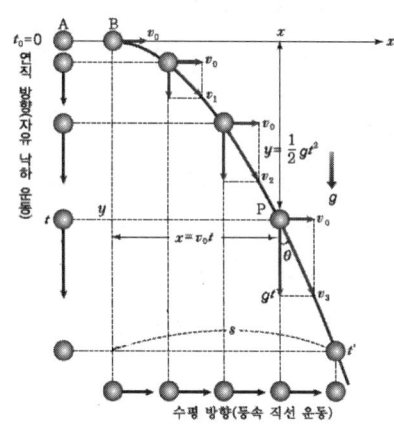

(1) t초 후의 속도

수평 방향으로는 v_0로 등속도 운동을 하고, 연직 방향으로는 t초 동안 자유 낙하운동을 하므로
$\begin{cases} v_x = v_0 \\ v_y = gt \end{cases}$ 에서 $v = \sqrt{v_x^2 + v_y^2} = \sqrt{v_0^2 + (gt)^2}$

(2) t초 후의 위치

수평 방향으로는 v_0로 t초 동안 등속 운동을 하고, 연직 방향으로는 t초 동안 자유 낙하운동을 하므로 $x = v_0 t$와 $y = \frac{1}{2}gt^2$에서 시간 t를 소거하면 물체의 운동 경로 y는 $y = \frac{g}{2v_0^2}x^2$이다. 이는 $y = ax^2$과 같은 형태이고, 포물선 방정식과 같은 형태이므로 수평으로 던진 물체는 포물선 궤도를 따라 이동한다.

(3) 지면에 도달하는 시간

물체가 지면에 도달하는 시간은 높이 h에서 자유 낙하하는 시간과 같으므로
$h = \frac{1}{2}gt^2$에서 $t = \sqrt{\frac{2h}{g}}$

(4) 수평 도달 거리(R)

물체가 떨어지는 시간($\sqrt{\frac{2h}{g}}$)동안, v_0로 등속 운동한 거리이므로
$R = v_0 t = v_0\sqrt{\frac{2h}{g}}$

2 비스듬히 던져 올린 물체의 운동

(1) t초 후의 속도

수평 방향으로는 $v_0\cos\theta$의 속도로 등속도 운동을 하고, 연직 방향으로는 초속도 $v_0\sin\theta$로 던져 올린 물체의 운동을 한다.

$v_x = v_0\cos\theta, \ v_y = v_0\sin\theta - gt$

$$v = \sqrt{v_x^2 + v_y^2} = \sqrt{(v_0\cos\theta)^2 + (v_0\sin\theta - gt)^2}$$

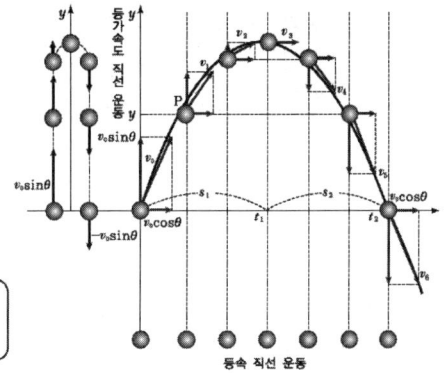

(2) t초 후의 위치

수평 방향으로는 t초 동안 등속 운동한 거리이고, 연직 방향으로는 t초 동안 초속도 $v_0\sin\theta$로 연직 상방운동한 높이가 된다.

$x = v_0\cos\theta \cdot t$와 $y = v_0\sin\theta \cdot t - \frac{1}{2}gt^2$에서 시간 t를 소거하면 물체의 운동 경로는

$$y = \tan\theta \cdot x - \frac{g}{2v_0^2\cos^2\theta}x^2$$

(3) 최고점에 도달하는 시간

초속도 $v_0\sin\theta$로 연직 상방으로 던져 올렸을 때 최고점에 도달하는 시간은 같다. 최고점에서는 종속도 $v_y = 0$이므로,

$$0 = v_0\sin\theta - gt \Rightarrow t = \frac{v_0\sin\theta}{g}$$

(4) 수평 도달 거리

올라갔다 내려오는 시간 $\dfrac{2v_0\sin\theta}{g}$ 동안 $v_0\cos\theta$의 속도로 등속도 운동을 한 거리가 된다.

$$R = v_0\cos\theta \cdot \dfrac{2v_0\sin\theta}{g} = \dfrac{v_0^2}{g}\sin2\theta$$

따라서, $\theta = 45°$일 때 R이 최대가 되어 가장 멀리 날아간다.

예제

01 높이 19.6m인 곳에서 돌이 자유 낙하하였다면 지면에 닿는 순간의 속도는 얼마인가? (단, 중력 가속도 g는 9.8m/s^{2}이다.)

해설 $v_0 = 0$, $h = 19.6m$ $2gh = v^2 - v_0^2$
$2 \times 9.8 \times 19.6 = v^2$ ∴ $v = 19.6$(m/s)

답 19.6m/s

02 물체가 19.6m만큼 자유 낙하하는 동안에 걸리는 시간은 얼마인가? (단, 중력 가속도 g는 9.8m/s^{2}이다.)

해설 $v_0 = 0$, $h = 19.6m$ $h = v_0 t + \dfrac{1}{2}gt^2$에서
$19.6 = \dfrac{1}{2} \times 9.8 \times t^2$ ∴ $t = 2$(초)

답 2초

03 물체가 중력 가속도 g로 자유 낙하하는 동안 처음 1초간, 다음 1초간, 또 그 다음 1초간 움직인 거리를 각각 s_1, s_2, s_3라 하면 $s_1 : s_2 : s_3$의 비는?

① 1 : 3 : 5   ② 1 : 2 : 3
③ 1 : 4 : 9   ④ 1 : 1 : 1

해설 $h = v_0 t + \dfrac{1}{2}gt^2$에서 $v_0 = 0$이므로 $h = \dfrac{1}{2}gt^2$이다.

(0초~1초)거리 $s_1 = \dfrac{1}{2}g \times 1^2$, (0초~2초)거리 $s_2 = \dfrac{1}{2}g \times 2^2$,

(0초~3초)거리 $s_3 = \dfrac{1}{2}g \times 3^2$

$s_1 : s_2 : s_3 = 1 : (2^2 - 1^2) : (3^2 - 2^2) = 1 : 3 : 5$

답 ①

04 물체를 높이 45m인 곳에서 자유 낙하시킬 때 지면에 도달하는 시간과 속력은 얼마인가? (단, 중력 가속도는 10m/s²이다.)

① 2s, 20m/s ② 3s, 30m/s
③ 4s, 40m/s ④ 3s, 40m/s

해설 $t = \sqrt{\dfrac{2h}{g}} = \sqrt{\dfrac{2 \times 45}{10}} = 3s$, $v = \sqrt{2gh} = \sqrt{2 \times 10 \times 45} = 30m/s$

답 ②

05 어떤 물체를 처음 속도 v_0로 연직 아래로 던졌다. 처음 1초 동안 낙하한 거리가 20m라면 처음 속도 v_0는 얼마인가? (단, 중력 가속도는 10m/s²이다.)

① 10m/s ② 15m/s
③ 20m/s ④ 25m/s

해설 $h = v_0 t + \dfrac{1}{2} g t^2$에서 $20 = v_0 \times 1 + \dfrac{1}{2} \times 10 \times 1^2$ ∴ $v_0 = 15m/s$

답 ②

06 공을 49m/s의 속도로 연직 상방으로 던져 올렸다. 공기의 저항을 무시하고 다음 물음에 답하여라. (단, 중력 가속도 g는 9.8m/s²이다.)

(1) 얼마만큼 올라가겠는가?
(2) 올라갔다가 다시 지상에 떨어지는 시간은 얼마인가?
(3) 최고점까지 올라가는 데 걸리는 시간은 얼마인가?

해설 $v_0 = 49$m/s, $a = -g = -9.8$m/s², 최고점에서의 속도 $v = 0$

올라갔다가 다시 제자리에 돌아오면, 변위 $h = 0$

(1) $v = 0, h = ?$ $2ah = v^2 - v_0^2$에서 $-2 \times 9.8 \times h = 0^2 - 49^2$ ∴ 122.5(m)

(2) $h = 0, t = ?$ $h = (v_0 t + \dfrac{1}{2} a t^2)$에서 $0 = 49t - \dfrac{1}{2} \times 9.8 t^2$ ∴ $t = 0, t = 10(s)$

(3) $v = 0, t = ?$ $v = v_0 + at$에서 $0 = 49 - 9.8t$ ∴ $t = 5(s)$

답 (1) 122.5m (2) 10초 (3) 5초

07 높이 300m인 곳에서 물체 A를 자유 낙하시킴과 동시에 바로 그 밑의 지상에서는 물체 B를 50m/s로 연직 상방으로 던져 올렸다. 두 물체는 몇 초 후에 만나겠는가?

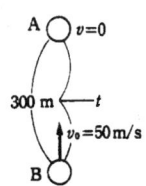

해설 두 물체가 t초 후에 만난다면

$\begin{pmatrix} A\text{가 } t\text{초 동안} \\ \text{자유 낙하한 거리} \end{pmatrix} + \begin{pmatrix} B\text{가 } t\text{초 동안} \\ \text{연직 상방운동한 거리} \end{pmatrix} = 300$

∴ $\dfrac{1}{2} g t^2 + (50t - \dfrac{1}{2} g t^2) = 300$ ∴ $t = 6(초)$

답 6초

08 질량 m인 물체를 초속도 v_0로 중력 가속도가 g인 곳에서 연직 상방으로 던질 때 t초 후의 속도는?

① $v_0 t$
② $v_0 + \dfrac{1}{2}gt^2$
③ $v_0 + gt$
④ $v_0 - gt$

해설 물체의 운동 방향과 중력 가속도의 방향이 반대이므로 $v = v_0 - gt$이다.

 ④

09 높이가 20m인 곳에서 수평 방향으로 10m/s의 속력으로 던졌더니 지면에 도달하는 시간이 t이었고, 물체의 수평 도달 거리는 R이었다. t와 R의 값은? (단, 공기 저항은 없고, 중력 가속도의 크기는 10m/s²이다.)

해설 연직 방향은 자유 낙하운동하므로 지면 도달 시간은 자유 낙하운동식 $h = \dfrac{1}{2}gt^2$에서 $20 = \dfrac{1}{2} \times 10 \times t^2$이므로 $t = 2(s)$이다. 수평 방향으로는 등속도 운동하므로 $R = v_0 t = 10 \times 2 = 20(m)$이다.

답 2, 20

10 높이 490m인 산꼭대기에서 속도 400m/s의 수평 방향으로 포탄을 발사하였다. 중력 가속도는 9.8m/s²으로 하고, 다음 물음에 답하여라.
(1) 이 포탄이 지면에 도달할 때까지의 시간을 구하여라.
(2) 수평 도달 거리를 구하여라.

해설 (1) 490m만큼 자유 낙하하는 시간과 같다.
$490 = \dfrac{1}{2} \times 9.8 t^2$에서 $t = 10(s)$
(2) 수평 방향으로는 400m/s로 10초 동안 등속 운동한 거리가 된다.
$s = 400 \times 10 = 4,000(m)$

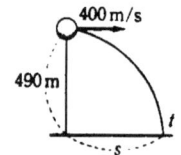

답 (1) 10초 (2) 4,000m

11 그림과 같이 같은 높이에서 질량 m인 물체 A는 가만히 놓고, 동시에 질량 $2m$인 물체 B는 수평으로 던졌다. 두 물체의 운동에 대한 설명으로 옳지 않은 것은?

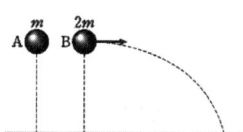

① 지면에 닿는 순간 속력은 B가 크다.
② 지면에 닿을 때까지 같은 시간 동안 A와 B의 속도 변화량은 같다.
③ 지면에 닿을 때까지 A와 B에 작용하는 힘의 크기는 같다.
④ 지면에 A가 닿는 순간 B도 지면에 닿는다.

해설 수평으로 던진 물체가 지면에 닿을 때 연직 방향의 속력은 자유 낙하운동한 물체의 속력과 같지만 수평 방향의 속력이 있으므로 B의 속력이 A의 속력보다 크다. 중력장 내의 운동에서 가속도는 중력 가속도로 같으므로 속도 변화량은 같으나 알짜힘은 질량에 비례한다.

 ③

12 높이 45m인 건물에서 물체를 수평 방향으로 초속도 20m/s로 던졌을 때 2초 후 이 물체의 속력은 몇 m/s이며, 지면에 도달하는 시간은 각각 얼마인가? (단, 중력 가속도 g=10m/s² 이다.)

해설 2초 후 물체의 수평 방향 속도는 20m/s로 일정하며, 연직 방향의 속도는 $v_y = gt$이므로 $v_y = 10 \times 2 = 20 m/s$이다. 수평과 연직 방향 합성 속력은 $v = \sqrt{v_x^2 + v_y^2} = \sqrt{20^2 + 20^2}$ $v = 20\sqrt{2} m/s$이다. 지면 도달 시간은 $y = \frac{1}{2}gt^2$, $45 = \frac{1}{2} \times 10 \times t^2$에서 $t = 3s$이다.

답 $20\sqrt{2} m/s$, $3s$

13 그림과 같이 수평면과 30°의 각, 20m/s의 속력으로 물체를 던졌다. (단, 중력 가속도 g=10m/s²이다.)
(1) 물체가 최고점까지 올라가는 데 걸린 시간은?
(2) 최고점의 높이 H는?
(3) 물체가 다시 바닥에 떨어지는 데 걸린 시간은 몇 초인가?
(4) 물체의 수평 도달 거리 R은 몇 m인가?

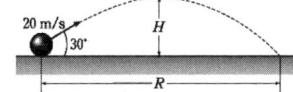

해설 $v_{0x} = 20 \times \cos 30° = 10\sqrt{3} m/s$, $v_{0y} = 20 \times \sin 30° = 10 m/s$

(1) 최고점 연직 방향 속도는 0이므로 $v_y = v_{0y} - gt$에서 $0 = 10 - 10t$ ∴ $t = 1$초
(2) $h = v_0 t - \frac{1}{2}gt^2 = 10 \times 1 - \frac{1}{2} \times 10 \times 1^2 = 5m$ ∴ $5m$
(3) 바닥에 떨어지는 데 걸리는 시간은 최고점에 도달하는 데 걸린 시간의 2배이므로 ∴ 2초
(4) $R = v_{0x} t = 10\sqrt{3} \times 2 = 20\sqrt{3} m$ ∴ $20\sqrt{3} m$

답 (1) 1초 (2) 5m (3) 2초 (4) $20\sqrt{3} m$

14 지면 O점에서 속력 v로 던져진 공이 그림과 같이 포물선 운동을 하였다. P점은 최고점이다. 수평 도달 거리와 v는? (단, 중력 가속도는 10m/s²이다.)

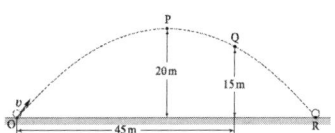

해설 연직 방향 최고점 높이 20m까지의 도달 시간은 $h = \frac{1}{2}gt^2$에서 $20 = \frac{1}{2} \times 10 \times t^2$이므로 $t = 2s$이다. 이를 통해 $v_{0y} = gt$는 $v_{0y} = 20m/s$이다. P점에서 Q까지 수직 방향 거리가 5m이므로 이동 시간은 $5 = \frac{1}{2} \times 10 \times t^2$, $t = 1s$이다. 출발점 O에서 Q까지의 시간은 3초이므로 수평 방향 속도는 15m/s로 등속 운동함을 알 수 있다. 공이 지면에 도달하는 시간은 P의 2배이므로 4초이다. O부터 R까지의 거리는 $15m/s \times 4 = 60m$, 속도 v는 $v = \sqrt{v_x^2 + v_y^2} = \sqrt{20^2 + 15^2} = 25m/s$이다.

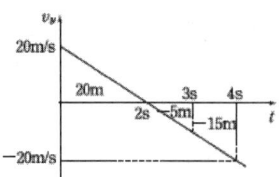
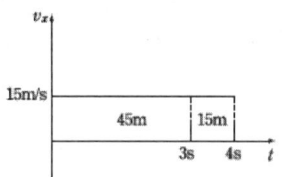

답→ 60m, 25m/s

15 수평면과 30°의 방향으로 초속도 39.2m/s로 던져 올린 물체가 있다. 중력 가속도를 9.8m/s²으로 하고 다음 물음에 답하여라.
(1) 3초 후의 이 물체의 수평 성분 속도 v_x와 연직 성분 속도 v_y는 얼마인가?
(2) 3초 후의 이 물체의 위치는?
(3) 최고점의 높이는 몇 m인가?
(4) 이 물체가 땅에 떨어질 때까지 걸리는 시간은 몇 초인가?
(5) 수평 도달 거리는 몇 m인가?

해설 수평 방향(x축)으로는

$$v_{x0} = v_0\cos30° = 39.2 \times \frac{\sqrt{3}}{2}$$

$= 19.6\sqrt{3}$ m/s의 속도로 등속 운동하면서
연직 방향(y축)으로는

$$v_{y0} = v_0\sin30° = 39.2 \times \frac{1}{2}$$

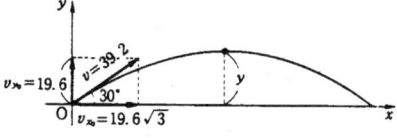

$= 19.6$ m/s의 속도로 던져 올린 물체의 운동이다.

(1) 수평 성분 속도 $v_x = 19.6\sqrt{3}$ (m/s)
연직 성분 속도 $v_y = 19.6 - 9.8 \times 3 = -9.8$ (m/s)

(2) 수평 거리 $x = 19.6\sqrt{3} \times 3 = 58.8\sqrt{3}$ (m)
높이 $y = 19.6 \times 3 - \frac{1}{2} \times 9.8 \times 3^2 = 14.7$ (m)

(3) 19.6m/s의 초속도로 연직 상방 운동할 때의 최고점의 높이와 같다.
∴ $-2 \times 9.8 \times h = 19.6^2$에서 $h = 19.6$ (m)

(4) 19.6m/s의 초속도로 연직 상방 운동할 때의 지면 도달 시간과 같다.
$0 = 19.6t - \frac{1}{2} \times 9.8 \times t^2 = 4.9t(4-t)$에서 $t=0$(처음 상태), $t=4$(지면 도달 시간)

(5) 올라갔다 내려오는 시간(4초) 동안 수평 성분 속도 $19.6\sqrt{3}$ m/s로 등속 운동한 거리와 같다.
∴ $x = 19.6\sqrt{3} \times 4 = 78.4\sqrt{3}$ (m)

답→ (1) $v_x = 19.6\sqrt{3}$ m/s, $v_y = -9.8$ m/s (2) 수평 거리 : $58.8\sqrt{3}$ m 연직 높이 : 14.7m
(3) 19.6m (4) 4초 (5) $78.4\sqrt{3}$ m

06 원운동과 단진동

1. 원운동과 단진동

1 원운동

(1) 등속 원운동

물체가 일정한 빠르기(속력)로 원운동을 할 때, 이 물체는 등속 원운동을 한다고 한다. 등속 원운동에서 속도의 크기는 변하지 않으나 속도의 방향은 계속 변하므로 단위 시간당 속도의 변화량, 즉 가속도가 작용한다고 볼 수 있다. 이를 구심 가속도라 하며, 원의 중심 방향으로 힘이 작용함을 알 수 있다.

① **각속도** : 오른쪽 그림과 같이 물체가 반경 r인 원주위를 P에서 Q까지 Δt 동안에 중심각 $\Delta\theta(\mathrm{rad})$만큼 회전하였다면, 각속도 w는

$$w = \frac{\Delta\theta}{\Delta t}(\mathrm{rad/s}) = \frac{2\pi}{T} = 2\pi f$$

② **선속도** : 단위 시간 1초 동안의 이동 거리로 물체의 속력 $v = \frac{\Delta s}{\Delta t}$을 나타낸다. 물체가 시간 Δt 동안 이동 거리 $\Delta s = r\Delta\theta$만큼 회전하므로 속력 v는

$$v = \frac{\Delta s}{\Delta t} = \frac{r\Delta\theta}{\Delta t} = rw = \frac{2\pi r}{T}$$

③ **주기와 진동수** : 물체가 원 주위를 1회전하는 데 걸리는 시간을 주기(T)라 하고, 물체의 단위 시간당 회전수를 진동수(f)라고 한다. 주기와 진동수 사이에는 서로 역수의 관계가 있다.

$$T = \frac{1}{f} = \frac{2\pi}{\omega} = \frac{2\pi r}{v}(s), \quad f = \frac{1}{T} = \frac{\omega}{2\pi}(Hz)$$

④ **구심 가속도** : 오른쪽 그림과 같이 등속 원운동하는 물체는, 속력은 일정하지만 방향이 계속 바뀌므로 속도가 변화하는 가속도 운동을 한다. 물체가 일정한 속력 v로 반지름 r인 원둘레 위를 돌고 있을 때 짧은 시간 Δt 동안에 속도가 $\vec{v_0}$에서 $\vec{v}$로 되었다고 하면, 속도의 변화량 $\vec{\Delta v}$는 $\vec{\Delta v} = \vec{v} - \vec{v_0}$이며, $\vec{v_0}$과 $\vec{v}$의 크기는 같은 v이고, Δt는 극히 짧은 시간이므로 $\Delta v = v\Delta\theta$로 되어 구심 가속도 a는

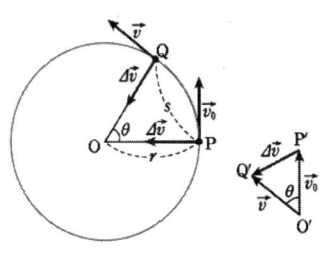

$$a = \frac{\Delta v}{\Delta t} = \frac{v\Delta\theta}{\Delta t} = vw = \frac{v^2}{r} = rw^2 \text{(중심 방향)}$$

> **참고**
>
> 라디안(radian 단위, rad)은 순수한 수로, 기본량 M, L, T로 나타내는 디멘션(차원)이 없다. 그 이유는 길이를 길이로 나눈 값이기 때문이다. 오른쪽 그림과 같이 호의 길이 s를 반지름 r로 나눈 것이다.
>
> $$s = r\theta$$
>
> 반지름 r인 원이 가지는 원주는 $2\pi r$이므로, 완전한 원(1회전)은 2π라디안이다. 즉, 1회전 $= 2\pi\,\text{rad} = 360°$이며, $1\,\text{rad} ≒ 57.18°$인 것이다.

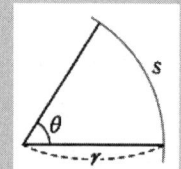

(2) 구심력

원운동에서 구심 가속도를 생기게 하여 물체가 계속 원운동을 할 수 있도록 하는 힘을 구심력이라고 한다. 구심력의 크기는 일정하고 구심력의 방향은 원의 중심 방향으로 계속 변한다.

구심력의 크기는 운동 방정식을 적용하면 질량과 가속도의 곱이다.

$F = ma$이고 $a = rw^2 = \dfrac{v^2}{r}$이므로, 구심력 F는

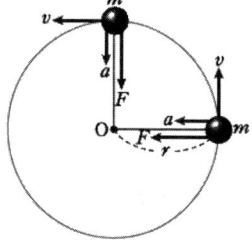

$$F = ma = mvw = m\frac{v^2}{r} = mrw^2 = mr\frac{(2\pi)^2}{T^2} = mr(2\pi f)^2 = mr4\pi^2 f^2 \text{(중심 방향)}$$

(3) 원심력

등속 원운동하고 있을 때 물체와 함께 회전하고 있는 좌표계에서 보면 물체에는 원운동의 바깥쪽으로 관성력이 작용한다. 이 관성력을 원심력이라 한다.

다음과 같이 원심력은 구심력과 그 크기가 같고, 방향은 반대이다.

$$F = -ma = \frac{-mv^2}{r} = -mrw^2 = \frac{-4\pi^2 mr}{T^2} \left(\because w = \frac{2\pi}{T}\right)$$

2 단진동

(1) 단진동

등속 원운동을 하는 물체의 지름에 나란한 방향으로 평행 광선을 비추고 광선에 수직하도록 반대쪽에 스크린을 설치하면, 스크린에 생기는 물체의 그림자는 일직선상에서 주기적인 왕

복 운동을 하는데, 이 운동을 단진동이라고 한다.

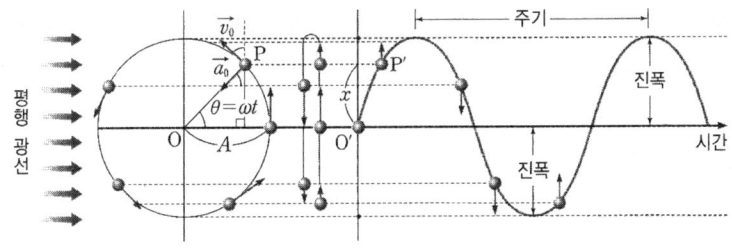

| 등속 원운동과 단진동 |

① **단진동의 변위** : 원의 반지름을 A라 하고 회전 각속도를 ω라고 하면 시간 t 동안 회전한 각 θ는 $\theta = wt$이므로 단진동의 변위

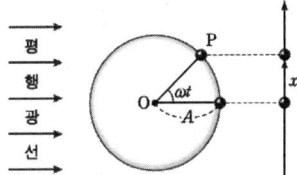

$$x = A\sin\theta = A\sin\omega t$$

② **단진동의 속도** : 원운동하는 P의 속도 $\vec{v_p}$의 방향은 접선 방향이고, 크기는 $v_p = A\omega$이다. 이때 그림자 $\vec{v_Q}$는 다음과 같다.

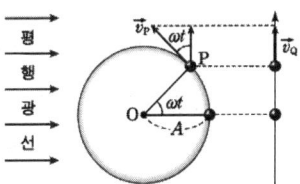

$$v_Q = A\omega\cos\omega t$$

③ **단진동의 가속도** : 원운동하는 P의 가속도 $\vec{a_p}$의 방향은 원의 중심 방향이고, 크기는 $a_p = Aw^2$이다. 이때 그림자 $\vec{a_Q}$는 다음과 같다.

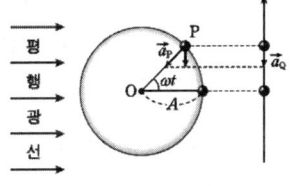

$$a_Q = -A\omega^2\sin\omega t = -\omega^2 x$$

④ **단진동하는 물체에 작용하는 힘(복원력)** : 물체의 질량을 m이라 하면 물체에 작용하는 힘은 $F = ma = -m\omega^2 x$이다. $m\omega^2 = k$라 놓으면 단진동하는 물체가 받는 알짜힘은 다음과 같다.

$$F = ma = -m\omega^2 x = -kx$$

⑤ **단진동의 주기** : 주기는 원운동하는 P의 주기와 같다. 주기 T는

$$T = \frac{2\pi}{w}$$

(2) 단진자

① **단진자와 그 주기** : 실에 추를 매달아 놓은 것을 진자라 하고, 단진동하는 진자를 단진자라고 한다.

그림과 같은 단진자에서 추 m에 작용하는 장력 T와 중력의 분력인 $mg\cos\theta$ 방향 성분의 힘은 추의 속력을 변화시키지 못하므로 힘의 합력은 0이다. 즉 $T = mg\cos\theta$이다.

중력의 접선 방향 성분 힘 $F = -mg\sin\theta$가 추의 속력을 변화시키므로 추가 왕복 운동하는 동안 복원력으로 작용한다. 여기서 θ가 매우 작을 때

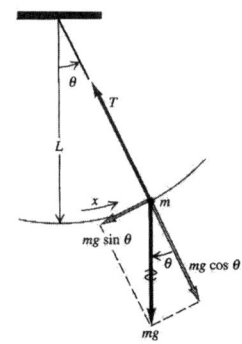

$\sin\theta ≒ \dfrac{x}{l}$ 이므로 $F = -mg\sin\theta = -mg\dfrac{x}{l} = -kx$ $(\because \dfrac{mg}{l} = k)$

즉, 단진자에 작용하는 힘 $F = -mg\sin\theta$는 θ가 매우 작을 때 변위 x에 비례하고 항상 중심을 향하는 힘이 되어 단진동을 한다.

따라서, 앞에서 배운 단진동의 복원력과 대응시켜 보면

$F = -mw^2 x = -mg\dfrac{x}{l}$, $w^2 = \dfrac{g}{l}$에서 $\left(\dfrac{2\pi}{T}\right)^2 = \dfrac{g}{l}$ $\therefore T = 2\pi\sqrt{\dfrac{l}{g}}$

단진자의 주기 T는 진자의 길이 l에만 관계하고 추의 질량 m에는 관계가 없다. 이것을 진자의 등시성이라고 한다.

② **용수철 진자와 그 주기** : 용수철 끝에 질량 m인 추를 매단 것이 용수철 진자이다. 그림과 같이 마찰이 없는 수평면에서 탄성계수 k인 용수철에 질량 m인 물체를 매달고 변위 x만큼 잡아당기면 질량 m인 물체에 작용되는 힘 F는

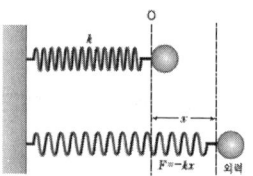

$F = -mw^2 x = -kx$

$w^2 = \dfrac{k}{m}$에서 $\left(\dfrac{2\pi}{T}\right)^2 = \dfrac{k}{m}$ 이므로 $T = 2\pi\sqrt{\dfrac{m}{k}}$

(3) 진자와 역학적 에너지(O점이 진동중심점)

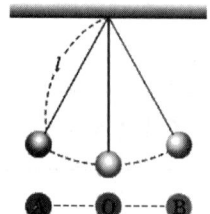
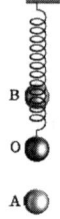

구분	A	O	B
변위	최대	0	최대
복원력	최대	0	최대
가속도	최대	0	최대
속도	0	최대	0
운동에너지	0	최대	0
위치에너지	최대	0	최대

구분	A	O	B
변위	최대	0	최대
복원력	최대	0	최대
가속도	최대	0	최대
속도	0	최대	0
운동에너지	0	최대	0
위치에너지	최대	0	최대

2. 만유인력과 중력

1 케플러의 법칙(Kepler's law)

(1) **제1법칙(타원 궤도 운동의 법칙)**

모든 행성은 태양을 한 초점으로 하는 타원 궤도를 그리며 운동한다. $p+q=$ 일정

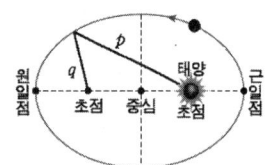

(2) **제2법칙(면적 속도 일정의 법칙)**

태양과 행성을 잇는 선분이 같은 시간 동안 쓸고 가는 면적은 항상 같다. 즉, 오른쪽 그림에서 행성이 근일점(태양에 가장 가까워진 점)과 원일점(태양에서 가장 멀어진 점)상을 운행하는 시간이 같으면 면적 S_1과 S_2가 같다. 선분의 길이가 r_1, r_2일 때 공전 속도를 각각 v_1, v_2라고 하면 다음의 상관 관계가 성립한다.

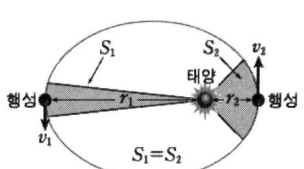

$r_1 v_1 = r_2 v_2 =$ 일정

따라서, 근일점에서는 빠르게, 원일점에서는 느리게 운동한다.

(3) **제3법칙(조화의 법칙)**

모든 행성의 공전 주기의 제곱과 타원 궤도의 긴 반지름의 3제곱의 비는 모든 행성에 대하여 같다.

즉, 공전 주기를 T, 궤도의 긴 반지름을 R이라고 하면,

$$T^2 \propto R^3 \Rightarrow T^2 = kR^3$$
(k는 태양에 의해 결정되는 상수이다.)

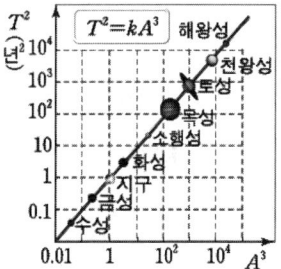

[증명] $F = G\dfrac{Mm}{R^2} = mRw^2 = mR\dfrac{4\pi^2}{T^2}$ 에서

$T^2 = \dfrac{4\pi^2}{GM}R^3$, 그러므로 $k = \dfrac{4\pi^2}{GM}$ $\begin{pmatrix} G : \text{만유인력 상수} \\ M : \text{태양의 질량} \end{pmatrix}$

2 만유인력의 법칙(Ⅱ)

질량 m인 지구가 질량 M인 태양을 중심으로 원운동을 한다면, 행성의 구심력 F는

$$F = mrw^2 = mr\left(\frac{2\pi}{T}\right)^2 = mr\frac{4\pi^2}{T^2} \cdots\cdots\cdots ①$$

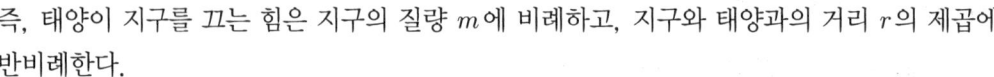

①에 케플러의 제3법칙 $T^2 = kr^3$을 대입하면,

$$F = mr\frac{4\pi^2}{kr^3} = \frac{4\pi^2}{k} \cdot \frac{m}{r^2} \cdots\cdots\cdots\cdots\cdots ②$$

즉, 태양이 지구를 끄는 힘은 지구의 질량 m에 비례하고, 지구와 태양과의 거리 r의 제곱에 반비례한다.

$$F \propto \frac{m}{r^2} \cdots\cdots\cdots\cdots\cdots\cdots\cdots\cdots\cdots ③$$

한편, 운동의 제3법칙(작용·반작용의 법칙)에 의해서 지구가 태양을 끄는 힘은 태양이 지구를 끄는 힘과 그 크기가 같고, 태양의 질량 M에 비례하는 힘이라고 볼 수 있다.

$$F' = F \propto \frac{M}{r^2} \cdots\cdots\cdots\cdots\cdots\cdots\cdots ④$$

③, ④에 의해서

$$F = F' \propto \frac{mM}{r^2} \cdots\cdots\cdots\cdots\cdots\cdots\cdots ⑤$$

즉, 태양과 지구 사이에 작용하는 힘은 지구와 태양의 질량의 곱에 비례하고, 거리의 제곱에 반비례한다. 따라서, ⑤는 다음과 같이 나타낼 수 있다.

$$F = G\frac{mM}{r^2}$$

뉴턴은 지구와 태양 사이에 작용하는 힘은 두 물체의 질량과 거리에만 관계되므로, 질량을 가진 모든 두 물체 사이에는 이와 같은 힘이 작용한다고 생각하였는데, 이 힘을 만유인력이라고 하였다.

> **참고**
>
> **만유인력 상수**
> 영국의 물리학자 캐번디시(Cavandish)는 비틀림 저울을 이용하여 만유인력이 실제로 존재하는 것임을 실험적으로 측정하는 데 성공하였다. 그 후에도 계속된 실험 결과, 만유인력 상수의 측정값은 다음과 같음이 밝혀졌다.
> $G = 6.670 \times 10^{-11} Nm^2/kg^2$

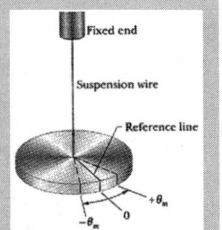

3 중력 가속도의 변화

(1) 지구 자전에 의한 변화

오른쪽 그림과 같이 지구가 각속도 w로 자전하므로, 적도에서의 중력은 만유인력과 원심력의 합력($mg = G\dfrac{Mm}{R^2} - mRw^2$)이 되고, 극지방에서는 지구 자전에 의한 원심력이 없으므로 만유인력이 전부 중력($mg = G\dfrac{Mm}{R^2}$)이 된다. 따라서, 적도 지방과 극지방에서의 중력 가속도는 다음과 같다.

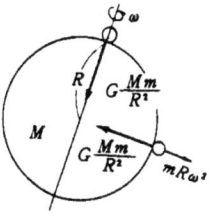

$$g_{적도} = \dfrac{GM}{R^2} - Rw^2 \qquad g_{극} = \dfrac{GM}{R^2}$$

│지역별 중력 가속도

장소	위도	중력 가속도
북극	90°	9.832
파리	49°	9.810
뉴욕	41°	9.803
서울	37°	9.799
적도	0°	9.780

(2) 높이에 따른 중력 가속도의 변화

지표면에서 높이 h인 곳에 질량 m인 물체가 있다면, 중력=만유인력이므로

$$mg_h = G\dfrac{Mm}{(R+h)^2}$$

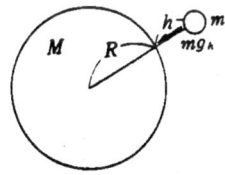

$$\therefore g_h = G\dfrac{M}{(R+h)^2} = \dfrac{R^2}{(R+h)^2}g$$

($\because g = \dfrac{GM}{R^2}$에서 $GM = gR^2$)

4 인공위성의 운동

지면으로부터 높이 h인 원 궤도 위를 질량 m인 인공위성이 일정한 속도 v로 원운동하고 있다고 하자. 이때, 인공위성과 지구 사이의 만유인력이 중력이고, 또한 이것이 구심력이 되므로 다음과 같은 관계가 성립한다.

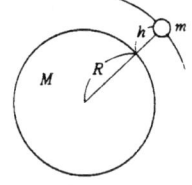

$$\text{만유인력} = \text{구심력} = \text{중력}$$

지구의 질량을 M, 지면으로부터 높이 h되는 곳의 중력 가속도를 g', 지구의 반경을 R, 인공위성의 질량을 m이라고 하면,

$$G\frac{mM}{(R+h)^2} = m(R+h)w^2 = m\frac{v^2}{R+h} = mg'$$

(1) 인공위성의 공전 속도

$G = \dfrac{Mm}{(R+h)^2} = m\dfrac{v^2}{R+h}$ 이고 $g = \dfrac{Gm}{R^2}$ 이므로

$$v = \sqrt{\frac{GM}{R+h}} = \sqrt{\frac{gR^2}{R+h}}$$

(2) 인공위성의 공전 주기

$T = \dfrac{2\pi(R+h)}{v}$ 이고 $v = \sqrt{\dfrac{GM}{R+h}} = \sqrt{\dfrac{gR^2}{R+h}}$ 이므로

$$T = \frac{2\pi}{\sqrt{GM}}(R+h)^{\frac{3}{2}} = \frac{2\pi}{\sqrt{gR^2}}(R+h)^{\frac{3}{2}}$$

예제

01 질량 10kg인 물체가 반지름 2m인 원둘레 위를 일정한 각속도 6rad/s로 원운동하고 있다.
(1) 이 물체의 속도는?
(2) 이 물체는 몇 초만에 1회전하는가?
(3) 이 물체의 구심 가속도는?

해설 (1) $v = rw = 2 \times 6 = 12(\text{m/s})$
(2) $T = \dfrac{2\pi}{w} = \dfrac{2\pi}{6} = \dfrac{\pi}{3}(\text{초})$
(3) $a = rw^2 = 2 \times 6^2 = 72(\text{m/s}^2)$

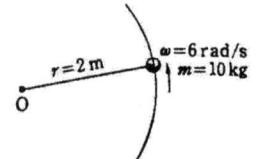

답 (1) 12m/s (2) $\dfrac{\pi}{3}$초 (3) 72m/s^2

02 질량이 0.1kg인 물체가 반지름이 25cm인 원둘레 위를 1초에 2바퀴씩 회전하고 있다.
(1) 진동수는 몇 Hz인가?
(2) 속력은 몇 m/s인가?
(3) 가속도의 크기는 몇 m/s²인가?

해설 (1) 1초 동안 2바퀴 회전하므로 진동수는 2Hz이다.
(2) $v = 2\pi rf = 2\pi \times 0.25 \times 2 = \pi \, m/s$
(3) $a = \dfrac{v^2}{r} = \dfrac{\pi^2}{0.25} = 4\pi^2 (m/s^2)$

답 (1) 2Hz (2) $\pi m/s$ (3) $4\pi^2 m/s^2$

03 (1) 질량 10kg인 물체가 반지름 2m인 원 궤도를 10m/s의 속력으로 운동하고 있을 때 구심력의 크기는?
(2) 질량 5kg인 물체를 길이 50cm인 가는 실에 매어 매초 5회전시킬 때 실의 장력은?
(3) 질량 4kg인 물체가 반지름 2m인 원주 위를 1회전하는 데 4초 걸린다면, 이 물체가 받는 구심력은?

해설
(1) $\begin{bmatrix} m = 10\text{kg} \\ r = 2\text{m} \\ v = 10\text{m/s} \end{bmatrix}$ 에서 $F = m\dfrac{v^2}{r} = 10 \times \dfrac{10^2}{2} = 500(N)$

(2) 실의 장력 = 구심력

$\begin{bmatrix} m = 5\text{kg} \\ r = 0.5\text{m} \\ f = 5\text{s}^{-1} \end{bmatrix}$ 에서 $F = mrw^2 = mr\dfrac{4\pi^2}{T^2}$ $(\because w = \dfrac{2\pi}{T})$

$= mr(4\pi^2 f^2)$ $(\because T = \dfrac{1}{f})$

$= 5 \times 0.5 \times 4\pi^2 \times 5^2 = 250\pi^2 (N)$

(3) $\begin{bmatrix} m = 4\text{kg} \\ r = 2\text{m} \\ T = 4\text{s} \end{bmatrix}$ 에서 $F = mrw^2 = mr\dfrac{4\pi^2}{T^2}$ $(\because w = \dfrac{2\pi}{T})$

$= 4 \times 2 \times \dfrac{4\pi^2}{4^2} = 2\pi^2 (N)$

답 (1) 500N (2) $250\pi^2 N$ (3) $2\pi^2 N$

04 그림과 같이 반지름이 20cm인 원 궤도를 1초에 10번씩 등속 원운동하는 질량 3kg인 물체가 있다.
(1) 물체의 속력은?
(2) 물체가 받은 구심력의 크기는?

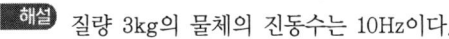

해설 질량 3kg의 물체의 진동수는 10Hz이다.

(1) $v = \dfrac{2\pi r}{T} = 2\pi rf = 2\pi \times 0.2 \times 10 = 4\pi \, m/s$

(2) $F = ma = mrw^2 = \dfrac{mv^2}{r} = \dfrac{3 \times (4\pi)^2}{0.2} = \dfrac{3 \times 16\pi^2}{0.2} = 240\pi^2 N$

답 (1) $4\pi m/s$ (2) $240\pi^2 N$

05 질량이 200g, 반지름 1m인 실에 매달고 분당 300번 회전하는 물체가 있다. 이때 물체를 당기는 실의 장력은 얼마인가?

① $5\pi^2 N$　　　　　　② $10\pi^2 N$
③ $20\pi^2 N$　　　　　　④ $120\pi^2 N$

 물체가 분당 300번 회전하므로 1초 동안의 진동수는 $f = \dfrac{300}{60} = 5Hz$ 이다.

실의 장력은 구심력과 같으므로 $F = ma = mrw^2$ 에서 $w = 2\pi f = 2\pi \times 5 = 10\pi \, rad/s$

질량 200g은 0.2kg이므로 구심력 $F = 0.2 \times 1 \times (10\pi)^2 = 20\pi^2 N$

 ③

06 질량 2kg인 물체가 단진동하고 있다. 단진동 속력의 최댓값은 0.4m/s이고, 진폭은 0.2m이다. 변위가 0.1m가 되는 순간에 물체가 받는 복원력의 크기는 몇 N인가?

해설 복원력의 크기는 $F = -mw^2 x$ 이다. 이때 $w = \dfrac{v}{r} = \dfrac{0.4}{0.2} = 2 \, rad/s$ 이므로

$F = -mw^2 x = -2 \times 2^2 \times 0.1 = -0.8N$ 이다.

답▶ $-0.8N$

07 (1) 변위 $x = 3\sin\left(6\pi t + \dfrac{\pi}{2}\right)$(cm)로 단진동하는 물체가 있다. 이 진동의 최대 속력은?
(2) $x = 5\sin 2\pi t$(cm)로 운동하는 단진자가 있다. 이 단진자의 진폭과 주기는?

 (1) $\begin{bmatrix} r = 3cm \\ w = 6\pi (rad/s) \end{bmatrix}$　$v = rw = 3 \times 6\pi = 18\pi (cm/s)$

(2) $\begin{bmatrix} r = 5cm \\ w = 2\pi (rad/s) \end{bmatrix}$ 진폭 $r = 5$(cm), 주기 $T = \dfrac{2\pi}{w} = \dfrac{2\pi}{2\pi} = 1(s)$

답▶ (1) 18πcm/s　(2) 진폭 5cm, 주기 1s

08 질량 0.5kg인 물체가 진폭 10cm, 주기 0.2초인 단진동을 하고 있다.
(1) 속도의 최댓값은 몇 m/s인가?
(2) 가속도의 최댓값은 몇 m/s^{2}인가?
(3) 복원력의 최댓값은 몇 N인가?

해설 $\begin{bmatrix} m = 0.5kg \\ r = 0.1m \\ T = 0.2초 \end{bmatrix}$　(1) $v = rw = r\dfrac{2\pi}{T} = 0.1 \times \dfrac{2\pi}{0.2} = \pi$(m/s)

(2) $a = -rw^2 = -r\dfrac{4\pi^2}{T^2} = -0.1 \times \dfrac{4\pi^2}{0.2^2} = -10\pi^2$(m/s^2)

(3) $F = -mrw^2 = -0.5 \times 0.1 \times \dfrac{4\pi^2}{0.2^2} = -5\pi^2$(N)

답▶ (1) πm/s　(2) $-10\pi^2$m/s^2　(3) $-5\pi^2$N

09 길이가 1m인 단진자의 주기는 약 몇 초인가? 또, 진동수는 몇 Hz인가?

해설 $T = 2\pi\sqrt{\dfrac{l}{g}} = 2\pi\sqrt{\dfrac{1}{9.8}} \fallingdotseq 2(\text{s})$

$f = \dfrac{1}{T} = \dfrac{1}{2s} = 0.5\text{Hz}$

답 $T = 2\text{s}$, 진동수 $f = 0.5\text{Hz}$

10 길이가 49cm인 단진자가 4회 진동할 때 길이가 4cm인 단진자는 몇 회 진동하는가?

해설 $T = 2\pi\sqrt{\dfrac{l}{g}} = \dfrac{1}{f}$ 에서 $f_1 = \dfrac{1}{2\pi}\sqrt{\dfrac{g}{49}} = \dfrac{1}{14\pi}\sqrt{g}$, $f_2 = \dfrac{1}{2\pi}\sqrt{\dfrac{g}{4}} = \dfrac{1}{4\pi}\sqrt{g}$

$2f_2 = 7f_1$이므로 f_1이 4일 경우 f_2는 14이다.

답 14회

11 탄성계수 0.36N/m인 용수철에 10g의 추를 매달아 단진동시켰다.
(1) 이 추의 진동수를 구하여라.
(2) 용수철의 탄성계수를 4배로 하면 진동수는 몇 배가 되겠는가?

해설 (1) $T = \dfrac{1}{f} = 2\pi\sqrt{\dfrac{m}{k}} = 2\pi\sqrt{\dfrac{0.01}{0.36}} = \dfrac{2\pi}{6} = \dfrac{\pi}{3}(\text{s})$ ∴ $f = \dfrac{3}{\pi}(s^{-1})$

(2) $T = \dfrac{1}{f} = 2\pi\sqrt{\dfrac{m}{k}}$ 에서 $f \propto \sqrt{k}$

따라서, k가 4배이므로 f는 2배가 된다.

답 (1) $\dfrac{3}{\pi}s^{-1}$ (2) 2배

12 행성으로부터 태양까지의 거리가 지금의 2배가 되면 그 공전 주기는 현재의 몇 배로 되겠는가?

해설 $T^2 = kR^3$에서 태양까지의 거리가 $2R$이 되므로 $T'^2 = kR'^3 = k(2R)^3 = 2^3 kR^3$

∴ $T' = \sqrt{2^3}\, T$

답 $2\sqrt{2}$ 배

13 지구에 비하여 2배의 지름과 6배의 질량을 가진 행성이 있다면, 그 지표면에서의 중력 가속도는 지구 표면의 중력 가속도의 몇 배가 되겠는가?
① 1배   ② 1.5배
③ 2배   ④ 3배

해설 $g = \dfrac{GM}{r^2}$에서 지름은 2배, 질량은 6배이므로 $g' = \dfrac{G(6M)}{(2r)^2} = \dfrac{6}{4}\dfrac{GM}{r^2} = 1.5g$

답 ②

Chapter 01

14 한 인공위성이 어떤 궤도 위에서 원운동을 하고 있다. 새로운 위성을 발사하여 처음 위성 궤도 반지름의 4배가 되는 궤도 위를 돌게 하려면 속도를 처음 위성의 몇 배로 하면 되겠는가?

해설 인공위성의 속도 v는

$$v = \sqrt{\frac{GM}{R+h}} = \sqrt{\frac{gR^2}{R+h}} \qquad \therefore v' = \sqrt{\frac{gR^2}{4(R+h)}} = \frac{1}{2}\sqrt{\frac{gR^2}{R+h}} = \frac{1}{2}v$$

답 ▶ $\frac{1}{2}$ 배

15 원운동하고 있는 인공위성에서 그 궤도 반지름이 4배가 되면 공전 주기는 몇 배로 되겠는가?

해설 인공위성의 공전 주기 T는

$$T = \frac{2\pi}{\sqrt{GM}}(R+h)^{\frac{3}{2}} = \frac{2\pi}{\sqrt{gR^2}}(R+h)^{\frac{3}{2}}$$

$$\therefore T' = \frac{2\pi}{\sqrt{gR^2}}\{4(R+h)\}^{\frac{3}{2}} = \sqrt{64} \cdot \frac{2\pi}{\sqrt{gR^2}}(R+h)^{\frac{3}{2}} = 8T$$

답 ▶ 8배

16 그림은 행성이 태양을 한 초점으로 하는 타원 궤도의 원일점을 지나는 모습을 나타낸 것이다. 이에 대한 설명 중 옳지 않은 것은?

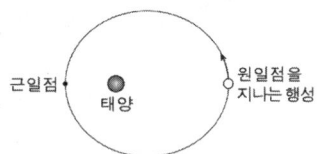

① 행성의 속력은 원일점에서 가장 느리다.
② 원일점에서 태양과 행성이 서로에게 작용하는 만유인력의 크기는 같다.
③ 원일점에서 근일점으로 운동하는 동안 행성에 작용하는 만유인력의 크기는 증가한다.
④ 위성의 공전 궤도 반지름이 2배가 되면 공전 주기는 8T이다.

해설 같은 시간 동안 태양을 잇는 선이 휩쓸고 간 면적은 같으므로 원일점의 속력이 가장 느리며, 작용·반작용 법칙에 의해 태양이 행성을 당기는 힘과 행성이 태양을 당기는 힘의 크기는 같다. 만유인력은 거리에 제곱 반비례하므로 근일점에서 크기는 증가하며, 공전 궤도 반지름이 2배가 되면 주기는 $T^2 = kR^3$에 의해 $2\sqrt{2}\,T$가 된다.

답 ▶ ④

17 고도가 지구의 반지름인 곳에서 도는 인공위성의 속도는? (단, G는 중력상수, M은 지구 질량, R은 지구 반지름, m은 인공위성 질량, g는 중력 가속도이다.)

① $\sqrt{\dfrac{2mg}{R}}$ ② $\sqrt{\dfrac{GM}{R^2}}$

③ $\sqrt{\dfrac{GM}{R}}$ ④ $\sqrt{\dfrac{GM}{2R}}$

해설 고도가 지구 반지름인 곳은 '지구 반지름 + 고도'이므로 $2R$이다.

인공위성의 속도는 $v = \sqrt{\dfrac{GM}{R+h}}$ 이므로 $R+h=2R$을 대입하면 $\sqrt{\dfrac{GM}{2R}}$ 이다.

답 ④

18 인공위성 안에서 물체를 공중에 놓아도 물체가 떨어지지 않고 떠 있는 이유를 옳게 설명한 것은 무엇인가?
① 물체의 무게와 공기의 부력에 의한 크기가 같아 평형 상태이다.
② 인공위성이 지구와 태양의 만유인력의 평형점에 있기 때문이다.
③ 물체의 무게와 원심력의 합력이 같기 때문이다.
④ 인공위성이 중력의 영향에서 탈출했기 때문이다.

해설 인공위성이 무중력 상태인 것은 중력(만유인력)은 작용하나 인공위성의 원심력이 중력의 크기와 같기 때문에 나타나는 현상이다($G\dfrac{Mm}{R^2}=mRw^2$).

답 ③

19 지표면 근처를 스치듯 비행하는 인공위성이 있다. 이 인공위성의 주기는? (단, R은 지구 반지름, g는 중력 가속도이다.)

① $2\pi\sqrt{\dfrac{R}{2g}}$ ② $2\pi\sqrt{\dfrac{R}{g}}$

③ $2\pi\sqrt{\dfrac{2R}{g}}$ ④ $2\pi\sqrt{\dfrac{R^2}{g}}$

해설 $G\dfrac{mM}{R^2}=mRw^2=mg$, $w=\dfrac{2\pi}{T}$ 를 이용해 식을 T에 대해 정리하면 $2\pi\sqrt{\dfrac{R}{g}}$ 이다.

답 ②

---

07 충격량과 운동량

1. 충격량과 운동량

1 충격량

(1) 충격량

물체에 힘을 가하면 그 물체는 속도가 변화하며, 가한 힘과 작용한 시간이 크면 클수록 속도의 변화는 더욱 더 크게 일어난다. 즉, 물체의 속도 변화는 작용한 힘과 힘이 작용한 시간의 곱으로 정해지는데 이것을 충격량(I)이라고 한다. 충격량은 벡터량이다.

충격량 = (물체에 작용한 힘)×(힘이 작용한 시간)

$$\vec{I} = \vec{F} \times t \text{(단위 : N·s)}$$

(2) $F-t$ 그래프

오른쪽 그림은 물체에 가한 힘 F와 작용한 시간 t와의 관계 그래프이다. 그래프에서 색칠한 부분의 넓이가 Ft로서 충격량을 나타낸다.

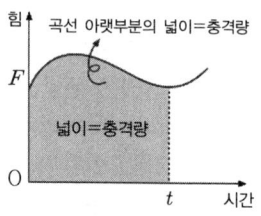

| 힘이 일정하지 않을 때 |

2 운동량

(1) 운동량

물체가 어떤 속도로 운동하고 있을 때, 물체의 질량이 크고 속도가 빠를수록 그 물체를 정지시키기가 어렵다. 즉, 운동의 크기의 척도는 물체의 질량(m)과 속도(v)의 곱으로 나타낼 수 있는데, 이것을 운동량(p)이라고 한다. 운동량은 벡터량이다.

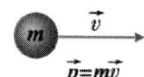

운동량 = (질량)×(속도)

$$\vec{p} = m\vec{v} \text{ (단위 : kg·m/s)}$$

(2) 운동량과 충격량과의 관계

아래 그림과 같이 질량 m인 물체가 초속도 $\vec{v_0}$로 움직이고 있다. 이 물체에 힘 $\vec{F}$를 작용한 결과 가속도 $\vec{a}$가 생겨 t초 후에는 $\vec{v}$로 움직이게 되었다면, 이 물체의 가속도는 다음 두 식으로 나타낼 수 있다.

처음 속도 $\vec{v_0}$ 　 방향, 크기가 일정한 힘 F가 시간 t 동안 작용 　 힘 $\vec{F}$ 　 나중 속도 $\vec{v}$

질량 m

| 운동량 $m\vec{v_0}$ | + | 충격량 $\vec{F}t$ | = | 운동량 $m\vec{v}$ |

$\vec{a} = \dfrac{\vec{F}}{m}$, $\vec{a} = \dfrac{\vec{v}-\vec{v_0}}{t}$, 따라서 $\vec{a} = \dfrac{\vec{F}}{m} = \dfrac{\vec{v}-\vec{v_0}}{t}$이다.

$$\vec{F}t = m\vec{v} - m\vec{v_0}$$

즉, 충격량은 운동량의 변화와 같다.

(3) 힘과 운동량

$Ft = mv - mv_0 = \Delta p$ 에서

$F = \dfrac{mv - mv_0}{t} = \dfrac{\Delta p}{t} = m\dfrac{v - v_0}{t} = ma =$ 충격력

단위 시간 동안에 일어난 운동량의 변화량이 그 물체에 작용한 힘, 즉 충격력이다.

2. 운동량 보존

1 운동량 보존의 법칙

(1) 직선상에서의 운동량 보존의 법칙

그림과 같이 질량 m_1인 물체 A가 v_1의 속도로, 질량 m_2인 물체 B가 v_2의 속도로 직선상을 운동하다가 충돌한 후 두 물체의 속도가 각각 $v_1{}'$, $v_2{}'$로 되었다.

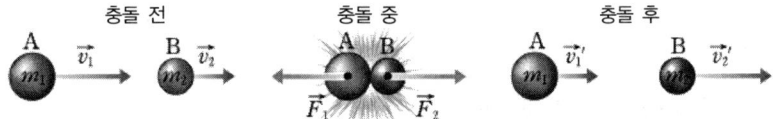

충돌할 때, 물체 A가 B에 준 힘을 F라고 하면, 반작용에 의해서 물체 B가 A로부터 받은 힘은 $-F$가 된다. 이때, 두 물체가 충돌하는 시간을 t라고 하면,

물체 A가 받은 충격량은 $-Ft = m_1 v_1{}' - m_1 v_1$ ············· ①

물체 B가 받은 충격량은 $Ft = m_2 v_2{}' - m_2 v_2$ ············· ②

①, ②에서

$$m_1 v_1 + m_2 v_2 = m_1 v_1{}' + m_2 v_2{}'$$

즉, '(충돌 전의 운동량의 합) = (충돌 후의 운동량의 합)'이 성립하는데, 이것을 운동량 보존의 법칙이라고 한다.

(2) 직선상에서의 운동량 보존 법칙의 예

① 분열 : 정지해 있거나, 움직이던 물체가 분열할 경우 운동량 보존 법칙에 의해 분열 전후 운동량은 보존된다.

$$mv = m_1 v_1{}' + m_2 v_2{}'$$

② 융합 : 운동하던 두 물체가 충돌 후 한 덩어리가 되는 운동을 의미하며, 융합 후 운동량 보존 법칙에 의해 운동량은 보존된다.

$$m_1 v_1 + m_2 v_2 = (m_1 + m_2) v'$$

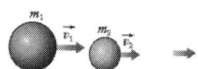 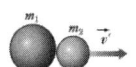

(3) 평면상에서의 운동량 보존의 법칙

① 오른쪽 그림과 같이 두 물체가 평면상에서 임의의 방향으로 운동하다가 충돌할 때에도 운동량이 보존된다.

$$m_1v_1 + m_2v_2 = m_1v_1' + m_2v_2'$$

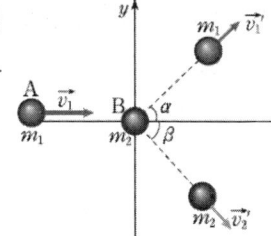

위의 식을 x축, y축 성분으로 나누어 표시하면,
- x성분 : $m_1v_{1x} + m_2v_{2x} = m_1v_{1x}' + m_2v_{2x}'$
- y성분 : $m_1v_{1y} + m_2v_{2y} = m_1v_{1y}' + m_2v_{2y}'$

② 다음 그림에서와 같이 임의의 방향으로 운동하다가 충돌하는 경우에도 운동량은 보존된다. 질량 m_1인 물체 A가 v_1의 속력으로 움직이며 정지해 있는 물체 B와 충돌할 때

$$m_1v_1 = m_1v_1' + m_2v_2'$$

위의 식을 x축, y축 성분으로 나누어 표시하면,
- x성분 : $m_1v_1 = m_1v_{1x}' + m_2v_{2x}'$
- y성분 : $0 = m_1v_{1y}' + m_2v_{2y}'$

운동량 보존의 법칙은 두 물체 사이뿐만 아니라 여러 물체 사이에서도 성립되며 외력이 작용하지 않는 한 항상 성립하는 일반적인 법칙이다.

2 반발계수

(1) 반발계수

두 물체가 충돌할 때 충돌 전후의 상대 속도의 비를 반발계수라고 한다. 질량 m_1, m_2인 두 물체가 일직선상에서 충돌할 때, 충돌 전의 속도를 각각 v_1, v_2, 충돌 후의 속도를 v_1', v_2'라고 하면, 반발계수 e는

$$e = -\frac{\text{충돌 후 상대 속도}}{\text{충돌 전 상대 속도}} = -\frac{v_1' - v_2'}{v_1 - v_2} \quad (0 \leq e \leq 1)$$

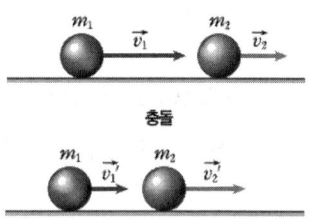

① (완전) 탄성 충돌($e = 1$) : 완전 탄성 충돌인 경우에는 운동량 보존의 법칙과 역학적 에너지 보존의 법칙이 성립한다. 충돌 후 $m_1 = m_2$인 경우 두 물체의 속도는 서로 교환된다.

$$m_1v_1 + m_2v_2 = m_1v_1' + m_2v_2',$$
$$\frac{1}{2}m_1v_1^2 + \frac{1}{2}m_2v_2^2 = \frac{1}{2}m_1v_1'^2 + \frac{1}{2}m_2v_2'^2$$

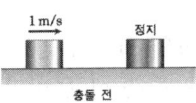 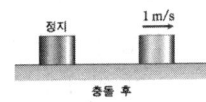

② 비탄성 충돌($0 < e < 1$) : 운동량은 보존되지만 운동에너지는 감소한다.

$$m_1v_1 = m_1v_1' + m_2v_2',$$
$$\frac{1}{2}m_1v_1^2 \neq \frac{1}{2}m_1v_1'^2 + \frac{1}{2}m_2v_2'^2$$

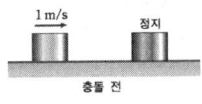 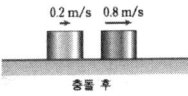

③ 완전 비탄성 충돌($e = 0$) : 충돌 후 한 덩어리가 되는 경우로, 운동량은 보존되지만 운동에너지는 감소하며, 가장 많이 감소한다.

$$m_1v = (m_1 + m_2)v',$$
$$\frac{1}{2}m_1v^2 \neq \frac{1}{2}(m_1 + m_2)v'^2$$

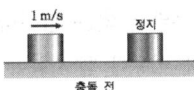 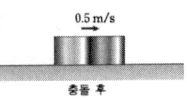

(2) 벽과의 충돌

① 오른쪽 그림과 같이, 질량 m인 물체 A가 v_1의 속도로 벽과 충돌해서 튀어나오는 속도를 v'_1라 하고, 물체와 벽 B 사이의 반발계수를 e라고 하면, $e = \dfrac{v_1' - v_2'}{v_1 - v_2}$에서

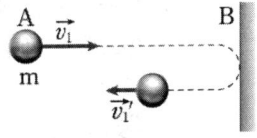

벽은 충돌 전후 항상 정지해 있으므로 $v_2 = 0$, $v_2' = 0$이다. 따라서,

$e = -\dfrac{v_1'}{v_1}$이다. 즉 $v_1' = -ev_1$이다.

즉, 반발 속도는 충돌 전의 속도에 반발계수를 곱한 속도이다.

② 오른쪽 그림과 같이 비스듬히 충돌하는 경우 벽과 나란한 방향으로 힘을 받지 않고 벽면과 수직 방향으로만 힘을 받으므로 벽면과 나란한 방향의 속도는 변하지 않는다.

• 벽면과 나란한 방향의 속도 성분 : $v_y' = v_y$
• 벽면과 수직인 방향의 속도 성분 : $v_x' = -ev_x$

이때 $\theta_1 = \theta_2$는 같으므로 이것은 빛의 반사와 유사하다.

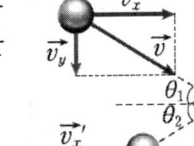

Chapter 01

(3) 바닥과의 충돌

그림과 같이 질량 m인 물체가 높이 h인 곳에서 자유 낙하하여 반발계수 e인 바닥과 충돌한 후 높이 h'만큼 튀어올랐다고 하면

- 마루와 충돌하는 순간의 속도는 $v = \sqrt{2gh}$
- 반발되어 튀어오르는 속도는 $v' = -\sqrt{2gh'}$ 이고,
  $v' = -ev$에서 $-\sqrt{2gh'} = -e\sqrt{2gh}$
  $\therefore h' = e^2 h$

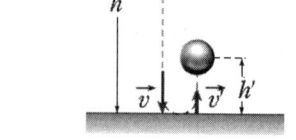

즉, 바닥과 충돌해서 튀어오른 높이는 처음 높이에 반발계수의 제곱을 곱한 높이가 된다.

✓ 예제

01 질량 10kg인 물체를 위로 던져 올렸더니 4초 후에 지상에 다시 떨어졌다. 이 물체가 4초 동안 중력으로부터 받은 충격량은 몇 N·s인가? (단, 중력 가속도 g는 10m/s²이다.)

해설 물체에 작용한 힘 × 힘이 작용한 시간
$\therefore Ft = mgt = 10 \times 10 \times 4 = 400(\text{N} \cdot \text{s})$

답 ▶ 400N·s

02 마찰이 없는 수평면 위에 2kg의 물체를 놓고 그림과 같이 변화하는 힘을 가할 때, 6초 동안 이 물체가 받은 충격량은 얼마인가?

해설 그래프와 시간축 사이의 면적이 충격량이다.
$I = 2 \times 3 + 4 \times 3 = 18(\text{N} \cdot \text{s})$

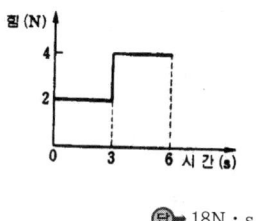

답 ▶ 18N·s

03 어떤 축구 선수가 찬 질량이 450g인 축구공이 40m/s의 속도로 날아갔다. 축구공의 운동량의 크기는 몇 kg·m/s인지 구하시오.

해설 $m = 0.45 kg \quad p = mv = 0.45 \times 40 = 18 kg \cdot m/s$

답 ▶ 18kg·m/s

04 두 물체에 작용한 힘의 비가 3 : 2이고 그 힘이 작용한 시간의 비가 2 : 3이면, 두 물체의 운동량의 변화의 비는?

해설 충격량은 운동량의 변화와 같으므로 $\Delta p = Ft$이다.
즉, 운동량의 변화의 비는 작용한 힘과 그 힘이 작용한 시간의 곱의 비와 같다.
$\begin{array}{l} F \to 3F : 2F \\ t \to 2t : 3t \end{array} \Rightarrow \Delta p = Ft \Rightarrow 6Ft : 6Ft = 1 : 1$

답 ▶ 1 : 1

05 20m/s의 속도로 날아오는 질량 0.3kg인 공을 방망이로 쳐서 반대 방향으로 30m/s의 속도로 날아가게 하였다. 이때 공이 받은 충격량은?

> **해설** $m=0.3kg, v_0=20m/s, v=-30m/s$이므로 $Ft=\Delta p=mv-mv_0$
> $=0.3\times(-30)-0.3\times 20=-15(N\cdot s)$ ($-$는 운동 방향과 반대 방향임을 나타낸다.)
>
> **답** 15N·s

06 질량이 0.3kg인 물체가 20m 높이에서 자유 낙하했을 때 바닥에 닿기 직전의 운동량의 크기는 몇 kg·m/s인가? (단, 중력 가속도의 크기는 10m/s²이다.)

> **해설** 바닥에 닿기 직전의 속력은 $2as=v^2-v_0^2$에서 $2\times 10\times 20=v^2-0^2$이므로 $v=20m/s$이다. 따라서 운동량의 크기는 $P=mv=0.3\times 20=6kg\cdot m/s$
>
> **답** $6kg\cdot m/s$

07 질량이 5kg인 공이 6m/s의 속력으로 벽에 충돌한 후 초기 운동에너지의 50%로 튀어 나온다고 할 때 공이 벽에 가한 충격량은 몇 kg·m/s인가?

> **해설** 충돌 전 운동에너지의 50%이므로 $\frac{1}{2}mv^2=\frac{1}{2}(\frac{1}{2}mv'^2)$, 충돌 후 속도 $v'=3\sqrt{2}m/s$이다.
> $P=-(mv-mv_0)=m(v+v_0)=5(3\sqrt{2}+6)=15(2+\sqrt{2})kg\cdot m/s$
>
> **답** $15(2+\sqrt{2})kg\cdot m/s$

08 20m/s의 속도로 달리던 질량 4톤의 자동차가 앞에 있던 장애물과 정면으로 충돌하여 5m/s의 속도로 반발하였다. 자동차가 장애물에 충돌하는 시간이 $\frac{1}{100}$초였다면, 자동차가 장애물로부터 받은 힘은 얼마인가?

> **해설** 4톤은 4000kg이므로 $Ft=mv-mv_0$에서 주어진 조건을 이용하여 계산하면
> $F=\frac{mv-mv_0}{t}=\frac{4,000\times(-5)-4,000\times 20}{\frac{1}{100}}=-10^7(N)$ ($-$는 운동 방향과 반대 방향임을 나타낸다.)
>
> **답** -10^7N

09 질량 2kg인 물체가 10m/s의 속도로 날아오고 있다. 이 물체를 $\frac{1}{100}$초 동안에 정지시키려면 얼마의 힘을 작용시켜야 하겠는가?

> **해설** $Ft=mv-mv_0$에서 $F=\frac{mv-mv_0}{t}=\frac{2\times 0-2\times 10}{\frac{1}{100}}=-2,000(N)$
>
> **답** $-2,000N$

제1장 힘과 운동

10 질량 140g인 야구공이 30m/s로 날아올 때 야구배트로 쳐서 반대 방향으로 20m/s로 날아갔다. 공이 배트에 맞는 시간이 0.1초일 때 배트가 공에 가한 힘은?

> **해설** $P = F \cdot t = mv - mv_0$이며 140g은 0.14kg이다.
> $F \times 0.1 = -0.14 \times 20 - 0.14 \times 30$에서 F를 구하면 70N이다.

답 70N

11 25m/s로 운동하는 질량이 4kg인 물체 A가, 같은 방향으로 10m/s로 운동하고 있는 질량 10kg인 물체 B와 충돌하였다. 충돌 후 물체 A가 진행하던 방향으로 15m/s로 운동했다면, 물체 B의 속도는?

> **해설** 주어진 내용에서 $m_1 = 4kg \rightarrow v_1 = 25m/s$, $v_1' = 15m/s$
> $m_2 = 10kg \rightarrow v_2 = 10m/s$, $v_2' = ?$
>
> 운동량 보존의 법칙에서 $m_1 v_1 + m_2 v_2 = m_1 v_1' + m_2 v_2'$
> $4 \times 25 + 10 \times 10 = 4 \times 15 + 10 \times v_2'$ ∴ $v_2' = 14(m/s)$ (진행하던 방향)

답 14m/s

12 마찰을 무시할 수 있는 얼음판 위에 질량 60kg인 사람이 5m/s 속력으로, 질량 40kg인 사람이 10m/s의 속력으로 마주보며 달려오다가 충돌 후 같이 움직일 경우 두 사람의 속력은?

> **해설** 운동량 보존의 법칙에 의해 $m_1 v_1 + m_2 v_2 = m_1 v_1' + m_2 v_2'$
> $60 \times 5 + 40 \times (-10) = 100 \times v$ ∴ $v = -1m/s$ (질량 40kg인 사람이 운동하던 방향)

답 1m/s

13 오른쪽 그림과 같이 질량 1kg인 두 공 A, B가 마찰이 없는 수평면에서 각각 3m/s, 1m/s의 속력으로 서로 반대 방향으로 운동하였다. 충돌 후 공 A는 정지하였다.
(1) 충돌 후 B의 속력은 몇 m/s인가?
(2) 충돌하는 동안 B가 받은 충격량은 몇 kg·m/s인가?
(3) 충돌하는 동안 A가 받은 충격량은 몇 N·s인가?

> **해설** 충돌 전후 B의 속도를 v라 하면, 운동량 보존의 법칙을 이용하여 다음과 같이 계산한다.
> (1) $m_A v_A + m_B v_B = m_A v_A' + m_B v_B'$
> $1 \times 3 + 1 \times (-1) = 0 + 1 \times v$ ∴ $v = 2m/s$
> (2) B의 충격량은 B의 운동량 변화량과 같다. 오른쪽 방향 속도를 (+)로 생각한다.
> $I = mv - mv_0 = 1 \times 2 + 1 \times 1 = 3kg \cdot m/s$
> (3) B의 운동량의 변화량은 $3kg \cdot m/s$이며 이는 B의 충격량과 같으며, A가 B에게 작용한 충격량이므로 작용·반작용 법칙에 의해 B가 A에게 가한 충격량도 $3kg \cdot m/s = 3N \cdot s$이다.

답 (1) 2m/s (2) 3kg·m/s (3) 3N·s

14 질량 2kg인 물체 A가 10m/s의 속력으로 운동하다가 정지해 있던 질량 3kg인 물체 B와 충돌하였다. 충돌 후 두 물체 A, B는 그림과 같이 각각 60°, 30°의 방향으로 v_A, v_B의 속력으로 운동하였다. v_A, v_B는 얼마인가?

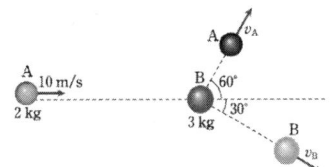

해설 운동량 보존 법칙을 적용하면 x축 방향의 운동량 보존은 $m_1v_1 = m_1v_{1x}' + m_2v_{2x}'$이다. 이는 $20 = 20v_A\cos60° + 3v_B\cos30°$이고, y축은 $0 = m_1v_{1y}' + m_2v_{2y}'$이므로 $0 = 2v_A\sin60° - 3v_B\sin30°$이다. 두 식을 연립하면 $v_A = 5m/s$, $v_B = \dfrac{10\sqrt{3}}{3}$이다.

답 $v_A = 5m/s$, $v_B = \dfrac{10\sqrt{3}}{3}$

15 그림은 질량 1kg, 2kg인 공 A, B가 각각 3m/s, 2m/s의 속력으로 일직선상을 서로 반대 방향으로 운동하는 모습을 나타낸 것이다. 충돌하는 동안 반발계수가 0.5일 때, 충돌 후 A, B의 운동에너지 합은 얼마인가?

해설 오른쪽 방향을 (+), 충돌 후 A, B의 속도를 각각 v_A, v_B라 하고, A와 B의 운동량 보존 법칙을 적용하면 $-v = v_A + 2v_B$이고, 반발계수식을 적용하면 $\dfrac{1}{2} = \dfrac{v_A - v_B}{3 - (-2)}$이다. 두 식을 정리하면 충돌 후 $v_A = \dfrac{4}{3}m/s$, $v_B = -\dfrac{7}{6}m/s$이다. 운동에너지의 합은

$$\dfrac{1}{2} \times 1 \times \left(\dfrac{4}{3}\right)^2 + \dfrac{1}{2} \times 2 \times \left(-\dfrac{7}{6}\right)^2 = \dfrac{9}{4}J$$

답 $\dfrac{9}{4}J$

16 그림과 같이 어떤 물체가 100m/s의 속도로 벽면에 수직으로 충돌하여 수직으로 80m/s의 속도로 튀어나왔다. 이 물체와 벽 사이의 반발계수는 얼마인가?

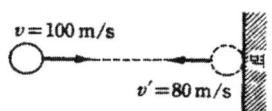

해설 $\begin{cases} v = 100m/s \\ v' = -80m/s \end{cases}$ $v' = -ev$에서 $-80 = -e \times 100$ $\therefore e = 0.8$

답 0.8

17 공을 마루 위 160cm 높이에서 자유 낙하시켰다. 공과 마루 사이의 반발계수가 0.5라 하고 다음 물음에 답하여라.
(1) 공이 마룻바닥으로부터 튀어오르는 최고 높이는 얼마인가?
(2) 공이 두 번째 튀어오르는 높이는 얼마인가?

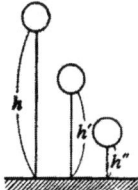

해설 (1) 첫 번째가 가장 높이 튀어오른다.
$h = 160cm$, $e = 0.5$
$h' = e^2h = 0.5^2 \times 160 = 40(\text{cm})$

(2) $h' = e^2h$
$h'' = e^2h' = e^4h = (0.5)^4 \times 160 = 10(\text{cm})$

답 (1) 40cm (2) 10cm

18 일직선에서 질량이 5kg, 10kg인 두 공 A, B가 각각 20m/s와 10m/s의 속도로 서로 반대 방향으로 날아와 정면 충돌했다. 충돌 직후의 속도는 각각 얼마인가? (단, 두 공 사이의 반발 계수는 0.5이다.)

해설 충돌 직후 두 공 A, B의 속도를 각각 v_1', v_2'라고 하면

• 운동량 보존의 법칙에서
$5 \times 20 + 10 \times (-10) = 5v_1' + 10v_2'$ ……①

• 반발계수에서
$-0.5 = \dfrac{v_1' - v_2'}{20 - (-10)}$ …………②

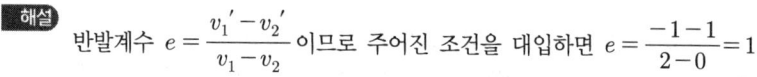

①과 ②를 연립하여 풀면
$v_1' = -10(\text{m/s})$, $v_2' = 5(\text{m/s})$

답 공 A는 처음과 반대 방향으로 10m/s, 공 B는 처음의 운동 방향으로 5m/s

19 마찰이 없는 수평면 위에서 질량 1kg인 물체 A가 오른쪽으로 2m/s의 속도로 정지해 있는 물체 B에 정면 충돌한 후 A와 B의 속도는 각각 왼쪽으로 1m/s, 오른쪽으로 1m/s가 되었다. 물체 A와 B의 반발계수는 얼마인가?

해설 반발계수 $e = \dfrac{v_1' - v_2'}{v_1 - v_2}$ 이므로 주어진 조건을 대입하면 $e = \dfrac{-1-1}{2-0} = 1$

답 1

08 강체 역학

1. 돌림힘(Torque)

1 돌림힘(토크)

(1) **돌림힘**

물체의 회전 운동을 발생시키거나 변화시키는 물리량

① **토크**: 고정점을 기준으로 회전축 주위로 자유롭게 회전할 수 있는 물체에 힘이 작용할 때 일어나는 운동 효과는 힘의 크기뿐 아니라 회전축에서 힘이 작용선까지의 수직 거리에 의하여 결정되며, 이러한 회전 운동 효과를 나타내는 물리량을 모멘트 혹은 토크(돌림힘)라 한다.

② **돌림힘의 크기**: 물체를 회전시킬 때 회전축으로부터 힘을 작용하는 곳까지의 길이 r과 작용하는 힘 F 사이의 각도가 θ일 때 돌림힘의 크기 τ는 다음과 같다.

$$\tau = rF\sin\theta \quad (\theta : 힘\ F와\ 지레의\ 팔\ r\ 사이의\ 각)$$

(2) **돌림힘의 단위**

길이의 단위인 m와 힘의 단위인 N의 곱을 사용한다. ⇨ N·m

(3) **돌림힘에 영향을 주는 요인**

① 돌림힘의 크기는 팔의 길이가 길수록 크다.

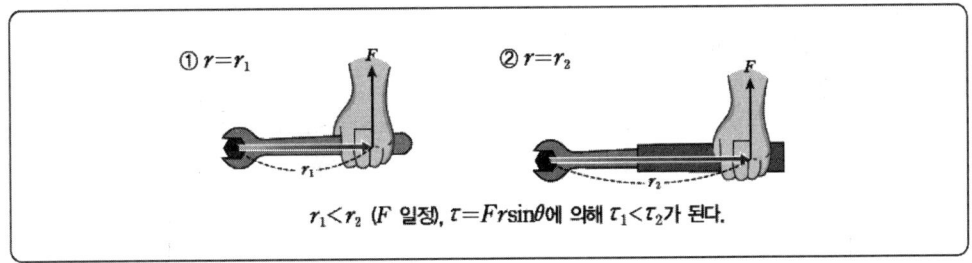

$r_1 < r_2$ (F 일정), $\tau = Fr\sin\theta$에 의해 $\tau_1 < \tau_2$가 된다.

② 돌림힘의 크기는 지레의 팔의 방향과 힘의 방향이 수직일 때 가장 크고, 평행일 때 0이다.

Chapter 01

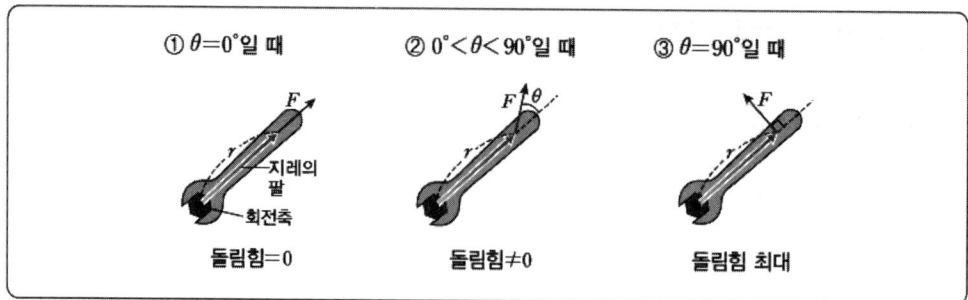

(4) 돌림힘의 방향

동일한 회전축에 대해서 시계 방향과 반대 방향으로 나타낼 수 있다.

(5) 돌림힘의 이용

지레, 축바퀴, 도르래 등

2 돌림힘의 평형

(1) 힘의 평형

물체가 운동 상태의 변화 없이 정지해 있는 상태를 역학적 평형이라 하고, 이를 유지하기 위해서는 힘의 평형과 돌림힘의 평형을 동시에 만족해야 한다.

$F_1 + F_2 + F_3 + \cdots\cdots = 0$(힘의 평형)

$\tau_1 + \tau_2 + \cdots\cdots = r_1 \times F_1 + r_2 \times F_2 + \cdots\cdots = 0$(돌림힘의 평형)

(2) 돌림힘의 합력이 0인 경우의 예

① 지레에서 돌림힘의 평형 : 긴 지레의 팔에 작용하는 돌림힘과 짧은 지레의 팔에 작용하는 돌림힘의 크기가 같으면 평형을 이룬다.

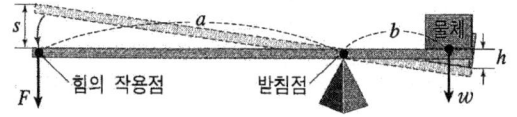

$$b \times w = a \times F$$

② 축바퀴에서 돌림힘의 평형 : 큰 바퀴에 작용하는 돌림힘과 작은 바퀴에 작용하는 돌림힘의 크기가 같으면 평형을 이룬다.

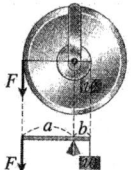

$$r_1 \times F_1 = r_2 \times F_2$$

③ 도르래에서의 돌림힘의 평형

고정 도르래 : 물체의 운동과 힘의 방향이 반대이다.	움직 도르래 : 물체의 운동 방향과 힘의 운동 방향이 같다.
돌림힘의 평형에 의해 $F \times r = w \times r$ 에서 $F = w$이다. ➡ 물체의 무게와 같은 크기의 힘으로 들어올릴 수 있다.	돌림힘의 평형에 의해 $F \times 2r = w \times r$ 에서 $F = \dfrac{w}{2}$이다. ➡ 물체 무게의 절반의 힘으로 들어올릴 수 있다.

(3) **돌림힘이 0일 때 가능한 물체의 3가지 운동 상태**

정지한 상태, 등속도 운동하는 상태, 일정한 빠르기로 회전 운동을 하는 상태

(4) **구조물의 안정성**

① 무게 중심 : 물체를 이루는 입자들의 전체 무게가 한 곳에 작용한다고 볼 수 있는 점으로, 직육면체나 구와 같이 대칭인 물체는 물체의 중앙에 무게 중심이 있다.

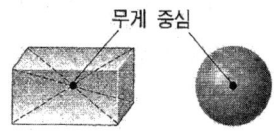

② 무게 중심은 받침면 안에 있어야 안정성이 크다. 그림 (가)와 같이 무게 중심이 받침면 안쪽에 있으면 안정한 상태이며, 그림 (나)와 같이 무게 중심이 받침면 바깥쪽에 있으면 불안정한 상태가 되어 넘어진다.

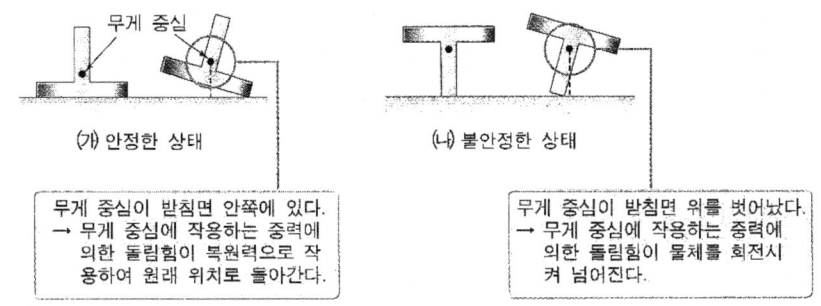

③ 무게 중심은 낮은 곳에 있어야 안정성이 크다.

2. 각운동량

1 각운동량

한 점을 중심으로 회전하는 물체가 가지는 운동량을 각운동량이라고 한다.
외부로부터 힘이 작용하지 않은 상태로 원운동하는 물체의 각운동량은 항상 일정한 값으로 보존되는데 이것을 각운동량 보존의 법칙이라고 한다. 예를 들어 피겨 스케이팅 선수가 발을 벌린 상태로 돌다가 발을 오므리면 회전 속도가 빨라지게 되는데 그 이유는 각운동량이

제1장 힘과 운동 73

보존되기 때문이다. 또한 이와 마찬가지로 태양 주위를 공전하는 행성의 각운동량도 일정하게 보존된다. 행성이 태양에 가까워지면 빨리 회전하고 태양에서 멀어지면 천천히 회전한다. 이러한 현상으로 근일점 부근에서 빠르게 공전하고, 원일점 부근에서 느리게 공전하므로 케플러 제2법칙은 각운동량 보존의 법칙으로 설명되는 것이다.

회전 속도 느림   회전 속도 빠름

각 운동량은 관성 모멘트와 회전 속도에 비례하며 관성 모멘트는 질량과 회전 반지름의 제곱에 비례하므로 회전 운동에서 반지름과 회전 속도는 반비례한다.

$$L = Iw \quad [L : 각운동량, \ I : 관성\ 모멘트(= mr^2), \ w : 회전\ 속도(각속도)]$$

2 각운동량 보존

각운동량 보존 원리는 만일 어떤 계에 외부에서 돌림힘이 작용하지 않으면 그 계의 각운동량은 변하지 않고 일정하다는 것이다. 각운동량은 선운동량에 중심에서부터의 거리를 곱한 값이 되어 다음과 같은 식으로 표현할 수 있다.

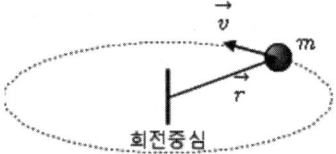

회전중심

$$L = r \times p = r \times mv \ (v = wr)$$

이때 L은 각운동량, r은 중심으로 부터의 위치벡터, p는 선운동량, m은 돌고 있는 물체의 질량, v는 물체의 선속도이다. 각운동량은 외부에 어떠한 돌림힘도 주어지지 않으면 보존되는 성질을 가지고 있으며 이는 다음과 같다.

$$\frac{dL}{dt} = (\frac{dr}{dt} \times p) + (r \times \frac{dp}{dt}) = (v \times mv) + (r \times F) = \tau$$

각운동량이 시간에 따라 전혀 변하지 않음을 뜻하므로, 돌림힘이 0이면 각운동량은 보존된다. 만일 돌림힘이 작용하면 그 계의 각운동량은 돌림힘의 방향으로 돌림힘의 크기와 같은 비율로 변한다. 돌림힘의 방향은 돌림힘이 작용하여 물체가 회전할 때 회전축의 방향과 같다.

3 여러 가지 강체의 관성 모멘트

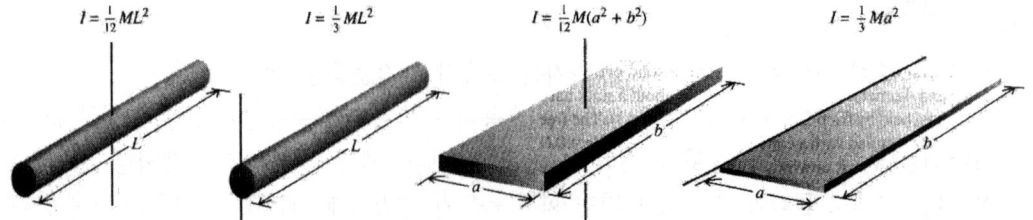

$I = \frac{1}{2}M(R_1^2 + R_2^2)$ 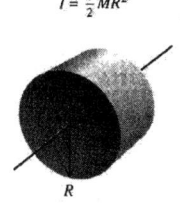 $I = \frac{1}{2}MR^2$ 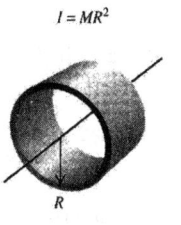 $I = MR^2$ $I = \frac{2}{5}MR^2$ 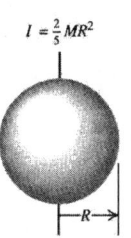 $I = \frac{2}{3}MR^2$

✔ 예제

01 질량을 무시할 수 있는 반경 r인 회전 원판 위의 가장자리에 질량 m인 물체가 놓인 상태에서 일정한 가속도로 회전하고 있다. 이 질량을 반경이 절반($\frac{r}{2}$) 지점으로 각운동량이 보존되는 상태로 움직이면 회전 각속도는 처음에 비해 몇 배가 되는가?

① $\frac{1}{2}$
② $\sqrt{\frac{1}{2}}$
③ 2
④ 4

해설 각운동량이 보존되므로 $mvr = mv'\frac{r}{2}$ 이다.

이때 $v' = 2v$ 이며, 각속도 $w = \frac{v}{r}$ 이므로 처음에 비해 4배이다.

답 ④

02 다음 중 돌림힘을 이용하는 경우가 아닌 것은?

① 너트를 조일 때
② 여닫이문을 열 때
③ 수도꼭지를 틀 때
④ 칼로 종이를 자를 때

해설 돌림힘은 물체가 회전 운동을 하게 만드는 원인으로 힘과는 다르며, 회전 성질을 가진 경우 설명할 수 있다.

답 ④

03 다음 그림에서 돌림힘의 평형이 되는 식을 쓰시오.

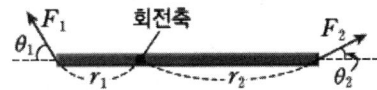

해설 시계 방향 돌림힘 $r_1 \times F_1 \sin\theta$, 반시계 방향 돌림힘 $r_2 \times F_2 \sin\theta$

답 $r_1 \times F_1 \sin\theta = r_2 \times F_2 \sin\theta$

04 그림은 질량이 10kg이고 길이가 2m인 균일한 쇠막대의 한쪽 끝을 받침대로 받치고, 다른 쪽 끝을 손으로 받치고 있는 모습을 나타낸 것이다.

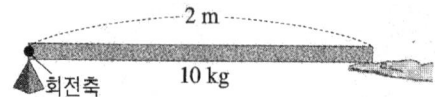

이 상태를 유지하기 위해서는 몇 N의 힘으로 받쳐야 하는가? (단, 중력 가속도는 $10m/s^2$이고, 손의 크기는 무시한다.)

해설 역학적 평형 상태를 유지하기 위해서는 돌림힘의 평형과 힘의 평형을 동시에 만족해야 한다. 따라서 무게 중심에 작용하는 중력에 의한 돌림힘과 손이 쇠막대를 받치는 힘에 의한 돌림힘이 같아야 하므로 $10kg \times 10m/s^2 \times 1m = F \times 2m$, $F = 50N$이다.

답 $F = 50N$

05 다음 축바퀴에 대한 설명으로 틀린 것을 모두 고르시오.
① 물체가 작용하는 돌림힘의 크기는 20N·m이다.
② F의 크기는 2.5N이다.
③ F의 힘으로 줄을 4m 당기면 물체는 1m 올라간다.
④ 축바퀴의 원리는 지레와 같다.

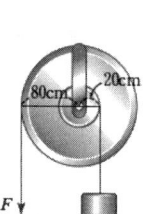

해설 ① 물체의 무게에 의한 돌림힘의 크기는
$\tau(토크) = 10kg \times 10m/s^2 \times 0.2m = 20N \cdot m$
② F에 의한 돌림힘의 크기는 물체의 돌림힘의 크기와 같으므로
$F \times 0.8m = 20N \cdot m$에서 $F = 25N$이다.
③ 줄을 4m 당기면 $80cm : 20cm = 4m : h$이므로 $h = 1m$이다.
④ 축바퀴의 원리는 지레와 같다.

답 ②

06 그림과 같이 무게가 각각 20N, w인 추를 매달아 놓은 막대가 수평인 상태로 정지해 있다. w의 크기와 받침점 O에서 막대를 받치는 힘은 얼마인가?
① 15N, 35N
② 25N, 45N
③ 50N, 70N
④ 60N, 80N

해설 정지해 있으므로 역학적 평형 상태이다.
토크의 평형은 $5L \times 20N = 2L \times w$이므로 $w = 50N$이며, 지구 중심 방향의 힘은 $20N + 50N$인 $70N$이다. 힘의 평형 상태이므로 받침점 O에서 받치는 힘은 $70N$이다.

답 ③

물리학개론

적중예상문제

01 다음 중 물리량과 차원의 관계가 다른 것은?

① 힘[MLT^{-2}]
② 에너지[ML^{2}T^{-1}]
③ 운동량[MLT^{-1}]
④ 밀도[ML^{-3}]

해설
- 힘[N] $= [kg \cdot m/s^2] : [MLT^{-2}]$
- 에너지[J] $= [N \cdot m] : [ML^2 T^{-2}]$
- 운동량 $P = mV[kg \cdot m/s] : [MLT^{-1}]$
- 밀도 $d = \dfrac{질량}{부피}[kg/m^3] : [ML^{-3}]$

02 다음 단위 중에서 기본 단위가 아닌 것은?

① Newton
② Kelvin
③ Ampere
④ Candela

해설
- 기본 단위 : 미터, 킬로그램, 초, 암페어 등
  뉴턴은 힘을 나타내는 유도 단위다.

03 다음 중 벡터량이 아닌 것은?

① 언덕에서 물체를 끌 때의 힘
② 질량 4kg
③ 북서풍이 4m/s로 불 때의 속도
④ 2m/s^{2}의 가속도

해설 속도, 가속도, 힘은 벡터이고, 질량, 전류, 시간, 속력 등은 스칼라이다.

04 방향이 서로 직각이고 크기가 각각 9N과 12N인 두 힘이 작용하고 있다. 두 힘의 합력의 크기는 얼마인가?

① 9N
② 10N
③ 12N
④ 15N

정답 01. ② 02. ① 03. ② 04. ④

해설 • 합 벡터의 크기

$$F = \sqrt{F_1^2 + F_2^2 + 2F_1F_2\cos\theta}$$ 에서 두 힘의 방향이 서로 직각이므로

$$F = \sqrt{9^2 + 12^2 + 2 \times 9 \times 12\cos 90°} = \sqrt{9^2 + 12^2 + 2 \times 9 \times 12 \times 0} = 15(\text{N})$$

05 x축상에서 1차원 운동을 하는 물체가 있다. 시간 t에서 물체의 순간 속도 $v = 2t + 1$일 때, $t = 0$에서 $t = 2$까지 물체의 변위는? [18. 6. 서울시 7급]

① 4 ② 5
③ 6 ④ 7

해설 물체의 평균속력이 3m/s이므로 2초 동안 변위는 6m이다.

다른 풀이 : $s = \int_0^2 (2t+1)dt = [t^2+t]_0^2 = 2^2 + 2 = 6$

06 어떤 물체가 동쪽으로 4m 간 후 다시 북쪽으로 4m 가서 정지했다. 이 물체의 변위는?

① 4m ② 8m
③ $4\sqrt{2}$ m ④ 6m

해설 • 변위는 물체의 위치가 바뀔 때 생긴 위치의 변화를 나타내는 벡터량으로 이동한 경로와 관계없이 처음 위치와 나중 위치를 잇는 선분의 길이와 방향을 나타낸다.

• 즉, 물체가 동쪽으로 4m 간 후 다시 북쪽으로 4m 가서 정지했으므로 변위의 공식은

$\Delta S = \sqrt{S_1^2 + S_2^2}$ 이므로 $\sqrt{4^2 + 4^2} = 4\sqrt{2}$ ∴ $\Delta S = 4\sqrt{2}$ (북동쪽)

07 벡터 $\vec{A}$와 $\vec{B}$가 아래 그림과 같을 때, $\vec{C} = \vec{A} - \vec{B}$로 정의되는 벡터의 크기는? [15. 서울시 7급]

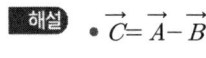

① $\sqrt{3}$ ② $\sqrt{5}$
③ $\sqrt{7}$ ④ 4

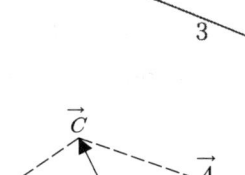

해설 • $\vec{C} = \vec{A} - \vec{B}$

$|\vec{C}| = \sqrt{A^2 + B^2 - 2AB\cos 45°}$

$= \sqrt{(\sqrt{2})^2 + 3^2 - 2 \cdot \sqrt{2} \cdot 3 \cdot \dfrac{1}{\sqrt{2}}} = \sqrt{11-6} = \sqrt{5}$

정답 05. ③ 06. ③ 07. ②

08 두 벡터의 합성의 크기가 최소 3의 값으로부터 최대 12의 값으로 두 벡터 사이의 각이 변함에 따라 변한다. 한 벡터의 크기는?

① 4   ② 7.5
③ 9   ④ 15

해설 두 벡터를 각각 F_1과 F_2라고 가정하면 그 합 벡터는 "차 ≤ 합 벡터 ≤ 합"이다.
• 차 : $F_1 - F_2 = 3$ • 합 : $F_1 + F_2 = 12$
두 식을 연립하여 계산하면 $F_1 = 7.5$, $F_2 = 4.5$이다.

09 두 벡터가 A=3i-2j, B=5i+6j일 때 A·B의 값은?

① +15   ② -12
③ +3   ④ -8

해설 $A \cdot B = (3, -2) \cdot (5, 6) = 15 + (-12) = 3$

10 직각으로 작용하는 두 힘의 합력이 200N이다. 그중 한 힘이 합력과 이루는 각이 60°일 때 이 힘은 몇 N 인가?

① 50N   ② $50\sqrt{3}$ N
③ 100N   ④ $100\sqrt{3}$ N

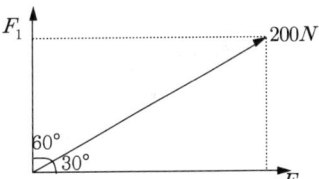

해설 그림에서 $F_1 = 200\cos 60° = 100$N

11 힘의 기본적인 성질을 설명하는 다음의 내용 중 잘못된 것은?

① F_1, F_2 두 힘의 합력의 크기는 평행사변형의 대각선의 길이이다.
② 강체에 가해지고 있는 힘의 작용은 서로 비기는 두 힘을 더하거나 제거하면 힘의 효과가 달라진다.
③ 강체에 작용하는 힘은 그 작용점을 운동에 대한 같은 작용선상의 임의의 점으로 이동하면 힘의 효과가 달라진다.
④ 물체의 힘이 작용하면 그 물체의 변위나 이동이 구속되어 있을 경우 그 물체 내부에서는 이 힘에 저항하려는 작용에 대한 반작용 힘이 생긴다.

해설 ② 힘의 모멘트의 크기는 힘×수직 거리이므로 수직 거리가 다르고 서로 비기는 두 힘이 있으면 힘의 모멘트가 생기고 두 힘을 제거하면 힘의 모멘트는 없어진다.
③ 작용점을 같은 작용선에서 이동해도 수직 거리는 같아 힘의 모멘트는 변화가 없다.
④ 물체에 힘이 작용하면 항상 작용·반작용 힘이 생긴다.

정답 08. ② 09. ③ 10. ③ 11. ③

Chapter 01

12 경사각 θ인 빗면에 질량이 m인 물체가 놓여 있으며 이 물체의 중력 mg를 빗면에 수직한 성분 ⓐ와 지면에 평행한 성분 ⓑ로 분해했을 때 ⓑ의 크기는?

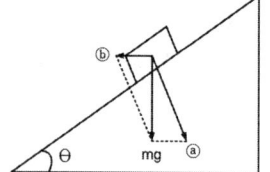

① mg
② mgsinθ
③ mgcosθ
④ mgtanθ

해설 그림에서 $\tan\theta = \dfrac{ⓑ}{mg}$, ⓑ $= mg\tan\theta$

13 그림처럼 천장과 30°각을 이루는 줄 A와 60°각을 이루는 줄 B에 물체가 매달려 있을 때 두 줄의 장력비는 얼마인가?

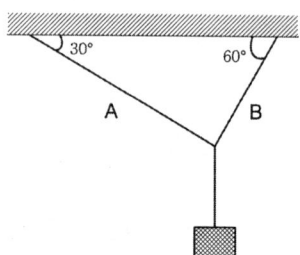

① $1 : \sqrt{2}$
② $\sqrt{2} : 1$
③ $1 : \sqrt{3}$
④ $\sqrt{3} : 1$

해설
• 라미의 정리 : $\dfrac{T_A}{\sin 150°} = \dfrac{T_B}{\sin 120°}$

$T_A : T_B = \sin 150° : \sin 120°$

$= \dfrac{1}{2} : \dfrac{\sqrt{3}}{2} = 1 : \sqrt{3}$

14 그림과 같이 세 개의 물체들이 질량을 무시할 수 있는 줄로 연결되어 천장에 매달려 있다. m_1과 m_2를 연결하는 줄에 걸리는 장력 T_2는? (단, 물체들의 질량은 각각 $m_1 = 1$kg, $m_2 = 2$kg, $m_3 = 3$kg이고, 중력 가속도는 10m/s²이다.) [08. 국가직 7급]

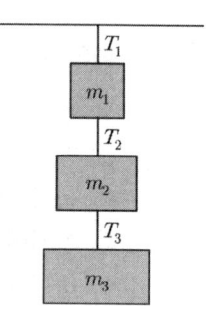

① $30N$
② $40N$
③ $50N$
④ $60N$

해설 $T_1 : 60N, T_2 : 50N, T_3 : 30N$

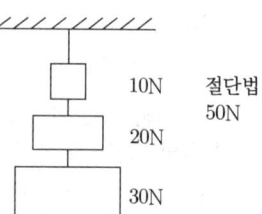

절단법
50N

정답 12. ④ 13. ③ 14. ③

15 마찰이 없는 수평면 위에 20kg과 40kg인 두 물체가 탄성계수 100N/m인 용수철로 연결되어 있다. 40kg인 물체를 30N의 힘으로 당길 때 용수철의 늘어난 길이는?

① 0.1m ② 0.2m
③ 0.3m ④ 0.5m

해설 두 물체의 가속도는 $F=(m_1+m_2)a$에서 $30=(20+40)a$이므로 $a=\frac{1}{2}$

20kg인 물체에는 탄성력만 작용하므로 $kx=ma$에서 $x=\frac{ma}{k}=\frac{m\times\frac{1}{2}}{100}=0.1\text{m}$

16 다음 중 단위의 환산이 틀린 것은?

① $1\text{mm}=10^{-3}\text{m}$ ② $1\mu\text{m}=10^{-6}\text{m}$ ③ $1\text{nm}=10^{-8}\text{m}$
④ $1\text{Å}=10^{-10}\text{m}$ ⑤ $1\text{pm}=10^{-12}\text{m}$

해설 $1nm=10^{-9}m$ 이다.

17 마찰이 없는 수평면 위에서 질량이 1[kg]인 물체가 10[m/s]의 속력으로 등속 직선 운동을 하고 있다. 이 물체의 운동 방향으로 일정한 힘을 가하면서 10[m]를 끌고 갔더니 속력이 20[m/s]가 되었다. 이 물체에 가한 힘의 크기는?

① 5[N] ② 10[N]
③ 15[N] ④ 20[N]

해설
- $2as=V^2-V_0^2$
- $2\times a\times10=(20)^2-(10)^2$, $20a=300$, $a=15[m/s^2]$
- $F=ma=1[kg]\times15[m/s^2]=15[N]$

18 속도 2m/s로 운동하던 질량 4kg인 물체에 일정한 힘이 작용하여 8m를 운동한 결과 속도가 6m/s로 되었다. 이 동안에 작용한 힘의 크기는?

① 6N ② 8N
③ 10N ④ 12N

해설 $2as=V^2-V_0^2$에서 $2\times a\times8=6^2-2^2$, $a=2m/s^2$
$F=ma=4[kg]\times2[m/s^2]=8[N]$

정답 15. ① 16. ③ 17. ③ 18. ②

19 길이가 2.0km인 활주로의 한쪽 끝에 착륙한 비행기가 2.5m/s²로 일정하게 감속하여 다른 쪽 끝에 정지하려고 한다. 착륙 직전 비행기의 속력은? [09. 국가직 7급]

① 40m/s ② 60m/s
③ 80m/s ④ 100m/s

해설 $2as = v^2 - v_0^2$에서 나중 속도는 없으므로
$2(-2.5)2000 = -v_0^2$ ∴ $v_0^2 = 10000 = 100^2$
∴ $v_0 = 100 \text{(m/s)}$

20 동쪽으로 10m/s의 속도로 운동하던 물체가 2초 후에 남쪽으로 10m/s의 속도로 운동하고 있었다. 이 동안의 평균 가속도의 크기와 방향은?

① $5\sqrt{2}\, m/s^2$, 남동쪽 ② $5\sqrt{2}\, m/s^2$, 남서쪽
③ $10\, m/s^2$, 남동쪽 ④ $10\, m/s^2$, 남서쪽

해설 평균 가속도 $a = \dfrac{\Delta v}{\Delta t} = \dfrac{v - v_0}{t} = \dfrac{10\sqrt{2}}{2}$
∴ $a = 5\sqrt{2}\,(\text{m/s}^2)$
또한, Δv의 방향이 남서쪽이므로 a의 방향도 남서쪽이다.

21 북쪽으로 2m/s로 움직이는 물체 A가 있다. 동쪽으로 3m/s로 움직이는 물체 B에서 물체 A의 운동을 측정할 때, 물체 A의 상대 속도의 크기[m/s]와 방향은? [14. 국가직 7급]

	상대 속도의 크기[m/s]	방향
①	5	북쪽
②	5	북서쪽
③	$\sqrt{13}$	북쪽
④	$\sqrt{13}$	북서쪽

해설 상대 속도의 크기는 $\sqrt{3^2 + 2^2} = \sqrt{13}$ 이며 물체 B가 본 A의 상대 속도의 방향은 북서쪽이다.

정답 19. ④ 20. ② 21. ④

22 마찰계수가 0.5인 경사가 없는 바닥에서 질량이 m인 물체를 정지 상태에서 수평 방향으로 끌기 위해 필요한 최소한의 힘이 15N이었다면 물체의 질량은? (단, 중력가속도 $g=10m/s^2$이다)

[18. 국가직 7급]

① 1kg ② 2kg
③ 3kg ④ 4kg

해설 최대 정지 마찰력이 15N이므로 $\mu_S N = \mu_S mg$, $0.5m \times 10 = 15N$
$\therefore m = 3kg$

23 직선상에서 속력이 80m/s로 등속 운동하고 있는 기차가 지나가는 순간, 운전자가 정지해 있던 차를 반대 방향으로 20m/s²의 가속도로 가속시켰다. 몇 초 후 기차와 차 사이의 거리가 200m가 되는가?

[15. 서울시 7급]

① 1초 ② 2초
③ 3초 ④ 4초

해설
- t초 후 기차가 진행한 거리 : S_1, $S_1 = 80t$
- t초 후 차의 진행 거리 : S_2

$$S_2 = \frac{1}{2}at^2 = \frac{1}{2} \cdot 20t^2 = 10t^2$$

$S_1 + S_2 = 200$이므로 $10t^2 + 80t = 200$,
$t^2 + 8t - 20 = 0$
$\therefore t = -4 \pm \sqrt{16+20}$ (−는 버림)
$= -4 + \sqrt{36} = -4 + 6 = 2(s)$

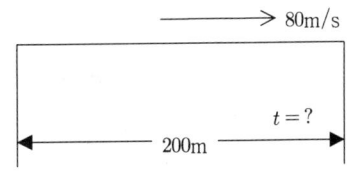

24 자동차가 100km를 가는데 처음 40km는 20km/h의 속력으로 나머지 60km는 30km/h의 속력으로 달렸다면 전체 평균 속력은 몇 km/h인가?

① 20 ② 23
③ 25 ④ 28

해설 평균 속력 $= \dfrac{거리}{시간} = \dfrac{100km}{\left(\dfrac{40}{20}+\dfrac{60}{30}\right)h} = 25$km/h

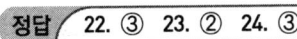

정답 22. ③ 23. ② 24. ③

Chapter 01

25 10m/s의 속도로 운동하던 물체가 5초만에 정지했다. 이 물체의 운동이 등가속도 운동이라면 정지하는 동안에 물체가 이동한 거리는 얼마인가?

① 10m ② 25m
③ 40m ④ 50m

해설 등가속도 운동에서 가속도$(a) = \dfrac{\text{나중 속도}(v) - \text{처음 속도}(v_0)}{\text{시간}(t)}$

$S_1 = v_0 t + \dfrac{1}{2}at^2$, $S_2 = (\dfrac{v + v_0}{2})t$ → 두 식 중 간편한 것을 사용한다.

∴ $S_1 = 10 \times 5 + \dfrac{1}{2}(-2) \times 5^2 = 25(\text{m})$, $S_2 = (\dfrac{0 + 10}{2}) \times 5 = 25(\text{m})$

26 어떤 물체의 변위(s)와 시간(t)의 관계식이 $s = 4t + 10t^2(\text{m})$로 주어졌을 때, 이 물체의 운동 가속도는?

① 4m/s^2 ② 5m/s^2
③ 10m/s^2 ④ 20m/s^2

해설
- $v = \dfrac{ds}{dt}$ 식에서 거리를 미분하면 $v = 4 + 20t$이므로

  $a = \dfrac{dv}{dt}$ 식에서 속도를 미분하면 $a = 0 + 20$ ∴ $a = 20(\text{m/s}^2)$

- $S = v_0 t + \dfrac{1}{2}at^2$의 꼴로 주어진 식을 변형해서 대입하면

  $s = 4t + 10t^2 = 4t + \dfrac{1}{2} \times (20) \times t^2$ ∴ $a = 20(\text{m/s}^2)$

27 매끄러운 수평면 위에 정지해 있던 질량 5kg의 물체에 10N의 힘이 4초 동안 작용했다. 10초 후의 속도는 몇 m/s인가?

① 4m/s ② 5m/s
③ 8m/s ④ 12m/s

해설 힘이 작용하는 동안 가속도의 크기 $a = \dfrac{F}{m} = \dfrac{10N}{5kg} = 2m/s^2$

등가속도 운동에서 속도 $v = v_0 + at$이므로 $v = 2 \times 4 = 8m/s$이다. 4초 후 힘이 작용하지 않았으므로 등속 운동하여 10초 후의 속도는 4초일 때와 같다.

정답 25. ② 26. ④ 27. ③

28 다음은 처음 속도가 5m/s인 어떤 물체의 운동 상태에 대한 시간과 가속도와의 관계를 나타낸 그래프이다. 4초 동안 이동한 거리는?

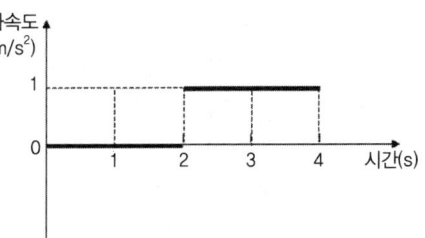

① 6m   ② 10m
③ 14m   ④ 18m
⑤ 22m

해설 처음 2초 동안 등속도 운동을 하므로 $s_1 = vt = 5 \times 2 = 10m$, 2에서 4초 동안 $1m/s^2$으로 등가속도 운동을 하므로 $s_2 = v_0 t + \frac{1}{2}at^2 = 5 \times 2 + \frac{1}{2} \times 1 \times 2^2 = 12m$ 이다. 이때 $s_1 + s_2 = 22m$

29 정지해 있던 물체가 등가속도 운동을 시작한 후 5초와 6초 사이에 33m 이동하였다. 이 물체의 가속도는?

① $6m/s^2$ ② $7m/s^2$
③ $8m/s^2$ ④ $10m/s^2$

해설
• $v = v_0 + at$ 에서 $v_0 = 0$ 이므로, $v = at$ 이다.
• 5초일 때의 속도는 $v_5 = 5a$ 이며, 6초일 때의 속도는 $v_6 = 6a$ 이다.
• $v_6^2 - v_5^2 = 2as$ 에서 $(6a)^2 - (5a)^2 = (2)(a)(33m)$, $11a = 66$
∴ $a = 6m/s^2$

30 수평한 얼음판 위에서 질량 50kg인 상호와 질량 40kg인 미경이가 한 줄의 양 끝을 잡고 수평으로 서로 당기고 있다. 미경이가 40N의 힘을 받을 때 상호의 가속도는? (단, 마찰력과 줄의 질량은 무시한다.)

① $0.8m/s^2$ ② $0.9m/s^2$
③ $1.0m/s^2$ ④ $1.2m/s^2$

해설 작용·반작용 법칙에 의해 미경이와 상호가 받은 힘의 크기는 같고 방향은 반대이다.
미경이의 가속도 크기는 $a = \frac{F}{m} = \frac{40}{40} = 1m/s^2$, 상호가 받은 가속도는 $a = \frac{40}{50} = 0.8m/s^2$

정답   28. ⑤   29. ①   30. ①

31 그림과 같이 철수는 공항에 설치되어 있는 무빙워크를 여러 방법으로 타보았다. 첫 번째는 정지하고 있는 무빙워크를 일정한 속력으로 A지점에서 B지점까지 걸어가는데 60초가 걸렸다. 두 번째는 일정한 속력으로 운행하고 있는 무빙워크를 A지점에서 B지점까지 가만히 서서 타고 가는데 30초가 걸렸다. 만약 등속으로 운행하고 있는 이 무빙워크를 타고 A지점에서 B지점까지 등속으로 걸어갔다면 걸리는 시간은?

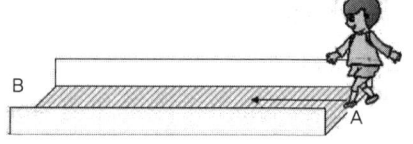

① 10초 ② 12초 ③ 15초
④ 20초 ⑤ 25초

해설 처음 A에서 B까지 가는 속력은 $v = \frac{s}{60}$ 이다. 두 번째 A에서 B까지 가는 속력은 $v = \frac{s}{30}$ 이므로 주어진 문제에서 시간은 $t = \frac{s}{v}$ 이므로 $t = \frac{s}{\frac{s}{60} + \frac{s}{30}} = 20$초이다.

32 수평인 지면과 각도가 30°인 마찰이 없는 경사면을 따라 물체를 위쪽 방향으로 속력 2m/s로 발사하였다. 발사된 물체가 경사면을 따라 올라갔다가 발사된 위치로 내려올 때까지 이동한 거리[m]와 시간[s]은? (단, 공기의 저항은 무시하며 중력 가속도는 10m/s²이다.)

[13. 국가직 7급]

	거리[m]	시간[s]		거리[m]	시간[s]
①	0.4	0.4	②	0.4	0.8
③	0.8	0.4	④	0.8	0.8

해설 경사면 위에서 중력의 크기는 $mg\sin30° = 5m/s^2$이므로 물체의 처음 속도 2m/s에서 정지할 때까지의 경사면 이동 시간은 0.4초이다. 이때 가속도의 크기는 일정하므로 처음 위치로 돌아오는 시간도 0.4초이다. 물체의 경사면에서의 전체 운동 시간은 0.8초이며, 등가속도 공식을 이용하여 구한 이동 거리는 0.8m이다.

정답 31. ④ 32. ④

33 그림은 비행기가 활주로에 착륙한 후부터 정지할 때까지의 속도-시간 그래프를 나타낸 것이다. 이 그래프에 대한 설명으로 옳은 것은?

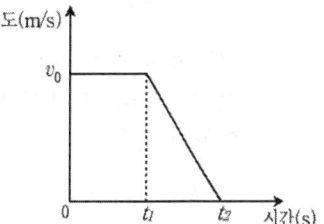

① 시간 $0 \sim t_1$ 동안 비행기에 알짜힘이 작용한다.
② 속도 v_0가 2배가 되면 $0 \sim t_1$ 동안 이동한 거리는 4배가 된다.
③ 시간 $0 \sim t_2$ 동안 이동한 총 거리는 $\frac{1}{2}v_0(t_1+t_2)$이다.
④ 시간 $t_1 \sim t_2$ 동안 가속도의 방향은 운동 방향과 같다.

해설 비행기가 $0 \sim t_1$ 동안 등속도 운동을 하므로 알짜힘의 크기는 0이다. 또한 등속 운동할 때 이동 거리는 $s=vt$이다. 이때 v_0가 2배가 되면 이동 거리도 2배가 된다. 시간 $t_1 \sim t_2$ 동안 물체의 속도가 줄어들고 있으므로 가속도의 방향은 운동 방향과 반대이다. 면적은 이동 거리이며 $\frac{1}{2}v_0(t_1+t_2)$이다.

34 그림과 같이 질량 m=0.5kg인 총알이 높이 h=5m인 마찰 없는 탁자 끝에 놓여 있던 질량 M=5kg인 정지 상태의 나무토막으로 발사되었다. 총알이 나무토막에 박히고, 충돌 후 나무토막이 탁자로부터 거리 d=5m인 곳에 떨어졌을 때, 총알의 처음 속력은? (단, 중력 가속도 g=10m/s²이다.) [18. 3. 서울시 7급]

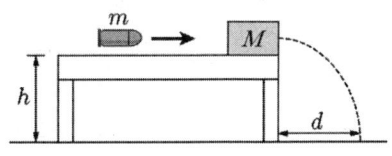

① 11m/s
② 33m/s
③ 55m/s
④ 77m/s

해설 $h=\frac{1}{2}gt^2$에서 연직 방향으로 $5m$ 내려가는 데 걸리는 시간 $t=\sqrt{\frac{2h}{g}}=\sqrt{\frac{2\times5}{10}}=1$초이므로 충돌 직후 나무토막의 수평 방향 속도 $v=\frac{d}{t}=\frac{5}{1}=5m/s$이다.

운동량 보존법칙에 의해 총알의 처음 속도 $mv_0=(m+M)v$이므로 $0.5v_0=(0.5+5)\times5$, $v_0=\frac{5.5\times5}{0.5}=55m/s$이다.

정답 33. ③ 34. ③

Chapter 01

35 그림과 같이 수평면 위에 놓인 물체를 사람이 힘 F로 일정 속력으로 잡아당긴다. 그 외에도 상자에 작용하는 힘은 수직 항력 N, 중력 W, 마찰력 f가 있다. 이 힘들의 크기를 올바르게 표현한 것은?   [16. 서울시 7급]

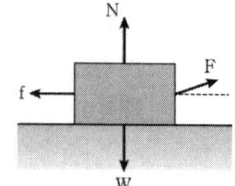

① $F = f$와 $N = W$
② $F > f$와 $N < W$
③ $F = f$와 $N > W$
④ $F > f$와 $N = W$

해설) 일정한 속력으로 잡아당기므로 알짜힘은 0이다. 힘 F가 수평면과 이루고 있는 각을 θ라 하면 수평 방향: $F\cos\theta = f$, 수직 방향: $N + F\sin\theta = W$이다. 따라서 $F > f$이고, $N < W$이다.

36 정지하고 있던 고속버스가 일정하게 속력을 증가하여 10분 후에 120km/h가 되었다. 이 버스가 10분 동안 이동한 거리는?

① 120km
② 40km
③ 20km
④ 10km

해설) $v = 120$km, h $= 120{,}000$m, 3600s $= \dfrac{100}{3}$ m/s

$v = v_0 + at$에서 $\dfrac{100}{3} = 0 + a \times 600$ $a = \dfrac{1}{18}$

$s = v_0 t + \dfrac{1}{2}at^2 = 0 + \dfrac{1}{2} \times \dfrac{1}{18} \times 600^2 = 10{,}000$m $= 10$km

37 속도 20m/s로 달리는 차가 정지해 있던 차를 스쳐 지나갈 때 정지해 있던 차가 10m/s² 의 가속도로 출발하였다면 두 차는 몇 초 후에 만나겠는가?

① 2초
② 3초
③ 4초
④ 5초

해설) $s_1 = vt = 20t$ $s_2 = v_0 t + \dfrac{1}{2}at^2 = 0 + \dfrac{1}{2} \times 10 \times t^2 = 5t^2$

두 자동차가 만나려면 이동 거리가 같다. $s_1 = s_2$일 때 $20t = 5t^2$, $5t(t-4) = 0$ ∴ $t = 4$s

정답 35. ② 36. ④ 37. ③

38 다음은 직선 운동하는 물체의 시간에 대한 가속도를 조사한 그래프이다. 이 물체의 운동에 대한 설명으로 가장 옳은 것은? [18. 6. 서울시 7급]

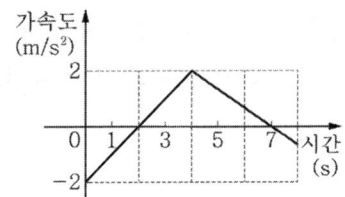

① 처음 4초간 이 물체의 속도는 계속 증가한다.
② 2초일 때 이 물체의 속도는 0초일 때의 속도와 같다.
③ 7초일 때 이 물체에 작용하는 외력의 크기는 0이다.
④ 2초일 때와 7초일 때 물체의 속도는 같다.

해설 ① 0~2초까지는 속도가 감소하고, 2~7초까지는 속도가 증가한다.
② 2초일 때 속도는 0초일 때보다 2m/s만큼 느리다.
③ 7초일 때 가속도는 0이므로 이 물체에 작용하는 외력의 크기는 0이다.
④ 7초일 때 속도는 2초일 때보다 5m/s만큼 빠르다.

39 그래프는 어떤 물체의 직선상에서의 운동 상태를 속도-시간 그래프로 나타낸 것이다. 이에 대한 해석으로 옳은 것은?

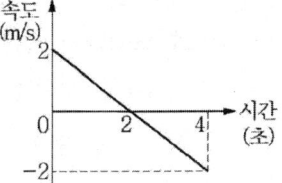

① 시간이 흐를수록 속력이 계속 감소하고 있다.
② 운동 방향이 두 번 바뀌었다.
③ 0초 때의 물체의 위치와 4초 때의 물체의 위치가 같다.
④ 2초 때의 가속도의 크기는 $0 m/s^2$이다.

해설 2초 때까지는 물체의 운동 방향과 반대의 힘을 받으므로 속력이 감소하다가 2초 때 운동 방향이 바뀐 후 운동 방향과 같은 방향으로 힘을 받아 속력이 증가한다. 변위는 0~2초와 2~4초까지 크기는 같고 방향이 반대이므로 4초 때 변위는 0이다. 가속도는 기울기를 의미하므로 2초 때 가속도의 크기는 0이 아니다.

40 높이 h에서 자유 낙하할 때, 지면에 도달할 때의 시간이 t이다. $\frac{t}{2}$가 되는 시간에 물체의 높이는? (단, 모든 저항은 무시한다.)

① $\frac{1}{4}h$ ② $\frac{1}{2}h$
③ $\frac{3}{4}h$ ④ $\frac{3}{5}h$

해설 $h = \frac{1}{2}gt^2$에서 $t = \sqrt{\frac{2h}{g}}$이다. t가 $\frac{1}{2}$이면 낙하 거리 h는 $\frac{1}{4}$배이다.
높이는 원래 위치에서 낙하 거리를 뺀 값이므로 $\frac{3}{4}h$이다.

정답 38. ③ 39. ③ 40. ③

Chapter 01

41 자동차가 수평 도로에서 20m/s의 속력으로 달리다가 브레이크를 밟은 후 100m 더 나아가 정지하였다. 정지할 때까지 걸린 시간은?

① 4초 ② 5초
③ 6초 ④ 10초

해설 브레이크를 밟을 때는 등가속도 운동이므로
$v^2 - v_0^2 = 2as \rightarrow 0^2 - 20^2 = 2a \times 100 \quad \therefore a = -2m/s^2$
$s = v_0 t + \frac{1}{2}at^2 \rightarrow 100$
$100 = 20 \times t + \frac{1}{2} \times (-2) \times t^2$
$t^2 - 20t + 100 = 0, \ (t-10)^2 = 0$
$\therefore t = 10s$

42 속도 3m/s로 서쪽으로 가는 사람이 속도 4m/s의 북풍을 느꼈다면, 실제 바람의 속도와 풍향은?

① 4m/s, 북동풍 ② 5m/s, 북동풍
③ 4m/s, 북서풍 ④ 5m/s, 북서풍

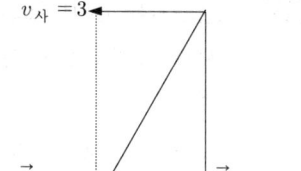

해설 상대속도 : $\vec{v}_{사,바} = \vec{v}_{바} - \vec{v}_{사}$ 에서
$\vec{v}_{바} = \vec{v}_{사, 바} + \vec{v}_{사} = 5m/s$

43 다음은 직선상에서 운동하는 어떤 물체의 속도와 시간과의 관계를 나타낸 그래프이다. 이 물체의 질량이 10kg일 때 0~20초까지 운동하는 물체에 대한 설명으로 잘못된 것은? (단, 모든 마찰은 무시한다.)

① 변위는 0m이다.
② 이동한 거리는 25m이다.
③ 평균 속력은 2.5m/s이다.
④ 작용한 가속도는 −0.5m/s이다.
⑤ 이 물체에 작용하는 힘의 크기는 5N이다.

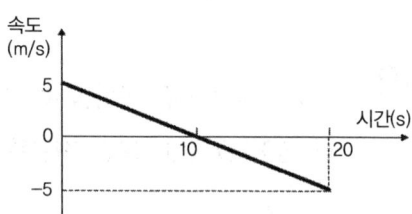

해설 20초까지의 변위는 (+)와 (−)의 면적을 의미한다. 면적이 같으므로 변위는 0이며, 이동 거리는 면적의 합이므로 50m이다. 평균 속력은 20초 동안 50m 이동하였으므로 2.5m/s이다. 가속도는 그래프의 기울기이며, 물체에 작용한 힘은 $F=ma$이므로 $10 \times 0.5 = 5N$이다.

정답 41. ④ 42. ② 43. ②

44 사과나무에 매달려있던 사과가 나뭇가지에서 떨어진 후 1초 뒤에 땅에 도달하였다면 떨어진 높이와 평균 속도는 각각 얼마인가? (단, 공기 마찰은 무시하고, 중력 가속도는 10m/s² 이다.)

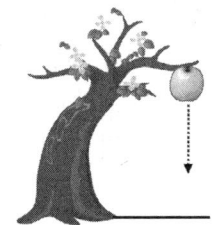

① 1m, 1m/s
② 1m, 5m/s
③ 5m, 5m/s
④ 5m, 10m/s
⑤ 10m, 10m/s

해설 사과는 중력 방향으로 일정한 힘을 받아 등가속도 운동을 한다. 이때 이동 거리는 $S = \frac{1}{2}at^2 = \frac{1}{2} \times 10 \times 1^2 = 5m$이며, 1초 동안 5m 이동하였으므로 평균 속도는 $5m/s$이다.

45 용수철 상수가 110N/m인 수직 용수철 위에 떨어진 질량 0.1kg의 물체에 의해 용수철이 최대 0.1m 압축되었다. 용수철에 닿는 순간 물체의 속력[m/s]은? (단, 물체에 작용하는 마찰력과 용수철의 질량은 무시하며, 용수철의 압축 과정에서 후크의 법칙이 만족되고, 중력 가속도는 10m/s² 이다.)

[08. 국가직 7급]

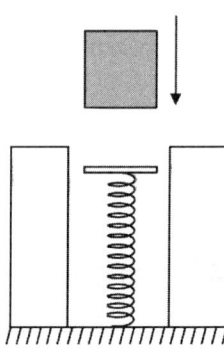

① 2
② 3
③ 4
④ 5

해설

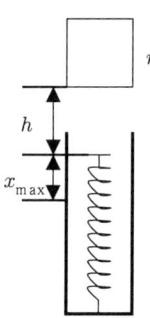

일과 에너지 원리에 의해
$mg(h + x_{max}) = \frac{1}{2}kx_{max}^2$
$0.1 \times 10(h + 0.1) = \frac{1}{2} \times 110 \times 0.01 = 0.55$
$\therefore h = 0.45$
$mgh = \frac{1}{2}mv^2$ 이므로
$v = \sqrt{2gh} = \sqrt{2 \times 10 \times 0.45} = \sqrt{9} = 3$

정답 44. ③ 45. ②

46 ㉠ 동일한 두 물체를 건물의 49층과 50층에서 동시에 떨어뜨렸다. ㉡ 동일한 두 물체를 건물의 50층에서 1초 간격을 두고 차례로 떨어뜨렸다. 물체가 바닥에 도달하기 전, ㉠과 ㉡의 경우 두 물체 사이의 간격이 시간이 지남에 따라 어떻게 되는가? (단, 공기의 저항은 무시한다.)

[09. 지방직 7급]

	㉠	㉡		㉠	㉡
①	일정	일정	②	일정	증가
③	증가	일정	④	증가	증가

해설 떨어진 높이가 달라도 중력 가속도가 일정하므로 동시에 떨어진 물체의 물리량의 변화는 같다. 1초 간격으로 떨어진 물체의 경우 $S=\frac{1}{2}gt^2$ 에서 $s=t^2$ 하므로 물체 사이의 간격은 점점 증가한다.

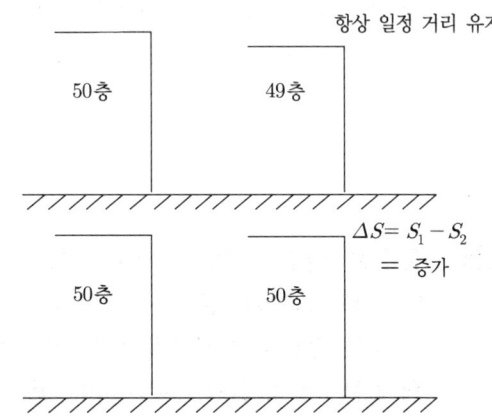

47 물체 A를 연직 상방으로 던지고 4초 후 물체 B를 60m/s의 같은 속력으로 연직 상방으로 던지면 물체 B를 던지고 나서 몇 초 후 두 물체가 충돌하겠는가?

① 1초　　② 2초
③ 3초　　④ 4초

해설 연직 상방 변위 $s=v_0 t-\frac{1}{2}gt^2$ 에서

$s_A = 60(t+4) - \frac{1}{2}g(t+4)^2$

$s_B = 60t - \frac{1}{2}gt^2$

충돌조건 $s_A = s_B$ 에서

$60(t+4) - \frac{1}{2}g(t+4)^2 = 60t - \frac{1}{2}gt^2$

$240 - 4gt - 8g = 0$　　$40t = 160$　　∴ $t = 4s$

정답 46. ②　47. ④

48 공을 20[m/s]의 속도로 연직 상방으로 던져 올렸다. 공기의 저항을 무시하면 얼마의 높이까지 올라가겠는가? (단, 중력 가속도 g = 10m/s² 이다.)

① 20[m]   ② 25[m]
③ 30[m]   ④ 32[m]

해설 연직 투상 운동식에서
$h = v_0 t - \frac{1}{2}gt^2$ 에서 $t = \frac{v_0}{g}$ 이므로, $t = \frac{20}{10} = 2$초
$h = 20 \times 2 - \frac{1}{2} \times 10 \times 4 = 20[m]$

49 헬기가 80m의 높이와 60m/s의 속도로 수평으로 등속도 운동을 한다. 같은 방향으로 보트가 40m/s로 등속도 운동을 한다. 헬기에서 물건을 보트로 정확히 떨어뜨리기 위해서는 몇 m 전방에서 떨어뜨려야 하는가? (단, 중력 가속도는 10m/s²이고, 공기 저항은 무시한다.)

① 40m   ② 60m
③ 80m   ④ 100m

해설 보트를 기준으로 한 헬기의 상대 속도 $= 60 - 40 = 20 m/s$
보트에 도달 시간은 자유 낙하와 같으므로
$y = \frac{1}{2}gt^2 \quad 80 = 5t^2 \quad t = 4s$
수평 도달 거리 $R = v_0 t = 20 \times 4 = 80m$

50 질량이 10g인 총알이 400m/s의 속도로 날아와, 그림과 같이 높이 2m의 절벽 끝에 놓인 질량 190g의 나무토막에 박혔다. 떨어진 나무토막이 바닥에 닿는 순간 절벽으로부터 이동한 수평 거리[m]는? (단, 중력 가속도는 g이며, 나무 바닥 면에서의 마찰과 공기의 저항은 무시한다.)

[09. 지방직 7급]

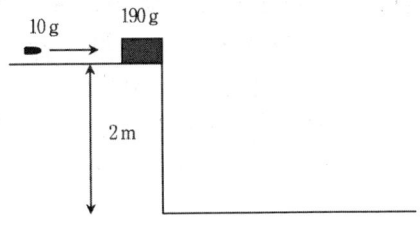

① $\frac{40}{\sqrt{g}}$ ② $\frac{60}{\sqrt{g}}$
③ $\frac{80}{\sqrt{g}}$ ④ $\frac{100}{\sqrt{g}}$

정답 48. ① 49. ③ 50. ①

해설 완전 비탄성 충돌(운동량 보존 법칙)하여 한 덩어리가 되므로

$0.01 \times 400 + 0 = (0.01 + 0.19)v$

$4 = 0.2v \quad \therefore v = 20(\text{m/s})$

지면 도착 시간 t는

$t = \sqrt{\dfrac{2h}{g}} = \sqrt{\dfrac{2 \times 2}{g}} = \dfrac{2}{\sqrt{g}}$

이때 수평도달 거리 R은

$\therefore R = vt = 20 \cdot \dfrac{2}{\sqrt{g}} = \dfrac{40}{\sqrt{g}}$

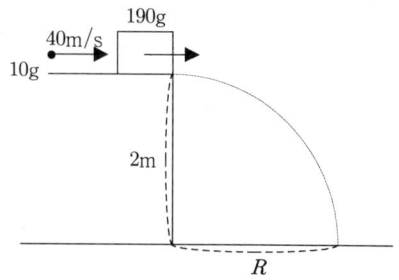

51 어느 물체를 24m/s의 속력으로 수평면과 30°의 각도로 던졌을 때 물체의 낙하 시간은? (단, 공기 저항은 무시하고 중력 가속도는 10m/s²이다.)

① 1.2s ② 2.4s
③ 3.6s ④ 4.8s

해설 포물선 운동에서 연직 성분의 변위

$y = v_0 \sin\theta \cdot t - \dfrac{1}{2}gt^2$에서 $y=0$일 때 낙하 시간이 나온다.

$0 = (v_0 \sin\theta - \dfrac{1}{2}gt)t = 0, \; t = 0$

$\dfrac{2v_0 \sin\theta}{g} = \dfrac{2 \times 24 \times \dfrac{1}{2}}{10} = 2.4s$

52 어떤 물체를 던져 건물 A의 지붕에서 옆 건물 B의 지붕으로 보내려 한다. 그림과 같이 두 건물은 4m 떨어져 있고, 건물 A가 건물 B보다 5m 더 높다. 수평으로 던져진 물체가 건물 B의 지붕에 도달하기 위한 최소 속력[m/s]은? (단, 중력 가속도는 10m/s²이고 공기 저항은 무시한다.)

[11. 국가직 7급]

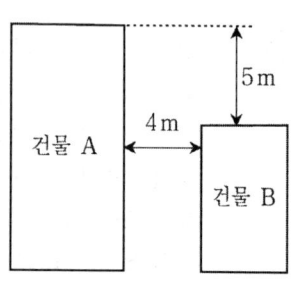

① 3 ② 4
③ 5 ④ 6

해설 시간은 연직 방향 5m를 이동하는 시간이므로

$\therefore t = \sqrt{\dfrac{2h}{g}} = \sqrt{\dfrac{2 \times 5}{10}} = 1(\text{초})$

시간 1초 동안 수평 방향 이동 거리는 4m이고, 던져진 후 등속 운동한다.

$R = 4 = v_0 t = v_0 \cdot 1 \quad \therefore v_0 = 4(\text{m/s})$

정답 51. ② 52. ②

53 지상에서 질량 m의 물체를 수평면과 30°의 경사로 v_0 속도로 던졌을 때 땅에 떨어지는 시간은? (단, 중력 가속도는 g라고 한다.)

① $\dfrac{v_0}{g}$ ② $\dfrac{2v_0}{g}$

③ gv_0 ④ $\dfrac{v_0^2}{g}$

해설 최고점 도달 시간 $t = \dfrac{V_y}{g} = \dfrac{V_0 \sin\theta}{g} = \dfrac{V_0}{2g}$, 땅에 떨어지는 시간 $T = 2t = 2 \times \dfrac{V_0}{2g} = \dfrac{V_0}{g}$

54 지면과 60°의 각도로 비스듬히 던진 물체의 최고점의 높이가 15m이다. 최고점에서 이 물체의 속도의 크기는? (단, 공기 저항은 무시하고 중력 가속도는 10m/s²이다.)

① 0 ② 10m/s

③ 20m/s ④ 30m/s

해설 최고점의 높이 $H = \dfrac{(v_0 \sin\theta)^2}{2g}$ 에서 $15 = \dfrac{(v_0 \sin 60°)^2}{2 \times 10} = \dfrac{\left(v_0 \times \dfrac{\sqrt{3}}{2}\right)^2}{20}$

$v_0 = 20 m/s$

최고점에서의 속력은 수평 성분인 $v_0 \cos\theta$ 이므로 $20\cos 60° = 10 m/s$

55 그림과 같이 공을 수평면으로부터 45° 위로 던졌더니 2초 후에 떨어졌다. 이 공이 수평으로 날아간 거리 d는 얼마인가? (단, 중력 가속도는 10m/s²이고, 공기 저항과 공기의 크기는 무시한다.)

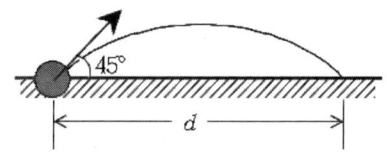

① $5\sqrt{2}\,m$ ② $10\,m$ ③ $10\sqrt{2}\,m$

④ $20\,m$ ⑤ $20\sqrt{2}\,m$

해설 던지고 나서 2초 후 떨어지므로 최고점 도달 시간이 1초이다. 중력에 의해 등가속도 운동하므로 $v = v_0 - gt$ 에서 $v_0 = 10 m/s$ 이다. 수평면에 대해 45°이므로 수직 방향과 수평 방향 속도 성분의 크기가 같고, 수평 방향으로 등속도 운동하여 2초가 날아가므로 거리 d는 20m이다.

정답 53. ① 54. ② 55. ④

Chapter 01

56 그림과 같이 질량 m의 포탄이 처음 속력 $v_0 = 40\text{m/s}$로 지면과 45°의 각도를 이루며 발사되어 궤적의 최고점에서 포탄이 두 조각으로 분리되었다. 그중 한 조각은 질량이 $\frac{2}{3}m$이고, 분리 직후 속력이 0이 되어 수직 낙하하였다. 질량이 $\frac{1}{3}m$인 나머지 조각이 지면에 떨어진 지점과 포탄이 발사된 지점 사이의 거리[m]는? (단, 지면은 수평이고, 공기의 저항은 무시하며, 중력 가속도 g는 10m/s^2이다) [11. 지방직 7급]

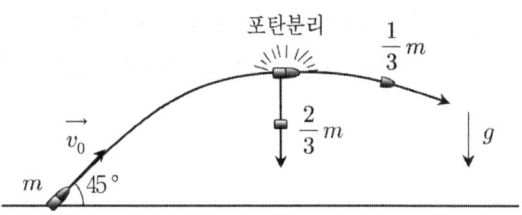

① 120
② 240
③ 320
④ 400

해설

최고점 높이 $h = \dfrac{(v_0 \sin\theta)^2}{2g} = \dfrac{\left(40 \times \dfrac{1}{\sqrt{2}}\right)^2}{2 \times 10}$

$= \dfrac{40 \times 40 \times \dfrac{1}{2}}{2 \times 10} = 40(\text{m})$

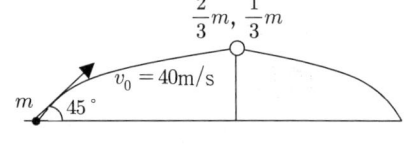

최고점 도달 시간 $t = \sqrt{\dfrac{2h}{g}} = \sqrt{\dfrac{2 \times 40}{10}} = \sqrt{8} = 2\sqrt{2}$

발사점~최고점의 수평 거리 R_1은 $R_1 = v_0 \cos 45° \cdot t = 40 \times \dfrac{1}{\sqrt{2}} \times 2\sqrt{2} = 80(\text{m})$

최고점에서 $\frac{1}{3}m$이 가지는 속력 $v_x{'}$ 운동량 보존(x 방향)에 의해

$m \cdot 40 \cdot \cos 45° = \dfrac{2}{3}m \times 0 + \dfrac{1}{3}m \cdot v_x{'}$ 이며, $v_x{'} = 120 \times \dfrac{\sqrt{2}}{2} = 60\sqrt{2}$ 이다.

최고점~지표면 도달 거리 $R_2 = v_x{'} \cdot t = 60\sqrt{2} \times 2\sqrt{2} = 240(\text{m})$

∴ 총 도달 거리 R은 $R = R_1 + R_2 = 80 + 240 = 320(\text{m})$

57 수평면에서 높이 5m 지점에 있는 질량이 1kg인 물체 A가 마찰이 없는 경사면을 따라 미끄러져 내려와, 수평면에 정지 상태로 놓여 있는 질량 3kg인 물체 B와 정면으로 탄성 충돌하였다. 충돌 후 물체 B의 속력[m/s]은? (단, 물체의 크기와 공기 저항은 무시하고, 물체는 동일 연직면상에서 운동하며, 중력 가속도는 10m/s^2이다.) [14. 국가직 7급]

① 2.5
② 5.0
③ 6.7
④ 10.0

정답 56. ③ 57. ②

해설 지면도달 속력 $v=\sqrt{2gh}=\sqrt{2\times 10\times 5}=10(\text{m/s})$
운동량 보존에 의해 $1\times 10+0=1\times v_1'+3\times v_2'$

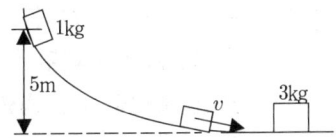

반발계수 $e=1=-\dfrac{v_1'-v_2'}{v_1-0}=-\dfrac{v_1'-v_2'}{10}-10=v_1'-v_2'$

$v_1'=v_2'-10$에서 $10=v_2'-10+3v_2'$이므로 $20=4v_2'$ $\therefore v_2'=5(\text{m/s})$

58 그림과 같이, 질량이 2kg인 물체에 수평면과 $\theta=30°$로 20N의 힘이 가해졌다. 물체와 수평면 사이의 운동 마찰계수가 $\mu_k=0.2$일 때, 물체의 수평 방면 가속도의 크기 [m/s²]는? (단, 중력 가속도는 10m/s²이다.)

[12. 국가직 7급]

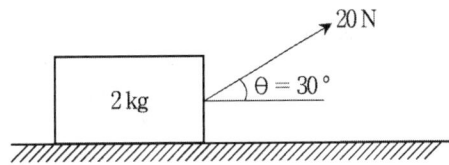

① 4　　　　　　　　　② 6
③ $5\sqrt{3}-2$　　　　　　④ $5\sqrt{3}-1$

해설

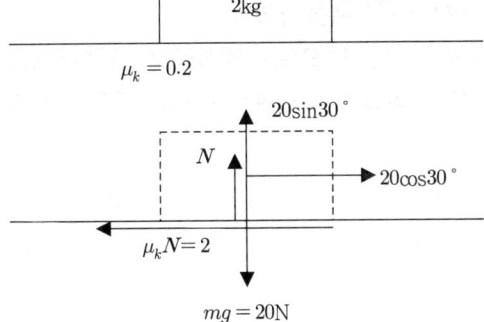

물체에 작용하는 알짜힘의 크기는 '외력-마찰력'이므로, 외력 $20\cos 30°=10\sqrt{3}$에서 마찰력 $f=\mu_k N=2N$을 빼면 $10\sqrt{3}-2=2a$이다.
$\therefore a=5\sqrt{3}-1$

정답 58. ④

59 질량이 3kg인 물체가 마찰이 없는 수평면 위를 $+x$ 방향 4m/s의 속도로 움직이고 있다. 이 물체가 내부 폭발에 의해 두 조각으로 분리되었다. 폭발 직후 1kg의 질량을 지닌 한 조각이 $+x$ 방향 8m/s의 속도로 움직일 경우, 나머지 조각의 운동 방향과 속도의 크기[m/s]는? (단, 폭발 시 질량 손실은 없다.) [14. 국가직 7급]

	방향	속도의 크기[m/s]
①	$-x$	2
②	$+x$	2
③	$-x$	4
④	$+x$	4

해설

운동량 보존 법칙에 의해 $3\times 4 = 2v + 1\times 8$

$\therefore 2v = 12 - 8 = 4$

$\therefore v = 2(\text{m/s})$

60 그림과 같이 마찰이 없는 면의 왼쪽에서 오른쪽으로 질량 2kg의 물체 A가 속력 9m/s로 진행하다가 정지해 있던 질량 1kg의 물체 B에 탄성 충돌하였다. 질량 1kg의 물체는 곧바로 마찰이 있는 면으로 진행하다가 멈추어 섰다. 이때 멈추기까지 걸린 시간은 얼마인가? (단, 미끄럼 마찰계수=0.6, 중력 가속도=10m/s²)

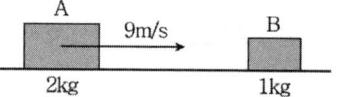

[14. 서울시 7급]

① 1초　② 2초　③ 3초
④ 4초　⑤ 5초

해설　운동량 보존 법칙 $2\times 9 + 0 = 2v_1' + v_2'$

반발계수 $e = 1 = -\dfrac{v_1' - v_2'}{v_1 - v_2} = -\dfrac{v_1' - v_2'}{9}$ 이므로 　$\therefore v_1' = v_2' - 9$

$18 = 2(v_2' - 9) + v_0' = 3v_0' - 18$　$\therefore v_0' = \dfrac{36}{3} = 12$

또 운동 방정식에서 $-\mu mg = ma$　$\therefore a = -\mu g$

운동의 식　$0 = v_0 - \mu g t = 12 - \mu g t$

$\therefore t = \dfrac{12}{\mu g} = \dfrac{12}{0.6 \times 10} = 2(\text{s})$

정답　59. ②　60. ②

61 승강기를 타고 있는 사람이 자신의 체중을 가장 가볍게 느끼는 때는? [97. 국가직 7급]

① 정지하고 있던 승강기가 올라가기 시작할 때
② 승강기가 일정한 속도로 올라가고 있을 때
③ 올라가던 승강기가 멈출 때
④ 승강기가 일정한 속도로 내려오고 있을 때

> **해설** 올라가던 승강기가 속도가 느려지면 관성에 의해 사람은 계속 윗방향으로 움직이려 하므로 승강기 바닥을 누르는 힘은 작아진다.

62 수평면과 경사가 θ_1, θ_2인 방향으로 같은 속도로 던졌을 때 $\theta_1 + \theta_2 = 90°$이면 수평 도달 거리의 비는?

① $1:1$
② $1:2$
③ $2:1$
④ $\sqrt{2}:1$

> **해설**
> - 수평 도달 거리 $R = \dfrac{v_0^2 \sin 2\theta}{g}$ 에서
> - $\theta_1 = 30°$일 때 $R_1 = \dfrac{v_0^2 \sin 60°}{g} = \dfrac{v_0^2}{g} \cdot \dfrac{\sqrt{3}}{2}$
> - $\theta_2 = 60°$일 때 $R_2 = \dfrac{v_0^2 \sin 120°}{g} = \dfrac{v_0^2}{g} \cdot \dfrac{\sqrt{3}}{2}$
> $\therefore \theta_1 + \theta_2 = 90°$일 때 $R_1 = R_2$이다.

63 계란 두 개 위에 나무막대를 놓고 가운데에 큰 힘을 가하면 막대만 부러지는 원리와 틀린 것은?

① 자동차가 가속될 때 손잡이가 뒤로 기울어진다.
② 어린이와 어른이 빙판 위에서 서로 밀면 어린이가 더 멀리 움직인다.
③ 천장에 줄을 통해 물체를 매달고 물체 밑에 또 줄을 연결한 후 갑자기 아래 줄을 당기면 아래쪽 줄만 끊어진다.
④ 옷의 먼지를 턴다.

> **해설** 막대의 관성에 의해 막대는 부러지지만 정지 상태를 유지하려고 하여 계란은 깨지지 않는다.
> ② 어린이와 어른은 작용·반작용 힘으로 힘의 크기는 같지만 $a \propto \dfrac{1}{m}$ 이므로 질량이 작은 어린이의 가속도가 커 더 멀리 움직인다.

정답 61. ③ 62. ① 63. ②

64 제트 분사장비를 이용하여 공중에 정지한 상태로 떠 있을 수 있는 기계를 제작하고자 한다. 제트 분사장치는 $0.1 kg/s$의 연료를 분사할 수 있다. 장치를 이용하는 사람의 질량이 $M=80kg$이고, 연료가 가득 차 있는 제트 분사장비의 질량은 $m=10kg$이다. 연료를 가득 채운 장치를 장착한 사람이 공중에 떠 있기 위해 필요한 연료의 분사 속력은? (단, 중력 가속도 $g=10m/s^2$이다.) [15. 서울시 7급]

① $4500m/s$ ② $6000m/s$
③ $7500m/s$ ④ $9000m/s$

해설 사람과 장비가 받은 합력의 크기가 0이어야 공중에 떠 있을 수 있으므로 사람과 장비를 더한 중력의 크기는 $900kg \cdot m/s^2$이다. $(m+M)g=F=\dot{m}v$이며 $\dot{m}=0.1(kg/s)$이므로

$(10+80)10=0.1v \therefore v=\dfrac{900}{0.1}=9000(m/s)$

제트 분사장비는 초당 $0.1kg/s$의 연료를 분사할 수 있으므로 속력은 9000m/s이어야 한다.

65 용수철 상수가 k=2N/m이고 길이가 $l=0.4m$인 용수철의 양 끝에 질량 $m=1kg$인 두 개의 물체가 각각 달려 있다. 마찰이 없는 수평면 위에서 이 용수철을 길이가 반이 되도록 압축했다가 가만히 놓았다. 용수철이 원래의 길이로 되돌아온 순간 각 물체의 속력[m/s]은? [07. 국가직 7급]

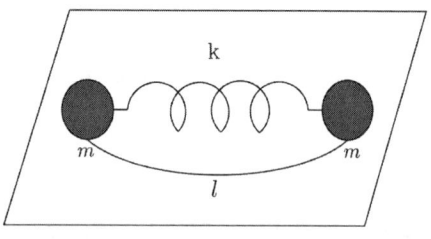

① 0.2 ② 0.4
③ 0.8 ④ 1.6

해설 $k=2N/m$, $l=0.4m$, $m=1kg$

에너지 보존 $\dfrac{1}{2}(2m)v^2=\dfrac{1}{2}k\left(\dfrac{l}{2}\right)^2$ 이므로

$2 \times 1 \times v^2 = 2\left(\dfrac{0.4}{2}\right)^2$

$\therefore v=\dfrac{0.4}{2}=0.2(m/s)$

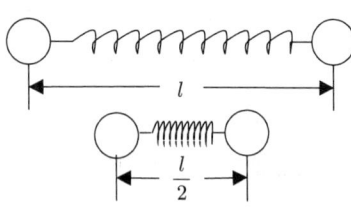

정답 64. ④ 65. ①

66 행성 A와 B가 어떤 별 주위를 원 궤도를 그리며 공전하고 있다. 이 별에서 행성 A까지의 거리가 행성 B까지의 거리의 4배일 때, 행성 A의 공전 주기는 행성 B의 공전 주기의 몇 배인가? (단, 별의 질량은 행성의 질량보다 매우 크다.) [14. 국가직 7급]

① $2\sqrt{2}$
② 4
③ 8
④ 64

 케플러 3법칙 $T^2 = kr^3$에 의해
$T_B^2 = K \cdot 1^3$
$T_A^2 = K \cdot 4^3 = 64K = 8^2 \; : \; T_A = 8T_B$

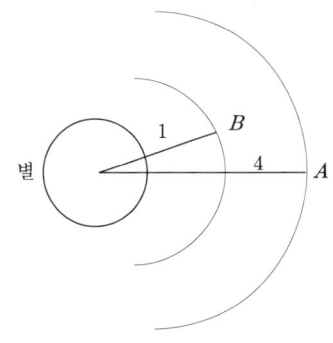

67 바람이 없는 날에 어떤 사람이 질량 0.1kg인 골프공을 사용해 티샷 연습을 하고 있다. 골프공에 충격을 가하기 위해 골프채와 골프공이 접촉하는 시간은 0.01초이며, 이 시간 동안 일정한 힘이 골프공에 가해진다고 가정하자. 골프공을 250m 날아가게 하기 위해 골프공에 가해야 하는 최소한의 힘[N]은? (단, 공기 저항은 무시하며, 중력 가속도는 10m/s²이다.) [08. 국가직 7급]

① 250
② 500
③ 750
④ 1,000

 충격량과 운동량의 변화량이 같으므로 $F \cdot t = \triangle m \cdot v$
$F \cdot 0.01 = 0.1 \cdot v_0$
$R_{max} = \dfrac{v_0^2 \sin 2\theta}{g} \dfrac{v_0^2 \sin 90}{g} = \dfrac{v_0^2}{g} \quad \therefore 250 = \dfrac{v_0^2}{10}$
$v_0^2 = 2500 = 50^2 \quad \therefore v_0^2 = 50$
$F = \dfrac{0.1}{0.01} \times 50 = 500 (\text{N})$

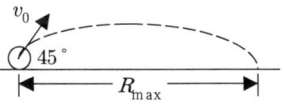

정답 66. ③ 67. ②

68
속도 v로 움직이고 있는 질량 m_1인 입자가 정지하고 있는 질량 $m_2(=\frac{1}{3}m_1)$인 입자와 1차원 탄성 충돌을 하였다. 충돌 후 m_2 입자의 운동에너지는 최초 에너지 $E\left(=\frac{1}{2}m_1v^2\right)$의 몇 배인가?

[10. 지방직 7급]

① $\frac{1}{3}$ ② $\frac{1}{2}$

③ $\frac{2}{3}$ ④ $\frac{3}{4}$

해설 완전 탄성 충돌하며 에너지가 보존되므로 $m_1v_1 = m_1v_1' + m_2v_2'$

$e = 1 = -\frac{v_1' - v_2'}{v}$, $v = -v_1' + v_2'$ ∴ $v_1' = v_2' - v$

$m_1v = m_1(v_2' - v) + \frac{1}{3}m_1v_2'$ 이므로 $2v = \frac{4}{3}v_2'$ ∴ $v_2' = \frac{3}{2}v$

$E' = \frac{1}{2}\left(\frac{1}{3}m_1\right)\left(\frac{3}{2}v\right)^2 = \frac{1}{2} \cdot \frac{1}{3}m_1 \cdot \frac{9}{4}v^2 = \frac{1}{2} \cdot \left(\frac{3}{4}\right)m_1v^2$

그런데 $E = \frac{1}{2}m_1v^2$ ∴ $\frac{E'}{E} = \frac{3}{4}$

69
마찰이 없는 수평면에서 물체 A가 6m/s의 속력으로 다가와 정지해 있는 물체 B와 완전 탄성 충돌을 하였다. 충돌 후 물체 B의 속도는 3m/s이고, 충돌 전후 A의 운동이 한 직선 상에서 이루어졌다. A, B의 질량을 각각 m$_A$, m$_B$라고 할 때, m$_A$/m$_B$는? [11. 국가직 7급]

① 1/5   ② 1/4

③ 1/3   ④ 1/2

해설 운동량 보존 $m_A6 + 0 = m_Av_A' + m_B \cdot 3$

반발계수 $e = 1 = -\frac{v_1' - v_2'}{v_1 - v_2} = -\frac{v_A' - 3}{6}$, $6 = -v_A' + 3$ ∴ $v_A' = 3 - 6 = -3$

$6m_A = -3m_A + 3m_B$, $9m_A = 3m_B$ ∴ $\frac{m_A}{m_B} = \frac{1}{3}$

70
강체에 세 힘이 작용하고 있을 때 다음 중 틀린 것은 어느 것인가?

① 평형일 때 질량 중심은 정지 혹은 등속 직선 운동을 한다.
② 평형일 때 세 힘의 작용선은 반드시 한 점에서 만난다.
③ 세 힘의 모멘트의 합이 0일 때 같은 비율로 회전할 수도 있다.
④ 평형일 때 세 힘의 기하학적 합성은 폐삼각형을 이룬다.

해설 평형조건 : 두 힘의 크기는 같고, 방향이 반대이며 작용점이 일치해야 한다. 단, 회전해서는 안 된다. 즉, 같은 작용선상에 있어야 한다.

정답 68. ④   69. ③   70. ③

71 수평면 위에서 10[kg중]이 되는 물체에 수평하게 5[kg중]의 힘을 작용하여 움직이기 시작하였다. 이때 정지 마찰계수는 얼마인가?

① 0.4
② 0.5
③ 0.2
④ 1

해설 $R = \mu ma = \mu F$

$\therefore \mu = \dfrac{R}{F} = \dfrac{5}{10} = 0.5$

72 한 아이가 스키를 타고 수평면에서 30도 기울어진 경사면을 일정한 가속도로 내려오고 있다. 스키와 경사면 사이의 운동 마찰계수가 0.40이다. 아이의 가속도는 중력 가속도 (g)의 몇 배인가? (단, $\sqrt{3} = 1.7$로 한다.) [10. 지방직 7급]

① 0.16
② 0.34
③ 0.45
④ 0.65

해설 운동 방정식(뉴턴의 제2법칙) $\sum F = ma$에서

$mg\sin 30° - \mu mg\cos 30° = ma$

$g \cdot \dfrac{1}{2} - 0.4g\dfrac{\sqrt{3}}{2} = a$ 이므로 $\dfrac{a}{g} = \dfrac{1}{2}(1 - 0.4 \times 1.7)$

$= \dfrac{1}{2}(1 - 0.68) = \dfrac{1}{2}(0.32) = 0.16$

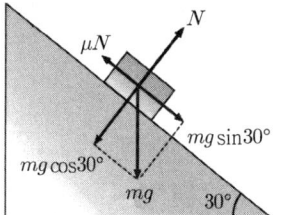

73 그림과 같이 수평면 위에 놓여 있는 질량 30kg인 물체를 지면과 30°의 각도로 400N으로 당길 때 수직 항력의 크기는? (단, $g = 10 m/s^2$이다.)

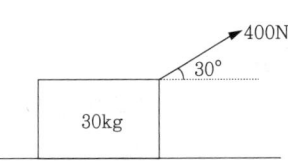

① 100N
② 200N
③ 300N
④ 400N

해설 면에 수직 성분의 합력=0이므로

$400\sin 30° + N = mg$

$400 \times \dfrac{1}{2} + N = 30 \times 10 \quad N = 100N$

정답 71. ② 72. ① 73. ①

Chapter 01

74 그림과 같이 질량이 각각 4kg과 2kg인 두 블록이 마찰이 없는 수평면 위에서 서로 맞닿아 있다고 하자. 질량이 4kg인 물체의 왼쪽에서 오른쪽으로 12N의 일정한 힘을 가하였을 때, 질량 2kg인 물체에 가해지는 알짜힘은?

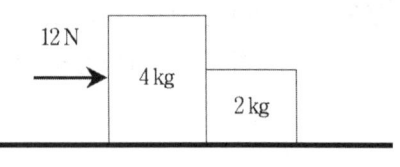

[09. 국가직 7급]

① 12N　　　　　　　　② 8N
③ 4N　　　　　　　　 ④ 0N

해설 물체에 작용하는 가속도의 크기는 $a = \dfrac{F}{m} = \dfrac{12N}{6kg}$
$= 2m/s^2$이므로 질량 2kg에 가해지는 알짜힘
$F = ma = 2 \times 2 = 4N$이다.

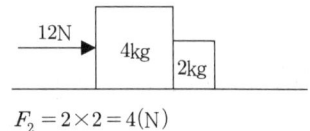

$F_2 = 2 \times 2 = 4(N)$

75 질량이 각각 4kg, 6kg인 물체가 탁자 위에 놓여 있고 양쪽으로 그림과 같이 힘이 작용하고 있다. 6kg의 물체가 4kg의 물체에 미치는 힘의 크기(N)는?

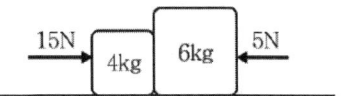

[15. 서울시 7급]

① 4N　　　　　　　　② 6N
③ 11N　　　　　　　 ④ 13N

해설 두 물체의 알짜힘의 크기는 오른쪽 10N이다. 가속도의 크기는 $a = \dfrac{F}{m} = \dfrac{10N}{10kg} = 1m/s^2$이므로 질량 4kg인 물체의 알짜힘은 4N이다. 이때의 힘을 분석하면 오른쪽으로 15N의 힘이 작용하고 있으므로 질량 6kg이 4kg을 미는 힘은 11N이다.

76 다음 그림과 같이 수평면 위의 수레가 도르래를 통하여 추와 실로 연결되어 운동한다. 추의 질량이 수레 질량의 두 배라면 수레의 가속도는? (단, 실과 도르래의 질량, 공기 저항 및 모든 마찰은 무시하며 중력 가속도는 g이다.)

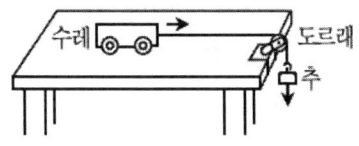

① $\dfrac{1}{3}g$　　　　　　　② $\dfrac{2}{3}g$
③ g　　　　　　　　　 ④ $2g$

해설 수레의 질량이 m, 추의 질량이 2m일 때, 두 물체의 합력은 연직 방향 추의 무게이므로 $2mg$이다. 이때 가속도의 크기는 $a = \dfrac{F}{m} = \dfrac{2mg}{3m} = \dfrac{2}{3}g$이다.

정답　74. ③　75. ③　76. ②

77 그림과 같이 마찰이 없는 얼음판 위에 질량 10kg인 물체 A가 놓여 있고, 그 위에 질량 1kg인 물체 B가 놓여 있다. 두 물체 A와 B 사이에는 최대 정지마찰계수 $\mu_s = 0.8$, 운동마찰계수 $\mu_k = 0.5$로 마찰이 작용한다. 두 물체가 정지한 상태에서 물체 B에 외력 F를 가하여 물체 A가 움직이기 시작한 직후, A의 가속도를 가장 크게 만드는 외력 F의 크기는? (단, 중력 가속도 g =10m/s²이다.)

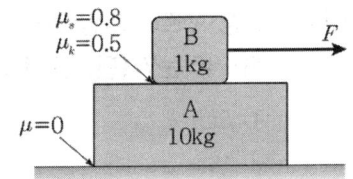

[18. 3. 서울시 7급]

① 5N   ② 8N
③ 10N   ④ 11N

[해설] A에 작용하는 알짜힘은 A와 B 사이의 마찰력만 있으므로, 마찰력이 가장 클 때 A의 가속도가 가장 크게 된다. 따라서 최대 정지마찰력 $0.8 \times 1 \times 10 = 8N$의 마찰력이 작용할 때이므로 외력 F는 최대 정지마찰력과 같은 $8N$이다.

78 그림과 같이, 마찰이 없는 수평면에 질량 4kg의 물체 A와 질량 6kg의 물체 B가 서로 나란히 있다. 20N 크기의 일정한 수평힘 $\vec{F}$를 물체 A에 가하였다. 물체 A는 다시 물체 B를 밀고 있다. 물체 A가 물체 B에 가하는 수평힘의 크기 [N]는? (단, 공기 저항은 무시한다.)

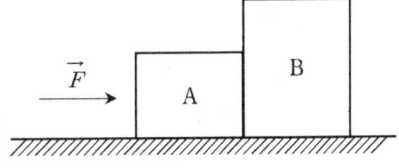

[12. 국가직 7급]

① 8   ② 10
③ 12   ④ 20

[해설] 운동 방정식
$20 = (4+6)a \quad \therefore a = 2$
$\therefore F_B = 6 \cdot 2 = 12(\text{N})$

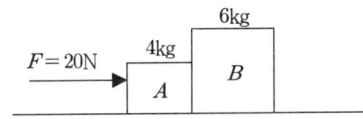

79 질량이 500g인 실험용 수레를 고무줄이 일정한 길이만큼 늘어나도록 끌었더니 6.0m/s²의 가속도가 생겼다. 다음에 실험용 수레 위에 벽돌 한 개를 올려놓고 두 개의 고무줄이 같은 길이만큼 늘어나도록 끌었더니 3.0m/s²의 가속도가 생겼다. 이때 두 개의 고무줄이 실험용 수레에 가한 힘과 벽돌의 질량은?

① 3N, 0.5kg   ② 3N, 1.0kg
③ 6N, 1.5kg   ④ 6N, 2.0kg

[해설] $F = ma = 0.5 \times 6 = 3N$. 벽돌의 질량을 m이라 하고 2개의 고무줄이 병렬이면 k는 2배, x는 같으므로 $F = kx$에서 F도 2배인 $6N$
$6 = (0.5 + m) \times 3 = 1.5 + 3m \quad \therefore m = 1.5kg$

정답 77. ② 78. ③ 79. ③

80 고정 도르래의 양쪽에 각각 1Kg, 3Kg의 추를 매달았을 때 3Kg의 추가 2초 동안 떨어진 거리는? (단, 중력 가속도는 10m/s²이다.)

① 5m ② 10m
③ 15m ④ 20m

해설 합력 $3g - 1g = 4a$ $a = 5m/s^2$
$s = v_0 t + \frac{1}{2}at^2 = 0 + \frac{1}{2} \times 5 \times 2^2 = 10m$

81 마찰이 없는 고정 도르래에 질량을 무시할 수 있는 줄로 양 단에 질량이 M과 2M인 물체를 매달았다. 2M인 물체가 30cm 낙하한 순간의 속력은? (단, 중력 가속도는 10m/s²이다.)

① $\sqrt{2}$ m/s ② $\sqrt{3}$ m/s
③ 2m/s ④ $\sqrt{5}$ m/s

해설 두 물체의 가속도는 운동의 2법칙
$2Mg - Mg = (2M+M)a$에서 $a = \frac{g}{3} = \frac{10}{3}$
등가속도 운동이므로 $v^2 - v_0^2 = 2as$에서
$v = \sqrt{2as} = \sqrt{2 \times \frac{10}{3} \times 0.3} = \sqrt{2} m/s$

82 마찰이 없는 평면 위에 질량이 5Kg인 물체 A와 4Kg인 물체 B가 줄로 연결되어 있다. 물체 B를 45N으로 잡아당길 때 줄의 장력의 크기는?

① 5N ② 9N
③ 20N ④ 25N

해설 각각을 운동의 2법칙에 대입하면 $T = 5a$, $45 - T = 4a$
∴ $a = 5m/s^2$, $T = 25N$

83 마찰이 없는 평면 위에 수평으로 놓인 스프링이 한쪽은 벽에 고정되어 있고, 다른 한쪽 끝에는 질량이 0.5kg인 물체를 연결하여 평형 상태인 위치로부터 0.1m 만큼 잡아당긴 후 정지 상태에서 가만히 놓으면 물체는 단순조화운동을 한다. 스프링 탄성계수가 200N/m일 때, 이 물체가 운동 과정에서 가지게 되는 최대 속력[m/s]과 최대 가속도의 크기[m/s²]는? (단, 용수철의 질량과 공기의 저항은 무시한다.) [12. 국가직 7급]

① 1, 20 ② 1, 40
③ 2, 20 ④ 2, 40

정답 80. ② 81. ① 82. ④ 83. ④

해설 탄성 위치에너지와 운동에너지는 같으므로
$\frac{1}{2}kx^2 = \frac{1}{2}mv^2$
$200(0.1)^2 = 0.5v^2$, $2 = 0.5v^2$, $4 = v^2$
$\therefore v = 2\,(\text{m/s})$
단순조화운동$(S.H.M)$에서
$m\ddot{x} + kx = 0$, $\ddot{x} + \frac{k}{m}x = 0$, $\therefore a = \ddot{x} = -\frac{k}{m}x$
$= -\frac{200}{0.5} \times 0.1 = -40\,(\text{m/s}^2)$, $a = |-40| = 40\,(\text{m/s}^2)$

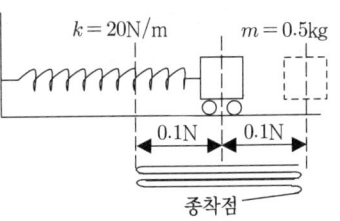

84 오른쪽 그래프는 직선 운동을 하고 있는 어떤 물체의 속도(v)와 시간(t)의 관계를 나타낸 것이다. 운동하는 동안 물체에 작용하는 힘의 크기는? (단, 물체의 질량은 4kg이다.)

① 1N   ② 2N
③ 4N   ④ 6N

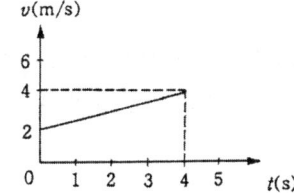

해설
- $v-t$ 그래프에서 기울기는 가속도(a)이다. $\therefore a = \frac{4-2}{4} = \frac{1}{2}\,(\text{m/s}^2)$
- $F = m \cdot a = 4 \times \frac{1}{2} = 2\,(\text{N})$ $\therefore F = 2\,(\text{N})$

85 세 물체 A, B, C가 접촉한 상태로 마찰이 없는 수평면 위에 있다. A의 질량은 5kg, B의 질량은 3kg, C의 질량은 2kg이다. 그림과 같이 A에 200N의 힘을 수평 방향으로 가하였을 때, 세 물체는 접촉한 상태로 운동한다. 이때 C가 B에 가하는 힘의 크기는 얼마인가?

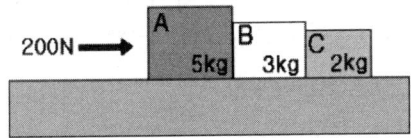

① 0N   ② 20N   ③ 40N
④ 100N   ⑤ 200N

해설 세 물체의 가속도의 크기는 $a = \frac{F}{m} = \frac{200N}{10kg} = 20m/s^2$이다. 물체의 알짜힘은 $F = ma$이므로 A, B, C 각각 100N, 60N, 40N이다. 이때 B가 C를 미는 힘은 C의 알짜힘과 같으므로 작용·반작용 법칙에 의해 C가 B를 미는 힘도 40N이다.

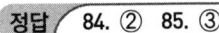

정답 84. ② 85. ③

86 지구 반지름을 R, 지표면에서 중력 가속도를 g라 할 때, 지표면에서 높이 $R/2$되는 곳에서의 중력 가속도는?

① $\frac{1}{4}g$ ② $\frac{4}{9}g$

③ $\frac{1}{2}g$ ④ $\frac{2}{3}g$

해설
- $mg = G\frac{mM}{R^2}$ 에서 $g = \frac{GM}{R^2}$
- 지표면에서 높이 $\frac{R}{2}$ 되는 지점에서 중력 가속도 $g' = \frac{GM}{(R+\frac{1}{2}R)^2} = \frac{4}{9}\frac{GM}{R^2} = \frac{4}{9}g$

87 몸무게가 50kg중인 사람을 태운 엘리베이터가 3m/s의 등속도로 올라가고 있을 때, 엘리베이터의 밑바닥이 받는 힘은? (단, g = 10m/s²)

① 0N   ② 350N
③ 500N   ④ 650N

해설 엘리베이터 속에서 정지 상태나 등속도로 상승할 때는 $a=0$이 된다.
따라서, 관성력 $= ma = 0$
∴ $F = W = mg + ma = 50 \times 10 = 500(N)$

88 어떤 사람이 정지한 엘리베이터 바닥에 놓인 체중계 위에 올라서서 눈금을 보니 50kg이었다. 이 엘리베이터가 위 방향으로 1.0m/s²로 가속된다면 체중계가 가리키는 눈금은? (단, 지구 중력 가속도의 크기는 10m/s²으로 어림한다.) [09. 국가직 7급]

① 60kg   ② 55kg
③ 51kg   ④ 45kg

해설 겉보기 중력
$F = mg' = m(g+a) = 50(10+1) = 55(\text{kg중})$

89 차가 커브를 돌 때, 차에 타고 있는 사람이 바깥쪽으로 밀리는 것은 무엇 때문인가?

① 구심력   ② 중력
③ 탄성력   ④ 원심력

해설
- 원심력 : 원운동하는 물체 속에서 느껴지는 관성력으로, 크기는 구심력과 같고 방향은 반대이다. 원심력은 실제의 힘이 아니고 가상적인 힘이다.
- 구심력 : 원운동하는 물체 속에서 원의 중심 방향으로 계속 직진하려는 일정한 크기의 힘이다.

정답 86. ② 87. ③ 88. ② 89. ④

90 탄성계수가 10N/m인 용수철의 한쪽 끝을 천장에 고정하고 늘어뜨렸더니 길이가 2m였다. 이 용수철의 다른 쪽 끝에 질량이 1kg인 추를 매달고, 추를 연직 상방으로 들어 올려 용수철을 1m로 압축한 후 추를 가만히 놓았다. 추가 가장 낮은 위치에 도달할 때, 천장에서 추까지의 거리(m)는? (단, 용수철의 질량, 추의 부피, 공기 저항은 무시하며, 중력 가속도는 10m/s²이다.) [15. 국가직 7급]

① 2　　　　　　　　　　② 3
③ 4　　　　　　　　　　④ 5

해설
$$x_0 = \frac{mg}{k}$$
$$= \frac{1 \times 10}{10} = 1(\text{m})$$
용수철은 진폭 $2m$로 단진동한다.
따라서 천장 ~ 가장 낮은 점 = 5(m)

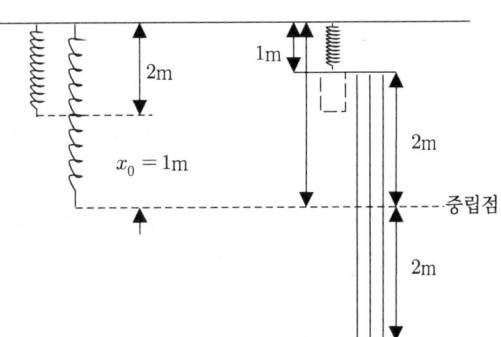

91 다음 그림과 같이 마찰이 없는 수평면에 질량이 각각 m, 2m, m인 세 물체 A, B, C가 놓여 있다. 수평 방향으로 크기가 F인 힘이 A에 작용할 때, 세 물체가 동일한 가속도로 함께 운동한다면 A와 B 사이의 마찰력은 F의 몇 배인가?

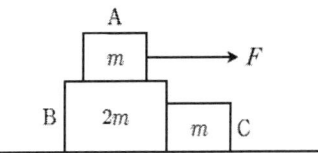

① $\frac{1}{4}$　　　　　　　　② $\frac{1}{3}$
③ $\frac{1}{2}$　　　　　　　　④ $\frac{3}{4}$

해설 마찰이 없으므로 물체 전체의 질량이 4m이므로 A에 작용한 알짜힘은 $\frac{1}{4}F$이다. 물체 B와 A의 사이에 작용하는 힘의 크기가 $\frac{3}{4}F$일때 다음과 같은 식이 성립된다.
A의 알짜힘 = 외력(F) − 마찰력(f)

정답 90. ④　91. ④

Chapter 01

92 마찰이 없는 빙판에서 나오는 방법은?

① 몸에 지닌 것을 던진다.　② 바닥을 기어서 나온다.
③ 높이 뛰어서 나온다.　④ 나올 방법이 없다.

> **해설** 지구를 밀고 반작용(마찰력)으로 나와야 하는데 마찰력이 없으므로 나오지 못한다. 몸에 지닌 물체를 한쪽 방향으로만 던져 반작용힘으로 나와야 한다.

93 천장에 매달린 고정 도르래에 질량이 각각 m_1, m_2인 두 개의 벽돌 A, B가 그림과 같이 늘어나지 않는 줄에 매달려 있다. 정지해 있던 벽돌들을 가만히 놓았을 때, 벽돌 B가 아래 방향으로 가속도 a로 내려가게 되었다. 벽돌 A의 질량 m_1은? (단, 줄과 도르래의 질량, 모든 마찰은 무시하며, 중력 가속도는 g이다.)

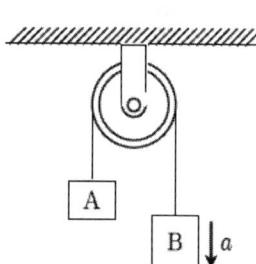

① $\dfrac{g+a}{g-a}m_2$　② $\dfrac{g-a}{g+a}m_2$

③ $\dfrac{g+2a}{g-2a}m_2$　④ $\dfrac{g-2a}{g+2a}m_2$

> **해설** 두 물체의 알짜힘의 크기는 $(m_2-m_1)g$이므로 가속도의 크기는 $a=\dfrac{(m_2-m_1)g}{m_1+m_2}$이다.
> 이때, $a(m_1+m_2)=(m_2-m_1)g$이므로 $am_1+am_2=gm_2-gm_1$
> $(a+g)m_1=(g-a)m_2$
> $\therefore m_1=\dfrac{g-a}{a+g}m_2$

94 다음 중 엘리베이터에 탄 사람의 무게가 가볍게 느껴질 때는?

① 최하층에서 상승하기 시작할 때
② 일정한 속력으로 상승하고 있을 때
③ 최상층에 도착하기 직전
④ 하강하다가 최하층에 도착하기 직전

> **해설** 엘리베이터의 가속도가 아래 방향일 때 관성력이 위 방향이 되고 중력과 상쇄되므로 몸무게가 가볍게 느껴진다. 즉, 내려간다면 빨라지는 경우이고 올라간다면 느려지는 경우이다.

정답　92. ①　93. ②　94. ③

95 하강하는 엘리베이터가 일정 가속도 $1m/s^2$으로 감속되고 있다. 이 안에 있는 60kg인 사람의 무게는? (단, 중력 가속도 $g=10m/s^2$이다.)

① 500N　　　　　　　　　② 540N
③ 550N　　　　　　　　　④ 660N

[해설] 하강하면서 감속되려면 가속도의 방향은 위 방향이므로 관성력은 아래 방향으로 작용한다.
합력 $= mg+ma = 60 \times 10 + 60 \times 1 = 660N$

96 엘리베이터 안에서 바닥에 저울을 놓고 그 위에 10kg의 물체를 올려놓았다. 엘리베이터가 일정한 속도로 올라가다가 정지하기 위해서 일정한 가속도 $a = -4.9m/s^2$가 주어져 있다. 이때 저울이 나타내는 물체의 무게는 얼마인가? (단, 중력 가속도 $g=9.8m/s^2$이다.)

① 5kg중　　　　　　　　② 10kg중
③ 15kg중　　　　　　　　④ 20kg중

[해설] 관성력은 위 방향이므로
물체가 받는 힘 $= mg - ma$
$= 10 \times (9.8-4.9) = 49N = 5kg중$

97 질량이 각각 2kg, 3kg인 두 물체가 도르래로 연결된 후 그림과 같이 중력의 영향을 받아서 가속되고 있다. 이때 물체에 의해 줄에 작용하는 장력 T와 움직이는 물체의 가속도 a는 얼마인가? (단, 중력 가속도는 $10m/s^2$, 공기 저항은 무시한다.) [14. 서울시 7급]

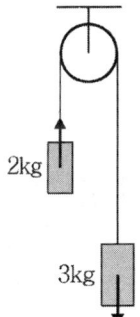

① $T=1N$, $a=12m/s^2$　　　② $T=2N$, $a=24m/s^2$
③ $T=12N$, $a=1m/s^2$　　　④ $T=24N$, $a=2m/s^2$
⑤ $T=30N$, $a=20m/s^2$

[해설] 두 물체의 알짜힘은 30N−20N=10N이다.
이때 가속도의 크기는 $a = \dfrac{F}{m} = \dfrac{10}{5} = 2m/s^2$이다.
실의 장력은 3kg을 기준으로 '중력−장력=알짜힘'이므로 $30N - T = 6N$ ∴ $T=24N$

정답 95. ④　96. ①　97. ④

98 30°의 각도로 기울어진 비탈 위에 있는 20[kg중]의 물체가 미끄러지지 않게 하기 위한 비탈에 평행한 힘은?

① $10\sqrt{3}$ [kg중]   ② 5[kg중]
③ 20[kg중]   ④ 10[kg중]

해설 $F = mg\sin\theta = 20 \cdot \dfrac{1}{2} = 10$[kg중]

99 그림과 같은 반원 형태의 이글루 꼭대기에서 질량 m인 썰매가 정지 상태로부터 미끄러져 내려온다. 썰매가 이글루로부터 분리되기 전, 지점 P에서 썰매에 가해지는 수직 항력은? (단, 중력 가속도는 g이고, 모든 마찰은 무시한다.) [09. 지방직 7급]

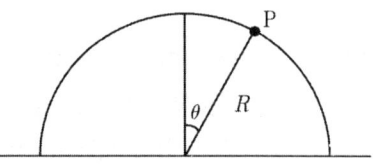

① $mg\cos\theta$ ② $mg\sin\theta$
③ $3mg\cos\theta - 2mg$ ④ $5mg\sin\theta - 2mg$

해설 각 θ를 이루는 점에서 평형식은
$mg\cos\theta = m\dfrac{v^2}{R} + N$
에너지 보존 법칙에 의해 $mgh = \dfrac{1}{2}mv^2$
여기서 $h = R - R\cos\theta$
$\therefore mg(R - R\cos\theta) = \dfrac{1}{2}mv^2$
$\therefore mv^2 = 2mgR(1-\cos\theta)$
따라서 평형식에서 $N = mg\cos\theta - \{2mg(1-\cos\theta)\} = 3mg\cos\theta - 2mg$

100 그림과 같이, 길이가 4m이고 질량이 20kg인 균일한 수평 빔이 핀 연결고리에 의해 벽에 걸려 있다. 빔의 한쪽 끝은 수평과 30°로 케이블에 의해 연결되어 있다. 질량 50kg인 물체가 벽으로부터 3m인 지점에 수평 빔에 매달려 있을 때, 케이블에 걸리는 장력의 크기[N]는? (단, 케이블의 질량은 무시하며 중력 가속도는 10m/s²이다.)

[12. 국가직 7급]

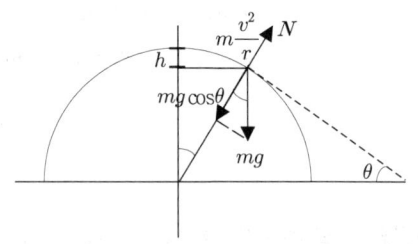

① 950   ② 1,150
③ 1,400   ④ 1,800

정답 98. ④ 99. ③ 100. ①

해설 케이블에 걸린 수직 방향 힘은 $T\sin 30°$이다. 이를 토크($\tau = F \times r$)를 이용하여 정리하면 다음과 같다. 물체는 토크의 평형 상태에 있으므로 $200N \times 2m + 500N \times 3m - T\sin 30° \times 4m = 0$에서 $T = 950N$이 된다.

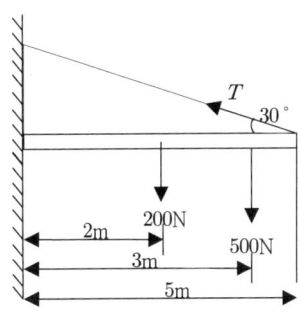

101 질량 10[kg]의 물체가 놓인 면을 수평과 30° 되게 기울인 순간 미끄러지기 시작하였다. 이 물체를 수평으로 놓고 움직이려면 얼마의 힘이 필요한가?

① 5[kg]
② 7[kg중]
③ $\dfrac{10}{\sqrt{3}}$ [kg중]
④ 10[kg중]

해설
- 마찰계수 : $\mu = \tan\theta = \dfrac{1}{\sqrt{3}}$
- 힘 : $F = \mu N = \dfrac{1}{\sqrt{3}} \times mg = \dfrac{10}{\sqrt{3}}$ [kg중]

102 그림 (가)는 수평면 위에서 직선으로 움직이는 질량 m인 물체 A와 연직 하방으로 움직이는 질량 2m인 물체 B가 늘어나지 않는 팽팽한 실로 도르래를 통하여 연결되어 운동하는 모습을 나타낸 것이고, 그림 (나)는 그림 (가)에서 A와 B의 위치만을 바꾸어 연결한 것이다. 이에 대한 설명으로 옳지 않은 것은? (단, 도르래와 실의 질량, 공기 저항 및 모든 마찰은 무시한다.)

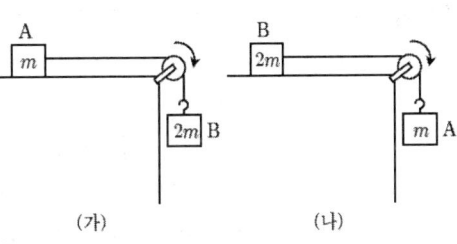

① A의 가속도의 크기는 (가)보다 (나)에서 작다.
② B에 작용하는 합력의 크기는 (가)와 (나)에서 같다.
③ 실이 A를 당기는 힘의 크기는 (가)와 (나)에서 같다.
④ (가)에서 B에 작용하는 합력의 크기는 A에 작용하는 합력의 크기의 2배이다.

정답 101. ③ 102. ②

해설 문제에서 알짜힘은 연직 하방운동을 하는 물체에 작용하는 중력을 의미한다. 그림 (가)에서 가속도의 크기는 $a = \frac{2mg}{3m} = \frac{2}{3}g$이고, (나)에서 가속도의 크기는 $a = \frac{mg}{3m} = \frac{1}{3}g$이다.

이때 B의 알짜힘의 크기는 $F = ma$에서 (가)는 $2m \times \frac{2}{3}g = \frac{4}{3}mg$, (나)는 $2m \times \frac{1}{3}g = \frac{2}{3}mg$이다. 실의 장력은 수평면 위에 물체에 작용하는 알짜힘 (가)와 (나)에서 2배이므로 같다.

103 어떤 학생이 한 쌍의 아령을 들고 회전의자에 앉아서 팔을 벌리고 각속도 12rad/s로 회전하고 있다. 팔을 벌린 상태에서 학생, 아령, 회전의자로 구성된 계의 관성 모멘트는 5.0kg·m²였다. 이 학생이 팔을 오므려서 관성 모멘트가 4.0kg·m²으로 변했을 때 증감된 계의 회전 운동에너지[J]는? (단, 이 과정에서 계에 작용하는 외부 토크는 없다.)

[10. 지방직 7급]

① 45
② 72
③ 90
④ 360

해설 각운동량 보존 $L = Iw = I'w'$에 의해 $5 \times 12 = 4w'$이므로 ∴ $w' = 15[\text{rad/s}]$
$E_k = \frac{1}{2}Iw^2 = \frac{1}{2} \times 5 \times 12^2$
$E_k' = \frac{1}{2}I'w'^2 = \frac{1}{2} \times 4 \times 15^2$
$\triangle E_k = E_k' - E_k = \frac{1}{2} \times 4 \times 225 - \frac{1}{2} \times 5 \times 144 = 450 - 360 = 90(\text{J})$

104 다음 그림은 지레의 받침대로부터 각각 2m, 1m, 3m 떨어져 있는 점 P, Q, R에 질량이 각각 5kg, x, 2kg인 물체가 놓여 평형을 이루고 있는 모습을 나타낸 것이다. x의 값은? (단, 물체의 크기와 지레의 질량은 무시한다.)

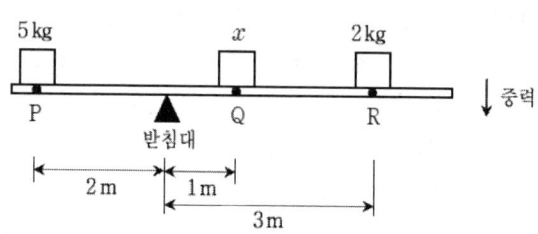

① 1
② 2
③ 3
④ 4

해설 받침점을 기준으로 토크($\tau = F \times r$)의 합이 0일 때 지레는 움직이지 않는다. 중력 가속도의 크기를 $g = 10m/s^2$이라 하여 계산하면, 질량 5kg인 물체의 반시계 방향 토크는 $50N \times 2m = 100N \cdot m$이므로 물체 x와 2kg인 물체의 시계 방향 토크의 합도 $100N \cdot m$이어야 한다. 질량 2kg인 물체의 시계 방향 토크의 크기는 $20N \times 3m = 60N \cdot m$이므로 거리가 1m 떨어진 물체 x는 4kg일 때 토크의 크기가 $40N \cdot m$가 되어 토크의 평형이 된다.

정답 103. ③ 104. ④

105 질량이 30kg인 추가 길이 20m인 줄에 매달려 단진자 운동을 하고 있다. 줄이 수직 방향으로부터 30°인 각도에 있는 순간 추가 받는 돌림힘(Torque)은 얼마인가? (단, 중력 가속도는 $10m/s^2$이고, 줄의 질량은 무시한다.)

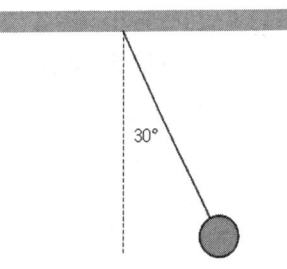

① $1500N \cdot m$ ② $2000N \cdot m$
③ $2500N \cdot m$ ④ $3000N \cdot m$
⑤ $3500N \cdot m$

해설 물체가 받는 중력을 분력하면 장력과 크기는 같고 방향이 반대인 힘과 실에 수직인 접선 방향에 대해 나누어진다. 이때 장력은 $T = mg\cos 30°$이며, 운동 방향인 접선 방향의 힘은 $mg\sin 30°$이다. $mg\sin 30° = 150N$이며 실의 길이가 20m이므로 물체의 토크의 크기는 $3000N \cdot m$이다.

106 그림과 같이 마찰이 없는 도르래를 통해 두 물체가 가벼운 줄로 연결되어 있다. 입방체 M₁과 수평면 사이의 운동 마찰계수는 0.3이고, M₁의 질량은 4kg, M₂의 질량은 7kg이다. 줄의 장력을 두 물체의 가속도로 나눈 값[kg]에 가장 가까운 값은? (단, 줄의 질량과 공기 저항은 무시하며 중력 가속도는 10m/s²이다.)

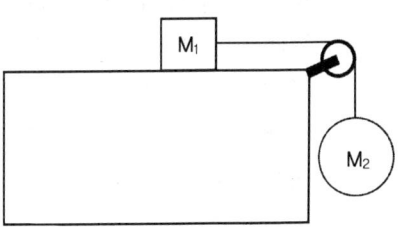

[13. 국가직 7급]

① 1.50 ② 5.50
③ 6.28 ④ 13.30

해설 질량 M_1인 물체의 운동 마찰력은 $\mu M_1 g = 0.3 \times 4 \times 10 = 12N$이다. 질량 M_2인 물체에 작용하는 중력은 70N이므로 두 물체의 알짜힘은 58N이고, 가속도는

$70 - 12 = 11a$ ∴ $a = \dfrac{58}{11}$ 약 $5.3m/s^2$이므로 M_2의 알짜힘은 약 37N이다. 이는 중력에서 실의 장력을 뺀 값이므로 실의 장력은 33N이라 할 수 있으며 장력을 가속도로 나눈 값은

∴ $\dfrac{T}{a} = \dfrac{\frac{364}{11}}{\frac{58}{11}} = \dfrac{364}{58} ≒ 6.28$

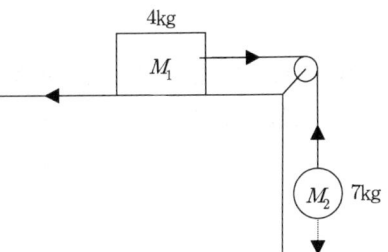

정답 105. ④ 106. ③

Chapter 01

107 경사각이 30°인 빗면에 무게가 100N인 물체를 빗면과 평행하게 아래 방향으로 50N으로 잡아당겼더니 물체가 등속도 운동을 한다. 물체와 면 사이의 마찰력은?

① 50N
② 100N
③ 150N
④ 200N

해설 합력 = 0이 되어야 등속도 운동을 한다.
$F + mg\sin\theta - f_k = 0$
$f_k = F + mg\sin\theta = 50 + 100 \times \dfrac{1}{2} = 100N$

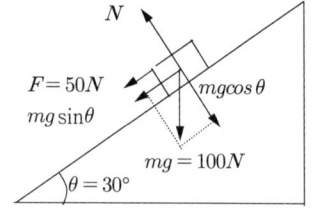

108 정지 마찰계수 μ인 책상에 질량 $m_1 = 4.0$kg인 벽돌이 놓여 있다. 두 번째 벽돌(질량 m_2)을 책상 끝에 있는 이상적인 도르래를 통해 m_1에 연결하고, m_2를 바꾸어가며 운동을 관찰하였더니, m_2가 2.0kg보다 크면 벽돌들이 움직이고, 작으면 움직이지 않았다. 책상의 정지 마찰계수 μ를 구하시오.

① 0.2 ② 0.3 ③ 0.4
④ 0.5 ⑤ 0.6

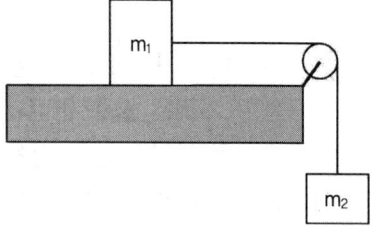

해설 질량 m_2가 2kg이므로 중력은 20N이다. 이때 두 물체가 함께 움직이므로 정지 마찰계수는 다음과 같다. $f = \mu mg$에서 $20 = \mu \times 4 \times 10$이므로 $\therefore \mu = 0.5$

109 실에 매달린 공이 수평면상에서 등속 원운동을 하다가 실이 끊어졌을 때 공의 날아가는 방향을 옳게 설명한 것은? (단, 중력의 영향은 무시한다.)

① 계속 등속 원운동을 한다.
② 접선 방향으로 날아간다.
③ 원심력 때문에 바깥 방향으로 날아간다.
④ 지구로 자유 낙하한다.

해설 실이 끊어지면 구심력이 없어지므로 순간적인 운동 방향인 접선 방향으로 등속도 운동을 한다.

정답 107. ② 108. ④ 109. ②

110 일정한 반경의 원 궤도를 돌고 있는 어떤 물체의 속력이 2배로 증가하면 구심가속도는 얼마가 되어야 하는가?

① $\sqrt{2}$ 배   ② $\frac{1}{2}$ 배
③ 2배   ④ 4배

해설 • 구심가속도 : $a_c = \dfrac{v^2}{r}$
  v : 2배이면 a_c : 4배

111 그림과 같이 질량 2kg인 물체가 실에 매달려 반지름 1.2m인 원궤도를 따라 수평면과 나란하게 등속 원운동을 한다. 물체를 당기는 실의 장력이 25N이라면 물체 속력의 크기는? (단, 중력 가속도 g =10m/s²이고, 실의 질량은 무시한다.)

[18. 6. 서울시 7급]

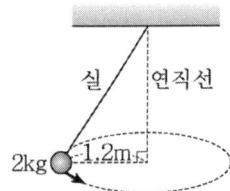

① 2m/s   ② 3m/s
③ 4m/s   ④ 5m/s

해설 주어진 자료를 이용하여 실과 연직선 사이의 각도를 θ라 하면 $\cos\theta = \dfrac{mg}{T} = \dfrac{20}{25} = \dfrac{4}{5}$이다.

이는 삼각비에서 $\sin\dfrac{3}{5}$과 같으므로 따라서 구심력 $F = T\sin\theta = 25 \times \dfrac{3}{5} = 15N$

$15 = m\dfrac{v^2}{r}$, $v = \sqrt{\dfrac{15 \times 1.2}{2}} = 3m/s$이다.

112 원래의 길이가 10cm인 용수철에 질량 200g의 추를 매달아 일정한 속력으로 돌렸더니 그림과 같이 용수철이 연직선과 60°각을 이루었다. 용수철 상수 k =40N/m인 경우 용수철의 총 길이[cm]는? (단, 중력 가속도는 9.8m/s² 이다.)

[09. 지방직 7급]

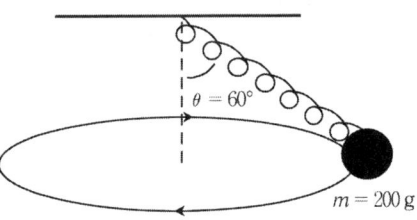

① 12.4   ② 16.3
③ 19.8   ④ 21.7

정답 110. ④ 111. ② 112. ③

Chapter 01

> **해설**

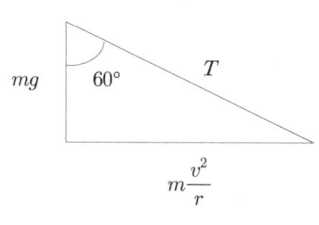

추에 작용하는 힘을 분석하면 그림과 같고 이때 $T\cos 60° = mg$이다.

$kx \cdot \dfrac{1}{2} = 0.2 \times 9.8$에서 탄성계수 k를 대입하여 정리하면 다음과 같다.

$40 \cdot x \cdot \dfrac{1}{2} = 0.2 \times 9.8 \quad \therefore x = \dfrac{9.8}{100}(\text{m}) = 9.8\text{cm}$

$\therefore L = L_0 + x = 10 + 9.8 = 19.8(\text{cm})$

113 용수철 상수가 80N/m인 용수철이 천장에 매달려 있다. 이 용수철 끝에 질량 2kg의 추를 매단 후 가만히 놓으면 추는 중력에 의해 연직선을 따라 진동한다. 추의 진동으로 인해 늘어난 용수철의 최대 길이[cm]는? (단, 용수철의 질량은 무시하며, 중력 가속도는 10m/s²이다.)

[11. 지방직 7급]

① 25   ② 40
③ 50   ④ 80

>

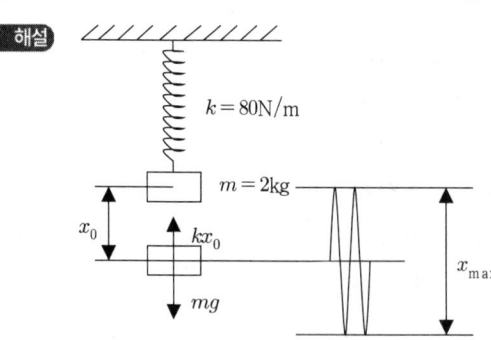

$mg = kx_0$

$2 \times 10 = 80x_0 \quad \therefore x_0 = \dfrac{1}{4}(\text{m})$

$\therefore x_{\max} = 2x_0 = \dfrac{1}{2}(\text{m}) = 50(\text{cm})$

정답 113. ③

114 바닥으로부터 높이 h에 놓인 속이 찬 구, 속이 빈 구, 속이 찬 원통, 속이 빈 원통이 동시에 경사면을 따라서 구른다고 하자. 물체의 질량은 각각 M이고 회전 반지름은 R로 서로 같다. 이때 바닥에 먼저 도달하는 물체를 순서대로 나열한 것은? (단, 모든 물체는 미끄러지지 않고 구르며 회전 마찰력은 무시한다. 속이 찬 구의 관성 모멘트는 $\frac{2}{5}MR^2$, 속이 빈 구의 관성 모멘트는 $\frac{2}{3}MR^2$, 속이 찬 원통의 관성 모멘트는 $\frac{1}{2}MR^2$, 속이 빈 원통의 관성 모멘트는 MR^2이다.) [17. 서울시 7급]

① 속이 찬 구, 속이 찬 원통, 속이 빈 구, 속이 빈 원통
② 속이 찬 구, 속이 빈 구, 속이 찬 원통, 속이 빈 원통
③ 속이 빈 원통, 속이 찬 원통, 속이 빈 구, 속이 찬 구
④ 속이 빈 원통, 속이 빈 구, 속이 찬 원통, 속이 찬 구

해설 경사면 가속도 : $a = -\dfrac{g\sin\theta}{1+\dfrac{I}{MR^2}}$ 이므로 관성 모멘트의 크기를 비교하면 가속도가 큰 '속이 찬 구-속이 찬 원통-속이 빈 구-속이 빈 원통' 순으로 내려온다.

115 질량과 반지름이 같고 각각 균일한 질량 분포를 가지는 원형 고리, 속이 빈 구, 속이 찬 구를 경사면의 같은 높이에서 동시에 가만히 놓았더니 미끄러짐 없이 굴러 내려갔다. 가장 먼저 바닥에 도착하는 물체는? (단, 경사면을 운동하는 세 물체의 경로는 서로 평행이다.) [11. 국가직 7급]

① 원형 고리 ② 속이 빈 구
③ 속이 찬 구 ④ 모두 동시에 도착한다.

해설 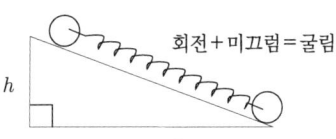 $mgh = \dfrac{1}{2}I\omega^2 + \dfrac{1}{2}mv_{con}^2$

일정   大

- 속이 찬 구 : $I = \dfrac{2}{5}MR^2$
- 원형 고리 : $I = MR^2$
- 속이 빈 구 : $I = \dfrac{2}{3}MR^2$

정답 114. ① 115. ③

Chapter 01

116 속이 꽉 차 있는 구슬 A와 속이 비어 있는 구슬 B를 같은 높이에서 동일한 경사면을 따라 살며시 놓아 미끄러지지 않고 굴러 내려가게 하였다. 구슬 A와 B의 반지름과 질량은 각각 동일하다. 구슬 B의 운동에 대한 설명으로 옳은 것만을 모두 고른 것은? (단, 구슬 A와 B를 구성하는 물질의 밀도는 각각 균일하고, 마찰에 의한 에너지 손실은 없다.) [14. 국가직 7급]

> ㄱ. 바닥에 내려왔을 때 구슬 A에 비해 회전 속도가 작다.
> ㄴ. 구슬 A에 비해 경사면을 내려오는 데 걸리는 시간이 짧다.
> ㄷ. 바닥에 내려왔을 때 구슬 A에 비해 운동에너지가 크다.

① ㄱ
② ㄴ
③ ㄱ, ㄷ
④ ㄴ, ㄷ

해설 $mgh = \frac{1}{2}Iw^2 + \frac{1}{2}mv^2$ 이며 A-속이 찬 구 : $I = \frac{2}{5}MR^2$, B-원 형태 : $I = \frac{2}{3}MR^2$
    일정   大   小

ㄱ. $I_A w_A^2 = I_B w_B^2$ 이므로 구슬 B의 회전 속력이 A에 비해 작다.
    小大   大小
ㄴ. 병진 운동 v가 작으므로 시간 t가 길다.
ㄷ. 운동에너지는 회전+병진이므로 같다.

117 한 변의 길이가 0.2m인 정사각형 도선이 xy평면 위에 있다. 이 도선에 5A의 일정한 전류가 흐른다. 도선이 놓인 공간에 균일한 자기장 $\vec{B} = (0.4\text{T})\hat{y} + (0.6\text{T})\hat{z}$가 걸릴 때 이 도선이 받는 돌림힘(토크)의 크기[N·m]는? (단, $\hat{x}$, $\hat{y}$, $\hat{z}$는 각각 서로 직교하는 x, y, z축 방향의 단위 벡터이다.) [11. 지방직 7급]

① 0.04
② 0.06
③ 0.08
④ 0.12

해설 $\vec{\tau} = \vec{\mu} + \vec{B}$ 여기서 $\vec{\mu} = Ni\vec{s} = 1 \times 5 \times (0.2)^2 \hat{k} = 5 \times 0.04\hat{k} = 0.2\hat{k}$
따라서
$$\vec{\tau} = \begin{vmatrix} \hat{i} & \hat{j} & \hat{k} \\ 0 & 0 & 0.2 \\ 0 & 0.4 & 0.6 \end{vmatrix}$$
$= \hat{i}(-0.08) - \hat{j}(0) + \hat{k}(0) = -0.08\hat{i}$ ∴ $\tau = |\vec{\tau}| = |-0.08| = 0.08$

정답 116. ① 117. ③

118 그림과 같이, 밀도와 두께가 균일하고 반지름이 $2R$이며 원점에 중심이 있는 원반에 반지름 R인 원형 구멍을 냈다. 구멍의 중심이 x축 위의 $x=-\frac{1}{2}R$에 있을 때, 이 구멍난 원반의 질량 중심의 x좌표 값은?   [11. 국가직 7급]

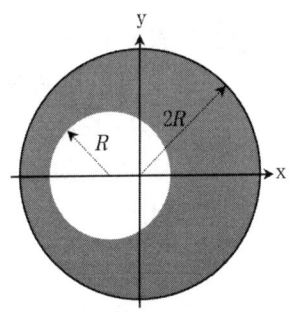

① $\frac{1}{6}R$ ② $\frac{1}{4}R$
③ $\frac{1}{3}R$ ④ $\frac{1}{2}R$

해설 원반의 맨 왼쪽 y'축에 x'의 원점을 잡고 질량 중심을 계산해보면

$$x_{com} = \frac{\pi 4R^2 \times \frac{R}{2} - \pi R^2 \cdot \frac{3}{2}R}{\pi(2R)^2 - \pi(R)^2}$$

$$= \frac{4 \times 2 - \frac{3}{2}}{4-1}R = \frac{8 - \frac{3}{2}}{3}R$$

$$= \frac{\frac{16-3}{2}}{3}R = \frac{13}{6}R = \frac{12}{6}R + \frac{1}{6}R$$

∴ 중심축 (x, y) 좌표에서는 $+\frac{1}{6}R$

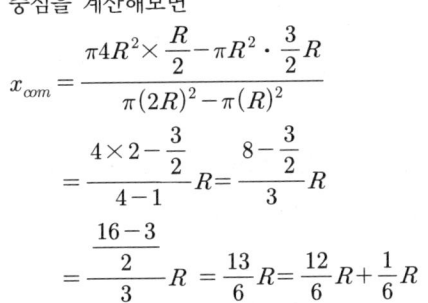
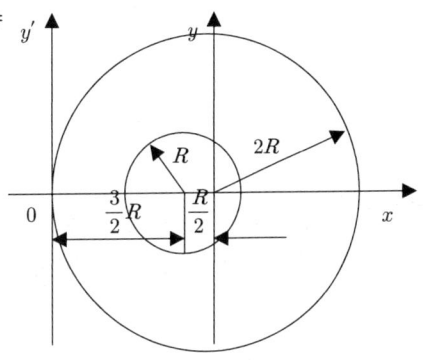

119 질량 1.0kg, 높이 0.1m, 단면적 0.02m²인 직육면체의 물체를 물에 띄워 놓았을 때 물속에 잠긴 부분의 높이[m]와 부력[N]은? (단, 물의 밀도는 10^3kg/m³이고 중력 가속도는 10m/s²이다.)   [13. 국가직 7급]

	높이[m]	부력[N]		높이[m]	부력[N]
①	0.05	10	②	0.05	20
③	0.06	10	④	0.06	20

해설 부력의 크기는 물체의 무게와 같다. 부력 $F = \rho V g$이므로 $10N = 1000 \times V \times 10$이므로 잠긴 부피는 $0.001 m^3$이다. 부피는 '단면적×높이'인데, 단면적이 일정하므로 높이는 $0.05m$이다.

정답 118. ①   119. ①

Chapter 01

120 그림 (가), (나)는 물과 식용유가 담긴 용기 속에 동일한 금속 덩어리가 바닥에 가라앉아 정지해 있는 모습을 나타낸 것이다. 이에 대한 설명으로 옳은 것은? (단, 비중은 물이 식용유보다 크다.)

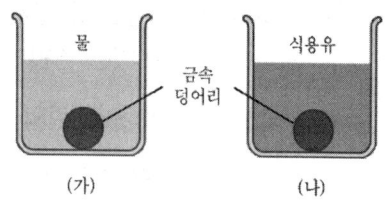

① 금속 덩어리에 작용하는 부력은 (가)와 (나)에서 같다.
② 금속 덩어리에 작용하는 중력은 (나)보다 (가)에서 크다.
③ 금속 덩어리에 작용하는 합력은 (나)보다 (가)에서 작다.
④ 금속 덩어리가 바닥을 누르는 힘은 (나)보다 (가)에서 작다.

> **해설** 부력의 크기는 $F=\rho Vg$이다. 잠긴 물체의 부피와 중력은 같으므로 밀도가 큰 물에서 부력은 크다. 중력은 같은 물체이므로 같고, 물체에 작용하는 힘은 '중력=부력+수직 항력'으로 표현되며 부력이 큰 (가)에서 수직 항력이 작다. 물체에 작용하는 합력은 정지해 있으므로 0으로 같다.

121 나무토막이 물 위에 떠 있다. 나무토막의 전체 부피의 40%가 수면 위에 나와 있다면 나무토막의 밀도는? (단, 물의 밀도는 1000kg/m³이다.) [17. 서울시 7급]

① 200kg/m³   ② 400kg/m³
③ 600kg/m³   ④ 800kg/m³

> **해설** 부력 $\rho Vg = 1000 \times 0.6 V \times g$이므로 $\rho = 600 kg/m^3$

122 어떤 물체를 물에 완전히 담갔더니 300[g중]만큼 무게가 가벼워졌고 그것을 어떤 액체에 완전히 담갔더니 270[g중]만큼 가벼워졌다. 이 액체의 비중은 얼마인가?

① 0.27   ② 0.3
③ 0.9   ④ 1.0

> **해설** 액체의 비중 = $\dfrac{\text{액체의 부력}}{\text{물의 부력}} = \dfrac{270}{300} = 0.9$

123 정지 유체 내의 한 점에서 옆으로 작용하는 압력은 밑으로 작용하는 압력의 몇 배인가?

① 1배   ② 2배
③ 4배   ④ $\dfrac{1}{2}$배

> **해설** 정지 유체 내의 어느 한 점에 작용하는 압력은 어느 방향에서나 같다.

정답 120. ④   121. ③   122. ③   123. ①

124 유체 속에서 부력이 생기는 이유는?

① 질량이 감소하기 때문이다.　　② 지구의 중력이 크기가 작아지기 때문이다.
③ 유체에 의한 압력 때문이다.　　④ 표면 장력 때문이다.

해설　부력은 물체의 윗면과 아랫면에 작용하는 압력 차에 의해서 생긴다.

125 단진동에 관한 다음의 설명 중 옳은 것은?

① 단진자의 주기는 줄의 길이에 비례한다.
② 용수철 진자의 주기는 용수철에 매달린 물체의 질량과 무관하다.
③ 속력은 최대 변위에서 최대이다.
④ 물체의 가속도는 진동의 중심에서 0이다.

해설　단진자의 주기 $T = 2\pi\sqrt{\dfrac{l}{g}}$ 에서

$T \propto \sqrt{l}$　용수철 진자의 주기 $R = 2\pi\sqrt{\dfrac{m}{k}}$ 에서 $T \propto \sqrt{m}$

속력은 진동의 중심에서 최대이고 $\pm A$에서 0이다.
탄성력 $F = -m\omega^2 x = ma$ 에서 $x = 0$ 인 점에서 $f = 0$, $a = 0$

126 단진자에 대한 설명 중 틀린 것은?

① 가속도는 양 끝 부분이 가장 크다.
② 속도는 최하점이 가장 빠르다.
③ 복원력은 연직과 θ 일 때 $mg\sin\theta$ 이다.
④ 질량이 2배가 되면 주기는 $\sqrt{2}$ 배 된다.

해설　모든 단진동하는 물체는 양 끝점에서 F최대, 가속도 최대, $v = 0$ 이며 진동의 중심에서는 $F = 0$, $a = 0$, v_{max} 이다.

단진자의 복원력은 mg와 T의 합력이며 $mg\sin\theta$ 이고, 주기 $T = 2\pi\sqrt{\dfrac{l}{g}}$ 에서 T는 m과 무관하다.

127 승강기 안에 장치한 단진자의 주기를 정지 상태에서 측정하니 T였다. 승강기가 10m/s의 일정한 속도로 상승할 때, 이 단진자의 주기는? (단, 중력 가속도 g는 10m/s²이다.)

① $\dfrac{\sqrt{2}}{2}T$　　　　　　　　② T
③ $2T$　　　　　　　　　　④ ∞

정답　124. ③　125. ④　126. ④　127. ②

해설 승강기는 10m/s로 등속도 운동을 하므로 승강기의 가속도는 0이다.
∴ 관성력이 없으므로 정지 상태의 주기와 같다.

128 다음 중 단진자의 주기가 변하지 않는 경우는?

① 단진자의 길이를 짧게 한다.
② 추의 질량을 크게 한다.
③ 중력 가속도가 지구보다 작은 달에서 진동시킨다.
④ 단진자를 등가속도 운동을 하는 엘리베이터 속에서 진동시킨다.

해설 단진자 주기 $T = 2\pi\sqrt{\dfrac{l}{g}}$ 이므로 추의 질량과는 무관하다.

129 단진동에 대한 다음의 설명 중 틀린 것은?

① 변위가 최대일 때 속도는 0이다.
② 변위가 0일 때 가속도는 0이다.
③ 어느 위치에서나 역학적 에너지는 일정하다.
④ 변위가 최대일 때 작용하는 복원력은 0이다.

해설
• 단진동에서 변위(x)와 가속도의 크기(a)는 비례하고, 가속도(a)와 복원력의 크기(F)도 비례한다.
• 변위(x)와 속력(v)은 반비례하며, 변위(x)가 최대이면 복원력(F)도 최대이다.

130 용수철 진자가 있다. 추의 질량과 진폭을 각각 2배로 하면 진자의 주기는 몇 배가 되는가?

① 1배
② $\sqrt{2}$
③ 2배
④ $2\sqrt{2}$ 배

해설 용수철 진자의 주기 $T = 2\pi\sqrt{\dfrac{m}{R}}$ (m : 질량, k : 탄성계수)
∴ $T \propto \sqrt{m}$ 에서 m이 2배이면 T는 $\sqrt{2}$ 배이다.

정답 128. ② 129. ④ 130. ②

131 용수철 진자에 대하여 옳은 것은?

① 진동 주기는 용수철에 매단 물체의 질량에 관계없다.
② 용수철을 변형시켰다 놓을 때 변형이 클수록 주기는 길다.
③ 진동 주기는 용수철에 매단 물체의 질량이 클수록 길다.
④ 용수철의 탄성률이 크면 진동 주기는 같다.

> **해설** 진동의 복원력은 $F=-mw^2x$ 이므로 $kx=mw^2x$ (k : 탄성계수, x : 늘어난 양, m : 질량)
> 용수철 진자의 주기 $T=\dfrac{2\pi}{w}=2\pi\sqrt{\dfrac{m}{k}}$ ($w=\sqrt{\dfrac{k}{m}}$)

132 괘종시계를 달 표면에서 사용하면 느리게 간다. 지구에서와 같은 시각이 나타나게 하려면 진자의 길이를 몇 배로 해야 하는가?

① 6배
② $\dfrac{1}{6}$배
③ $\sqrt{6}$배
④ $\dfrac{1}{\sqrt{6}}$배

> **해설** 단진동 주기 $T=2\pi\sqrt{\dfrac{l}{g}}$ 에서 달의 중력 가속도가 지구의 $\dfrac{1}{6}$이므로 진자의 길이를 $\dfrac{1}{6}$배 해준다.

133 고정된 핀을 축으로 자유롭게 회전할 수 있는 막대가 수직 방향으로 정지한 상태로 있다. 질량 m인 점입자가 수평 방향의 속력 v로 날아와 점 P에 달라붙은 직후 막대의 각속력은? (단, 핀에 대한 막대의 관성 모멘트는 I이다.) [15. 국가직 7급]

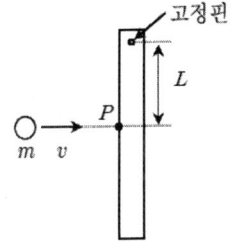

① $\dfrac{mvL}{I}$
② $\dfrac{mv}{I+mL}$
③ $\dfrac{mv}{I+mL^2}$
④ $\dfrac{mvL}{I+mL^2}$

> **해설** 운동량 보존 $-mv=(m+M)V$
> 관성 모멘트 $I'=I+mL^2$
> 주축을 기준으로 각운동량 보존 $I'w=L(m+M)V=L\cdot mv$
> $\therefore w=\dfrac{Lmv}{I'}=\dfrac{Lmv}{I+mL^2}$

정답 131. ③ 132. ② 133. ④

134 어떤 단진동이 방정식 $x = 7\sin(\frac{\pi}{4}t + \frac{\pi}{6})$로 주어졌을 때 이 진동의 주기는 얼마인가? (단, 모든 물리량은 MKS 단위로 표시되었다.)

① 4초 ② 6초
③ 8초 ④ 28초

해설 $x = A\sin(\omega t + \theta)$에서 $\omega = 2\pi v = \frac{\pi}{4}$, $v = \frac{1}{8}$, $T = \frac{1}{v} = 8[\sec]$

135 그림과 같이 줄의 한쪽 끝이 천장에 고정되어 있고 다른 끝에 쇠구슬이 묶여있는 단진자가 진폭의 감쇄 없이 A, B 두 지점 사이를 단진동 운동할 때, 옳지 않은 것은? (단, 공기의 저항은 무시한다) [18. 국가직 7급]

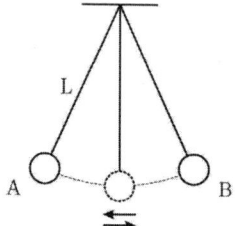

① 쇠구슬의 속력은 가장 낮은 위치를 지날 때 가장 크다.
② 쇠구슬의 질량이 커지면 주기도 커진다.
③ 중력 가속도가 큰 곳에서는 주기가 작아진다.
④ 쇠구슬의 가속도 절댓값은 가장 낮은 위치를 지날 때 가장 작다.

해설 ① 쇠구슬의 속력은 가장 낮은 위치를 지날 때 퍼텐셜 에너지가 운동에너지로 전환되는 정도가 가장 크다.
② 단진자의 주기 $T = 2\pi\sqrt{\frac{l}{g}}$ 이므로 쇠구슬의 질량과 관계없다.
③ 단진자의 주기 $T = 2\pi\sqrt{\frac{l}{g}}$ 이므로 중력 가속도가 큰 곳에서는 주기는 작아진다.
④ 쇠구슬의 가속도 절댓값 $|g\sin\theta|$은 가장 낮은 위치를 지날 때 $\theta = 0^0$이므로 가장 작다.

136 탄성률이 16N/m인 용수철에 질량 1kg의 추를 달고 평형의 위치에서 10cm 늘였다가 놓으면 그 진동의 주기는?

① $\frac{\pi}{2}\sec$ ② $\frac{\pi}{4}\sec$
③ $4\pi\sec$ ④ $3\pi\sec$

해설 $T = 2\pi\sqrt{\frac{m}{k}} = 2\pi\sqrt{\frac{1}{16}} = \frac{\pi}{2}(\sec)$

정답 134. ③ 135. ② 136. ①

137 반지름이 R인 원형 고리가 지표면 위에 놓여있다. 그림에서와 같이 고리의 최고점 P_1에서 원주 위의 점 P_2까지 연결된 직선 모양의 철사를 따라 철사에 꿰어진 구슬이 이동한다. P_1에서 구슬의 속력이 0일 때, P_2까지 도달하는데 걸리는 시간은? (단, 고리의 모양과 위치는 고정되어 있고, 철사와 구슬 사이의 마찰과 공기 저항은 무시하며, 중력 가속도는 g이다.)

[15. 국가직 7급]

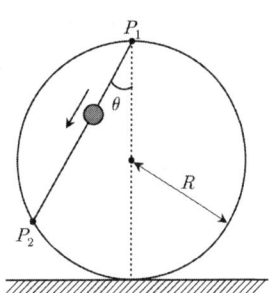

① $\sqrt{\dfrac{R}{g}}$ ② $\sqrt{\dfrac{R}{g}}\cos\theta$

③ $2\sqrt{\dfrac{R}{g}}$ ④ $2\sqrt{\dfrac{R}{g}}\cos\theta$

해설 가속도 a는
$mg\cos\theta = ma$
$S = \dfrac{1}{2}at^2$
$2R\cos\theta = \dfrac{1}{2}g\cos\theta \cdot t^2$
$\therefore t = \sqrt{\dfrac{4R}{g}} = 2\sqrt{\dfrac{R}{g}}$

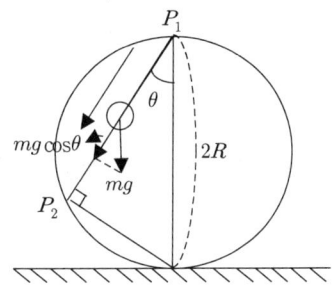

138 지구 주위를 돌고 있는 두 개의 인공위성 A, B가 있다. A와 B의 속도비가 1 : 3인 경우 그 궤도 반지름의 비는?

① 1 : 3 ② 3 : 1
③ 1 : 9 ④ 9 : 1

해설 $v^2 = \dfrac{GM}{R}$ 에서, $\dfrac{R_A}{R_B} = \dfrac{v_B^2}{v_A^2} = \left(\dfrac{v_B}{v_A}\right)^2 = \left(\dfrac{3}{1}\right)^2 = \dfrac{9}{1}$

139 태양계에서의 행성의 각속도는 태양에서 멀어지면 어떻게 되는가?

① 커진다. ② 작아진다.
③ 변함이 없다. ④ 알 수 없다.

해설 케플러의 3법칙 : $T^2 \propto r^3$, $\omega = \dfrac{2\pi}{T}$
r이 커지면 T 증가, ω 감소

정답 137. ③ 138. ④ 139. ②

Chapter 01

140 만유인력의 법칙과 관계없는 것은?

① 사과가 떨어진다.　　② 달이 지구 주위를 돈다.
③ 원자핵 주위를 전자가 돈다.　　④ 물이 깊을수록 수압이 크다.

해설 원자핵 주위에 전자가 도는 것은 전자기력과 관계 있다.

---

141 다음 중 지구 표면에서 중력 가속도가 가장 작은 곳은?

① 극　　② 적도
③ 북위 60°　　④ 남위 80°

해설 지구는 적도 반경이 큰 볼록한 타원체이므로 적도에서 만유인력 $\frac{GMm}{r^2}$이 가장 약하고, 또 원심력이 반대로 작용하므로 상쇄되어 적도 지방이 가장 작다.

---

142 반지름 r인 원 둘레를 회전수 n으로 원운동하고 있는 물체의 가속도를 나타내는 식은?

① $2\pi rn$　　② $2\pi r^2 n$
③ $4\pi^2 rn^2$　　④ $\frac{r}{n^2}$

해설 구심가속도 $a = \frac{v^2}{r} = rw^2$이고 $w = \frac{2\pi}{T} = 2\pi n$, $a = rw^2 = r(2\pi n)^2 = 4\pi^2 n^2 r$
∴ $a = 4\pi^2 rn^2$

---

143 목성의 한 위성이 목성 주위를 원 궤도 운동하고 있다. 이 위성의 공전 반지름이 R이고 공전 주기가 T로 관측되었다. 중력상수를 G라고 할 때, 목성의 질량을 주어진 물리량으로 나타내면?　　[09. 지방직 7급]

① $\frac{2\pi R^3}{GT^2}$　　② $\frac{4\pi R^3}{GT^2}$
③ $\frac{2\pi^2 R^3}{GT^2}$　　④ $\frac{4\pi^2 R^3}{GT^2}$

해설 만유인력과 구심력은 같으므로 $G\frac{mM}{R^2} = m\left(\frac{2\pi}{T}\right)^2 R$　∴ $M = \frac{4\pi^2}{GT^2}R^3$

정답　140. ③　141. ②　142. ③　143. ④

144 지구 탈출 속력의 50%의 속력으로 지구 표면에서 물체를 연직으로 발사한다. 물체가 지구와 가장 멀어졌을 때, 물체와 지구 중심 사이의 거리를 지구 반지름 R로 나타내면? (단, 공기 저항은 무시한다.)

[11. 국가직 7급]

① $\frac{4}{3}R$ ② $\frac{6}{5}R$

③ $\frac{7}{6}R$ ④ $\frac{8}{7}R$

해설 탈출 속도 $v_e = \sqrt{2gR} = \sqrt{\frac{2GM}{R}}$ 이며,

지표에서의 역학적 에너지=먼 점에서의 역학적 에너지이므로

$\frac{1}{2}m(0.5v_e)^2 - \frac{GmM}{R} = -\frac{GmM}{r}$

$\frac{1}{2}m \cdot 0.25 \cdot \frac{2GM}{R} - \frac{GmM}{R} = -\frac{GmM}{r}$

$-0.75\frac{GmM}{R} = -\frac{GmM}{r}$

$\therefore \frac{3}{4}\frac{1}{R} = \frac{1}{r}$

$\therefore r = \frac{4}{3}R$

145 물체 A, B가 반지름 1 : 2가 되는 2개의 원주상에서 같은 주기로 원운동을 하고 있다. A, B의 운동 상태를 비교한 설명 중에서 틀린 것은?

① A와 B의 각속도는 같다. ② A와 B의 속도의 비는 1 : 2이다.

③ A와 B의 가속도의 비는 2 : 1이다. ④ A와 B의 회전수는 같다.

해설 • $T = \frac{2\pi}{w} \Rightarrow$ 일정(같은 주기로 운동하므로) $v = \frac{2\pi r}{T}$ 에서 $(v \propto r)$

• $a = rw^2 (w$ 일정$)$에서 가속도(a)와 반지름(r)은 비례한다.

146 지표면 위 어느 지점에서의 중력 가속도 값이 해수면에서의 중력 가속도 값의 $\frac{1}{4}$이다. 이 지점의 해수면으로부터의 높이[km]는? (단, 지구의 반지름을 6,400km로 한다.)

[10. 국가직 7급]

① 1,650 ② 2,650

③ 4,685 ④ 6,400

정답 144. ① 145. ③ 146. ④

해설 중력 가속도의 크기가 $\frac{1}{4}$이므로 크기는 거리의 제곱에 반비례하므로 지구 중심을 기준으로 거리가 $2R$이므로 지표로부터 $R(6,400\text{km})$인 곳이다.

147 어느 인공위성이 지구 둘레를 반경 $2R$로 원운동을 한다면, 이 인공위성의 속력은? (단, R은 지구의 반경, M은 지구의 질량, m은 인공위성의 질량, G는 만유인력 상수이다.)

① $\sqrt{\dfrac{GM}{2R}}$ ② $\sqrt{\dfrac{Gm}{2R}}$

③ $\dfrac{GM}{2R}$ ④ $\dfrac{Gm}{2R}$

해설 $F = G\dfrac{Mm}{r^2} = \dfrac{mv^2}{r}$에서 $r = 2R$이므로 $\dfrac{GMm}{(2R)^2} = \dfrac{mv^2}{2R}$ ∴ $v = \sqrt{\dfrac{GM}{2R}}$

148 일정한 속력으로 운동하는 물체가 있다. 이 물체의 운동 방향과 항상 수직하게 일정한 크기의 힘이 계속 작용하면 이 물체는 어떤 운동을 하게 되는가?

① 등가속도 운동 ② 포물선 운동
③ 등속 원운동 ④ 단진동 운동

해설 힘과 운동 방향이 수직이면 등속 원운동을 한다.

149 태양과 지구 사이의 평균 거리를 1AU(천문 단위)라고 할 때, 태양과 수성 사이의 평균 거리는 1/3AU이다. 수성의 공전 주기는 몇 년인가?

① 1/9년 ② 1/3년
③ $\dfrac{1}{3\sqrt{3}}$년 ④ $\dfrac{1}{9\sqrt{3}}$년

해설 케플러의 제3법칙에서
$T^2 = kR^3$ (T : 주기, R : 공전 궤도 반지름)
$T \propto \sqrt{R^3} \Rightarrow T' = \sqrt{\left(\dfrac{R}{3}\right)^3} = \dfrac{1}{3\sqrt{3}} = \dfrac{1}{3\sqrt{3}}T$

정답 147. ① 148. ③ 149. ③

150 그림과 같이 길이 1m인 줄에 질량 1kg인 구를 매달아 연직 방향과 60°를 이루는 지점에서 가만히 놓았더니 진자운동을 하였다. 구가 가장 낮은 지점 A를 통과할 때, 줄에 걸리는 장력 [N]은? (단, 중력 가속도는 10m/s^{2}이고, 줄의 질량과 마찰 및 저항은 무시한다.) [11. 국가직 7급]

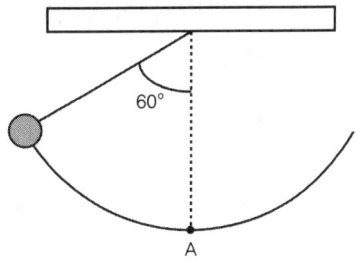

① 14.1
② 17.3
③ 20
④ 30

해설 구의 높이는 $l(1-\cos\theta)$이며, 역학적 에너지 보존에 의해 $\frac{1}{2}mv^2 = mgl(1-\cos\theta)$
$v = \sqrt{2gl(1-\cos\theta)}$ 이다. 최하점에서 실의 장력 T는 추에 작용하는 원심력과 중력의 합과 같다.

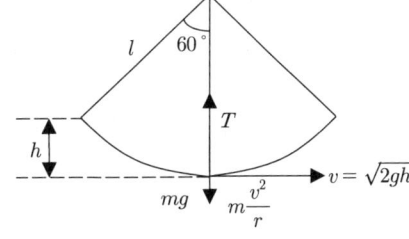

$T = mg + m\frac{v^2}{r} = mg + m\frac{2gl(1-\cos\theta)}{l}$
$= 1 \times 10 + 1 \times 2 \times 10(1-\cos 60°) = 10 + 10 = 20(\text{N})$

151 정지해 있는 엘리베이터 안에서 측정한 단진자의 주기가 T_0였다. 지표에서 수직 상방향으로 지구 중력 가속도의 1/3 크기로 가속되고 있는 엘리베이터 안에서 측정한 단진자의 주기는 T_0의 몇 배인가? [10. 지방직 7급]

① $\sqrt{\frac{2}{3}}$
② $\frac{\sqrt{3}}{2}$
③ $\frac{2}{\sqrt{3}}$
④ $\sqrt{\frac{3}{2}}$

해설 단진자 주기 $T_0 = 2\pi\sqrt{\frac{R}{g}}$ 이다. 지표에서 수직 방향 가속도가 $g' = \frac{1}{3}g$인 운동을 하면 주기 $T = 2\pi\sqrt{\frac{R}{g+g'}}$ 는 다음과 같으므로 $T = 2\pi\sqrt{\frac{l}{q+\frac{1}{3}q}} = 2\pi\sqrt{\frac{3l}{4q}} = \frac{\sqrt{3}}{2}T_0$

$T = \frac{\sqrt{3}}{2}T_0$가 된다.

정답 150. ③ 151. ②

152 지구의 반경이 R이고 표면에서의 중력 가속도가 g이다. 지구 표면에 있는 물체의 탈출 속도는?

① $\sqrt{Rg}$
② $\sqrt{2Rg}$
③ $2Rg$
④ $4Rg$

해설 역학적 에너지 보존 이용 : ∞에서 $E=0$이 되므로
$$E=\frac{1}{2}mv_e^2+\left(-\frac{GMm}{R}\right)=0$$
$$v_e=\sqrt{\frac{2GM}{R}}$$
그런데 표면에서 만유인력 = 중력
$$G\frac{Mm}{R^2}=mg \rightarrow GM=R^2g$$
$$\therefore v_e=\sqrt{\frac{2GM}{R}}=\sqrt{2Rg}$$

153 지구에서의 탈출 속력이 v_0라고 할 때, 행성 A에서의 탈출 속력은 $4v_0$라고 하자. 행성 A의 반지름이 지구 반지름의 2배였다면, 행성 A의 질량은 지구 질량의 몇 배인가? (단, 공기 저항이나 기타 손실은 무시한다.) [17. 서울시 7급]

① 8배
② 16배
③ 32배
④ 64배

해설 탈출 속도 $v_0=\sqrt{\frac{2GM}{R}}$
$$4v_0=4\sqrt{\frac{2GM}{R}}=\sqrt{16\cdot\frac{2GM}{R}}=\sqrt{\frac{2G\cdot 32M}{2R}}$$
이므로 행성 A의 질량은 지구 질량의 32배이다.

154 반지름이 지구의 $\frac{1}{2}$인 행성에서의 탈출 속력은 지구에서의 탈출 속력의 몇 배인가? (탈출 속력이란 행성의 표면으로부터 그 행성의 중력을 완전히 벗어나기 위해 필요한 최소 속력이다. 단, 지구와 그 행성은 밀도가 같고 균일하며 구형이다.) [11. 지방직 7급]

① $\frac{1}{4}$배
② $\frac{1}{2}$배
③ $\frac{1}{\sqrt{2}}$배
④ 1배

정답 152. ② 153. ③ 154. ②

해설 주어진 조건에 의해 탈출 속도와 질량(밀도가 같다고 하였으므로)과 반지름의 관계를 정리하면
$v_e = \sqrt{\dfrac{2GM}{R}}$, $M = \rho \dfrac{4}{3}\pi R^3$이므로
∴ $v_e = \sqrt{2G\rho \dfrac{4}{3}\pi R^2} \propto \sqrt{R^2} = R$, 탈출 속도는 반지름과 비례관계가 성립한다.
∴ $\dfrac{1}{2}$ 배

155 어떤 행성의 반경이 1,000km이고, 행성의 표면에서의 중력 가속도의 크기가 2m/s²일 때, 이 행성에서의 탈출 속력[m/s]은? (단, 탈출 속력이란 행성의 표면으로부터 그 행성의 중력을 완전히 벗어나기 위해 필요한 최소 속력이고, 행성의 밀도는 균일하며 구형이다.) [12. 국가직 7급]

① $20\sqrt{10}$
② $100\sqrt{2}$
③ 2,000
④ $1,000\sqrt{20}$

해설 $v_e = \sqrt{\dfrac{2GM}{R}} = \sqrt{2gR} = \sqrt{2 \times 2 \times 1000 \times 1000} = 2000(\text{m/s})$

156 어떤 물체가 지구에서 탈출하기 위한 속도가 v로 주어진다고 하자. 만약 질량이 지구 질량의 세 배이고, 반지름은 지구 반지름의 절반인 행성에서 동일한 물체가 탈출하기 위해서 필요한 탈출 속도의 크기는 얼마인가? [14. 서울시 7급]

① $2\sqrt{2}\,v$
② $\sqrt{6}\,v$
③ $2v$
④ $\sqrt{3}\,v$
⑤ $\sqrt{2}\,v$

해설 $v_e = v = \sqrt{\dfrac{2GM}{R}}$
$v' = \sqrt{\dfrac{2G(3M)}{\left(\dfrac{R}{2}\right)}} = \sqrt{6}\,v$

157 수평으로 속도 140km/h로 던진 9kg인 공을 배트로 쳤을 때 공이 수직으로 140km/h로 올라갔을 때 충격량의 크기는?

① 350kg·m/s
② $350\sqrt{2}$ kg·m/s
③ 1,260kg·m/s
④ $1,260\sqrt{2}$ kg·m/s

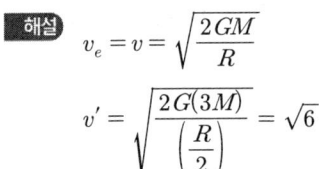 155. ③ 156. ② 157. ②

해설 충격량 : $\vec{F}\Delta t = m(\vec{v}-\vec{v_0})$에서

$|\vec{v}-\vec{v_0}| = 140\sqrt{2}$ km/h

$= \dfrac{140\sqrt{2} \times 1000}{3600}$ m/s $= \dfrac{350\sqrt{2}}{9}$ m/s

∴ $\vec{F}\Delta t = 9 \times \dfrac{350\sqrt{2}}{9} = 350\sqrt{2}$ kg·m/s

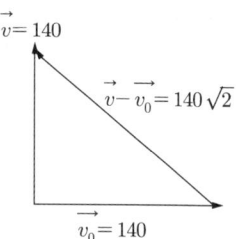

158 그림과 같이 높이 h_1인 곳에서 자유 낙하한 1kg의 물체가 마룻바닥에 충돌하는 순간 속도는 5m/s이었고, 마룻바닥에 충돌하여 3m/s 속력으로 다시 튀어 올라 높이 h_2까지 올라갔다. 이때 물체가 마룻바닥에 충돌하면서 받은 충격량의 크기는?

① 1Ns
② 2Ns
③ 5Ns
④ 8Ns
⑤ 10Ns

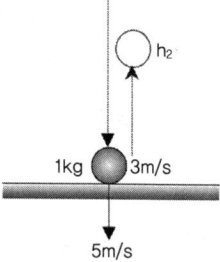

해설 충격량은 운동량 변화량과 같으므로 $I = mv - mv_0 = 1 \times (-3) - 1 \times 5 = -8 N \cdot s$이다.

159 유리컵을 돌 위에 떨어뜨리면 깨지는데 솜 위에 떨어뜨리면 잘 깨지지 않는다. 그 이유를 가장 옳게 설명한 것은?

① 돌 위에서의 충격량이 더 크기 때문이다.
② 솜 위에서 컵의 운동량이 더 크기 때문이다.
③ 돌 위에서 컵의 운동량이 더 크기 때문이다.
④ 솜 위에서 컵이 정지할 때까지 걸리는 시간이 더 길기 때문이다.

해설 $F\Delta t = mv - mv_0$에서 솜 위에 떨어져도 운동량 변화 = 충격량은 같지만 정지할 때까지 시간 Δt가 더 걸려 F가 약하게 작용하기 때문이다.

정답 158. ④ 159. ④

160 1.0kg의 공이 지상 5m로부터 떨어져서 지면과 충돌한 후 높이 5m까지 수직으로 다시 튀어 오른다. 이 충돌 과정에서 공이 받는 충격량[kg·m/s]은? (단, g=10m/s² 이다.)

① 5   ② 10
③ 15   ④ 20

해설 자유 낙하 $v^2=2gh$ 에서 $v=\sqrt{2\times10\times5}=10m/s$
연직투상 $v'^2=2gh$ 에서 $v'=\sqrt{2\times10\times5}=10m/s$
$F\Delta t=m(v'-v)=1\times(-10-10)=-20kg\cdot m/s$

161 반발계수가 0.6인 물체가 1m 높이에서 자유 낙하운동을 할 때, 공이 튀어 오르는 높이는?

① 1m   ② 0.64m
③ 0.6m   ④ 0.36m

해설 $e=\sqrt{\dfrac{h'}{h}}$ 에서 $h'=e^2h=(0.6)^2\times1=0.36m$

162 20m/s로 벽과 수직하게 충돌한 공이 15m/s로 튀어나왔다. 이 충돌에서 공과 벽의 반발계수는?

① 0.75   ② 1.3
③ 16/9   ④ 9/16

해설 벽과의 충돌 반발계수는 $e=\dfrac{v'(나중)}{v(처음)}$ 에 대입하면 $\dfrac{15}{20}=0.75$ ∴ $e=0.75$

163 공을 마루 위 1m 높이에서 자유 낙하시켰더니 49cm 높이까지 올랐다. 공과 마루 사이의 반발계수는?

① 0.7   ② 0.49
③ 0.85   ④ 0.97

해설 반발계수 $e=\dfrac{v'}{v}=\sqrt{\dfrac{h'}{h}}$ ∴ $e=\sqrt{\dfrac{49}{100}}=\dfrac{7}{10}=0.7$

정답 160. ④ 161. ④ 162. ① 163. ①

Chapter 01

164 수직으로 매달려 있는 질량 150g의 모래주머니에 질량 50g의 탄환이 80m/s로 수평하게 날아와서 박혔다. 충돌 후 모래주머니의 속력은?

① 15m/s ② 10m/s
③ 20m/s ④ 25m/s

해설 충돌 전후 운동량이 보존되므로 $150 \times 0 + 50 \times 80 = (150+50)V$ $V = 20m/s$

165 지표면으로부터 높이 H인 지점에서 질량이 m인 물체가 자유 낙하하였다. 지표면에서 $\frac{3}{4}H$인 높이에서의 물체의 속력은? (단, 공기저항은 무시하고, 중력 가속도는 g이다)

[18. 국가직 7급]

① $\dfrac{gH}{2}$ ② $\sqrt{\dfrac{gH}{2}}$

③ $\sqrt{\dfrac{3gH}{4}}$ ④ $\sqrt{\dfrac{3gH}{2}}$

해설 $mgH = \dfrac{1}{2}mv^2 + mg\dfrac{3}{4}H$ 이므로 $v = \sqrt{\dfrac{gH}{2}}$ 이다.

166 마찰을 무시할 수 있는 얼음판 위에서 질량 40kg인 어린이는 20m/s의 속력으로 질량 60kg인 어른은 10m/s의 속력으로 마주보며 달려오다가 정면으로 충돌하였다. 충돌 직후 두 사람이 껴안았다면 두 사람의 속력[m/s]은 얼마인가?

① 1 ② 2
③ 5 ④ 10

해설 운동량 보존 법칙에서 $40 \times 20 + 60 \times (-10) = (40+60)V$
∴ $V = 2m/s$

167 반발계수가 0.6인 마루에 10m/s의 속도로 수직으로 충돌한 물체가 튀어나오는 속력은?

① 6m/s ② 9.4m/s
③ 10m/s ④ 10.6m/s

해설 반발계수$(e) = \dfrac{\text{멀어지려는 속도}}{\text{가까워지려는 속도}} \Rightarrow e = -\dfrac{v'}{v}$
$v' = -ev = -0.6 \times 10 = -6(m/s)$

정답 164. ③ 165. ② 166. ② 167. ①

168 그림은 수평면상에서 질량이 1kg인 진흙덩이 두 개가 각각 10m/s의 속력으로 x, y 방향으로 다가와 원점에서 충돌한 후 뭉쳐서 같이 진행하는 것을 나타낸다. 충돌 후 진흙덩이의 속력 v는?

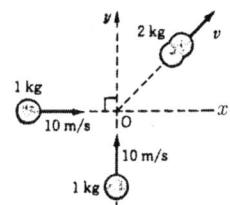

① 5m/s
② $5\sqrt{2}$ m/s
③ 10m/s
④ 20m/s

해설 운동량 보존의 법칙에서 충돌 전 운동량의 합 = 충돌 후 운동량의 합
$1 \times \vec{10} + 1 \times \vec{10} = 2\vec{v}$
$10\sqrt{2} = 2\vec{v}$
$\therefore \vec{v} = 5\sqrt{2}$ (m/s)

169 정지해 있던 질량 4kg인 물체에 일정한 방향으로 그림과 같이 시간에 따라 크기가 변하는 합력(알짜힘)이 작용하였다. 2초 동안 이 합력이 작용한 후, 물체의 속력[m/s]은?

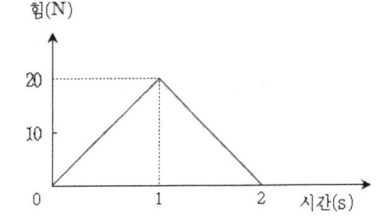

① 5
② 10
③ 15
④ 20

해설 그래프의 면적이 $F \cdot t$이므로 충격량이고 크기는 20N·s이다. 충격량과 운동량의 변화량이 같으므로 $F\Delta t = mv - mv_0$이며, 물체의 v_0는 정지해 있었으므로 0이다.
20N·s = 4×v + 4×0
$\therefore v = 5m/s$

170 질량 1000kg인 자동차가 반지름이 150m인 경사지지 않은 커브 길을 돌고 있다. 타이어와 길 사이의 정지 마찰계수가 0.60이다. 자동차가 미끄러지지 않고 안전하게 운행할 수 있는 최대 속력에 대한 설명으로 옳지 않은 것은? (단, 중력 가속도는 10m/s² 이다.)

[10. 지방직 7급]

① 정지 마찰계수가 클수록 최대 속력이 빠르다.
② 회전하는 반지름이 클수록 최대 속력이 느리다.
③ 최대 속력은 자동차의 질량과 관계없다.
④ 최대 속력은 30m/s이다.

정답 168. ② 169. ① 170. ②

해설) 마찰력이 구심력 역할을 하므로
$$\mu mg = m\frac{v^2}{r}$$
$$\therefore v = \sqrt{\mu gr}$$
$$= \sqrt{0.6 \times 10 \times 150}$$
$$= \sqrt{900} = 30(\text{m/s})$$

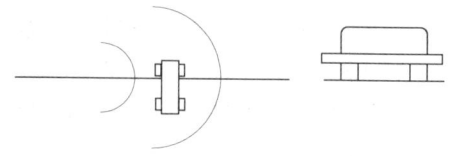

171 그림과 같이 질량이 m, $3m$인 추들이 질량 $2m$, 반지름 R인 원판형 도르래를 통해 줄로 연결되어 있다. 추들이 등가속도로 움직이고 있을 때, 각 추를 연결하는 줄에 작용하는 장력의 차이 $T_1 - T_2$는? (g는 중력 가속도이다. 단, 도르래의 관성 모멘트는 mR^2이고, 도르래는 줄과 미끄러짐 없이 회전하며, 줄의 질량, 도르래 회전축에서의 마찰 및 공기 저항은 무시한다.)

[11. 지방직 7급]

① $0.2mg$ ② $0.4mg$
③ $0.8mg$ ④ $1.2mg$

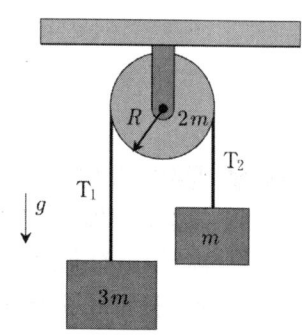

해설)

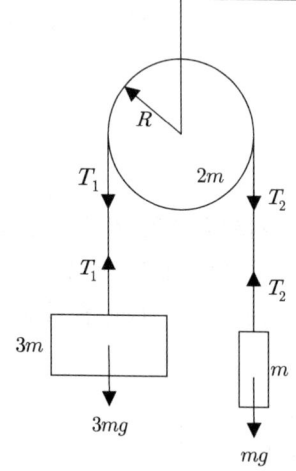

$$(T_1 - T_2)R = \tau = I \cdot \alpha = I \cdot \frac{a}{R}$$
$$= mR^2 \cdot \frac{a}{R} = mR \cdot a$$
$$T_1 - T_2 = ma$$
$$2mg - (T_1 - T_2) = 4ma$$
$$2mg - ma = 4ma$$
$$2mg = 5ma$$
$$\therefore a = \frac{2}{5}g$$
$$\therefore T_1 - T_2 = m \cdot \frac{2}{5}g = 0.4mg$$

정답 171. ②

172 태양의 주위를 공전하는 지구의 공전주기(T)는 약 3.2×10^7초이고, 태양에서 지구까지의 거리(a)는 평균적으로 약 1.5×10^{11}m이다. 태양의 대략적인 질량(M_s)은? (단, $\dfrac{4\pi^2}{G} = 6.0 \times 10^{11} kg/N \cdot m^2$이다.)

[15. 서울시 7급]

① $M_s = 4.5 \times 10^{26} kg$
② $M_s = 2.0 \times 10^{30} kg$
③ $M_s = 4.9 \times 10^{35} kg$
④ $M_s = 6.0 \times 10^{36} kg$

해설 구심력＝만유인력

$$mw^2 r = \frac{GmM_s}{r^2}$$

$$\left(\frac{2\pi}{T}\right)^2 r^3 = GM_s, \quad \frac{4\pi^2}{T^2} \cdot r^3 = GM_s$$

$$\therefore M_s = \frac{4\pi^2}{G} \cdot \frac{r^3}{T^2}$$

$$= 6.0 \times 10^{11} \times \frac{(1.5 \times 10^{11})^3}{(3.2 \times 10^7)^2} = 6 \times 10^{11} \times \frac{1.5 \times 1.5 \times 1.5 \times 10^{33}}{3.2 \times 3.2 \times 10^{14}}$$

$$\fallingdotseq 2.25 \times 10^{11+33-14} \fallingdotseq 2.25 \times 10^{30} \fallingdotseq 2 \times 10^{30} (\text{kg})$$

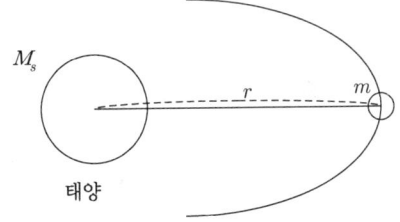

173 마찰계수가 μ이고, 반지름 r인 원형 도로면 위에서 자동차가 원형 도로를 이탈하지 않고 달릴 수 있는 최대 속도를 v_0라고 하자. 반지름이 $2r$인 도로에서 동일한 자동차가 원형 도로를 이탈하지 않고 달릴 수 있는 최대 속도가 $\sqrt{3} v_0$이라고 할 때, 이 도로의 마찰계수를 바르게 표시한 것은 무엇인가?

[14. 서울시 7급]

① $\dfrac{\mu}{3}$
② $\dfrac{\mu}{2}$
③ $\dfrac{3}{2}\mu$
④ $\dfrac{4}{3}\mu$
⑤ μ

해설 마찰력이 곧 구심력 역할을 하므로 $\mu mg = m\dfrac{v^2}{r}$

$$\mu g = \frac{v_0^2}{r} \cdots\cdots\cdots ①$$

$$\mu' g = \frac{(\sqrt{3} v_0)^2}{2r} \cdots\cdots ②$$

①과 ②에서 $\dfrac{\mu}{\mu'} = \dfrac{2}{3}$ 이므로 $\therefore \mu' = \dfrac{3}{2}\mu$

정답 172. ② 173. ③

174 그림과 같이 질량 1,000kg인 자동차가 20m/s의 속력으로 달리다 벽으로부터 거리 $d=100$m 떨어진 곳에서 급히 핸들을 왼쪽으로 돌렸다. 속력을 일정하게 유지한 채 자동차가 반지름이 d인 사분원 궤적을 그리며 아슬아슬하게 벽과 충돌을 면하였을 때, 자동차와 지면 간의 마찰계수의 최솟값은? (단, 중력 가속도 $g=10$m/s²이다.) [18. 6. 서울시 7급]

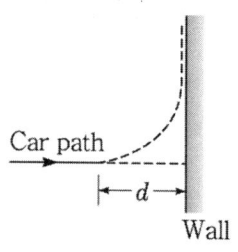

① 0.3
② 0.4
③ 0.5
④ 0.6

해설 자동차에 작용하는 마찰력이 구심력과 같으므로 $\mu mg = m\dfrac{v^2}{d}$이다.

여기서 마찰계수 $\mu = \dfrac{v^2}{gd} = \dfrac{20^2}{10 \times 100} = 0.4$이다.

175 질량이 M, 반지름이 R인 원판 A가 중심을 지나는 회전축에 대해 각속도 ω_A로 회전하고 있다. 어느 순간 이 원판을 그림과 같이 동일한 회전축에 놓인, 정지하고 있는 질량 M, 반지름 $2R$인 원판 B로 밀어붙여 두 원판이 미끄러지지 않고 함께 회전하도록 하였다. 각속도 ω_A와 두 원판이 붙은 후의 각속도 ω_B의 비 $\left(\dfrac{\omega_A}{\omega_B}\right)$는? [09. 지방직 7급]

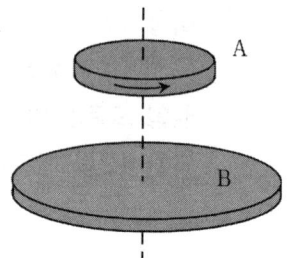

① 5
② 4
③ 3
④ 2

해설 $L = Iw = I'w'$ [각운동량 보존]

$$\frac{1}{2}MR^2 w_A = \left(\frac{1}{2}MR^2 + \frac{1}{2}M(2R)^2\right)w_B = \frac{1}{2}MR^2(1+4)w_B \quad \therefore \frac{w_A}{w_B} = 5$$

정답 174. ② 175. ①

176 반지름이 0.5m이고 질량이 균일하게 분포하고 있는 4kg의 원판이 그 중심을 회전축으로 하여 각속도 w_0로 돌고 있다. 이때 질점으로 간주할 수 있는 질량 0.2kg인 물체를 원판의 가장자리에 가만히 올려놓는다면, 원판의 각속도 w는? (단, 물체의 무게로 인하여 원판이 기울어지는 효과는 없으며, 올려놓은 물체는 미끄러지지 않고 원판과 함께 회전한다.)   [08. 국가직 7급]

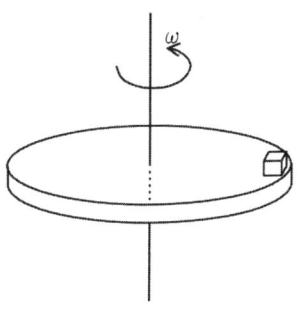

① 약 $1.2w_0$ ② 약 $1.1w_0$
③ 약 $0.91w_0$ ④ 약 $0.83w_0$

해설 주축에서는 각운동량이 보존된다. $L_1 = I_1 w_0$, $L_2 = I_2 w$, $L_1 = L_2$, $I_1 w_0 = I_2 w$

$$\frac{1}{2}MR^2 \cdot w_0 = \left(\frac{1}{2}MR^2 + mR^2\right)w$$

$$\frac{1}{2} \times 4 \times 0.25 \times w_0 = \left(\frac{1}{2} \times 4 \times 0.25 + 0.2 \times 0.25\right)w$$

$$0.5w_0 = (0.5 + 0.05)w = 0.55w$$

$$\therefore w = \frac{0.5}{0.55}w_0 = \frac{10}{11}w_0 = 0.909w_0$$

177 그림의 (가)와 같이 외력의 작용 없이 일정한 각속도 w로 회전하고 있는 반지름 R의 원판이 있다. (나)와 같이 질량이 m인 물체를 원판의 중심에서 거리 $R/2$만큼 떨어진 곳에 원판 위에서 미끄러지지 않고 함께 회전하도록 살며시 올려놓았더니 각속도가 $w/2$로 변하였다. (다)와 같이 이 물체를 중심에서 거리 R만큼 떨어진 곳에 원판 위에서 미끄러지지 않고 함께 회전하도록 살며시 올려놓았다면 이때의 각속도는? (단, 물체를 올려놓는 과정에서 원판과 물체를 포함하는 계에 돌림힘은 작용하지 않는다.)   [18. 3. 서울시 7급]

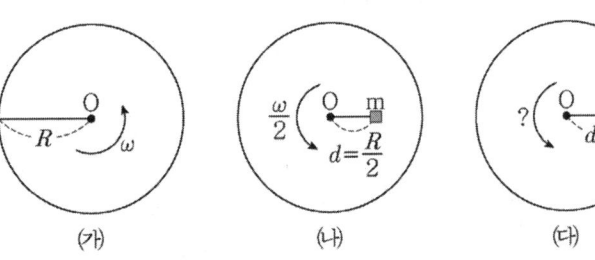

① $w/5$ ② $w/4$
③ $w/3$ ④ $w/2$

정답 176. ③ 177. ①

해설 외력이 없을 때 알짜 돌림힘이 작용하지 않으므로 각운동량 보존법칙이 성립한다.
원판의 질량 관성 모멘트를 I라 하면

$L_{(가)} = L_{(나)} : I\omega = I \cdot \dfrac{\omega}{2} + \dfrac{R}{2} \cdot m \cdot \dfrac{R}{2} \cdot \dfrac{\omega}{2}, \ I = \dfrac{1}{4}mR^2$

$L_{(나)} = L_{(다)} : I\omega = I \cdot \omega' + R \cdot m \cdot R \cdot \omega', \ \omega' = \dfrac{I\omega}{I+mR^2} = \dfrac{I\omega}{I+4I} = \dfrac{\omega}{5}$

178 그림과 같이 질량 M인 물체가 실에 매달려 그림처럼 평면에서 원운동할 때, 물체의 회전 주기는? [18. 3. 서울시 7급]

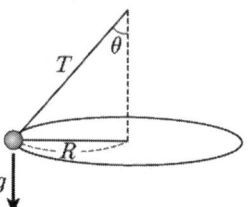

① $\pi\sqrt{\dfrac{R\cos\theta}{g}}$ ② $2\pi\sqrt{\dfrac{R\sin\theta}{g}}$

③ $2\pi\sqrt{\dfrac{R}{g\tan\theta}}$ ④ $2\pi\sqrt{\dfrac{g\tan\theta}{R}}$

해설 $T\cos\theta = mg$, $T\sin\theta = \dfrac{mg}{\cos\theta} \times \sin\theta = mg\tan\theta$이다. 이때 구심력이 $mg\tan\theta$이므로 이는 구심력과 같다. 그러므로 $mg\tan\theta = \dfrac{mv^2}{R}$에서 $v = \sqrt{Rg\tan\theta}$이므로

주기 $T = \dfrac{2\pi R}{v} = \dfrac{2\pi R}{\sqrt{Rg\tan\theta}} = 2\pi\sqrt{\dfrac{R}{g\tan\theta}}$ 이다.

179 80N 이상의 힘으로 잡아당기면 끊어지는 줄 끝에 매달린 질량 4kg의 공이 그림과 같이 등속 원운동을 하고 있다. 원운동을 하는 공의 회전축 OP에 대한 최대 각운동량[J·s]에 가장 가까운 것은? (단, 끊어지기 전 줄의 길이는 80cm로 일정하다. 공의 크기는 무시하고, 중력 가속도 g는 10m/s²이다.) [11. 지방직 7급]

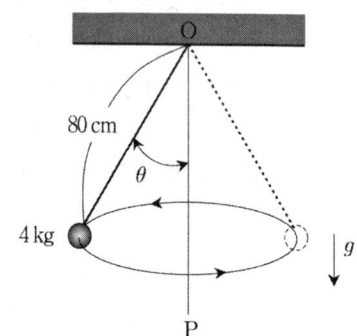

① 6 ② 8
③ 10 ④ 12

해설

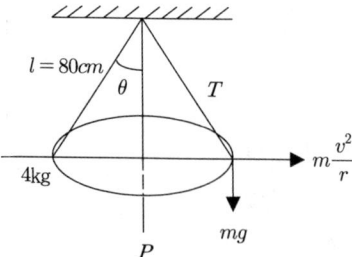
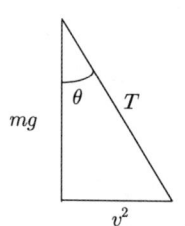

$T\sin\theta = mg\tan\theta$

$80\sin\theta = 40\dfrac{\sin\theta}{\cos\theta}$

$\therefore \cos\theta = \dfrac{1}{2}$

$\therefore \theta = 60°$

정답 178. ③ 179. ③

$r = l\sin\theta$이며 $T\sin\theta = m\dfrac{v^2}{r}$

$T = m\dfrac{v^2}{l\sin^2\theta}$, $80 = 4 \times \dfrac{v^2}{0.8\sin^2\theta}$에서 $v^2 = 16\sin^2\theta$ ∴ $v = 4\sin\theta$

$L = rmv = l\sin\theta \cdot m \cdot v = l\sin\theta \cdot m \cdot (4\sin\theta) = l\sin^2\theta \cdot m \cdot 4$

$= 0.8\left(\dfrac{\sqrt{3}}{2}\right)^2 4 \times 4 = 0.8 \times \dfrac{3}{4} \times 4 \times 4 = 2.4 \times 5 = 9.6 ≒ 10(\text{J}\cdot\text{s})$

180 균일한 원판의 회전중심에서 5cm 떨어진 위치에 작은 물체를 놓고 정지 상태에서 일정한 각가속도로 원판을 회전시켰다. 물체가 막 미끄러질 때까지 원판이 5회전 하였다면 원판의 각가속도[rad/s²]는? (단, 물체와 원판 사이의 마찰계수는 0.5이고 중력 가속도는 10m/s²이다.)

[13. 국가직 7급]

① $\dfrac{\pi}{5}$ ② $\dfrac{5}{\pi}$

③ $\dfrac{1}{20\pi}$ ④ 20π

해설 구심력과 마찰력이 같으므로 $mw^2 r = \mu mg$이며 주어진 조건을 대입하면

$w^2 \cdot 0.05 = 0.5 \times 10$ ∴ $w^2 = 100$ ∴ $w = 10(\text{rad/s})$

$2\alpha\theta = w^2 - w_0^2$

$2\alpha 10\pi = 10^2 - 0^2$

∴ $\alpha = \dfrac{10}{2\pi} = \dfrac{5}{\pi}$

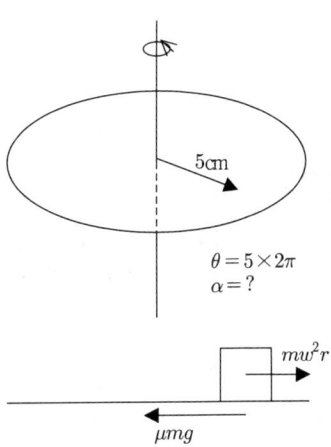

정답 180. ②

Chapter 01

181 중심을 지나는 수직축 주위를 회전할 수 있는 원판의 질량 M은 1.0kg이고 밀도가 균일하며 반지름 R은 10cm이다. 정지해 있는 이 원판에 그림과 같이 질량 m이 0.1kg인 찰흙덩어리가 10m/s의 속력 v로 날아와 원판의 가장자리에 붙어서 원판의 중심을 축으로 원판과 함께 회전하고 있다. 이 원판의 각속도 w는? (단, 찰흙이 붙었을 때 원판의 모양 변화나 판의 기울어짐 그리고 회전축의 마찰은 무시한다.)

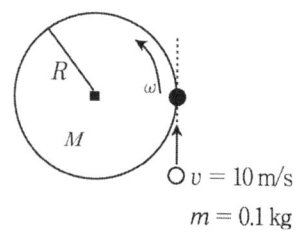

[09. 국가직 7급]

① 16.7rad/s
② 21.2rad/s
③ 35.0rad/s
④ 47.8rad/s

해설 완전 비탄성 충돌이므로 $mv+0=(m+M)V$
각운동량 보존 법칙에 의해 $L=R(m+M)V=Rmv$
주축 $L=Iw$
∴ $Iw=Rmv$
$\left(\dfrac{1}{2}MR^2+mR^2\right)w=Rmv$
$\left(\dfrac{1}{2}M+m\right)R^2w=Rmv$
$\left(\dfrac{1}{2}\times 1+0.1\right)0.1w=0.1\times 10$
$0.6w=10$
∴ $w=\dfrac{10}{0.6}=\dfrac{100}{6}=16.666 ≒ 16.7$

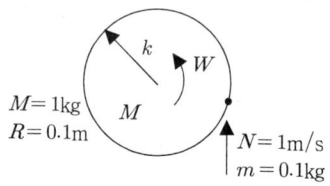

182 관성 모멘트가 $4kg \cdot m^2$인 원판이 시간 t에 따라 변화하는 각속도 $w=2t\,rad/s$로 그 중심을 축으로 하여 회전하고 있을 때의 설명으로 옳은 것은? [16. 국가직 7급]

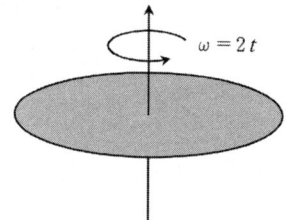

① 원판의 각운동량은 시간에 따라 변화하지 않는다.
② 원판의 각가속도는 시간에 따라 변화한다.
③ $t=0$에서 원판의 각가속도는 0이다.
④ 원판에 가해지는 알짜 돌림힘은 시간에 따라 변화하지 않는다.

해설 ① 각운동량은 $\vec{H}=Iw=4\times 2t=8t\,kg \cdot m^2/s$로 시간에 따라 변화한다.
② 원판의 각가속도는 $\alpha=\dfrac{dw}{dt}=2rad/s^2$으로 시간에 따라 변화하지 않는다.
③ $t=0$에서 원판의 각가속도는 $\alpha=2rad/s^2$이다.
④ 원판에 가해지는 알짜 돌림힘은 $T\neq \tau=I\alpha=8kg \cdot m^2/s^2$으로 시간에 따라 변화하지 않는다.

정답 181. ① 182. ④

CHAPTER 02

에너지와 열

- **01** 일과 에너지
- **02** 유체 역학
- **03** 열현상과 분자운동
- **04** 열역학 법칙

CHAPTER 02 에너지와 열

> **출제포인트**
> 본 단원은 일과 에너지의 상호 연관성을 이해하고, 그에 따른 개념과 단위를 정리해야 한다. 예전에는 주로 평이한 수준으로 출제되었으나 최근에는 제1장 힘과 운동 단원과 밀접하게 관련하여 출제되므로 함께 비교하여 학습해야 한다. 특히 역학적 에너지 보존의 법칙, 기체 분자 운동, 열역학 법칙은 출제 가능이 높은 부분이므로 철저히 준비해야 한다.

01 일과 에너지

1. 일과 일률

1 일(Work)

(1) 일의 정의

그림과 같이 물체에 힘 F가 작용하여 물체가 힘의 방향으로 거리 s만큼 이동하였다면 힘은 물체에 대하여 일을 하였다고 한다. 즉, 일(W)은 힘(F)과 힘이 계속 작용한 거리(s)의 곱으로 나타내며, 스칼라량이다.

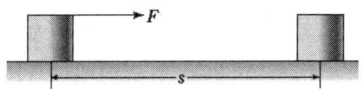

$$W = F \cdot s, \quad 일 = 힘 \times 변위 \ [\text{J}(줄), \ \text{N} \cdot \text{m}]$$
- 1J : 1N의 힘으로 물체를 1m 이동시켰을 때 한 일의 양

(2) 일의 크기

그림과 같이 힘의 방향과 물체의 이동 방향이 다를 때, 힘 F는 이동 방향과 수평한 성분 F_x와 수직인 성분 F_y로 분해하여 나타낸다. 이때, 수직 성분으로는 이동하지 않고 수평 성분으로만 일을 하게 되면 힘 $F = F_x = F\cos\theta$가 되고, 따라서 일 W는 다음과 같다.

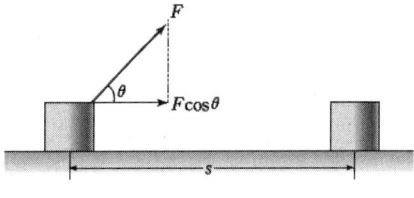

$$W = F \cdot s \cos\theta$$

(3) 여러 가지 경우의 일

① 일을 하지 않은 경우($W=0$인 경우)
  ㉠ 물체의 이동 거리가 0일 때($s=0$) : 물체를 들고 가만히 서 있을 때, 벽을 밀 때
  ㉡ 작용한 힘이 0일 때($F=0$) : 마찰이 없는 수평면에서 물체가 등속으로 운동할 때, 물체가 등속 직선 운동을 할 때
  ㉢ 힘과 물체의 이동 방향이 수직일 때($F \perp s$) : 물체를 들고 수평 방향으로 걸어갈 때, 인공위성이 지구 주위를 돌 때($\cos\theta = \cos 90° = 0$)

▲ 인공위성의 운동($F \perp s$)

② 물체가 받는 힘의 방향과 이동하는 방향이 정반대인 경우에 힘은 (-)의 일을 한다.
$$W = F \cdot s \cos\theta = F \cdot s \cos(180°) = F \cdot (-s) = -F \cdot s$$

③ 중력이 하는 일($F=mg$) : 질량 m인 물체를 mg와 같은 크기의 힘 F를 작용하여 h만큼 이동시킨 것과 같다.
$$W = F \cdot h = mgh$$

④ 마찰력이 하는 일($F=-\mu mg$) : 마찰이 있는 수평면에서 물체를 수평하게 등속으로 끌 때 하는 일은 다음과 같다.
$$W = F \cdot s = -\mu Ns = -\mu mgs$$

(4) $F-s$ 그래프에서의 일

물체에 힘이 작용하여 이동할 때, 작용한 힘과 움직인 거리와의 관계 그래프가 오른쪽 그림과 같을 때, 힘이 한 일 W는 그림에서 색칠한 부분의 면적이 된다.

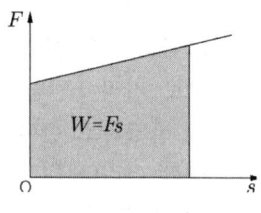

$$W = \int_0^s F \cdot ds$$

(5) 일의 단위

① CGS 단위계 : 물체가 1dyne의 힘을 받아 힘의 방향으로 1cm 움직이는 동안에 힘이 한 일을 1erg라 한다.
  1erg = 1dyne · cm

② MKS 단위계 : 물체가 1Newton의 힘을 받아 힘의 방향으로 1m 움직이는 동안에 힘이 한 일을 1Joule이라 한다.
  1Joule = 1Newton · m

③ erg와 Joule의 관계

$1J = 1N \cdot m = 1kg \cdot m/s^2 \times 1m = 10^3 \times 10^2 g \cdot cm/s^2 \times 10^2 cm$
$= 10^5 dyn \times 10^2 cm = 10^7 dyn \cdot cm = 10^7 erg$

④ 중력 단위 : 물체가 1kg중의 힘을 받아 힘의 방향으로 1m 움직이는 동안에 힘이 한 일을 1kg중·m라 한다.

$1kg중 \cdot m = 1kg \times 9.8m/s^2 \times 1m = 9.8kg \cdot m^2/s^2 = 9.8J$
$1g중 \cdot cm = 1g \times 980cm/s^2 \times 1cm = 980erg$

2 일률(Power)

(1) 일률의 정의

단위 시간(1초) 동안 한 일의 양을 일률이라고 한다. 일의 능률을 나타내는 개념으로, t초 동안 한 일의 양을 W라 하면 일률 P는,

$$P = \frac{W}{t} = \frac{Fs}{t}$$

(2) 일률의 단위(watt)

1초 동안 1J의 일을 할 때의 일률을 1W(와트)라 한다.

$1W = 1J/s = 1N \cdot m/s = 1kg \cdot m/s^2 \times m/s = 1kg \cdot m^2/s^3$
$1kg중 m/s = 1kg \times 9.8m/s^2 \times m/s = 9.8kg \cdot m^2/s^3 = 9.8W$

공업용으로 흔히 쓰이는 일률의 단위로는 마력(HP)이 있는데, 1HP는 746W이다.

(3) 일률과 속도

물체가 일정한 힘 F를 받으면서 일정한 속도 v로 등속도 운동을 할 때, 일률 P는,

$$P = \frac{W}{t} = \frac{Fs}{t} = F \times \frac{s}{t} = Fv$$

구분	중력 단위	절대 단위
힘	1kg중	9.8N
일	1kg중·m	9.8J
일률	1kg중m/s	9.8W

제2장 에너지와 열

Chapter 02

3 일의 원리

(1) 일의 원리

"기계의 각 부분에서 작용되는 마찰력을 무시하면, 기계에 준 일과 기계가 한 일은 항상 같다." 이것을 일의 원리라 한다. 즉, 일을 할 때 도구나 기계를 사용하면 힘에는 이득이 있을 수 있지만 일의 양은 항상 같다.

(2) 지레와 일

지레를 사용하여 무게(w)인 물체를 h만큼 들어 올리는 경우 지레는 수평 상태이다. 이때 토크의 평형에 해당하므로 다음과 같이 표현 할 수 있다.
$b \times w = a \times F$

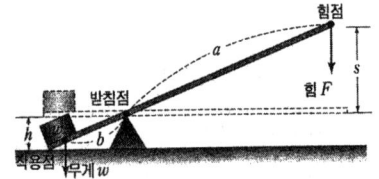

지레에 가한 힘 F의 크기는 $F = w \times \dfrac{b}{a}$ 이며, 힘점의 이동 거리가 s 일 때 사람이 지레에 한 일의 양은 $W = F \times s$ 이다. 이때 사람이 한 일만큼 물체가 중력에 대해 일을 한다. 물체가 중력에 대해 한 일의 양 W는 $W = w \times h$ 이다.

- 이동 거리 $b : a = h : s$, $s = h \times \dfrac{a}{b}$
- 사람이 지레에 한 일 $W = F \times s = (w \times \dfrac{b}{a}) \times (h \times \dfrac{a}{b}) = w \times h$
- 지레가 물체에 한 일 $W = w \times h$

이므로 사람이 한 일의 양은 같다. 그러므로 일의 이득은 없다.

| 지레의 종류와 예

구분	1종 지레	2종 지레	3종 지레
종류	받침점 - 힘점 / 작용점	받침점 / 작용점 - 힘점	작용점 - 힘점 / 받침점
사물과 비교	(가위)	(병따개)	(핀셋)

↑힘점 ■작용점 ▲받침점

(3) **도르래와 일**

① **고정도르래**

오른쪽 그림에서 O점을 회전축으로 반지름 r이 같으므로, $\overline{OA} = \overline{OB} = r$이다.

도구를 사용해도 한 일의 양은 같다.

$F \times \overline{OA} = W \times \overline{OB}$, $Fr = Wr$

∴ $F = W$

따라서, 힘의 이득은 없으나 힘의 방향을 바꿀 수는 있다.

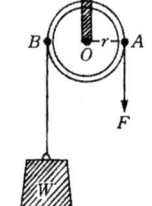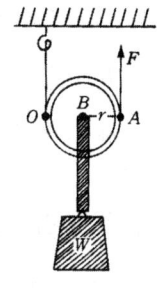

(a) 고정도르래   (b) 움직도르래

┃도르래┃

② **움직도르래**

O점을 회전축으로 할 때 추까지의 거리를 $\overline{OB} = r$, F까지의 거리는 $\overline{OA} = 2\overline{OB} = 2r$이다.

고정도르래와 같이 한 일의 양은 모든 도구의 사용에서 같으므로

$F \times \overline{OA} = W \times \overline{OB}$

$2Fr = Wr$

∴ $F = \dfrac{W}{2}$

따라서, 물체 무게의 1/2의 힘의 이득이 있다.

예) 국기계양대, 엘리베이터, 기중기

③ **축바퀴**

회전축이 중심에 있으며 큰 바퀴와 작은 바퀴에서 한 일의 양은 같다. 오른쪽 그림에서 $R = 2r$이라 하면,

$w \times r = F \times 2r$

∴ $F = \dfrac{w}{2}$

따라서, 물체 무게의 1/2의 힘의 이득이 있다.

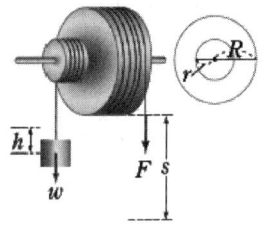

[수평 복합 도르래]	[수직 복합 도르래]
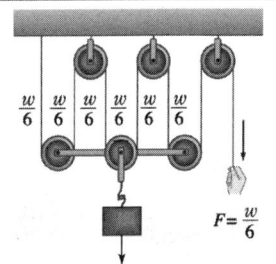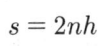 줄을 당기는 힘 : $F = \dfrac{1}{2n}w$ 줄을 당기는 길이 : $s = 2nh$	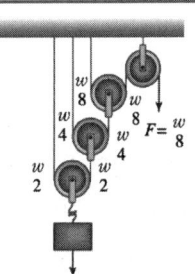 줄을 당기는 힘 : $F = \dfrac{1}{2^n}w$ 줄을 당기는 길이 : $s = 2^n h$

제2장 에너지와 열 151

(4) 빗면을 이용한 일

무게(w)인 물체를 빗면의 길이(s)를 이용하여 들어 올리는 경우 사람이 한 일의 양은,

$$W = F \times s = (w \times \frac{h}{s}) \times s = w \times h$$

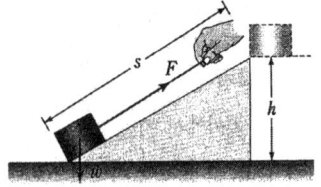

예 나사못, 지퍼, 계단, 구불구불한 산길

2. 역학적 에너지

1 에너지

어떤 물체가 일을 할 수 있을 때 그 물체는 에너지를 가졌다고 말한다. 에너지에는 운동에너지, 위치에너지, 탄성에너지, 열에너지, 전기에너지, 화학적 에너지 및 원자에너지 등이 있는데, 특히 운동에너지, 위치에너지 및 탄성에너지를 역학적 에너지라고 한다.

2 운동에너지

(1) 운동에너지

운동하고 있는 물체는 정지하고 있는 물체보다 더 많은 일을 할 수 있다. 이와 같이, 물체가 운동함으로써 더 가지는 에너지를 운동에너지라고 한다. 운동에너지의 크기는 운동하고 있던 물체가 정지할

때까지 한 일의 양이 된다. 오른쪽 그림과 같이 질량 m, 속도 v인 물체에 힘 F가 작용하여 거리 s만큼 가서 정지했다면,

$2as = -v_0^2$에서 $a = \dfrac{-v_0^2}{2s}$이므로, 이 물체가 한 일 W는

$$W = Fs = mas = m\frac{v_0^2}{2s} \cdot s = \frac{1}{2}mv_0^2$$

즉, 질량 m, 속도 v인 물체의 운동에너지 E_k는,

$$E_k = \frac{1}{2}mv^2$$

오른쪽 그림과 같이 마찰력이 일정한 조건을 만들어 수레가 한 일의 양을 측정해보자. 질량이 일정할 때 수레의 속력이 2배, 3배로 증가하면 자의 이동 거리는 4배, 9배로 증가하며, 속력이 일정할 때 수레의 질량이 2배, 3배로 증가한다. 그러므로 '운동에너지 $\propto$ 질량 $\times$ (속력)^2'이다.

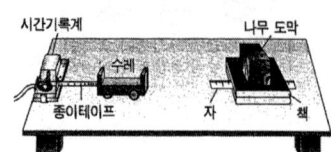

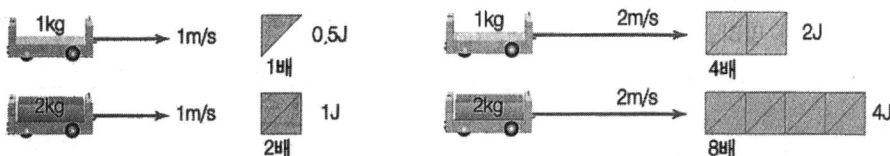

(2) 일과 운동에너지

① **운동하는 방향의 힘으로 일했을 때** : 그림과 같이 직선상을 초속도 v_0로 운동하고 있는 질량 m인 물체가 있다. 이 물체에 운동 방향으로 힘 F를 작용한 결과 a의 가속도로 s만큼 나아가서 속도가 v로 되었다면, 운동에너지의 변화는 다음과 같다.

$$\frac{1}{2}mv^2 - \frac{1}{2}mv_0^2 = \frac{1}{2}m(v^2 - v_0^2)$$

$v^2 - v_0^2 = 2as$ 이므로

$$= \frac{1}{2}m \cdot 2as = mas = Fs = W\,(\text{해준 일})$$

즉, 운동에너지의 증가는 그 물체에 해준 일과 같다.

② **운동하는 반대 방향의 힘으로 일했을 때** : 반대 방향의 힘(마찰력 F)이 작용하였으므로, 운동하는 방향으로 일했을 때의 식에서 F가 $-F$로 된다.

$$\frac{1}{2}mv^2 - \frac{1}{2}mv_0^2 = -Fs\,(=Rs)$$

이와 같은 경우에는 운동에너지가 감소하게 되고 감소한 운동에너지는 열에너지로 바뀌게 된다. 마찰이 있는 면에서 물체가 운동할 때 열이 발생하는 것은 이 때문이다.

3 위치에너지

(1) 중력에 의한 위치에너지

중력장에서 높은 곳에 있는 물체는 낮은 곳에 있는 물체보다 더 많은 일을 할 수 있는 능력을 가지고 있다. 이와 같이, 중력장에서 물체의 높이에 따라 정해지는 에너지를 중력에 의한 위치에너지 또는 위치에너지라고 한다. 중력장에서의 위치에너지의 크기는 기준면(지표면)으로부터 높이 h만큼 끌어올리는 데 필요한 일이 된다. 질량 m인 물체를 끌어올리는 데 필요한 힘의 크기는 mg이고, 힘의 방향으로 움직인 거리는 h이므로, 이 물체를 끌어올리는 데 필요한 일 W는,

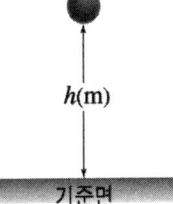

$W = Fs = mgh$

즉, 기준면으로부터 높이 h에 있는 질량 m인 물체의 위치에너지 E_p는,

$$E_p = mgh$$

- 위치에너지의 측정
  - 다음 그림은 추를 낙하시키면서 금속관을 미는 일을 하고 이때 추의 위치 에너지는 금속관에 한 일과 같다.
  - 마찰력이 일정할 때 추의 위치에너지는 금속관의 이동 거리에 비례한다.

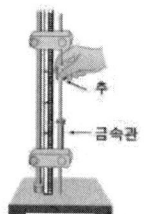

위치에너지와 질량과의 관계	위치에너지와 높이와의 관계	위치에너지와 (질량×높이)와의 관계
높이가 일정할 때	질량이 일정할 때	
(그래프: 질량 일정, 위치에너지 vs 높이)	(그래프: 높이 일정, 위치에너지 vs 질량)	(그래프: 위치에너지 vs 질량·높이)
위치에너지 ∝ 질량	위치에너지 ∝ 높이	위치에너지 ∝ 질량·높이

(2) **탄력성에 의한 위치에너지(탄성에너지)**

늘어난 고무줄이나 용수철은 늘어나지 않았을 때보다 많은 일을 할 수 있다. 이와 같이, 탄성체가 늘어나거나 줄어듦으로써 가지게 되는 에너지를 탄성에너지라고 한다.

탄성에너지의 크기는 탄성계수 k인 용수철을 x만큼 늘이는 데 필요한 일이 된다.

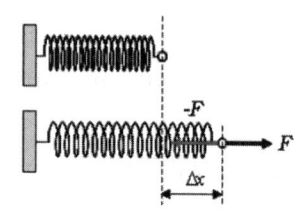

용수철에 의한 탄성력은 $F = kx$이므로 변형 x가 변화함에 따라 F도 변화한다. 그러므로, 이때 힘이 한 일은 평균힘에다가 힘의 방향으로 움직인 거리를 곱한 값이 된다.

$$W = \overline{F}s = \left(\frac{0 + kx}{2}\right) \cdot x = \frac{1}{2}kx^2$$

오른쪽 그림에서 색칠한 삼각형의 면적이 탄성체가 한 일이 된다. 즉, 탄성계수 k인 탄성체가 x만큼 변형되었다면, 이때 탄성체의 탄성에너지 E_p는,

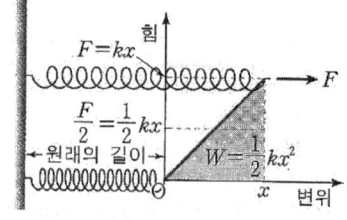

$$E_p = \frac{1}{2}kx^2$$

(3) 만유인력에 의한 위치에너지

무한원에서 질량 M인 지구의 중심으로부터 거리 r인 지점까지 질량 m인 물체가 낙하하는 동안에 만유인력이 한 일이 그 점의 만유인력에 의한 위치에너지 U가 되고, 오른쪽 그림에서 색칠한 부분의 면적이 된다. 즉,

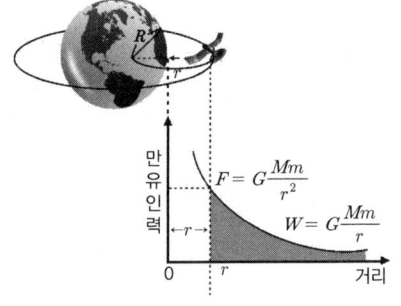

$$U = -G\frac{mM}{r}$$

여기서 (−)부호는 무한원의 위치에너지를 0으로 했기 때문이고, 물체가 중력에 구속되어 있음을 뜻한다. 따라서, 질량 m인 물체를 지구 인력권으로부터 탈출시키기 위해서는 $+G\frac{mM}{r}$의 에너지가 필요하다. 이것을 탈출 에너지라고 한다.

3. 역학적 에너지 보존의 법칙

1 중력장에서의 역학적 에너지 보존의 법칙

(1) 자유 낙하운동에서의 역학적 에너지 보존

질량 m인 물체가 높이 h_1인 지점을 v_1, h_2인 지점을 v_2의 속도로 낙하하고 있다면,

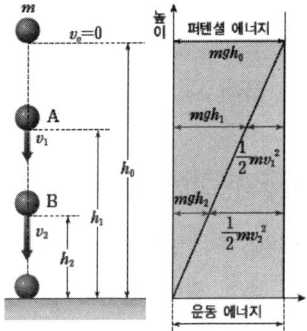

$2gh = v^2 - v_0^2$에서
$2g(h_1 - h_2) = v_2^2 - v_1^2$ ← $\begin{pmatrix} h = h_1 - h_2 \\ v = v_2,\ v_0 = v_1 \end{pmatrix}$

양변에 m을 곱하면,
$2mg(h_1 - h_2) = m(v_2^2 - v_1^2)$

$\therefore mg(h_1 - h_2) = \frac{1}{2}m(v_2^2 - v_1^2) = \frac{1}{2}mv_2^2 - \frac{1}{2}mv_1^2$

$$mgh_1 + \frac{1}{2}mv_1^2 = mgh_2 + \frac{1}{2}mv_2^2$$

즉, 중력장에서 물체가 외력을 받지 않고 운동할 때는 운동에너지와 위치에너지의 합이 보존된다. 이것을 역학적 에너지 보존의 법칙이라고 한다.

낙하하는 물체의 역학적 에너지 보존에서 위치별 위치에너지, 운동에너지 및 역학적 에너지는 다음과 같이 나타낼 수 있다.

위치	위치에너지	운동에너지	역학적 에너지
A	$9.8mh$	0	$9.8mh$
B	$9.8m(h-x)$	$9.8mx$	$9.8mh$
C	0	$9.8mh$	$9.8mh$

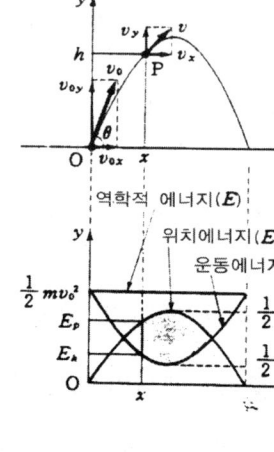

(2) 포물선 운동에서의 역학적 에너지 보존

질량 m인 물체를 초속 v_0로 수평면과 θ의 각도로 비스듬히 위로 던졌을 때, 던진 순간의 물체의 역학적 에너지는

위치에너지 $E_p = 0$

운동에너지 $E_k = \dfrac{1}{2}mv_0^2 = \dfrac{1}{2}mv_{0x}^2 + \dfrac{1}{2}mv_{0y}^2$

$(v_{0x} = v_0\cos\theta,\ v_{0y} = v_0\sin\theta)$

또, 물체가 높이 h인 지점까지 올라갔을 때의 속도가 v로 되었다면,

$E_p' = mgh,\ E_k' = \dfrac{1}{2}mv^2 = \dfrac{1}{2}mv_x^2 + \dfrac{1}{2}mv_y^2$

그런데, $v_x = v_{0x},\ v_y = v_{0y}^2 - 2gh$이므로

$E_p' + E_k' = mgh + \dfrac{1}{2}mv_{0x}^2 + \dfrac{1}{2}m(v_{0y}^2 - 2gh)$

$\dfrac{1}{2}mv_{0x}^2 + \dfrac{1}{2}mv_{0y}^2 = \dfrac{1}{2}mv_0^2 = E_p + E_k = E$(처음의 역학적 에너지)

따라서, 포물선 운동에서도 역학적 에너지가 보존된다.

2 탄성에 의한 역학적 에너지 보존의 법칙

마찰이 없는 수평면 위에서 그림과 같이 용수철 상수 k인 용수철 끝에 질량 m인 물체를 매달고 용수철을 길이 A만큼 잡아당겼다가 가만히 놓았다고 하자. 그러면 용수철의 탄성에너지는 감소하며, 감소한 탄성에너지는 운동에너지로 바뀌게 되어 탄성에너지와 운동에너지의 합이 보존된다.

이때, x만큼 늘어난 지점에서 물체의 속도를 v라고 하면, 용수철에 축적된 전체 에너지 U는 $U = \dfrac{1}{2}kA^2$이므로

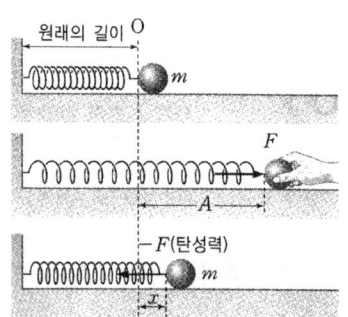

$$\dfrac{1}{2}mv^2 + \dfrac{1}{2}kx^2 = \dfrac{1}{2}kA^2$$

아래 그림과 같이 변위가 진폭과 같은 A 일 때 퍼텐셜 에너지$(E_p) = \frac{1}{2}kA^2$, 운동에너지(E_k) =0을 가지고, 평형점 O점에서 $E_p = 0$, $E_k = \frac{1}{2}mv^2 = \frac{1}{2}kA^2$(최댓값)이다.

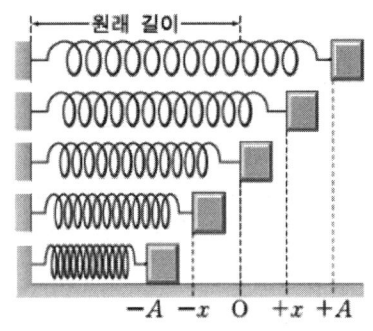
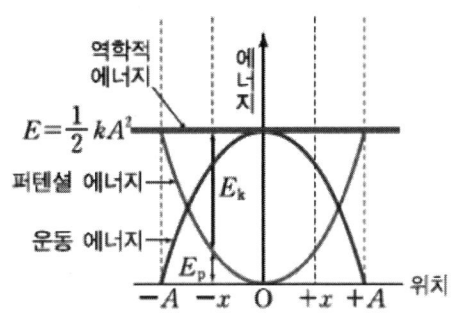

3 만유인력에 의한 중력장에서의 역학적 에너지 보존 법칙

(1) 만유인력을 받으면서 태양 주위를 돌고 있는 행성이나 위성 등에 있어서도 그 운동에너지 $(K = \frac{1}{2}mv^2)$와 만유인력에 의한 위치에너지$(U = -G\frac{Mm}{r})$의 합이 일정하여 역학적 에너지 보존 법칙이 성립한다. 따라서, 전체 에너지 E는,

$$E = K + U = \frac{1}{2}mv^2 - G\frac{Mm}{r} = 일정$$

이 식에서 거리 r의 값이 클수록 물체의 운동 속도 v는 작아진다는 것을 알 수 있다. 이것은 케플러의 제2법칙과도 일치한다.

(2) **역학적 에너지 보존 법칙에 의한 인공위성의 탈출 에너지와 탈출 속도**

인공위성이 지구의 인력권 내에서 등속 원운동을 할 때 만유인력이 구심력이므로

$$G\frac{mM}{r^2} = \frac{mv^2}{r} \quad \cdots\cdots\cdots ①$$

중력장 내에서 원운동하는 인공위성의 전체 역학적 에너지 E는

$$E = K + U = \frac{1}{2}mv^2 - G\frac{mM}{r} \quad \cdots\cdots ②$$

①에서 인공위성의 운동에너지는

$$\frac{1}{2}mv^2 = \frac{GmM}{2r} \quad \cdots\cdots\cdots ③$$

③을 ②에 대입하면, 인공위성의 전체 역학적 에너지 E는

$$E = \frac{GmM}{2r} - G\frac{mM}{r} = -\frac{GmM}{2r} \quad (인공위성의 결합 에너지)$$

인공위성의 전체 역학적 에너지 E는 항상 0보다 작은데, 이것은 인공위성이 지구의 중력장

을 벗어나지 못하고 지구 주위를 돌고 있다는 뜻이다.

따라서, 인공위성이 지구 인력을 벗어나려면 인공위성의 전체 역학적 에너지가 0 이상이 되어야 한다. 인공위성의 전체 역학적 에너지가 0일 때의 위성의 운동에너지가 탈출 에너지이고, 이때 위성의 속도가 탈출 속도가 된다.

그러므로, $E = \frac{1}{2}mv^2 - \frac{GmM}{r} = 0$에서 탈출 에너지 E_k와 탈출 속도 v는 다음과 같다.

$$E_k = \frac{1}{2}mv^2 = \frac{GmM}{r} \rightarrow v = \sqrt{\frac{2GM}{r}}$$

① 제1 우주 속도(지표면을 스치듯이 돌 수 있는 인공위성의 속도)

질량 m인 인공위성이 지표상의 적도를 따라 지구 둘레를 원운동하는 데 필요한 속도 v_1은 제1 우주 속도이다.

$$\frac{GMm}{R^2} = \frac{mv_1^2}{R}, \ v_1 = \sqrt{\frac{GM}{R}} = \sqrt{gR}$$

[$r = R = 6.37 \times 10^6 m$, $g = 9.8 m/s^2$을 대입하면 $v_1 = 7.9 km/s$(제1 우주 속도)가 된다.]

② 제2 우주 속도(지구 중력장에서의 탈출 속도)

지상에서 쏘아 올린 인공위성이 무한히 먼 곳으로 가는 데 필요한 최소한의 속도를 탈출 속도라고 한다. 무한 원에서 $E_K = 0$, $E_P = 0$이어야 하므로 탈출 속도 v_e는 역학적 에너지 $\frac{1}{2}mv_e^2 - \frac{GMm}{R} = 0$에서 구할 수 있다.

$$v_e = \sqrt{\frac{2GM}{R}} = \sqrt{2gR}$$

(위 식에서 지구 중력장 탈출 속도는 $v_e = 11.2 km/s$다.)

③ 제3 우주 속도(태양 인력권에서의 탈출 속도)

태양 질량을 M, 지구 공전 반지름을 R이라 하면 탈출 속도 $v_e = \sqrt{\frac{2GM}{R}}$에 대입하여 구할 수 있다. 위 식에 대입하여 구한 태양 인력권에서 탈출 속도의 크기는 $42 km/s$이다.

예제

01 어떤 물체에 10N의 힘을 작용하였더니 그 물체는 힘과 θ의 방향으로 5m 이동하였다. 이때, 힘이 한 일이 25J이라면 θ는 몇 도인가?

해설 $W = F\cos\theta$, $25 = 10 \times 5\cos\theta$

답 ➤ $60°$

02 질량 m인 물체가 t초 동안 자유 낙하하는 동안에 중력이 물체에 한 일은? (단, 중력 가속도는 g이다.)

해설 $W = F \cdot s = mg \cdot \dfrac{1}{2}gt^2$

답 ➤ $\dfrac{1}{2}mg^2t^2$

03 수평면 위에 놓여 있는 질량 2kg인 물체에 30N의 힘을 주어 10m 끌고 갔을 때 한 일은?

해설 $W = F \cdot s = 30N \times 10m = 300J$

답 ➤ $300J$

04 깊이 3.6m의 우물에서 1시간에 10^5kg의 물을 길어 올리는 펌프의 일률은 몇 W인가? (단, 중력 가속도 g는 9.8m/s²이다.)

해설
$$P = \dfrac{W}{t} = \dfrac{Fs}{t}$$
$$= \dfrac{10^5\text{kg중} \times 3.6\text{m}}{3{,}600\text{s}}$$
$$= \dfrac{10^5\text{kg} \times 9.8\text{m/s}^2 \times 3.6\text{m}}{3{,}600\text{s}} = 980W$$

답 ➤ $980W$

05 다음 그림과 같이 두께가 100N인 물체를 지레 위에 올려놓고 힘 F를 가하여 물체를 0.2만큼 들어올렸다. (단 지레의 무게는 무시한다.)

(1) 사람이 가한 힘 F는 몇 N인가?
(2) 지레가 내려간 거리 S는 몇 m인가?
(3) 사람이 지레에 한 일은 몇 J인가?

해설
(1) $F = w \times \dfrac{a}{b} = 100N \times \dfrac{1m}{4m} = 25N$
(2) $1m : 4m = 0.2 : s \Rightarrow s = 0.8m$
(3) $25N \times 0.8m = 100N \times 0.2m = 20J$

답 ➤ (1) $25N$ (2) $0.8m$ (3) $20J$

제2장 에너지와 열

06 오른쪽 그림과 같이 길이가 $x+y=7m$인 지레를 사용하여 무게가 4N인 물체 A와 무게 24N인 물체 B가 수평을 이루고 있다면 이때 받침점으로부터 x와 y의 길이는?

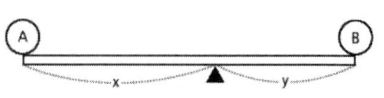

해설 받침점과 B까지의 거리가 y이면, 받침점과 A까지의 거리는 $7m-y$이다.
지레의 원리에 의해 $24N \times y = 4N \times (7m-y)$이므로 $y=1m$이다. 즉 $x=6m$이다.

답 $x=6m, y=1m$

07 오른쪽 그림은 병따개의 모습을 나타낸 것이다.
(1) A, B, C점은 각각 어떤 점을 나타내는가?
(2) $\overline{AB}=4cm$, $\overline{BC}=8cm$일 때, 병따개로 병뚜껑을 따는 데 18N의 힘이 들 때 병뚜껑에 작용하는 힘의 크기는?

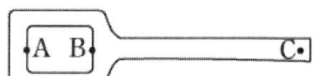

해설 (1) A : 받침점, B : 작용점, C : 힘점
(2) 힘점과 받침점 사이의 거리는 12cm이고, 받침점과 작용점 사이의 거리는 4cm이므로 병뚜껑에 작용하는 힘의 크기는 $18N \times \dfrac{12cm}{4cm} = 54N$이다.

답 (1) A : 받침점, B : 작용점, C : 힘점 (2) $54N$

08 다음 그림과 같이 고정도르래를 사용하여 질량이 100N인 물체를 천천히 1m 들어올렸다. (단, 도르래와 줄의 무게 및 마찰은 무시한다.)
(1) 당겨야 하는 힘(F)의 크기는 몇 N인가?
(2) 당겨야 하는 길이는 몇 m인가?
(3) 이때 한 일의 양은 몇 J인가?

해설 (1) 당겨야 하는 힘의 크기는 무게와 같다 ⇒ 100N
(2) 당겨야 하는 줄의 길이는 물체가 올라간 높이와 같다 ⇒ 1m
(3) $W = F \times S = 100N \times 1m = 100J$

답 (1) 100N (2) 1m (3) 100J

09 다음 그림과 같이 작은 반지름 $a=1cm$, 큰 반지름이 $b=3cm$인 축바퀴에 연결된 줄을 힘 F로 천천히 아래로 잡아 당겨 무게가 600N인 추를 들어 올렸다. 사람이 줄을 잡아당긴 힘의 크기와 축바퀴가 물체에 한 일의 양은 얼마인가?

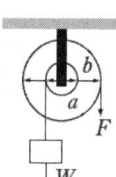

해설 사람이 줄을 당기는 힘의 크기는 $600N \times \dfrac{1cm}{3cm} = 200N$이고, 축바퀴가 물체에 한 일의 양은 사람이 축바퀴에 한 일의 양과 같으므로 축바퀴가 물체에 한 일의 양은 $200N \times 3m = 600J$이다.

답 $F=200N$, 한 일의 양 $600J$

10 고정도르래(A)와 움직도르래(B)를 사용하여 무게 10N인 추를 천천히 0.5m 끌어 올릴 때 실험 결과를 아래와 같은 표로 나타내었다. 표를 완성하시오. (단, 도르래와 용수철의 무게는 무시한다.)

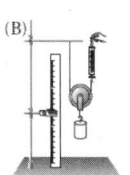

구분	A	B
용수철 저울의 눈금(N)	10	(가)
추의 이동 거리(m)	0.5	1
한 일(J)	(나)	5

해설 고정도르래는 줄을 당기는 힘이 추의 무게와 같으므로 한 일의 양은 $10N \times 0.5m = 5J$이며 움직도르래에 작용하는 힘은 추의 무게의 $\frac{1}{2}w$이므로 5N이다. 실험을 통해 도구가 달라도 한 일의 양은 같음을 알 수 있다.

답 (가) 5N (나) 5J

11 다음 그림과 같이 무게가 100N인 물체를 빗면을 따라 4m 밀어 올렸다.

(1) 빗면을 따라 물체를 끌어올린 힘 F는 몇 N인가?
(2) 빗면을 따라 물체를 끌어올리는 데 한 일은 몇 J인가?

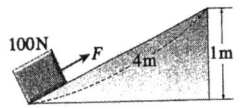

해설 (1) $F \times 4m = 100N \times 1m$ ∴ $F = 25N$
(2) $25N \times 4m = 100N \times 1m = 100J$

답 (1) 25N (2) 100J

12 길이가 3m인 나무판을 이용하여 드럼통을 차로 올리는 데 8N의 힘이 들었다고 한다. 길이가 6m인 나무판을 이용하면 힘의 크기는 얼마가 되겠는가?

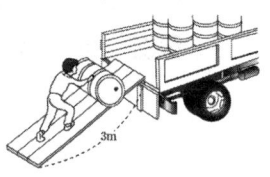

해설 도구의 사용과 관계없이 한 일의 양은 같다. 빗면을 사용할 경우 빗면의 길이가 길수록 힘의 크기는 줄든다.
$8N \times 3m = F \times 6m$ ∴ $F = 4N$

답 $F = 4N$

13 다음 그림과 같이 마찰이 없는 빗면 A, B, C, D를 사용하여 무게가 같은 물체를 맨 위로 끌어 올렸다. 물체의 속력이 모두 같도록 끌어올렸다면 $A \sim D$ 빗면에서의 일률을 비교하시오.

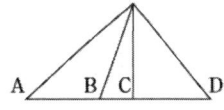

해설 한 일의 양이 같고, 일률은 힘의 크기와 속력의 곱으로 구할 수 있는데, 빗면에서는 기울기가 작을수록 힘의 크기가 작아지므로 일률도 기울기가 작을수록 작다.

답 $C > B > D > A$

14 질량 10kg인 물체가 5m/s의 속력으로 움직이고 있다. 이 물체의 운동에너지는 얼마인가?

해설 $\begin{pmatrix} m=10\text{kg} \\ v=5\text{m/s} \end{pmatrix}$ 이므로 $E_k = \frac{1}{2}mv^2 = \frac{1}{2} \times 10 \times 5^2 = 125(\text{J})$

답 125J

15 질량 200g의 탄환을 50m/s의 속도로 벽을 향해 쏘았더니, 벽 속 10cm 깊이까지 박혔다. 이 탄환이 벽을 뚫고 들어가는 힘은 몇 N인가?

해설 탄환의 운동에너지만큼 일을 한다.
(탄환의 운동에너지) = (탄환이 한 일)

$\frac{1}{2} \times 0.2 \times 50^2 = F \times 0.1$

$\therefore F = 2,500(\text{N})$

답 2,500N

16 속도 2m/s로 운동하던 질량 4kg인 물체에 일정한 힘이 작용하여 8m를 운동한 결과 속도가 6m/s로 되었다. 이 동안에 작용한 힘의 크기는?

① 6N　　② 8N
③ 10N　　④ 12N

해설 $W = Fs = \frac{1}{2}mv^2 - \frac{1}{2}mv_0^2$ 에서 $F \times 8 = \frac{1}{2} \times 4 \times 6^2 - \frac{1}{2} \times 4 \times 2^2$

$\therefore F = 8N$

답 ②

17 질량 20kg의 물체가 움직이다가 200m만큼 나아가서 정지하였다면, 이 물체의 처음 속도는 얼마인가? (단, 중력 가속도 g는 10m/s²이고, 면과 물체 사이의 운동 마찰계수는 0.1이다.)

해설 역학적 에너지의 감소 = 마찰력이 한 일(= 마찰력 × s)

$\frac{1}{2} \times 20 \times v_0^2 = 0.1 \times 20 \times 10 \times 200$

$\therefore v_0 = 20(\text{m/s})$

답 20m/s

18 역도 선수가 100kg의 역기를 2m 들어 올렸다면, 지표면에 대한 역기의 위치에너지는 얼마인가? (단, 중력 가속도 g는 9.8m/s²이다.)

해설 $\begin{pmatrix} m=100\text{kg} \\ g=9.8\text{m/s}^2 \\ h=2\text{m} \end{pmatrix}$ $E_p = mgh = 100 \times 9.8 \times 2 = 1,960(\text{J})$

답 1,960J

19 지면에서 야구공을 9.8m/s²의 속력으로 연직 위로 던져 올릴 때, 이 야구공이 올라갈 수 있는 최대 높이 h는? (단, 공기의 저항은 무시한다.)

> **해설** 던진 야구공의 운동에너지가 최고점의 야구공의 위치에너지와 같으므로
> $\frac{1}{2}mv^2 = mgh$ 이다. $\frac{1}{2} \times m \times 9.8m^2 = 9.8 \times m \times h$ 에서 $h = 4.9m$ 이다.
>
> 답 $4.9m$

20 탄성계수가 k인 용수철에 1kg 추를 매달았더니 길이가 50cm가 되었다. 이 용수철에 3kg 추를 매달았더니 길이가 60cm가 되었다면 처음 용수철의 길이는 몇 cm인가? (단, 용수철은 탄성한계 내에서 늘어났다.)

> **해설** 용수철 처음 길이를 x_0라 하면 용수철 탄성계수는 $k = \frac{F}{x - x_0}$ 로 일정하다.
>
> 주어진 조건에 대입하면 $\frac{1kg}{(50-x_0)cm} = \frac{3kg}{(60-x_0)cm}$ 에서 $x_0 = 45cm$ 이다.
>
> 답 $45cm$

21 반지름이 6.4×10^6m인 지표면에 놓인, 질량 1kg의 물체를 지구로부터 완전히 탈출시키는 데 필요한 에너지는 얼마인가? (단, 지구의 질량은 6.0×10^{24}kg, 만유인력 상수는 6.67×10^{-11}m³/kg·s²이다.)

> **해설** 만유인력에 의한 위치에너지로 1kg인 물체가 구속되어 있다. 따라서, 만유인력에 의한 위치에너지를 구하면 된다.
>
> $U = G\frac{Mm}{r} = 6.67 \times 10^{-11} \times \frac{6 \times 10^{24} \times 1}{6.4 \times 10^6} \approx 6.25 \times 10^7 (J)$
>
> 답 $6.25 \times 10^7 J$

22 질량 m인 인공위성의 궤도 반지름이 r일 때 인공위성의 위치에너지 E는 $E = -\frac{GMm}{r}$ 으로 주어진다. 인공위성의 운동에너지와 역학적 에너지는? (단, G는 만유인력 상수, M인 지구의 질량이다.)

> **해설** 위치에너지는 $E = -\frac{GMm}{r}$ 에서 $E_K = \frac{1}{2}mv^2 = \frac{GMm}{2r} = -\frac{1}{2}E$ 이다.
>
> 역학적 에너지는 위치에너지와 운동에너지의 합이므로 다음과 같다.
>
> $\frac{GMm}{2r} - \frac{GMm}{r} = -\frac{GMm}{2r} = \frac{E}{2}$
>
> 답 $-\frac{1}{2}E, \frac{E}{2}$

Chapter 02

23 용수철에 2kg의 물체를 매달았더니 0.2m 늘어났다. 용수철의 탄성에너지는 얼마인가? (단, 중력 가속도 g는 9.8m/s²이다.)

해설 $\begin{pmatrix} F = 2 \times 9.8(\text{N}) \\ x = 0.2(\text{m}) \end{pmatrix}$에서 $k = \dfrac{F}{x} = \dfrac{2 \times 9.8}{0.2} = 98(\text{N/m})$

$E_p = \dfrac{1}{2}kx^2 = \dfrac{1}{2} \times 98 \times 0.2^2 = 1.96(\text{J})$

답 1.96J

24 질량 5kg인 물체가 높이 10m의 탑 위에 있다. 이 물체가 탑에서 떨어져 내려오다가 지상 7m인 곳을 지날 때, 이 물체가 갖는 전체 에너지의 값은? (단, 중력 가속도 g는 9.8m/s²이다.)

해설 외력이 작용하지 않는 한 역학적 에너지는 보존된다.

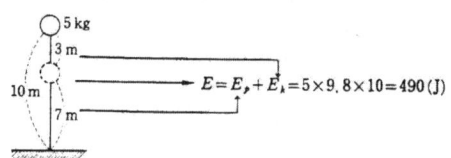

$E = E_p + E_k = 5 \times 9.8 \times 10 = 490(\text{J})$

답 490J

25 물체가 지상 20m의 높이에서 떨어지고 있다. 이 물체의 위치에너지와 운동에너지의 비가 $E_p : E_k = 2 : 3$이 되는 곳의 높이는 지상으로부터 몇 m인가?

해설 오른쪽 그림에서

$2 : 3 = mgh : mg(20 - h)$

$\therefore h = 8(\text{m})$

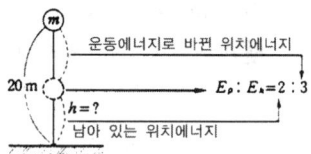

답 8m

26 오른쪽 그림과 같이 높이가 h이고 마찰이 없는 경사면 위에 질량 m인 물체가 놓여 있다. (단, 중력 가속도는 g이다.)
(1) 이 물체가 정지 상태에서 경사면을 지나 바닥에 닿는 순간의 속도는 얼마인가?
(2) 이 물체를 v_0의 속도로 밀었을 때, 물체가 바닥에 닿는 순간의 속도는 얼마인가?

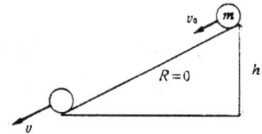

해설 (1) 역학적 에너지가 보존된다. 즉, 높이 h에서의 위치에너지가 바닥에서의 운동에너지로 바뀐다.

$\dfrac{1}{2}mv^2 = mgh \quad \therefore v = \sqrt{2gh}$

(2) (높이 h인 곳에서의 역학적 에너지) = (바닥에서의 역학적 에너지)

$mgh + \dfrac{1}{2}mv_0^2 = \dfrac{1}{2}mv^2 \quad \therefore v = \sqrt{2gh + v_0^2}$

답 (1) $\sqrt{2gh}$ (2) $\sqrt{2gh + v_0^2}$

27 자동차가 브레이크를 밟는 순간에 바퀴의 회전이 완전히 멈춘다 하고, 바퀴와 지면 간의 마찰계수가 0.5라고 가정한다. 20m/s로 가는 자동차가 정지하려면 정지점에서부터 최소 약 몇 m 앞에서 브레이크를 밟아야 하는가?

해설 자동차의 운동에너지가 마찰력이 하는 일로 모두 변할 때 자동차는 정지한다.

$$\frac{1}{2}mv^2 = \mu mgs \text{ 이므로 } s = \frac{v^2}{2\mu g} = \frac{20^2}{2 \times 0.5 \times 10} = 40m$$

답 ▶ 40m

28 총을 쏘았을 때 총알이 1m 길이의 총신을 나올 때의 속도가 200m/s이었다. 질량이 10g인 총알에 작용한 평균 힘은 몇 N인가?

① 100　　② 150
③ 200　　④ 250

해설 일-에너지 정리 : $W = Fs = \frac{1}{2}mv^2 - \frac{1}{2}mv_0^2$ 에서

$F \times 1 = \frac{1}{2} \times 0.01 \times 200^2 - 0$

$F = 200N$

답 ▶ ③

29 질량 1kg인 물체를 20m인 건물에서 수평 방향으로 초속도 20m/s 던졌을 때 지면 도달 속력은 몇 m/s인가? (단, 마찰은 없으며 중력 가속도는 $g = 10m/s^2$이다.)

해설 20m 높이에서 물체는 운동에너지와 위치에너지를 가지고 있으며, 지면에서는 운동에너지만 가지고 있다. $\frac{1}{2}mv_0^2 + mgh = \frac{1}{2}mv^2$이다. $v = 20\sqrt{2}\,m/s$

답 ▶ $20\sqrt{2}\,m/s$

30 용수철 상수가 50N/m인 용수철 끝에 2kg의 추를 매달아 마찰이 없는 수평면 위에 놓고 용수철을 0.2m 잡아당겼다가 놓았다. 이 추의 최대 속도는 얼마인가?

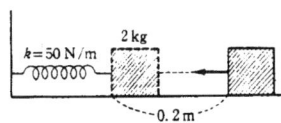

해설 용수철의 탄성에너지가 모두 추의 운동에너지로 되었을 때 추의 속도가 최대이다.

(용수철의 탄성에너지) = (추의 운동에너지)

$\frac{1}{2} \times 50 \times 0.2^2 = \frac{1}{2} \times 2 \times v^2$ 이므로 ∴ $v = 1(m/s)$

답 ▶ 1m/s

Chapter 02

31 그림과 같이 질량 4kg인 물체가 속도 2m/s로 탄성계수 100N/m인 용수철에 충돌하였다.
(1) 용수철의 최대 변형 x를 구하여라.
(2) 용수철의 변형이 최대 변형의 1/2이 되는 순간의 물체의 속도를 구하여라.

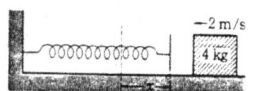

해설 (1) (물체의 운동에너지) = (탄성에너지)
$$\frac{1}{2}\times 4\times 2^2 = \frac{1}{2}\times 100\times x^2 \quad \therefore x = 0.4(\text{m})$$
(2) (물체의 전체 역학적 에너지) = (탄성에너지) + (운동에너지)
$$\frac{1}{2}\times 4\times 2^2 = \frac{1}{2}\times 100\times 0.2^2 + \frac{1}{2}\times 4\times v^2 \quad \therefore v = \sqrt{3}\,(\text{m/s})$$

답 (1) 0.4m (2) $\sqrt{3}$ m/s

32 탄성계수 k인 용수철에 추를 달아 마찰이 없는 수평면 위에서 진동시켰다. 진폭을 x라고 할 때 탄성에너지와 추의 운동에너지가 같아지는 위치는 진동의 중심에서 얼마나 되는 점을 지날 때인가?

해설 진폭 x에서 탄성위치에너지와 운동에너지가 같은 지점을 x'라 하면 $\frac{1}{2}kx'^2 = \frac{1}{2}mv'^2$이고 이는 진폭인 x점에서의 탄성위치에너지 또는 운동에너지와 같아야 한다.
즉, $\frac{1}{2}kx'^2 + \frac{1}{2}mv'^2 = \frac{1}{2}kx^2$이며 이는 $2\times\frac{1}{2}kx'^2 = \frac{1}{2}kx^2$와 같다. $x' = \frac{x}{\sqrt{2}}$

답 $\frac{x}{\sqrt{2}}$

33 탄성계수가 100N/m인 용수철에 2kg인 물체를 매달고, 20cm 당겼다가 놓을 때, 물체가 평형점으로부터 10cm 떨어진 지점에서의 속력은 얼마인가? (단, 마찰은 무시한다.)

해설 에너지 보존 법칙에 의해 처음 탄성위치에너지의 크기는 10cm인 지점에서도 같아야 한다.
$\frac{1}{2}kx^2 = \frac{1}{2}kx'^2 + \frac{1}{2}mv^2$이므로 $x=20cm=0.2m$, $x'=10cm=0.1m$를 대입하면
$2 = \frac{1}{2} + \frac{1}{2}mv^2$이 되고 $m=2kg$이므로 $4 = 1+2v^2$, $v = \sqrt{\frac{3}{2}}\,m/s$이다.

답 $\sqrt{\frac{3}{2}}$ m/s

34 질량 60kg인 사람을 지구로부터 무한히 먼 곳으로 옮기는 데 필요한 에너지는 얼마인가? (단, 지구의 질량은 M, 지구의 반지름은 R, 만유인력 상수는 G이다.)

① $-\dfrac{60GM}{R}$ ② $\dfrac{60GM}{R}$

③ $-60RGM$ ④ $60RGM$

해설 지표면에서의 전체 에너지 E는
$$E = K + U = \frac{1}{2}mv^2 - G\frac{mM}{R}$$
그런데, 무한원에서의 전체 에너지는 0이므로, 이 사람을 무한원으로 옮기는 데는 전체 에너지를 0으로 하기 위한 운동에너지가 필요하게 된다.
$$\frac{1}{2}mv^2 - G\frac{mM}{R} = 0$$
$$\therefore \frac{1}{2}mv^2 = G\frac{mM}{R} = G\frac{60M}{R}$$

답 ②

35 지표면으로부터 지구 반지름과 같은 높이로 원운동하고 있는 질량 10kg인 인공위성이 있다. 지구 질량 $M = 6 \times 10^{24}$kg, 만유인력 상수 $G = 6.67 \times 10^{-11}$N·m²/kg², 지구 반지름 $R = 6.4 \times 10^6$m라고 하자.
(1) 이 인공위성이 지구 인력권을 벗어나기 위한 탈출 에너지는 얼마인가?
(2) 지구 인력권을 벗어날 때의 탈출 속도는 몇 m/s인가?

해설 (1) 탈출 에너지 $E_k = \frac{GmM}{r}$
$$E_k = \frac{GmM}{2R} = \frac{6.67 \times 10^{-11} \times 10 \times 6 \times 10^{24}}{2 \times 6.4 \times 10^6} \fallingdotseq 3.13 \times 10^8 \text{(J)}$$
(2) 탈출 속도 $v = \sqrt{\frac{2GM}{r}}$
$$\therefore v = \sqrt{\frac{2GM}{2R}} = \sqrt{\frac{GM}{R}} = \sqrt{\frac{6.67 \times 10^{-11} \times 6 \times 10^{24}}{6.4 \times 10^6}} \fallingdotseq 7.9 \times 10^3 \text{(m/s)}$$

답 (1) 3.13×10^8J (2) 7.9×10^3m/s

36 질량이 m인 물체가 지구 중심으로부터 r만큼 떨어져 있을 때 위치에너지는 $E_P = -G\frac{Mm}{R}$와 같다. 물체의 위치가 지구 중심으로부터 R만큼 떨어진 곳에서 $2R$만큼 떨어진 곳으로 멀어진다면 위치에너지는 어떻게 변하겠는가? (단, M은 지구의 질량, G는 만유인력 상수이다.)

해설 R인 곳에서 $E_P = -G\frac{Mm}{R}$이다. $2R$인 곳에서 $E'_P = -G\frac{Mm}{2R}$이다.
$$E'_P - E_P = -G\frac{Mm}{2R} - \left(-G\frac{Mm}{R}\right) = G\frac{Mm}{2R}$$

답 $G\frac{Mm}{2R}$만큼 증가한다.

Chapter 02

37 지구에서 무한히 떨어져 있는 질량 m인 물체가 지구의 중력에 의해 서서히 지구로 떨어진다고 가정하여 본다. 지구와 충돌하는 순간의 속도를 구하시오.
(단, R은 지구 반지름, g는 중력 가속도이다.)

> **해설** 무한히 먼 곳에서 정지해 있는 물체의 역학적 에너지는 0이므로 $E=0$이다.
> $$0 = \frac{1}{2}mv^2 - \frac{GMm}{R}, \quad v = \sqrt{\frac{2GM}{r}} \text{에 } GM = gR^2 \text{를 대입하면}$$
> $$\therefore v = \sqrt{2gR}$$

답 $\sqrt{2gR}$

02 유체 역학

1. 유체에 작용하는 힘과 에너지

1 파스칼 법칙

(1) 파스칼 법칙

밀폐된 곳에 담긴 유체의 표면에 압력이 가해질 때, 유체의 모든 지점에 같은 크기의 압력이 전달된다.

① 단면적과 힘 : 단면적 A_1인 피스톤 1에 힘 F_1을 가하면 유체에 압력 P_1이 작용한다. 이때 파스칼 법칙에 의해 단면적 A_2인 피스톤 2에 같은 압력 P_2가 전달되어, 피스톤 2는 외부에 힘 F_2를 작용한다.

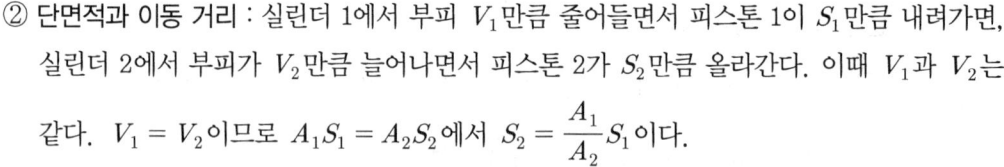

$P_1 = P_2$이므로 $\dfrac{F_1}{A_1} = \dfrac{F_2}{A_2}$에서 $F_2 = \dfrac{A_2}{A_1}F_1$이다.

⇨ A_1이 작고, A_2가 클수록 작은 힘 F_1으로 큰 힘 F_2를 낼 수 있다.

② 단면적과 이동 거리 : 실린더 1에서 부피 V_1만큼 줄어들면서 피스톤 1이 S_1만큼 내려가면, 실린더 2에서 부피가 V_2만큼 늘어나면서 피스톤 2가 S_2만큼 올라간다. 이때 V_1과 V_2는 같다. $V_1 = V_2$이므로 $A_1S_1 = A_2S_2$에서 $S_2 = \dfrac{A_1}{A_2}S_1$이다.

⇨ A_1이 작고, A_2가 클수록 F_2가 작용한 거리 S_2가 짧아진다.

③ 파스칼 법칙의 이용 : 유압식 브레이크, 자동차를 들어 올리는 장치, 굴착기, 파쇄기 등

2 베르누이 법칙

(1) 유체의 흐름
유체 입자의 운동을 이해하기 쉽도록 흐름선(유선)으로 나타낸다.
① 흐름선 : 유체를 구성하는 입자들 하나하나가 움직이는 경로이다.
② 유체의 흐름 : 유체의 흐름선으로 이루어진 관이다.

(2) 이상 유체
유체의 운동을 분석하기 쉽도록 다음과 같은 특성이 있다고 가정한 유체이다. 비압축성이므로 밀도가 일정하며, 점성이 없어서 마찰에 의한 에너지 손실이 없다. 또한, 유체 속 한 지점에서의 속도가 시간에 따라 변하지 않는 층 흐름(또는 정상 흐름)을 하며 이상 유체를 이루는 입자들은 맴돌이 흐름을 하지 않는다.

(3) 연속 방정식
이상 유체가 굵기가 변하는 관을 통과할 때, 유체의 흐름에서 단면적과 속력이 반비례함을 의미하는 방정식이다.

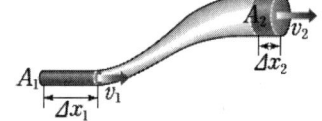

$$A_1 v_1 = A_2 v_2$$
(A_1, A_2 : 관의 단면적, v_1 : A_1에서 유체의 속력, v_2 : A_2에서 유체의 속력)

(4) 베르누이 법칙
밀도가 ρ인 비압축성 유체가 높이 h_1에서 관을 따라 높이 h_2로 흐른다. 이때 역학적 에너지는 보존되므로 높이 h_1인 곳에서 압력 P_1에 의한 일 W_1은 높이 h_2에서의 일의 양 W_2과 운동 에너지 변화량 ΔE_K, 퍼텐셜 에너지 변화량 ΔE_P의 합과 같다.

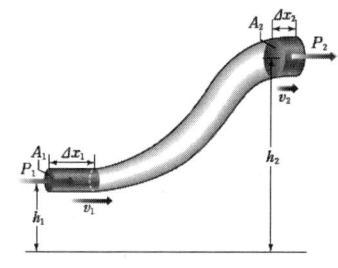

$W_1 - \Delta E_K - \Delta E_P = W_2$ ⇒ $W_1 = W_2 + \Delta E_K + \Delta E_P$ ············ ①

- P_1에 의한 일 $W_1 = F_1 x_1 = P_1 A_1 v_1 t = P_1 V_1$
- P_2에 의한 일 $W_2 = F_2 x_2 = P_2 A_2 v_2 t = P_2 V_2$
- 높이 h_1, h_2에서 운동에너지 변화량 차이는 $\Delta E_K = \frac{1}{2}mv_2^2 - \frac{1}{2}mv_1^2 = \frac{1}{2}m(v_2^2 - v_1^2)$
- 높이 h_1, h_2에서 위치에너지 변화량 차이는 $\Delta E_P = mgh_2 - mgh_1 = mg(h_2 - h_1)$

각각의 조건을 ①에 대입하면 $P_1 V_1 = P_2 V_2 + \frac{1}{2}m(v_2^2 - v_1^2) + mg(h_2 - h_1)$이다. 비압축

성 유체의 연속 방정식에 의해 $V_1 = V_2 = V$로 같고, 질량 $m = \rho V$를 이용하여 식을 정리한다. $P_1 V = P_2 V + \frac{1}{2}\rho V(v_2^2 - v_1^2) + \rho Vg(h_2 - h_1) \Rightarrow P_1 = P_2 + \frac{1}{2}\rho(v_2^2 - v_1^2) + \rho g(h_2 - h_1)$이고, 각각을 높이 h_1인 곳에서 압력 P_1에 의한 일 W_1과 높이 h_2에서의 일의 양 W_2로 정리하면 $P_1 + \rho g h_1 + \frac{1}{2}\rho v_1^2 = P_2 + \rho g h_2 + \frac{1}{2}\rho v_2^2$는 항상 일정함을 알 수 있다.

$$P_1 + \rho g h_1 + \frac{1}{2}\rho v_1^2 = P_2 + \rho g h_2 + \frac{1}{2}\rho v_2^2 = 일정$$

① 정지한 유체($v_1 = v_2 = 0$) : $P_1 = P_2 + \rho g(h_2 - h_1)$
  ⇨ 높이에 따라 $\rho g(h_2 - h_1)$만큼 압력 차이가 발생함을 의미한다.

② 유체가 같은 높이에서 흐르는 경우($h_2 = h_1$) : $P_1 + \frac{1}{2}\rho v_1^2 = P_2 + \frac{1}{2}\rho v_2^2 = 일정$
  ⇨ $v_1 < v_2$이면 $P_1 > P_2$이므로 유체의 속력이 증가하면 유체의 압력이 낮아짐을 알 수 있다.

(5) 베르누이 법칙의 이용

① 벤투리관

베르누이 법칙을 이용하여 유체의 압력이나 속력을 측정하는 데 사용되는 관이다. 한쪽 끝은 넓고 다른 쪽 끝은 좁은 형태로 되어 있으며, 굵기가 다른 곳을 연결한 유리관 속의 물기둥의 높이 차로 유체의 속력을 측정한다.

연속 방정식 $A_1 v_1 = A_2 v_2$에 의해 단면적이 큰 굵은 관에서는 공기의 속력이 느리다. ⇨ 베르누이 법칙에 의해 공기의 속력이 느리면 압력이 높다. ⇨ 공기의 압력이 높으므로 유리관 물기둥의 높이가 낮아진다.

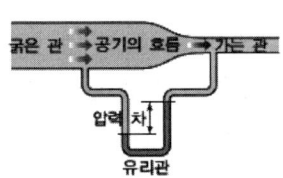

연속 방정식 $A_1 v_1 = A_2 v_2$에 의해 단면적이 작은 가는 관에서는 공기의 속력이 빠르다. ⇨ 베르누이 법칙에 의해 공기의 속력이 빠르면 압력이 낮다. ⇨ 공기의 압력이 낮으므로 유리관 물기둥의 높이가 높아진다.

② 마그누스 힘

유체 속에서 회전하는 물체와 유체 사이에 상대적인 속도가 있을 때, 상대 속도에 수직인 방향의 축을 중심으로 물체가 회전하며 회전축 방향에 수직으로 물체에 힘이 작용하는 현상

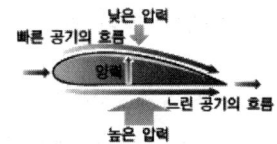

③ 비행기가 뜨는 힘(양력)

유체 속의 물체가 운동 방향과 수직 방향으로 받는 힘으로, 이 힘을 이용하여 비행기를 띄운다. 윗면을 지나는 공기의 속력이 아랫면을 지나는 공기의 속력보다 빠르다.

베르누이 법칙에 의해 날개 위쪽의 압력이 아래쪽 압력보다 작으므로, 비행기는 위쪽으로 힘(양력)을 받는다.

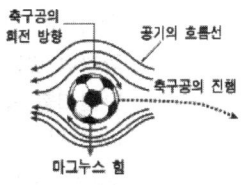

예제

01 그림과 같이 추가 단면적이 S인 피스톤 A 위에, 질량이 m인 추가 단면적이 $2S$인 피스톤 B 위에 각각 놓여 정지해 있다. 대기압은 P_0이다. A가 액체에 작용하는 압력은? (단, 중력 가속도는 g이고, 피스톤의 질량과 마찰은 무시한다.)

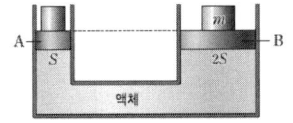

해설 파스칼 법칙에 의해 밀폐된 곳에 담긴 유체의 모든 지점에 같은 크기의 압력이 전달되므로 B의 압력과 A의 압력이 같다. 압력 = $\dfrac{힘}{단면적}$이므로 단면적 $2S$에 작용하는 힘은 질량 m의 무게와 대기압 P_0이므로 $\dfrac{mg}{2S}+P_0$이다.

답 $\dfrac{mg}{2S}+P_0$

02 그림은 베르누이 법칙을 알아볼 수 있는 장치를 나타낸 것이다. 굵은 관과 가는 관을 U자 모양의 관으로 연결하고 가벼운 스티로폼 공을 넣어 기압의 차이를 확인할 수 있다. 굵은 관의 A지점을 지날 때 공기의 속력은 v_A, 압력은 P_A이고, 가는 관의 B지점을 지날 때 공기의 속력은 v_B, 압력은 P_B이다. 공기가 관을 지나는 동안에 대한 설명으로 옳은 것만을 [보기]에서 있는 대로 고르시오.

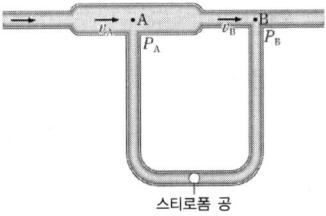

㉠ 두 단면을 같은 시간 동안 통과하는 유체의 질량은 서로 같다.
㉡ v_A가 v_B보다 크다.
㉢ P_A가 P_B보다 크다.
㉣ 스티로폼 공에 오른쪽으로 힘이 작용한다.

해설 ㉠ 두 단면을 같은 시간 동안 통과하는 유체의 부피는 같다. 이때 밀도는 변하지 않는다. 질량은 밀도×부피이므로 A와 B관에서 유체의 질량은 서로 같다.
㉡ A지점이 B지점보다 관이 굵으므로 v_A가 v_B보다 작다.
㉢ A지점의 유속이 B지점보다 느리므로 P_A가 P_B보다 크다.
㉣ 압력이 높은 쪽에서 낮은 쪽으로 힘이 작용하므로 스티로폼에 오른쪽으로 압력 차이에 의한 힘이 작용한다.

답 ㉠, ㉢, ㉣

03 그림과 같이 밀도가 ρ인 이상 유체가 단면적이 $2S$인 단면 A를 속력 v로 통과하여 관을 따라 흘러 단면적이 S인 단면 B를 속력 v'로 통과하는 것을 나타낸 것이다. A와 B에서의 압력 차이는?

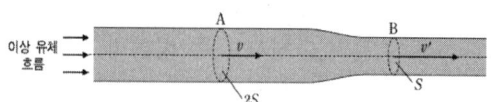

해설 기준점으로부터 두 관의 높이가 같으므로 $\rho g h_1 = \rho g h_2$는 같다. 연속 방정식에 의해 단면적이 A인 관에서의 절반인 B관의 유체의 속력 $v' = 2v$이다. 그러므로 베르누이 법칙을 적용하면 $P_A + \frac{1}{2}\rho v^2 = P_B + \frac{1}{2}\rho v'^2 \Rightarrow P_A + \frac{1}{2}\rho v^2 = P_B + \frac{1}{2}\rho(2v)^2$이므로 $P_A - P_B = \frac{3}{2}\rho v^2$이다.

답 $\frac{3}{2}\rho v^2$

03 열현상과 분자운동

1. 열현상

1 열량과 온도

(1) 온도와 열

물체에 열을 가하면 분자운동이 보다 활발해지고 이에 따라 온도가 올라가게 된다. 온도는 분자의 평균 운동에너지에만 관계되는 양으로서, 분자의 평균 운동에너지의 척도가 된다.

① 섭씨온도 : 물체의 차고 더운 정도를 나타내는 수량적인 척도로서 온도를 사용하며, 일반적으로 섭씨온도가 많이 쓰인다. 섭씨온도계는 1기압에서 물이 어는 온도를 0℃로, 끓는 온도를 100℃로 정하고, 그 사이를 100등분한 온도계이다.

여러 가지 온도

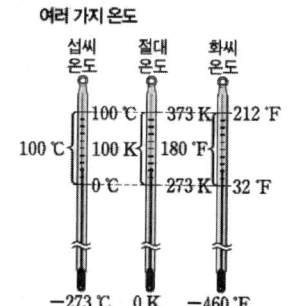

② 화씨온도 : 화씨온도계는 1기압에서 물이 어는 온도를 32°F로 끓는 온도를 212°F로 정하고, 그 사이를 180등분한 온도계이다.

③ 섭씨온도(C)와 화씨온도(F)의 관계

$$F = \frac{9}{5}C + 32, \quad C = \frac{5}{9}(F - 32)$$

④ 절대온도 : 기체 분자의 평균 분자운동에너지가 0이 되는 온도인 -273℃를 절대온도 $0K$로 정하고, 섭씨온도와 같은 눈금 간격을 사용한다.

절대온도 $T(K)$와 섭씨온도 $t(℃)$ 사이에는 다음과 같은 관계가 성립한다.
$T = t + 273℃$

(2) 열량의 단위

열량(Q)이란 고온의 물질이 잃거나 저온의 물질이 얻는 열에너지의 양으로, 순수한 물 1kg을 14.5℃에서 15.5℃로 1℃ 높이는 데 필요한 열량을 1kcal라고 정하였다(단위는 cal 또는 J).
① 1cal : 물 1g의 온도를 1℃ 높이는 데 필요한 열량
② 1kcal : 물 1kg의 온도를 1℃ 높이는 데 필요한 열량
③ **열의 일당량**(J) : 일과 열이 서로 전환될 때의 비율을 열의 일당량이라고 하며, $J = 4185.5 J/kcal$이다. 즉, $1\,cal ≒ 4.2J$이다.

(3) 비열

어떤 물질 1kg의 온도를 1℃ 높이는 데 필요한 열량을 그 물질의 비열이라 하고, 단위로는 kcal/kg℃ 또는 cal/g℃를 사용한다.
물의 비열 $c = 1kcal/kg℃ = 1cal/g℃$

(4) 열용량과 물당량

① **열용량** : 어떤 물체를 1℃ 높이는 데 필요한 열량을 열용량이라 하고, 단위로는 kcal/℃를 사용한다. 비열 c, 질량 m인 물체의 온도를 1℃ 높이는 데 필요한 열량인 열용량은 (열용량) = (비열) × (질량)이 된다.
그러므로 비열 c, 질량 m인 물체의 온도를 $t℃$ 높이는 데 필요한 열량 Q는, $Q = cmt$이다.
② **물당량** : 어떤 물체의 열용량이 Wkcal/℃이면, 이 값은 질량 Wkg인 물의 열용량과 같은 값이다. 그러므로 이 물체의 열적인 문제를 다룰 때에는 Wkg의 물과 같이 취급할 수 있다. 즉, 열용량 10kcal/℃인 물체의 물당량은 10kg이다.

(5) 비열의 측정

열량계를 이용한 혼합법으로 물질의 비열을 측정한다. 높은 온도의 물체를 낮은 온도의 열량계에 넣어 평형온도가 되었다고 하면, 높은 온도의 물체가 잃은 열량과 낮은 온도의 열량계가 얻은 열량은 같다. 이때, 잃은 열량과 얻은 열량은 $Q = cmt$로 구하며, t가 올라간 온도면 얻은 열량이고, 내려간 온도면 잃은 열량이다.

Chapter 02

```
  고온의    +   저온의    ➡   평형온도
  물체          열량계
         잃은 열량 = 얻은 열량
```

2 열과 물질

(1) 분자의 열운동

물질을 이루고 있는 분자들 사이에는 분자력이 작용한다. 이때, 분자 사이의 거리가 어떤 일정한 거리보다 멀어지면 인력이 작용하고 가까워지면 반발력이 작용하여, 분자들은 평형점을 중심으로 운동을 한다. 이러한 분자의 운동은 열을 가하여 온도가 높아질수록 더욱 활발해지는데, 이것을 분자의 열운동이라고 한다.

① **고체** : 물질을 이루고 있는 분자들 간의 거리가 매우 가까워 비교적 강한 분자력이 작용하여 일정한 모양과 부피를 가지고 있으며, 분자들이 규칙적으로 배열되어 있는 상태가 고체이다. 고체 분자는 평형점을 중심으로 진동하고 있다.

② **액체** : 고체 상태의 물질을 가열하면 분자운동이 활발해져서 분자 배열의 규칙성은 거의 없어지고 분자들은 비교적 자유롭게 운동하는데, 이러한 상태가 액체이다. 액체 상태의 분자력은 고체 상태에 비해서는 약하나 그래도 크기 때문에 액체 분자들은 흩어지지 않고 모여 있게 된다.

③ **기체** : 액체 상태의 물질을 가열하면 분자의 열운동이 활발해져서 분자들은 액체의 표면으로부터 튀어나오게 된다. 기체 분자들 사이의 인력은 매우 작아 분자들은 자유롭게 운동하게 되며, 분자력에 의한 위치에너지는 무시된다. 따라서, 기체 분자의 에너지는 분자의 운동에너지만으로 나타내게 된다.

(2) 상태의 변화

① **융해와 응고** : 고체가 열을 받아 액체화되는 현상을 융해라 하고, 반대로 액체가 열을 잃고 고체로 되는 현상을 응고라고 한다. 고체가 융해하거나 액체가 응고하는 동안은 액체와 고체가 공존하면서 온도가 변하지 않고 일정한데, 이때의 온도를 융해점(녹는점) 또는 응고점(어는점)이라고 한다. 또, 융해점에서 고체 1g을 액체로 만드는 데 필요한 열량을 융해열이라고 한다. 얼음의 융해열은 80cal/g이다. 융해점과 응고점은 같고 융해열과 응고열도 같다.

> **참고**
> 융해점과 압력 : 일반적으로 외부의 압력이 크면 융해점이 높다. 그러나 얼음과 같이 녹을 때 부피가 감소하는 물질에 압력을 가하면 융해점이 낮아진다.

② **기화** : 액체가 기체로 변화하는 것을 기화라고 하며, 기화에는 증발과 비등이 있다.

> **참고**
> - 증발 : 빨래가 마르는 것과 같이 액체의 표면에서만 기화하는 현상을 증발이라고 한다. 증발은 온도에 관계없이 일어난다.
> - 비등 : 액체를 가열하여 일정한 온도에 이르면 액체의 내부에서도 기화가 일어나는데, 이와 같은 현상을 비등(끓음)이라 하고, 이때의 온도를 비등점(끓는점)이라고 한다. 비등은 증기압과 대기압이 같을 때 일어난다. 비등점에서 액체 1g을 기체로 만드는 데 필요한 열량을 기화열이라 하며, 물의 기화열은 539cal/g이다.

㉠ **포화 증기압** : 밀폐된 그릇 속에 액체를 넣어 두면 기화가 일어나서 기체 분자가 그릇 속의 빈 공간으로 퍼져나가다가 어느 상태에 이르면 더 이상 기체를 포함할 수 없는 상태에 도달하게 된다. 이 상태를 포화상태라 하고, 이때의 압력을 포화 증기압이라고 한다.

㉡ **비등점과 압력과의 관계** : 높은 산 위에서 밥을 지으면 대기압이 낮아서 100℃보다 낮은 온도에서 끓기 때문에 밥이 설기 쉽다. 그래서 뚜껑 위에 돌을 올려놓고 밥을 짓기도 한다. 이와 같이 외부의 압력이 작아지면 비등점이 낮아지고, 외부의 압력이 커지면 비등점이 올라간다.

③ **액화** : 기체가 액체로 변화하는 현상을 액화라고 한다. 오른쪽 그림은 기체에 대한 압력(P)과 부피(V) 사이의 관계를 여러 온도(T)에 대해서 나타낸 것이다. 온도 T_1인 기체에 압력을 가하면 보일의 법칙에 따라 부피가 감소하여 압력 P_1인 L점에 도달하여 액화가 일어난다. 액화가 일어날 때에는 부피는 감소하지만 압력은 일정하다. 액화가 다 일어나면(M점), 액체의 압력에 대한 부피 팽창이 작으므로, MN은 압력축에 거의 평행을 이룬다. 또, 온도 T_2인 기체에 압

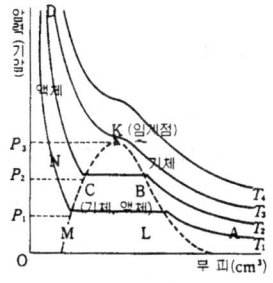

| 등온 곡선 |

력을 가하면 압력 P_2에서 액화가 일어나고, 온도 T_3인 기체에 P_3의 압력을 가하면 K점에서 액화가 일어나는데, 이 점을 임계점이라고 한다.

그러나 T_3보다 높은 온도 T_4인 기체에 아무리 큰 압력을 가하여도 액화가 일어나지 않는다. 이와 같이 모든 기체에는 압력으로 액화시킬 수 있는 어떤 한계점의 온도가 있는데, 이 온도를 임계온도라 하고, 임계온도에서 액화시킬 수 있는 최소 압력을 임계 압력이라고 한다. 이때, 임계온도 이하에서 임계 압력 이상으로 압축하면 그 기체는 반드시 액화된다. 이것을 '액화의 조건'이라고 한다.

④ **승화** : 액체 상태를 거치지 않고 고체가 직접 기체로, 또는 기체가 직접 고체로 변화하는 것을 승화라고 한다(승화성 물질 : 요오드, 드라이아이스, 나프탈렌).

3 열의 이동

열의 이동에는 전도, 대류, 복사의 세 가지가 있다.

(1) 전도

구리 철사의 한쪽 끝을 불에 대면 다른 쪽 끝도 점점 뜨거워진다. 이와 같이 물질 분자는 그대로 있고 열만 고온의 물체에서 저온의 물체로 이동하는 현상을 전도라고 한다.

전도되는 열량은 철사의 단면적(A)에 비례하고 길이(l)에 반비례하며, 양 끝의 온도차 ($T_1 - T_2$)와 시간(t)에 비례한다.

그림에서 전도되는 열량 Q는

$$Q = kA\frac{(T_1 - T_2)}{l}t \quad (k : 열전도율)$$

여기서 k는 열전도율로, 단위는 kcal/m℃s이다.

- 열전도율은 물질을 통해 얼마나 잘 전도되는가를 나타내는 값으로, 물질의 특성이다. 열전도율이 큰 물체를 열의 양도체, 작은 물체를 열의 부도체라고 한다.
  - 열의 양도체의 예 : 냄비, 발열판
  - 열의 부도체의 예 : 단열재, 냄비의 손잡이

(2) 대류

물을 데울 때 아래에 있는 물이 뜨거워지면 뜨거워진 물분자의 분자운동이 증가함에 따라 분자가 차지하는 공간이 커짐으로써 밀도가 작아지게 된다. 밀도가 작아진 물분자는 가벼워져서 위로 올라가고 위에 있던 물분자는 아래로 내려가 다시 데워져서 위로 올라가게 된다. 이와 같이 물질 분자와 열이 함께 이동하는 현상을 대류라고 한다.

① **원인** : 대류가 일어나는 원인은 중력이 작용하는 공간에서 액체나 기체가 열을 얻거나 잃어서 부피가 변하여 밀도가 변하기 때문이다.
② **자연 대류** : 심해에서의 해류나 대기의 순환 등 물질의 밀도 차에 의한 순환이 저절로 일어나는 대류이다.
③ **강제 대류** : 온풍기나 냉방기와 같이 팬을 돌려 물질을 강제적으로 순환시키는 대류이다.
④ **대류의 예** : 해류나 대기의 순환 운동, 태풍 등

(3) 복사

태양과 지구 사이에는 진공이 존재한다. 그런데, 태양열은 대류나 복사에 의하지 않고 진공을 통과하여 지구로 직접 전달된다. 이와 같이 열이 중간 물질에 의하지 않고 직접 전달되는 것을 복사라고 한다. 복사는 열이 파동의 형태로 전달되는 것이다.

① 슈테판-볼츠만의 법칙 : 단위 표면적에서 단위 시간에 복사체(흑체)가 방출하는 복사에너지(E)는 그 복사체 표면의 절대온도(T)의 4제곱에 비례한다. 여기서 σ는 볼츠만 상수이다.

$$E = \sigma T^4$$

② 빈의 법칙 : 복사체가 복사선을 방출할 때 에너지가 가장 큰 복사파의 파장(λ_m)은 복사체의 절대온도(T)에 반비례한다. 여기서 K는 빈의 상수이다.

$$T\lambda_m = K(일정)$$

따라서, 복사체의 온도가 높을수록 파장이 짧은 복사선이 많이 방출된다는 것을 알 수 있다.

- 모든 물질은 항상 주위로 복사에너지를 방출하는데 물질의 온도에 따라 방출하는 빛의 파장이 다르다. 낮은 온도의 물체에선 주로 적외선을 방출하며 온도가 높은 물체는 가시광선이나 자외선을 방출한다.
- 별의 복사에너지는 온도에 따라 다르다. 별의 색깔로 표면 온도를 파악할 수 있는 것도 그 때문이다.

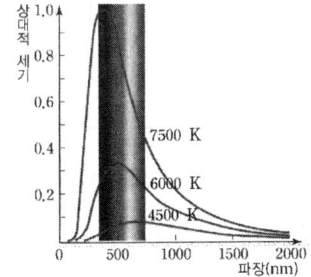

∥빛의 파장별 세기∥

(4) 보온병의 원리

보온병의 벽 내부는 은으로 도금한 이중 유리이고 벽 사이는 진공이다. 벽 사이의 진공은 전도와 대류에 의한 열의 이동을 막으며 은 도금된 표면은 복사열의 대부분을 반사시켜 열의 이동을 최소화시킨다.

4 열팽창(Thermal expansion)

(1) 고체의 열팽창

대부분의 고체는 온도가 높아짐에 따라 원자 사이의 평균 거리가 증가한다. 이 증가의 사실이 고체 전체의 팽창을 가져오는데 이를 열팽창이라고 한다.

① 선팽창과 선팽창 계수(Coefficient of linear expansion) : 고체

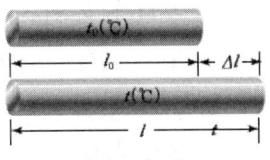

$\Delta l = \alpha l_0 \Delta t$

의 1차원적인 크기, 즉 고체의 길이, 고체의 폭 혹은 고체의 두께의 변화를 선팽창이라고 한다.

1차원적 크기인 길이가 l_0인 고체가 t_0℃에서 t℃로 ΔT만큼의 온도 변화에 의한 고체의 길이의 변화가 $\Delta l = (l - l_0)$만큼이 있었다면, 이때 ΔT가 충분히 작을 경우에, 길이의 변화 Δl은 온도의 변화 ΔT에 비례하고 또 원래의 길이 l_0에도 비례한다.

$$l = l_0 + \Delta l = l_0 + al_0 \Delta T = l_0(1 + a\Delta T)$$

따라서 $\Delta l = \alpha l_0 \Delta T$라고 쓸 수 있다. α는 선팽창 계수라고 하며, 다른 물질에 대해서는 다른 값을 가지며 그 값은 아래와 같이 구한다.

$$\alpha(℃^{-1}) = \frac{1}{l_0}\frac{\Delta l}{\Delta T} = \frac{l - l_0}{l_0(t - t_0)}$$

② 부피팽창과 부피팽창 계수(Coefficient of volume expansion) : 3차원적인 크기인 부피가 V_0인 고체가 t_0℃에서 t℃로 ΔT만큼의 온도 변화에 의한 고체의 부피 변화가 $\Delta V = (V - V_0)$만큼이 있었다면 ΔV는 온도의 변화 ΔT에 비례하고 또 원래의 부피 V_0에도 비례한다. $\Delta V = \beta V_1 \Delta T$라고 쓸 수 있다.

$$V = V_0(1 + \beta \Delta T) \quad (\beta : 부피팽창 계수, \beta ≒ 3a)$$

β는 부피팽창 계수라고 하고 다른 물질에 대해서는 다른 값을 가지며 그 값은 아래와 같이 구한다.

$$\beta(℃^{-1}) = \frac{1}{V_1}\frac{\Delta V}{\Delta T} = \frac{V_2 - V_1}{V_1(t_2 - t_1)}$$

③ 선팽창 계수와 부피팽창 계수의 관계 : 같은 물질로 된 고체의 경우 $\beta ≒ 3\alpha$

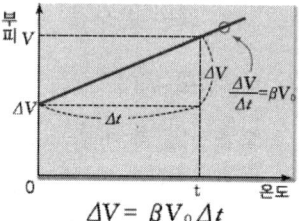

$\Delta V = \beta V_0 \Delta t$

(2) **액체의 열팽창**

① 겉보기 팽창(Apparent expansion) : 온도가 상승하여 액체가 팽창할 때에는 액체를 담고 있는 그릇도 팽창한다. 액체의 팽창에서 그릇의 팽창을 뺀 것을 겉보기 팽창이라 한다.
겉보기 팽창 = 액체의 팽창 - 그릇의 팽창
부피가 V_0인 액체의 온도를 Δt만큼 높일 때 나중 부피가 V이면
$V = V_0(1 + \beta \Delta t)$가 되고, β는 액체의 부피팽창 계수(K^{-1})이다.

② 물의 팽창 : 가장 흔한 액체인 물은 다른 액체와 다른 성질을 가지고 있다. 4℃ 이상의 온도에서는 온도가 상승하면 선형적은 아니지만 물이 팽창한다. 그러나 0℃~4℃ 사이에서는 물은 온도가 올라가도 다른 보통의 액체와 달리 팽창하지 않고 수축한다. 물의

밀도의 최댓값은 3.98℃에서 1.0000250g/cm³이다.

2. 기체의 분자운동

1 보일-샤를의 법칙

(1) 보일의 법칙

기체의 온도를 일정하게 하고 압력을 2배, 3배로 증가시키면 부피는 1/2배, 1/3배로 줄어든다.
즉, 온도가 일정할 때 기체의 부피(V)는 압력(P)에 반비례한다. 이것을 보일의 법칙이라고 한다.

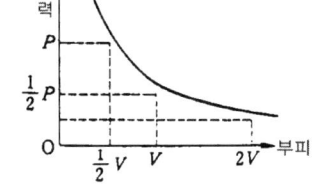

$$V \propto \frac{1}{P} \Rightarrow PV = P'V' = k(일정)$$

(2) 샤를의 법칙

기체의 압력을 일정하게 하고 온도를 1℃ 높이면 기체의 부피는 0℃ 때 부피의 $\frac{1}{273}$ 씩 증가한다.

즉, 기체의 체적 팽창계수는 $\frac{1}{273}$ 이 된다. 이것을 샤를의 법칙이라고 한다.

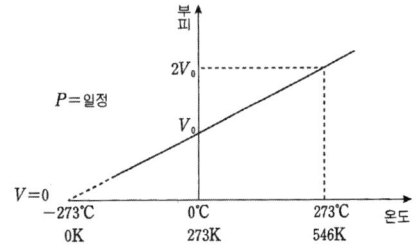

0℃ 때의 부피를 V_0, t℃ 때의 부피를 V라고 하면, 기체의 체적 팽창계수 β는 $\frac{1}{273}$ 이므로 $V = V_0(1+\beta t)$에서

$$V = V_0\left(1+\frac{t}{273}\right) = V_0\left(\frac{273+t}{273}\right) = V_0\frac{T}{T_0} \quad (273 = T_0,\ 273+t = T)$$

$$\therefore \frac{V}{T} = \frac{V_0}{T_0} = k(일정)$$

즉, 압력이 일정할 때 기체의 부피는 절대온도에 비례한다.

(3) 보일-샤를의 법칙

온도가 일정하면 기체의 부피는 압력에 반비례하고, 압력이 일정하면 기체의 부피는 절대온도에 비례한다. 따라서, 기체의 부피(V)는 절대온도(T)에 비례하고 압력(P)에 반비례한다. 이것을 보일-샤를의 법칙이라고 한다.

즉, $V \propto \frac{T}{P}$ 에서 $V = k\frac{T}{P}$

$$\therefore \frac{PV}{T} = \frac{P'V'}{T'} = k = nR (일정) \quad \begin{pmatrix} n : 기체의 \ 몰수 \\ R : 기체 \ 상수 \end{pmatrix}$$

2 이상 기체의 상태 방정식

n몰의 기체의 압력을 P, 부피를 V, 절대온도를 T라고 하면 이들 사이에는 다음 관계가 성립한다.

$$PV = nRT$$

이 관계식을 이상 기체의 상태 방정식이라 하고, R을 기체 상수라고 한다.

(1) 기체 상수

0℃, 1기압하에서 이상 기체 1몰의 부피는 22.4l이므로

$$R = \frac{PV}{nT} = \frac{P_0 V_0}{n T_0} = \frac{1기압 \times 22.4l}{1\text{mol} \times 273\text{K}} = 0.082 기압 \cdot l/\text{mol} \cdot \text{K}$$

$$\frac{1.013 \times 10^5 \text{N/m}^2 \times 22.4 \times 10^{-3} \text{m}^3}{1\text{mol} \times 273\text{K}} = 8.31 \text{J/mol} \cdot \text{K}$$

(2) 기체의 밀도

절대온도 T, 압력 P인 기체 n몰의 질량이 m일 때, 이 기체의 밀도를 d라고 하면 $PV = nRT$이고 $V = \frac{m}{d}$이므로, $P \cdot \frac{m}{d} = nRT$에서

$$d = \frac{m}{nR} \cdot \frac{P}{T}$$

즉, 기체의 밀도는 압력에 비례하고 절대온도에 반비례한다.

(3) 이상 기체

보일-샤를의 법칙은 작은 압력과 보통의 온도에서만 적용되기 때문에 실제 기체는 완전히 성립하지 않는다. 이에 따라 보일-샤를의 법칙에 이상적으로 따르는 기체를 가정하여 이상 기체라 하고 이상 기체의 미시적인 입장에서 실제 기체와의 차이는 다음과 같다.

① 기체는 분자라는 입자들로 되어 있다.
② 분자는 무작위(randomness)적인 운동을 하며 뉴턴의 운동 법칙을 따른다.
③ 분자의 총수는 크다.
④ 분자 자체만의 총 부피는 기체 전체가 점령하는 부피 중에서 무시할 수 있을 만큼 작은 부분이다.
⑤ 충돌하는 시간 동안을 제외하고는 분자에 작용하는 힘은 무시해도 좋다.

⑥ 충돌은 탄성 충돌이며 또 충돌 중의 시간은 무시할 수 있다.

3 기체의 분자운동과 압력

(1) 한 변의 길이가 L인 정육면체의 상자 속에 분자 1개의 질량이 m인 기체 n몰이 들어 있다고 하자. 이때, 임의의 기체 분자가 x축 방향으로 v의 속도로 A면에 수직으로 충돌하면, 기체는 완전 탄성 충돌하여 $-v$의 속도로 튀어나오게

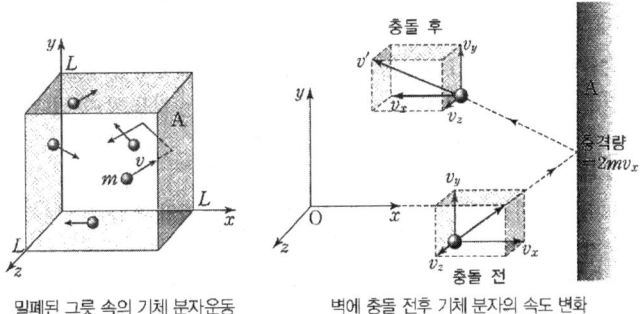

밀폐된 그릇 속의 기체 분자운동   벽에 충돌 전후 기체 분자의 속도 변화

된다. 이때의 운동량의 변화는 $|\Delta p| = |(-mv_x) - mv_x| = 2mv_x$

또, 이 기체 분자가 x축에 수직인 양 벽면을 1회 왕복하는 데 걸리는 시간은 $t = \dfrac{2L}{v}$이다.

따라서, 기체 분자 1개가 벽면에 충돌할 때 벽에 가하는 힘은,

$f = \dfrac{\Delta p}{\Delta t} = 2mv_x \times \dfrac{V_x}{2L} = \dfrac{mv_x^2}{L}$

(2) 분자의 제곱 평균 속력($\overline{v^2} = \overline{v_x^2} + \overline{v_y^2} + \overline{v_z^2}$)을 구할 때, x, y, z 방향으로 기체가 벽에 미치는 압력이 모두 같으므로 $\overline{v_x} = \overline{v_y} = \overline{v_z}$, $\overline{v^2} = 3\overline{v_x^2}$ 이다(에너지 등분배). 따라서 분자 1개가 벽에 작용하는 평균 힘 F는 $F = \dfrac{m\overline{v_x^2}}{L} = \dfrac{1}{3}\dfrac{m\overline{v^2}}{L}$.

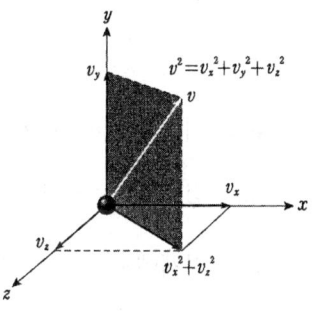

따라서 기체 분자 N개가 벽에 미치는 힘의 크기는 다음과 같다.

$F = Nf = N\dfrac{m\overline{v_x^2}}{L} = \dfrac{1}{3}N\dfrac{m\overline{v^2}}{L}$

이 기체가 벽면에 가하는 압력 P은 단위 면적당 작용하는 힘이므로

$P = \dfrac{F}{S} = \dfrac{F}{L^2} = \dfrac{1}{3}N\dfrac{m\overline{v^2}}{L^3} = \dfrac{1}{3}N\dfrac{m\overline{v^2}}{V}$ [$L^3 = V$(기체 전체의 부피)]

$P = \dfrac{1}{3}N\dfrac{m\overline{v^2}}{V} = \dfrac{1}{3}\rho v^2$ (밀도 $\rho = \dfrac{M}{V}$, $M = Nm$)

$PV = \dfrac{1}{3}Nm\overline{v^2} = \dfrac{1}{3}M\overline{v^2}$이 된다.

Chapter 02

4 기체의 분자운동과 절대온도

(1) 기체 분자의 평균 운동에너지

$PV = \frac{2}{3}N(\frac{1}{2}mv^2)$이고, $\frac{1}{2}mv^2$은 기체 분자 1개의 평균 운동에너지 E_k를 의미하므로 $PV = \frac{2}{3}NE_k$가 된다. 또 이 식은 이상 기체의 상태 방정식 $PV = nRT$와 같아야 하므로 $\frac{2}{3}NE_k = nRT$가 되어 $E_k = \frac{3}{2}\frac{nRT}{N}$이다.

$N = nN_0$이므로 $E_k = \frac{3}{2}\frac{R}{N_0}T$이다.

$\frac{R}{N_0} = k$로 표시하면 $k = \frac{R}{N_0} = \frac{8.31(J/K \cdot mol)}{6.02 \times 10^{23}(개/mol)} = 1.38 \times 10^{-23}(J/K)$이고 이를 볼츠만 상수라고 하며, N_0는 아보가드로수이다.

따라서 기체 분자 1개의 평균 운동에너지는 다음과 같다.

$$E_k = \frac{3}{2}kT$$

즉, 기체 분자의 운동에너지는 기체의 종류에 관계없이 절대온도에만 비례한다. 또, 같은 온도에서 모든 기체의 운동에너지가 같으므로

$\frac{1}{2}m_1v_1^2 = \frac{1}{2}m_2v_2^2 = \cdots \cdots$ 에서

혼합 기체의 온도가 일정할 때 $\frac{v_1}{v_2} = \sqrt{\frac{M_2}{M_1}} = \sqrt{\frac{m_2}{m_1}}$ $(v \propto \frac{1}{\sqrt{m}})$가 된다.

(m : 질량, M : 분자량)

같은 기체에서 질량이 일정할 때 $\frac{v_1}{v_2} = \sqrt{\frac{T_1}{T_2}}$ $(v \propto \sqrt{T})$. 이를 확산의 법칙이라 한다.

(2) 절대온도 0도

$E_k = \frac{3}{2}kT$에서 T가 0이면 E_k도 0이 된다.

즉, 기체 분자의 운동에너지가 0이 되는 온도를 절대온도 0도라고 한다.

(3) 기체 분자의 평균 속력

$\frac{1}{2}mv^2 = \frac{3}{2}kT$에서 $v = \sqrt{\frac{3kT}{m}} = \sqrt{\frac{3RT}{M}}$ $N_0m = M$(분자량)$(k = \frac{R}{N_0})$

(4) 에너지 등분배의 법칙

기체 분자는 무질서하게 운동하므로 x, y, z방향의 운동이 평균적으로 같다고 볼 수 있다.

$\overline{v}_x^2 = \overline{v}_y^2 = \overline{v}_z^2$ 이고 $\overline{v}^2 = \overline{v}_x^2 + \overline{v}_y^2 + \overline{v}_z^2$

$\frac{1}{3}\overline{v^2} = \overline{v}_x^2 = \overline{v}_y^2 = \overline{v}_z^2$ 이다. 따라서,

$\frac{1}{2}m\overline{v}^2 = \frac{1}{2}m(\overline{v}_x^2 + \overline{v}_y^2 + \overline{v}_z^2) = \frac{3}{2}kT$

$\therefore \frac{1}{2}m\overline{v}_x^2 = \frac{1}{2}m\overline{v}_y^2 = \frac{1}{2}m\overline{v}_z^2 = \frac{1}{2}kT$

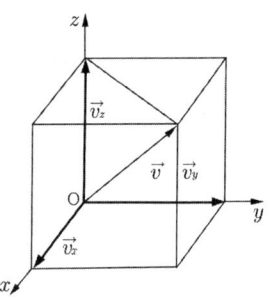

이것은 분자의 평균 운동에너지가 x, y, z의 세 방향으로 고르게 배분된다는 것을 뜻하는데, 이것을 에너지 등분배의 법칙이라고 한다.

▼ 예제

01 구리 그릇의 온도를 20℃ 높이는 데 10kcal의 열량이 필요하였다. 구리 그릇의 열용량은 얼마인가?

해설 $\begin{pmatrix} t=20℃ \\ Q=10\text{kcal} \\ cm=? \end{pmatrix}$ 여기서 cm이 열용량이다.

$Q=cmt$에서 $cm=\frac{Q}{t}=\frac{10}{20}=0.5(\text{kcal}/℃)$

답 ▶ 0.5kcal/℃

02 100℃로 가열한 120g의 납덩이를 물속에 넣고 평형온도를 재어보니 23℃였다. 납이 잃어버린 열량은? (단, 납의 비열은 0.03cal/g℃이다.)

해설 cal/g℃ = kcal/kg℃이다. $Q=cmt$에서 t가 내려간 온도이면 Q는 잃어버린 열량이다.

$\begin{pmatrix} m=120\text{g} \\ t=100-23=77℃ \\ c=0.03\text{cal/g℃} \end{pmatrix}$

$Q=cmt=0.03 \times 120 \times 77 = 277.2(\text{cal})$

답 ▶ 277.2 cal

03 30℃의 물 300g과 70℃의 물 100g을 혼합하였다. 최종 평형온도는?

해설 평형온도가 t℃로 되었다고 가정하면, 300g의 물이 $(t-30)$℃ 올라가면서 얻은 열량과 100g의 물이 $(70-t)$℃ 내려가면서 잃은 열량은 같다.

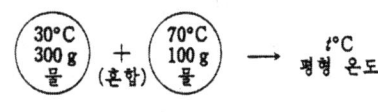

즉, (얻은 열량) = (잃은 열량)이며 물의 비열은 1cal/g℃이다.

$\therefore 1 \times 300 \times (t-30) = 1 \times 100 \times (70-t)$ $\therefore t=40(℃)$

답 ▶ 40℃

Chapter 02

04 다음 중 비열을 알아내기 위해 꼭 필요한 물리량으로 바르게 짝지어진 것은?

| ⊙ 온도 | ⓒ 열용량 | ⓔ 열량 | ⓡ 질량 |

① ⊙, ⓒ 　　　　　　　② ⊙, ⓔ
③ ⓒ, ⓔ 　　　　　　　④ ⓒ, ⓡ

해설 열용량(C) = 질량(m) × 비열(c)이므로 비열을 구하기 위해서는 열용량과 질량이 필요하다. 열량(Q) = 비열(c) × 질량(m) × 온도변화량(Δt)이므로 비열을 구하기 위해서는 ⊙, ⓔ, ⓡ을 모두 알아야 한다. 보기 조건을 만족하는 것은 ⓒ, ⓡ이다.

답 ④

05 기체 분자의 평균 운동에너지와 직접 관계되는 것은?
① 기체의 부피　　　　② 기체 분자의 질량
③ 기체의 온도　　　　④ 기체의 압력

해설 기체 분자가 갖는 평균적인 분자의 운동에너지는 기체의 종류에 관계없이 항상 절대온도에만 비례하다.

답 ③

06 높이 108m에서 매분당 10^8kg의 물이 떨어지고 있다. 물의 위치에너지가 모두 열로 변한다면 낙하한 물은 얼마나 온도가 상승하겠는가? (중력 가속도 g = 10m/s^{2}이다.)

해설 물의 위치에너지가 모두 열로 변하므로 $mgh = cm\Delta t$에서 다음과 같다.
$m \times 10 \times 108 = 4.2 \times m \times 10^3 \times \Delta t$이므로 질량과 관계없이 온도 변화 $\Delta t \fallingdotseq 0.25℃$

답 약 0.25℃

07 0℃의 얼음 1kg을 모두 100℃의 수증기로 만드는 데 필요한 열량은 몇 kcal인가? (단, 얼음의 융해열은 80kcal/kg, 물의 기화열은 539kcal/kg이다.)

해설 다음과 같이 상태가 변화하는 구간을 나누어서 필요한 열량 Q를 계산한다.

0℃의 얼음 $\xrightarrow[80(\text{kcal})]{Q_1}$ 0℃의 물 $\xrightarrow[Q=cmt]{Q_2}$ 100℃의 물 $\xrightarrow[539(\text{kcal})]{Q_3}$ 100℃의 수증기

$[= 1 \times 1 \times 100(\text{kcal})]$
∴ $Q = Q_1 + Q_2 + Q_3 = 80 + 100 + 539 = 719(\text{kcal})$

답 719kcal

08 10℃, 1l 물이 들어 있는 통에 100℃ 수증기 50g을 넣어서 바깥 열의 출입을 차단시켰다. 통 속의 물의 온도는? (단, 물의 기화열은 540cal/g이고, 통의 열용량은 무시한다.)

해설 물의 온도는 상승하며 그때의 온도를 t라 하면, 물이 얻은 열량 = 수증기가 잃은 열량이므로 $cm_1(t-10) =$ 기화열$\times m_2 + cm_2(100-t)$가 된다. 상태변화에 따르면 공식에서 기화열이 아닌 액화열이 쓰여야 하나 수치상 기화열 값과 액화열 값이 같고 문제에서는 기화열 값이 주어졌으므로 계산의 편의를 위해 기화열이라 쓴다.
식에서 $m_1 = 1000g$, $m_2 = 50g$, $c = 1cal/g℃$이므로 기화열 $540cal/g$을 대입하여 계산하면 $t = 40℃$이다.

답 $t = 40℃$

09 비열이 0.5Kcal/kg℃인 얼음 20kg의 물당량은 몇 kg인가?

해설 어떤 물질 mkg의 온도를 t℃ 상승시키는 데 필요한 열량 Q를 물 xg에 공급해서 t℃ 올릴 때 x의 값을 물당량이라 한다.
(물당량×물의 비열)=(물질의 질량×비열) → $x = 20kg \times 0.5 = 10kg$

답 10kg

10 창문을 통하여 외부로 빠져 나가는 열손실을 줄이기 위하여 창문의 면적을 반으로 줄이고 두께 2mm인 유리를 3mm짜리로 바꾸었다. 창문으로 손실되는 열량은 처음의 몇 배가 되겠는가?

해설 $Q = kA\dfrac{T_2 - T_1}{l}t$ 에서 면적을 $\dfrac{A}{2}$, 두께를 $\dfrac{3}{2}l$ 되게 바꾸었으므로

$Q' = k\dfrac{A}{2}\dfrac{T_2 - T_1}{\dfrac{3}{2}l}t = \dfrac{1}{3}kA\dfrac{T_2 - T_1}{l}t = \dfrac{1}{3}Q$

답 1/3배

11 복사체 표면의 절대온도를 2배가 되도록 하였다. 다음 물음에 답하여라.
(1) 복사에너지는 처음의 몇 배인가?
(2) 복사에너지가 가장 많이 나오는 복사파의 파장은 처음의 몇 배인가?

해설 (1) $E = \sigma T^4$
$E' = \sigma(2T)^4 = 16\sigma T^4 = 16E$

(2) $T \cdot \lambda_m = K$에서 $\lambda_m = \dfrac{K}{T}$

$\lambda'_m = \dfrac{K}{2T} = \dfrac{1}{2}\dfrac{K}{T} = \dfrac{1}{2}\lambda_m$

답 (1) 16배 (2) $\dfrac{1}{2}$배

12 같은 종류의 두 물체 A, B가 있다. A의 온도가 127℃이고 B의 온도가 327℃일 때 A, B에서 방출되는 복사에너지의 비는?

해설 복사에너지 양을 나타내는 식은 슈테판-볼츠만의 식 $E = \sigma T^4$이다.
$E_1 : E_2 = \sigma T_1^4 : \sigma T_2^4$에서 온도 $T_1 = 273 + 127 = 400°K$
$T_2 = 273 + 327 = 600°K$이므로 대입하면 $E_1 : E_2 = 4^4 : 6^4$이다.

답 $4^4 : 6^4$

13 단열 상태에서 30℃의 물 3kg과 20℃의 물 1kg을 섞었을 경우 열적 평형상태가 되었을 때 물의 온도는 몇 ℃인가? (단, 물의 비열은 1kcal/kg℃이다.)

해설 $Q = cm\Delta t$에서 $1 \times 3 \times (30-t) = 1 \times 1 \times (t-20)$이므로 $t = 27.5$℃

답 27.5℃

Chapter 02

14 섭씨 30℃를 화씨로 변환하면 몇 °F인가?

> **해설** 섭씨온도와 화씨온도 관계식은 $F = \frac{9}{5}C + 32$이다. 대입하여 계산하면 86°F이다.

답 86°F

15 선팽창 계수 $\alpha = 3.0 \times 10^{-3}(℃^{-1})$인 금속이 있다. 0℃일 때 1m인 금속 막대는 200℃에서 몇 m인가?

> **해설** 열팽창에 의한 길이 변화는 다음과 같다. $l = l_0 + \Delta l = l_0 + \alpha l_0 \Delta T = l_0(1 + \alpha \Delta T)$
> 주어진 조건을 $l_0(1 + \alpha \Delta T)$ 대입하여 계산하면 $l = 1.6 m$이다.

답 $1.6m$

16 0℃에서 한 변의 길이가 l_0인 입방체의 고체가 t℃에서 갖는 부피 V는?
(단, 이 물체의 선팽창률은 α이며, 매우 작은 값이다.)

> **해설** $l = l_0(1 + \alpha \Delta T)$이므로 $V = l^3 = [l_0(1 + \alpha t)]^3 = l_0^3(1 + \alpha t)^3$이다.
> α가 매우 작으면 $V = l_0^3(1 + \alpha t)^3 ≒ l_0^3(1 + 3\alpha t)$이다.

답 $l_0^3(1 + 3\alpha t)$

17 0.9kg의 구리 덩어리를 뜨거운 물에 담갔더니 구리 덩어리의 온도가 10℃ 상승하였다. 구리 덩어리의 불어난 부피는 약 얼마인가? (단, 구리의 선팽창 계수는 1.7×10^{-5}/k, 밀도는 $8.9 \times 10^3 kg/m^3$, 비열은 $386 J/kg \cdot K$이다.)

> **해설** $V = V_0(1 + \beta \Delta T)$에서 $\beta ≒ 3\alpha$이고, $V_0 = \frac{m}{\rho} = \frac{0.9}{8.9 \times 10^3} = 1.01 \times 10^{-4}(m^3)$이다.
> 따라서 $\Delta V = 1.01 \times 10^{-4} \times 3 \times 1.7 \times 10^{-5} \times 10$

답 약 $5.15 \times 10^{-8}(m^3)$

18 부피가 $1l$인 이상 기체의 압력을 일정하게 하고 온도를 27℃에서 327℃까지 서서히 높일 때, 그 부피는 얼마나 되겠는가?

> **해설**
> $\begin{cases} V_1 = 1l \\ P_1 = P_2 \\ T_1 = 300K \\ T_2 = 600K \\ V_2 = ? \end{cases}$
> $\frac{P_1 V_1}{T_1} = \frac{P_2 V_2}{T_2}$ 에서 $P_1 = P_2$이므로
> $\frac{V_1}{T_1} = \frac{V_2}{T_2}$
> $\frac{1}{300} = \frac{V_2}{600}$ 이므로 $V_2 = 2l$

답 $2l$

19 온도가 27℃, 압력이 2기압인 공기를 11기압으로 압축하였더니 온도가 57℃로 되었다. 부피는 몇 배로 되겠는가?

> **해설** $T_1 = 300K$, $T_2 = 330K$
> $P_1 = 2$기압, $P_2 = 11$기압 $\dfrac{V_2}{V_1} = ?$
> $\dfrac{(2 \times V_1)}{300} = \dfrac{(11 \times V_2)}{330}$ 에서 $\dfrac{V_2}{V_1} = \dfrac{1}{5}$ (배)

답 $\dfrac{1}{5}$ 배

20 27℃, 1기압일 때 부피가 30l인 산소 기체가 있다. 이 기체를 가열하여 온도를 227℃까지 올려 주었는데 부피가 변하지 않았다면 이 기체의 압력은?

> **해설** 보일-샤를 법칙에 의해 $\dfrac{PV}{T} = \dfrac{P'V'}{T'} =$ 일정하므로
> $\dfrac{1기압 \times 30l}{(27+273)K} = \dfrac{P \times 30l}{(227+273)K}$
> $\therefore P ≒ 1.67$

답 1.67기압

21 n몰의 기체가 절대온도 T에서 압력과 부피가 P, V일 때 기체 상수 R의 값은?

> **해설** $\dfrac{PV}{T} = nR$(일정)이므로 R에 대해 정리하면 $R = \dfrac{PV}{nT}$이다.

답 $R = \dfrac{PV}{nT}$

22 부피가 같은 2개의 용기에 2mol, 400K의 수소 기체와 1mol, 300K의 헬륨 기체가 들어있다. 수소와 헬륨 기체의 압력의 비를 구하여라.

> **해설** $\begin{pmatrix} V_1 = V_2 \\ n_1 = 2mol, n_2 = 1mol \\ T_1 = 400K, T_2 = 300K \\ P_1 : P_2 = ? \end{pmatrix}$ $PV = nRT$
> $P_1 V_1 = 2 \times R \times 400$ ············ ①
> $P_2 V_2 = 1 \times R \times 300$ ············ ②
> ①÷②식에서 $\dfrac{P_1}{P_2} = \dfrac{8}{3}$ $\therefore P_1 : P_2 = 8 : 3$

답 8 : 3

23 압력을 일정하게 유지하고, 이상 기체 2mol의 온도를 1K만큼 상승시킬 때, 이 기체가 외부에 대하여 하는 일은 양은? (단, 기체 상수는 8.3J/mol·K이다.)

> **해설** 한 일의 양 $W = P\Delta V$이며, 이상 기체 상태 방정식은 $P\Delta V = nRT$이므로
> $nRT = 2mol \times 8.3J/mol \times 1K$를 계산하면 $W = 16.6J$이다

답 16.6J

24 1기압, 0℃에서 공기의 밀도가 알려져 있다고 할 때, 자동차 타이어 속에 들어 있는 공기의 밀도를 알려면, 이 공기에 대한 어떤 물리량들을 측정해야 하겠는가?

> **해설** 기체의 밀도 $d = \dfrac{m}{nR} \cdot \dfrac{P}{T}$ 이다. 따라서 1기압, 0℃에서의 공기의 밀도 d_0는
>
> $d_0 = \dfrac{m}{nR} \cdot \dfrac{1}{273}$ 에서 $\dfrac{m}{nR} = 273 d_0$ ·················· ①
>
> 타이어 속에 있는 공기의 밀도 d는
>
> $d = \dfrac{m}{nR} \cdot \dfrac{P}{T}$ ·················· ②
>
> ②에 ①을 대입하면 $d = 273 d_0 \dfrac{P}{T}$
>
> d_0는 알고 있는 값이므로 P와 T를 알면 d를 구할 수 있다.

답▶ 압력과 온도

25 밀폐된 용기 속의 기체가 용기 벽에 가하는 압력의 원인은 무엇(1)이며, 압력이 2배로 증가하면 밀도(2)는 어떻게 되는가?

> **해설** 용기 속의 분자들이 여러 방향으로 활발히 움직이며 서로 충돌하거나 벽에 충돌하여 반발될 때에 운동량의 변화만큼 충격량을 가한다. 기체의 밀도 $d = \dfrac{m}{nR} \cdot \dfrac{P}{T}$ 이므로 기체의 밀도는 압력에 비례하고 절대온도에 반비례한다.

답▶ (1) 기체 분자의 벽에 대한 충격력 (2) 2배

26 다음 중 이상 기체를 정의하는 것이 아닌 것은?
① 기체 분자의 크기가 없다.
② 기체 분자 사이에 척력이나 인력이 없다.
③ 기체 분자들은 완전 탄성 충돌을 한다.
④ 기체 분자들은 냉각·압축 시 액화나 응고가 일어난다.

> **해설** 기체 분자의 크기는 없으며, 부피도 없다. 이상 기체는 기체 분자력이 작용하지 않으므로 인력이나 척력이 작용하지 않는다. 이상 기체는 기체 분자 사이에 위치에너지가 없으며 분자 사이에 완전 탄성 충돌을 한다. 냉각이나 압축 시 액화는 응고가 일어나지 않으며, $0K$에서도 고체로 되지 않고, 기체의 부피는 0이 된다.

답▶ ④

27 부피 V인 두 용기 A와 B를 매우 가는 관으로 연결시켜 놓고 그 속에 압력 P_1, 온도 $T_1(K)$인 이상 기체를 넣었다. 이 기체는 몇 mol인가? (단, 기체 상수 R, 용기의 열팽창 및 연결관의 부피는 무시한다.)

> **해설** $P\Delta V = nRT$에서 $P_1(2V) = nRT_1$이므로 $\therefore n = \dfrac{2P_1 V}{RT_1}(mol)$이다.

답▶ $\dfrac{2P_1 V}{RT_1}(mol)$

28 들이가 일정한 용기에 0℃의 이상 기체가 들어 있다. 이 기체의 온도를 546℃로 높이면 기체 분자의 평균 운동에너지는 몇 배로 되겠는가?

> **해설** $E_k = \frac{3}{2}kT$에서 기체 분자의 평균 운동에너지는 절대온도에 비례한다.
> 즉, $E_k \propto T$
> 절대온도가 3배 $\left[\left(\begin{array}{c}0℃\\273K\end{array}\right) \to \left(\begin{array}{c}546℃\\3 \times 273K\end{array}\right)\right]$로 되었으므로, 기체 분자의 운동에너지도 3배로 된다.
>
> 🔑 3배

29 (1) 산소와 수소의 혼합 기체가 통 속에 들어 있다. 산소 분자와 수소 분자의 속력의 비 $v_O : v_H$는?

(2) 0℃에서 질량이 5.3×10^{-25}kg인 산소 분자의 평균 속력은 얼마인가? (단, 볼츠만 상수 k는 1.38×10^{-23} J / K)

> **해설** (1) 수소의 분자량 2, 산소의 분자량 32
> $\frac{V_O}{V_H} = \sqrt{\frac{m_H}{m_O}} = \sqrt{\frac{2}{32}} = \frac{1}{4}$ ∴ $v_O : v_H = 1 : 4$
>
> (2) $E_k = \frac{1}{2}mv^2 = \frac{3}{2}kT$에서
> $v = \sqrt{\frac{3kT}{m}} = \sqrt{\frac{3 \times 1.38 \times 10^{-23} \times 273}{5.3 \times 10^{-26}}} = 4.6 \times 10^2 \text{(m/s)}$
>
> 🔑 (1) 1 : 4 (2) 4.6×10^2 m/s

30 절대온도 0도는 다음 중 어떤 온도를 말하는가?
① 1기압하에서 얼음과 물이 공존하는 온도
② 헬륨 가스가 액화하는 온도
③ 이상 기체의 평균 분자운동에너지가 0이 되는 온도
④ 모든 물질이 소멸되어 없어지는 온도

> **해설** 절대온도 0도는 이상 기체의 분자운동이 정지되는 온도이다.
>
> 🔑 ③

31 어떤 온도의 공기 중에 있는 산소 분자의 평균 속력이 400m/s이었다. 수소 분자의 질량이 산소 분자의 $\frac{1}{16}$배라고 할 때 그 공기 중에 있는 수소 분자의 평균 속력은?

> **해설** 혼합 기체의 온도가 일정할 때 $\frac{v_1}{v_2} = \sqrt{\frac{M_2}{M_1}} = \sqrt{\frac{m_2}{m_1}}$ ($v \propto \frac{1}{\sqrt{m}}$)
> 질량이 $\frac{1}{16}$배이므로 평균 속력은 4배이다.
>
> 🔑 4배

32 일정한 온도를 유지하고 있는 용기 안에 기체 A, B가 혼합되어 있다. 분자량은 각각 16, 64일 때 B분자의 평균 속력은 A분자의 평균 속력에 비해 얼마나 빠른가? (단, 화학 반응은 일어나지 않는다고 가정한다.)

해설 혼합 기체의 온도가 일정할 때 $\dfrac{v_1}{v_2} = \sqrt{\dfrac{M_2}{M_1}} = \sqrt{\dfrac{m_2}{m_1}}$ ($v \propto \dfrac{1}{\sqrt{m}}$)

$\dfrac{v_A}{v_B} = \sqrt{\dfrac{M_B}{M_A}} = \sqrt{\dfrac{64}{16}} = 2$

답 2배

04 열역학 법칙

1. 열역학의 법칙

1 열과 일

(1) 열의 일당량

① **줄의 실험** : 영국의 과학자 줄(Joule, J. P., 1818~1889)은 그림과 같은 실험 장치로 열과 일의 수량적 관계를 알아내었다. 그림에서 P_1, P_2를 낙하시키면 추의 위치에너지가 줄어들고, 줄어든 위치에너지는 물과 날개를 마찰시킴으로써 열이 발생하는데, 이것을 이용하여 열량과 일과의 관계를 밝혔다.

② **열의 일당량** : 줄의 실험 결과 1cal의 열량은 약 4.2J의 일에 해당된다. 이것을 열의 일당량이라고 하며, J로 나타낸다. 따라서, J = 4.2J/cal이며, 1cal = 4.2J, 1J = 0.24cal이다.

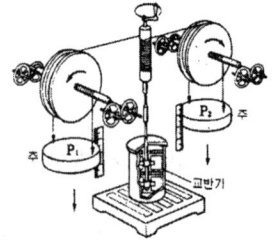

▮ 줄의 실험장치 ▮

(2) 기체가 하는 일

그림과 같이 피스톤의 단면적이 A인 실린더 속에 압력 P인 기체가 들어 있다. 피스톤이 기체의 일정한 압력 P에 의해서 거리 s만큼 밀려나왔다고 하면, 기체가 피스톤을 밀어내는 힘 $F = PA$이고 $W = Fs$이므로, $W = Fs = PAs$이다.

여기서, As는 늘어난 부피 ΔV와 같으므로, $W = P\Delta V$이다.

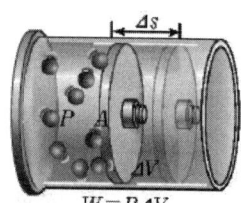

$W = P\Delta V$

$W = F\Delta S = PA\Delta S = P\Delta V$ (A : 피스톤의 단면적, P : 압력)

즉, 기체가 팽창할 때는 압력에 팽창한 부피를 곱한 양의 일을 하게 되고, 반대로 압축될 때는 압력에 줄어든 부피를 곱한 양의 일을 받게 된다.

기체의 부피가 변화하면 기체의 압력 P도 변화하므로, 일반적으로 기체가 한 전체 일을 구하기란 어려운 일이다. 부피가 V_1에서 V_2으로 변할 때 압력이 그림같이 변하였다고 하면, 기체가 한 전체의 일은 넓이로 표시된다.

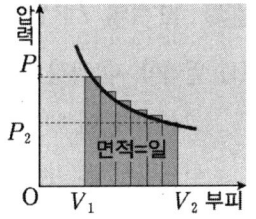

2 이상 기체의 내부 에너지

분자 상호 간에 작용하는 분자력에 의한 분자의 위치에너지와 운동에너지의 합을 내부 에너지라고 한다. 이상 기체에서는 분자력이 없으므로, 분자력에 의한 위치에너지가 없다. 따라서, 이상 기체의 내부 에너지는 모든 분자의 운동에너지의 총합이 된다.

(1) 단원자 기체의 내부 에너지

이상 기체 한 분자가 가지는 평균 운동에너지는 $E_k = \frac{3}{2}kT(\frac{R}{N_0}=k)$이고, n몰의 기체 속에는 $N_0 n$개의 기체 분자가 들어 있으므로, 절대온도 T인 이상 기체 n몰의 내부 에너지 U는,

$$U = N \cdot \frac{3}{2}kT = \frac{3}{2}\frac{N}{N_0}RT = \frac{3}{2}nRT$$

(2) 이원자 기체의 내부 에너지

단원자 분자의 질량 중심 운동의 성분 수는 3이지만, 이원자 분자의 운동 성분 수는 그림과 같이 두 방향의 회전운동을 더 할 수 있으므로 5이다. 그런데, 에너지 등분배의 법칙에 따르면 각 성분에 $\frac{1}{2}kT$의 에너지가 분배되므로, 이원자 분자 1개가 갖는 운동에너지는 $\frac{5}{2}kT(=\frac{5}{2}\frac{R}{N_0}T)$이다. 따라서, 절대온도 T인 이상 기체 n몰의 내부 에너지 U는

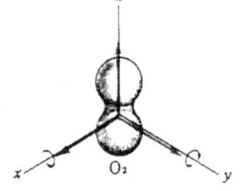

$$U = \frac{5}{2}nRT$$

3 열역학 제1법칙

(1) 열역학 제1법칙

그림과 같이 내부 에너지가 U_0인 계에 Q의 열량을 공급해 주었더니 외부에 대하여 W의 일을 하고 내부 에너지가 U로 되었다고 하자. 이때 내부 에너지의 증가 ΔU는,

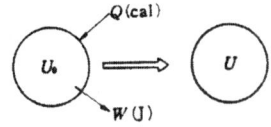

$\Delta U = U - U_0 = Q - W$

$$Q = \Delta U + W = \Delta U + P\Delta V$$

즉, 에너지는 다른 형태로 전환될 수는 있으나, 에너지 자체가 창조되거나 소멸될 수는 없다. 이것을 **열역학 제1법칙**이라고 하는데, 열에너지를 포함한 일종의 **에너지 보존의 법칙**이다.

(2) 제1종 영구 기관

외부에서 에너지를 공급받지 않고 일을 하는 기관을 제1종 영구 기관이라고 한다. 이러한 기관은 열역학 제1법칙에 모순되므로 만들 수 없다. 제1종 영구 기관은 에너지 창조 기관을 일컫는 말이다.

(3) 기체의 변화

① **단열 변화** : 외부와의 열의 출입이 없이 부피가 변하는 과정을 단열 변화라고 하며, 부피가 팽창할 때는 온도가 내려가고(단열 팽창), 압축될 때는 온도가 올라간다(단열 압축). 즉 기체가 단열 팽창하면 부피가 증가하고 압력이 감소하며 온도가 내려간다.

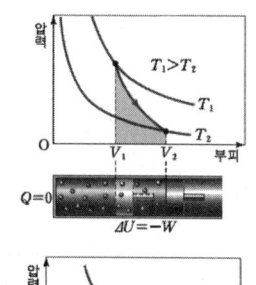

② **등온 변화** : 기체의 온도가 일정하게 유지되면서 부피가 변하는 과정을 등온 변화라고 한다. 등온 변화에서는 온도가 일정하므로 내부 에너지의 변화가 없다($\Delta U = 0$). 따라서, 기체가 팽창할 때는 열을 흡수하고 압축시키면 열을 발산한다.

$PV = nRT \Rightarrow PV = k$(일정) ($T$가 일정하므로)

따라서, $P-V$ 그래프는 쌍곡선이 된다.

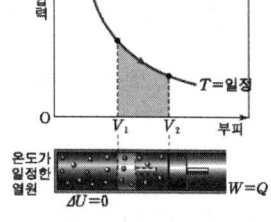

③ **정적 변화** : 기체의 부피가 일정하게 유지되면서 압력과 온도가 변하는 과정을 정적 변화라고 한다.

정적 변화에서는 $\Delta V = 0$이므로, $W = 0$

∴ $JQ = \Delta U$

따라서, 공급된 열에너지는 모두 기체의 내부 에너지를 증가시키는 데 쓰인다. 오른쪽의 정적 변화 그래프에서

$PV = nRT \Rightarrow P \propto T$ (V가 일정하므로)

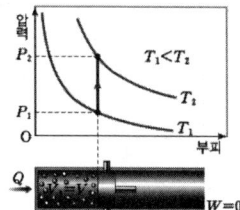

이상 기체 1몰의 내부 에너지는 $U = \frac{3}{2}RT$이므로 정적 몰비열 c_v는 다음과 같다.

$$c_v = \frac{Q}{\Delta T} = \frac{\Delta U + P\Delta V}{\Delta T} = \frac{\frac{3}{2}R\Delta T}{\Delta T} = \frac{3}{2}R (\Delta V = 0)$$

참고
정적 몰비열 : 기체의 부피를 일정하게 유지하면서 기체 1몰의 온도를 1℃ 높이는 데 필요한 열량을 말한다.

④ **정압 변화** : 기체의 압력이 일정하게 유지되면서 부피와 온도가 변하는 과정을 정압 변화라고 한다. 정압 변화에서 공급된 열에너지는 내부 에너지 증가와 외부에 일을 하는 데 쓰인다. 오른쪽의 정압 변화 그래프에서
$PV = nRT \Rightarrow V \propto T$ (P가 일정하므로)

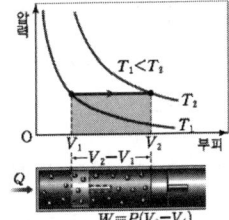

정압 비열을 c_p라고 하면, 단원자 분자 이상 기체의 등압 몰비열은

$$c_p = \frac{Q}{\Delta T} = \frac{\Delta U + P\Delta V}{\Delta T} = \frac{\frac{3}{2}R\Delta T}{\Delta T} + \frac{R\Delta T}{\Delta T} = \frac{3}{2}R + R = \frac{5}{2}R$$

$P\Delta V = nR\Delta T (n = 1몰, \Delta T = 1K) = R$

$\therefore c_p = c_v + R = \frac{3}{2}R + R = \frac{5}{2}R$이다.

참고
정압 몰비열 : 기체의 압력을 일정하게 유지하면서 기체 1몰의 온도를 1℃ 높이는 데 필요한 열량을 말한다.

4 가역 변화와 비가역 변화

물체의 상태가 A에서 B로 변했을 때, 외계에 아무런 변화도 남기지 않고 다시 B에서 A로 되돌아올 수 있는 변화를 가역 변화라 하고, 외부로부터 영향을 받지 않고는 되돌아 올 수 없는 변화를 비가역 변화라 한다.

공기의 저항이나 마찰력이 작용하지 않는 단진자 운동이나 태양 주위를 도는 행성의 운동은 가역 변화이고, 높은 온도의 물체에서 낮은 온도의 물체로 열이 이동하는 것이나 압력이 높은 곳에서 낮은 곳으로 기체가 퍼져나가는 현상은 비가역 변화이다.

5 열역학 제2법칙

비가역 변화는 무질서도가 증가하는 방향으로 진행하는데, 이 방향성을 강조한 법칙이 열역학 제2법칙이다. 열역학 제2법칙은 "열은 스스로 온도가 높은 곳에서 낮은 곳으로 흐르고 그 반대로는 흐르지 않는다."고 표현할 수 있으며, "기체는 압력이 높은 곳에서 낮은 곳으로 퍼져 나간다."고 표현할 수도 있다.

이 법칙에 따르면, 열이 스스로 높은 온도에서 낮은 온도로만 흐르기 때문에 열효율 100%인 기관을 만들 수 없다.

(1) 제2종 영구 기관

열역학 제2법칙에 모순되는 기관으로서, 열효율이 100%인 기관을 제2종 영구 기관이라고 한다.

(2) 비가역 변화와 확률

자연계에서 일어나는 현상은 확률이 작은 값으로부터 확률이 큰 값으로 진행하려는 성질이 있고, 그 반대 과정은 잘 일어나지 않는 비가역 현상이다.

6 열효율

(1) 열기관

열을 일로 바꾸는 기관을 열기관이라고 한다. 열기관은 크게 외연 기관과 내연 기관으로 나뉘는데, 외연 기관에는 증기기관·원자로 등이 있고, 내연 기관에는 가솔린기관·디젤기관 등이 있다.

(2) 열기관의 효율

열기관이 외부에 대하여 한 일과 흡수한 열에너지와의 비를 열기관의 효율이라고 한다. 오른쪽 그림과 같이 절대온도 T_1인 열원에서 Q_1의 열량을 공급받아 절대온도 T_2인 외부로 Q_2의 열량을 방출하고, W의 일을 하는 기관이 있다면, 이 열기관의 효율 e는 다음과 같다.

$$e = \frac{W}{Q_1} = \frac{Q_1 - Q_2}{Q_1} = \frac{T_1 - T_2}{T_1} = 1 - \frac{T_2}{T_1} < 1$$

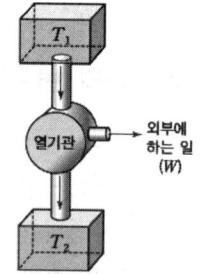

따라서, 열기관의 효율이 100%인 열기관은 만들 수 없다.

(3) 카르노 열기관

이상적인 열기관으로 고온에서 '등온 팽창 → 단열 팽창', 저온에서 '등온 압축 → 단열 압축' 단계로 이루어진 순환 과정에 의해 흡수한 열량 Q_1과 Q_2 사이의 비가 온도 T_1와 온도 T_2의 비가 같다.

즉, $\dfrac{Q_1}{Q_2} = \dfrac{T_1}{T_2}$

이때 열효율 $e_{카르노} = 1 - \dfrac{T_2}{T_1}$로 일반적인 열기관의 열효율보다 높으나 T_2가 $0K$이 될 수 없으므로, 카르노 열기관의 열효율도 100%가 될 수는 없다.

예제

01 (1) 속도 40m/s, 질량 42g의 탄환이 철판에 명중하였을 때 몇 cal의 열이 발생하는가? (단, 총알이 철판에 박힌 구멍의 깊이는 무시한다.)

(2) 4.2kg의 쇠망치를 가지고 1m/s의 속도로 철판을 연속으로 6회 때렸다. 쇠망치의 운동 에너지가 모두 열로 바뀌었다면, 몇 cal의 열이 발생하겠는가?

(3) 높이 10m인 곳에서 질량 2kg 물체가 빗면으로 미끄러져 내려올 때 마찰에 의한 열이 30cal 발생되었다. 물체가 땅에 떨어질 때 속력은? (단, g = 10m/s², J = 4J/cal)

해설 (1) 탄환의 운동에너지가 열에너지로 바뀐다.

$$\dfrac{1}{2} \times 0.042 \times 40^2 (\text{J}) = \dfrac{\dfrac{1}{2} \times 0.042 \times 40^2}{4.2} (\text{cal}) = 8(\text{cal})$$

(2) $\dfrac{1}{2} \times 4.2 \times 1^2 \times 6 (\text{J}) = \dfrac{\dfrac{1}{2} \times 4.2 \times 1^2 \times 6}{4.2} (\text{cal}) = 3(\text{cal})$

(3) 물체의 위치에너지 = 마찰에 의한 열에너지 + 운동에너지이므로

$mgh = 30cal + \dfrac{1}{2} mv^2$이다. 이 식에 $m = 2kg$, $g = 10m/s^2$, $h = 10m$

$30cal = 30cal \times 4J/cal = 120J$을 대입하여 계산하면 $200J = 120J + v^2$

$v = 4\sqrt{5}\, m/s$

답 (1) 8cal (2) 3cal (3) $4\sqrt{5}\, m/s$

02 단원자 분자로 된 기체 2몰이 있다. 온도가 $200K$일 때, 전체 내부 에너지는 몇 J인가? (단, 기체 상수 R은 8.3J/K·mol이다.)

해설 단원자 기체의 내부 에너지 U는

$U = \dfrac{3}{2} nRT = \dfrac{3}{2} \times 2 \times 8.3 \times 200 = 4,980(\text{J})$

답 4,980J

03 기체가 단열 팽창하면 그 기체 분자의 평균 운동에너지는 어떻게 되겠는가?
① 변하지 않는다.   ② 감소한다.
③ 증가한다.   ④ 일정하지 않다.

해설 기체가 단열 팽창하면 부피가 증가하고 압력이 감소하며 온도가 내려간다.

기체 분자의 운동에너지 $E_k = \dfrac{3}{2} kT$

답 ②

04 그림과 같이 수평으로 놓여 있는 실린더 속에 27℃, 1l의 이상 기체가 들어 있다. 이 기체의 온도를 327℃로 높여 줄 때, 기체가 하는 일은 얼마인가? (단, 피스톤의 마찰은 없으며 대기압은 1기압이다.)

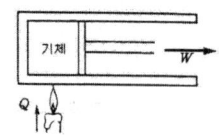

해설 압력이 1기압으로 일정하므로, 샤를의 법칙에 따라 부피는 절대온도에 비례한다.
327℃에서의 부피를 V_2라고 하면

$$\begin{pmatrix} T_1 = 27℃ = 300K \\ P_1 = 1기압 \\ V_1 = 1l = 10^{-3}m^3 \end{pmatrix} (T_2 = 327℃ = 600K, \ P_2 = 1기압, \ V_2 = ?)$$

$\dfrac{P_1 V_1}{T_1} = \dfrac{P_2 V_2}{T_2}$ 에서

$\dfrac{1 \times 1}{300} = \dfrac{1 \times V_2}{600}$ ∴ $V_2 = 2(l)$

기체가 하는 일 W는
$W = P\Delta V = P(V_2 - V_1) = 1기압 \times 1l$
$= 1.013 \times 10^5 N/m^2 \times 1 \times 10^{-3} m^3 = 101.3(J)$

답 ▶ 101.3J

05 0℃, 1기압의 이상 기체 2몰이 있다. 다음 물음에 답하여라. (단, 기체 상수 R은 8.3J/K·mol이고, 1기압은 $1.013 \times 10^5 N/m^2$이다.)
(1) 부피를 일정하게 유지하고 100℃까지 온도를 높이려면 몇 J의 열량을 공급해 주어야 하는가?
(2) 압력을 일정하게 유지하면서 100℃까지 온도를 높이려면 몇 J의 열에너지를 공급해 주어야 하는가?

해설
(1) $\begin{pmatrix} \Delta V = 0 \\ \Delta U = \dfrac{3}{2}nR\Delta T \end{pmatrix}$ $JQ = \Delta U + P\Delta V (\leftarrow \Delta V = 0)$
$= \dfrac{3}{2}nR\Delta T = \dfrac{3}{2} \times 2 \times 8.3 \times 100 = 2,490(J)$

(2) $JQ = \Delta U + P\Delta V$
$= \dfrac{3}{2}nR\Delta T + nR\Delta T (\leftarrow \Delta V \neq 0)$
$= \dfrac{5}{2}nR\Delta T = \dfrac{5}{2} \times 2 \times 8.3 \times 100 = 4,150(J)$

답 ▶ (1) 2,490J (2) 4,150J

06 단원자 분자 기체가 1mol 있다. 온도가 300K일 때, 이 기체의 내부 에너지는 몇 J인가? (단, $R=8.3J/mol\cdot K$이다.)

> **해설** 단원자 기체의 내부 에너지 $U=\frac{3}{2}nRT$이다. $n=1mol$, $R=8.3J/mol\cdot K$, $T=300K$를 대입하여 계산하면 $U=\frac{3}{2}\times 1\times 8.3\times 300=3735J$

답 3735J

07 이상 기체가 4mol 있다. 압력을 일정하게 유지하면서 기체를 2.5℃ 높이는 데 필요한 열량은? (단, $R=8.3J/mol\cdot K$이다.)

> **해설** 이상 기체의 내부 에너지 $Q=\frac{5}{2}nRT$이다. $n=4mol$, $R=8.3J/mol\cdot K$, $\Delta T=2.5K$를 대입하여 계산하면 $Q=\frac{5}{2}\times 4\times 8.3\times 2.5=207.5J$

답 207.5J

08 다음 중 가역 변화라고 볼 수 있는 것은?
① 열이 높은 온도에서 낮은 온도로 이동한다.
② 용수철 진자가 진동한다.
③ 유리가 깨진다.
④ 담배 연기가 공기 중으로 퍼져 나간다.

> **해설** 외계에 아무런 변화도 남기지 않고 다시 처음 상태로 되돌아가는 변화가 가역 변화이다.

답 ②

09 다음은 열역학 제2법칙을 설명한 것이다. 옳지 않은 것은?
① 열기관이 받는 열에너지를 모두 일로 바꾸는 것은 불가능하다.
② 어떤 계의 분자들이 더욱 무질서한 분자운동을 하는 방향으로 자연 현상이 일어난다.
③ 열은 스스로 저온의 물체에서 고온의 물체로 흐를 수 없다.
④ 열효율이 100%인 열기관을 만들 수 있다.

> **해설** 열은 스스로 높은 온도에서 낮은 온도로 흐르고, 열효율 100%인 열기관은 만들 수 없다.

답 ④

10 (1) 500cal의 열량을 흡수하고 350cal의 열량을 버리는 열기관의 효율은 얼마인가?
(2) 127℃의 열원에서 열을 흡수하고 27℃의 냉각기로 열을 방출하는 열기관의 최대 효율은 얼마인가?

> **해설** (1) $\begin{cases} Q_1=500cal \\ Q_2=350cal \end{cases}$ $e=\frac{Q_1-Q_2}{Q_1}\times 100=\frac{500-350}{500}\times 100=30(\%)$
>
> (2) $\begin{cases} T_1=127+273=400(K) \\ T_2=27+273=300(K) \end{cases}$ $e=\frac{T_1-T_2}{T_1}\times 100=\frac{400-300}{400}\times 100=25(\%)$

답 (1) 30% (2) 25%

11 증기기관이 $300K$의 열을 받아 일을 하고 $180K$의 열을 내보냈다면 이 기관의 최대 열효율은?

해설 열효율 $e = \dfrac{T_1 - T_2}{T_1} \times 100 = \dfrac{300 - 180}{300} \times 100 = 40(\%)$

답 40%

12 기체가 단열 팽창하는 경우와 단열 압축하는 경우 기체 분자의 평균 운동에너지는 어떻게 변하는가?

해설 열적 순환 과정에서 기체가 단열 팽창하면 온도가 감소한다. 오른쪽 그림에서 A→B 과정으로 진행하는 경우이며, 온도 $T_1 > T_2$이다. 기체 분자의 평균 운동에너지는 온도에 비례하므로 증가한다. 단열 압축하면 부피가 감소하는 B→A 과정이므로 온도는 상승하고 기체 분자의 평균 운동에너지는 증가한다.

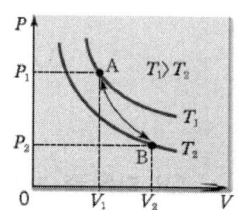

답 단열 팽창 : 감소한다.
단열 압축 : 증가한다.

13 고열원으로부터 얻은 열량 Q_1, 저열원 열량 Q_2, 이때 절대온도를 각각 T_1, T_2라 하면 카르노 기관의 열효율은?

해설 열기관이 고온 T_1에서 Q_1의 열을 받아 저온 T_2로 Q_2의 열을 방출하여 W만큼의 일을 했을 때 열효율은 $e = \dfrac{W}{Q_1} = \dfrac{Q_1 - Q_2}{Q_1} = \dfrac{T_1 - T_2}{T_1}$

답 $e = 1 - \dfrac{T_2}{T_1}$

적중예상문제

물리학개론

01 50kg의 물체가 2초 동안 자유 낙하할 때 지구가 이 물체에 한 일의 양(J)은?
(단, 중력 가속도는 10m/s²이다.)

① 5,000　　　　　　　　　② 10,000
③ 15,000　　　　　　　　　④ 20,000

해설　자유 낙하한 거리
$s = \frac{1}{2}gt^2 = \frac{1}{2} \times 10 \times 2^2 = 20m$
$W = mgh = 50 \times 10 \times 20 = 10,000 J$

02 수평면상에서 240N의 마찰력이 작용하는 4kg인 물체에 힘을 가하여 40m/s의 일정한 속도로 10m 움직였을 때 이 힘이 한 일은 몇 J인가?

① 392J　　　　　　　　　② 960J
③ 2,400J　　　　　　　　　④ 9,600J

해설　등속도 운동이므로 $F = f_K = 240N$
일 $W = F_S = 240 \times 10 = 2,400 J$

03 그림과 같이 마찰이 없는 빗면에서 질량이 5kg인 물체를 꼭대기까지 들어 올렸을 때 힘 F가 한 일은?

① 125J　　　　　　　　　② 490J
③ 500J　　　　　　　　　④ 980J

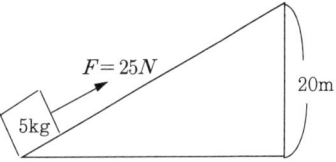

해설　일의 원리에서 연직으로 20m 들어 올린 일의 양과 같으므로
$W = Fs \cos 0° = mgh = 5 \times 9.8 \times 20$
$= 980 J$

정답　01. ②　02. ③　03. ④

Chapter 02

04 0.1m 늘리는 데 10N의 힘이 드는 용수철이 있다. 자연 상태에 있는 이 용수철을 0.2m 늘리는 데 필요한 일은 몇 J인가? (단, 용수철은 탄성한계 내에 있다.)

① 1　　　　　　　　　　② 2
③ 10　　　　　　　　　 ④ 20

해설 후크의 법칙 : $F = kx$에서 $k = \dfrac{F}{x} = \dfrac{10}{0.1} = 100 N/m$

$W = \dfrac{1}{2}kx^2 = \dfrac{1}{2} \times 100 \times (0.2)^2 = 2J$

05 600N의 사람이 용수철 저울 위에 가만히 올랐을 때 저울이 0.1cm 내려갔다. 이때 한 일은?

① 60J　　　　　　　　　② 30J
③ 0.6J　　　　　　　　　④ 0.3J

해설 후크의 법칙 : $F = kx$에서
$600 = k \times 0.001 \quad k = 6 \times 10^5 N/m$
$W = \dfrac{1}{2}kx^2 = \dfrac{1}{2} \times 6 \times 10^5 \times (10^{-3})^2 = 0.3J$

06 10kg인 물체가 반지름 2m인 원운동을 할 때 구심력 20N을 받고 있다. 물체가 2회전 하는 동안 구심력이 한 일의 양은?

① 0J　　　　　　　　　　② 40J
③ 80J　　　　　　　　　 ④ 2,000J

해설 $W = Fs\cos\theta$에서 항상 $\theta = 90°$이므로 $W = 0$

정답　04. ②　05. ④　06. ①

07 정지되어 있는 질량 10kg의 물체에 힘을 가했을 때 물체의 속도와 시간과의 관계가 그래프와 같았다. 이 힘에 가해지는 5초 동안의 일률은?

① 6W ② 9W
③ 10W ④ 12W

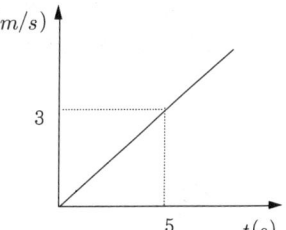

해설 기울기 = 가속도
$a = \frac{3}{5} m/s^2$ $F = ma = 10 \times \frac{3}{5} = 6N$
면적 = 이동 거리
$s = \frac{1}{2} \times 5 \times 3 = \frac{15}{2} m$, $P = \frac{W}{t} = \frac{Fs}{t} = \frac{6 \times \frac{15}{2}}{5} = 9W$

08 질량이 1,000kg인 승용차가 정지선에 정지해 있다. 이때 질량이 같은 동일 차종의 승용차가 후방에서 시속 72km/h로 추돌한 후, 두 차가 붙어서 앞으로 10m 움직인 후 정지했다. 정지하는 과정에서 도로와 승용차 바퀴 사이의 마찰계수는? (단, 추돌 후 정지할 때까지 승용차들은 브레이크가 밟힌 채 등가속도 운동을 하며, 중력 가속도는 10m/s²이다)

[08. 국가직 7급]

① 0.2 ② 0.5
③ 0.8 ④ 1.0

해설
$72 km/h = \frac{72 \times 1000}{3600} = 20 (m/s)$

충돌 전후 운동량은 보존되므로
$1000 \times 20 + 0 = 2000 V$ ∴ $V = 10 (m/s)$

운동 방정식에 의해 $2 \cdot (-a) \cdot 10 = 0 - 10^2$ ∴ $-20a = -10^2$
∴ $a = 5$(크기)

뉴턴의 제2법칙에서 마찰력은 ma이므로
$\mu(2m)g = (2m)a$
∴ $\mu = \frac{a}{g} = \frac{5}{10} = 0.5$

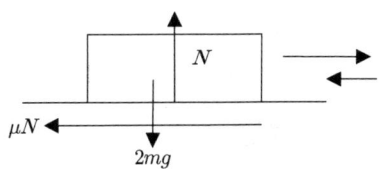

정답 07. ② 08. ②

Chapter 02

09 수평면 위에서 물체가 초속 10m/s로 달리다가 정지하기까지 진행한 거리는? (이때, 면과 물체 사이의 운동 마찰계수는 0.2, 중력 가속도 g는 10m/s²이다.)

① 1m
② 10m
③ 25m
④ 250m

해설 감소한 운동에너지=마찰력이 한 일
$$\frac{1}{2}mv_0^2 - \frac{1}{2}mv^2 = \mu mgs$$
$$\frac{1}{2} \times 10^2 = 0.2 \times 10 \times s \quad \therefore s = 25(m)$$

10 어떤 물체에 10N의 힘을 주어서 힘의 방향과 60° 방향으로 20m 이동시켰다. 이 힘이 한 일은?

① 10J
② 20J
③ 100J
④ 200J

해설 힘이 한 일 $W = F \cdot s\cos\theta$에서 $W = 10 \times 20 \times \cos 60° = 100(J)$

11 수평면 내에서 반지름 1m의 등속 원운동을 하고 있는 물체가 있다. 이 물체의 운동에너지가 10J이면 이 물체가 받고 있는 구심력의 크기는?

① 5N
② 10N
③ 20N
④ 40N

해설 구심력 $F = \dfrac{mv^2}{r} = (\dfrac{1}{2}mv^2) \times \dfrac{2}{r}$

$E_k = \dfrac{1}{2}mv^2 = 10(J)$, $r = 1(m)$을 대입하면

$F = (10) \times \dfrac{2}{1} = 20(N) \quad \therefore$ 구심력 $= 20(N)$

12 물체의 운동에너지가 2배가 되면 운동량은 몇 배가 되는가?

① 1배
② $\sqrt{2}$ 배
③ 2배
④ 4배

해설
- $E_k = \dfrac{1}{2}mv^2 = \dfrac{(mv)^2}{2m} = \dfrac{P^2}{2m}$ (P : 운동량)
- $P \propto \sqrt{E_k}$에서 $\therefore E_k$가 2배이면 P는 $\sqrt{2}$ 배이다.

정답 09. ③ 10. ③ 11. ③ 12. ②

13 길이 10cm인 용수철에 10N의 힘을 주었더니 1cm가 늘어났다. 이때 용수철의 탄성력에 의한 위치에너지는?

① 10^{-2}J   ② 5×10^{-2}J
③ 1J   ④ 5J

해설 탄성력에 의한 위치에너지 $E_p = \frac{1}{2}kx^2$
$F = kx$에서 용수철 상수 $k = \frac{F}{x}$, $k = \frac{10}{0.01} = 1,000(\text{N/m})$
$E_p = \frac{1}{2} \times (1,000) \times (0.01)^2 = 5 \times 10^{-2}(\text{J})$

14 그림과 같이 질량 4kg의 정지해 있던 물체가 높이 30m의 마찰이 있는 경사면을 내려왔을 때 그 속력이 10m/s가 되었다. 이 과정에서 소모된 에너지는? (단, 중력 가속도 $g = 10\text{m/s}^2$)

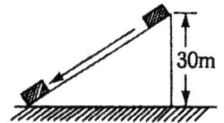

① 900J   ② 1,000J
③ 1,100J   ④ 1,200J

해설 소모된 에너지(Q) = 위치에너지(mgh) − 운동에너지$(\frac{1}{2}mv^2)$
$\therefore Q = (4 \times 10 \times 30) - (\frac{1}{2} \times 4 \times 10^2) = 1,200 - 200 = 1,000(\text{J})$

15 질량 2kg의 물체가 1m/s로 운동하다가 벽에 고정된 탄성계수 $k = 200\text{N/m}$의 용수철을 압축시킬 때, 용수철의 최대 변위는? (단, 모든 마찰과 용수철의 질량은 무시한다.)

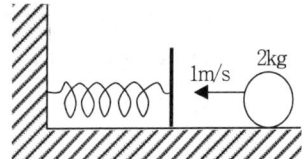

① 0.1m   ② 0.5m
③ 1m   ④ 1.5m

해설 질량 2kg인 물체의 운동에너지는 $\frac{1}{2}mv^2 = 1J$이며, 용수철 에너지로 전환되므로
$\frac{1}{2}kx^2 = \frac{1}{2} \times 200 \times x^2 = 1J$. 따라서 $x = 0.1m$가 된다.

정답 13. ② 14. ② 15. ①

Chapter 02

16 4m/s로 달리던 2t 트럭이 급브레이크를 걸어 정지하였다. 트럭의 운동에너지가 전부 열로 발생한다면 열량(cal)은?

① 10^3 cal
② 1.6×10^3 cal
③ 2×10^3 cal
④ 4×10^3 cal

해설 $E_k = \frac{1}{2}mv^2 = \frac{1}{2} \times 2,000 \times 4^2 = 16,000(J)$
열의 일당량은 4J/cal이므로
∴ $16,000 \div 4 = 4,000 = 4 \times 10^3$(cal)

17 기중기가 1,000kg의 물체를 8초만에 20m의 높이로 끌어올릴 때 엔진에 공급된 일률이 35hp였다. 이때 출력 일률은 약 몇 kW인가?

① 22.5kW
② 24.5kW
③ 26.5kW
④ 28.5kW

해설 일률 = 한 일의 양/시간이므로 $W = 1000 \times 9.8 \times \frac{20}{8} = 24,500W$이다. ∴ 24.5kw

18 질량 1kg인 물체의 속도가 1m/s에서 5m/s로 증가하였다. 이 동안 이 물체가 받은 일은 얼마인가?

① 4J
② 12J
③ 24J
④ 25J

해설 $W = \frac{1}{2}mv^2 - \frac{1}{2}mv_0^2 = \frac{1}{2} \times 1 \times 5^2 - \frac{1}{2} \times 1 \times 1^2 = 12J$

19 자동차 연료의 화학에너지가 운동에너지로 전환되어 그 차의 속도가 0에서 매시 32km로 증가되었다. 이제 이 차의 운전자가 다른 차를 추월하려고 속도를 매시 64km로 높였다면 이때 시속 32km에서 시속 64km의 속도로 올릴 때 필요한 에너지는 0에서 시속 32km로 올릴 때 필요한 에너지의 몇 배인가?

① $\frac{1}{2}$ 배
② 같다.
③ 2배
④ 3배

해설 일-에너지 정리에서 $W = \frac{1}{2}mv^2 - \frac{1}{2}mv_0^2$
∴ $v_0 = 0$에서 $v_1 = 32km/h$로 올릴 때 $W_1 = \frac{1}{2}mv_1^2$
$v_1 = 32km/h$에서 $v_2 = 64km/h = 2v_1$로 올릴 때
$W_2 = \frac{1}{2}m(2v_1)^2 - \frac{1}{2}mv_1^2 = 3 \times \frac{1}{2}mv_1^2 = 3W_1$

정답 16. ④ 17. ② 18. ② 19. ④

20 오른쪽 그래프는 용수철의 힘 크기 FN과 늘어난 길이 Xm와의 관계를 나타낸 것이다. 용수철이 0.2m 늘어난 상태에서 0.2m를 더 늘렸을 때 필요한 일은?

① 1J ② 1.5J
③ 2J ④ 2.5J

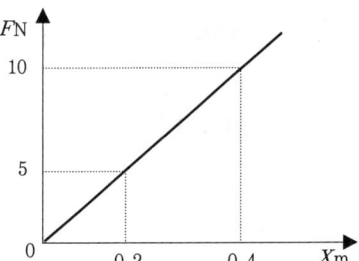

해설 일−에너지 정리에서 $w = \frac{1}{2}kx^2 - \frac{1}{2}kx_0^2$에 주어진 조건을 대입하여 계산하면 용수철에 저장된 에너지의 차이가 필요한 일이 되므로 $w = 1.5J$이 된다.

21 질량이 20kg인 물체가 우측 그래프와 같이 힘을 받으면서 15m 이동하는 동안 힘이 한 일의 양은?

① 45J ② 60J
③ 80J ④ 90J

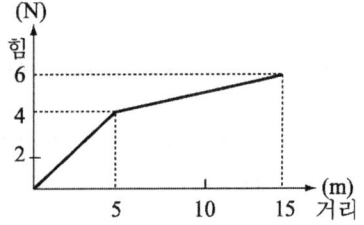

해설 한 일의 양은 $W = F \times s$이므로 그래프의 면적의 크기가 된다.

22 퍼텐셜(위치)에너지가 $U(x) = a + bx^2$인 힘이 x축 위를 움직이는 질량 m인 물체에 작용한다. 이 물체의 단순조화운동(simple harmonic motion)의 진동수가 의존하는 값을 모두 고른 것은? (단, a와 b는 상수이다.) [11. 국가직 7급]

① a와 m ② b와 m
③ a와 b ④ a, b 그리고 m

해설 $u(x) = a + bx^2$인 힘은 위치에너지의 부의 그라디언트이므로

$$F = -grad\ U(x) = -\frac{du(x)}{dx} = -\frac{d(a+bx^2)}{dx} = -2bx$$

이때 F는 ma이므로 ∴ $ma = -2bx$

$m\ddot{x} + 2bx = 0$, $\ddot{x} + \frac{2b}{m}x = 0$

$w^2 = \frac{2b}{m}$ ∴ $w = \sqrt{\frac{2b}{m}} = 2\pi f$

정답 20. ② 21. ② 22. ②

Chapter 02

23 보존력이 작용하는 계에서, 일차원 직선 운동을 하고 있는 입자의 퍼텐셜에너지가 위치 x의 함수로 $U(x)=(x-2)^3-12x$ 모양으로 주어진다고 할 때, 입자의 안정한 평형점의 위치는?

[12. 국가직 7급]

① $x=0$ ② $x=2$
③ $x=4$ ④ $x=6$

해설 x의 함수가 다음과 같을 때 $u(x)=(x-2)^3-12x$
평형점에서의 힘 $F=0$이므로 $F=-\operatorname{grad} U(x)$
$F=-\dfrac{du(x)}{dx}=-\dfrac{d}{dx}\{(x-2)^2-12x\}=-\{3(x-2)^2-12\}=0$
$3(x-2)^2=12$, $(x-2)^2=4$, $\therefore x-2=2$
$\therefore x=4$

24 마찰이 없는 빗면 AB상에 질량 m되는 물체를 높이 h인 곳에 놓았더니 미끄러져 내려와 B점에서 수평면상으로 s 만큼 떨어진 C점에 정지하였다. BC면상에서의 운동 마찰계수는?

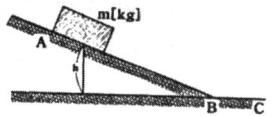

① $\dfrac{s}{h}$ ② $\dfrac{h}{s}$
③ $\dfrac{h}{2g}$ ④ $\dfrac{h}{2gs}$

해설 위치에너지 $= mgh$이 마찰력에 대한 일로 전환되므로, 운동 마찰계수를 μ로 나타낼 때
$mgh =$ 마찰력 $\times$ 이동 거리 $= \mu mgs \Rightarrow \mu = mgh/mgs \Rightarrow$ 계수 μ는 h/s이다.

25 정지해 있던 질량 m의 물체가 일정한 힘을 받아 가속도 운동을 한다. 처음으로부터 1초, 2초, 3초 때의 운동에너지의 비를 구하면?

① $1:1:1$ ② $1:2:3$
③ $1^2:2^2:3^2$ ④ $1:3:5$

해설 힘이 일정하면 등가속도 운동이므로
$v=v_0+at$ 에서 $v_0=0$이므로 $v \propto t$
$E_k=\dfrac{1}{2}mv^2 \propto v^2$ t 비 $=1:2:3$이면
E_k 비 $=1^2:2^2:3^2$

정답 23. ③ 24. ② 25. ③

26 지표면으로부터 높이 15m의 위치에서 자유 낙하시킨 물체의 운동에너지가 중력에 의한 위치에너지의 2배가 되는 곳의 높이는 지표면으로부터 얼마인가? (단, 공기의 저항은 무시하고, 중력 가속도는 $10m/s^2$으로 한다.)

① 5m
② 6m
③ 9m
④ 10m

해설 E보존 : $mgh = E_k + E_p$에서

$E_k = 2E_p$인 곳의 높이를 h'라 하면

$mgh = 3E_p = 3mgh'$, $h' = \frac{1}{3}h = \frac{1}{3}h' = \frac{1}{3}h = \frac{1}{3} \times 15 = 5m$

27 높이 125m에서 자유 낙하 시 운동에너지와 위치에너지가 같아지는 시간은 약 몇 초 후인가? (단, 공기 저항은 무시하고 지면을 기준으로 한다.)

① 2.5초
② 3.6초
③ 5.0초
④ 7.2초

해설 역학적 에너지 보존 법칙에 의해 125m의 $\frac{1}{2}$인 62.5m에서 낙하했을 때 운동에너지와 위치에너지는 같다. 즉 62.5m에서 자유 낙하하는 시간을 구한다.

$s = \frac{1}{2}gt^2$에서 $t = \sqrt{\frac{2s}{g}} = \sqrt{\frac{2 \times 62.5}{9.8}} ≒ 3.6s$

28 19.6m 높이에서 물체를 자유 낙하시킬 때 공기 저항을 무시한다면 지면에 도달하는 순간의 속력은?

① 4.9m/s
② 9.8m/s
③ 19.6m/s
④ 29.4m/s

해설 • 자유 낙하 : $v^2 = 2gh$에서 $v = \sqrt{2gh} = \sqrt{2 \times 9.8 \times 19.6} = 19.6m/s$

• 또는 역학적 에너지 보존 : $mgh = \frac{1}{2}mv^2$에서 $v = \sqrt{2gh}$

정답 26. ① 27. ② 28. ③

Chapter 02

29 그림과 같이 건물 옥상에서 같은 속력으로 물체를 네 방향으로 던졌을 때 지면에 도달 시 속력이 가장 큰 경우는? (단, 공기 저항은 무시한다.)

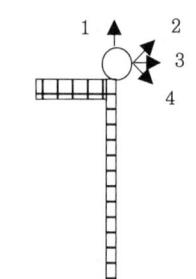

① 1
② 2
③ 3
④ 모두 같다.

해설 역학적 에너지 보존 법칙에 의해 mgh(출발점)$=\frac{1}{2}mv^2$(지면)

$v=\sqrt{2gh}$ 로 속력이 모두 같으나 방향은 다르다.

30 0.2kg인 공을 초속도 10m/s로 지면과 30°의 각도로 던졌다. 중력 가속도를 10m/s² 이라고 할 때 최고점에서의 위치에너지는 몇 J인가? (다만, 지면을 기준으로 한다.)

① 0.25
② 2.5
③ 0.75
④ 7.5

해설
- 최고점의 높이 $h=\frac{(v_0\sin\theta)^2}{2g}$

$E_p=mgh=\frac{1}{2}m(v_0\sin\theta)^2=\frac{1}{2}\times 0.2\times(10\times\frac{1}{2})^2=2.5J$

- 또는 E 보존 이용 : 최고점의 속도
$v=v_0\cos\theta$가 있어 운동에너지가 존재

$\frac{1}{2}mv_0^2=\frac{1}{2}(v_0\cos)^2+E_p$

$E_p=\frac{1}{2}mv_0^2(1-\cos\theta)^2=\frac{1}{2}mv_0^2\sin^2\theta$

31 질량이 2kg인 물체의 길이가 1m인 실에 매달려 그림과 같이 단진동을 하고 있다. A점에서 정지한 물체가 B점으로 이동할 때 B점에서의 속도는 몇 m/s인가? (단, g =10 m/s²이다.)

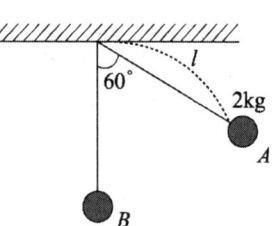

① $\sqrt{10}$ m/s
② $\sqrt{20}$ m/s
③ 5m/s
④ 10m/s

해설 물체의 높이 $h=l(1-\cos\theta)$이므로 $mgh=ngl(1-\cos\theta)$이다. 대입하여 계산하면 위치에너지의 크기가 $10J$이므로 B에서 운동에너지로 전환된 에너지의 크기도 $10J$이 된다.
$\frac{1}{2}mv^2=10J$일 때 $v=\sqrt{10}\,m/s$이다.

정답 29. ④ 30. ② 31. ①

32 탄성계수 900N/m인 용수철의 한 끝을 지면에 대고 수직으로 세운 다음 다른 끝에 질량이 10g인 물체를 올린 후 물체를 아래로 밀어 용수철을 2cm만큼 압축시킨 후에 손을 놓았다. 물체가 현 지점에서 최대로 올라갈 수 있는 높이와 최고 속도는 얼마인가? (단, 압축시킨 2cm에 의한 위치에너지 차이는 무시하고, 중력 가속도는 10m/s²이다.)

① 0.9m, 0.6m/s   ② 1.8m, 0.6m/s
③ 0.9m, 6m/s   ④ 1.8m, 6m/s

해설 $10g = 0.01kg$, $2cm = 0.02m$이다. 용수철에 저장된 탄성위치에너지의 크기는 $\frac{1}{2}kx^2$이므로 $0.18J$이다. 탄성위치에너지는 에너지 보존 법칙에 의해 순차적으로 운동에너지와 위치에너지로 전환되므로 $mgh = 0.18J$, $\frac{1}{2}mv^2 = 0.18J$이다. ∴ $h = 1.8m$, $v = 6m/s$이다.

33 마찰이 없는 수평면에서 400g인 물체가 속도 10m/s로 정지한 100g인 물체에 충돌하여 한 덩어리가 되어 같이 움직인다. 충돌 후의 에너지 손실은 얼마인가?

① 4J   ② 8J
③ 12J   ④ 16J

해설 충돌 전 운동에너지는 $\frac{1}{2}mv^2 = \frac{1}{2} \times 0.4kg \times 10^2 = 20J$이다.

충돌 전후 운동량은 보존되므로 $m_1v_1 + 0 = (m_1 + m_2)V$

다음의 공식에 $400g = 0.4kg$, $100g = 0.1kg$을 대입하면 $4 = 0.5kg \times V$가 된다.

$V = 8m/s$이므로 충돌 후 운동에너지는 $\frac{1}{2} \times 0.5kg \times 8^2 = 16J$이며,

손실에너지는 $20J - 16J = 4J$이다.

34 높이 10m인 빗면을 따라 2kg인 물체가 내려온 후 지면에서의 속력이 10m/s이었다. 마찰에 의한 에너지 손실은?

① 0J   ② 24J
③ 48J   ④ 96J

해설 에너지 손실 $= mgh - \frac{1}{2}mv^2 = 2 \times 9.8 \times 10 - \frac{1}{2} \times 2 \times 10^2 = 96J$

정답   32. ④   33. ①   34. ④

Chapter 02

35 그림과 같이 질량 m인 물체를 길이 L인 실에 매달아 매 초 n번씩 돌리고 있을 때 실에 걸리는 힘은?

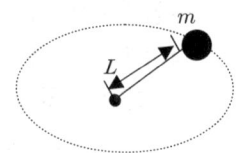

① $mL(\pi n)$
② $mL(\pi n)^2$
③ $mL(2\pi n)$
④ $mL(2\pi n)^2$

해설 실에는 구심력이 걸리는데 $F=ma=\dfrac{mv^2}{r}=mrw^2=\dfrac{4\pi^2 mr}{T^2}$ 이므로 문제의 조건을 대입하면

$F=\dfrac{2\pi^2 mL}{(\dfrac{1}{n})^2}=mL(2\pi n)^2$ 이다.

36 수평면 위에서 질량 500kg인 자동차가 10m/s의 속력으로 직선 운동을 하고 있다. 이 자동차의 속력이 20m/s이면 운동에너지는 처음보다 몇 배로 증가하는가? (단, 공기 저항은 무시한다.)

① 1배
② 2배
③ 4배
④ 8배
⑤ 16배

해설 처음 운동에너지의 크기는 $\dfrac{1}{2}\times 500 \times 10^2 = 25,000 J$,

나중 운동에너지의 크기는 $\dfrac{1}{2}\times 500 \times 20^2 = 100,000 J$ 이므로 4배 증가한다.

37 마찰이 없는 평면 위에 수평으로 놓인 한쪽이 고정된 용수철의 다른 쪽 끝에 붙어있는 어떤 물체가 평형점 위치인 $x=0$을 기준으로 진폭이 A인 일차원 단순조화운동을 하고 있다. $x=\dfrac{A}{2}$ 지점을 지나는 순간에 물체의 운동에너지 K와 탄성위치에너지 P의 비 ($K:P$)는 얼마인가?

① $1:1$
② $1:2$
③ $1:3$
④ $3:1$

해설 처음 탄성위치에너지의 크기는 $\dfrac{1}{2}kA^2=E$일때 $\dfrac{A}{2}$인 지점의 탄성위치에너지의 크기는

$\dfrac{1}{2}k(\dfrac{A}{2})^2=\dfrac{E}{4}$이다. 이때 운동에너지는 $\dfrac{3}{4}E$이므로 $3:1$이다.

정답 35. ④ 36. ③ 37. ④

38 그림과 같이 질량이 3kg인 물체를 2m 높이의 마찰이 없는 비탈면에 가만히 놓았더니 물체가 미끄러져 내려와 마찰이 있는 수평면을 진행한 후 멈추었다. 운동 마찰계수가 0.2일 때 이 물체는 마찰이 있는 수평면을 몇 m까지 진행할 수 있는가? (단, 중력 가속도는 10m/s²이다.)

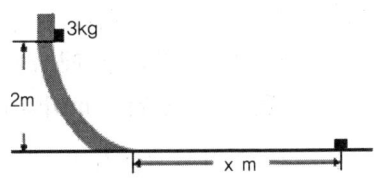

① 1m ② 2m ③ 4m
④ 5m ⑤ 10m

해설 위치에너지의 크기가 $mgh = 3 \times 10 \times 2 = 60J$이며 이는 마찰력이 한 일과 같아
$W = Fs = \mu mgs = 0.2 \times 3 \times 10 \times x = 60J$이므로 $x = 10m$이다.

39 그림과 같이, 마찰이 없는 수평면에 탄성계수 k=80N/m인 스프링과 연결되어 정지해 있던 질량 1kg의 블록에, 속력 2m/s로 미끄러져오던 질량 4kg의 블록이 충돌하여 순간적으로 붙어 함께 운동한다. 이때 스프링의 최대 압축 길이[m]는? (단, 용수철의 질량과 공기의 저항은 무시한다.)

[12. 국가직 7급]

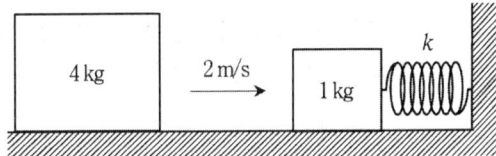

① 0.1 ② 0.2
③ 0.3 ④ 0.4

해설 충돌 전후 운동량은 같으므로 $m_1 v = (m_1 + m_2)V$에서 $8 = 5 \times V$이므로 $V = \frac{8}{5} m/s$이다.

충돌 후 붙어 함께 운동할 때 운동에너지의 크기는 $\frac{1}{2} \times 5 \times (\frac{8}{5})^2 = 6.4J$이며,

탄성에너지로 전환되므로 $\frac{1}{2}kx^2 = \frac{1}{2} \times 80 \times x^2 = 6.4J$, $x = 0.4m$이다.

40 10kg의 물체를 기중기로 5m/s의 일정한 속도로 끌어올릴 때 기중기의 일률은 얼마인가? (단, 중력 가속도는 10m/s²이다.)

① 100W ② 300W
③ 500W ④ 1000W

해설 $F = mg = 10 \times 10 = 100(N)$
$P = Fv = 100 \times 5 = 500(W)$

정답 38. ⑤ 39. ④ 40. ③

41

질량 2kg의 입자가 일차원 운동을 하며 그 변위 x가 시간 t의 함수 $x(t) = 3t + 2t^2$으로 주어진다고 할 때, $t=2$초에서 입자에 가해지는 힘[N]과 입자의 운동에너지[J]는? (단, x의 단위는 m이다.)

[13. 국가직 7급]

	힘[N]	에너지[J]		힘[N]	에너지[J]
①	4	49	②	4	121
③	8	49	④	8	121

해설 $x(t) = 3t + 2t^2$, $\dot{x}(t) = 3 + 4t$, $\ddot{x}(t) = 4$
∴ $F = ma = m\ddot{x} = 2 \times 4 = 8(\text{N})$
$E_k = \frac{1}{2}m\dot{x}(2)^2 = \frac{1}{2} \times 2 \times (3 + 4 \times 2)^2 = (3+8)^2 = 11^2 = 121(\text{J})$

42

그림과 같은 댐에서 댐 바닥에 있는 수평 수로를 통해 나오는 물줄기의 순간 속력 v는 얼마인가? [댐의 수위(H)는 200m이다.]

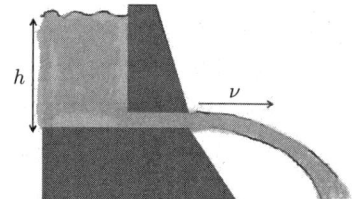

① $10\sqrt{10}$ m/s ② $20\sqrt{10}$ m/s
③ $10\sqrt{20}$ m/s ④ $20\sqrt{20}$ m/s
⑤ $30\sqrt{20}$ m/s

해설 물의 위치에너지가 운동에너지로 전환되므로 $mgh = \frac{1}{2}mv^2$ ∴ $v = 20\sqrt{10}\,m/s$이다.

43

이상 유체가 반지름 r인 관을 통해 v의 속도로 흐르고 있다. 어느 부분에서 관의 반지름이 절반으로 줄어든다면, 좁아진 관에서의 이상 유체의 속도와 압력은 어떻게 되는가?

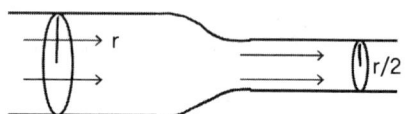

① 속도는 2배 늘어나고, 압력은 줄어든다.
② 속도는 2배 늘어나고, 압력은 늘어난다.
③ 속도는 4배 늘어나고, 압력은 줄어든다.
④ 속도는 4배 늘어나고, 압력은 늘어난다.
⑤ 속도는 8배 늘어나고, 압력은 줄어든다.

해설 연속 방정식에 의해 $A_1v_1 = A_2v_2$, 좁은 관에서 단면적이 $\frac{1}{4}$이므로 속도는 4배이다.
베르누이 방정식에 의해 $P_1 + \frac{1}{2}\rho v_1^2 = P_2 + \frac{1}{2}\rho v_2^2$, 속도가 빠른 곳이 압력이 작다.

정답 41. ④ 42. ② 43. ③

44 전기 모터를 이용하여 800N의 무게를 가진 물체를 10초에 5m씩 들어 올리려 한다. 이 모터가 가져야 할 최소 일률[W]은? [14. 국가직 7급]

① 200
② 400
③ 600
④ 800

해설 일률은 $p = \dfrac{w}{t} = \dfrac{Fs}{t} = \dfrac{800 \times 5}{10} = 400\,W$이다.

45 그림과 같이 단면적이 변하는 관을 통하여 기체가 지나가고 있다. 굵은 관의 단면적은 $2S$, 가는 관의 단면적은 S이며, 두 관 아래에는 물이 채워진 가느다란 유리관이 연결되어 있고, 물의 높이 차이는 h이다. 이에 대한 설명으로 옳은 것만을 모두 고른 것은? (단, 중력 가속도는 g, 물의 밀도는 ρ이며, 기체는 압축되지 않는다고 가정한다.)

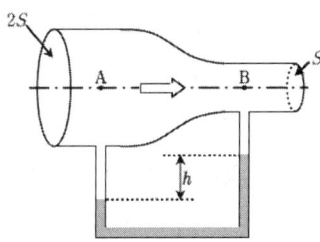

㉠ 기체의 속도는 A지점이 B지점보다 빠르다.
㉡ 기체의 압력은 B지점이 A지점보다 크다.
㉢ A지점과 B지점의 압력 차는 ρgh이다.

① ㉠
② ㉡
③ ㉢
④ ㉠, ㉡

해설 연속 방정식 $A_1 v_1 = A_2 v_2$에 의해 좁은 관에서 속도가 빨라 B지점의 유체의 속도가 빠르며, 베르누이 방정식에 의해 $P_1 + \dfrac{1}{2}\rho v_1^2 = P_2 + \dfrac{1}{2}\rho v_2^2$, 속도가 느린 A지점의 압력이 크다.

A지점과 B지점의 압력 차이는 유리관에 유체의 높이차에 해당하는 압력 ρgh이다.

정답 44. ② 45. ③

46 해수면으로부터 15m 아래로 내려간 잠수부의 폐 속 압력과 가장 가까운 것은? (단, 해수면의 대기압은 $10^5 N/m^2$(1기압), 중력 가속도는 $10m/s^2$, 물의 밀도는 $1000kg/m^3$이다.)

① 0.5기압   ② 1기압   ③ 1.5기압
④ 2기압   ⑤ 2.5기압

해설 1기압의 크기가 $10^5 N/m^2$이다. 15m 아래 지점의 물의 압력은 물의 밀도×중력 가속도×깊이이므로 1.5기압이다. 이때, 해수면의 대기압과 더하면 2.5기압이다.

47 그림과 같이 깊이 5미터, 반지름 2미터의 원통 맨 아래에 지름 1cm의 아주 조그만 구멍이 나서 그리로 물이 나온다고 하자. 이때 구멍이 뚫린 직후 8초 동안 나오는 물의 양은 얼마인가? (단, 중력 가속도=10m/s²) [14. 서울시 7급]

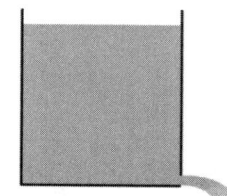

① $2\pi \times 10^{-3} m^3$ ② $8\pi \times 10^{-3} m^3$
③ $10\pi \times 10^{-3} m^3$ ④ $20\pi \times 10^{-3} m^3$
⑤ $80\pi \times 10^{-3} m^3$

해설 주어진 조건에 의한 유체의 속력과 구멍의 크기를 구한다.
$v = \sqrt{2gh} = \sqrt{2 \times 10 \times 5} = 10(m/s)$, $A = \frac{\pi}{4}(0.01)^2 = \frac{\pi}{4} \times 10^{-4}(m^2)$
$\therefore Qt = Avt = \frac{\pi}{4} \times 10^{-4} \times 10 \times 8 = 2\pi \times 10^{-3}(m^3)$

48 아래 그림과 같이 원통 모양으로 구성된 관 속에 압축되지 않는 액체가 들어 있다고 하자. 왼쪽에 있는 좁은 관의 피스톤을 오른쪽 방향  으로 밀면 유압에 의해서 오른쪽 편의 넓은 관의 피스톤이 움직이게 된다. 이때 왼쪽 피스톤에 주어진 힘이 5N이라면 오른쪽의 넓은 관의 피스톤을 통해서 증폭되는 힘의 크기는 얼마인가? (단, 오른쪽 관의 단면의 넓이는 왼쪽 관의 단면의 넓이의 3배이다.)

[14. 서울시 7급]

① 0.6N   ② 1.7N   ③ 5N
④ 10N   ⑤ 15N

해설 파스칼의 원리에 의해 압력은 같아야 하므로 단면적이 3배이면 힘도 3배로 증가한다.
$\frac{5}{1} = \frac{F}{3}$ $\therefore F = 15(N)$

정답 46. ⑤   47. ①   48. ⑤

49 그림과 같이 연직방향으로 세워진 반지름이 R인 원형 모양의 롤러코스터 궤도 위를 롤러코스터 차량이 달리고 있다. 무사히 한 바퀴를 돌기 위한 최저점에서 롤러코스터 차량의 최소 속력[v_0]은? (단, g는 중력 가속도이다) [07. 국가직 7급]

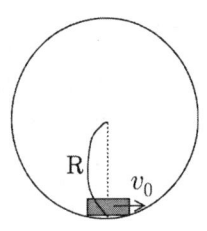

① $\sqrt{2gR}$ ② $\sqrt{4gR}$
③ $\sqrt{5gR}$ ④ $\sqrt{6gR}$

해설 최고점 E = 최하점 E
$$mg2R + \frac{1}{2}mv^2 = \frac{1}{2}mv_0^2$$
$$mg2R + \frac{1}{2}mgR = \frac{1}{2}mv_0^2$$
$$\left(2 + \frac{1}{2}\right)mgR = \frac{1}{2}mv_0^2$$
$$\frac{5}{2}gR = \frac{1}{2}v_0^2$$
$$\therefore v_0 = \sqrt{5gR}$$

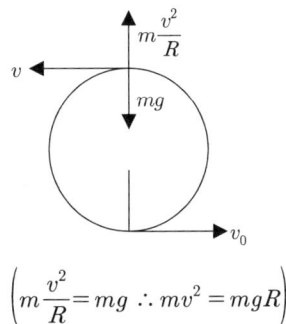

$$\left(m\frac{v^2}{R} = mg \therefore mv^2 = mgR\right)$$

50 질량이 지구 질량의 $\frac{1}{10,000}$인 소행성이 태양 주위를 원 궤도를 그리며 공전하고 있다. 소행성의 궤도 반지름이 지구 궤도 반지름의 두 배이면, 소행성의 운동에너지와 지구의 운동에너지의 비는? (단, 지구도 태양 주위를 원 궤도를 그리며 움직인다고 가정한다.) [08. 국가직 7급]

① 1 : 1 ② 1 : 5,000
③ 1 : 10,000 ④ 1 : 20,000

해설 구심력과 만유인력은 같다. $m\frac{v^2}{r} = \frac{GmM}{r^2}$

이때 지구의 운동에너지 k_1은 $k_1 = \frac{1}{2}mv^2 = \frac{GmM}{2r}$,

소행성의 운동에너지 k_2는 $k_2 = \frac{G\left(\frac{m}{10000}\right)M}{2(2r)}$ 이므로

$$\therefore \frac{k_2}{k_1} = \frac{1}{20000}$$

정답 49. ③ 50. ④

51 두 개의 단진자 A, B가 어느 실험실 천장에 매달려 있다. 진자 A의 질량은 진자 B의 질량의 두 배이며, 두 진자의 길이와 진폭은 같다. 진자의 주기를 각각 T_A와 T_B, 진자가 가질 수 있는 운동에너지의 최댓값을 각각 E_A와 E_B라고 할 때 다음 중 옳은 것은? (단, 진자가 매달린 줄의 질량은 무시한다.)

[08. 국가직 7급]

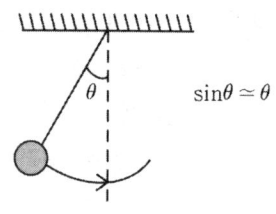

① $T_A = T_B$, $E_A > E_B$
② $T_A < T_B$, $E_A = E_B$
③ $T_A > T_B$, $E_A = E_B$
④ $T_A = T_B$, $E_A < E_B$

해설 단진자의 주기 $T = 2\pi\sqrt{\dfrac{l}{g}}$는 줄의 길이에만 관계한다. ∴ $T_A = T_B$

최하점에서의 속도 $v = \sqrt{2gh}$는 같으므로 운동에너지 $E_k = \dfrac{1}{2}mv^2$는 질량에 비례($E_k \propto m$)한다. ∴ $E_A > E_B$

52 그림과 같이 A점에 정지해 있던 질량 m이 50g인 상자가 중력에 의해 반원형 경로를 따라 내려오고 있다. 면과 상자 사이의 운동 마찰계수는 0.75이고 경로의 반지름 R은 10m이다. 최저점 O에서 상자의 속력은? (단, 중력 가속도는 9.8m/s²이다.)

[09. 국가직 7급]

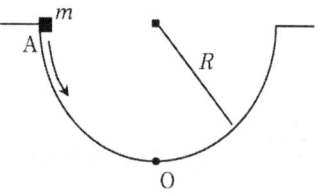

① 3.5m/s
② 7.0m/s
③ 10.5m/s
④ 14.0m/s

해설 마찰력 $W_f = \int \mu mg\cos\theta \cdot ds$

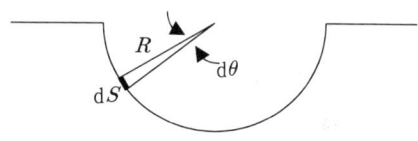

$= \int \mu mg\cos\theta \cdot R d\theta$

$= \mu mgR \int_0^{\frac{\pi}{2}} \cos\theta d\theta = \mu mgR[\sin\theta]_0^{\frac{\pi}{2}}$

$= \mu mgR$

에너지 보존 법칙에 의해 $mgR = \dfrac{1}{2}mv^2 + \mu mgR$ ∴ $\dfrac{1}{2}mv^2 = mgR(1-\mu)$

∴ $v = \sqrt{2gR(1-\mu)} = \sqrt{2 \times 9.8 \times 10(1-0.75)} = \sqrt{196(0.25)} = \sqrt{14^2 \cdot (0.5)^2}$
$= 14 \times 0.5 = 7.0$

정답 51. ① 52. ②

53 반지름이 R인 원형 롤러코스터가 지면에 수직으로 세워져 있다. 최저점에서 열차의 속력이 $v_0 = \sqrt{5gR}$ 이면 그림과 같이 열차가 중간지점을 통과할 때 열차가 받는 수직 항력 N은 열차 무게의 몇 배인가? (단, g는 중력 가속도이고 열차와 레일 사이의 마찰력은 무시한다.)

[10. 국가직 7급]

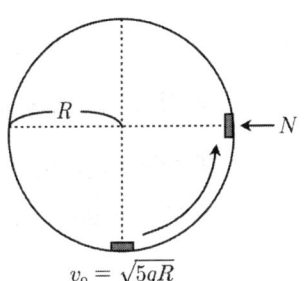

① 1 ② 2
③ 3 ④ 4

해설 N은 구심력으로 $N = \dfrac{mv^2}{R}$ 이며, 에너지는 보존되므로
최하점의 E = 중간지점의 E
$\dfrac{1}{2}mv_0^2 = \dfrac{1}{2}mv^2 + mgR$ 에서 $v_0 = \sqrt{5gR}$ 이므로
$\dfrac{1}{2}m5gR = \dfrac{1}{2}mv^2 + mgR$ 이다.
$\therefore \dfrac{1}{2}mv^2 = \left(\dfrac{5}{2} - 1\right)mgR = \dfrac{3}{2}mgR$

위 식에서 $mv^2 = 3mgR$ 이므로 구심력 $N = \dfrac{mv^2}{R} = \dfrac{3mgR}{R} = 3mg$

$\therefore \dfrac{N}{mg} = 3$

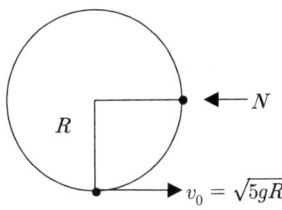

54 해수면으로부터 500m 높이에서 어떤 물체가 공기 저항을 받으며 낙하한다. 해수면에 도달하는 순간 이 물체의 속력이 20m/s였다. 이 물체의 초기 총 역학적 에너지에 대한 공기 저항에 의해 손실된 역학적 에너지의 비율은? (단, 위치에너지의 기준점은 해수면으로 하며 중력 가속도는 10m/s²이다.)

① 60% ② 64%
③ 80% ④ 96%

해설 질량을 1kg이라고 가정하면, 중력위치에너지의 크기는 5,000J이며, 지면 도달 속력에 의한 운동에너지의 크기는 200J이므로 손실된 역학적 에너지는 96%이다.

정답 53. ③ 54. ④

Chapter 02

55 질량 m인 물체가 반지름 R인 마찰이 없는 수직 원형트랙의 바닥에서 높이 $\frac{3}{4}R$인 위치 A에서 정지상태로부터 트랙을 따라 미끄러져 내려간다. 물체가 트랙의 바닥지점 B에 도달했을 때, 물체가 트랙으로부터 받는 힘은?

[10. 지방직 7급]

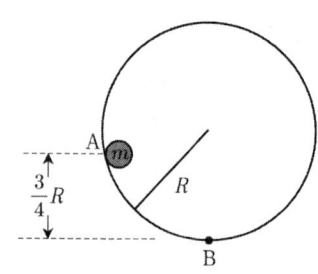

① mg
② $\frac{3}{2}mg$
③ $2mg$
④ $\frac{5}{2}mg$

해설 역학적 에너지 보존 법칙에 의해
$\frac{3}{4}R \cdot mg = \frac{1}{2}mv^2$
점 B에서 수직 항력의 크기는 중력과 원심력의 크기를 더한 것과 같으므로 $N = mg + m\dfrac{v^2}{R}$
$= mg + \frac{3}{2}mg = \frac{5}{2}mg$

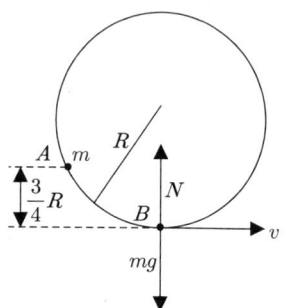

56 지구 반지름을 R이라고 할 때, 지표면에 있던 질량 m인 물체를 지표면에서 R만큼 높은 점 A로 옮기기 위해 한 일 W_A와 지표면에서 2R만큼 높은 점 B로 옮기기 위해 한 일 W_B의 비 $W_A : W_B$는?

[13. 국가직 7급]

① 1 : 4
② 2 : 3
③ 3 : 4
④ 4 : 5

해설 한 일의 양은 물체의 위치에너지의 변화량과 같다.
$W = -\Delta E_p, \ E_p = -\dfrac{GmM}{r}$
$W_A = \dfrac{GmM}{R} - \dfrac{GmM}{2R} = \dfrac{GmM}{2R}$
$W_B = \dfrac{GmM}{R} - \dfrac{GmM}{3R} = \dfrac{2GmM}{3R}$
$\therefore W_A : W_B = \dfrac{1}{2} : \dfrac{2}{3} = 3 : 4$

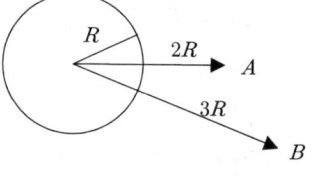

정답 55. ④ 56. ③

57 질량이 400kg인 인공위성이 지구 주위를 일정한 속력 7km/s로 원형 궤도를 따라 공전하고 있다. 이 인공위성의 역학적 에너지(J)는? (단, 지구의 중력만을 고려하며, 위치에너지는 지구로부터 무한대의 거리에서 0이다.)   [15. 국가직 7급]

① -4.9×10^9
② -9.8×10^9
③ 4.9×10^9
④ 9.8×10^9

해설 구심력과 만유인력($m\dfrac{v^2}{r} = \dfrac{GmM}{r^2}$)은 같으며, 역학적 에너지는 위치에너지의 $\dfrac{1}{2}$이다.

$$E = \dfrac{1}{2}\left(-\dfrac{GmM}{r}\right) = \dfrac{1}{2}(-mv^2) = -\dfrac{1}{2} \times 400 \times (7000)^2 = -200 \times 49 \times 10^6$$
$$= -9.8 \times 10^9$$

58 그림과 같이 수평면에 정지해 있던 질량이 2kg인 물체 A에 일정한 크기의 힘 4N을 작용하여 A를 1m 이동시켰다. 이후 A는 일정한 속도로 운동하다가 정지해 있던 질량이 2kg인 물체 B와 충돌한 후 정지하였다. 이 충돌과정에서 운동량과 역학적 에너지가 보존된다. 물체 B는 A와 충돌 후 일정한 속도로 이동하다가 빗면을 따라 수평면에서 높이 h인 점 P까지 올라갔다 내려온다. 물체 A와 B의 운동에 대한 설명으로 옳은 것은? (단, 중력 가속도는 10m/s²이며, A와 B의 크기, 모든 마찰과 공기 저항은 무시한다.)

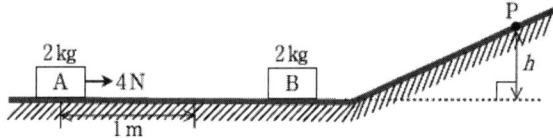

① A에 4N의 힘이 작용할 때 A의 가속도는 $8m/s^2$이다.
② A와 B가 충돌하기 직전 A의 속도는 $4m/s$이다.
③ A와 B가 충돌할 때 B에 작용한 충격량의 크기는 $4N \cdot s$이다.
④ 점 P의 높이 h는 50cm이다.

해설 ① 가속도의 크기는 $a = \dfrac{F}{m} = \dfrac{4N}{2kg} = 2m/s^2$

② A가 받은 일의 양이 4J이므로 1m 이동 후 운동에너지는 $4J = \dfrac{1}{2} \times 2 \times v^2$에서 $v = 2m/s$

③ 충격량은 운동량의 변화량과 같고 충돌 과정에서 운동량과 역학적 에너지가 보존된다고 하였으므로 완전 탄성 충돌이다. B의 운동량의 변화량 크기는 B의 속도가 $2m/s$이므로 $4N \cdot s$이다.

④ 역학적 에너지 보존 법칙에 의해 $4J = mgh = 2 \times 10 \times h$에서 $h = 20cm$이다.

정답 57. ② 58. ③

59 다음 그림과 같이 수평면으로부터 높이 h인 지점에 정지해 있던 물체 A가 곡면을 미끄러져 내려와 수평면 위에 정지해 있던 물체 B와 충돌한다. 충돌 후 두 물체가 한 덩어리로 움직일 때 속력 v는? (단, A와 B의 질량은 같고, 모든 마찰과 공기 저항은 무시하며 중력 가속도는 g이다.)

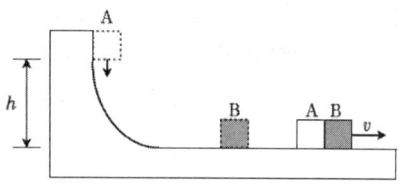

① $\sqrt{\dfrac{gh}{2}}$ ② $\sqrt{gh}$

③ $\sqrt{2gh}$ ④ $\sqrt{4gh}$

해설 물체의 위치에너지와 운동에너지는 같다. $mgh = \dfrac{1}{2}mv^2$이므로 $v = \sqrt{2gh}$ 이다. 충돌 후 한 덩어리로 운동하므로 $m_A\sqrt{2gh} = (m_A + m_B)V$이며 질량이 같으므로 $m_A = m$, $m_A + m_B = 2m$으로 하여 V를 구하면 $V = \sqrt{\dfrac{gh}{2}}$ 가 된다.

60 평탄한 지표면과 각각 30도, 45도 각도를 이루도록 두 물체를 지표면에서 던져 올렸을 때, 이 두 물체가 다시 지표면에 떨어질 때까지 이동한 수평 거리를 각각 L_1, L_2라고 하자. 이때, $\dfrac{L_2}{L_1}$의 값은 얼마인가? (단, 두 물체의 초기 속도는 v_0로 동일하며, 공기의 저항은 무시하고 물체는 중력의 영향만 받는다고 가정한다.) [14. 서울시 7급]

① $\sqrt{2}$ ② $\sqrt{\dfrac{3}{2}}$

③ $\sqrt{3}$ ④ $\dfrac{2}{\sqrt{3}}$

⑤ 2

해설

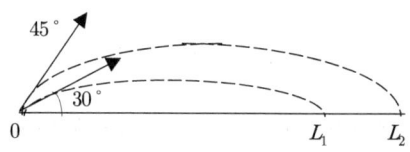

$L = \dfrac{v_0^2 \sin 2\theta}{g}$

$\dfrac{L_2}{L_1} = \dfrac{\sin 90°}{\sin 60°} = \dfrac{1}{\dfrac{\sqrt{3}}{2}} = \dfrac{2}{\sqrt{3}}$

정답 59. ① 60. ④

61 질량이 $m=1$kg인 물체가 $k=4$N/m인 용수철에 매달려 마찰이 없는 수평면 위의 x축 상에서 조화진동운동을 하고 있다. 물체의 초기 위치 및 속도는 $x(0)=0.1$m, $v(0)=0$m/s이다. 물체의 운동에너지와 위치에너지가 최초로 같아지는 시각을 t_1, 물체의 속력이 최대가 되는 최초의 시각을 t_2라 할 때, t_1+t_2의 값은? [15. 서울시 7급]

① $\dfrac{\pi}{8}$초
② $\dfrac{3\pi}{8}$초
③ $\dfrac{5\pi}{8}$초
④ $\dfrac{7\pi}{8}$초

해설

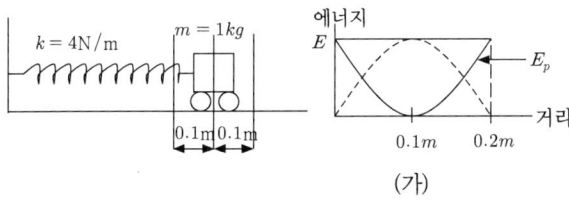
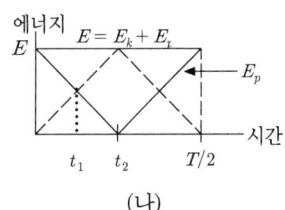

(가)   (나)

운동에너지와 위치에너지가 같은 시간은 그림 (나)에서 $t_1=\dfrac{1}{8}T$이며,

물체의 위치에너지가 최소인 t_2에서 운동에너지가 최대이며 속력이 최대이다.

이때 $t_2=\dfrac{1}{4}T$이므로 $\therefore t_1+t_2=\left(\dfrac{1}{8}+\dfrac{1}{4}\right)T=\dfrac{3}{8}T$

용수철 진자의 주기 $T=2\pi\sqrt{\dfrac{m}{k}}$이므로 $\dfrac{3}{8}T=\dfrac{3}{8}\cdot 2\pi\sqrt{\dfrac{m}{k}}=\dfrac{3}{8}\cdot 2\pi\sqrt{\dfrac{1}{4}}=\dfrac{3}{8}\pi$(s)

$\therefore \dfrac{3\pi}{8}$(s)

62 그림과 같이 단면적이 A_1에서 A_2로 변하는 수평으로 놓인 긴 관에 일정한 양의 물이 유입되고 있다. 물의 속력과 압력이 단면적이 큰 영역에서 각각 v_1, P_1, 단면적이 작은 영역에서 각각 v_2, P_2라면 각 영역에서 물의 속력과 압력의 크기 관계로 옳은 것은?

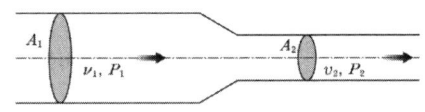

[16. 서울시 7급]

① $v_1>v_2$, $P_1>P_2$
② $v_1>v_2$, $P_1<P_2$
③ $v_1<v_2$, $P_1<P_2$
④ $v_1<v_2$, $P_1>P_2$

해설 $A_1v_1=A_2v_2$이므로 $v_1<v_2$이다. 베르누이 방정식 '$P+\dfrac{1}{2}\rho v^2+\rho gh=$일정'에 속력과 압력은 반비례하므로 $v_1<v_2$, $P_1>P_2$이다.

정답 61. ② 62. ④

Chapter 02

63 1기압하에서 물의 온도가 0°C에서부터 10°C까지 올라갈 때, 그 부피는 어떻게 변하는가?

[07. 국가직 7급]

① 아무런 변화가 없다.
② 부피가 감소한다.
③ 부피가 점점 증가한다.
④ 부피가 줄어들다가 다시 증가한다.

해설 물은 섭씨 4°C에서 밀도가 최대이므로 부피가 최소이다. 따라서 부피가 줄어들다가 다시 증가한다.

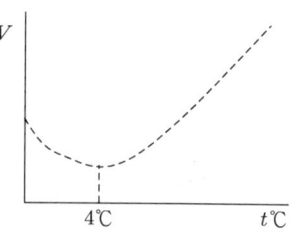

64 단원자 분자로 된 이상 기체의 온도를 1°C 높일 때 기체 분자의 평균 운동에너지는 얼마나 증가하는가? (단, k는 볼츠만 상수이다.)

① $\frac{1}{2}k$
② k
③ $\frac{3}{2}k$
④ $\frac{5}{2}k$

해설 $E_k = \frac{3}{2}kT$에서 $E_k = \frac{3}{2}k \times 1 = \frac{3}{2}k$

65 일정한 부피의 밀폐된 용기 안에 들어 있는 이상 기체에서 분자의 평균 운동에너지가 2배로 되면 이 기체의 압력은 몇 배로 되는가?

① 1/2배
② 1배
③ 2배
④ 4배

해설 압력 $P = \frac{2}{3}\frac{N}{V}E_k$ [부피(V) : 일정, 분자수(N) : 일정]에서 $P \propto E_k$

∴ E_k가 2배이면 P도 2배이다.

정답 63. ④ 64. ③ 65. ③

66 500K의 고열원과 400K의 저열원 사이에서 작동하는 이상적인 열기관이 있다. 이 열기관에 열을 매초 100cal씩 공급할 때 이 열기관의 최대 일률은? (단, 열의 일당량은 4.2J/cal이다.)

① 42W ② 84W
③ 336W ④ 420W

해설
- 최대 효율
$$e = \frac{T_1 - T_2}{T_1} = \frac{500 - 400}{500} = 0.2, \ W = 100 \times 4.2 = 420(\text{J}), \ t = 1(\text{sec})$$
- 최대 일률
$$P = \frac{W}{t} \times e = \frac{420}{1} \times 0.2 = 84(\text{W})$$

67 일정량의 이상 기체의 압력과 부피를 그림과 같이 변화시킬 때 B점에서의 절대온도가 T이면 D점에서의 절대온도는?

① $\frac{4}{3}T$ ② $\frac{2}{3}T$
③ $\frac{1}{2}T$ ④ $\frac{1}{3}T$

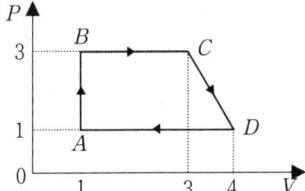

해설 이상 기체 상태 방정식 $PV = nRT$에서 $T = \frac{PV}{nR}$이므로, B점 $T = 3PV$이다.
D점 $T' = 4PV$이므로 $T' = \frac{4}{3}T$이다.

68 비열이 0.1cal/g°C인 구리 덩어리 100g의 온도를 300°C에서 500°C로 올리려면 몇 cal의 열량이 필요한가?

① 20 ② 200
③ 2,000 ④ 20,000

해설 열량 $Q = cm\Delta T = 0.1 \times 100 \times (500 - 300) = 2,000\text{cal}$

정답 66. ② 67. ① 68. ③

Chapter 02

69 빈 플라스크의 질량은 30g, 물을 채웠을 때는 80g이고, 기름을 채웠을 때는 66g이다. 기름의 밀도는?

① $540 kg/m^3$
② $720 kg/m^3$
③ $760 kg/m^3$
④ $840 kg/m^3$

해설 $d = \dfrac{m}{v} \Rightarrow 50g : 36g = 1 : 0.72 = 1000 : 720$

70 1기압에서 10ℓ인 이상 기체를 온도 변화 없이 1/2 기압으로 압력을 변화시키면 부피는 어떻게 되는가?

① $5l$
② $10l$
③ $15l$
④ $20l$

해설 보일의 법칙에서 $P_1 V_1 = P_2 V_2$
$1 \times 10 = \dfrac{1}{2} \times V_2$ ∴ $V_2 = 20(l)$

71 80℃ 물 100g과 10℃ 물 40g을 섞으면 몇 ℃가 되겠는가? (단, 외부와의 열 출입이 없다고 가정한다.)

① 40℃
② 50℃
③ 60℃
④ 70℃

해설 열평형 상태 : 잃은 열량 = 얻은 열량(t : 열평형 온도)
$mc\Delta t = m'c'\Delta t'$
$100 \times 1 \times (80 - t) = 40 \times 1 \times (t - 10)$
$8{,}000 - 100t = 40t - 400$, $140t = 8{,}400$
∴ $t = 60℃$

정답 69. ② 70. ④ 71. ③

72 1기압(10^5 N/m^2)의 이상 기체에 300J의 에너지를 주었더니 압력은 일정하고 체적이 10^{-3}m^{3}만큼 증가하였다. 이때 이 기체의 내부 에너지 증가는 몇 J인가?

① 100J ② 200J
③ 300J ④ 400J

해설 $\Delta U = Q - W = Q - P\Delta V = 300 - (10^5 \times 10^{-3}) = 300 - 100 = 200$(J)

73 327°C, 27°C에서 작동하는 가역 기관이 있다. 이 기관의 열효율은 몇 %인가?

① 8.3% ② 9.0%
③ 32.7% ④ 50.0%

해설 절대온도 : $e = \dfrac{T_1 - T_2}{T_1} = \dfrac{600 - 300}{600} \times 100 = 50(\%)$

74 기체의 상태 방정식 $PV = nRT$에서 기체 상수 R이 뜻하는 것은 다음 중 어느 것인가?

① 아무 뜻도 없는 비례상수이다.
② 기체 1mol을 1K 높였을 때 그 기체가 한 일이다.
③ 기체 1g을 1°C 높였을 때 그 기체가 한 일이다.
④ 기체 1g을 1K 높였을 때 그 기체가 한 일이다.

해설 기체 상수(universal gas constant) : 보일-샤를의 법칙에서 1mol의 기체에서는 기체의 종류에 관계없이 상수값이 일정하다. 즉, 1mol의 기체가 1K 높아졌을 때 기체가 한 일이다.
1기압(1.013×10^5N/m^2), 0°C(273K)에서 1mol의 기체 부피는 모두 22.4×10^{-3}m^{3}이므로
$\therefore R = \dfrac{PV}{T} = \dfrac{1.013 \times 10^5 \times 10^{-2}}{273} = 8.31$(J/K·mol)

75 어떤 이상 기체를 등온 압축하여 부피를 반으로 줄이는 데 200J의 일이 필요했다고 한다. 부피를 $\dfrac{1}{8}$로 줄이려면 얼마의 일[J]이 필요한가? [07. 국가직 7급]

① 25 ② 600
③ 800 ④ 1600

해설
$W = \int p\,dV = \int \dfrac{nRT}{V}dV = nRT\ln\dfrac{V_2}{V_1}$
$200 = nRT\ln\dfrac{1}{2}$
$W = nRT\ln\dfrac{1}{8} = nRT\ln\left(\dfrac{1}{2}\right)^3 = 3nRT\ln\dfrac{1}{2} = 3 \cdot 200 = 600$(J)

정답 72. ② 73. ④ 74. ② 75. ②

Chapter 02

76 어떤 단원자 분자 이상 기체 1mol의 압력이 P로 일정하게 유지된 상태에서 기체에 열을 가해서 부피를 V에서 $3V$로 증가시켰다. 가해 준 열에너지를 P와 V의 함수로 나타내면?

[10. 지방직 7급]

① $2PV$ ② $3PV$
③ $5PV$ ④ $7PV$

해설 열역학 제1법칙 $Q = \triangle U + P\triangle V$에서 등압과정이므로 공급해 준 열에너지는 내부 에너지 증가와 부피 변화에 쓰인다. 또한 이상 기체 상태 방정식 $PV = nRT$이므로

$$Q = \triangle U + P\triangle V = \triangle U + nR\triangle V = \frac{3}{2}nR\triangle T + nR\triangle T = \frac{5}{2}nR\triangle T$$
$$= \frac{5}{2}P\triangle V = \frac{5}{2}P(3V - V) = \frac{5}{2}P \cdot 2V = 5PV \qquad \therefore 5PV$$

77 0°C일 때 25m의 강철 레일이 40°C가 되면 몇 cm 늘어나는가? (단, 강철의 선팽창 계수는 0.00012/°C이다.)

① 0.5cm   ② 1.0cm
③ 1.5cm   ④ 12.0cm

해설 $\Delta l = l_0 \alpha \Delta T$ $\therefore \Delta l = 25 \times 10^2 \times 0.00012 \times (40) = 12(\text{cm})$

78 80°C의 물 50g과 10°C의 물 20g을 섞으면 몇 °C가 되겠는가? (단, 외부와의 열 출입은 없다고 가정한다.)

① 70°C   ② 60°C
③ 50°C   ④ 40°C

해설 열량 보존에 의한 잃은 열량 = 얻은 열량

$$1 \times 50 \times (80 - t) = 1 \times 20 \times (t - 10)$$
$$t = \frac{4200}{70} = 60°C$$

정답 76. ③   77. ④   78. ②

79 오른쪽 그림과 같이 온도 300K의 이상 기체 n몰이 A상태에서 B상태로 변화하였다. 이때 기체의 변화를 설명한 것으로 옳지 않은 것은? (다만, 이 기체는 단원자 분자 기체이다.)

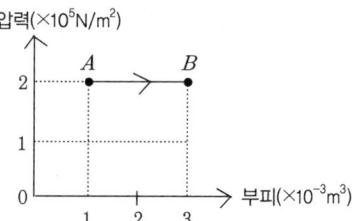

① B상태의 온도는 600K이다.
② B상태의 압력은 2×10^5 N/m²이다.
③ $A \to B$과정에서 기체가 외부에 한 일은 400J이다.
④ $A \to B$과정에서 기체의 내부 에너지 증가량은 600J이다.

[해설] 보일-샤를 법칙에 의해 $\dfrac{P_A V_A}{T_A} = \dfrac{P_B V_B}{T_B}$ 이므로 $\dfrac{2 \times 1}{300} = \dfrac{2 \times 3}{x}$, $x = 900K$이다.
등압과정이므로 외부에 한 일은 $W = P(V_2 - V_1) = 2 \times 10^5 (0.003 - 0.001) = 400J$

---

80 흑체 복사에 관한 설명으로 옳지 않은 것은?

① 높은 온도일수록 파장이 긴 빛을 많이 발생한다.
② 열복사의 총 일률은 절대온도의 4제곱에 비례한다.
③ 최대 열복사 일률을 나타내는 파장 λ_m은 절대온도에 반비례한다.
④ 태양(표면 온도 5,800K)의 경우 최대 열복사 일률을 나타내는 파장은 500nm 근처이다.

[해설] 빈의 법칙 : $\lambda_m T =$ 일정

---

81 목욕탕의 사우나실 안에서는 수증기가 물보다 더 고온임에도 불구하고 화상을 입지 않는다. 그 이유는?

① 물보다 수증기의 열용량이 더 작기 때문이다.
② 수증기의 비열이 높아 오래 버틸 수 있다.
③ 공기의 비열이 작기 때문이다.
④ 공기의 대류가 일어나지 않기 때문이다.

[해설] 공기는 물보다 분자수도 적고 땀이 증발할 때 우리 몸으로부터 기화열을 흡수하므로, 또는 수증기의 방울의 비열은 크지만 질량이 작아 열용량이 작기 때문에 이동 열량이 적다.

정답   79. ①   80. ①   81. ①

Chapter 02

82 등방체에서 체팽창계수는 선팽창계수의 몇 배인가?

① 2배   ② 3배
③ 4배   ④ 5배

해설 길이 팽창 : $l = l_0(1+at)$
부피 팽창 : $V = V_0(1+\beta t) = l^3$에서 α가 작으므로 $\beta ≒ 3\alpha$

83 비커에 20℃ 물 200g과 80℃ 물 400g을 섞고 일정한 간격으로 온도를 측정하였다. 이때 온도가 더 이상 변하지 않을 경우 온도계의 눈금은? (다만, 온도계와 비커가 흡수한 열과 외부로 방출된 열은 없다.)

① 25℃   ② 30℃
③ 60℃   ④ 65℃

해설 질량 m, 비열 c, 온도변화 Δt, 열량 Q일 때, 열량 $Q = cm\Delta T$이다.
20℃ 물이 얻은 열량과 80℃ 물이 잃은 열량은 동일하므로
$0.2 \times (T-20℃) \times c = 0.4 \times (80℃ - T) \times c$
$T = 60℃$

84 섭씨 영하 40℃(−40℃)를 화씨온도(℉)로 바꾸면 얼마인가?

① 0℉   ② 12℉
③ 72℉   ④ −40℉

해설
- 섭씨온도(centigrade ; ℃) : 물의 어는점을 0℃, 끓는점을 100℃로 하여 그 사이를 100등분한 것을 1℃로 사용한다.
- 화씨온도(fahrenheit ; ℉) : 물의 어는점을 32℉, 끓는점을 212℉로 하여 그 사이를 180등분한 것을 1℉로 사용한다.
$F = \frac{9}{5} \times C + 32(℉)$ ∴ $F = (1.8 \times -40) + 32 = -40(℉)$

85 0℃의 얼음 50g이 들어 있는 그릇에 40℃의 물 40g을 넣으면 열평형이 된 후, 그릇 속에는 얼음 몇 g이 남아 있겠는가?

① 25g   ② 30g
③ 35g   ④ 40g

해설 $Q = mc\Delta t$
열평형이 된 후 온도는 0℃이므로 물의 열량 $Q = 40 \times 1 \times (40-0) = 1,600(\text{cal})$
얼음의 융해열은 80cal/g, xg의 얼음이 0℃의 물이 되는 열량 $Q' = xg \times 80\text{cal/g}$
$Q' = Q$이므로 $x = 20g$
∴ 얼음 $50g - 20g = 30g$

정답 82. ② 83. ③ 84. ④ 85. ②

86 카르노(carnot) 기관이 두 온도 T_H=600K, T_L=300K 사이에서 작동하고, 한 순환과정당 1,200J의 일을 한다. 매 순환과정마다 고온과 저온의 열저장고에서 뽑아내는 열에너지 $|Q_H|$과 $|Q_L|$ 각각의 크기는? [18. 3. 서울시 7급]

① 1,200J, 800J
② 2,400J, 1,200J
③ 3,000J, 1,600J
④ 3,600J, 1,800J

해설 카르노(carnot) 기관이므로 열기관의 열효율 $e = \dfrac{T_H - T_L}{T_H} = \dfrac{|Q_H| - |Q_L|}{|Q_H|}$ 이며,

$W = |Q_H| - |Q_L|$ 이므로 $\dfrac{600-300}{600} = \dfrac{1200}{|Q_H|}$, $|Q_H| = 2400J$, $|Q_L| = 1200J$ 이다.

87 열은 고온체에서 저온체로 저절로 이동하지만, 저온체에서 고온체로는 저절로 이동하지 못한다. 이와 가장 관련이 깊은 것은?

① 열량 보존의 법칙
② 열역학 제1법칙
③ 열역학 제2법칙
④ 보일-샤를의 원칙

해설
- 열역학 제1법칙 : 물체가 가진 역학적 에너지가 열이나 일에 의해 물체의 분자들 내부 에너지로 이동하더라도 열에너지를 포함하면 에너지가 보존된다는 법칙이다.
- 열량 보존의 법칙 : 온도가 다른 물체들 사이에서 열이 이동하며, 고온의 물체가 잃은 열량은 저온의 물체가 얻은 열량과 같다는 법칙이다.

88 50°C의 물 9kg에 -10°C의 얼음을 1kg 넣어서 녹이면 물의 온도(°C)는? (단, 얼음의 비열은 0.5kcal/kgK, 융해열은 80kcal/kg이고, 열용량은 무시한다.)

① 36.0
② 36.5
③ 37.0
④ 37.5

해설 열량 보존 : $1 \times 9 \times (50 - t)$
$= 0.5 \times 1 \times 10 + 80 \times 1 + 1 \times 1 \times (t-0)$
$t = 36.5°C$

89 0°C에서 길이가 2m인 막대의 선팽창 계수는 0.002/°C이다. 온도가 30°C가 되면 막대의 늘어난 길이는?

① 2cm
② 3cm
③ 6cm
④ 12cm

해설 $\Delta l = l - l_0 = \alpha \, l_0 \, \Delta t = 0.002 \times 2 \times 100 \times 30°C = 12 cm$

정답 86. ② 87. ③ 88. ② 89. ④

90 어떤 열기관이 한 순환 과정 동안에 1000cal의 열을 받아 2520J의 일을 하였다면, 이 열기관의 열효율(%)은 얼마인가? (단, 1cal=4.2J이다.)

① 25.2 ② 40
③ 60   ④ 80

해설 열효율 $e = \dfrac{\text{외부에 한 일}}{\text{흡수한 열량}} \times 100 = \dfrac{2520}{4.2 \times 1000} \times 100 = 60\%$

91 이상 기체의 온도가 27°C에서 327°C로 변했을 때 옳지 않은 것은?

① 기체 분자의 운동에너지는 2배이다.
② 기체 분자의 평균 속도는 2배이다.
③ 부피가 일정할 때 기체 분자의 압력은 2배이다.
④ 열역학적인 온도는 2배이다.

해설 $27°C = 300K,\ 327°C = 600K$
$E_k = \dfrac{1}{2}mv^2 = \dfrac{3}{2}kT$에서 $E_k \propto T,\ v \propto \sqrt{T}$
T : 2배이므로 E_k : 2배, $v : \sqrt{2}$배, $U = \dfrac{3}{2}kT$에서 $U \propto T$이므로 U : 2배
$\dfrac{PV}{T}$ = 일정에서 V가 같으므로 $P \propto T,\ P$: 2배

92 어떤 기체에 50cal의 열을 가했더니 내부 에너지가 50J 증가하였다. 이 기체가 외부에 한 일은 얼마인가?

① 100J ② 160J
③ 210J ④ 260J

해설 열역학 제1법칙 : $Q = W + \Delta U$에서
$Q = 50\text{cal} = 50 \times 4.2J = 210J,\ W = Q - \Delta U = 210J - 50J = 160J$

정답 90. ③ 91. ② 92. ②

93 질량의 비가 2 : 1인 두 물체 A, B를 외부와 단열된 곳에서 접하여 놓았을 때 온도 변화가 오른쪽의 그래프와 같았다. 이 두 물체 A, B의 비열비는?

① 1 : 1
② 1 : 2
③ 2 : 1
④ 3 : 2

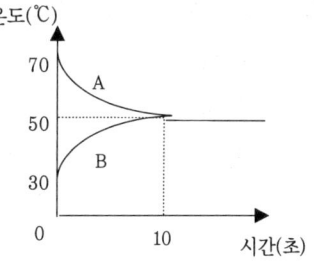

해설 열량 $Q = cm\Delta T$이다. A가 잃은 열량과 B가 얻은 열량이 같아야 한다.
$C_A \times 2m \times (70-50) = C_B \times m \times (50-30)$
$2C_A : C_B$이므로 $C_A : C_B = 1 : 2$이다.

94 열역학 제2법칙에 관한 다음의 설명 중 틀린 것은?

① 열을 일로 100% 바꾸는 것은 불가능하다.
② 열은 저온에서 고온으로는 흐르지 않는다.
③ 열효율이 1인 열기관은 불가능하다.
④ 흡수한 열의 일부는 일을 하고 나머지는 내부 에너지의 형태로 저장한다.

해설 $Q = W + \Delta U$는 열에너지를 포함한 에너지 보존 법칙으로 열역학 제1법칙에 해당한다.

95 더운물과 찬물을 섞으면 미지근한 물이 된다. 그러나 미지근한 물이 저절로 찬물과 더운물로 나누어지지는 않는다. 이 현상을 설명할 수 있는 법칙은?

① 에너지 보존 법칙
② 열량 보존의 법칙
③ 열역학 제1법칙
④ 열역학 제2법칙

해설 비가역 과정을 설명한 열역학 제2법칙이다.

96 화씨 14°는 절대온도로는 몇 K인가?

① 249K
② 259K
③ 263K
④ 281K
⑤ 287K

해설 $F = \frac{5}{9}C + 32 = \frac{5}{9} \times (14-32) + 273 = 263$

정답 93. ② 94. ④ 95. ④ 96. ③

Chapter 02

97 87°C와 327°C 온도 사이에서 작동하는 열기관의 최대 가능한 효율은?

① 30% ② 40%
③ 50% ④ 60%

해설 효율 = 1−87 / 327인데 절대온도로 바꾸면 1−360 / 600 = 0.4이다. 그러므로 40%의 효율을 가진다.

98 어느 열기관이 500cal의 열을 흡수하여 일을 하고 300cal의 열을 방출하였다. 이 열기관의 효율은 몇 %인가?

① 20 ② 40
③ 60 ④ 80

해설 열기관의 효율
$$e = \frac{Q_1 - Q_2}{Q_1} = \frac{500 - 300}{500} = \frac{2}{5} = 0.4$$

99 열효율이 35%인 어떤 열기관이 8,000cal의 열에너지를 공급받았을 때 이 기관이 한 일은? (단, 1cal = 4.2J)

① 2,800J ② 5,890J
③ 6,450J ④ 11,760J

해설 $e = \frac{W}{Q_1}$ 에서 $W = eQ_1 = 0.35 \times 8000 = 2800\text{cal} = 2800 \times 4.2\text{J} = 11,760\text{J}$

100 산소 분자와 수소 분자가 같은 온도일 때 산소 분자의 평균 속도가 3.6m/s이면 수소 분자의 평균 속도는?

① 0.23m/s ② 0.9m/s ③ 3.6m/s
④ 14.4m/s ⑤ 57.6m/s

해설 수소 분자의 질량이 산소 분자의 질량의 $\frac{1}{16}$ 배이며,
$\frac{v_1}{v_2} = \sqrt{\frac{m_2}{m_1}}$ 이므로 평균 속도는 4배 크다.

정답 97. ② 98. ② 99. ④ 100. ④

101 어떤 열기관이 오른쪽 그림과 같이 순환할 때 온도가 감소하는 구간은?

① $A \to B \to C$ ② $B \to C \to A$
③ $C \to D \to A$ ④ $D \to A \to B$

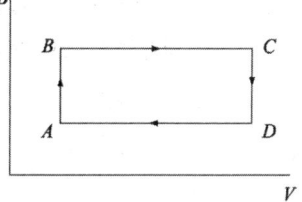

해설 $T = \dfrac{PV}{nR}$ 이므로 $C \to D \to A$ 구간은 온도가 감소한다.

102 2,500[kcal]의 에너지를 써서 질량 1[kg]의 물체를 들어 올린다면 그 높이는 대략 얼마인가? (단, 열의 일당량은 4,000[J/kcal], 중력 가속도 g = 10[m/s²]이다.)

① $10^3 [m]$ ② $10^4 [m]$
③ $10^5 [m]$ ④ $10^6 [m]$

해설 열의 일당량은 4,000[J/kcal], 중력 가속도는 $10[m/s^2]$으로 계산한다.
$\therefore h = \dfrac{10^7}{10} = 10^6$

103 다음 중 이상 기체의 내부 에너지가 변하지 않는 변화는?

① 정적 변화   ② 정압 변화
③ 단열 변화   ④ 등온 변화

해설
• 정적 변화 : $\Delta U = Q - P\Delta V$, $\Delta V = 0$이므로 $Q = \Delta U$
• 정압 변화 : $Q = \Delta U + W = \Delta U + P\Delta V$
• 단열 변화 : $\Delta U = Q - P\Delta V$, $Q = 0$이므로 $\Delta U = -P\Delta V$
• 등온 변화 : 온도를 일정하게 유지하면서 기체의 부피를 변화시킨다.
  등온 변화에서는 온도가 일정하므로 내부 에너지의 변화가 없다. $\therefore \Delta U = 0$

104 두 물체 A, B의 비열비는 1 : 2이고, 질량비는 2 : 1이다. 두 물체에 열을 주었을 때 온도 변화가 같으면 가해 준 열량비는?

① 1 : 1   ② 2 : 1
③ 1 : 2   ④ 1 : 4

해설 열량 $Q = cm\Delta T$이므로 주어진 조건을 대입하면 $Q_A = Q_B$이다.

정답 101. ③ 102. ④ 103. ④ 104. ①

Chapter 02

105 100℃의 물 0.5kg이 끓어 모두 100℃의 수증기가 되었다. 이 과정에서 물의 엔트로피 변화량은? (단, 물의 기화열은 2,260kJ/kg이다.) [08. 국가직 7급]

① 약 3kJ/kg   ② 약 6kJ/kg
③ 약 11.3kJ/kg   ④ 약 22.6kJ/kg

해설 $\triangle S = \dfrac{Q}{T} = \dfrac{ml}{T} (l = 잠열) = \dfrac{0.5 \times 2260}{273+100} = \dfrac{1130}{373} ≒ 3$

106 단원자 분자로 된 온도 300K의 이상기체 4mol이 단열상태로 일정한 부피의 용기에 담겨 있으며 이 용기 내부에는 20Ω의 저항체가 들어 있다. 용기 속 저항체에 5A의 전류를 1분간 흐르게 하였을 때 기체의 온도는 처음 온도의 약 몇 배인가? (단, 기체 상수는 8.3J/mol·K이다.) [18. 3. 서울시 7급]

① 약 2배   ② 약 3배
③ 약 4배   ④ 약 5배

해설 기체에 가해준 열량은 전기에너지와 같으므로 $\triangle Q = I^2 Rt = 5^2 \times 20 \times 60 = 3 \times 10^4 J$이다.
$\Delta U = Q - W$에서 일정한 부피의 용기에 담겨있으므로 $\Delta U = Q$이다.
$\triangle U = \dfrac{3}{2} nR \triangle T = \triangle Q$
$\dfrac{3}{2} \times 4 \times 8.3 \times (T-300) = 3 \times 10^4$
$T = 902.41 K$이므로 처음 온도의 약 3배이다.

107 바닷가에서는 보통 100℃에서 물이 끓고 0℃에서 언다. 다음은 높은 산꼭대기에서 물이 끓거나 얼기 시작하는 온도를 바닷가의 경우와 비교하여 설명한 것이다. 옳은 것을 모두 고르면? [09. 국가직 7급]

> ㉠ 물이 같은 온도에서 끓는다.
> ㉡ 물이 더 낮은 온도에서 끓는다.
> ㉢ 물이 더 높은 온도에서 언다.
> ㉣ 물이 같은 온도에서 언다.

① ㉠, ㉡   ② ㉡, ㉢
③ ㉢, ㉣   ④ ㉠, ㉣

정답 105. ①   106. ②   107. ②

해설 높은 산꼭대기는 해수면보다 압력이 낮으므로 물의 상평형 상태도를 그려보면 어는점은 올라가고, 끓는점은 내려감을 알 수 있다.

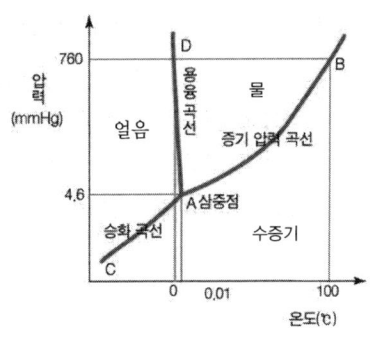

108
이상 기체의 온도를 200°K에서 600°K로 올리면 기체 분자의 평균 운동에너지는 처음의 몇 배로 되는가?

① 1배 ② 2배
③ 3배 ④ 4배

해설 열과 에너지의 관계 : $E_k = \frac{1}{2}mv^2 = \frac{3}{2}kT$ 이므로 ∴ $E_k' = \frac{3}{2}k(3T) = 3E_k$

109
어떤 Carnot 기관이 고온 열원에서 2.0×10^3 J의 열을 받아 한 순환 과정 동안 1.5×10^3 J의 열을 저온 열원으로 방출한다. 이 Carnot 기관의 효율은? [12. 국가직 7급]

① 0.1 ② 0.25
③ 0.5 ④ 0.75

해설 $e = \frac{W}{Q} = \frac{Q_1 - Q_2}{Q_1} = 1 - \frac{Q_2}{Q_1} = 1 - \frac{T_2}{T_1}$

$e = \frac{2 \times 10^3 - 1.5 \times 10^3}{2 \times 10^3} = 0.25$

정답 108. ③ 109. ②

Chapter 02

110 그림은 1몰의 단원자 분자 이상 기체의 상태가 A→B→C→A를 따라 변할 때, 압력과 절대온도의 관계를 나타낸 그래프이다. A에서 기체의 압력, 절대온도, 부피는 각각 P_0, T_0, V_0이다. 이때 C와 B에서의 부피의 비 $\dfrac{V_C}{V_B}$는? [18. 국가직 7급]

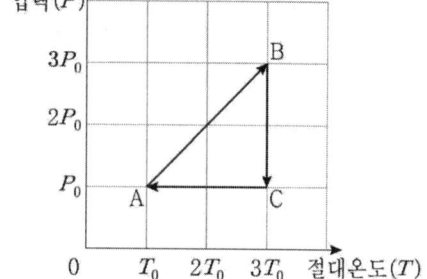

① 1　　② 2
③ 3　　④ 4

해설 V_C는 상태 A에서 압력은 일정하고 절대온도가 3배 크다. $V_C = 3V_0$
V_B는 상태 A에서 압력은 3배 증가하고 절대온도 또한 3배 증가하였으므로 $V_B = V_0$이다.
따라서 $\dfrac{V_C}{V_B} = \dfrac{3V_0}{V_0} = 3$

111 외부로부터 고립된 두 계(system)가 열적 접촉을 하고 있다. 온도 500K인 계에서 250J의 열이 온도 250K인 계로 이동하였을 때, 두 계의 총 엔트로피 변화는? (단, 열이 이동하는 과정에서 두 계의 온도는 변화가 없다.) [10. 국가직 7급]

① 0.5J/K만큼 감소　　② 1.0J/K만큼 감소
③ 0.5J/K만큼 증가　　④ 1.0J/K만큼 증가

해설 고립된 두 계 $\triangle S_1 = \dfrac{-Q}{T_1} = \dfrac{-250}{500} = -0.5$, $\triangle S_2 = \dfrac{-Q}{T_2} = \dfrac{250}{250} = 1$
∴ $\triangle S = \triangle S_1 + \triangle S_2 = -0.5 + 1 = 0.5 (J/K)$이므로 엔트로피는 증가한다.

112 절대온도 T에서 어떤 기체의 분자당 평균 운동에너지가 $E = \dfrac{1}{2}k_B T$(k_B는 볼츠만 상수)로 주어진다고 하자. 절대온도가 $\dfrac{1}{2}T$가 되고 기체 분자의 질량이 8배가 된다면, 분자의 제곱평균제곱근(rms) 속력은 원래 값의 몇 배가 되는가? [09. 지방직 7급]

① $\dfrac{1}{4}$배　　② $\dfrac{1}{2}$배
③ 2배　　④ 4배

해설 $E = \dfrac{1}{2}k_B T = \dfrac{1}{2}mv_{rms}^2$
∴ $v_{rms} = \sqrt{\dfrac{k_B T}{m}} = \sqrt{\dfrac{\frac{1}{2}v^2}{8}} = \sqrt{\dfrac{1}{16}} = \dfrac{1}{4}$배

정답 110. ③　111. ③　112. ①

113 부피가 V인 1몰의 이상 기체가 절대온도 T에서 등온 팽창하여 부피가 $2V$가 되었다. 팽창과정에서 외부로부터 기체에 전달된 열의 양은? (단, R은 보편 기체 상수이다.)

[12. 국가직 7급]

① RT
② $\dfrac{1}{RT}\ln 2$
③ $RT\ln 2$
④ $\dfrac{1}{RT}$

해설 기체가 외부에 흡수한 열량은 $Q = nRT\ln\dfrac{V}{V_0}$ (V_0 : 처음 부피, V : 나중 부피)이므로 $V = 2V_0$를 대입하여 계산하면 $Q = nRT\ln 2 (n=1$몰$)$이다.

114 어떤 열역학적 계의 내부 에너지가 500J 감소하는 동안에 외부에서 계에 200J의 일을 해주었다. 계에 유입된 열은? [단, 계가 잃은 열은 음(-)의 부호로 나타낸다.]

[09. 국가직 7급]

① 700J
② 300J
③ -300J
④ -700J

해설 열역학 제1법칙에 의해 $Q = \triangle U + W = -500 + (-200) = -700(\text{J})$

115 온도가 같은 두 기체 A, B가 있다. A기체 분자의 질량이 B기체의 4배이면 A기체 분자의 평균 운동에너지는 B기체의 몇 배인가?

① 32
② 16
③ 1
④ 2

해설 온도가 일정하면 평균 운동에너지도 일정(질량과 무관)

정답 113. ③ 114. ④ 115. ③

116 밀폐되고 마찰이 없는 피스톤 – 실린더 기구에 담긴 부피 1리터의 단원자 분자 이상기체가 3기압을 유지하면서 부피 3리터로 팽창하였다. 이 과정에서 이상기체에 가해진 열량은? (단, 1기압은 $1 \times 10^5 Pa$이다.) [17. 서울시 7급]

① 300J
② 600J
③ 900J
④ 1500J

해설 3기압-1리터에서의 온도를 T라 하면 3기압-3리터에서의 온도는 $3T$이다.

$$Q = \Delta U + W = \frac{3}{2}nR\Delta T + P\Delta V = \frac{3}{2}nR\Delta T + nR\Delta T = \frac{5}{2}nR\Delta T$$

$$Q = \frac{5}{2}nR\Delta T = \frac{5}{2}nR \times 2T = 5nRT = 5PV \text{이고}$$

P는 3기압, 부피는 1리터($1L = 1000cc = 1000cm^3 = 10^{-3}m^3$)이므로

$$Q = 5 \times 3 \times 10^5 \times 10^{-3} = 1500J$$

---

117 이상기체 1mol이 부피 V_1 상태에서 부피 V_2 상태로 단열 자유팽창 했다면, 이 과정에서 증가한 엔트로피는? (단, R은 기체상수, T는 온도이다.) [18. 6. 서울시 7급]

① $R\ln\left(\dfrac{V_2}{V_1}\right)$
② $R\ln\left(\dfrac{V_1}{V_2}\right)$
③ $RT\ln\left(\dfrac{V_1}{V_2}\right)$
④ $RT\ln\left(\dfrac{V_2}{V_1}\right)$

해설 $\Delta Q = \Delta U + \Delta W$

$$\Delta Q = dU + dW = nC_v dT + \frac{nRT}{V}dV$$

$$dS = \frac{dQ}{T} = \frac{nC_v}{T}dT + \frac{nR}{V}dV$$

$$\Delta S = \int dS = \int \frac{dQ}{T} = \int_{T_1}^{T_2} \frac{nC_v}{T}dT + \int_{V_1}^{V_2} \frac{nR}{V}dV$$

증가한 엔트로피 변화는 $\Delta S = nC_v\ln\left(\dfrac{T_2}{T_1}\right) + nR\ln\left(\dfrac{V_2}{V_1}\right)$에서 단열 자유팽창 $T_1 = T_2$이고, $n = 1$이므로 증가한 엔트로피 $\Delta S = nR\ln\left(\dfrac{V_2}{V_1}\right)$이다.

정답 116. ④ 117. ①

118 단원자 분자 이상 기체 1몰을 압력은 일정하게 유지시키면서 열을 공급하여 온도를 40℃에서 60℃로 상승시키려 한다. 외부에서 공급해주어야 하는 열에너지[J]는? (단, 보편 기체 상수 $R = 8.3\text{J/mol} \cdot \text{K}$ 이다.) [11. 국가직 7급]

① 166   ② 249
③ 415   ④ 830

해설 열역학 제1법칙이며 압력이 일정한 정압과정이므로
$$Q = \Delta U + P\Delta V = \Delta U + nR\Delta V$$
$$= \frac{3}{2}nR\Delta T + nR\Delta T = \frac{5}{2}nR\Delta T = \frac{5}{2} \times 1 \times 8.3 \times 20 = 5 \times 83 = 415(\text{J})$$

119 이상 기체에서 압력이 일정할 때 비열 C_P는 부피가 일정할 때의 비열 C_V보다 크다. 그 이유로 옳은 것은? [10. 지방직 7급]

① 압력이 일정한 경우 온도가 증가하는 동안 기체가 일을 하기 때문이다.
② 압력이 변하지 않는 경우에 온도가 1도 증가하는 데 필요한 열은 부피가 변하지 않는 경우와 동일하기 때문이다.
③ 온도가 일정하면 기체의 압력은 고정되기 때문이다.
④ C_P는 가역 과정의 비열이고 C_V는 비가역 과정의 비열이기 때문이다.

해설 $Q = \Delta U + P\Delta V$에서 등압 과정에서 외부로부터 열을 공급받을 경우 내부 에너지가 증가하고 압력이 일정한 상태로 부피가 증가한다. 등적 과정보다 더 많은 열에너지를 흡수해야 한다.

120 어떤 질소 통에 15kg의 질소를 가득 채우면 압력이 30기압이 된다. 질소 통의 압력을 20기압으로 낮추려면 몇 kg의 질소를 빼내야 하는가? (단, 통 속에 있는 질소는 이상 기체이고 온도는 일정하다고 가정한다.) [10. 지방직 7급]

① 2.5   ② 5.0
③ 10   ④ 12

해설 이상 기체 상태 방정식 $PV = nRT$이며, 이상 기체의 온도는 일정하므로 $PV = nRT = mR'T$
$30V = 15R'T$, $20V = mR'T$
$\frac{30}{20} = \frac{15}{m}$ ∴ $m = 10(\text{kg})$, ∴ $\Delta m = 15 - 10 = 5(\text{kg})$

정답 118. ③ 119. ① 120. ②

Chapter 02

121 어떤 기체의 연속되는 열역학 과정이 그림의 P-V 도표에 그려져 있다. 이 기체에, 과정 a → b에서는 14,000J의 열이 가해지고, 과정 b → c에서는 96,000J의 열이 가해진다. a → b → c 과정에서 이 기체의 내부 에너지 변화량[J]은? [11. 국가직 7급]

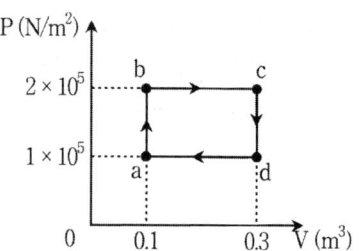

① 50,000　　② 70,000
③ 90,000　　④ 110,000

해설 • $a \to b$: 정적 과정이므로 흡수한 열에너지를 내부 에너지 변화량에 쓴다.
$$Q_1 = \Delta U_1 = 14,000(\text{J})$$
• $b \to c$: 정압 과정이므로 흡수한 열에너지를 내부 에너지 변화량과 일을 하는 데 쓴다.
$$Q_2 = \Delta U_2 - P\Delta V$$
$$\Delta U_2 = Q - P\Delta V = 96000 - 2 \times 10^5 \times 0.2 = 96000 - 4 \times 10^4 = 56000$$
$$\therefore \Delta H = \Delta U_1 + \Delta U_2 = 14000 + 56000 = 70000(\text{J})$$

122 800℃와 200℃ 사이에서 작동하는 열기관이 가질 수 있는 최대 효율에 가장 가까운 값은? [10. 국가직 7급]

① 25%　　② 33%
③ 56%　　④ 75%

해설 $e = \dfrac{T_2 - T_1}{T_1} = \dfrac{800 - 200}{273 + 800} = \dfrac{600}{1073}(\times 100\%) = 56(\%)$

123 밀폐된 실린더 속에 온도 300K, 압력 1.5atm인 이상 기체 2mol이 있다. 압력을 4atm으로 증가시키고 부피를 반으로 줄였을 때, 이 기체의 절대온도[K]는? [10. 국가직 7급]

① 225　　② 300
③ 325　　④ 400

해설 이상 기체 상태 방정식에서 R이 일정하고 밀폐된 실린더이므로 몰 수도 일정하다.
$PV = nRT$에서 $\dfrac{1.5 \times 1}{300} = \dfrac{4 \times \frac{1}{2}}{T}$　　$\therefore T = 400(\text{K})$

정답　121. ②　122. ③　123. ④

124 어떤 이상 기체가 온도, 압력, 부피가 각각 27℃, 1기압, 100L인 상태에 있다. 이 기체를 온도, 부피가 각각 57℃, 22L인 상태로 만들었을 때, 기체의 압력과 가장 가까운 값은?

[11. 국가직 7급]

① 0.2기압
② 5기압
③ 9.6기압
④ 10기압

해설 보일-샤를 이상 기체 상태 방정식에서 $\frac{1 \times 100}{300} = \frac{P \times 22}{330}$ ∴ $P = \frac{100}{22} = 5$(기압)

125 다음 그림은 어떤 이상 기체계가 절대온도 T인 등온 곡선 위의 처음 상태 i에서 절대온도 $T+\Delta T$인 등온 곡선 위의 나중 상태 f로 바뀌는 세 과정을 보여준다. 과정 1은 등적 과정, 과정 2는 등압 과정, 그리고 과정 3은 단열 과정이다. 각 과정에서 이상 기체계로 유입된 열에너지를 차례로 ΔQ_1, ΔQ_2, ΔQ_3라고 할 때, 그 크기를 바르게 나타낸 것은? (단, $\Delta T > 0$이다.)

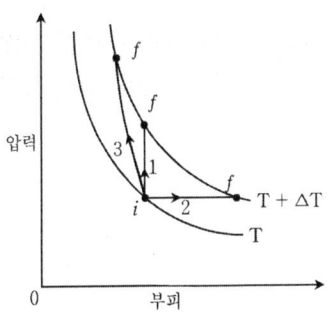

[11. 지방직 7급]

① $\Delta Q_1 > \Delta Q_2 > \Delta Q_3$
② $\Delta Q_1 > \Delta Q_2 = \Delta Q_3$
③ $\Delta Q_2 > \Delta Q_1 > \Delta Q_3$
④ $\Delta Q_1 = \Delta Q_2 = \Delta Q_3$

해설 $P-V$선도를 $T-S$선도로 옮겨 그리면 다음과 같다.

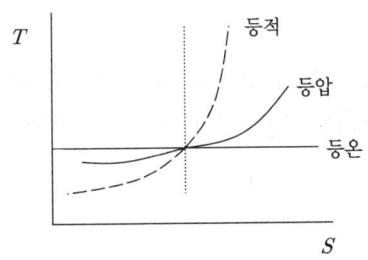

동일 온도에 도달하기 위해 흡수한 열량은
$Q = \Delta U + P \Delta V$

• 단열 : $Q = 0$
• 등적 : $Q = \Delta U$
• 등압 : $Q = \Delta U + P \Delta V$

∴ 등압이 가장 크며 등적, 단열 과정 순으로 설명할 수 있다.

126 단원자 이상 기체계의 온도를 $\triangle T$만큼 상승시켰다. 부피를 일정하게 유지시킨 경우 A와 압력을 일정하게 유지시킨 경우 B에 대한 엔트로피 변화를 각각 $\triangle S_A$와 $\triangle S_B$라고 할 때, $\triangle S_A : \triangle S_B$는?

[11. 지방직 7급]

① 2 : 3
② 3 : 5
③ 3 : 2
④ 5 : 3

해설
$\Delta S_A = nC_v \ln \dfrac{T_2}{T_1}$ (부피 일정), $\Delta S_B = nC_p \ln \dfrac{T_2}{T_1}$ (압력 일정)

$\Delta S_A = \dfrac{3}{2} nR\Delta T$, $\Delta S_B = P\Delta V + \dfrac{3}{2} nR\Delta T = \dfrac{5}{2} nR\Delta T$

$\therefore \Delta S_A : \Delta S_B = C_v : C_p = \dfrac{3}{2} : \dfrac{5}{2} = 3 : 5$

127 열효율이 40%인 어떤 열기관이 열을 공급받아 매 순환마다 9,000J의 폐열을 방출한다. 이 열기관의 일률이 3kW라면 각 순환에 걸리는 시간[초]은?

[13. 국가직 7급]

① 0.5
② 1
③ 2
④ 3

해설
$e = \dfrac{Q_1 - Q_2}{Q_1} = \dfrac{W}{Q_1}$, $40\% = 0.4 = \dfrac{Q_1 - 9000}{Q_1}$

$0.4Q_1 = Q_1 - 9000$, $0.6Q_1 = 9000$, $\therefore Q_1 = \dfrac{9000}{0.6} = 15000(\text{J})$

$Q_1 - Q_2 = W = Pt$, $15000 - 9000 = 6000(\text{J}) = Pt$

$t = \dfrac{W}{P} = \dfrac{6000}{3000} = 2(\text{s})$

128 300K와 800K의 온도 사이에서 작동하는 이상적인 열기관이 있다. 이 열기관에 한 순환 과정마다 400J의 열에너지가 유입된다면, 열기관이 한 순환 과정마다 하는 일[J]은?

[14. 국가직 7급]

① 100
② 150
③ 200
④ 250

해설
$W = eW_0 = \dfrac{T_1 - T_2}{T_1}$, $W_0 = \dfrac{800 - 300}{800} \times 400 = 250$

정답 126. ② 127. ③ 128. ④

129 가솔린 내연기관의 작동은 압력 – 부피 도표에서 그림과 같이 나타낼 수 있다. 내연기관이 외부로부터 일을 받는 구간은 어디인가?

[16. 서울시 7급]

① A
② B
③ C
④ D

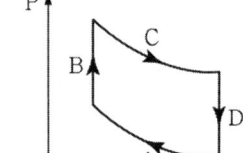

해설 부피가 감소하는 구간인 A구간이다.

130 80°C의 알루미늄 10kg을 15°C로 식히는데 얼마의 열량을 방출시켜야 하는가? (단, 알루미늄의 비열은 0.22kcal/kg°C이다.)

① −140kcal
② −130kcal
③ −120kcal
④ −110kcal

해설 $Q = mc\theta = 10kg \times 0.22kcal/kg°C \times (15°C − 80°C) ≒ −140kcal$

131 어떤 열기관이 시간당 150kJ의 일을 하면서 낮은 온도의 열원으로 시간당 350kJ의 열을 방출한다. 이 열기관의 열효율[%]은?

① 20
② 30
③ 40
④ 50

해설 $e = \dfrac{W}{Q} = \dfrac{Q_1 − Q_2}{Q_1} = 1 − \dfrac{Q_2}{Q_1} = 1 − \dfrac{T_2}{T_1}$ 에서 공급한 열량은 저열원으로 방출된 열과 한 일의 양을 더한 값이므로 500kJ이다. ∴ $e = \dfrac{150}{500} = 0.3$

132 열효율이 0.4인 어떤 열기관이 고온 열원에서 열을 흡수하여 한 순환과정 동안 일을 한 후 저온 열원으로 600J의 열을 방출한다. 이 과정에서 열기관이 수행한 일은?

[18. 국가직 7급]

① 200J
② 300J
③ 400J
④ 500J

해설 $e = \dfrac{Q_H − Q_L}{Q_H} = \dfrac{Q_H − 600}{Q_H} = 0.4$ 이므로 고온 열원 $Q_H = 1000J$이다.
∴ $W = 1000 − 600 = 400J$

정답 129. ① 130. ① 131. ② 132. ③

Chapter 02

133 그림은 1몰의 단원자 이상 기체의 순환 과정을 보여주는 그래프이다. 이에 대한 설명으로 옳은 것만을 모두 고른 것은? (단, R은 보편 기체 상수이다.)

[14. 국가직 7급]

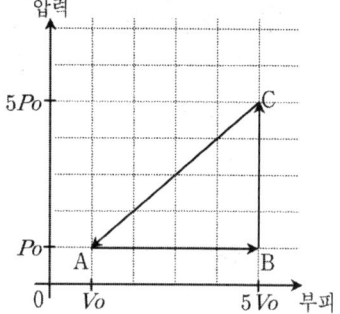

㉠ A → B → C → A의 순환 과정 동안 기체가 외부에 한 일은 $8P_oV_o$이다.
㉡ B → C에서 내부 에너지 변화량은 $30P_oV_o$이다.
㉢ B → C에서 엔트로피 변화량은 $\frac{3}{2}R\ln 5$이다.

① ㉠
② ㉡
③ ㉠, ㉢
④ ㉡, ㉢

해설 ㉠ 그래프의 면적 = $\frac{1}{2} \times 4V_o \times 4P_0 = 8P_0V_0$
반시계 방향으로 순환으로 외부에서 받은 일이다. ∴ 외부에 한 일 = $-8P_0V_0$

㉡ $\Delta U = \frac{3}{2}nR\Delta T = \frac{3}{2}P\Delta V = \frac{3}{2}(5-1)P_0 \times 5V_0 = \frac{3}{2} \times 4 \times 5P_0V_0 = 30P_0V_0$

㉢ $\Delta S = \frac{\Delta Q}{\Delta T} = \frac{\Delta U + P\Delta V}{T}$ ∴ $\Delta S = \frac{nC_v dT}{T}$

$\Delta S = \int_1^2 \frac{nC_v dT}{T} = nC_v \ln\frac{T_2}{T_1} = n\frac{3}{2}R\ln\frac{T_2}{T_1} = n\frac{3}{2}R\ln\frac{P_2}{P_1} = 1 \times \frac{3}{2}R\ln\frac{5}{1}$
$= \frac{3}{2}R\ln 5$

134 부피 10L, 온도 293K, 압력 760mmHg(1 기압)인 이상 기체를 온도 373K, 부피 5.4L가 되도록 가열 및 압축시켰다. 이때 기체의 압력은 얼마인가? (단, 소수점 이하는 반올림한다.)

[16. 서울시 7급]

① 1013mmHg
② 1792mmHg
③ 4128mmHg
④ 7600mmHg

해설 $\frac{760 \times 10}{293} = \frac{P \times 5.4}{373}$

$P = \frac{760 \times 10 \times 373}{293 \times 5.4} = 1791.68 mmHg ≒ 1792 mmHg$

정답 133. ④ 134. ②

135 3기압하에 있는 이상 기체의 부피가 5리터에서 10리터로 등압 팽창하였다. 이 기체가 한 일(J)은? (단, 1기압은 10^5Pa로 간주한다.)   [15. 서울시 7급]

① 0J   ② 50J
③ 150J   ④ 1500J

해설 $W = P\Delta V = 3 \times 10^5 \times (10-5) \times 10^{-3} = 300 \times 5 = 1500 (J)$

136 이상 기체가 담긴 용기에 열과 힘을 가해서 압력을 초기 압력의 3배로, 온도는 초기 온도의 2배로 증가시켰다. 이때 이상 기체 분자의 제곱평균제곱근 속력(v_{rms})는 초기값에 비하여 몇 배 증가하는가?   [12. 국가직 7급]

① $\sqrt{2}$ ② $\sqrt{3}$
③ 2   ④ 3

해설   이상 기체의 분자운동에너지는 절대온도에 비례하므로 $\overline{E_k} = \frac{1}{2}kT = \frac{1}{2}mv_{rms}^2$

$\therefore v_{rms} \propto \sqrt{T} = \sqrt{2}$ 배

137 그림과 같이 원통형 실린더 내부의 기체가 단면적 60cm², 질량 12kg인 움직임이 가능한 피스톤과 균형을 이루고 있으며 실린더 외부는 1기압이다. 실린더 내부에 80J의 열에너지가 유입될 때 피스톤이 위로 5cm 움직였다면 이때 기체의 내부 에너지 변화량[J]은? (단, 피스톤의 움직임 이외의 에너지 손실은 무시하며, 1기압은 10^5Pa, 중력 가속도는 10m/s² 이다.)   [13. 국가직 7급]

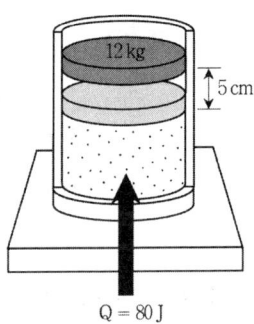

① 40   ② 44
③ 50   ④ 54

해설 $p = \frac{F}{A} = \frac{(12 \times 10)N}{60\text{cm}^2} = \frac{120N}{60 \times 10^{-4}\text{m}^2} = 2 \times 10^4 (\text{Pa})$

$Q = \Delta U + p\Delta V$ 이므로

$80 = \Delta U + (2 \times 10^4 + 10^5) \times 60 \times 10^{-4} \times 0.05$

$\therefore \Delta U = 80 - 36 = 44(J)$

정답   135. ④   136. ①   137. ②

Chapter 02

138 단원자 분자로 이루어진 이상 기체 10몰(mole)이 온도 300K, 압력 1기압 상태로 일정한 부피의 용기에 채워져 있다. 부피가 일정한 상태로 이 이상 기체의 온도가 450K가 되도록 가열하였다. 이 온도에서 압력이 1기압 상태로 되기 위해 빼내야 하는 기체의 양[몰]에 가장 가까운 값은?

[13. 국가직 7급]

① 1.5 ② 3.3
③ 4.6 ④ 6.7

해설 $PV = nRT = 10R \times 300 = 450nR$

$n = \dfrac{3{,}000}{450} = 6.7 mol$ 이므로 $\therefore n' = 10 - n = 10 - 6.7 = 3.3 mol$

139 다음 그림은 단원자 분자로 이루어진 이상 기체가 A → B → C → D → A로 순환하는 과정을 나타낸 것이다. 이 이상 기체의 순환 과정에 대한 설명으로 옳지 않은 것은?

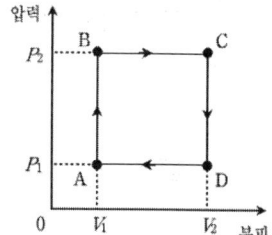

① A → B 과정에서 기체의 내부 에너지는 증가한다.
② B → C 과정에서 기체가 흡수한 열량은 기체가 외부에 한 일과 기체의 내부 에너지 증가량의 합과 같다.
③ C → D 과정에서 기체는 열을 흡수한다.
④ C에서 기체의 온도는 A에서보다 더 높다.

해설
① 기체의 내부 에너지는 $T = \dfrac{PV}{nR}$ 이므로 A < B이다.
② $B \to C$ 과정은 등압 과정으로 내부 에너지 증가와 외부에 한 일이 흡수한 열량과 같다.
③ $C \to D$ 과정은 정적 과정으로 부피가 일정하고 온도가 감소하므로 열을 방출한다.
④ $T = \dfrac{PV}{nR}$ 에서 A < C이다.

140 질량 5kg인 금속 덩어리를 200℃로 가열한 후 30℃, 20kg물에 넣었다. 충분히 기다린 후 물과 금속 덩어리의 온도가 40℃로 같아졌다면 이 금속의 비열은? (단, 물의 비열은 c이다.)

① $\dfrac{c}{2}$ ② $\dfrac{c}{3}$ ③ $\dfrac{c}{4}$
④ $\dfrac{c}{6}$ ⑤ $\dfrac{c}{8}$

해설 질량 5kg인 물체가 잃은 열량과 20kg인 물이 얻은 열량은 같아야 한다.

$Q_\text{금속} = Q_\text{물}$에서 $Q = cm\Delta T$이므로 $c_\text{금속} \times 5 \times 160 = c \times 20 \times 10$, 금속의 비열은 $\dfrac{c}{4}$ 이다.

정답 138. ② 139. ③ 140. ③

141 절대온도가 T이고 부피가 V인 이상 기체가 있다. 이 기체가 등온, 등압, 단열 과정을 통하여 같은 부피만큼 팽창하는 동안 한 일을 각각 $W_{등온}$, $W_{등압}$, $W_{단열}$이라고 할 때, 그 크기의 순서로 옳은 것은?

[15. 국가직 7급]

① $W_{등온} > W_{등압} > W_{단열}$
② $W_{단열} > W_{등온} > W_{등압}$
③ $W_{등압} > W_{등온} > W_{단열}$
④ $W_{등온} > W_{단열} > W_{등압}$

해설 그림과 같이 $T \times V$(면적)는 한 일을 나타내므로 등압 과정이 가장 많은 일을 하고, 단열 과정이 가장 적은 일을 한 것을 알 수 있다.

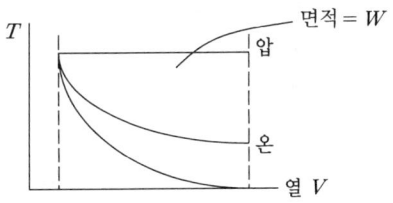

142 그림은 단원자 분자로 구성된 이상 기체로 이루어진 계의 압력 P와 부피 V에 따른 기체 상태의 열역학적 순환을 나타내는 상태도이다. 상태 C의 절대온도는 T_1이고, 상태 A와 B의 절대온도는 T_2로 같다. 이 기체 상태도에 대한 설명으로 옳은 것을 〈보기〉에서 모두 고른 것은?

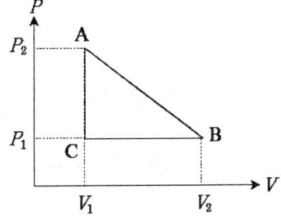

> ㉠ 상태 A에서 B로 가는 과정 동안 기체가 외부에 한 일은 이 기체가 등온 과정으로 상태 A에서 B로 가면서 외부에 한 일보다 많다.
> ㉡ 상태 B에서 상태 C로 가는 과정 동안 이 기체는 외부에서 일을 받았다.
> ㉢ 상태 C에서 상태 A로 가는 과정 동안 기체의 온도는 증가한다.
> ㉣ 상태 A에서 시작하여 상태 B와 C를 거쳐 다시 상태 A로 돌아오는 순환 과정 동안 외부에 한 일은 삼각형 ABC의 넓이와 같다.

① ㉠, ㉡
② ㉡, ㉢
③ ㉢, ㉣
④ ㉡, ㉢, ㉣
⑤ ㉠, ㉡, ㉢, ㉣

해설 ㉠ 삼각형 ABC는 이상 기체가 한 일을 의미한다. 기체가 외부에 한 일은 등온 과정이 삼각형 ABC의 넓이보다 작으므로 한 일이 작다.
㉡ B→C로 가는 과정에서 부피가 감소했으므로 외부에서 일을 받았다.
㉢ 이상 기체의 온도는 $T = \dfrac{PV}{nR}$이므로 $T_1 < T_2$이다.
㉣ 그래프의 면적은 한 일을 의미한다. A→B 과정은 기체가 한 일, B→C 과정은 받은 일이므로 삼각형 넓이 ABC는 순환 과정에서 전체 한 일의 양이다.

정답 141. ③ 142. ⑤

Chapter 02

143 일정한 부피의 밀폐된 상자 안에 20몰의 공기가 들어 있다. 상자 안의 공기 온도가 25℃에서 20℃로 낮아질 때, 공기의 내부 에너지 변화(J)는? [단, 공기에 대한 등적 몰열용량 C_V와 등압 몰열용량 C_p의 비 $\gamma = \dfrac{C_p}{C_V} = \dfrac{7}{5}$이고, 공기는 이상 기체로 취급하며 이상 기체의 기체 상수는 $R = 8\text{J}/(\text{mol} \cdot \text{K})$이다.] [15. 국가직 7급]

① -2000 ② -4500
③ -7000 ④ -9500

해설 $\Delta U = nC_v \Delta T = n \cdot \dfrac{R}{\gamma - 1} \Delta T$
$= 20 \times \dfrac{8}{\frac{7}{5} - 1}(20 - 25) = -20 \times \dfrac{5 \times 8}{2} \times 5 = -50 \times 40 = -2000(\text{J})$

144 부피 V인 용기에 담겨 있는 N개의 단원자 분자로 이루어진 이상 기체가 온도 T일 때 압력이 P였다. 같은 온도에서 $2N$개의 동일한 이상 기체가 부피 $\dfrac{V}{2}$인 용기에 담겨 있을 때 압력은?

① $\dfrac{P}{2}$ ② P
③ $2P$ ④ $4P$

해설 압력이 P일 때, 이상 기체 상태 방정식 $PV = nRT$이며, 주어진 조건을 대입하면 $P' \times \dfrac{V}{2} = 2N \times R \times T$이므로 $P' = 4P$이다.

145 그림과 같이 단열된 실린더 내에 이상 기체가 들어있다. 이 기체가 단열 팽창할 때 이에 대한 설명으로 옳은 것은?

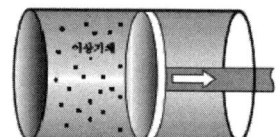

① 이상 기체의 온도는 감소한다.
② 이상 기체의 압력은 증가한다.
③ 이상 기체가 외부에 한 일은 0이다.
④ 이상 기체의 내부 에너지 변화는 없다.

해설 열역학 제1법칙에 의해 $Q = \Delta U + W$이다. 단열 과정에서 열 출입이 없으므로 $Q = 0$이며 외부에 일을 한 만큼 내부 에너지는 감소한다. 즉 $U = \dfrac{3}{2}nRT$이므로 온도가 감소한다.

정답 143. ①　144. ④　145. ①

146 n몰의 이상 기체가 일정한 온도 T에서 비가역 과정을 거쳤다. 이 과정에서 부피가 V_i에서 V_f로 변했다면 이 기체의 엔트로피 변화는 얼마인가? [14. 서울시 7급]

① $nR\dfrac{V_f - V_i}{V_f}$

② $nR\dfrac{V_f - V_i}{V_i}$

③ $nR\ln(V_i/V_f)$

④ $nR\ln(V_f/V_i)$

⑤ 비가역 과정이므로 엔트로피 변화를 구할 수 없다.

해설 $\Delta S = \dfrac{\Delta U + p\Delta V}{T}$, 이때 일정한 온도 T이므로 $\Delta U = 0$

$\Delta S = \int \dfrac{Pd V}{T} = \int_i^f \dfrac{nRdv}{V} = nR\ln\dfrac{v_f}{v_i}$

147 열역학법칙에 대한 다음 보기 내용 중 옳은 것을 모두 고르면? [14. 서울시 7급]

㉠ 서로 접촉하고 있지 않은 두 물체 A와 B가 각각 물체 C와 열평형 상태에 있으면 두 물체 A와 B는 열평형 상태에 있다.
㉡ 이상 기체가 단열 팽창할 때 내부 에너지는 증가한다.
㉢ 이상 기체가 단열 팽창할 때 이상 기체의 온도는 올라간다.
㉣ 열효율 100%인 초특급 열기관이 존재할 수 있다.

① ㉠ ② ㉠, ㉡ ③ ㉡, ㉢
④ ㉠, ㉡, ㉢ ⑤ ㉠, ㉡, ㉢, ㉣

해설 ㉠ 서로 접촉하고 있지 않은 두 물체 A와 B가 각각 물체 C와 열평형 상태에 있으면 두 물체 A와 B는 열평형 상태에 있다. → 열역학 0법칙
㉡ $\Delta U = \Delta Q - \Delta W$, 단열이므로 $\Delta Q = 0$
$\Delta U = -\Delta W$, 팽창할 때 $\Delta W > 0$이므로 $\Delta U < 0$이다. 따라서 내부 에너지는 감소한다.
㉢ 내부 에너지가 감소하므로 온도는 내려간다.
㉣ 열효율 100%인 초특급 열기관은 존재할 수 없다.

정답 146. ④ 147. ①

148 카르노 열기관 A는 절대온도 900K의 열원에서 열에너지를 흡수하여 일을 하고 절대온도 800K의 열원으로 남은 열에너지를 방출한다. 카르노 열기관 B는 절대온도 800K의 열원에서 열에너지를 흡수하여 일을 한 후 절대온도 700K의 다른 열원으로 남은 열에너지를 방출한다. 열기관 A가 600J의 열에너지를 흡수하여 작동한 후 방출한 열에너지를 열기관 B가 모두 흡수하여 작동하였다. 열기관들이 작동한 후, 절대온도가 700K인 열원의 엔트로피 증가량은? [15. 서울시 7급]

① $\dfrac{2}{3} J/K$ ② $\dfrac{3}{4} J/K$

③ $\dfrac{6}{7} J/K$ ④ $\dfrac{7}{9} J/K$

해설 $\Delta Q = 600 \times \dfrac{8}{9} \times \dfrac{7}{8} = 600 \times \dfrac{7}{9}$

$\Delta S = \dfrac{\Delta Q}{T} = \dfrac{600 \times \dfrac{7}{9}}{700} = \dfrac{2}{3} J/K$

149 그림은 대기권에서 기체의 상태를 이상 기체 상태로 근사하여 나타낸 그래프이다. 이에 대한 설명으로 옳은 것만을 모두 고른 것은? (단, 각 점선 위에서의 기체 온도는 일정하다) [16. 국가직 7급]

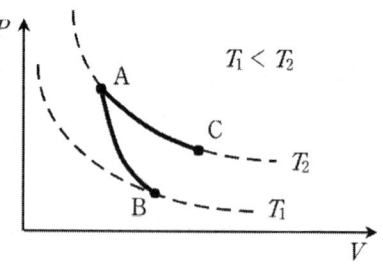

㉠ A → B 과정은 공기가 상승하는 과정으로 단열 과정일 수 있다.
㉡ A → C 과정에서 내부 에너지 변화는 없다.
㉢ B → A 과정은 공기가 하강하는 과정으로 내부 에너지가 감소한다.

① ㉠ ② ㉢
③ ㉠, ㉡ ④ ㉠, ㉡, ㉢

해설 ㉠ A → B 과정은 공기가 상승하는 단열 팽창 과정이다.
㉡ A → C 과정은 온도가 T_2로 일정하므로 내부 에너지 변화는 없다.
㉢ B → A 과정은 공기가 하강하는 과정으로 온도가 증가하여 내부 에너지가 증가한다.

정답 148. ① 149. ③

150 27°C, 1기압의 조건에서 존재하는 어떤 이상 기체의 부피가 12L이다. 이 이상 기체의 상태가 127°C, 3기압으로 변화하였을 때, 이 이상 기체의 부피[L]에 가장 가까운 값은? (단, 상태변화 전후에 이상 기체 내 분자 개수는 변화하지 않는다고 가정하며, 기체 상수는 0.0821L · atm/mol · K이다.) [16. 국가직 7급]

① 2.6　　　　　　　　　　② 5.3
③ 13.6　　　　　　　　　　④ 19.2

해설 몰수와 기체 상수가 일정하므로 $\frac{PV}{T}=\frac{P'V'}{T'}$ 이고 1기압, 300K일 때 부피가 12L이므로, 3기압 400K일 때 부피는 다음과 같다.

$\frac{1\times 12}{300}=\frac{3\times x}{400}$, $x=\frac{16}{3}L ≒ 5.3L$

151 몰당 정압 열용량이 C_p, 정적 열용량이 C_v인 1몰의 이상기체가 그림과 같은 과정을 거쳐 A에서 B상태로 변화했을 때, 엔트로피 변화 $S_B - S_A$는? (단, $\gamma = \frac{C_p}{C_v}$라 한다.) [17. 서울시 7급]

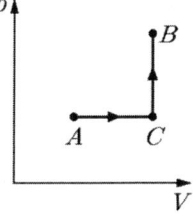

① $C_v \ln \frac{p_B V_B^\gamma}{p_A V_A^\gamma}$　　　　　② $C_p \ln \frac{p_B V_B^\gamma}{P_A V_A^\gamma}$

③ $C_v \ln \frac{p_A V_A^\gamma}{p_B V_B^\gamma}$　　　　　④ $C_p \ln \frac{p_A V_A^\gamma}{p_B V_B^\gamma}$

해설 엔트로피는 상태함수이므로 처음 상태인 A와 나중 상태인 B의 상태량에 의존한다.

$\Delta U = \Delta Q - \Delta W$

$dS = \frac{\Delta Q}{T} = \frac{\Delta U}{T} + \frac{\Delta W}{T} = \frac{nC_v dT}{T} + \frac{pdV}{T} = \frac{nC_v dT}{T} + \frac{nRdV}{V}$

$\Delta S = \int_1^2 nC_v \frac{dT}{T} + \int_1^2 nR \frac{dV}{V} = nC_v \ln\left(\frac{T_2}{T_1}\right) + nR \ln\left(\frac{V_2}{V_1}\right)$

$n=1$이고 문제의 조건에 맞게 식을 나타내면

$S_B - S_A = C_v \ln\left(\frac{T_B}{T_A}\right) + R \ln\left(\frac{V_B}{V_A}\right) = C_v \ln\left(\frac{p_B V_B}{p_A V_A}\right) + R \ln\left(\frac{V_B}{V_A}\right)$

$S_B - S_A = \ln\left(\left(\frac{P_B}{P_A}\right)^{C_v}\left(\frac{V_B}{V_A}\right)^{C_v} \cdot \left(\frac{V_B}{V_A}\right)^R\right)$, $C_p = C_v + R$이므로 정리하면

$S_B - S_A = \ln\left(\left(\frac{P_B}{P_A}\right)^{C_v}\left(\frac{V_B}{V_A}\right)^{C_p}\right) = C_v \ln \frac{p_B V_B^\gamma}{p_A V_A^\gamma}$

정답　150. ②　151. ①

Chapter 02

152 전기로 동작하는 카르노 열펌프를 난방기로 사용하여 건물 내부의 온도를 300K로 유지하고 있다. 건물 외부의 온도는 250K로 일정하고, 건물 내부에서 외부로 새어나가는 열에너지가 초당 9kJ일 때, 카르노 열펌프에 공급하고 있는 전력의 크기는?

[18. 6. 서울시 7급]

① 500W
② 1,500W
③ 3,000W
④ 6,000W

해설 새어나가는 에너지가 초당 9kJ이므로 건물 내부로 초당 9kJ의 열이 유입되어야 온도가 일정하게 유지된다. 열펌프의 작동성능계수 $K = \dfrac{300}{300-250} = \dfrac{9}{W}$ 에서 $W = 1.5kJ$ 이다.

따라서 카르노 열펌프에 공급하고 있는 전력의 크기는 1.5kW=1,500W이다.

정답 152. ②

CHAPTER 03

전자기

- 01 전기장
- 02 축전기
- 03 전류
- 04 자기장과 전자기 유도
- 05 교류와 전자기파

CHAPTER 03 전자기

> **출제포인트**
> 전자기 단원은 범위가 넓고 수험생들이 가장 어려워하는 분야로서 깊이 있는 학습보다는 기본적인 개념과 공식이 중요하다. 특히, 공식들이 많으므로 체계적으로 정리하면서 학습해야 한다. 또한 사람 이름이 들어가는 법칙과 관계되는 내용 및 응용 분야를 정리해야 한다.

01 전기장

1. 전하와 전기력

1 전하

(1) 도체와 부도체

원자핵 주위에는 전자가 돌고 있는데, 이 중에서 가장 바깥쪽을 돌고 있는 전자는 비교적 약한 에너지로 속박되어 있어서 특정한 원자에만 속해 있지 않고 자유롭게 돌아다닐 수 있다. 이와 같은 전자를 자유 전자라고 하는데, 전기는 이 자유 전자가 전달해 준다.

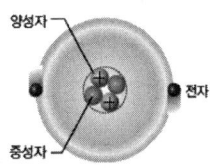

① **도체** : 자유 전자가 많아서 전하를 잘 이동시키는 물체를 도체라고 한다.
　예 금속, 사람의 몸, 지구 등

② **부도체** : 자유 전자가 거의 없어서 전하를 잘 이동시키지 못하는 물체를 부도체라고 한다.
　예 유리, 플라스틱, 순수한 물 등

③ **반도체** : 도체와 부도체 사이의 중간 성질을 띠는 물체를 반도체라 한다.
　예 실리콘(Si), 저마늄(Ge, 게르마늄)

(2) 정전기

에보나이트를 모피(털가죽)에 마찰시키면, 음(-)전기를 띤 전자(e^-)가 모피에서 에보나이트로 옮겨가서 모피는 전자가 부족하여 양(+)전기를 띠게 되고, 에보나이트는 전자가 많아져서 음(-)전기를 띠게 된다. 이와 같이, 마찰에 의하여 나타난 전기를 마찰전기 또는 정전기라고 한다. 또, 물체가 전기를 띠는 것을 대전이라 하고, 대전된 물체를 대전체라고 한다.

(3) 대전열

두 물체를 마찰시킬 때 (+)전기로 대전된 물체를 왼쪽에, (-)전기로 대전된 물체를 오른쪽에 순서대로 나열한 것으로 전자를 잃기 쉬운 순서의 배열이라고 볼 수 있다.

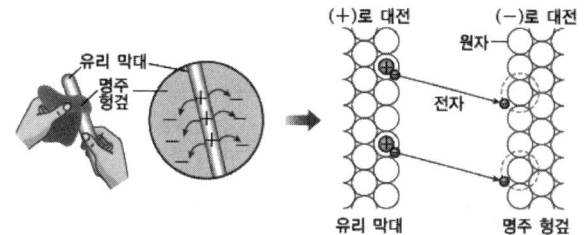

> (+) 털가죽 - 상아 - 유리 - 명주 - 나무 - 솜 - 고무 - 에보나이트 (-)

① 같은 물체를 마찰하면 대전되지 않는다.
② 멀리 있는 물체를 마찰할수록 대전이 잘된다.

2 정전기 유도

(1) 정전기 유도

오른쪽 그림과 같이 대전체를 도체에 가까이하면, 자유 전자가 움직여 대전체 가까운 쪽에는 대전체의 전하와 반대 종류의 전하가, 먼 쪽에는 같은 종류의 전하가 모이는데, 이와 같은 현상을 정전기 유도라고 한다. 정전기 유도에 의하여 도체에 모이는 (+)전기의 양과 (-)전기의 양은 같으므로, 대전체를 멀리하면 도체는 다시 중성의 상태로 되돌아간다.

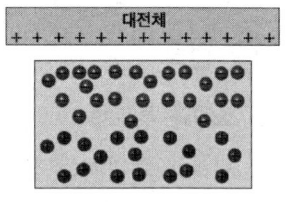

(2) 부도체의 유전 분극(전기 분극)

부도체의 원자나 분자는 자연 상태에서는 전기적으로 중성이다. 그러나 대전체를 가까이하면 부도체는 자유 전자가 없어도 대전체에 끌리게 된다. 예를 들어 (+)로 대전된 물체를 부도체에 가까이하면, 원자나 분자 중의 (+)전하(원자핵)는 척력을 받고, (-)전하(전자)는 인력을 받아서 그림과 같이 배열하게 된다. 이와 같은 현상을 유전 분극 또는 전기 분극이라고 한다. 이때, 안쪽의 (+), (-)전하는 서로 중화되어 비기게 되므로, 결국 전체적으로는 부도체의 양쪽에 (+), (-)전기를 띤 것이 되어 대전체에 끌리게 된다.

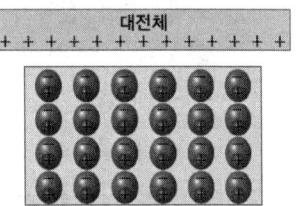

(3) 검전기

검전기는 그림과 같이 금속 막대 끝에 금속박(은박지)을 두 장 붙여 병 속에 넣은 것으로, 정전기 유도현상을 이용하여 물체의 대전 여부나 대전 상태를 알아볼 수 있는 기구이다.

물체의 대전 여부	대전체가 띤 전하의 종류 비교
• 금속박이 벌어지지 않는다.	• 검전기와 같은 전하로 대전된 물체 ・ 검전기와 반대 전하로 대전된 물체

(4) 접지와 방전
① 접지 : 대전체를 도선을 이용하여 지면과 연결하는 것 예 피뢰침, 유조차의 접지
② 방전 : 대전체가 전하를 잃거나 대전체에서 전기가 방출되는 현상으로 충전의 반대 과정이다. 좁은 의미에서는 강한 전기장으로 인해 기체 등의 절연체에 전류가 흐르는 현상을 말한다. 예 겨울철에 자주 발생하는 정전기 현상, 금속 용접에 사용되는 아크 방전, 번개, 오로라 등

3 전기력

같은 종류의 전하 사이에는 반발력이 작용하고, 반대 종류의 전하 사이에는 인력이 작용한다. 이와 같이, 전하를 띤 대전체 사이에 작용하는 힘을 전기력이라고 한다.

(1) 전기력에 관한 쿨롱의 법칙

전하량이 q_1, q_2인 두 전하가 거리 r만큼 떨어져 있을 때 이들 사이에 작용하는 전기력 F는 두 전하의 전하량의 곱에 비례하고 거리의 제곱에 반비례한다.

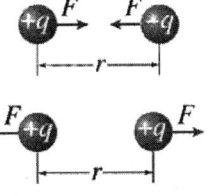

$$F \propto \frac{q_1 \cdot q_2}{r^2} \Rightarrow F = k\frac{q_1 \cdot q_2}{r^2}$$

여기서 k는 비례상수이며, 진공 중에서 근사적으로 $9 \times 10^9 \text{N} \cdot \text{m}^2/\text{C}^2$이다.

(2) 전기량의 단위

C(쿨롱, Coulomb)을 사용한다. 1C은 1A(암페어)의 전류가 흐를 때 1초 동안에 도선의 단면적을 지나는 전하량이다.

(3) 기본 전하

물질의 최소 단위가 원자인 것과 같이 전하에도 최소 단위가 있는데, 이것을 기본 전하라고 한다. 기본 전하는 밀리컨(Millikan, R.A.)이 유적 실험(기름방울 실험)으로 $e = -1.6 \times 10^{-19} \text{C}$임을 알아내었다. 현재까지 전자의 전하량보다 더 작은 양의 전하를 띤 입자는 발견되지 않

고 있다. 따라서 모든 전하량은 전자 전하량의 정수배로 나타낼 수 있다.

(4) 전기적 평형

크기가 같은 두 대전체를 접촉시켰다가 떼어 놓으면 전기적으로 중화되고 남은 전하량을 똑같이 나누어 갖는다.

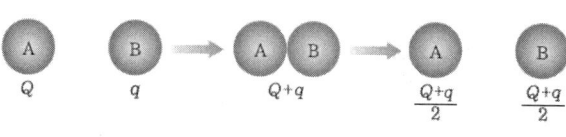

2. 전기장과 전위

1 전기장과 전기력선

전기력이 미치는 범위의 공간을 전기장이라고 한다. 전기장은 방향과 크기가 있는 벡터량이다.

(1) 전기장의 방향과 세기

전기장 내의 한 점에 단위 양전하(+1C)를 놓았을 때, 이 단위 양전하가 받는 전기력의 방향과 크기를 각각 전기장의 방향과 세기로 정한다.

전하 Q로부터 r만큼 떨어진 점의 전기장의 세기 E는 단위 양전하(+1C)를 놓았을 때 받는 전기력의 크기이므로,

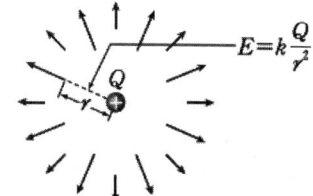

$$E = \frac{F}{q} \text{(N/c)}, \quad F = qE$$

또, 오른쪽 그림과 같이 공간의 한 점에 전하 q를 놓았을 때 받는 전기력이 F이면 그 점의 전기장의 세기 E는,

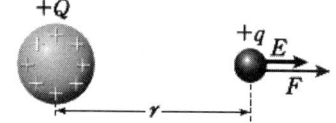

$$E = \frac{F}{q} = k\frac{Q}{r^2}$$

(2) 전기장의 세기의 단위

1C의 전하량을 놓았을 때 1N의 전기력을 받는 전기장의 세기를 1N/C으로 한다.

(3) 전기력선

전기장 내에 단위 양전하를 놓을 때, 이것이 전기력을 받아 움직여 가는 경로를 나타내는 선을 전기력선이라고 한다.

① 여러 경우의 전기력선

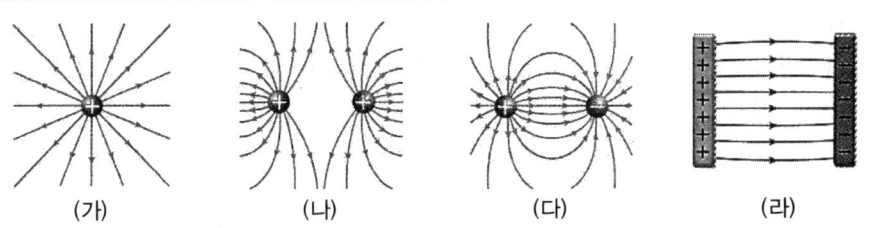

- (가) (+)전하 주위의 전기력선 : 전기력선의 방향은 (+)전하 주위에서 멀어지는 쪽이며, (+)전하에 가까울수록 전기장의 세기가 크고, (+)전하에서 멀어질수록 전기장의 세기가 작다.
- (나) 두 개의 (+)전하 주위의 전기력선 : 두 전하 사이에서 전기력선은 서로 밀어내는 모양이며, 전기장의 세기는 전하로부터 멀어질수록 작다.
- (다) 부호가 반대인 두 전하 주위의 전기력선 : 전기력선은 (+)전하에서 나와 (−)전하로 들어가며, 두 전하 사이에서 전기장의 세기는 두 전하의 바깥쪽보다 크다.
- (라) 평행한 금속판 사이의 전기력선 : 두 금속판 바깥에서는 전기장이 거의 0이며, 금속판 사이의 전기력선의 간격은 일정하고 방향이 같다.

② 전기력선의 성질
- (+)전하에서 나와 (−)전하로 들어간다.
- 중간에 분리되거나 교차되지 않는다.
- 전기력선의 위의 한 점에서 그은 접선 방향은 그 점에서의 전기장의 방향이다.

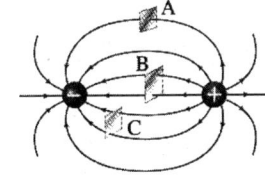

- 전기력선이 조밀하게 나타나는 곳은 전기장의 세기가 크고, 전기력선이 듬성듬성 나타나는 곳은 전기장의 세기가 작다. 사이의 간격이 좁아서 밀도가 큰 곳은 전기장의 세기가 세다.
- 전기장의 수직한 단위 면적을 지나는 전기력선의 수는 전기장의 세기에 비례한다.

③ 두 전하의 전하량이 다를 때의 전기력선

전기력이 전하량에 비례하므로 전기력선의 개수는 전하량에 비례한다. (+)전하의 전하량이 (−)전하의 전하량의 2배이면 전기력선의 모양은 오른쪽 그림과 같다.

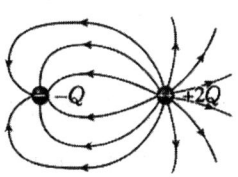

Chapter 03

2 전위와 전위차

(1) 전위

무한원으로부터 단위 양전하(+1C)를 어떤 점까지 이동시키는 데 필요한 일을 그 점의 전위(전기적 위치에너지)라고 한다.

Q(C)의 대전체로부터 r(m)만큼 떨어진 점의 전위 V(V)는 다음과 같다.

$$V = k\frac{Q}{r}$$

(2) 전위차

전위의 차를 전위차 또는 전압이라고 한다. 전하 q를 A점으로부터 B점까지 옮기는 데 W의 일을 하였다면, A, B 양단 간의 전위차 V는 다음과 같다.

$$V = \frac{W}{q} \Rightarrow W = qV$$

1C의 전하량을 A점으로부터 B점까지 옮기는 데 1J의 일을 하였다면, A, B 양단 간의 전위차는 1V(볼트)이다.

(3) 균일한 전기장에서의 전위차

세기가 E인 균일한 전기장 내의 한 극판 A에서 전기장의 방향으로 거리 d인 극판 B까지 $+q$의 전하가 이동할 때, 전기력이 하는 일 W는,
$W = Fs = qEd$이고, $W = qV$이므로
$W = qEd = qV$

$$E = \frac{V}{d} (\text{V/m}), \quad V = dE$$

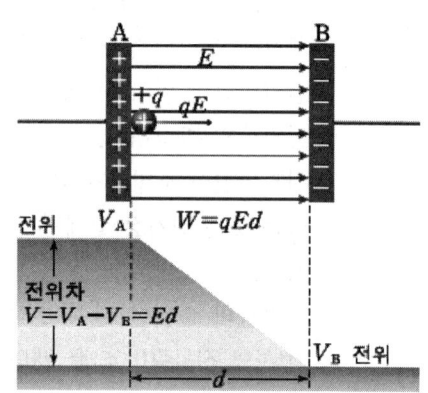

(4) 균일한 전기장에서 전하의 운동

(+)극판에서 초속도 없이 출발한 전하 q가 전기력만 받고 운동할 때 전하가 받는 힘과 일은 다음과 같다.

① 전하가 받는 힘 : $F = qE = q\dfrac{V}{d} = ma$ ($\therefore a = \dfrac{qE}{m} = \dfrac{qV}{md}$)

② 전하가 받는 일 : $W = qV = qEd = \dfrac{1}{2}mv^2$

(5) 등전위면

① 등전위면과 전기력선은 수직이다. 즉, 전기장의 방향은 등전위면에 수직이고, 전위가 높은 곳에서 낮은 곳으로 향한다.
② 등전위면의 간격이 좁을수록 전기장의 세기는 세다.
③ 등전위면 위의 모든 지점 사이에는 전위차가 없으므로, 등전위면을 따라 전하를 이동시킬 때 필요한 일은 0이다.

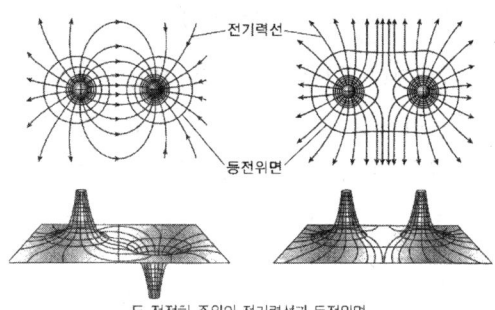

두 점전하 주위의 전기력선과 등전위면

3 가우스 법칙

원리적으로는 쿨롱의 법칙을 사용하여 전하의 분포를 잘게 나누어 각 전하를 점전하로 취급하고, 각 점전하가 만드는 전기장을 합하여 전체 전기장을 계산할 수 있지만 이러한 계산 방법은 매우 복잡하다. 그러나 대칭성을 띤 전하 분포의 경우 가우스 법칙을 사용하면 전기장을 쉽게 구할 수 있다.

전기장에 수직이고, 넓이가 A인 가상면을 나타낸 것이다. 가상면을 통과하는 전기력선의 수는 전기장에 비례하므로 A를 지나는 전기 선속 Φ는 전기장 E와 넓이 A의 곱인

$$\Phi = EA$$

와 같이 나타낼 수 있으며, 단위는 Nm^2/C이다.

가상면이 전기장의 방향에 대하여 어떻게 놓이느냐에 따라 가상면을 통과하는 선속의 크기가 달라지리라고 예상할 수 있다. 따라서 그림과 같이 가상면이 전기장의 방향에 비스듬히 놓여 있으면 가상면을 통과하는 전기 선속 Φ를 전기장 E로 나타내면

$$\Phi = E \cdot A = EA\cos\theta$$

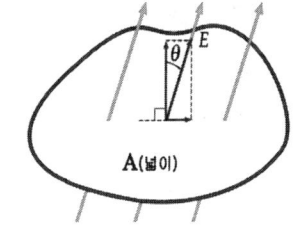

가 된다. 여기서 θ는 전기장과 가상면 A에 수직인 단위 벡터 사이의 각이다. 이 식을 보면 θ가 0°이면 전기 선속이 최대이고, 90°이면 전기 선속이 0이 됨을 알 수 있다.

이번에는 전기장의 크기나 방향이 고르지 않은 곡면에서의 전기 선속을 생각해 보자. 이때 표면을 매우 좁은 구간으로 나누면 전기장의 차이는 미미하여 전기장은 균일하다고 생각할 수 있다. 따라서, 이 미소 구간에서의 전기 선속은

$$d\Phi i = E_i \cdot dA_i$$

로 나타낼 수 있다. 만약, 이 미소 면적의 크기가 $dA_i \to 0$이라면 이때의 전기 선속은
$$\Phi = \lim_{dA \to 0} \Sigma E_i \cdot dA_i = \int E \cdot dA$$
가 된다. 가우스 법칙은 임의의 가우스 곡면을 통과해 나오는 전기 선속 Φ와 이 표면으로 둘러싸인 순전하 q 사이의 관계에 대한 법칙으로 다음과 같이 정의한다.

'임의의 가우스 곡면을 통과하는 총 선속은 그 가우스 곡면 내부에 포함된 총 전하를 유전율로 나눈 것과 같다.'

$$\Phi = \frac{q}{\epsilon_0}$$

이때 전기 선속을 전기장으로 표시하면 $U = \oint E \cdot dA$이므로 가우스 법칙을

$$\epsilon_0 \oint E \cdot dA = q$$

로 쓸 수 있다. 가우스 법칙은 어떤 형태의 가우스 폐곡면을 가상하든지 항상 성립한다. 그러나 가우스 법칙을 적용하려면 전기 선속을 먼저 구해야 하기 때문에 실제로는 전하 분포가 어떤 대칭성을 지니고 있는 특별한 경우에만 가우스 법칙이 유용하게 이용된다.

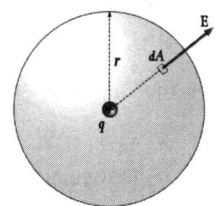

가우스 법칙을 이용하여 반지름이 r인, 구면의 중심에 전하 q가 놓여 있는 경우를 생각해 보자. 가우스 법칙을 이용하면

$$\epsilon_0 \oint E \cdot dA = q$$

이다. 이때 가우스 곡면이 만든 구 표면에 생긴 전기장을 E라고 하면, 구 표면의 면 벡터 방향과 전기장의 방향이 같은 방향이고 전기장 E는 일정하므로

$$\epsilon_0 E \oint dA = q$$

로 나타낼 수 있다. 이때 dA는 반지름이 r인 구의 표면적 $4\pi r^2$이 된다. 따라서,

$$\epsilon_0 E (4\pi r^2) = q$$

이 되고 전기장은

$$E = \frac{1}{4\pi\epsilon_0} \frac{q}{r^2}$$

가 된다. 이것은 쿨롱의 법칙을 이용하여 점전하의 전기장을 구한 값과 동일하다.

예제

01 다음 그림과 같이 검전기의 위쪽에 (−)로 대전된 어떤 막대를 가까이했을 때 옳은 것은?

① 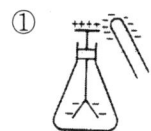   ②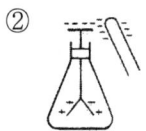

③    ④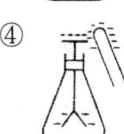

해설 정전기 유도에 의해서 가까운 쪽에는 반대 종류의 전하가, 먼 쪽에는 같은 종류의 전하가 대전된다.

답 ▶ ①

02 금속구 A, B를 명주실에 매달아 접촉시켜 놓고 (+)로 대전된 유리 막대를 오른쪽 그림과 같이 접근시킨다. 이 상태에서 A와 B를 떼어 놓고 대전체를 멀리하면, 금속구 B에는 전하가 어떻게 분포하겠는가?

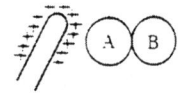

①   ②

③   ④

해설 정전기 유도에 의해서 금속구 A는 (−), B는 (+)로 대전되며, 전하는 도체 표면에만 분포한다.

답 ▶ ①

03 그림은 (−)전하를 띠고 있는 물체를 대전되지 않은 검전기의 금속판에 가까이하였을 때 금속박이 벌어져 있는 것을 나타낸 것이다. 이에 대한 설명으로 옳은 것만을 〈보기〉에서 있는 대로 고른 것은?

┌───┐
│ ㉠ 전자가 금속판에서 금속박으로 이동하지 않고 그대로 있다. │
│ ㉡ 금속판은 (+)전하를 띠고 있다. │
│ ㉢ 물체를 치우면 금속박이 오므라든다. │
└───┘

해설 ㉠ 전자가 척력을 받아 금속박으로 이동한다.
　　　㉡ 금속판은 양전하의 양이 많아 (+)전하를 가진다.
　　　㉢ 물체를 치우면 검전기는 전기적으로 중성을 띠며 금속박이 오므라든다.

답 ▶ ㉡, ㉢

04 금속이 전기의 양도체인 이유는 무엇이 많기 때문인가?
  ① 질량 수
  ② 양자 수
  ③ 중성자 수
  ④ 자유 전자 수

  해설 양도체(도체)는 물체 내에 자유 전자가 많이 있어서 전기를 잘 전도시킨다.

  답 ④

05 진공 중에서 똑같은 전하를 띤 두 대전체를 10cm 떼어 놓았을 때 90N의 전기력이 작용하였다. 이 대전체의 전하량은 몇 C인가?

  해설 $F = 9 \times 10^9 \dfrac{q_1 \cdot q_2}{r^2}$ 에서 $90 = 9 \times 10^9 \times \dfrac{q^2}{0.1^2}$ $\therefore q = 10^{-5}$ (C)

  답 10^{-5} C

06 그림과 같이 $+3Q$, $-Q$로 대전된 같은 크기의 동일한 금속구 A, B를 거리 r만큼 떨어뜨려 놓았더니, A와 B 사이에는 크기가 F인 전기력이 작용하였다. A, B를 접촉시켰다가 다시 $2r$만큼 떨어뜨려 놓을 때, A와 B 사이에 작용하는 전기력의 크기는?

  해설 전기력의 크기는 $F = k\dfrac{q_1 \cdot q_2}{r^2}$ 이다. 주어진 조건에 의해 $F = k\dfrac{3Q \cdot (-Q)}{r^2}$ 일 때, 접촉 후 전하량의 크기는 $+3Q + (-Q)$이고, 다시 r만큼 떨어지면 전하량을 나누어 금속구 A, B는 각각 $+Q$이다.
  접촉 후 전기력의 크기 F'는 $F' = \dfrac{Q \cdot Q}{(2r)^2}$ 이므로 $F' = \dfrac{1}{12}F$ 이다.

  답 $\dfrac{1}{12}F$

07 크기가 같은 두 도체구의 전기량이 각각 $4 \times 10^{-6} C$, $-1.6 \times 10^{-6} C$일 때, 이 둘을 접촉시킨 다음, 진공 중에서 1.2m의 거리를 떼어 놓으면 두 도체구의 전기량과 도체구 사이에 적용하는 전기력은 각각 얼마인가?

  해설 크기가 같은 두 대전체를 접촉시켰다가 떼어 놓으면 전기적으로 중화되고 남은 전하량을 똑같이 나누어 갖는다. 각 도체구는 $(4-1.6) \times 10^{-6} C$을 나누어 가지므로 각각의 대전체에는 $1.2 \times 10^{-6} C$씩 대전된다. 또한 두 도체구 사이의 전기력은 쿨롱의 법칙에 의해 $F = 9 \times 10^9 \times \dfrac{(1.2 \times 10^{-6})^2}{(1.2)^2} = 9 \times 10^{-3}$ 이다.

  답 전기량 $1.2 \times 10^{-6} C$, 전기력 9×10^{-3}

08 전하량이 q인 두 대전체가 r만큼 떨어져 있을 때 작용하는 전기력이 F라고 한다. 전하량을 각각 $2q$로 하고, 두 대전체 사이의 거리를 $2r$로 하면, 전기력은 얼마가 되겠는가?

해설 $F=9\times 10^9 \dfrac{q^2}{r^2}$ 에서 q가 2배, r이 2배로 되므로

$F'=9\times 10^9 \dfrac{(2q)^2}{(2r)^2}=9\times 10^9 \dfrac{q^2}{r^2}=F$

답 F

09 +27C의 전하로부터 거리 3m 떨어진 점의 전기장의 세기는?

해설 전기장의 세기 $E=k\dfrac{q}{r^2}$ 에서 $E=9\times 10^9 \times \dfrac{27}{3^2}=2.7\times 10^{10}(\text{N/C})$

(+1C의 전하를 놓고 이것이 받는 전기력을 구한다.)

답 $2.7\times 10^{10}\text{N/C}$

10 전하량이 $1.0\times 10^{-1}C$인 점전하를 전기장이 $20N/C$인 곳에 놓을 때 점전하가 받는 힘은 몇 N인가?

해설 전기력의 크기 $F=qE$이므로 $E=20N/C$, $q=1.0\times 10^{-1}C$를 대입하면 F는 $2N$이다.

답 $2N$

11 +100C과 -50C의 전하가 공기 중에서 10m 떨어진 위치에 놓여 있다. 다음 물음에 답하여라.
(1) 두 전하를 잇는 직선상 중앙점에서의 전기장의 세기와 방향은?
(2) -50C의 전하 대신에 +50C의 전하를 가져다 놓으면, 두 전하를 잇는 직선상 중앙점에서의 전기장의 세기와 방향은?

해설 중앙점에 +1C의 전하를 놓고 여기에 작용하는 전기력을 합성한다.

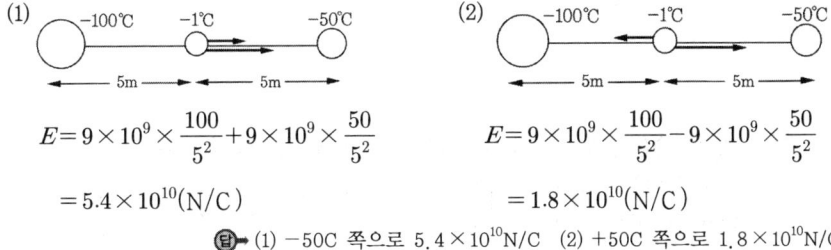

$E=9\times 10^9 \times \dfrac{100}{5^2}+9\times 10^9 \times \dfrac{50}{5^2}$

$=5.4\times 10^{10}(\text{N/C})$

$E=9\times 10^9 \times \dfrac{100}{5^2}-9\times 10^9 \times \dfrac{50}{5^2}$

$=1.8\times 10^{10}(\text{N/C})$

답 (1) -50C 쪽으로 $5.4\times 10^{10}\text{N/C}$ (2) +50C 쪽으로 $1.8\times 10^{10}\text{N/C}$

12 대전 도체구 내부의 전기장의 세기는 얼마인가?

해설 도체가 대전되면 전하는 그 표면에만 분포한다.
따라서 도체 내부에는 전기장이 존재하지 않는다.

답 0

Chapter 03

13 그림은 고정된 두 점전하 A, B에 의한 전기력선을 나타낸 것으로, P와 Q는 A와 B를 지나는 직선상의 점이다. 이에 대한 설명으로 옳은 것만을 모두 고르면?

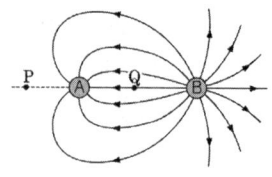

> ㉠ A는 양전하, B는 음전하이다.
> ㉡ 전하량은 B가 A보다 크다.
> ㉢ 전기장의 세기는 P에서가 Q에서보다 크다.

해설 전기력선의 방향은 양전하에서 음전하의 방향이므로 A는 음전하, B는 양전하이다.
전기력선의 수가 많을수록 전하량이 크므로 전하량은 B가 A보다 크다.
전기장 세기는 전기력선이 조밀한 곳일수록 세다.

답 ㉡

14 (1) 전위차가 100V인 두 점 A, B 사이에 3C의 전하량을 옮기는 데 필요한 일은?
(2) A점과 B점의 전위가 각각 +100V, +400V이다. A점으로부터 B점까지 +10C의 전하를 옮기는 데 필요한 일은?

해설 (1) $W = qV = 3 \times 100 = 300(\text{J})$
(2) 전위차 $V = 400 - 100 = 300(\text{V})$, 전기량 $q = 10(\text{C})$
∴ $W = qV = 10 \times 300 = 3,000(\text{J})$

답 (1) 300J (2) 3,000J

15 전기장의 세기가 3,000N/C인 곳에 10C의 전하량을 가진 물체를 놓았을 때, 이 물체가 전기장에서 받는 힘의 크기는 얼마인가?

해설 $\begin{bmatrix} E = 3,000\text{N/C} \\ q = 10\text{C} \end{bmatrix}$ $F = qE = 10 \times 3,000 = 3 \times 10^4(\text{N})$

답 $3 \times 10^4 \text{N}$

16 그림은 정삼각형 ABC의 두 꼭짓점 A, B에 전하량이 각각 $+q$, $-q$인 두 점전하가 고정되어 있는 모습을 나타낸 것이다. D는 선분 AB의 중점이다. C와 D에서 전기장의 세기를 각각 E_C, E_D라고 할 때, $E_\text{C} : E_\text{D}$는?

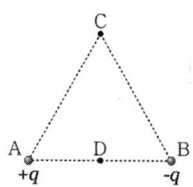

해설 한 변의 길이를 $2d$라 하면 C, D에서 전기장의 크기의 비는
$E_\text{C} : E_\text{D} = \dfrac{kq}{4d^2} : \dfrac{2kq}{d^2} = 1 : 8$이다.

답 $1 : 8$

17 전기장의 세기가 20V/m인 곳에서 전기량이 3C이 받는 힘의 크기는?

 전기장 $E = \dfrac{F}{q}$, 즉 전기력 $F = qE$이므로 주어진 조건을 대입하여 계산하면
$F = 60\,V \cdot C/m = 60N$

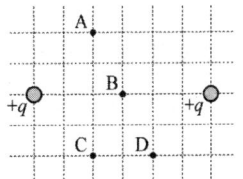

18 그림은 +q로 대전된 두 입자가 수평면 위에 고정되어 있는 모습을 나타낸 것으로 점 A~D는 수평면 위의 점이다. 이에 대한 설명으로 옳은 것만을 모두 고르시오? (단, 모눈 간격은 일정하다.)

㉠ A와 B에서 전기장의 세기는 서로 같다.
㉡ A와 D에서 전기장의 방향은 서로 같다.
㉢ 단위 전하를 A에서 C까지 이동시킬 때 전기력이 한 일은 0이다.

 ㉠ 전기장의 세기는 B에서 0이므로 A가 크다.
㉡ 전기장의 방향은 서로 반대이다.
㉢ A, C의 전위가 같으므로 한 일은 0이다.

답▶ ㉢

19 그림은 균일한 전기장에 대전되지 않은 금속구를 넣어 고정시켰을 때 형성된 등전위면을 나타낸 것이다. 점 O에 양(+)전하로 대전된 입자를 놓았더니 이 입자가 오른쪽으로 움직이기 시작했다. A, B는 동일한 등전위면 위에 있는 점이다.
(1) 전위는 O와 B점 중 어디가 높은가?
(2) O와 A의 전위차와 O와 B의 전위차 중 어디가 큰가?

 (1) 양(+)전하는 전위가 높은 곳에서 낮은 곳으로 전기력을 받으므로 전위는 O가 B보다 높다.
(2) A와 B는 등전위상에 있으므로 O와 A의 전위차는 O와 B의 전위차와 같다.

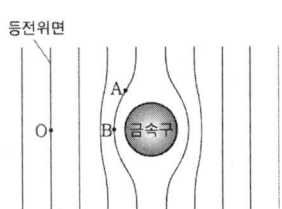

02 축전기

1. 축전기

1 축전기와 전기 용량

정전기 유도의 원리를 이용하여 많은 전하를 모아 둘 수 있도록 만든 장치를 축전기 또는 콘덴서라 하고, 축전기가 전하량을 모을 수 있는 능력의 크기를 전기 용량이라고 한다.

(1) 도체의 전기 용량

어떤 도체에 Q의 전하량을 주었을 때 V만큼 전위가 높아지면, 이때 도체의 전기 용량 C는 다음과 같다.

$$C = \frac{Q}{V} \Rightarrow Q = CV$$

> **참고**
>
> **축전기의 원리**
> ① 평행판 축전기에 전지를 연결하고 스위치를 닫으면 축전기의 한쪽 판 A에는 $(+)$전하가, 다른 쪽 판 B에는 $(-)$전하가 대전된다.
> ② 두 금속판 사이의 전위차가 전지의 전압과 같아질 때까지 전하가 이동하여 각 금속판에는 전하가 같은 양으로 분포한다.
> ③ 이 상태가 되면 전지를 떼어도 두 금속판에는 전하 사이의 전기력에 의해 전하가 그대로 저장된다.
>
>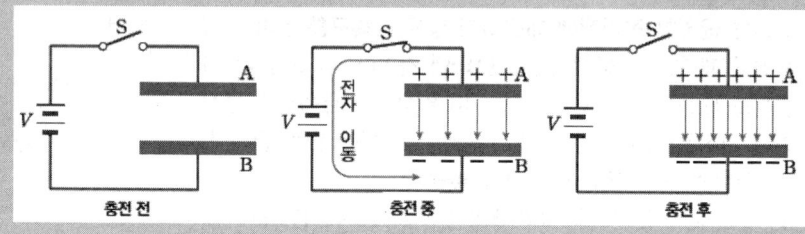
> 충전 전 충전 중 충전 후

(2) 전기 용량의 단위(MKSA 단위)

F(farad, 패럿)을 사용한다.

$1C$의 전하량을 도체에 주었을 때 전위가 $1V$ 높아지는 도체의 전기 용량을 1F으로 정한다.

$1F = \dfrac{1C}{1V} = 1C/V$

패럿의 단위는 너무 크기 때문에 실제로는 $1\mu F$(마이크로패럿), $1pF$(피코패럿)이 많이 쓰인다.

$1\mu F = 10^{-6} F$, $1pF = 10^{-12} F$

(3) 평행판 축전기의 전기 용량

평행판 축전기는 두 도체판을 마주보게 만든 것으로, 전기 용량은 마주보는 면적(대향 면적) S에 비례하고, 판 사이의 거리 d에 반비례하며, 도체 사이에 들어 있는 물질의 유전율 ϵ에 비례한다.

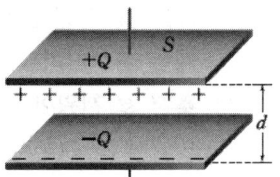

$$C = \epsilon \frac{S}{d}$$

① **유전율** : 부도체인 물체를 전기장 속에 놓으면 분극 현상이 일어나는데, (+)전하와 (−)전하가 분리되는 정도를 숫자로 나타낸 것으로 물질의 종류에 따라 다르며 유전율이 클수록 분극현상이 잘 일어난다.

② **비유전율(유전 상수)** : 진공에 대한 유전율의 비를 비유전율 또는 유전 상수라고 한다.

$$\epsilon_r = \frac{\epsilon}{\epsilon_0}$$

③ **평행판 축전기의 전기 용량을 증가시키는 방법**
- 극판의 넓이(A)를 넓게 하고, 극판 사이의 거리(d)는 가깝게 한다.
- 극판 사이에 유전율(ϵ)이 큰 물질을 넣는다.
- 극판 사이에 도체를 극판에 접촉되지 않도록 하여 평행하게 넣는다.
  (극판 사이의 거리가 가까워지는 효과가 있다.)

(4) 유전체

① **극성 유전체** : 분자가 고유 전기 쌍극자를 가지며, 외부 전기장 속에서 전기 쌍극자가 전기장과 나란하게 정렬된다.
② **비극성 유전체** : 분자가 전기장이 없을 때에는 전기 쌍극자가 없으며, 전기장 속에서는 분극되어 전기 쌍극자가 전기장과 나란하게 정렬된다.
③ 극성과 비극성 유전체 모두 축전기 내부에서 가해진 전기장의 세기를 감소시키는 역할을 한다.

(5) 유전 강도와 내전압

① **유전 강도** : 축전기 내의 유전체가 파괴되지 않고 견딜 수 있는 전기장의 최댓값
② **내전압** : 두 극판 사이에서 방전되지 않고 견딜 수 있는 최대 전압
- 내전압은 축전기 내에 삽입된 유전체의 종류에 따라 다르다.
- 축전기를 사용할 때에는 내전압 이하의 전압에서 사용해야 한다.

Chapter 03

(6) 유전체와 전기 용량

① 축전기를 전원에 연결하였을 때 : 두 금속판 사이의 간격을 변화시키거나 극판 사이에 유전체를 변화시켜도 두 금속판 사이의 전압은 일정하게 유지된다.

② 충전 후 전원의 연결을 끊었을 때 : 두 금속판 사이에 충전된 전하량이 일정하다.

③ 평행한 두 금속판 사이에 유전체를 넣을 경우 변화

스위치를 열었을 때	스위치를 닫았을 때
• 전하량 : 일정 • 전기장의 세기 : 감소 • 전압(전위차) : 감소($V = Ed$) • 전기 용량 : 증가($C = \epsilon \dfrac{A}{d}$, ϵ 증가)	• 전하량 : 증가($Q = CV$) • 전기장의 세기 : 일정($E = \dfrac{V}{d}$) • 전압(전위차) : 일정 • 전기 용량 : 증가($C = \epsilon \dfrac{A}{d}$, ϵ 증가)

④ 평행한 두 금속판 사이의 간격을 증가시킬 때의 변화

스위치를 열었을 때	스위치를 닫았을 때
• 전하량 : 일정 • 전기장의 세기 : 일정($E = \dfrac{V}{d} = \dfrac{Q}{\epsilon A}$) • 전압(전위차) : 증가($Q = CV$) • 전기 용량 : 감소($C = \epsilon \dfrac{A}{d}$, d 증가)	• 전하량 : 감소($Q = CV$) • 전기장의 세기 : 감소($E = \dfrac{V}{d}$, d 증가) • 전압(전위차) : 일정 • 전기 용량 : 감소($C = \epsilon \dfrac{A}{d}$, d 증가)

(7) 축전기에 저장된 전기에너지

전기 용량 C인 축전기의 양단에 전압 V를 걸어 주면 $Q = CV$의 전하량이 축전된다. 그러므로 축전기에 축전된 전하량 Q는 전위차 V에 비례한다. 그런데 오른쪽 그림과 같이 전위가 0에서 계속 증가하여 V가 되었으므로 평균 전위차는 $\dfrac{1}{2}V$가 된다. 따라서 축전기의 전기에너지 W는,

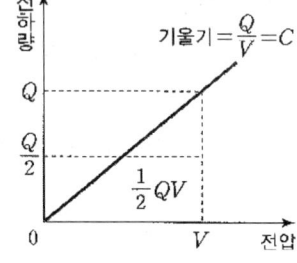

$$W = \dfrac{1}{2}QV = \dfrac{1}{2}CV^2 = \dfrac{1}{2}\dfrac{Q^2}{C} \text{ (단위 : J)}$$

(8) 축전기의 활용

① **평행판 축전기** 예 컴퓨터의 키보드, 터치스크린, 콘덴서 마이크 등

② **원통형 축전기** : 평행판 축전기 내에 유전체를 넣고 말아서 원통 모양으로 만든 것
예 카메라의 플래시

③ **구면 축전기** : 반지름이 다른 두 개의 구면으로 만든 것 ⑩ 스피커

④ **가변 축전기** : 겹치는 판의 넓이를 변화시켜서 전기 용량을 조절하는 것 ⑩ 라디오

2 축전기의 연결

회로 내에 여러 개의 축전기들이 연결되어 있을 때 같은 값을 갖는 한 개의 축전기로 대체할 수 있다. 이것은 실제의 축전기 조합이 가지는 전기 용량과 같은 크기의 전기 용량을 갖는 한 개의 축전기를 말한다.

(1) **직렬연결**

① 각 축전기의 전하량이 모두 같다. ($Q = Q_1 = Q_2 = Q_3$)

② 각 축전기에 걸리는 전압은 $V_1 = \dfrac{Q_1}{C_1}$, $V_2 = \dfrac{Q_2}{C_2}$, $V_3 = \dfrac{Q_3}{C_3}$이고 $Q = Q_1 = Q_2 = Q_3$이므로 $V_1 : V_2 : V_3 = \dfrac{1}{C_1} : \dfrac{1}{C_2} : \dfrac{1}{C_3}$이다. 즉, 전기 용량이 작은 쪽에 큰 전압이 걸린다.

③ 전체 전압은 $V = V_1 + V_2 + V_3$이므로 $\dfrac{Q}{C} = \dfrac{Q}{C_1} + \dfrac{Q}{C_2} + \dfrac{Q}{C_3}$이다. 따라서 직렬로 연결한 축전기의 합성 전기 용량 C는 다음과 같다.

$$\dfrac{1}{C} = \dfrac{1}{C_1} + \dfrac{1}{C_2} + \dfrac{1}{C_3}$$

④ **직렬연결의 효과** : 극판 사이의 거리가 증가하는 효과를 가져와 합성 전기 용량은 감소한다.

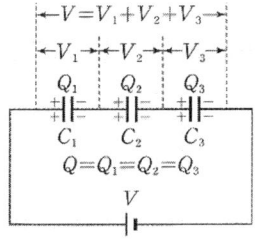 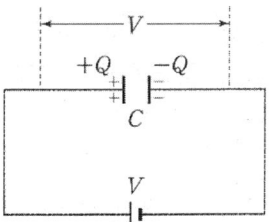

(2) **병렬연결**

① 각 축전기에 걸리는 전압이 V로 모두 같다.

② 전체 전하량은 $Q = Q_1 + Q_2 + Q_3$이다.

③ 각 축전기의 전하량은 $Q_1 = C_1 V$, $Q_2 = C_2 V$, $Q_3 = C_3 V$이고 $Q_1 : Q_2 : Q_3 = C_1 : C_2 : C_3$이다. 즉, 전기 용량이 큰 쪽의 전하량이 크다.

④ 전체 전하량 $Q = Q_1 + Q_2 + Q_3$이므로 $CV = C_1V + C_2V + C_3V$이다. 따라서 병렬로 연결한 축전기의 합성 전기 용량 C는 다음과 같다.

$$C = C_1 + C_2 + C_3$$

⑤ 병렬연결의 효과 : 극판의 넓이가 넓어지는 효과를 가져와 합성 전기 용량이 커진다.

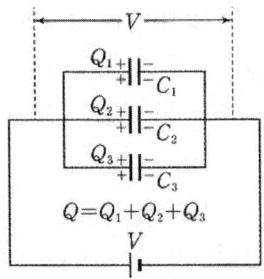 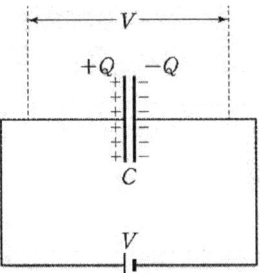

예제

01 평행판 축전기의 판 사이에 유리판을 넣었더니 그 전기 용량이 $5\mu F$에서 $20\mu F$으로 증가하였다. 유리의 유전율은 얼마인가? (단, 공기의 유전율은 1이다.)

해설 $C = \dfrac{\epsilon S}{d}$에서 거리 d와 면적 S는 일정하므로, $\epsilon \propto C$

유리의 유전율을 ϵ', 공기의 유전율을 ϵ라고 하면

$\dfrac{\epsilon'}{\epsilon} = \dfrac{20\mu F}{5\mu F}$ ∴ $\epsilon' = 4\epsilon = 4 \times 1 = 4$

답 ▶ 4

02 오른쪽 그림과 같이 $3\mu F$인 평행판 축전기에 100V의 전지를 연결하였다. 다음 물음에 답하여라.
(1) 축전기에 축전된 전하량은 얼마인가?
(2) 축전기에 저장되는 전기에너지는 얼마인가?

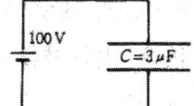

해설 $\begin{bmatrix} C = 3\mu F = 3 \times 10^{-6} F \\ V = 100V \end{bmatrix}$

(1) $q = CV = 3 \times 10^{-6} \times 100 = 3 \times 10^{-4}$ (C)

(2) $W = \dfrac{1}{2}CV^2 = \dfrac{1}{2} \times 3 \times 10^{-6} \times 100^2 = 1.5 \times 10^{-2}$ (J)

답 ▶ (1) 3×10^{-4}C (2) 1.5×10^{-2}J

03 전기 용량이 30μF인 평행판 축전기에 6V의 전압을 걸어주면 이 축전기에 충전되는 전하량은 얼마인가?

해설 평행판 축전기에 저장되는 전하량은 두 금속 극판에 걸리는 전압과 비례하므로 $Q=CV$이다. $30\mu F = 10 \times 10^{-6} F$이므로 $Q = 30 \times 10^{-6} \times 6 = 1.8 \times 10^{-4} C$

답 $1.8 \times 10^{-4} C$

04 오른쪽 회로에서 $C_1 = 2\mu F$, $C_2 = 3\mu F$, $E = 10V$일 때 A, B 사이의 전위차는 얼마인가?

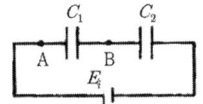

해설 축전기에 걸리는 전압은 축전기의 전기 용량에 반비례한다.
C_1, C_2에 걸리는 전압을 각각 V_1, V_2라고 하면,
$V_1 + V_2 = 10$, $V_1 : V_2 = C_1 : C_2 = 3 : 2$이므로
연립해서 풀면 ∴ $V_1 = 6(V)$

답 6V

05 그림과 같이 전기 용량이 C가 $1.5 \times 10^{-6} F$인 축전기 두 개가 병렬로 연결되어 3V의 전원에 연결되어 있다.
(1) 두 축전기의 합성 전기 용량은 얼마인가?
(2) 축전기에 충전된 총 전하량은 얼마인가?

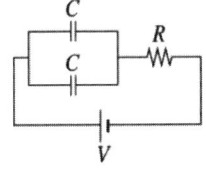

해설 (1) 병렬에서의 합성 전기 용량은 $C + C = 2C$이므로
$2 \times 1.5 \times 10^{-6} = 3.0 \times 10^{-6} F$이다.
(2) 총 전하량 $Q = CV$이므로 $3.0 \times 10^{-6} \times V = 3.0 \times 10^{-6} C \times 3 = 9.0 \times 10^{-6} = 9\mu C$

답 (1) $3.0 \times 10^{-6} F$ (2) $9.0 \mu C$

06 콘덴서에 축전되는 에너지를 구하는 식을 쓰시오.

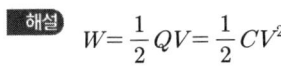

해설 $W = \frac{1}{2}QV = \frac{1}{2}CV^2$

답 $\frac{1}{2}CV^2$

07 $4\mu F$인 축전기가 있다. 두 판 사이에 유전율이 처음의 3배인 유전체를 삽입하고 판 사이의 거리를 처음의 2배로 할 경우 전기 용량은 얼마인가?

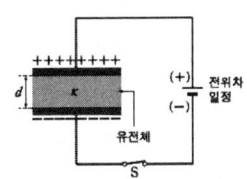

해설 $C = \epsilon \frac{S}{d}$이므로 $C' = 3\epsilon \frac{S}{2d} = \frac{3}{2}C = \frac{3}{2} \times 4\mu F = 6\mu F$

답 $6\mu F$

08 전기 용량이 $C_1 = 3\mu\text{F}$, $C_2 = 4\mu\text{F}$, $C_3 = 2\mu\text{F}$인 3개의 축전기를 오른쪽 그림과 같이 연결하였다.
각 축전기에 축전되는 전하량의 비 $q_1 : q_2 : q_3$는?

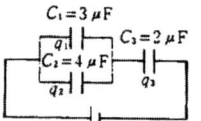

해설 축전기의 병렬연결에서는 전기 용량과 전하량은 비례한다.
$$\therefore q_1 : q_2 = C_1 : C_2 = 3 : 4$$
한편, 직렬연결에서는 전기 용량에 관계없이 전하량이 같다.
$$\therefore q_3 = q_1 + q_2$$
따라서, $q_1 : q_2 : q_3 = 3 : 4 : 7$

답 3 : 4 : 7

09 전기 용량이 $2\mu\text{F}$인 축전기 3개를 오른쪽 그림과 같이 연결하였다. 전체 합성 용량은 얼마인가?

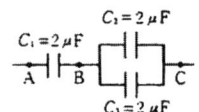

해설 C_2와 C_3는 병렬연결이므로 합성 용량은 $C_2 + C_3 = 4(\mu\text{F})$

$C_1 = 2\mu\text{F}$과 C_2와 C_3의 합성 용량 $4\mu\text{F}$이 직렬연결이므로 $\dfrac{1}{C} = \dfrac{1}{2} + \dfrac{1}{4} = \dfrac{3}{4}$

$$\therefore C = \dfrac{4}{3}(\mu\text{F})$$

답 $\dfrac{4}{3}\mu\text{F}$

03 전류

1. 전류와 전기저항

1 전류

전위가 다른 두 대전체를 도선으로 연결하면 도체에 있는 (+)전하는 전위가 높은 곳에서 낮은 곳으로 이동한다. 이와 같은 전하의 흐름을 전류라 하고, (+)전하가 흐르는 방향을 전류의 방향이라고 한다.

(1) 전류의 세기

도선의 단면을 단위 시간(1초)에 통과하는 전하량을 전류의 세기로 한다. t초 동안에 Q의 전하량이 통과하였다면, 전류의 세기 I는

$$I = \dfrac{Q}{t}, \quad Q = It$$

(2) 전류의 세기의 단위

1초 동안에 $1C$의 전하량이 지나갈 때 전류의 세기를 $1A$라고 한다.

$1A = \dfrac{1C}{1s} = 1C/s = (1.6 \times 10^{-19}C) \times (6.25 \times 10^{18}$개의 자유 전자$)/1s$

$1mA = 10^{-3}A$

즉, 어떤 도선의 단면에 1초 동안 6.25×10^{18}개의 자유 전자가 이동할 경우의 전류의 세기가 $1A$이다.

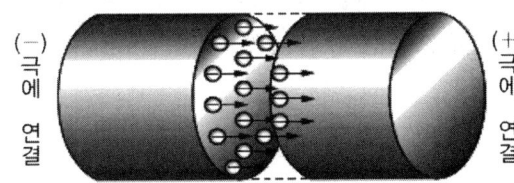

1A는 1초 동안에 6.25×10^{18}개의 전자가 지나가는 전류의 세기이다.

2 전기저항

도체 속에는 자유 전자가 있어서 전압을 가하기 전에도 매우 **빠른 속도**$(10^6 m/s)$로 금속 이온과 충돌하면서 불규칙적인 열운동을 하는데, 그 방향이 불규칙하므로 결과적으로는 어느 방향으로도 전하의 이동이 없어 이들의 평균 전류는 0이라고 볼 수 있다. 그러나 도체에 전압을 가하면 도체 내부에는 전기장이 형성되어 자유 전자는 모두 전기장의 반대 방향으로 힘을 받기 때문에 금속 이온과 불규칙적인 충돌을 하면서 전기장의 방향으로 흐르게 되는데, 이때 전자의 흐름을 방해하는 모든 작용을 전기저항이라고 한다.

(1) 도선의 전기저항

도선의 전기저항 R은 도선의 길이 L에 비례하고 도선의 단면적 S에 반비례한다.

$$R = \rho \dfrac{L}{S}(\Omega)$$

여기서 비례상수 ρ(rho)는 물질의 종류에 따라 정해지는 값으로 비저항(resistivity)이라고 한다. 비저항은 길이 1m, 단면적 1m² 물질의 저항 값으로, 단위는 $\Omega \cdot m$가 사용된다. 비저항은 물질의 고유한 값이며, 비저항이 클수록 전기저항이 크며 부도체가 된다.

(2) 옴의 법칙

금속 도체에 흐르는 전류의 세기 I는 도체 양단에 걸어 준 전압 V에 비례하고 저항 R에 반비례한다. 이것을 옴의 법칙이라고 한다.

Chapter 03

$$I = \frac{V}{R} \Rightarrow V = IR$$

(3) 전압 강하

오른쪽 그림과 같이 저항 R의 양 끝 a, b에 전압 V인 전지를 연결하면 전류 I가 흐른다. a와 b의 전위를 각각 V_a, V_b라고 하면 a, b 사이의 전위차는 $V_a - V_b = IR$이므로, $V_b = V_a - IR$이 되어 b점의 전위는 a점의 전위보다 IR만큼 낮아진다.

이때, IR을 저항 R에 의한 전압 강하라고 한다.

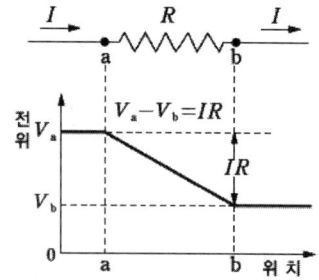

3 저항의 연결

(1) 직렬연결

그림과 같이 저항 R_1, R_2를 직렬연결하고 양단에 전압 V를 걸어 주면,
$V = V_1 + V_2$이고
$V = IR$, $V_1 = I_1R_1$, $V_2 = I_2R_2$이므로
$IR = I_1R_1 + I_2R_2$
그런데, 직렬연결에서는 $I = I_1 = I_2$이므로 합성저항 R은
$R = R_1 + R_2$
직렬연결에서 저항에 걸리는 전압은 저항의 크기에 비례한다.

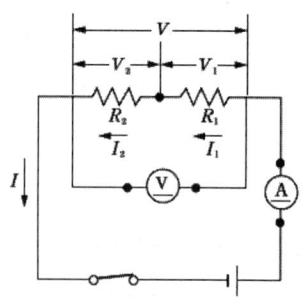

$$V_1 : V_2 = R_1 : R_2$$

(2) 병렬연결

그림과 같이 저항 R_1, R_2를 병렬로 연결하고 양단에 전압 V를 걸어 주면
$I = I_1 + I_2$이고
$I = \dfrac{V}{R}$, $I_1 = \dfrac{V_1}{R_1}$, $I_2 = \dfrac{V_2}{R_2}$이므로
$\dfrac{V}{R} = \dfrac{V_1}{R_1} + \dfrac{V_2}{R_2}$
그런데, 병렬연결에서는 $V = V_1 = V_2$이므로,

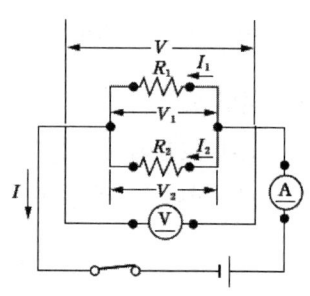

합성저항 R은

$$\frac{1}{R} = \frac{1}{R_1} + \frac{1}{R_2}$$

병렬연결에서 저항에 흐르는 전류는 저항의 크기에 반비례한다.

$$I_1 : I_2 = \frac{1}{R_1} : \frac{1}{R_2}$$

(3) **혼합 연결**

① 전류 : R_2와 R_3에 흐르는 전류의 합은 R_1에 흐르는 전류와 같다.
   $I = I_1 = I_2 + I_3$

② 전압 : R_1에 걸리는 전압과 R_2, R_3에 걸리는 전압의 합은 전체 전압과 같다.
   $V = V_1 + V_2 = V_1 + V_3$

③ 저항 : 전체 저항은 R_2와 R_3의 합성저항 R'과 R_1의 합이다.
   $R = R_1 + R'$

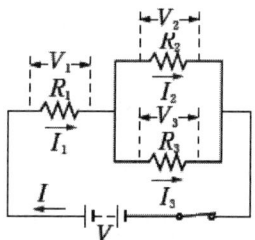

2. 전기회로

1 기전력과 단자 전압

(1) **기전력**

도체에 전류를 계속 흐르게 하려면 (+)극과 (−)극 사이에 일정한 전위차를 유지시켜 도체 내부에 전기장을 만들어 주어야 한다. 이때, 전위차를 계속 유지시키려는 작용의 크기를 기전력이라고 하는데, 단위로는 볼트(V)를 쓴다.

(2) **내부저항**

그림과 같이 전지의 양극 간에 저항 R을 연결하면, 전지의 양극 간에 생긴 기전력에 의해서 이 회로에 (+)극→R→(−)극→전지 내부→(+)극으로 전류가 흐르게 된다. 이와 같이, 전지 내부에서는 (−)극→전지 내부→(+)극으로 전류가 흐르게 되는데, 이때의 저항을 전지의 내부저항이라고 한다.

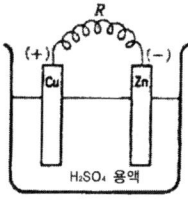

(3) 단자 전압

아래 그림과 같이 기전력 E, 내부저항 r인 전지에 외부저항 R을 연결하면 합성저항은 $R+r$이 되므로, 회로에 흐르는 전류는

$$I = \frac{E}{R+r} \Rightarrow E = IR + Ir$$

여기서 IR은 전지의 (+)극과 (−)극 사이의 전압이 되는데, 이것을 단자 전압이라고 한다. 단자 전압을 V라고 하면
$V = IR = E - Ir$

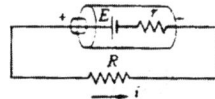

전지에 전류가 흐르고 있을 때의 전압이 단자 전압이고, 흐르지 않을 때의 전압이 기전력이다.

2 전지의 연결

(1) 직렬연결

그림과 같이 기전력 E, 내부저항 r인 전지 n개를 직렬로 연결하고, 이것을 외부저항 R에 연결하면, 이 회로의 전체 합성저항은 $R+nr$이고 기전력은 nE이므로, 회로에 흐르는 전류 I는

$$I = \frac{nE}{R+nr}$$

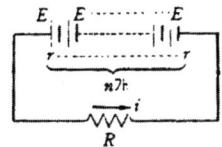

| 전지의 직렬연결 |

큰 기전력을 얻으려면 전지를 직렬연결한다.

(2) 병렬연결

그림과 같이 기전력 E, 내부저항 r인 전지 n개를 병렬로 연결하고, 이것을 외부저항 R에 연결하면 회로의 전체 합성저항은 $R+\dfrac{r}{n}$이고 기전력은 E이므로, 회로에 흐르는 전류 I는

$$I = \frac{E}{R+\dfrac{r}{n}} = \frac{nE}{nR+r}$$

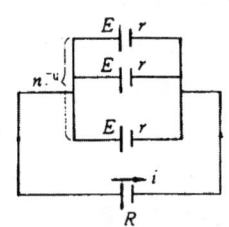

| 전지의 병렬연결 |

전지를 오래 쓰려면 전지를 병렬연결한다.

3 저항의 측정

(1) 전류계와 전압계

저항 R에 흐르는 전류와 전압을 측정하려면, 그림과 같이 전류계 Ⓐ는 회로(R)에 직렬로, 전압계 Ⓥ는 병렬로 연결해야 한다. 왜냐하면, 전류계가 직렬로 연결되어야 저항 R에 흐르는 전류와 전류계 Ⓐ에 흐르는 전류가 같고, 전압계가 병렬로 연결되어야 저항 R에 걸리는 전압과 전압계 Ⓥ에 걸리는 전압이 같기 때문이다.

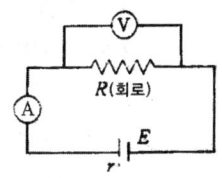

또, 전압계와 전류계를 회로에 연결하더라도 회로의 상태가 원래대로 유지되어야 한다. 따라서 전류계의 내부저항은 작을수록, 전압계의 내부저항은 클수록 바람직하다.

(2) 휘트스톤 브리지(Wheatstone's bridge)

알고 있는 세 저항(R_1, R_2, R_3)과 검류계 Ⓖ인 모르는 저항 R_4를 측정하는 장치이다. 저항을 오른쪽 그림과 같이 연결하고, 가변 저항 R_3를 조절하여 검류계 Ⓖ에 전류가 흐르지 않도록 하면, C점과 D점의 전위는 같아진다. 즉, R_1에 걸리는 전압과 R_2에 걸리는 전압이 같고, R_3와 R_4에 걸리는 전압이 같게 된다. 즉,

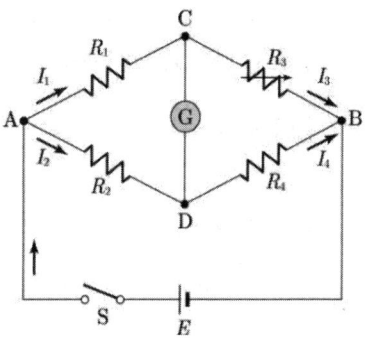

$I_1 R_1 = I_2 R_2$ ················· ①

$I_3 R_3 = I_4 R_4$ ················· ②

$I_1 = I_3$, $I_2 = I_4$이므로

①×②에서

$$\frac{R_1}{R_3} = \frac{R_2}{R_4} \Rightarrow R_4 = \frac{R_2 \cdot R_3}{R_1}$$

(3) 키르히호프(Kirchhoff)의 법칙

① **제1법칙(전하량 보존의 법칙)** : 전기회로의 한 교점으로 들어오는 전류와 나가는 전류의 합은 0이다.

$$\sum I = 0 \qquad I_1 + I_2 = I_3$$

닫힌 회로 내의 전류의 방향은 임의로 정할 수 있으며, 제1법칙은 전기회로에서 전하의 보존을 의미한다.

② **제2법칙(폐회로 법칙)** : 에너지 보존 법칙에 의해 임의의 폐회로를 구성하는 각 전지의 기전력의 합은 각 저항에서 일어나는 전압강하의 합과 같다.

- 닫힌 회로 ABEF : $E_1 - I_1R_1 - I_3R_3 = 0$
- 닫힌 회로 CBED : $E_2 - I_2R_2 - I_3R_3 = 0$

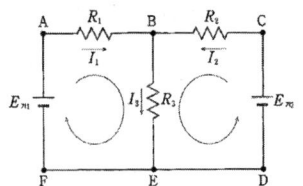

③ 적용 방법
- 모든 저항에 흐르는 전류의 방향을 임의로 표시한다.
- 모든 교점(분기점)에서 제1법칙을 적용하여 식을 세운다.
- 회로의 순환 방향을 정하고 그 방향으로 돌아가면서 기전력 E나 전압강하 IR의 부호를 정한다.
- 연립방정식을 풀어 전류가 (−)값이 나오면 전류의 방향은 처음에 정한 방향과 반대가 된다.

4 전기에너지

도선에 전류가 흐르면 도선의 온도가 올라간다. 이것은, 전자가 도선을 흐를 때 금속 내의 원자와 충돌하면서 전자가 전기장에서 얻은 운동에너지를 열에너지로 바꾸기 때문이다.

(1) 줄의 법칙

저항 R인 도선에 I의 전류가 t초 동안 흐를 때 발생하는 줄열 Q는 전류의 제곱과 저항의 곱에 비례한다. 이것을 줄의 법칙이라고 한다.

$$Q = \frac{1}{4.2}I^2Rt = \frac{1}{4.2}IVt = \frac{1}{4.2}\frac{V^2}{R}t\,(\text{cal})$$

(2) 전력

전류가 1초 동안 하는 일을 전력이라고 한다. 전류가 t초 동안 W의 일을 하였다면, 전력

$$P = \frac{W}{t}\,(W = qV \text{이고 } q = It \text{이므로})$$

$$= \frac{qV}{t} = I\frac{tV}{t} = IV\,(V = IR \text{이므로}) = I^2R = \frac{V^2}{R}$$

$$\boxed{P = IV = I^2R = \frac{V^2}{R}}$$

> **참고**
>
> **전력의 단위**
> 전력은 전류의 일률이므로, 일률과 같은 단위를 쓴다.
> $I = \frac{q}{t}$에서 $A = \frac{C}{s}$, $V = \frac{W}{q}$에서 $V = \frac{J}{C}$
> $P = IV$에서 $A \times V = \frac{C}{s} \times \frac{J}{C} = \frac{J}{s} = W$
> 즉, 전류의 단위로 A, 전압의 단위로 V를 쓰면, 전력의 단위는 W(와트, watt)가 된다.

(3) 전기에너지

전위가 높은 곳에서 낮은 곳으로 양전하가 이동할 때 전기장이 일을 하게 되고, 이 일은 전기에너지로 나타난다. 전위차가 V인 두 점 사이에 전하량(q)이 이동할 때 전기장이 전하에 하는 일은,

$W = qV(J)$이다.

도선의 저항이 R이고, 전위차가 V, 시간 t초 동안 전류 I가 흐르면 도선의 단면을 지나가는 전하량은 $q=It$이므로, 전류가 하는 일, 즉 전기에너지는 E는 다음과 같다.

$$E = qV = IVt = I^2Rt = \frac{V^2}{R}t (J)$$

이때 전기에너지는 열로 전환되거나, 일로 전환된다.

(4) 전력량

전류가 어떤 시간 동안 하는 일의 양을 전력량이라고 한다. 전력 P(W)로 t초 동안 일했을 때의 전력량 W는,

$W = Pt$

전력량의 단위로는 kWh(킬로와트시)를 쓰는데, 1kWh는 1kW의 전력으로 1시간 동안에 하는 일의 양이다.

1kWh = 1,000W × 3,600s = 3.6×10^6 J

예제

01 2C의 대전 입자가 원 궤도를 1초 동안에 3회전하고 있다면, 원 궤도상의 전류의 세기는 몇 A인가?

해설 1초 동안에 통과한 전하량이 전류의 세기이다. 2C의 전하가 1초 동안에 세 번 통과하므로 1초 동안에 6C의 전하량이 통과한 것이다.

I = (전하량) × (진동수)

답 6A

02 단면적 1mm², 길이 90cm인 니크롬선의 저항을 1Ω이라 할 때, 단면적 2mm², 길이 9m인 니크롬선의 저항은 몇 Ω인가?

해설 $R = \rho \frac{l}{S}$에서 $\dfrac{l \rightarrow 10배}{S \rightarrow 2배}$ $R' = \rho \frac{10l}{2S} = 5\rho \frac{l}{S} = 5R$ ∴ 5Ω

답 5Ω

Chapter 03

03 길이가 l인 도선의 길이를 $3l$가 되도록 잡아 늘였다면, 도선의 저항은 처음의 몇 배가 되겠는가?

해설 길이를 3배 늘이면 단면적은 $\frac{1}{3}$배로 줄어든다.

$$R = \rho \frac{l}{S} \text{ 에서 } \xrightarrow[S \to \frac{1}{3} \text{배}]{l \to 3\text{배}} R' = \rho \frac{3l}{\frac{1}{3}S} = 9\rho \frac{l}{S} = 9R$$

답 9배

04 2Ω의 전기저항을 10V 전원에 연결하였다. 5초 동안에 통과한 전하량은?

해설 $\begin{bmatrix} R = 2(\Omega) \\ V = 10(V) \\ t = 5(\bar{\mathbf{\mathbb{X}}}) \end{bmatrix} \Rightarrow \begin{bmatrix} I = \frac{V}{R} = \frac{10}{2} = 5(A) \end{bmatrix} \quad \therefore q = It = 5 \times 5 = 25(C)$

답 25C

05 2Ω인 저항 R_1과 3Ω인 저항 R_2가 오른쪽 그림과 같이 10V의 전원에 연결되어 있다. R_2에 의한 전압강하는 몇 V인가?

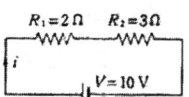

해설 전체 합성저항이 5Ω이므로, 흐르는 전류 I는
$I = \frac{10}{5} = 2(A)$
따라서, R_2에 의한 전압강하 V_2는
$V_2 = I \times R_2 = 2 \times 3 = 6(V)$

답 6V

06 $r_1 > r_2 > r_3$인 저항 3개를 그림과 같이 연결한 회로에서 각 저항에 흐르는 전류의 세기 I_1, I_2, I_3의 관계를 옳게 표시한 것은?

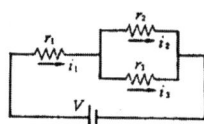

① $I_1 > I_2 > I_3$ ② $I_1 > I_3 > I_2$
③ $I_3 > I_2 > I_1$ ④ $I_3 > I_1 > I_2$

해설 $I_1 = I_2 + I_3$ ·········· ㉠
병렬연결에서는 전압이 같으므로 전류와 저항은 서로 반비례한다.
그런데, $r_2 > r_3$이므로 $I_3 > I_2$ ·········· ㉡
㉠, ㉡에서 $I_1 > I_3 > I_2$

답 ②

07 다음 그림과 같이 저항을 연결하였을 때, 전체 회로에 흐르는 합성저항은 얼마인가?

(1) $R_1 = 5\Omega$, $R_2 = 10\Omega$, $R_3 = 15\Omega$

(2)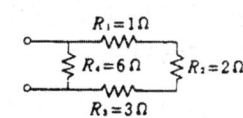

해설 (1) R_2와 R_3는 병렬연결이므로, 그 합성저항 R'는

$$\frac{1}{R'} = \frac{1}{10} + \frac{1}{15} = \frac{1}{6} \quad \therefore R' = 6(\Omega)$$

R'와 R_1이 직렬연결이므로, 전체 합성저항 R은,

$$R = R_1 + R' = 5 + 6 = 11(\Omega)$$

(2) R_1, R_2, R_3는 직렬연결이므로, 합성저항 R'는

$$R' = R_1 + R_2 + R_3 = 1 + 2 + 3 = 6(\Omega)$$

R'와 R_4가 병렬연결이므로, 전체 합성저항 R은

$$\frac{1}{R} = \frac{1}{R'} + \frac{1}{R_4} \text{에서} \quad \frac{1}{R} = \frac{1}{6} + \frac{1}{6} = \frac{1}{3} \quad \therefore R = 3(\Omega)$$

답 (1) 11Ω (2) 3Ω

08 오른쪽 그림과 같이 저항이 연결된 회로가 있다. 다음 물음에 답하여라.

(1) $R \to \infty$일 때 회로 전체의 합성저항은?
(2) $R \to 0$일 때 회로 전체의 합성저항은?

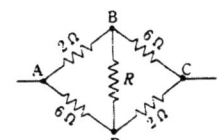

해설 도선의 전기저항 $R = \rho \dfrac{l}{S}$에서

(1) $R \to \infty$이면 $S \to 0$, 즉 저항 R이 끊어졌다는 뜻이다.

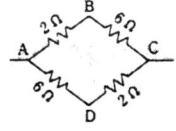

위의 그림에서 ABC 회로(8Ω)와 ADC 회로(8Ω)가 병렬연결이므로, 전체 합성저항 R은

$$\frac{1}{R} = \frac{1}{8} + \frac{1}{8} = \frac{1}{4} \text{에서}$$

$$\therefore R = 4(\Omega)$$

(2) $R \to 0$이면 $l \to 0$, 즉 B와 D가 합선되었다는 뜻이다.

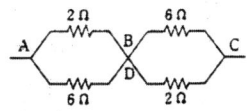

위의 그림에서 AB 회로(1.5Ω)와 BC 회로(1.5Ω)가 직렬연결이므로 전체 합성저항 R은

$$\therefore R = 1.5 + 1.5 = 3(\Omega)$$

답 (1) 4Ω (2) 3Ω

Chapter 03

09 다음은 2Ω, 3Ω, 6Ω의 세 저항을 병렬로 연결한 회로도이다. 이 회로에 일정한 전압 V를 연결하여 전류를 흘려주었을 때, 각 저항에 흐르는 전류의 비($I_1 : I_2 : I_3$)를 구하시오.

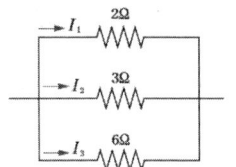

해설 병렬연결이므로 각 저항에 걸리는 전압은 같고, 전류 $I = \dfrac{V}{R}$ 이므로

$I_1 : I_2 : I_3 = \dfrac{V}{2} : \dfrac{V}{3} : \dfrac{V}{6} = 3 : 2 : 1$ 이다.

답 3 : 2 : 1

10 어떤 저항에 3V를 걸어주니 20mA의 전류가 흘렀다면 이 도선의 저항값은?

해설 옴의 법칙에 의해 $I = \dfrac{V}{R}$ 에서 $R = \dfrac{V}{I}$ 이고, $I = 20mA = 0.02A$를 조건을 대입하여 계산하면 $R = 150\Omega$ 이다.

답 150Ω

11 기전력 9V, 내부저항이 0.2Ω인 전지가 0.5A의 전류를 회로에 공급한다면 전지의 단자 전압은 몇 볼트인가?

해설 $\begin{bmatrix} E = 9V \\ r = 0.2\Omega \\ I = 0.5A \end{bmatrix}$ 단자 전압 $V = E - Ir = 9 - 0.5 \times 0.2 = 8.9(V)$

답 8.9V

12 전지의 두 극에 저항 R을 연결하였더니 2A의 전류가 흐르고 두 극 사이의 전위차가 6V가 되었다. 이때, 회로를 끊었더니 전위차가 7V가 되었다. 전지의 내부저항 r과 외부저항 R을 구하여라.

해설 $\begin{bmatrix} I = 2A \\ \text{단자 전압} V = 6V \\ \text{기전력 } E = 7V \end{bmatrix}$ $V = IR = E - Ir$
$6 = 2 \cdot R = 7 - 2 \cdot r$
∴ $R = 3\Omega, r = 0.5\Omega$

답 $r = 0.5\Omega, R = 3\Omega$

13 그림과 같은 회로에서 $E_1 = 3V$, $E_2 = 6V$이고, 내부저항은 둘 다 0.5Ω이다. 35Ω인 외부저항 R에 흐르는 전류는 몇 A인가?

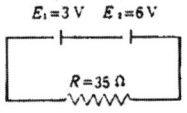

해설 $\begin{bmatrix} \text{전체 기전력 } E = 3 + 6 = 9(V) \\ \text{합성저항 } R = 35 + 0.5 + 0.5 = 36(\Omega) \end{bmatrix}$

$I = \dfrac{E}{R} = \dfrac{9}{36} = 0.25(A)$

답 0.25A

14 저항 R에 흐르는 전류와 전압을 측정하려고 한다. 전류계 Ⓐ와 전압계 Ⓥ가 올바르게 연결된 것은?

① 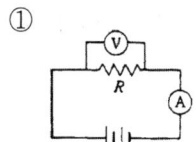 ② 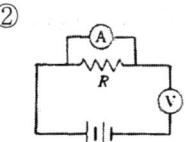 ③ 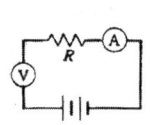 ④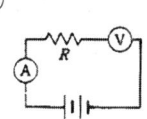

해설 전류계는 직렬로, 전압계는 병렬로 연결한다.

답 → ①

15 다음 회로를 보고 물음에 답하여라.

(1)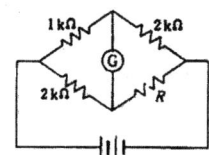

검류계 Ⓖ에 전류가 흐르지 않을 때, 저항 R의 값은?

(2)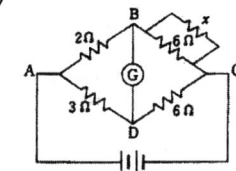

검류계 Ⓖ에 전류가 흐르지 않을 때, 저항 x는 얼마인가?

해설 (1) $1 \times R = 2 \times 2$에서 $R = 4(k\Omega)$

(2) 6Ω와 x의 합성저항이 4Ω이 되어야 한다.

$\dfrac{1}{4} = \dfrac{1}{6} + \dfrac{1}{x}$에서 $x = 12(\Omega)$

답 → (1) 4kΩ (2) 12Ω

16 5V의 전압을 걸어 2A의 전류가 10초 동안 흐르게 했다. 이때 소비된 전기에너지는?

① 17J ② 20J
③ 50J ④ 100J

해설 전기에너지 = 전압 × 전류 × 시간
= 5V × 2A × 10S
= 100J

답 → ④

17 100V용 1000W 전열기를 120V 전원에 연결하였을 때 소비전력은 몇 W인가?

해설 소비전력 $P = \dfrac{V^2}{R}$ 이므로 V=120V

전열기 저항 $R = \dfrac{V^2}{P} = \dfrac{(100 V)^2}{1000 W} = 10\Omega$을 $P = \dfrac{V^2}{R}$에 대입하여 계산하면 $P = 1440 W$

답 → 1440W

18 (1) 100V - 500W의 전열기가 있다. 니크롬선의 길이를 반으로 잘라서 100V의 전원에 연결했을 때, 소비전력은 얼마인가?

(2) 100V - 100W의 전열기를 50V의 전원에 연결했을 때, 소비전력은 얼마인가?

해설 (1) 니크롬선의 길이를 반으로 자르면 전열기의 저항은 $\frac{1}{2}$로 줄어든다.

한편 $P = \frac{V^2}{R}$에서 V는 일정하므로 $P \propto \frac{1}{R}$며, R이 $\frac{1}{2}$배이므로 P는 2배가 된다.

(2) $P = \frac{V^2}{R}$에서 R은 일정하므로 $P \propto V^2$, V가 $\frac{1}{2}$배이므로 P는 $\frac{1}{4}$배가 된다.

답 (1) 1,000W (2) 25W

19 전열기를 쓰다가 파손되어 니크롬선을 $\frac{1}{5}$ 만큼 끊어버리고 나머지 $\frac{4}{5}$의 길이로 사용하였다. 이때, 발생하는 열량은 끊어버리기 전에 비하여 몇 배나 되는가?

해설 $P = \frac{V^2}{R}$에서 V가 일정하므로 $P \propto \frac{1}{R}$

그런데 R이 $\frac{4}{5}$배이므로 P는 $\frac{5}{4}$배

답 $\frac{5}{4}$배

20 100V - 500W의 전열기가 있다. 이 전열기의 저항은 몇 Ω인가?

해설 $\begin{bmatrix} V = 100V \\ P = 500W \end{bmatrix}$ $P = \frac{V^2}{R}$이므로 $R = \frac{V^2}{P} = \frac{100^2}{500} = 20(\Omega)$

답 20Ω

21 220V용 100W 전구를 220V 전원에 하루 3시간씩 10일간 사용하면 전력량은?

해설 $W = P \times t = 100 \times 3 \times 10 = 3000Wh = 3kWh$

답 3kWh

22 100V - 50W 전구와 100V - 100W 전구를 직렬로 연결하여 그 양 끝을 100V의 전원에 연결할 때, 50W의 전구에 소비되는 전력은 100W의 전구에서 소비되는 전력의 몇 배인가?

① $\frac{1}{2}$배　　　　　　　　② 2배

③ 4배　　　　　　　　　　④ 8배

해설 소비전력은 $P = \frac{V^2}{R}$이므로 $R = \frac{V^2}{P}$

50W 전구의 저항 $R = \frac{100^2}{50} = 200\Omega$, 100W 전구의 저항 $R = \frac{100^2}{100} = 100\Omega$

직렬연결 시 전류가 일정하므로 전력은 저항에 비례한다.
50W : 100W = 200 : 100 = 2 : 1

답 ②

04 자기장과 전자기 유도

1. 자기장

1 자석과 자기장

자석이 쇳조각을 끌어당기는 힘이 가장 센 양 끝을 자극이라고 한다. 그리고 자석을 자유롭게 회전할 수 있도록 했을 때, 북쪽을 가리키는 자극을 N극, 남쪽을 가리키는 자극을 S극이라고 한다. 하나의 자석에는 반드시 N극과 S극이 있으며, 그림과 같이 자석을 절단해도 또 자석이 된다. 자석은 전기와 같이 같은 극끼리는 반발력이 작용하고, 다른 극끼리는 인력이 작용한다. 이와 같이 자석의 극 사이에 작용하는 힘을 자기력이라고 한다.

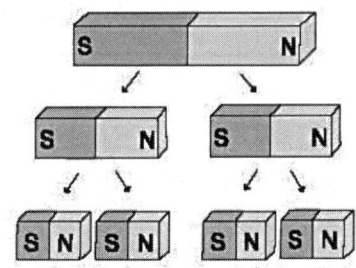

(1) 자기장

자기력이 미치는 공간을 자기장이라고 하는데, 자기장은 방향과 크기를 갖는 벡터량이다. 자기장의 방향은 자기장 내의 한 점에 자석을 놓았을 때 N극이 가리키는 방향으로 정한다.

(2) 자기력선

자기장 내에 작은 자침을 놓았을 때, 이 자침의 N극이 가리키는 방향을 선으로 나타낸 것을 자기력선이라고 한다.

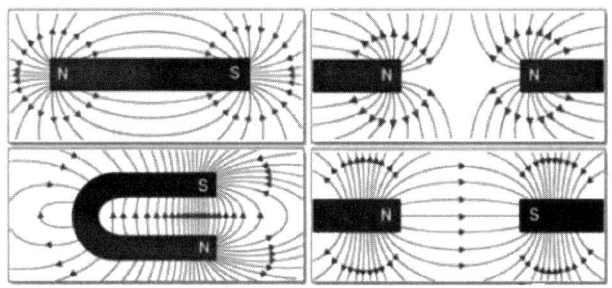

자기력선에는 다음과 같은 성질이 있다.
① N극에서 나와 S극으로 들어간다.
② 자기력선 위의 한 점에서 그은 접선 방향이 그 점에서의 자기장의 방향이다.
③ 자기력선은 만나거나 분리되지 않는다.
④ 자기력선이 밀한 곳은 소한 곳보다 자기장의 세기가 강하다.

(3) 자속 밀도

자기장에 수직인 한 단면을 지나는 자기력선의 수를 자속이라 하고, 단위는 Wb(웨버)이다. 자기장에 수직인 단위 면적($1m^2$)을 지나는 자기력선을 자속 밀도라 하고, 자기장과 같은 것으로 취급한다.

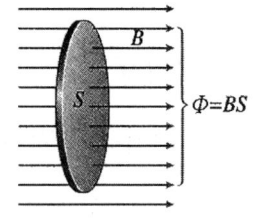

$$\text{자기장의 세기(자속 밀도)} = \frac{\text{자속}}{\text{단면적}}, \quad B = \frac{\Phi}{S}$$

자속 밀도의 단위로는 $Wb/m^2 = N/A \cdot m = T$(tesla, 테슬라)를 쓴다.

2 전류에 의한 자기장

전류가 흐르는 도선 근처에 자침을 가까이 가져가면 자침이 움직이는 것으로 보아 전류가 흐르는 도선 주위에는 자기장이 생긴다는 것을 알 수 있다.

(1) 직선 전류에 의한 자기장

종이 위에 쇳가루를 뿌린 다음 수직으로 도선이 지나가게 하고 전류를 흘리면, 전류를 중심으로 하는 동심원의 자기장이 생기며, 나사를 전류 방향으로 진행시킬 때 나사가 돌아가는 방향이 자기장의 방향이 된다(앙페르의 오른나사의 법칙).

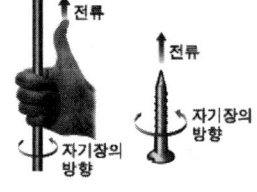

도선에 I(A)의 전류가 흐를 때, 도선으로부터 r(m)되는 곳의 자속 밀도 B는,

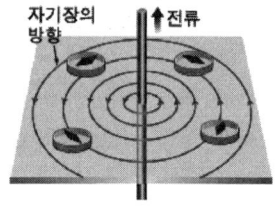

$$B = k\frac{I}{r} \quad (k = 2 \times 10^{-7} N/A^2)$$

즉, 직선 전류에 의한 자속 밀도 B는 전류의 세기 I에 비례하고 도선으로부터의 거리 r에 반비례한다.

(2) 원형 전류에 의한 자기장

아래 그림과 같이 종이 위에 쇳가루를 뿌린 다음 원형 도선에 전류를 흘리면, 원형 전류 중심 부분의 자기장의 방향은 전류의 방향으로 오른나사를 돌릴 때 나사가 진행하는 방향이 된다.

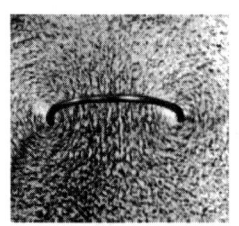 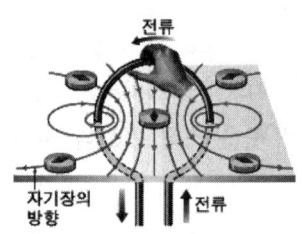

반경 r(m)인 원형 도선에 I(A)의 전류가 흐를 때 중심에서의 자속 밀도 B는

$$B = k'\frac{I}{r}(k' = 2\pi \times 10^{-7} \text{N/A}^2)$$

(3) 솔레노이드에 의한 자기장

그림과 같이 긴 원통 위에 코일을 규칙적으로 여러 번 감은 것을 솔레노이드(Solenoid)라고 한다.

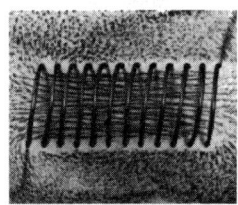 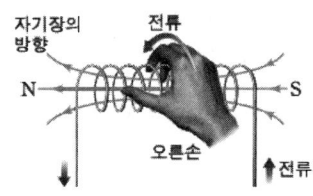 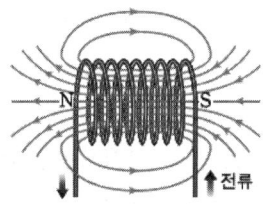

솔레노이드에 의한 자기장의 방향은 오른손을 펴서 전류가 흐르는 방향으로 솔레노이드를 같이 쥘 때 엄지손가락이 가리키는 방향이 된다. 솔레노이드에 흐르는 전류가 I(A)이고 단위 길이(1m)당 감긴 수를 n이라고 할 때, 솔레노이드 내부의 자속 밀도 B는,

$$B = k''nI\ (k'' = 4\pi \times 10^{-7} \text{N/A}^2)$$

솔레노이드 내부의 자속 밀도는 전류의 세기 I와 단위 길이당 감긴 수 n에 비례한다.

(4) 자성

물질이 자석에 반응하는 성질로, 강자성·상자성·반자성으로 구분된다.
① **강자성** : 외부 자기장을 가했을 때 물질 내부의 원자 자석들이 외부 자기장의 방향으로 강하게 자기화되어 자석에 잘 붙는 성질로, 외부 자기장을 제거해도 자석의 효과가 오래 유지 된다. 예 철, 니켈, 코발트 등
② **상자성** : 외부 자기장에 의해 물질 내부의 원자 자석들이 외부 자기장의 방향으로 약하게 자기화되어 자석에 약하게 붙는 성질로, 외부 자기장이 제거되면 자석의 효과가 즉시 사라진다. 예 종이, 알루미늄, 마그네슘, 텅스텐 등
③ **반자성** : 외부 자기장을 가했을 때 물질 내부의 원자 자석들이 외부 자기장의 방향과 반대로 자기화되어 자석에 붙지 않는 성질로, 초전도체의 경우 강한 반자성을 띤다.
예 구리, 유리, 플라스틱, 금, 수소, 물 등

2. 전류가 자기장에서 받는 힘

1 전류가 자기장에서 받는 힘(전자기력)

(1) 전자기력

자기장 속에 놓여 있는 도선에 전류가 흐를 때 또는 전하가 자기장 속을 움직일 때 도선이나 이 전하는 자기장으로부터 힘을 받는데, 이 힘을 전자기력이라고 한다.

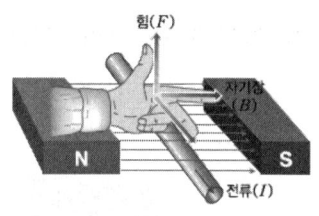

① **전자기력의 방향**: 왼손의 엄지, 집게, 가운뎃손가락을 서로 직각이 되게 펴서 집게손가락을 자기장의 방향, 가운뎃손가락을 전류의 방향으로 향하게 하면, 엄지손가락의 방향이 전자기력의 방향이 된다. 이것을 플레밍(Fleming)의 왼손 법칙이라고 한다.

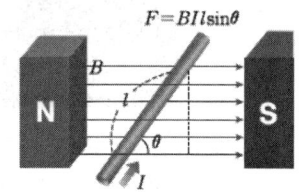

② **전자기력의 크기**: 자속 밀도가 $B(\text{N/A} \cdot \text{m})$인 균일한 자기장에, 자기장과 직각으로 놓여 있는 길이 $l(\text{m})$인 도선에 $I(\text{A})$의 전류가 흐를 때, 이 도선이 받는 전자기력 F는,

$$F = BIl (\text{N})$$

(2) 전자기력을 이용한 전기 기계

① **직류 전동기**: 전류의 자기 작용에 의해서 전기에너지를 기계적인 에너지로 바꾸는 장치가 전동기이다. 그림과 같이 전류가 흐르는 코일이 자기장 내에 놓여 있을 때, 코일의 각 부분에는 힘이 작용한다. 이때 B는 자기장의 방향과 나란하므로 플레밍 왼손 법칙이 적용되지 않지만, C에는 전자기력 F가 아래로 작용하며 전류의 방향이 반대인 마주보는 도선은 위로 전자기력 F를 받아 코일이 시계 방향으로 회전하게 된다.

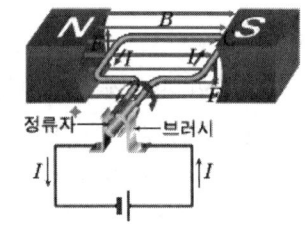

② **직류용 전류계**: 그림과 같이 영구 자석 사이에서 연철 원통에 감은 코일이 중심축 주위로 자유로이 회전할 수 있도

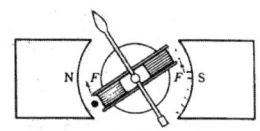

록 만든 것으로, 가동 코일에 측정하려는 전류를 통하면 코일이 감긴 연철 원통은 전류의 세기에 비례하는 전자기력을 받아 회전한다. 한편, 코일의 회전축에는 용수철이 붙어 있어, 코일의 회전 시 용수철의 탄성에 의한 복원력과 평형을 이루는 위치에서 정지한다. 이때 코일의 회전은 전류의 세기에 비례하므로 세기를 측정할 수 있다.

2 운동하는 대전 입자가 자기장에서 받는 힘(로렌츠의 힘)

도선에 흐르는 전류는 자유 전자의 흐름이므로, 전류가 자기장에서 받는 전자기력은 자유 전자가 자기장에서 받는 힘의 합성이 된다. 이와 같이 자기장 속에서 움직이는 대전 입자가 받는 힘을 로렌츠(Lorentz)의 힘이라고 한다.

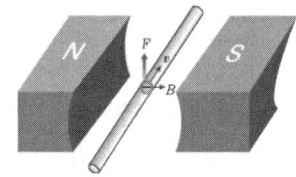

(1) 로렌츠 힘의 방향

그림과 같이 (+)전하인 경우에는 운동 방향을 전류의 방향으로, (−)전하인 경우에는 운동 방향의 반대 방향을 전류의 방향으로 하여 플레밍의 왼손 법칙을 적용시킬 때, 엄지가 가리키는 방향이 로렌츠 힘의 방향이 된다.

(2) 로렌츠 힘의 크기

전류란 도선의 단면을 단위 시간에 통과하는 전하량이므로 $I = q/t$ 이다. 따라서,

$$F = BIl = B\frac{q}{t}l = Bq\frac{l}{t} = Bqv$$

일반적으로, 전하 q(C)인 대전 입자가 속도 v(m/s)로 자속 밀도 B (N/Am)인 자기장 속에 수직으로 입사할 때 받는 로렌츠의 힘 F는

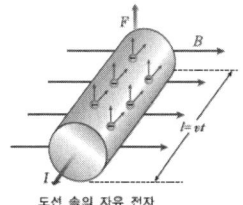

도선 속의 자유 전자

$$F = Bqv$$

이며, 이것이 로렌츠의 힘의 크기를 나타낸다.

(−)전하가 운동하면 운동 반대 방향을 전류의 방향으로 정하고, (+)전하가 운동하면 운동 방향을 전류의 방향으로 정한다. 그런 다음 직선 전류와 마찬가지로 오른손이나 왼손을 이용하면 대전 입자가 받는 힘의 방향을 알 수 있다.

① 수직으로 입사하는 경우 : $F = qvB$
② 각 θ로 입사하는 경우 : $F = qvB\sin\theta$
③ 자기장에 나란한 방향으로 입사하는 경우 : $F = 0$

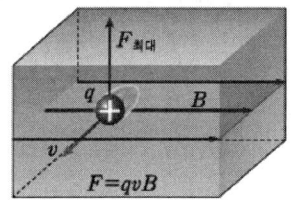
| 수직으로 입사하는 경우 |

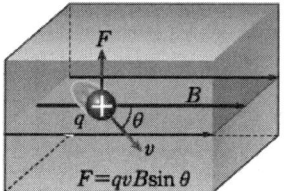
| 각 θ로 입사하는 경우 |

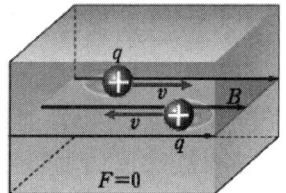
| 자기장에 나란한 방향으로 입사하는 경우 |

자속 밀도 B의 균일한 자기장 속에 대전 입자 q가 속도 v로 수직으로 입사하면, 이 대전 입자는 운동 방향에 수직으로 로렌츠의 힘을 받게 되고 이 힘이 구심력이 되어 원운동을 하게 된다.

(3) 균일한 자기장 내의 입자의 운동

① **자기장에 수직으로 입사할 때**: 그림과 같이 전하 q(C)인 입자가 자속 밀도 B(N/A·m)인 균일한 자기장에 속도 v(m/s)로 수직으로 입사하면, 플레밍의 왼손 법칙에 따라 $F = Bqv$의 로렌츠의 힘을 받게 되고, 이 힘이 구심력이 되어 대전 입자는 등속 원운동을 하게 된다.

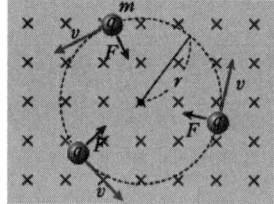

이때, 궤도 반경을 r이라 하면 구심력은 $\dfrac{mv^2}{r}$이고, 로렌츠의 힘은 Bqv이므로

$$\frac{mv^2}{r} = Bqv \Rightarrow r = \frac{mv}{Bq} \quad \cdots\cdots\cdots ㉠$$

또, $T = \dfrac{2\pi r}{v}$이고 $r = \dfrac{mv}{Bq}$이므로

$$T = \frac{2\pi}{v} \cdot \frac{mv}{Bq} = \frac{2\pi m}{Bq} \quad \cdots\cdots\cdots ㉡$$

㉠, ㉡에서 원운동의 반경 r은 대전 입자의 속도 v에 비례하고, 원운동의 주기 T는 속도 v에 무관함을 알 수 있다.

> **참고**
> **질량 분석기**
> 위 식 ㉠에서 알 수 있는 바와 같이, 대전 입자의 질량 m에 따라 원운동의 반경 r이 달라진다. 즉, 같은 속도로 입사한 대전 입자들은 질량이 클수록 더 큰 원을 그리며 운동한다. 이러한 성질을 이용하여 동위원소를 분리할 수 있도록 만든 장치가 질량 분석기이다.

② **자기장에 평행으로 입사할 때**: 그림과 같이 자기장에 나란하게 움직이는 대전 입자는 자기장으로부터 힘을 받지 않는다. 따라서 대전 입자는 등속도 운동을 한다.

③ **자기장에 비스듬히 입사할 때**: 그림과 같이 대전 입자가 자기장에 θ의 각으로 입사하면, 자기장에 수직한 성분 $v_y = v\sin\theta$는 원운동을 일으키나 자기장에 나란한 성분 $v_x = v\cos\theta$는 자기장의 영향을 받지 않는다. 그러므로 대전 입자는 나선형의 궤도를 그리며 운동하게 된다.

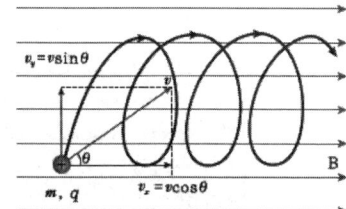

(4) 로렌츠 힘의 이용

① **사이클로트론**: 대전 입자가 금속통 안에 있을 때 자기장에 의한 원운동만 하지만, 하나의 금속통에서 다른 통으로 건너갈 때마다 두 금속통 사이에 걸린 전기장에서 받는 전기력에 의해 가속되어 좀 더 큰 원을 돌면서 빨라진다.

② **속도 선택기**: 전기장 E와 자기장 B를 조절하여 특정 속력의 대전 입자만 선택할 수 있는 기구

③ **토카막**: 핵융합 반응을 위한 초고온 플라즈마를 자기장을 이용하여 가두는 장치

(5) 평행 전류 사이에 작용하는 힘

I_1(A)의 전류가 흐르는 a도선으로부터 r(m) 떨어진 b도선의 위치에는 아래쪽으로 자속 밀도 $B_1 = 2 \times 10^{-7} \dfrac{I_1}{r}$(N/A·m)인 자기장이 I_1에 의해서 생긴다. 그러므로 길이 l인 도선 b에는 플레밍의 왼손 법칙에 의해서 a도선 쪽으로 전자기력이 작용하고, 그 크기 F는,

$$F = B_1 I_2 l = 2 \times 10^{-7} \dfrac{I_1 I_2}{r} l \text{(N)}$$

같은 방법으로, a도선은 I_2의 전류에 의해서 생긴 자기장으로 인하여 b도선 쪽으로 전자기력이 작용하고, 그 크기는 위와 같다. 그러므로 같은 방향으로 흐르는 평행 전류 사이에는 서로 인력이 작용한다. 이상과 똑같은 방법으로 생각하면, 반대 방향으로 흐르는 평행 전류 사이에는 서로 반발력이 작용한다는 것을 알 수 있다.

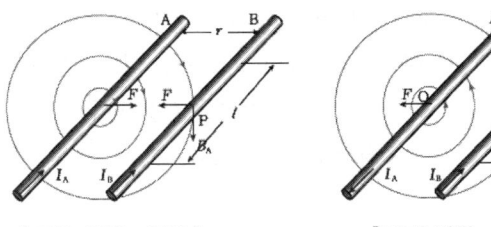

| 같은 방향 – 인력 | | 반대 방향 – 척력 |

> **참고**
>
> **대전 입자의 비전하**
> 오른쪽 그림과 같이 전위차 V로 가속된 전하 q, 질량 m인 대전 입자를 자속 밀도 B인 자기장에 수직으로 입사시키면 대전 입자는 반경 r인 등속 원운동을 하게 된다.
> 대전 입자가 전위차 V로 가속되면서 얻은 운동에너지는 전기적 위치에너지와 같으므로, 대전 입자의 속도 v는
>
>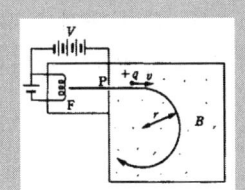

$$\frac{1}{2}mv^2 = qV \Rightarrow v = \sqrt{\frac{2qV}{m}} \quad \cdots\cdots\cdots\cdots ①$$

이때, 대전 입자는 로렌츠의 힘을 받아 원운동을 하므로

$$m\frac{v^2}{r} = Bqv \Rightarrow r = \frac{mv}{Bq} \quad \cdots\cdots\cdots\cdots ②$$

②에 ①을 대입하면 $r = \frac{m}{Bq}\sqrt{\frac{2qV}{m}}$

양변을 제곱하고, 비전하 $\frac{q}{m}$를 구하면

$$r^2 = \frac{m^2}{B^2q^2} \cdot \frac{2qV}{m} \Rightarrow \frac{q}{m} = \frac{2V}{B^2r^2}$$

여기서, B와 V는 알고 있는 값이므로 실험에 의하여 궤도 반지름 r을 구하면 대전 입자의 비전하 $\frac{q}{m}$를 알아낼 수 있다. 이와 같은 방법으로 영국의 톰슨(Thomson, J. J.)은 전자의 비전하 $\frac{e}{m}$를 측정하였다. $\frac{e}{m} = 1.759 \times 10^{11}$C/kg

여기서 $e = 1.602 \times 10^{-19}$C 이므로 전자의 질량 m은 9.109×10^{-31}kg이다.

3. 전자기 유도

자석을 코일 속에 넣었다 뺐다 하거나, 자석을 고정시키고 코일을 움직여 코일 속의 자기장을 변화시켜 주면 이 코일에 기전력이 발생하여 전류가 흐른다. 이와 같은 현상을 전자기 유도라 하고, 이때 생긴 기전력을 유도 기전력이라 하며, 회로에 흐르는 전류를 유도전류라고 한다. 발전기는 전자기 유도를 기본 원리로 하고 있다.

1 유도 기전력의 방향(렌츠의 법칙)

자석을 코일에 가까이하면 코일을 지나는 자기력선의 수(자속)는 증가하고, 코일에는 이러한 자속의 증가를 반대하는 방향으로 유도전류가 흐른다. 반대로, 자석을 멀리하면 자속의 감소를 방해하는 방향으로 유도전류가 흐른다.

이와 같이, 전자기 유도에 의해 코일에 생기는 유도전류의 방향은 항상 그 원인인 자속의 변화를 방해하는 방향으로 흐른다. 이것을 렌츠의 법칙이라고 한다.

구분	N극이 접근할 때	N극이 멀어질 때	S극이 접근할 때	S극이 멀어질 때
자석의 운동 상태				
자석과 코일 사이의 힘	척력 작용	인력 작용	척력 작용	인력 작용
코일의 극	위쪽 : N극 아래쪽 : S극	위쪽 : S극 아래쪽 : N극	위쪽 : S극 아래쪽 : N극	위쪽 : N극 아래쪽 : S극
유도전류 방향	B → ⓖ → A	A → ⓖ → B	A → ⓖ → B	B → ⓖ → A

2 유도 기전력의 크기(패러데이의 법칙)

그림과 같이 자기장 B 속에서 코일을 왼쪽으로 속도 v로 Δt초 동안 끌었다고 하자. 이때 도선에는 유도전류 I가 흐르고, 길이 l인 도선에 작용하는 전자기력 F는 BIl이므로, 이 힘과 크기가 같고 방향이 반대인 힘으로 끌었을 것이다. 또, 도선이 움직인 거리는 $v \cdot \Delta t$이므로 왼쪽으로 코일을 끌어주면서 한 일 W는,

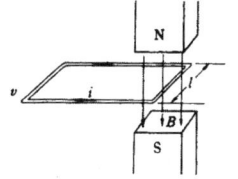

전자기 유도

$W = Fs = -BIl \times v \cdot \Delta t$이며, 이것이 코일에 전류를 흐르게 하는 에너지가 된다.

코일에 유도된 유도 기전력을 ϵ라고 하면, 유도 기전력이 $I \cdot \Delta t$의 전기량을 흘려주기 위해 한 일은 $\epsilon I \cdot \Delta t$가 된다.

에너지 보존 법칙에 따라 해준 일과 한 일은 같아야 하므로,

$\epsilon I \cdot \Delta t = -BIl \times v \cdot \Delta t$

$\therefore \epsilon \cdot \Delta t = -Blv \cdot \Delta t$ ························· ①

그런데, 코일면의 넓이 S와 코일면에 대한 자기장 B의 수직 성분의 곱이 자기력 선속(자속) ϕ이므로, Δt초 동안의 자속의 변화 $\Delta\phi$는,

$\Delta\phi = B \cdot \Delta S = Blv \cdot \Delta t$ ····················· ②

①, ②에서 유도 기전력 ϵ는, $\epsilon = -\dfrac{\Delta\phi}{\Delta t}$

N번 감긴 코일 속을 통과하는 자기력선이 Δt초 동안에 $\Delta\phi(\text{Wb})$만큼 변했다면, 이때 코일에 생기는 유도 기전력 ϵ는,

$$\epsilon = -N\frac{\Delta\phi}{\Delta t}(\text{V})$$

즉, 유도 기전력의 크기는 코일을 통과하는 자속의 변화율 및 코일의 감긴 수에 비례한다. 이것을 패러데이의 법칙이라고 한다. 위의 식에서 (−)부호는 렌츠의 법칙을 나타낸다.

3 직선 도선에 생기는 유도 기전력

(1) 유도 기전력의 크기

그림과 같이 자속 밀도 $B(\text{Wb/m}^2 = \text{T})$인 자기장 속에 길이 $l(\text{m})$인 도선이 $v(\text{m/s})$로 움직이면, $\frac{\Delta\phi}{\Delta t} = Blv$이고 $N = 1$이므로

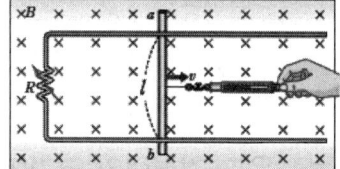

$$\epsilon = -N\frac{\Delta\phi}{\Delta t} = -Blv$$

즉, 도선에 생기는 유도 기전력은 도선이 단위 시간에 끊는 자속에 비례한다.

(2) 유도 기전력의 방향(플레밍의 오른손 법칙)

균일한 자기장에서 움직이는 도선에 생기는 유도 기전력의 방향은, 그림과 같이 오른손의 세 손가락을 서로 직각이 되게 펴서 엄지손가락은 도선의 운동 방향을, 집게손가락은 자기장의 방향을 가리키면, 가운뎃손가락의 방향이 유도전류의 방향이 된다. 이것을 플레밍의 오른손 법칙이라고 한다.

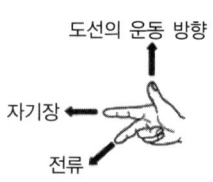

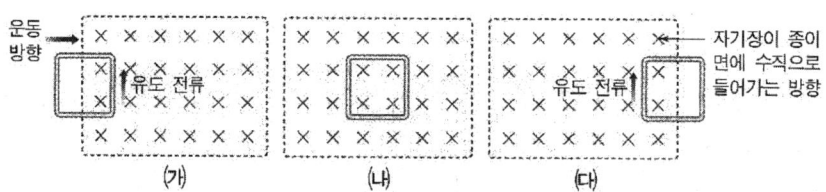

- (가) 코일이 자기장 속으로 들어갈 때 : 코일을 통과하는 종이면에 수직으로 들어가는 자기력 선속이 증가한다. → 이 자기력 선속의 증가를 방해하기 위해 종이면에서 수직으로 나오는 유도 자기장이 발생한다. → 유도전류는 시계 반대 방향으로 흐른다. → 자기력의 합은 왼쪽으로 작용한다.

- (나) 코일이 자기장 속에 있을 때 : 코일을 통과하는 자력 선속의 변화가 없으므로 유도전류가 흐르지 않는다. 유도 기전력도 없다.
- (다) 코일이 자기장 속에서 나올 때 : 코일을 통과하는 종이면에 수직으로 들어가는 자력 선속이 감소한다. → 이 자력 선속의 감소를 방해하기 위해 종이면에 수직으로 들어가는 유도 자기장이 생긴다. → 유도전류는 시계 방향으로 흐른다. → 유도 기전력은 왼쪽으로 작용한다.

4. 상호 유도와 자체 유도

1 상호 유도

인접한 2개의 코일에서 1차 코일에 흐르는 전류를 변화시켜 주면 2차 코일을 통과하는 자속에 변화가 생기므로 2차 코일에 유도 기전력이 생기는데, 이와 같은 현상을 상호 유도라고 한다. 이때 2차 코일에 유도되는 유도 기전력 ϵ_2는 1차 코일에 흐르는 전류의 시간적 변화율 $\frac{\Delta I_1}{\Delta t}$에 비례한다. 즉,

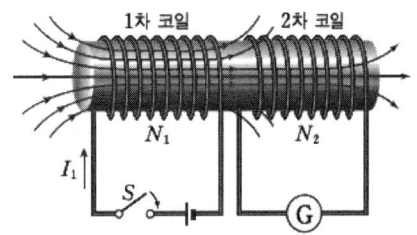

$$\epsilon_2 = -M\frac{\Delta I_1}{\Delta t}$$

여기서, 비례상수 M을 상호 유도계수(상호 인덕턴스)라고 하며, 단위로는 H(헨리, henry)를 사용한다. 여기서 (−)부호는 렌츠의 법칙을 나타낸다. 상호 유도는 변압기 또는 유도 코일 등에 이용된다.

> **참고**
>
> H(henry)
> 1초 동안에 1A의 전류 변화를 줄 때, 1V의 유도 기전력이 생기는 코일의 유도계수를 1H라고 한다.
> $1H = \frac{1V \cdot 1s}{1A}$

2 자체 유도

한 개의 코일에서도 그 자신에 흐르는 전류가 변하여 코일 속의 자속이 변하면, 이를 방해하는 방향으로 유도 기전력이 생기는데, 이와 같은 현상을 자체 유도라고 한다. 또, 자체 유도 기전력은 항상 전

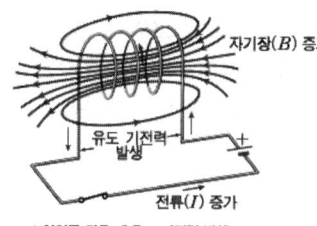
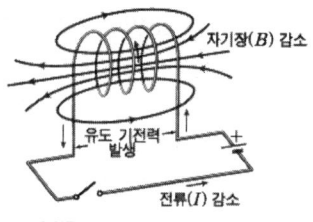

류의 변화를 방해하는 방향으로만 나타나므로 역기전력이라고도 한다. 자체 유도에 의하여 코일에 유도되는 유도 기전력 ϵ는 코일에 흐르는 전류의 시간적 변화율 $\frac{\Delta I}{\Delta t}$에 비례한다.

$$\epsilon = -L\frac{\Delta I}{\Delta t}$$

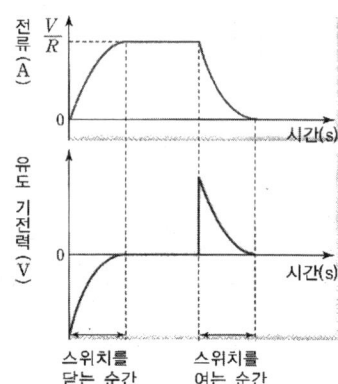

여기서 비례상수 L은 자체 유도계수(자체 인덕턴스)라고 하며, 단위로는 H(헨리)를 사용한다. (−)부호는 렌츠의 법칙을 나타낸다. 자체 유도는 형광 등의 초크 코일에 이용된다.

3 코일 속을 흐르는 전류에 의해 자기장에 저장되는 에너지

그림과 같이 코일이 있는 회로의 스위치를 닫으면, 자체 유도 현상에 의하여 전류의 반대 방향으로 유도전류가 나타남으로써 회로의 전류 I는 그림의 그래프와 같이 갑자기 증가하지 못하고 서서히 증가하여 일정한 값이 된다. 반대로, 스위치를 열면 회로 전류가 감소하므로 이것을 보충해 주는 방향으로 유도전류가 생김으로써 서서히 감소하게 된다. 그리고 스위치를 닫았을 때 미처 흐르지 못한 전류는 코일의 자기장 에너지로 축적되었다가 나중에 스위치를 열 때 전기에너지로 바뀌어 나오게 된다.

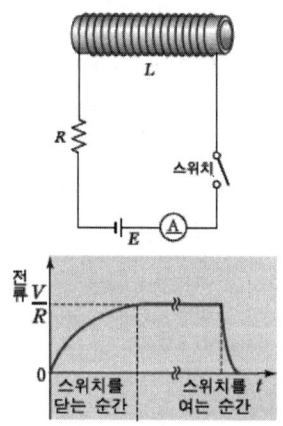

자체 유도계수 L인 코일에 I의 전류가 흐르면 코일의 자기장에 저장되는 에너지 U는

$$U = \frac{1}{2}LI^2$$

5. 전력 수송

1 변압기

상호 유도의 원리를 이용하여 교류의 전압을 변화시키는 장치를 변압기라고 한다.

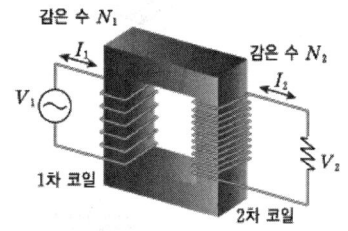

1차 코일에 교류 전압을 가하면 1차 코일 속을 지나는 자기장이 변화하고, 이것이 2차 코일에 작용하여 2차 코일 속의 자기장도 변화함으로써 2차 코일에 유도 기전력이 나타난다. 이때 1차 코일의 전압 V_1은 1차 코일의 감은 수 N_1에, 2차 코일의 전압 V_2는 2차 코일의 감은 수 N_2에 비례한다.

$$\frac{V_2}{V_1} = \frac{N_2}{N_1} \quad \cdots\cdots\cdots\cdots\cdots\cdots\cdots\cdots ①$$

전력 손실이 없는 이상적인 변압기에서는 에너지 보존의 법칙에 따라 1차 코일에 들어오는 전력 P_1과 2차 코일에서 나가는 전력 P_2가 같아야 하므로, $P_1 = P_2$에서

$$I_1 V_1 = I_2 V_2 \Rightarrow \frac{V_2}{V_1} = \frac{I_1}{I_2} \quad \cdots\cdots\cdots\cdots ②$$

①과 ②에서

$$\frac{V_2}{V_1} = \frac{N_2}{N_1} = \frac{I_1}{I_2}$$

즉, 변압기의 1차 코일과 2차 코일에 나타나는 전압은 감은 수에 비례하고, 전류의 세기는 감은 수에 반비례한다. 한편, 변압기에서는 주파수의 변동이 없다.

2 송전

발전소에서 전력을 소비지까지 보내려면 긴 송전선이 필요하다. 따라서 송전선의 저항으로 인하여 열로 소모되는 전력이 생기는데, 이것을 손실 전력이라고 한다. 송전은 이와 같은 손실 전력이 적을수록 바람직하다.

Chapter 03

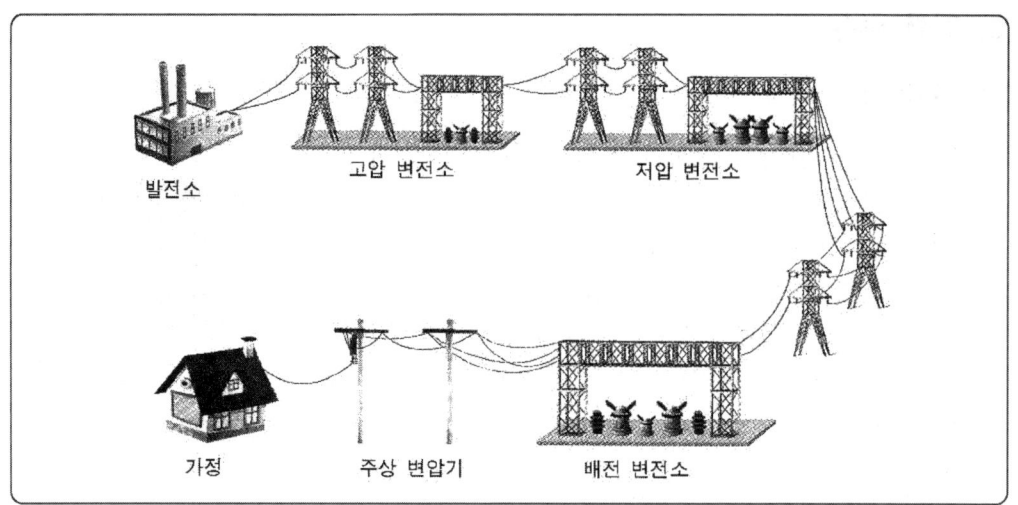

(1) **송전선에서의 전력 손실**

송전선의 저항에 의해 전기에너지의 일부가 열에너지로 전환되어 손실된다.

(2) **송전선에서 손실되는 전력(P_R)**

저항 R인 송전선에 전류 I가 흐를 때 송전선에 걸리는 전압 $V_R = IR$이므로, $P_R = V_R I = I^2 R$이다.

(3) **손실 전력을 줄이는 방법**

① 송전 전류를 줄인다. → 같은 전력 P를 송전할 때, V를 n배 높여서 송전하면, $P = VI$에서 송전선에 흐르는 전류 I는 $\frac{1}{n}$배가 되어 송전선에서 손실되는 전력은 $\frac{1}{n^2}$배로 줄어든다. → 높은 전압으로 전력을 송전하면 송전선에서 전기저항에 의해 열로 사라지는 전기에너지 손실을 줄일 수 있으므로, 에너지 효율성이 높다.

② 송전선의 저항($R = \rho \frac{l}{s}$)을 줄인다. → 전선의 저항을 줄이려면 전선을 저항이 작은 금속으로 만들거나 굵게 만들어야 한다.

예제

01 자석의 N극과 N극을 가까이 했을 때의 자기력선이 바르게 그려진 것은?

① [N][N] ② [N][N]
③ [N][N] ④ [N][N]

해설 자기력선은 N극에서 나와 S극으로 들어간다.

답 ①

02 다음의 단위 중에서 자속 밀도의 단위가 아닌 것은?
① T
② N·A/m
③ Wb/m²
④ N/A·m

해설 $Wb/m^2 = N/A \cdot m = T$

답 ②

03 다음 중 자기력선에 대한 설명으로 옳지 않은 것은?
① 자석 내부에서는 S극에서 나와 N극으로 자기력선이 그려진다.
② 도중에 서로 교차하거나 분리되지 않으며 조밀한 곳일수록 세다.
③ 자기력선의 방향은 자석과 나란한 방향이다.
④ 자기장 속에서 자침의 N극이 향하는 방향으로 연속적으로 그려놓은 선이다.

해설 ① 자석 외부에서는 N극에서 나와 S극으로 들어간다.
② 자기력선은 진행 도중 분리되거나 교차하지 않는다.
③ 자기력선에 그은 접선 방향은 그 점의 자기장의 방향이다.
④ 자기력선의 밀도가 높은 곳이 자기장이 센 곳이다.

답 ③

04 남쪽에서 북쪽으로 전류가 흐르고 있는 도선 아래쪽에 그림과 같이 나침반을 놓으면 자침의 N극은 어느 쪽으로 기울겠는가?

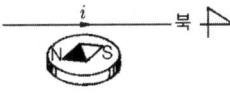

해설 자침의 N극은 자기장의 방향을 가리키므로 도선 아래쪽의 자기장의 방향을 알아내면 된다. 오른나사를 전류의 방향(북쪽)으로 진행시키면 나사의 아래쪽은 서쪽으로 돌아간다. 그러므로 도선 아래쪽의 자기장의 방향은 서쪽이다.

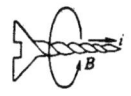

답 서쪽

05 10A의 전류가 흐르는 직선 도선으로부터 2m 떨어진 점에서의 자속 밀도는 얼마인가?

해설 $B = 2 \times 10^{-7} \times \dfrac{I}{r} = 2 \times 10^{-7} \times \dfrac{10}{2} = 10^{-6} (\text{Wb}/\text{m}^2)$

답 $10^{-6}\,\text{Wb}/\text{m}^2$

06 반경 1m인 원형 도선에 4A의 전류가 흐르고 있다. 원형 도선 중심에서의 자속 밀도는 몇 N/A·m인가?

해설 $B = 2\pi \times 10^{-7} \times \dfrac{I}{r} = 2\pi \times 10^{-7} \times \dfrac{4}{1} = 8\pi \times 10^{-7} (\text{N/A} \cdot \text{m})$

답 $8\pi \times 10^{-7}$ N/A·m

07 그림과 같이 반지름이 각각 r, 2r인 두 원형 도선이 같은 평면 위에 놓여 있다. 두 원형 도선에 같은 세기의 전류 I가 서로 반대 방향으로 흐른다면, 두 원형 도선의 중심 O점에서 자기장의 방향은 A와 B 중 어느 방향인가? (단, ⊙는 종이면에서 수직으로 나오는 방향, ⊗는 종이면에 수직으로 들어가는 방향이다.)

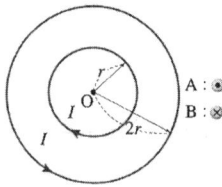

해설 원형 전류 중심에서 자기장의 세기는 $B \propto \dfrac{I}{R}$ 에서 전류의 세기에 비례하고 도선의 반지름에 반비례한다. 따라서 두 원형 도선에 흐르는 전류의 세기가 같으므로 반지름이 작은 원형 도선에 의한 자기장의 방향이 합성 자기장의 방향이다. 그러므로 O점에서의 자기장의 방향은 종이면에 수직으로 들어가는 B이다.

답 B, 들어가는 방향

08 반지름 1cm, 길이 10cm인 원통에 코일선이 100번 감긴 솔레노이드가 있다. 이 코일선에 1A의 전류가 흐르고 있을 때, 솔레노이드 내부의 자속 밀도는 몇 Wb/m²인가?

해설 10cm에 100번 감겼으므로 1m당 감긴 수는 1,000번이다.
$B = 4\pi \times 10^{-7} nI = 4\pi \times 10^{-7} \times 1,000 \times 1 = 4\pi \times 10^{-4} (\text{Wb/m}^2)$

답 $4\pi \times 10^{-4}$ Wb/m²

09 그림과 같이 자석 사이에 코일을 넣고 화살표 방향으로 전류를 흘리면, 이 코일은 어느 방향으로 회전하겠는가?

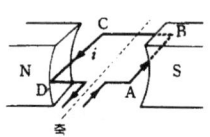

해설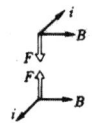

답 시계 방향

10 오른쪽 그림과 같이 전자가 자석 사이를 지나갈 때, 자기장으로 인하여 전자에 작용하는 힘의 방향은?

① 지면의 수직 위 방향 ② 지면의 수직 아래 방향
③ N극 방향 ④ S극 방향

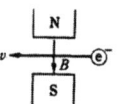

해설 (−)전하는 운동 방향의 반대 방향을 전류 방향으로 하여 플레밍의 왼손 법칙을 적용시킨다.

답 ②

11 자기장의 세기가 균일한 곳에서 전자가 일정한 속도로 자기장에 수직으로 입사하면, 전자는 어떤 운동을 하겠는가?

  해설 (로렌츠의 힘)=(구심력)이 되므로 원운동을 한다.

  답 ► 원운동

12 균일한 자기장 속에 3m의 직선 도선이 4Wb/m² 세기의 자기장 방향과 수직하게 놓여 있다. 도선에 흐르는 전류가 2A일 때, 도선이 받는 힘은?

  해설 $F=BIl\sin\theta(\text{N})$에서 $4\times2\times3\times\sin90°$이므로 24N이다.

  답 ► 24N

13 (1) 균일한 자기장에 수직으로 입사한 전하는 원운동을 한다. 자기장의 세기를 2배로 하면, 원운동의 궤도 반경은 원래 반경의 몇 배가 되겠는가?

  (2) 균일한 자기장 B 속에 수직 방향으로 10^7m/s의 속력으로 입사한 양성자가 반지름 10cm인 궤도 위를 원운동하고 있다. 이 양성자의 속력을 3×10^7m/s의 속력으로 증가시키면 궤도 반지름은 몇 cm가 되겠는가?

  해설 (1) $r=\dfrac{mv}{Bq}$에서 $r\propto\dfrac{1}{B}$ ∴ B가 2배이므로 r은 $\dfrac{1}{2}$배

  (2) $r=\dfrac{mv}{Bq}$에서 $r\propto v$ ∴ v가 3배이므로 r은 3배

  답 ► (1) $\dfrac{1}{2}$배 (2) 30cm

14 자속 밀도가 B인 자기장과 세기 E인 전기장의 방향이 서로 수직인 장 안에서 전하가 전기장과 자기장의 직각 방향으로 등속도 운동을 하고 있을 때 전하의 속력은?

  해설 전기력 $F=qE$, 자기력 $F=qvB$가 같아 힘이 0일 때이다.

  답 ► $v=\dfrac{E}{B}$

15 서로 평행인 세 도선 A, B, C에 전류가 흐르고 있다. A와 B 사이에는 반발력이, A와 C 사이에는 인력이 작용한다면, 도선 B와 C에 흐르는 전류의 방향은?

  해설 A와 B 사이에는 반발력이 작용하므로 서로 반대 방향의 전류가 흐른다. A와 C 사이에는 인력이 작용하므로 같은 방향의 전류가 흐른다. 그러므로 B와 C 사이에는 반대 방향의 전류가 흐른다.

  답 ► 반대 방향

16 평행한 두 도선에 3A와 4A의 전류가 서로 반대 방향으로 흐르고 있다. 두 도선이 2m 떨어져 있을 때, 3A의 도선 1m에 작용하는 전자기력은 얼마인가?

  해설 $\begin{bmatrix}I_1=3\text{A}\\I_2=4\text{A}\\r=2\text{m}\\l=1\text{m}\end{bmatrix}$ $F=2\times10^{-7}\dfrac{I_1\cdot I_2}{r}$
  $=2\times10^{-7}\dfrac{3\times4}{2}\times1=1.2\times10^{-6}(N)$

  답 ► 1.2×10^{-6} N

17 오른쪽 그림과 같이 자석을 코일에 접근시키면 저항 R에는 전류가 어느 방향으로 흐르겠는가?

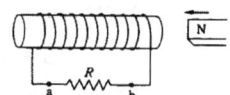

해설 자석을 접근시키면 자속 밀도가 감소하는 방향으로 유도 기전력이 생긴다. 즉, 코일의 오른쪽이 N극이 되어 증가하는 자기장을 상쇄시키게 된다.

답 b에서 a로 흐름

18 감긴 수가 100회이고 면적 20cm^{2}인 코일 속을 지나는 자속 밀도가 2초 사이에 6Wb/m^{2}만큼 변화했다면, 코일에 생긴 유도 기전력은 몇 V인가?

해설 $\begin{bmatrix} n=100 \\ \Delta\phi=B\Delta S \\ \quad =6\times 20\times 10^{-4}(\text{Wb}) \\ \Delta t=2(\text{초}) \end{bmatrix}$ $\epsilon=-n\dfrac{\Delta\phi}{\Delta t}=-100\times\dfrac{6\times 20\times 10^{-4}}{2}=-0.6(\text{V})$

답 0.6 V

19 그림과 같이 균일한 자기장에 정사각형 도선의 일부가 자기장의 방향에 수직하게 들어가 있다. 정사각형의 한 변의 길이가 3m, 자속 밀도가 1Wb/m^{2}일 때, 이 도선을 ab에 평행하게 2m/s의 속도로 끌어 준다면, 도선에 유도되는 기전력은 몇 볼트(V)인가? (그림에서 자기장의 방향은 지면에 수직으로 들어가는 방향이다.)

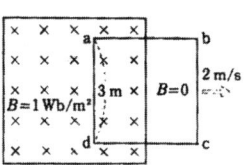

해설 $\begin{bmatrix} B=1\text{Wb/m}^2 \\ l=3\text{m} \\ v=2\text{m/s} \end{bmatrix}$ $\epsilon=-Blv=-1\times 3\times 2=-6(\text{V})$

답 6V

20 그림과 같이 자속 밀도 $B=25$Wb/m^{2}인 자기장에 수직으로 길이 2m, 저항 10Ω인 도선이 0.1m/s로 움직일 때,
(1) 이 도선에 흐르는 전류의 방향은?
(2) 이 도선에 흐르는 전류의 세기는?

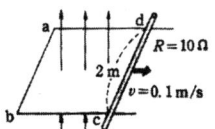

해설 (1) 플레밍의 오른손 법칙에서
엄지⇒도선의 운동 방향, 집게⇒자기장의 방향, 가운데⇒전류의 방향이므로, 전류는 d에서 c로 흐른다.

(2) $\begin{bmatrix} B=25\text{Wb/m}^2 \\ l=2\text{m} \\ v=0.1\text{m/s} \\ R=10\Omega \end{bmatrix}$ $\epsilon=-Blv=-25\times 2\times 0.1=-5(\text{V})$
$I=\dfrac{\epsilon}{R}=\dfrac{5}{10}=0.5(\text{A})$

답 (1) $d\to c$ (2) 0.5A

21 코일의 감은 수가 100회이고, 면적이 20cm²인 코일이 있다. 코일을 통과하는 자속 밀도가 0.4초 사이에 4Wb/m²만큼 변화했을 때 코일의 유도 기전력의 크기는?

해설 유도 기전력의 크기 $E = A \cdot N \frac{\Delta \Phi}{\Delta t}$ 이다. 면적 $A = 20cm^2 = \frac{20}{100^2}m^2 = 0.002m^2$, $N = 100$, $\Delta \Phi = 4$, $\Delta t = 0.4$를 대입하여 계산하면 $E = 2V$이다.

답 2V

22 상호 유도계수가 5H인 두 코일이 있다. 1차 코일에서 $\frac{1}{10}$초 사이에 10A의 전류 변화가 있었다면, 2차 코일에 유도되는 기전력은 몇 V가 되겠는가?

해설 $\begin{bmatrix} M = 5H \\ \Delta t = \frac{1}{10}\text{초} \\ \Delta I_1 = 10A \end{bmatrix}$ $\epsilon_2 = -M \frac{\Delta I_1}{\Delta t} = -5 \times \frac{10}{\frac{1}{10}} = -500(V)$

답 500V

23 상호 유도계수가 1.25H인 두 개의 코일이 있다. 스위치를 닫은 후 0.5초 동안 1차 코일에 흐르는 전류가 100A로 되었다면 2차 코일에 생기는 유도 기전력은 몇 V인가?

해설 $\begin{bmatrix} M = 1.25H \\ \Delta t = 0.5\text{초} \\ \Delta I_1 = 100A \end{bmatrix}$ $\epsilon_2 = -M \frac{\Delta I_1}{\Delta t} = -1.25 \times \frac{100}{0.5} = 250V$

답 250V

24 자체 유도계수가 50mH인 코일이 있다. $\frac{1}{20}$초 사이에 5A의 전류가 감소했다면, 이 회로에 발생하는 유도 기전력은 몇 V인가?

해설 $\begin{bmatrix} L = 50mH = 0.05H \\ \Delta t = \frac{1}{20}\text{초} \\ \Delta I = -5A \end{bmatrix}$ $\epsilon = -L \frac{\Delta I}{\Delta t} = -0.05 \times \frac{-5}{\frac{1}{20}} = 5(V)$

답 5V

25 코일에 흐르는 전류가 $\frac{1}{20}$초 사이에 5A만큼 변하여 50V의 유도 기전력이 생겼다면, 이 코일의 자체 유도계수는?

해설 $\begin{bmatrix} \epsilon = -50V \\ \Delta t = \frac{1}{20}\text{초} \\ \Delta I = 5A \end{bmatrix}$ $\epsilon = -L \frac{\Delta I}{\Delta t}$ 에서 $-50 = -L \times \frac{5}{\frac{1}{20}}$ $\therefore L = 0.5(H)$

답 0.5H

26 오른쪽 그림에서 F는 철심이고 C는 구리로 만든 고리이다. 스위치 S를 여는 순간 고리 C는 어떻게 움직이겠는가?

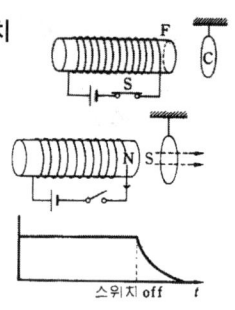

해설 코일의 오른쪽은 N극이 된다. 스위치를 열면 전류가 감소하므로 자석의 세기는 약해지고 고리 속의 자기장의 세기도 약해진다. 따라서 고리에는 약해지는 자기장을 보충하려는 방향으로 유도 기전력이 생겨서 코일 쪽이 S극이 되는 방향으로 유도전류가 흐르게 된다.

답 ▶ 코일 쪽으로 끌린다.

27 공항 보안 검색대에서 몸수색 시 사용하는 금속 탐지기와 동일한 물리 현상을 이용한 장치가 아닌 것은?
① 자동차 점화 플러그　　② 변압기
③ 인덕션 레인지　　　　 ④ 홀(Hall) 효과

해설 자기장에 대한 변화를 이용한 상호 유도전류를 이용한 것이 금속 탐지기이다. 홀 효과는 자기장 내에서 대전 입자가 받는 로렌츠의 힘을 이용한 장치이다.

답 ▶ ④

28 그림과 같이 발전소에서 공급 전력 P_0, 송전 전압 V_0으로 송전하고 있을 때, 가정에서 사용할 수 있는 전력은 공급 전력의 90%이다. 발전소에서 공급 전력과 송전선의 저항을 변화시키지 않고, 가정에서 사용할 수 있는 전력을 공급 전력의 99%로 하기 위한 송전 전압은?

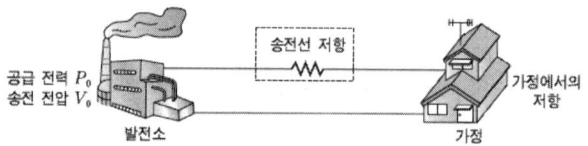

해설 전력 P를 송전할 때, V를 n배 높여서 송전하면 $P=VI$에서 송전선에 흐르는 전류 I는 $\frac{1}{n}$배가 되어 송전선에서 손실되는 전력은 $\frac{1}{n^2}$배로 줄어든다. 송전선 손실 전력이 $\frac{1}{10}$로 줄어들기 위해서는 전압이 처음 V_0에서 $\sqrt{10}\,V_0$로 증가하면 된다.

답 ▶ $\sqrt{10}\,V_0$

29 발전소에서 우리 가정까지 전기를 보낼 때 송전선의 전기저항으로 인하여 전력이 소모된다. 100V로 보낼 때보다 10,000V로 보낼 때의 열에너지의 손실은 몇 배가 되는가?

해설 같은 전력을 100V로 보낼 때보다 10,000V로 보낼 때에는 전류가 $\frac{1}{100}$로 된다. 손실 전력 $P_c = I^2 R$에서 I가 $\frac{1}{100}$로 줄면 손실 전력 P_c는 $\frac{1}{10,000}$

답 ▶ $\frac{1}{10,000}$ 배

30 1차 코일과 2차 코일의 감긴 수가 각각 6,000번, 1,200번인 변압기가 있다. 1차 코일에 60Hz, 100V의 교류 전압을 걸어 주면 2차 코일에는 몇 Hz, 몇 V의 교류 전압이 나타나겠는가?

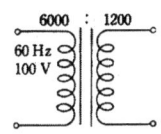

해설 변압기에서 주파수는 변하지 않는다.

$$\begin{bmatrix} N_1 : N_2 = 6,000 : 1,200 = 5 : 1 \\ V_1 = 100V \end{bmatrix} \quad \frac{V_2}{V_1} = \frac{N_2}{N_1} \text{에서} \frac{V_2}{100} = \frac{1}{5}$$

$$\therefore V_2 = 20(V)$$

답 60Hz, 20V

31 전봇대 위의 변압기는 3,300V의 전압을 100V로 바꾸어 가정에 송전하고 있다. 어느 가정에서 100V - 500W의 전열기를 사용하고 있다고 할 때, 다음 물음에 답하여라.
(1) 1차 코일과 2차 코일의 감은 수의 비는?
(2) 2차 코일에 흐르는 전류는 몇 A인가?
(3) 이 변압기의 효율을 100%라고 하면 1차 코일에 흐르는 전류는 몇 A인가?

해설 $\begin{bmatrix} V_1 = 3,300V \quad V_2 = 100V \\ 100V - 500W \text{의 저항 } R = \frac{V^2}{P} = \frac{100^2}{500} = 20(\Omega) \end{bmatrix}$

(1) $\frac{N_2}{N_1} = \frac{V_2}{V_1}$ 에서 $\frac{N_2}{N_1} = \frac{100}{3,300}$ $\therefore N_1 : N_2 = 33 : 1$

(2) $I_2 = \frac{V_2}{R} = \frac{100}{20} = 5(A)$

(3) $\frac{N_2}{N_1} = \frac{I_1}{I_2}$ 에서 $\frac{1}{33} = \frac{I_1}{5}$ $\therefore I_1 = \frac{5}{33}(A)$

답 (1) 33 : 1 (2) 5A (3) $\frac{5}{33}$ A

05 교류와 전자기파

1. 교류

1 교류 발전기

그림과 같이 코일면이 자기력선에 대하여 수직인 위치에서부터 각속도 w로 회전하고 있다고 하자. 이때 자속 밀도 B, 코일면 abcd의 면적을 S라고 하면, t초 후 코일면을 지나는 자속 ϕ는,
$\phi = BS\cos wt = \phi_0 \cos wt \ (\phi_0 = BS)$

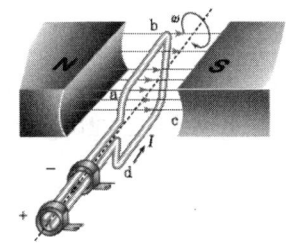

그런데, 유도 기전력 $V = -n\dfrac{d\phi}{dt}$ 이므로

$V = -n(-BSw\sin wt)$

$$nSBw\sin wt = V_0 \sin wt$$

여기서 V_0는 최대 기전력으로 $nSBw$이다.
또, 유도전류 I는 기전력의 경우와 같이
$I = I_0 \sin wt$이며, I_0는 최대 전류를 나타낸다.

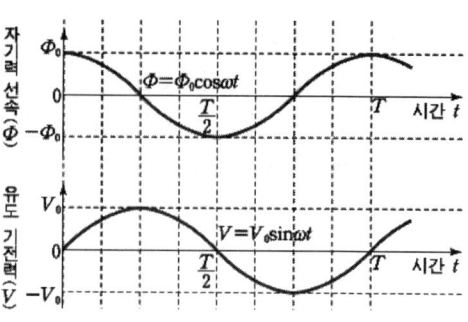

2 교류의 실횻값

교류 전압과 전류는 주기적으로 변하므로 그 세기를 정할 수 없다. 그래서 전류의 열작용을 이용하여, 같은 저항에 직류와 교류를 통하였을 때 같은 시간에 같은 열량이 발생하면 두 전기는 전류와 전압이 같다고 교류의 세기를 정하였다. 이렇게 정한 교류의 값을 실횻값이라고 한다. 즉, 실횻값이란 에너지면에서 교류를 직류로 환산한 값이라고 할 수 있다.

저항 R에 직류 전류 I가 흐르면 매초 발생하는 열량 Q_1은, $Q_1 = I^2R$

저항 R에 교류 전류 $I = I_0 \sin wt$가 흐르면 매초 발생하는 열량 Q_2는 $Q_2 = I^2R = RI_0^2\sin^2 wt$

$\sin^2 wt$의 한 주기 동안의 평균값은 $\dfrac{1}{2}$이므로

$Q_2 = \dfrac{1}{2}I_0^2R$

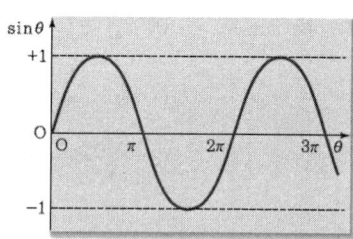

이것이 Q_1과 같아야 하므로 교류 전류의 실횻값 I_e는

$I_e^2 R = \dfrac{1}{2}I_0^2 R \Rightarrow I_e = \dfrac{I_0}{\sqrt{2}}$

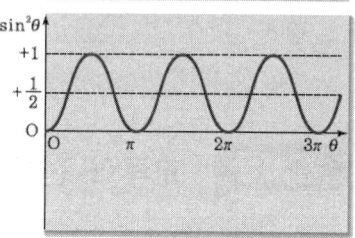

$$I_e = \dfrac{I_0}{\sqrt{2}}$$

또, 전압의 경우도 같은 방법으로 구하면, 실효 전압 V_e는

$$V_e = \dfrac{V_0}{\sqrt{2}}$$

일반적으로 말하는 모든 교류값은 실횻값을 말하는 것이다.

2. 교류 회로

1 저항만의 교류 회로

그림과 같이 저항 R에 기전력 $V = V_0\sin\omega t$인 교류 전원을 연결하면, 저항 R에 흐르는 전류 I는

$$I = \frac{V}{R} = \frac{V_0}{R}\sin\omega t = I_0\sin\omega t$$

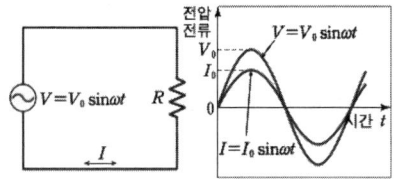

2 코일만의 교류 회로

그림과 같이 자체 유도계수가 L인 코일에 $V = V_0\sin\omega t$의 교류 전압을 가하면 코일 속에는 주기적으로 변하는 자기장이 생긴다. 코일에서 유도되는 기전력이 $V = -L\frac{\Delta I}{\Delta t}$이므로 총 기전력은

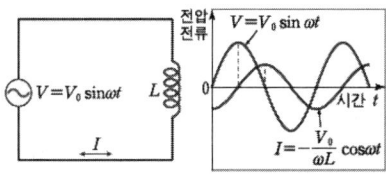

$V = V_0\sin\omega t + (-L\frac{\Delta I}{\Delta t})$가 된다. 코일의 저항이 작으므로 무시할 수 있다고 가정하면 회로의 총 저항은 $R = 0$으로 하면 $V = V_0\sin\omega t + (-L\frac{\Delta I}{\Delta t}) = IR = 0$이 된다. 여기서 전류 I를 구하면 $I = -\frac{V_0}{\omega}L\cos\omega t$이다. 코일의 교류에 대한 저항 역할을 하는 값 wL을 유도 리액턴스(Rectance)라 하고, 단위는 Ω을 사용한다. 유도 리액턴스 X_L은 코일의 자체 유도계수 L과 주파수 f에 비례한다.

$$X_L = 2\pi fL = wL \,(w = 2\pi f : 각주파수)$$

따라서 코일에 흐르는 전류는 $I = \frac{V}{2\pi fL}$이고 코일에서는 전력이 소모되지 않는다. 한편, 코일에 전압은 전류보다 위상이 $\frac{\pi}{2}$만큼 빠르다.

3 축전기만의 교류 회로

그림과 같이 축전기에 기전력 $V = V_0\sin wt$인 교류 전원을 연결하면, 전류의 방향이 주기적으로 바뀔 때마다 충전, 방전이 되풀이되므로 회로에는 계속해서 전류가 흐르는 셈이 된다.

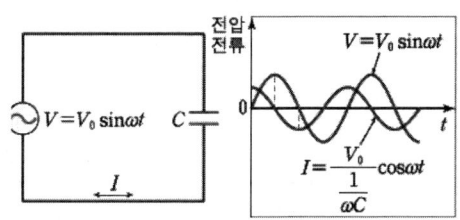

축전기의 극판에 충전되는 전하량은 $Q = CV = CV_0 \sin \omega t$이다. 회로에 흐르는 전류 I는 $\dfrac{\Delta Q}{\Delta t}$이므로 다음과 같다.

$$I = \dfrac{\Delta Q}{\Delta t} = \omega CV_0 \cos \omega t = \dfrac{V_0}{\dfrac{1}{\omega C}} \cos \omega t$$

이때, 축전기에서 저항의 역할을 하는 값 $\dfrac{1}{\omega C}$은 전류의 흐름을 방해하는 저항과 같은 역할을 하며, 전기 용량이 작을수록, 주파수가 작을수록 교류 전류가 잘 흐르지 못한다. 이와 같은 축전기의 교류에 대한 저항을 용량 리액턴스라 하고, 단위는 Ω을 사용한다.
용량 리액턴스 X_C는 축전기의 전기 용량 C와 주파수 f에 반비례한다.

$$X_C = \dfrac{1}{2\pi f C} = \dfrac{1}{\omega C}$$

따라서 축전기에 흐르는 전류는 $I = \dfrac{V}{\dfrac{1}{2\pi f C}} = 2\pi f CV$이고, 축전기에서는 전력이 소모되지 않는다. 한편, 축전기에 전압은 전류의 위상보다 $\dfrac{\pi}{2}$만큼 느리다.

4 저항, 코일, 축전기가 있는 회로(R−L−C 회로)

오른쪽 그림 같이 저항 R, 자체 유도계수 L인 코일, 전기 용량 C인 축전기를 교류 전원에 직렬로 연결한 회로를 R−L−C 회로라고 한다.

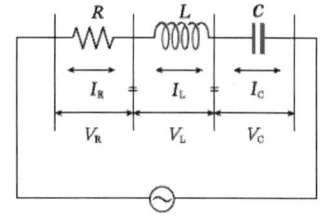

이 회로에 전류 I가 흐를 때, 저항 R 양단의 전압은 $V_R = IR$이며, V_R과 I의 위상은 같다. 그리고 코일 L 양단의 전압은 $V_L = I \cdot 2\pi f L$이며, V_L의 위상은 I보다 $\dfrac{\pi}{2}$만큼 앞선다.

또, 축전기 C 양단의 전압은 $V_C = \dfrac{I}{2\pi f C}$이며, V_C의 위상은 I보다 $\dfrac{\pi}{2}$만큼 뒤진다. 따라서 회로 전체의 전압 V는 단순히 대수적으로 합하는 것이 아니라 벡터적으로 합하여 구한다.

오른쪽 그림에서 $\vec{V} = \vec{V_R} + \vec{V_L} + \vec{V_C}$

$\therefore V = \sqrt{V_R^2 + (V_L - V_C)^2}$

교류 회로의 전체 저항을 Z라고 하면

$IZ = I\sqrt{R^2 + \left(2\pi f L - \dfrac{1}{2\pi f C}\right)^2}$

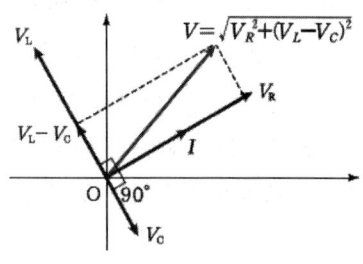

$$\therefore Z = \sqrt{R^2 + \left(2\pi fL - \frac{1}{2\pi fC}\right)^2}$$

여기서 Z를 임피던스(Impedance)라고 하며, 단위는 Ω을 사용한다. R-L-C 회로에서는 저항 R에 의해서만 전력이 소모되므로 회로의 소모 전력은 $P_C = I^2 R$이다.

3. 전기 진동

1 전기 진동

그림과 같이 충전된 축전기 C에 코일 L을 연결하고 스위치 S를 닫으면, 축전기 C에 충전된 전기가 방전되면서 전류가 흘러 코일 L에 자기장을 만든다. 이 자기장 에너지($=\frac{1}{2}LI^2$)가 유도 과정을 통하여 전하를 축전기로 밀어 주어 축전기의 전기적 에너지($=\frac{1}{2}\frac{q^2}{C}$)로 바꾸어 준다.

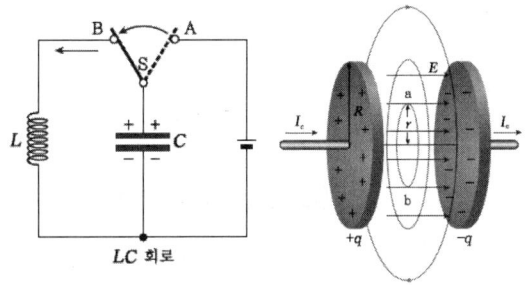

이와 같은 과정을 되풀이하여 전류의 방향이 주기적으로 바뀌는 것을 전기 진동이라 하고, 이때의 전류

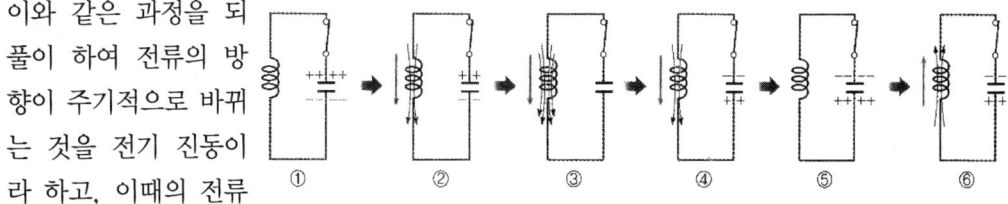

를 진동 전류라고 한다. 또 이러한 회로를 진동 회로 또는 L-C 회로라고 한다.

Z가 최소, 즉 $\omega L - \frac{1}{\omega C} = 0$, $2\pi fL = \frac{1}{2\pi fC}$일 때 회로에는 최대 전류가 흐르게 되는데, 이 진동수를 고유 진동수라고 한다. 코일의 자체 인덕턴스를 L, 축전기의 전기 용량을 C라고 하면, 전기 진동의 고유 진동수 f는

$$f = \frac{1}{2\pi\sqrt{LC}}$$

2 전기 공진

L-C 회로는 고유 진동수를 갖는데, 고유 진동수가 같은 2개의 L-C 회로를 그림과 같이 놓고 한쪽 회로에 전류를 흐르게 하면 다른 쪽 코일에도 진동 전류가 흐른다. 이와 같은 현상을 전기 공진이라고 한다.

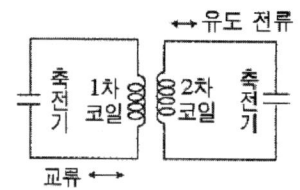

전기 공진 조건은 두 회로의 고유 진동수가 같아야 한다.

$$\frac{1}{2\pi\sqrt{L_1C_1}} = \frac{1}{2\pi\sqrt{L_2C_2}} \Rightarrow L_1C_1 = L_2C_2$$

전기 공진은 라디오의 동조 회로와 같이 주파수를 선택하는 회로에 이용된다.

4. 전자기파

1 전자기파의 발생

(1) **변화하는 자기장에서 발생하는 전기장**

코일을 통과하는 자력 선속이 변화하면 유도 기전력이 발생하여 코일에 전류가 흐르고, 전류가 흐르면 전기장이 생긴다. 그런데, 코일이 없어도 자력 선속의 변화에 따라 공간에 전기장이 생기는 것이 발견되었는데, 이것을 유도 전기장이라고 한다. 즉, 자속이 변화하여 그 주위의 공간에 자속의 시간적 변화에 비례하는 유도 전기장이 생긴다.

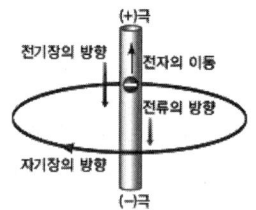

$$E \propto \frac{\Delta\phi}{\Delta t}$$

> **참고**
>
> **유도 전기장의 세기**
> 위의 그림과 같이 반경 r인 원형 도선의 중심부를 통과하는 자속이 Δt 동안에 $\Delta\phi$만큼 변화할 때, 도선에 유도되는 전기장의 세기 E는 단위 전하가 1회전하는 데 기전력은 $2\pi rE$이고, 이것이 자속의 변화($\Delta\phi$)에 의하여 유도된 기전력 $\frac{\Delta\phi}{\Delta t}$와 같아야 하므로, 유도 전기장의 세기 E는 $2\pi rE = \frac{\Delta\phi}{\Delta t}$ $\therefore E = \frac{1}{2\pi r} \cdot \frac{\Delta\phi}{\Delta t}$
> 즉, 유도 전기장은 시간적으로 변화하는 자속 주위에 동심원을 이루며, 그 크기는 자속으로부터의 거리에 반비례한다. 이러한 전기장은 도선이 있든 없든 자속의 변화만 있으면 생긴다.

(2) 변화하는 전기장에서 발생하는 자기장

맥스웰은 자기장이 변화하면 유도 전기장이 생기는 것과 같이 전기장이 변화하면 자기장이 생길 것이라고 하였다. 이와 같은 자기장을 유도 자기장이라고 한다.

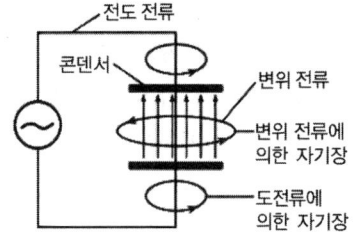

오른쪽 그림과 같이, 2개의 도체판을 전지에 연결한 후 스위치를 닫으면 회로에는 도체판이 완전히 충전될 때까지 전류가 흐른다. 이때 전류가 흐르는 도선 주위에는 동심원 모양의 자기장이 나타나는데, 도체판 사이에는 전류가 흐르는 도선이 없는 데도 도선에서와 같은 자기장이 나타난다. 그러므로 도체판 사이에도 도선에서와 같은 전류가 흘러 이에 의한 자기장이 생겼다고 볼 수 있다. 이와 같은 전류를 도선에서 흐르는 전류와 구분하여 변위 전류라고 한다. 맥스웰은 변위 전류를 도입하여 전기장의 변화가 생기면 주위 공간에 전기장의 시간적 변화율에 비례하는 유도 자기장이 생긴다는 것을 밝혔다.

$B \propto \dfrac{\Delta E}{\Delta t}$

> **참고**
>
> **유도 자기장의 세기**
>
> 맥스웰은 변위 전류 I가 전기장의 시간적 변화율 $\dfrac{\Delta E}{\Delta t}$에 비례하고 비례상수가 $\dfrac{1}{4\pi k}$($k = 9 \times 10^9 \mathrm{Nm^2/C^2}$)임을 밝혔다. 따라서 변위 전류 I는
>
> $I = \dfrac{1}{4\pi k} \cdot \dfrac{\Delta E}{\Delta t}$ ················· ①
>
> 이고, 전류 I가 만드는 자기장 B는 전류 I에 비례하고 거리 r에 반비례하므로,
>
> $B = K \dfrac{I}{r}$ (K는 $2 \times 10^{-7} \mathrm{N/A^2}$) ············· ②
>
> ①과 ②에서 유도 자기장의 세기 B는
>
> $B = \dfrac{K}{4\pi rk} \dfrac{\Delta E}{\Delta t} = \dfrac{1}{9 \times 10^{16}} \cdot \dfrac{1}{2\pi r} \dfrac{\Delta E}{\Delta t}$

(3) 전자기파의 발생

전하가 정지해 있거나 등속도로 움직이고 있을 때에는 일정한 자기장을 만든다. 그러나 가속 운동을 하고 있는 전하는 시간에 따라 변화하는 자기장을 만든다. 변화하는 자기장은 유도 전기장을 만들고, 변화하는 유도 전기장은 유도 자기장을 만들어서 계속하여 서로 상대편을 유도하며 퍼져 나가면서 에너지를 전파한다. 이것을 전자기파라고 한다. 전자기파의 존재는 영국의 맥스웰이 예언하였고, 이것을 독일의 헤르츠(Hertz)가 실험적으로 확인하였다.

(4) 전자기파의 전파

오른쪽 그림은 유도 전기장 E와 유도 자기장 B가 교대로 생겨 전자기파가 퍼져 나가는 것을 나타낸 것이다. 전자기파는 전기장과 자기장의 변화가 동시에 일어나므로 전기장과 자기장은 동일한 위상으로 진행하며 어떤 매질의 진동으로 퍼져 나가는 것이 아니고 장(field)의 변화로만 전파되므로 매질이 없는 진공에서도 전파된다.

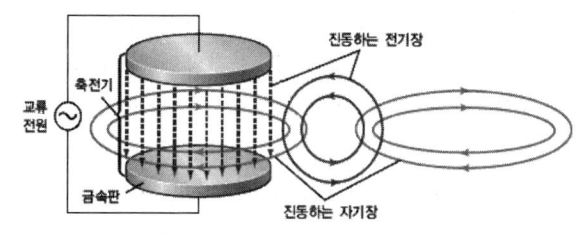

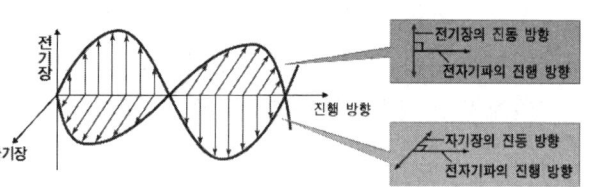

오른쪽 그림과 같이 왼손의 엄지와 둘째, 가운뎃손가락을 직각이 되게 펴서 둘째손가락을 자기장의 방향에, 셋째손가락을 전기장의 방향에 맞추면, 엄지손가락이 가리키는 방향이 전자기파의 진행 방향이 된다.

2 전자기파의 성질과 분류

(1) 전자기파의 성질

빛도 일종의 전자기파라고 알려져 있다. 따라서 전자기파는 빛과 같은 성질을 가지고 있다.
① 전자기파는 횡파이다.
② 전기장과 자기장은 서로 수직이고, 진행 방향은 이들에 또 수직이다.
③ 전자기파의 속도는 광속도와 같다.
④ 빛과는 달리 검은 도체면에서 잘 반사한다.
⑤ 파장의 범위는 $10^4 \sim 10^{-13}$m이다.

(2) 전자기파의 분류

전자기파는 파장과 진동수로 구분한다.
전자기파를 파장이 짧은 순서대로 분류하면 다음과 같이 구분된다.
γ선 - X선 - 자외선 - 가시광선 - 적외선 - 마이크로파 - 라디오파 - 장파 순이다.

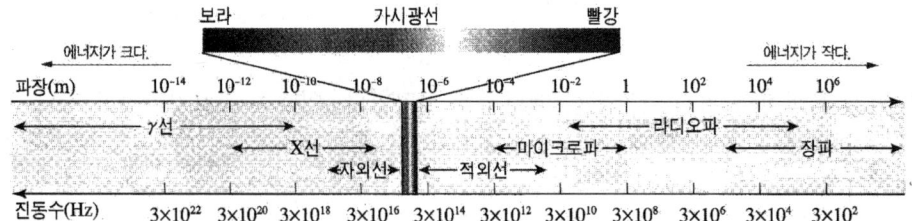

전자기파		특징	이용
γ선		투과력이 매우 강하고, 인체에 쪼이면 위험하다.	항암 치료, γ선 망원경(우주 관찰) 등
X선		투과력이 강해 주로 인체나 물질 내부를 관찰하는 데 쓰인다.	X선 사진, 공항의 수하물 검색, 구조물의 내부 검사, 물질의 특성 파악 등
자외선		• 사람의 피부를 그을리고, 살균 작용을 한다. • 형광 물질에 흡수되어 가시광선을 방출시킨다.	식기 및 의료기구 소독, 위조지폐 판별, 비타민 D 합성 등
가시광선		사람의 눈으로 감지할 수 있다.	신호등, 영상 표현 장치, 광통신 등
적외선		열을 가진 물체에서 발생한다.	열감지 카메라, 적외선 온도계 등
전파	마이크로파	• 직진성이 강해 먼 거리까지 전달된다. • 특정 파장 영역의 마이크로파는 물에 흡수되어 열을 발생시킨다.	선박과 항공기 운항 또는 기상 관측에 사용하는 위성 통신, 전자레인지, 무선 인터넷, 휴대 전화 등
	라디오파	회절이 잘 되어 건물 뒤나 산 너머로도 전달이 잘 된다.	라디오, 휴대 전화 등의 무선 통신

예제

01 오른쪽 그림은 영구 자석 사이를 코일면이 회전하는 간단한 교류 발전기를 나타낸 것이다. 코일면이 어느 위치에 왔을 때, 코일에 유도되는 기전력이 최대이겠는가?

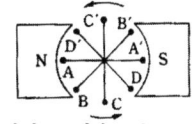

해설 • 자기장에 수직인 면과 코일면이 이루는 각이 θ일 때, 코일면을 지나는 자속 ϕ는

$$\phi = \phi_0 \cos\theta \begin{pmatrix} \theta = 90°일 때 \cos 90° = 0 \Rightarrow 최소 \\ \theta = 0°일 때 \cos 0° = 1 \Rightarrow 최대 \end{pmatrix}$$

• 유도 기전력 V는

$$V = v_0 \sin\theta \begin{pmatrix} \theta = 90°일 때 \sin 90° = 1 \Rightarrow 최대 \\ \theta = 0°일 때 \sin 0° = 0 \Rightarrow 최소 \end{pmatrix}$$

$C-C'$의 위치에서는 코일면이 자기력선과 수직($\theta = 0°$)이므로 코일면을 통과하는 자속은 최대이나, 자속의 변화율이 0이므로 유도 기전력은 0이다.

$A-A'$의 위치에서는 코일면이 자기력선과 평행($\theta = 90°$)이므로 코일면을 통과하는 자속은 0이나 자속의 변화율이 최대이므로, 최대의 기전력이 생긴다.

답 $A-A'$의 위치

02 $I=\sqrt{2}\sin 120\pi t$로 주어지는 교류가 있다. 이 교류 전류는 1초 동안에 최댓값을 몇 번 가지는가?

해설 $I=\sqrt{2}\sin 120\pi t$에서 $w=120\pi$이므로

주파수(진동수) $f=\dfrac{w}{2\pi}=\dfrac{120\pi}{2\pi}=60(\text{Hz})$

그런데, 1주기에는 최댓값이 두 번 있다.

답 120번

03 교류 100V의 전원에 100V – 100W의 전구가 연결되어 있다. 다음 물음에 답하여라.
(1) 최대 전압은 몇 V인가?
(2) 전구에 흐르는 최대 전류는 몇 A인가?

해설 일반적으로, 교류에서 그냥 100V라고 하면 실횻값을 가리킨다. $V_e=100\text{V}$

100V – 100W 전구의 저항 $R=\dfrac{V^2}{P}=\dfrac{100^2}{100}=100(\Omega)$

(1) $V_0=\sqrt{2}\,V_e=\sqrt{2}\times 100=100\sqrt{2}\,(\text{V})$

(2) $I_0=\dfrac{V_0}{R}=\dfrac{100\sqrt{2}}{100}=\sqrt{2}\,(\text{A})$

답 (1) $100\sqrt{2}\,\text{V}$ (2) $\sqrt{2}\,\text{A}$

04 100V – 60W 전구를 교류 전압 100V에 연결하여 사용할 때 흐르는 전류의 최댓값은?

해설 $\begin{bmatrix} V_e=100\text{V}이므로\ V_0=100\sqrt{2}\,(\text{V}) \\ 100\text{V}-60\text{W의 저항}\ R=\dfrac{V^2}{P}=\dfrac{100^2}{60}(\Omega) \end{bmatrix}$

∴ 최대 전류 $I_0=\dfrac{V_0}{R}=\dfrac{100\sqrt{2}}{\dfrac{100^2}{60}}=0.6\sqrt{2}\,(\text{A})$

답 $0.6\sqrt{2}\,\text{A}$

05 가정에서 사용하는 전압 110V 또는 220V 교류 전압이 의미하는 것은?

해설 교류에서는 전압과 전류가 주기적으로 변하므로 그 크기를 평균하는데, 순간값을 제곱하여 그것을 평균한 값의 제곱근의 크기를 가진다.

답 실횻값

06 sin파에서 교류 전압의 실횻값이 200V일 때 이 교류의 최댓값은?

해설 실횻값 $=\dfrac{\text{최댓값}}{\sqrt{2}}$ 이므로 최댓값은 실횻값의 $\sqrt{2}$ 배가 된다.

$\sqrt{2}\times 200 ≒ 283\,V$

답 283V

07 자체 유도계수가 40mH인 코일에 50Hz, 100V의 교류 전원을 연결하면 몇 A의 전류가 흐르겠는가?

해설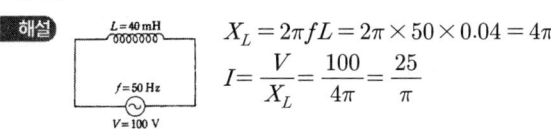
$X_L = 2\pi f L = 2\pi \times 50 \times 0.04 = 4\pi$
$I = \dfrac{V}{X_L} = \dfrac{100}{4\pi} = \dfrac{25}{\pi}$

답 $\dfrac{25}{\pi}$ A

08 전기 용량이 $2\mu F$인 콘덴서 양쪽 끝에 50Hz, 100V인 교류 전압을 걸어 주면, 회로에는 몇 A의 전류가 흐르겠는가?

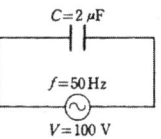

해설 $\begin{bmatrix} C = 2\mu F = 2 \times 10^{-6} F \\ f = 50 Hz \\ V = 100V \end{bmatrix}$ $X_C = \dfrac{1}{2\pi f C} = \dfrac{1}{2\pi \times 50 \times 2 \times 10^{-6}} = \dfrac{1}{2\pi \times 10^{-4}} (\Omega)$

$I = \dfrac{V}{X_C} = \dfrac{100}{\dfrac{1}{2\pi \times 10^{-4}}} = 2\pi \times 10^{-2} (A)$

답 $0.02\pi A$

09 오른쪽 그림과 같이 $R = 4\Omega$인 저항과 유도 리액턴스 $X_L = 3\Omega$인 코일을 직렬로 연결하여 전원에 연결하려고 한다.
(1) 직류 100V에 연결하였을 때 흐르는 전류는?
(2) 교류 100V에 연결하였을 때 흐르는 전류는?

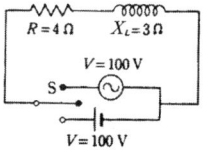

해설 (1) 코일의 직류 저항은 0이므로 전체 저항은 4Ω
$I = \dfrac{V}{R} = \dfrac{100}{4} = 25(A)$
(2) 오른쪽 그림에서 $Z = \sqrt{R^2 + X_L^2} = \sqrt{4^2 + 3^2} = 5(\Omega)$
$I = \dfrac{V}{Z} = \dfrac{100}{5} = 20(A)$

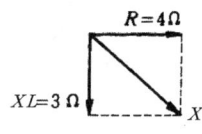

답 (1) 25A (2) 20A

10 오른쪽 그림과 같은 R-L-C 회로에 60Hz-100V인 교류 전압을 걸어 주었다.
(1) 이 회로의 임피던스는 몇 Ω인가?
(2) 이 회로에 흐르는 전류는 몇 A인가?
(3) 소모 전력은 몇 W인가?

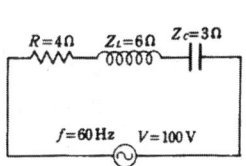

해설 (1) 오른쪽 그림에서
$X = \sqrt{R^2 + (X_L - X_C)^2} = \sqrt{4^2 + (6-3)^2} = 5(\Omega)$
(2) $I = \dfrac{V}{Z} = \dfrac{100}{5} = 20(A)$
(3) $P_C = I^2 R = 20^2 \times 4 = 1{,}600(W)$

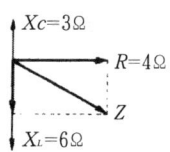

답 (1) 5Ω (2) 20A (3) 1,600W

Chapter 03

11 그림과 같이 R-L-C 회로에서 교류 전압이 주파수는 50Hz, 전압은 100V일 때, 이 회로의 임피던스는 약 몇 Ω인지 구하시오. (단, $\pi = 3$으로 계산한다.)

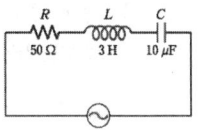

해설 $X_L = 2\pi f L = 2 \times 3 \times 50 \times 3 = 900\Omega$

$X_C = \dfrac{1}{2\pi f C} = \dfrac{1}{2 \times 3 \times 50 \times 10 \times 10^{-6}} \fallingdotseq 333\Omega$

$Z = \sqrt{R^2 + (X_L - X_C)^2} = \sqrt{50^2 + (900 - 333)^2} \fallingdotseq 569\Omega$

답 약 569Ω

12 R-L-C 직렬 회로에서 R이 300Ω, 축전기 리액턴스가 100Ω, 코일의 리액턴스가 500Ω일 때 이 회로의 임피던스 값은?

해설 $Z = \sqrt{R^2 + (X_L - X_C)^2} = \sqrt{300^2 + (500-100)^2} = \sqrt{300^2 + 400^2} = 500\Omega$

답 500Ω

13 유도계수 $3 \times 10^{-3} H$인 코일에 주파수 120Hz인 교류 전압을 걸어줄 때 유도 리액턴스는?

해설 $X_L = 2\pi f L$에서 주어진 조건을 대입하여 계산하면 $X_L = 2\pi \times 120 \times 3 \times 10^{-3} = 2.26\Omega$이다.

답 2.26Ω

14 오른쪽 그림과 같이 전기 용량 $C = 2\mu F$인 축전기와 자체 유도계수 $L = 0.01\mu H$인 코일이 직류 전원에 연결되어 있다. 스위치 S를 A에 연결했다가 B에 연결하였을 때, 이 진동 회로의 고유 진동수는 몇 Hz인가?

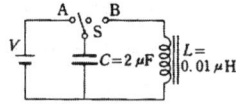

해설 $L = 0.01\mu H = 0.01 \times 10^{-6} H = 10^{-8} H$, $C = 2\mu F = 2 \times 10^{-6} F$

$f = \dfrac{1}{2\pi\sqrt{LC}} = \dfrac{1}{2\pi\sqrt{10^{-8} \times 2 \times 10^{-6}}} = \dfrac{1}{2\pi\sqrt{2}} \times 10^7$

답 $\dfrac{1}{2\pi\sqrt{2}} \times 10^7$ Hz

15 전기 용량 $C_1 = 3\mu F$, 자체 유도계수 $L_1 = 0.2H$인 $L_1 C_1$ 회로에서 전기 진동이 일어나고 있다. 이것과 동조시키기 위하여 자체 유도계수 $L_2 = 0.3H$인 코일과 가변 축전기 C_2를 연결하여 $L_2 C_2$ 회로를 만들었다. 공진되기 위한 C_2의 전기 용량을 구하여라.

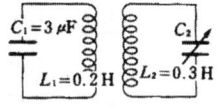

해설 $\begin{bmatrix} L_1 = 0.2H \\ L_2 = 0.3H \\ C_1 = 3 \times 10^{-6}F \end{bmatrix}$ 두 회로의 공진 조건 $L_1 C_1 = L_2 C_2$에서 $0.2 \times 3 \times 10^{-6} = 0.3 \times C_2$

$\therefore C_2 = 2 \times 10^{-6}(F) = 2\mu F$

답 $2\mu F$

16 전기 용량이 $2F$인 축전기와 자체 유도계수가 $2H$인 코일로 만든 전기 진동 회로에서 발생하는 진동 전류의 주파수는?

① 4π ② $\dfrac{1}{\sqrt{4\pi}}$ ③ $\dfrac{1}{4\pi}$ ④ $\dfrac{1}{2\sqrt{2\pi}}$

해설 LC 회로에서 진동수 $f=\dfrac{1}{2\pi\sqrt{LC}}$ 일 때 전기 진동이 일어나므로 $C=2F$, $L=2H$를 대입하여 계산하면 $f=\dfrac{1}{4\pi}$ 이다.

답 ③

17 다음 중 설명이 잘못된 것은?
① 변화하는 전기장은 자기장을 유도한다.
② 변화하는 자기장은 전기장을 유도한다.
③ 유도 전기장은 공간에서도 유도될 수 있다.
④ 유도 전기장은 도선 속에서만 유도된다.

해설 유도 전기장은 도선 속은 물론 공간에서도 유도될 수 있다(변위 전류).

답 ④

18 전자기파가 발생하지 않는 경우에 해당하는 것은?
① 회로에 일정한 직류 전류가 흐를 때   ② 전자가 가속도 운동할 때
③ 전기장과 자기장의 변화가 있을 때   ④ 원자핵이 붕괴할 때

해설 회로에 일정한 전류가 흐를 때 전기장이 일정하므로 전자기파가 발생하지 않는다.

답 ①

19 전기 용량 $2\mu F$의 축전기와 자체 유도계수 20mH의 코일을 연결하여 전기 진동을 일으키면 몇 Hz의 전자기파가 발생하겠는가?

해설 전기 진동의 고유 진동수와 그 때 발생하는 전자기파의 진동수는 같다.

$$f=\dfrac{1}{2\pi\sqrt{LC}}=\dfrac{1}{2\pi\sqrt{20\times 10^{-3}\times 2\times 10^{-6}}}=\dfrac{1}{4\pi}\times 10^4(\text{Hz})$$

답 $\dfrac{1}{4\pi}\times 10^4\,\text{Hz}$

20 파장이 500m인 전파의 주파수는 몇 kHz인가?

해설 전파의 속도는 빛의 속도와 같다.

$\begin{bmatrix} v=c=3\times 10^8 \text{m/s} \\ \lambda=500\text{m} \end{bmatrix}$ $v=f\lambda$ 에서 $f=\dfrac{v}{\lambda}=\dfrac{3\times 10^8}{500}=600\times 10^3\text{Hz}=600\text{kHz}$

답 600kHz

21 전자기파의 순서는 γ선 - (   ) - (   ) - 가시광선 - 적외선 - 마이크로파 순이다.

해설 γ선 - X선 - 자외선 - 가시광선 - 적외선 - 마이크로파

답 X선, 자외선

적중예상문제

01 두 물체를 마찰시켰더니 한 물체에서 전자의 이동이 n개 있었다. 이 두 물체를 거리 r 만큼 떼어 놓았을 때 두 물체 사이에 작용하는 힘의 크기는 얼마인가? (단, e는 전자의 전하량이고, K는 정전기 상수이다.)

① $K\dfrac{ne^2}{r}$
② $K\dfrac{ne^2}{r^2}$
③ $K\dfrac{n^2e^2}{r^2}$
④ $K\dfrac{n^2e^2}{r}$

해설 $q_1 = +ne$, $q_2 = +ne$, $F = K\dfrac{(ne)^2}{r^2} = K\dfrac{n^2e^2}{r^2}$

02 두 대전구 사이에 작용하는 전기력이 $9 \times 10^9 N$이다. 대전구 사이의 거리만을 3배 멀리 하면 전기력의 크기는?

① $3 \times 10^9 N$
② $27 \times 10^9 N$
③ $1.5 \times 10^9 N$
④ $1 \times 10^9 N$

해설 전기력은 거리의 제곱에 반비례 $F = k\dfrac{q_1 \cdot q_2}{r^2} = k\dfrac{q_1 \cdot q_2}{(3r)^2} = \dfrac{1}{9}k\dfrac{q_1 \cdot q_2}{r^2}$

∴ 1/9로 전기력은 감소

03 다음과 같은 실험을 하였을 때 두 금속구 A, B는 어떤 부호의 전기를 띠는가?

> 전하를 띠지 않는 금속 A와 B를 접촉시켜 놓고 (−)전기로 대전된 플라스틱 막대를 A에 가까이 한다. 그리고 A에 손을 잠깐 대었다가 떼고 막대를 두 금속구로부터 멀리 치운다.

① A, B 모두 (+)전기
② A는 (+)전기, B는 (−)전기
③ A는 (−)전기, B는 (+)전기
④ A, B 모두 (−)전기

해설 (−)대전된 플라스틱 막대로 인해 척력을 받은 전자가 접지인 손을 통해 외부로 빠져나간 후 떼어낸 금속 A와 B는 모두 (+)전기를 띤다.

정답 01. ③ 02. ④ 03. ①

04 전기장의 세기란?

① 단위 시간에 도체 내의 어떤 단면적을 지나간 전하량
② 도체판 사이에 단위 전위차를 줄 때 모을 수 있는 전하량
③ 전기장 내에 놓여진 단위 양전하에 미치는 힘
④ 도체 내에서 전류의 흐름을 방해하는 저항력

해설 전기장 $E = \dfrac{F}{q}$

05 대전된 도체구 내부의 전기장에 대한 설명으로 옳은 것은?

① 중심에서 멀어질수록 전기장이 증가한다.
② 중심에서 멀어질수록 전기장이 감소한다.
③ 도체구 내부의 전기장은 대전된 전하량에 비례한다.
④ 도체구 내부의 전기장은 0이다.

해설 도체 내부의 전기장은 0이다.

06 양으로 대전된 점전하 $+Q$와, 전하량이 그것의 두 배인 또 다른 점전하 $+2Q$가 그림과 같이 40cm 떨어져 있다. $+Q$전하에서 각각 10cm, 20cm, 30cm 떨어진 a, b, c 점에서 전기장의 세기를 설명한 것으로 옳은 것은?

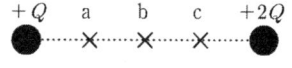

[08. 국가직 7급]

① 전기장의 세기는 a, c, b점 순서로 강하다.
② a점과 c점의 전기장의 세기는 같다.
③ b점에서 전기장의 세기는 0이다.
④ a, b, c점 중에서 전기장의 세기가 가장 강한 곳은 c점이다.

해설 전기장의 상대적 크기는 단위 양전하가 두 전하에게 받는 전기력의 합이며, 전하량의 곱에 비례, 거리의 제곱 반비례이다.

a점 : $\leftarrow \quad \rightarrow \quad \therefore 1 - \dfrac{2}{9} = \dfrac{7}{9}$
$\quad\quad \dfrac{2}{9} \quad 1$

b점 : $\leftarrow \quad \rightarrow \quad \therefore 2 - 1 = 1$
$\quad\quad 2 \quad 1$

c점 : $\leftarrow \quad \rightarrow \quad \therefore 2 - \dfrac{1}{9} = \dfrac{17}{9}$
$\quad\quad 2 \quad \dfrac{1}{9}$

정답 04. ③ 05. ④ 06. ④

Chapter 03

07 0.5C인 전하가 전기장 내에서 3V인 곳에서 1V인 곳으로 이동했을 때 한 일은?

① 0.5J   ② 1J
③ 1.5J   ④ 2J

해설 $+q$가 전위가 낮은 곳으로 이동할 때 전기력이 한 일 $W=qV=0.5\times(3-1)=1J$

08 세기가 10V/m인 전기장 속에 질량 0.1kg, 전하량 +2C인 대전체를 놓을 때 생기는 가속도의 크기는? (단, 중력은 무시한다.)

① $50m/s^2$ ② $100m/s^2$
③ $150m/s^2$ ④ $200m/s^2$

해설 $F=ma=qE$에서 가속도 $a=\dfrac{qE}{m}=\dfrac{2\times 10}{0.1}=200$
∴ $a=200(m/s^2)$

09 2×10^{-9}C의 전하로부터 3m 떨어진 점의 전위는?

① 2V   ② 3V
③ 6V   ④ 12V

해설 전위차 $V=k\dfrac{q}{r}$에서 $k=\dfrac{1}{4\pi\epsilon_0\epsilon_s}=9\times 10^9 (\epsilon_0 : 8.85\times 10^{-12} F/m, \epsilon_s : 1)$
$V=9\times 10^9 \times \dfrac{2\times 10^{-9}}{3}=6$ ∴ V = 6(V)

10 평행판 축전기의 전하량은 변하지 않게 하고 극판 간격을 두 배로 증가시키면 축전기에 저장되는 에너지는 몇 배로 되는가?

① 1   ② 2
③ 3   ④ 4

정답 07. ②   08. ④   09. ③   10. ②

해설 평행판 축전기의 용량 $C = \dfrac{\epsilon S}{d}$ 이므로 극판의 간격을 2배 증가시키면

$C' = \dfrac{\epsilon S}{2d} = \dfrac{1}{2}C$

축전기 에너지 $E = \dfrac{1}{2} \cdot \dfrac{Q^2}{C}$ 이므로 $E' = \dfrac{Q^2}{\dfrac{1}{2}C} = 2E$

$\therefore E = 2$배 증가

11 200V용 400W 전열기의 전기저항은?

① 10Ω ② 20Ω
③ 100Ω ④ 200Ω

해설 $P = \dfrac{V^2}{R}$ 에서 저항 $R = \dfrac{V^2}{P} = \dfrac{200^2}{400} = 100$ $\therefore R = 100(Ω)$

12 100V-500W용 전열기가 있다. 전압이 낮아져서 80V에 사용하고 있다면 이 전열기의 전력은 몇 W나 되겠는가?

① 400W ② 500W
③ 320W ④ 625W

해설 100V-500W 전기저항 $R = \dfrac{V^2}{P} = \dfrac{100^2}{500} = 20Ω$

$P = \dfrac{v^2}{R} = \dfrac{80^2}{20} = 320(W)$

$\therefore P = 320(W)$

13 전위에 대한 설명으로 틀린 것은?

① 단위 양전하가 갖는 전기적 위치에너지이다.
② 전위가 높은 곳은 +, 전위가 낮은 곳은 -로 나타낸다.
③ 점전하 q에서 거리가 r만큼 떨어진 점의 전위는 $K\dfrac{q}{r^2}$ 이다.
④ 단위 양전하를 A에서 B로 옮기는데 전기력에 대해 해준 일이 두 점 사이의 전위차가 된다.

해설 점전하 q에서 거리가 r만큼 떨어진 점의 전위는 $K\dfrac{q}{r}$ 이다.

정답 11. ③ 12. ③ 13. ③

Chapter 03

14 도체구 표면의 전위가 V_0일 때 구 중심의 전위는?

① 0 ② V_0
③ $\sqrt{V_0}$ ④ $4\pi\epsilon_0 V_0$

해설 도체의 내부는 전기장 $E=0$이고 표면이나 내부나 등전위이다.

15 20cm 간격으로 나란히 놓인 두 금속판 양단에 10V의 전위차를 걸었다. 두 금속판 사이의 전기장의 세기는 몇 N/C인가?

① 20N/C ② 50N/C
③ 100N/C ④ 200N/C

해설 $V=Ed$, $E=\dfrac{V}{d}=\dfrac{10}{0.2}=50N/C$

16 200V-400W인 전화기가 있다. 이 전화기를 200V의 전원에 연결하였을 때의 저항은 얼마인가?

① 55Ω ② 100Ω
③ 165Ω ④ 225Ω

해설 $P=\dfrac{V^2}{R}$에서 $R=\dfrac{V^2}{P}=\dfrac{(200)^2}{400}=100Ω$

17 완전히 충전이 끝난 평행판 축전기를 절연 장갑을 이용하여 판 사이 간격만을 넓혀 준다면?

① 축전기의 전기 용량이 증가한다. ② 축전기에 걸린 전위차가 감소한다.
③ 충전된 전하량이 증가한다. ④ 축전기의 전기 용량이 감소한다.

해설 전기 용량 $C=\epsilon\dfrac{A}{d}$ 판 사이의 간격이 증가하면 전기 용량은 감소한다.

18 평행판 축전기를 충전시킨 후 전지에 연결한 채 두 판 사이에 부도체를 삽입하였다. 다음 설명 중 맞는 것은?

① 충전된 전하는 변함이 없다. ② 축전기에 걸린 전압은 감소한다.
③ 두 판 사이의 전기장은 증가한다. ④ 저장된 정전에너지는 증가한다.

정답 14. ② 15. ② 16. ② 17. ④ 18. ④

해설 전지를 연결한 채 $\epsilon>1$인 부도체를 삽입하였으므로 V : 일정, $C=\dfrac{\epsilon A}{d}$에서 C 증가,

$Q=CV$에서 Q 증가,

두 판 사이의 전기장은 $V=Ed$에서 d : 일정, V : 일정이므로 E : 일정

저장된 정전에너지 $U=\dfrac{1}{2}CV^2$에서 U 증가

19 전기 용량의 비가 1 : 2 : 3이 되는 3개의 축전기를 차례로 직렬연결하여 그 양단에 전압을 걸 때 각 축전기에 모이는 전하량의 비는?

① 6 : 5 : 3
② 1 : 1 : 1
③ 1 : 2 : 3
④ 3 : 2 : 1

해설 직렬연결일 때는 Q가 같다.

20 $3\mu F$의 축전기 2개가 직렬연결된 회로에 기전력이 6V인 전지가 연결되어 있다. 축전기 하나에 충전된 전하량은?

① $4.5\times10^{-6}C$
② $9\times10^{-6}C$
③ $1.8\times10^{-5}C$
④ $3.6\times10^{-5}C$

해설 직렬이므로 두 축전기에 대전된 전하량은 같다.

합성 용량은 $\dfrac{3}{2}\mu F$이므로

$q=CV=\dfrac{3}{2}\times10^{-6}\times6=9\times10^{-6}C$

21 기전력이 12V인 전지, 인덕턴스(L)가 6.4H인 인덕터, 전기용량이 C인 축전기가 연결된 LC회로가 있다. 회로의 공명 진동수가 $f=\dfrac{1}{2\pi\sqrt{LC}}$일 때, 회로에 흐를 수 있는 최대 전류의 크기가 0.3mA라면, 축전기 전기 용량의 값은? [18. 6. 서울시 7급]

① $1\times10^{-9}F$
② $2\times10^{-9}F$
③ $3\times10^{-9}F$
④ $4\times10^{-9}F$

해설 전류가 최대일 때 축전기에 저장된 에너지가 인덕터의 자기에너지로 변환된다.

$\dfrac{1}{2}CV^2=\dfrac{1}{2}LI^2$에서 축전기 전기 용량 $C=\dfrac{LI^2}{V^2}+\dfrac{6.4\times(0.3\times10^{-3})^2}{12^2}=4\times10^{-9}F$ 이다.

정답 19. ② 20. ② 21. ④

22 전기 용량의 비가 1 : 2 : 3인 세 개의 축전기를 직렬로 연결하고 그 양단에 일정한 전압을 걸면 각 축전기에 걸리는 전압의 비는?

① 1 : 2 : 3
② 3 : 2 : 1
③ 6 : 3 : 1
④ 6 : 3 : 2

해설 $Q=CV$에서 Q가 같으므로 $V \propto \dfrac{1}{C}$

C비=1 : 2 : 3이므로, V비=$\dfrac{1}{1} : \dfrac{1}{2} : \dfrac{1}{3}$=6 : 3 : 2

23 $3\mu F$의 축전기와 $6\mu F$의 축전기를 직렬로 연결하고 $4\mu F$의 축전기를 병렬로 연결한 회로에 30V의 전원을 연결하였을 때 모든 축전기에 충전된 총 전하량은?

① $40\mu C$
② $60\mu C$
③ $180\mu C$
④ $390\mu C$

해설 축전기 3개의 합성 용량 = $\dfrac{1}{\dfrac{1}{3}+\dfrac{1}{6}}+4=6\mu F$

충전된 총 전하량 $Q=CV=6\mu \times 30=180\mu C$

24 $20\mu F$의 전기 용량을 갖는 축전기를 10V로 대전시켰다. 이 축전기를 전원에서 분리하여 같은 전기 용량을 갖는 대전되지 않은 축전기와 병렬로 연결시키면 두 축전기에 저장된 총 에너지는 처음의 축전기에 저장된 에너지의 몇 배가 되는가?

① $\dfrac{1}{2}$배
② 2배
③ 4배
④ 변화가 없다.

해설 충전시킨 후 전원에서 분리하면 총전하 q가 일정, 병렬로 연결하면 합성 전기 용량은 $2C$

저장에너지 $W=\dfrac{q^2}{2C}$에서 C가 2배이므로 W는 $\dfrac{1}{2}$배

25 직류 전원 12V에 6Ω의 저항이 연결되어 있다. 이 도선에 1분 동안 단면을 통과하는 전하량은?

① 2C
② 72C
③ 120C
④ 720C

정답 22. ④ 23. ③ 24. ① 25. ③

> **해설**
> • 전류 $I = \dfrac{V}{R} = \dfrac{12}{6} = 2A$
> • 전하 $q = It = 2 \times 60 = 120C$

26 그림과 같이 정삼각형의 꼭짓점 P, Q, R에 각각 +1C, -1C, +1C의 전하를 놓았을 때 중심 O에서의 전기장의 방향은?

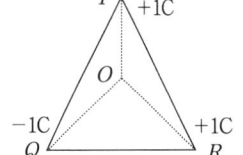

① P방향
② Q방향
③ R방향
④ 지면에 수직 뒤쪽 방향

> **해설** 전기장은 O점에서의 단위 양전하가 받는 힘의 방향이므로 합성하면 Q방향이 된다.

27 용량이 $3\mu F$과 $6\mu F$인 두 축전기를 병렬로 연결하면 합성 용량은 얼마인가?

① $2\mu F$　　　　　　　② $6\mu F$
③ $8\mu F$　　　　　　　④ $9\mu F$

> **해설** 병렬로 연결된 축전기의 합성 전기 용량 $C = C_1 + C_2$이므로 $9\mu F$이다.

28 다음 그림과 같이 음(-)으로 대전된 PVC막대를 검전기 금속판에 접근시키면 금속박이 열린다. 정전기 유도현상의 설명으로 옳은 것은?

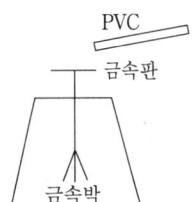

① 금속판과 금속박 모두 양(+)으로 대전된다.
② 금속판과 금속박 모두 음(-)으로 대전된다.
③ 금속판은 양(+), 금속박은 음(-)으로 대전된다.
④ 금속판은 음(-), 금속박은 양(+)으로 대전된다.

> **해설** (-)대전체를 가까이하면 전자가 척력을 받아 금속박으로 이동(-), 금속판은 (+)전하를 나타낸다.

29 도선에 흐르는 전류는 주변의 자기장이 변하면 그 변화를 없애려는 방향으로 흐르는데 이것은 어느 법칙에 해당되는가?

① 가우스의 법칙　　② 옴의 법칙　　③ 패러데이의 법칙
④ 렌츠의 법칙　　　⑤ 키르히호프의 법칙

정답 26. ② 27. ④ 28. ③ 29. ④

Chapter 03

30 전자가 반지름 R인 원 궤도를 따라 원운동하고 있을 때, 이 전자의 속도가 v였다면 전류의 세기는?

① Rev
② $\dfrac{ev}{R}$
③ $2\pi Rev$
④ $\dfrac{ev}{2\pi R}$

해설 1회전 시 $t = \dfrac{2\pi R}{v}$

$I = \dfrac{e}{t} = \dfrac{e}{\frac{2\pi R}{v}} = \dfrac{ev}{2\pi R}$

31 3Ω의 저항 4개를 그림과 같이 연결할 때 합성저항은?

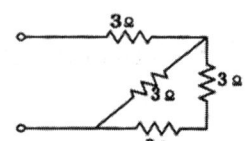

① 5Ω
② $\dfrac{5}{6}\Omega$
③ 12Ω
④ $\dfrac{4}{9}\Omega$

해설 병렬 부분에서 3Ω + 3Ω = 6Ω, 6Ω과 3Ω의 병렬의 합성저항은 2Ω이다.
3Ω과 위의 2Ω이 직렬연결이므로 합은 5Ω이다.

32 다음 회로의 ⓐ와 ⓑ 부분을 지나는 전선 위에 나침반을 올려놓았다. 스위치를 닫아 전류를 흐르게 할 때 나침반의 N극이 가리키는 방향은? (단, 나침반에서 진하게 표시된 부분이 N극이다.)　　[18. 6. 서울시 7급]

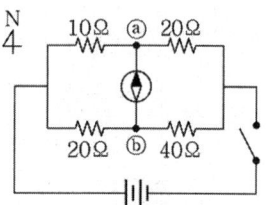

① 북동쪽
② 북서쪽
③ 남쪽
④ 북쪽

해설 ⓐ쪽 저항 10Ω-20Ω의 저항이 있는 도선에 흐르는 전류와 ⓑ쪽 저항 20Ω-40Ω의 저항이 있는 도선의 전압은 양단에 같고, 저항에 의한 전류의 비는 2:1이므로 위쪽 10Ω과 20Ω 저항에 같은 크기의 전압 강하가 일어나서 ⓐ와 ⓑ 전위는 같다. 따라서 ⓐ와 ⓑ의 사이에는 전류가 흐르지 않아 나침반의 N극은 계속 북쪽 방향을 유지한다.

정답 30. ④　31. ①　32. ④

33 그림과 같이 저항 4개를 연결한 회로에서 검류계 ⓖ에 전류가 흐르지 않을 때, 회로에 흐르는 전류 I는? (단, 전지의 내부저항은 무시한다.)

① 1A ② 2A
③ 3A ④ 4A

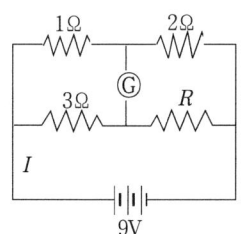

해설 검류계에 전류가 흐르지 않는 등전위 상태이다.
병렬로 연결된 위의 저항 1Ω, 2Ω은 직렬연결되어 있으므로 $V=IR$에서 전류가 같아 전압의 비는 저항의 비와 같다. 즉 각각 $3V$, $6V$가 걸리며 전압비는 $1:2$이다. 등전위이므로 이는 아래 3Ω, R에도 동일하게 적용되므로 $R=6\Omega$이다. 병렬연결된 각각 도선의 저항을 합성하여 흐르는 전류를 각각 구하면 $I=\dfrac{V}{R}=\dfrac{9V}{(1+2)\Omega}=3A$, $I=\dfrac{V}{R}=\dfrac{9V}{(3+6)\Omega}=1A$, 전체 전류는 4A이다.

34 오른쪽 그림과 같이 연결된 회로에서 스위치 S를 닫았을 때의 전류 I를 I_C, 스위치 S를 열었을 때의 전류 I를 I_0로 했을 때 흐르는 전류의 비 $I_C:I_0$는?

① $3:4$ ② $4:3$
③ $8:9$ ④ $9:8$

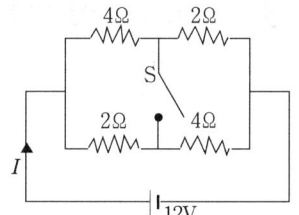

해설 저항 $R_C:R_0=\dfrac{8}{3}:3=8:9$이고, 저항과 전류는 $I=\dfrac{V}{R}$ 관계이므로 $9:8$이다.

35 그림의 회로에서 $\varepsilon_1=3.0V$, $\varepsilon_2=6.0V$, $R_1=2.0\Omega$, $R_2=4.0\Omega$이다. 이때 전류 i_3의 크기는? (단, 세 개의 배터리는 이상적으로 작동한다.) [18. 6. 서울시 7급]

① $-0.50A$ ② $-0.25A$
③ $+0.25A$ ④ $+0.50A$

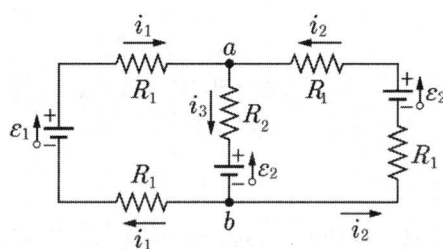

해설 큰 폐회로에 키르히호프 법칙(KVL)을 적용하면 $+\varepsilon_1-i_1R_1+i_2R_1-\varepsilon_2+i_2R_1-i_1R_1=0$
$+3-2i_1+2i_2-6+2i_2-2i_1=0$
$i_1-i_2=-0.75$
a점에 대해서 키르히호프 법칙(KVL)을 적용하면 $i_1+i_2=i_3$
왼쪽의 작은 폐회로에 키르히호프 법칙을 적용하면 $+\varepsilon_1-i_1R_1-i_3R_2-\varepsilon_2-i_1R_1=0$

정답 33. ④ 34. ④ 35. ②

$$+3-2i_1-4i_3-6-2i=0$$
$$i_1+i_3=-0.75$$
$i_1-i_2=-0.75$, $i_1+i_2=i_3$, $i_1+i_3=-0.75$ 의 세 식을 연립하면
$$i_1=-0.5A, i_2=0.25A, i_3=-0.25A$$

36 100V-500W의 전열기가 있다. 100V 전원에 연결했을 때 흐르는 전류는 몇 A인가?

① 0.2　　　　② 1
③ 5　　　　　④ 20

해설 $P=IV$에서 $I=\dfrac{P}{V}=\dfrac{500}{100}=5A$

37 그림과 같은 회로의 두 끝 A, B 사이의 전기저항은?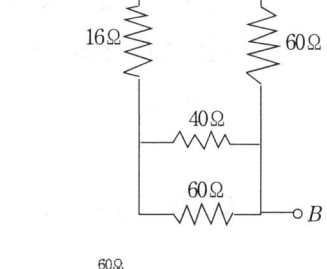

① 20Ω
② 30Ω
③ 40Ω
④ 50Ω

해설 합성저항은 오른쪽 그림과 같은 모양으로 구한다.
아래 병렬연결된 합성저항을 구하면
$$R=\dfrac{1}{\dfrac{1}{40}+\dfrac{1}{60}}+16=40Ω$$ 이 되며 이는 다시 한번
같은 형태의 합성저항을 만들어 40Ω이 회로 전체의 저항이 된다.

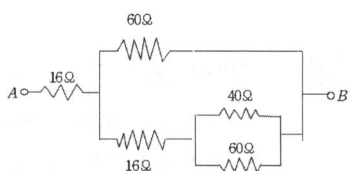

38 기전력 1.5V, 내부저항 0.4Ω인 건전지 4개를 직렬로 연결하고 1.4Ω인 외부저항을 연결하였을 때 흐르는 전류는?

① 0.8A　　　　② 2A
③ 3.3A　　　　④ 4.3A

해설 전류 $I=\dfrac{n\varepsilon}{R+nr}=\dfrac{4\times1.5}{1.4+4\times0.4}=\dfrac{6}{3}=2A$

정답　36. ③　37. ③　38. ②

39 오른쪽 그림과 같이 저항 R과 $2R$인 꼬마전구를 각각 2개씩 연결하여 전기회로를 만들고, 이 회로에 V의 전압을 걸어 주었다. 다음 중 이 실험의 결과와 일치하는 것을 모두 고르면?

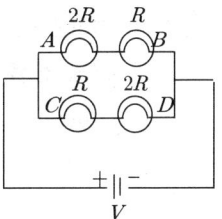

㉠ 전구 A, B, C, D에 흐르는 전류의 세기는 모두 같다.
㉡ 전구 A와 C의 밝기는 모두 같다.
㉢ 전구 A에 걸리는 전압이 전구 B에 걸리는 전압보다 크다.

① ㉠, ㉡　　　　② ㉡, ㉢
③ ㉠, ㉢　　　　④ ㉠, ㉡, ㉢

해설 ㉠ $I=\dfrac{V}{R}$에 의해 저항과 전압이 같으므로 A, B, C, D에 흐르는 전류의 세기는 같다.
㉡ $V=IR$에서 전류가 같으므로 저항이 큰 쪽에 전압이 크므로 밝다.
㉢ A와 B사이의 전류가 같으므로 저항이 큰 쪽에 전압이 크다.

40 10Ω의 세 저항으로 만들 수 없는 저항의 크기는?

① 3/10Ω　　　　② 20/3Ω
③ 15Ω　　　　　④ 30Ω

해설

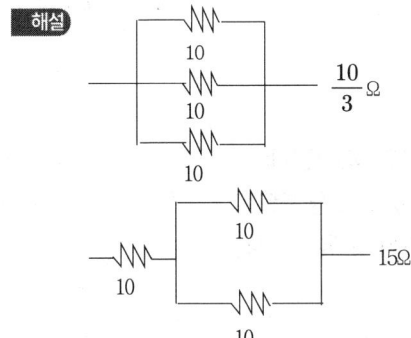

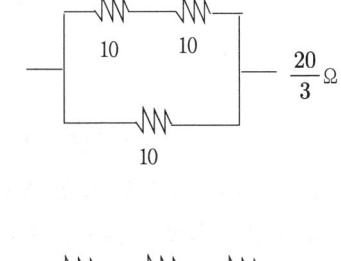

41 내부저항이 1Ω이고, 전기력이 12V인 전지를 5Ω의 외부저항에 연결했을 때, 이 전지의 단자 전압(V)은 얼마인가?

① 2　　　　　② 5
③ 10　　　　　④ 12

해설
• 전류 $I=\dfrac{\varepsilon}{R+r}=\dfrac{12}{5+1}=2A$
• 단자 전압 $V=\varepsilon-Ir=12-2\times1=10\,V$

정답　39. ③　40. ①　41. ③

Chapter 03

42 전지에 10Ω의 저항을 연결하였더니 3A의 전류가 흘렀고, 4Ω의 저항을 연결하였더니 6A의 전류가 흘렀다. 전지의 내부저항은?

① 2Ω ② 4Ω
③ 6Ω ④ 8Ω

해설
- 전류 $I = \dfrac{\varepsilon}{R+r}$
- 기전력 $\varepsilon = I(R+r) = 3 \times (10+r) = 6 \times (4+r)$에서 $3r = 6$
  ∴ $r = 2\,\Omega$

43 전열기를 사용하다가 끊어져서 전열선을 $\dfrac{1}{10}$ 만큼 잘라내 버리고 같은 전원에서 사용하였다. 소비전력은 몇 배로 되는가?

① $\dfrac{10}{9}$ 배 ② $\dfrac{9}{10}$ 배
③ $\dfrac{1}{10}$ 배 ④ 10 배

해설 저항의 크기는 전열선의 길이가 $\dfrac{1}{10}$ 만큼 줄어들고 나서 처음 저항(R_0)에서 $R_0 - \dfrac{1}{10}R_0 = \dfrac{9}{10}R$이 되고 전력 $P = \dfrac{V^2}{R}$ 은 저항과 반비례 관계이므로 $R : \dfrac{9}{10}$ 배이면 소비전력은 $\dfrac{10}{9}$ 배가 된다.

44 그림과 같이 폭 0.1m인 ㄷ자형 도선이 50T인 자기장에 수직하게 놓여 있다. 이 위에 놓인 도선 a, b를 오른쪽으로 20m/s의 일정한 속도로 잡아당겼을 때 생기는 유도 기전력은?

① 10V ② 25V
③ 100V ④ 500V

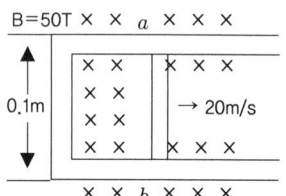

해설 유도 기전력 $E = Blv = 50\,T \times 0.1\,m \times 20\,m/s = 100\,V$

45 오른쪽 그림과 같이 한 개의 저항이 50Ω인 저항 7개를 연결하였을 때 a와 b 사이의 합성 저항은?

① 10Ω ② 30Ω
③ 50Ω ④ 70Ω

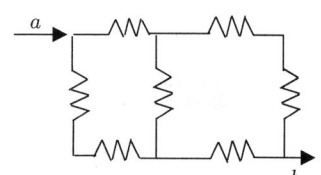

정답 42. ① 43. ① 44. ③ 45. ④

해설 폐회로에 대한 키르히호프의 법칙을 이용하면 다음과 같이 전류가 흐른다.

$-50I_1 - 50I_2 + 50(I-I_1) + 50(I-I_1) = 0$ … ①

$-50I_2 - 50(I-I_1+I_2) + 50(I_1-I_2) + 50(I_1-I_2) = 0$ … ②

①과 ②를 연립하여 정리하면 $I_1 = \frac{3}{5}I$, $I_2 = \frac{1}{5}I$

$V_{ab} = IR_{ab} = V_{ac} + V_{cb} = \frac{3}{5}I \times 50 + (\frac{3}{5}I - \frac{1}{5}I) \times 100 = IR$

$V_{ab} = 70I$ ∴ $R = 70$

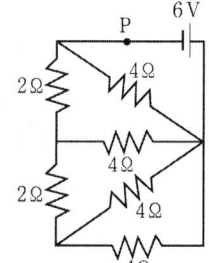

46 그림과 같은 회로의 점 P에서 전류의 세기는? (단, 전지의 내부저항은 무시한다.) [11. 국가직 7급]

① 1A
② 2A
③ 3A
④ 6A

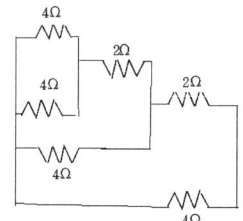

해설 병렬연결된 부분을 순차적으로 계산하면 $R = \dfrac{1}{\frac{1}{4}+\frac{1}{4}} + 2 = 4\Omega$이고, 마지막 단계에서 $R = \dfrac{1}{\frac{1}{4}+\frac{1}{4}} = 2\Omega$이 회로의 전체 합성저항이 되어 전류의 크기는 3A이다.

47 그림과 같이 연직으로 세워지고 1m 떨어진 두 개의 금속 레일이 8Ω의 저항으로 연결되어, 레일면과 수직한 방향으로 균일하게 0.5T의 자기장이 걸린 영역에 놓여 있다. 무게 0.1N인 도체 막대를 두 개의 금속 레일에 접촉시키며 놓았더니 마찰이 없이 접촉을 유지하며 낙하한다. 레일이 충분히 길 때 도체 막대가 도달하게 되는 종단속력[m/s]은? (단, 공기저항 및 레일과 막대의 전기저항은 무시한다.) [11. 국가직 7급]

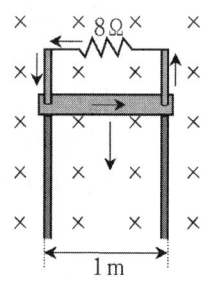

① 1.2
② 2
③ 3.2
④ 4

정답 46. ③ 47. ③

해설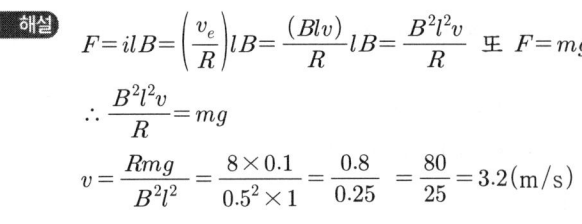
$F = ilB = \left(\dfrac{v_e}{R}\right)lB = \dfrac{(Blv)}{R}lB = \dfrac{B^2l^2v}{R}$ 또 $F = mg$

$\therefore \dfrac{B^2l^2v}{R} = mg$

$v = \dfrac{Rmg}{B^2l^2} = \dfrac{8 \times 0.1}{0.5^2 \times 1} = \dfrac{0.8}{0.25} = \dfrac{80}{25} = 3.2(\text{m/s})$

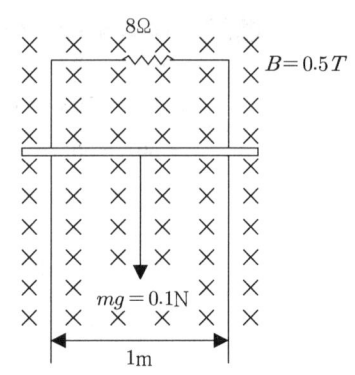

48 속이 빈 도체구에 미지의 알짜 전하량 Q가 대전되어 있고, 그 도체구의 중심에는 2.0×10^{-8}C의 점전하가 놓여 있다. 반지름이 10cm인 그 구의 바깥쪽 표면에서 전기장을 측정하였더니 9.0×10^3N/C이었다. 구에 대전된 알짜 전하량 Q[C]는? (단, 쿨롱상수는 $k = 9.0 \times 10^9$N·m²/C²이다) [11. 지방직 7급]

① 2.0×10^{-8} ② 1.0×10^{-8}
③ -2.0×10^{-8} ④ -1.0×10^{-8}

해설 전기장의 세기는 다음과 같으므로 $E = k\dfrac{q_1 \times q_2}{r^2}$, 주어진 조건에 의해

$E = 9 \times 10^9 \dfrac{(Q + 2 \times 10^{-8})}{(0.1)^2} = 9 \times 10^3$, $10^6(Q + 2 \times 10^{-8}) = 0.01$, $Q + 2 \times 10^{-8} = 10^{-8}$

$\therefore Q = -1 \times 10^{-8}$

49 그림과 같이, 균일한 전기장선이 분포하고 있을 때, 부호가 다른 두 점전하로 이루어진 전기 쌍극자에 작용하는 토크에 대한 설명으로 옳지 않은 것은? (단, 여기서 d는 전기 쌍극자의 두 점전하 사이의 거리, q는 전기 쌍극자 전하량, E는 전기장의 세기이다.) [12. 국가직 7급]

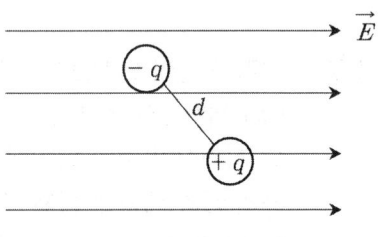

① 토크에 의한 쌍극자의 회전 방향은 반시계 방향(↺)이다.
② 토크의 크기는 E에 비례한다.
③ 토크의 크기는 d에 비례한다.
④ 토크의 크기는 q^2에 비례한다.

정답 48. ④ 49. ④

해설 전기 쌍극자 모멘트 $\vec{p}=q\vec{d}$이며 토크는 다음과 같다. $\vec{\tau}=\vec{p}\times\vec{E}$, $|\vec{\tau}|=\tau=pE\sin\theta$
① 음전하는 왼쪽, 양전하는 오른쪽으로 힘을 받아 반시계 방향 토크를 가진다(○).
② $\tau=pE\sin\theta=qdE\sin\theta$ ∴ $\tau\propto E$(○)
③ $\tau\propto d$(○)
④ $\tau\propto q$ ∴ (×)

50 전하량이 $+q$인 점 전하가 $\left(0,\ 0,\ +\dfrac{d}{2}\right)$에 놓여 있고, $-q$인 점 전하가 $\left(0,\ 0,\ -\dfrac{d}{2}\right)$에 놓여 있는 전기 쌍극자가 있다. 이 전기 쌍극자가 만드는 퍼텐셜에 대한 설명으로 옳은 것만을 모두 고른 것은? (단, $a \gg d$이다.) [14. 국가직 7급]

㉠ 점 $(0, 0, a)$에서 퍼텐셜의 크기는 $q\times d$에 비례한다.
㉡ 점 $(0, 0, a)$에서 퍼텐셜의 크기는 a에 반비례한다.
㉢ 원점을 지나고 z축에 수직한 평면은 등전위면이다.

① ㉠
② ㉡
③ ㉠, ㉢
④ ㉡, ㉢

해설 전기 양극자 퍼텐셜은 $V=\dfrac{p\cos\theta}{4\pi\epsilon_0 r^2}=\dfrac{qd\cos\theta}{4\pi\epsilon_0 r^2}$이므로 ∴ $V\propto q\cdot d$ ⋯ ㉠(○), ㉡(×)

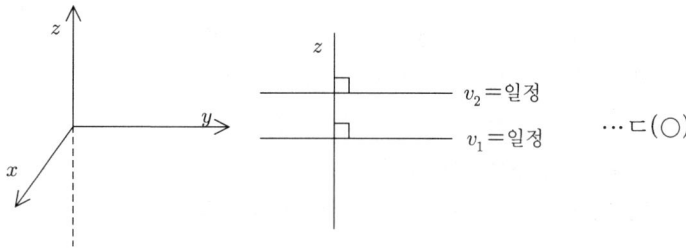

⋯ ㉢(○)

51 전하 Q가 균일하게 분포해 있는 지름이 10cm인 부도체 구의 중심에서 50cm 떨어져 있는 점전하가 받는 힘이 10N이다. 이 구의 전하가 $2Q$이고 지름이 20cm일 때, 점전하가 받는 힘의 크기(N)는? [15. 국가직 7급]

① 5
② 10
③ 20
④ 40

정답 50. ③ 51. ③

해설

$$E = k\frac{q \times Q}{r^2} = qE$$

52 다음 그림에서 AB 사이의 전체 저항은 얼마인가?

① $\frac{6}{7}\Omega$ ② 3Ω

③ 2Ω ④ $\frac{7}{6}\Omega$

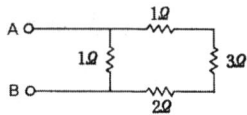

해설 $R_1 = 1 + 3 + 2 = 6(\Omega)$, $R_2 = 1\Omega$

전체 저항 $\frac{1}{R} = \frac{1}{R_1} + \frac{1}{R_2} = \frac{1}{6} + 1 = \frac{7}{6}$

∴ $R = \frac{6}{7}(\Omega)$

53 옆의 그림과 같이 저항이 R인 검은색 도체 막대가 종이면 안쪽 방향의 균일한 자기장 (B)에서 'ㄷ'자 형태의 도체(이 도체의 저항은 무시함) 위에 놓여 있다. 이 막대를 일정한 속도 v로 오른쪽으로 당길 때 작용해야 하는 힘 (F_B)의 크기를 구하시오. (단, 모든 마찰은 무시한다.)

[14. 서울시 7급]

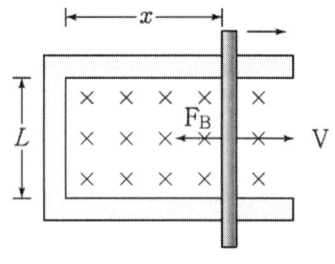

① 0 ② BLv ③ $\frac{BLv}{R}$

④ $\frac{B^2L^2v}{R}$ ⑤ $\frac{B^2Lxv}{R}$

해설 $F = ilB = \left(\frac{V_E}{R}\right)lB = \left(\frac{Blv}{R}\right)lB = \frac{B^2l^2v}{R}$

정답 52. ① 53. ④

54 그림과 같이 전하량이 각각 $+Q$, $-Q$, $+Q$인 A, B, C 세 점전하가 직선상에서 같은 거리 r만큼 떨어져 놓여 있다. 점전하 C에는 A에 의한 전기력과 B에 의한 전기력의 합력이 작용한다. A와 B 사이에 작용하는 전기력의 크기를 F라고 할 때, 점전하 C에 작용하는 전기력의 크기와 방향은?

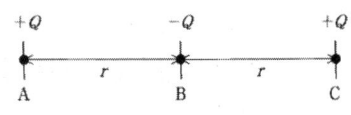

① $\dfrac{F}{2}$, 오른쪽(→) ② $\dfrac{F}{2}$, 왼쪽(←)

③ $\dfrac{3F}{4}$, 오른쪽(→) ④ $\dfrac{3F}{4}$, 왼쪽(←)

해설 A와 B 사이의 전기력의 크기 $F=k\dfrac{Q_1 \cdot Q_2}{r^2}$ 이므로 B와 C 사이에 작용하는 힘도 F이며 왼쪽이다. A와 C 사이에 작용하는 힘은 전하량은 같으나 거리가 $2r$이므로 힘의 크기는 $\dfrac{F}{4}$이며 오른쪽이다. 이를 점전하 C를 기준으로 전기력의 합력을 계산하면 $F-\dfrac{F}{4}=\dfrac{3F}{4}$이며 왼쪽이다.

55 동일한 두 도체구 A와 B가 각각 전하량 $+3Q$와 $-Q$로 대전되어 그림과 같이 r만큼 떨어져 있을 때, A와 B 사이에 작용하는 전기력의 크기는 F이다. A와 B를 접촉시켰다가 다시 r만큼 분리했을 때, A와 B 사이에 작용하는 전기력의 크기는 F의 몇 배인가?

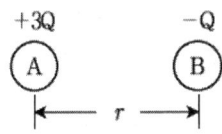

① $\dfrac{1}{3}$ ② $\dfrac{1}{2}$

③ 2 ④ 3

해설 전기력 $F=k\dfrac{3Q^2}{r^2}$ 이다. 접촉 후 전하량은 보존되며 A와 B 각각 $+Q$의 전하량을 가지므로 접촉 후 전기력의 크기 $F'=k\dfrac{Q^2}{r^2}$ 이다. $F'=\dfrac{1}{3}F$이다.

56 길이 L, 반지름 r인 원기둥 모양 도체의 저항을 측정하였더니 R이었다. 길이와 반지름 모두 2배로 할 경우 저항값은 얼마인가?

① $\dfrac{1}{4}R$ ② $\dfrac{1}{3}R$

③ $\dfrac{1}{2}R$ ④ R

해설 도체저항 $R=\rho\dfrac{L}{\pi r^2}$ 이므로 $R'=\rho\dfrac{2L}{\pi(2r)^2}$ 은 $R'=\dfrac{1}{2}R$

정답 54. ④ 55. ① 56. ③

57 길이가 10cm, 지름이 2mm, 비저항이 $1.7 \times 10^{-8} \Omega \cdot m$인 균질한 원통 모양 도선의 길이 방향으로의 저항 값은? (단, 온도에 따른 저항 변화는 무시하고 π는 3.14로 계산한다.)

[17. 서울시 7급]

① $3.4 \times 10^{-12} \Omega$
② $0.85 \times 10^{-6} \Omega$
③ $0.14 \times 10^{-3} \Omega$
④ $0.54 \times 10^{-3} \Omega$

해설 도선 저항 $R = \rho \dfrac{l}{s} = 1.7 \times 10^{-8} \times 10^3 \times \dfrac{100}{\dfrac{\pi}{4} \times 2^2} = \dfrac{1.7 \times 10^{-3}}{\pi} = 0.54 \times 10^{-3} \Omega$

58 비저항이 $3\Omega \cdot m$인 물질로 이루어진 한 변의 길이가 1cm인 정육면체들을 아래 그림과 같이 배열하였다. 이때 점 A와 B 사이의 저항(Ω)은? (단, 모든 접점의 저항은 무시한다.)

[15. 국가직 7급]

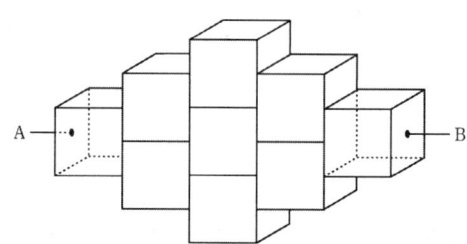

① 600
② 800
③ 1000
④ 1200

해설 $R = \rho \dfrac{l}{s}$에서 비저항 $\rho = 3$이므로 상자 1개의 저항값 R_1은 $R = \rho \dfrac{l}{s} = 3 \times \dfrac{0.01}{0.01 \times 0.01} = 300(\Omega)$

전체 합성저항 R_{AB}는

$R_{AB} = 300\left(1 + \dfrac{1}{2} + \dfrac{1}{3} + \dfrac{1}{2} + 1\right) = 300\left(\dfrac{6+3+2+3+6}{6}\right) = 300 \times \dfrac{20}{6} = \dfrac{6000}{6} = 1000(\Omega)$

59 실린더 모양의 도선이 있다. 도선의 내부에는 아래의 단면도와 같이 도선의 중심축에 접하는 작은 실린더 모양의 빈 공간이 있다. 전류 I가 도선의 검은 부분을 따라 균일하게 흐를 때, 작은 실린더의 중심 P에서 자기장의 세기는? (단, μ_0는 진공의 투자율이다.)

[09. 지방직 7급]

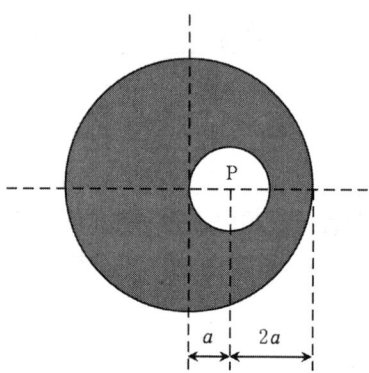

① 0
② $\dfrac{\mu_0 I}{16 \pi a}$
③ $\dfrac{\mu_0 I}{8 \pi a}$
④ $\dfrac{\mu_0 I}{2 \pi a}$

정답 57. ④ 58. ③ 59. ②

해설 전류밀도

$$J = \frac{I}{S} = \frac{I}{\pi(3a)^2 - \pi(a)^2} = \frac{I}{8\pi a^2}$$

반대편에 같은 크기의 구멍을 뚫었다면

$$B_1 = \frac{\mu_0}{2\pi} \cdot \frac{J \cdot \pi a^2}{2a} = \frac{\mu_0}{2\pi} \cdot \frac{\frac{J}{8\pi a^2} \cdot \pi a^2}{2a}$$

따라서 $B = 2B_1 = \dfrac{\mu_0 I}{16\pi a}$

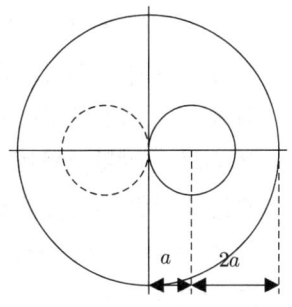

60 그림과 같은 반지름 R, 길이가 $\dfrac{2\pi}{3}R$인 원호에 양전하 Q가 고르게 분포되어 있다. 원의 중심 O에서 전기장의 세기는? (단, 쿨롱 상수는 k이다.)

[11. 국가직 7급]

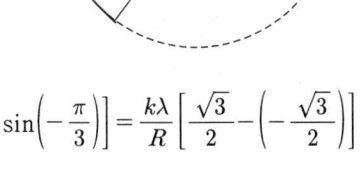

① $\dfrac{1}{2}\dfrac{kQ}{\pi R^2}$

② $\dfrac{\sqrt{3}}{2}\dfrac{kQ}{\pi R^2}$

③ $\dfrac{3}{2}\dfrac{kQ}{\pi R^2}$

④ $\dfrac{3\sqrt{3}}{2}\dfrac{kQ}{\pi R^2}$

해설 y방향의 전기장 E_y는 상쇄
x방향의 전기장 E_x만 존재

$$\therefore E = \int dE \cos\theta$$

전하밀도 $\lambda = \dfrac{dQ}{dS}$ $\quad dQ = \lambda dS$

미소 길이 $dS = Rd\theta$이므로
미소 요소 dS에 의한 전기장 dE는

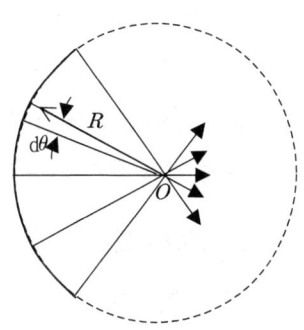

$$dE = \frac{1}{4\pi\epsilon_0}\frac{dQ}{R^2} = k\frac{\lambda dS}{R^2} = k\frac{\lambda R d\theta}{R^2} = k\frac{\lambda}{R}d\theta$$

$$E = \int_{-\frac{\pi}{2}}^{\frac{\pi}{2}} k\frac{2\cos\theta}{R}d\theta = \frac{k\lambda}{R}[\sin\theta]_{-\frac{\pi}{3}}^{\frac{\pi}{3}} = \frac{k\lambda}{R}\left[\sin\frac{\pi}{3} - \sin\left(-\frac{\pi}{3}\right)\right] = \frac{k\lambda}{R}\left[\frac{\sqrt{3}}{2} - \left(-\frac{\sqrt{3}}{2}\right)\right]$$

$$= \frac{k\lambda}{R}\sqrt{3}$$

그런데 $Q = \lambda L = \lambda \cdot \dfrac{2}{3}\pi R$ $\quad \therefore \lambda = \dfrac{3Q}{2\pi R}$

$$\therefore E = \frac{k}{R} \cdot \frac{3Q}{2\pi R}\sqrt{3} = \frac{3\sqrt{3}\,kQ}{2\pi R^2}$$

정답 60. ④

Chapter 03

61 그림과 같이 반경이 R_1이고 속이 찬 무한히 긴 원통형 도체가 단위 길이당 양의 전하밀도 λ로 대전되어 있고, 이 도체와 중심축을 공유하며 반지름이 R_2이고 두께를 무시할 수 있는 무한히 긴 원통형 껍질이 단위 길이당 음의 전하밀도 $-\lambda$로 대전되어

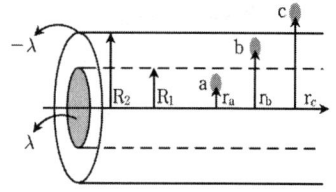

있다. 위치 a, b, c($r_a < R_1$, $R_1 < r_b < R_2$, $r_c > R_2$)에서의 전기장 E_a, E_b, E_c의 크기를 비교한 것으로 옳은 것은? (단, 도선 및 원통형 껍질 이외의 공간은 진공 상태로 가정한다.)

[16. 국가직 7급]

① $E_a < E_b < E_c$ ② $E_a < E_c < E_b$
③ $E_a = E_c < E_b$ ④ $E_a < E_b = E_c$

해설 도체 내부의 전기장은 0이므로 $E_a = 0$이다.
b에서의 전기장의 세기를 구하기 위해 반지름을 r_b로 하고 높이를 h로 하는 원통을 잡으면 $E(2\pi r_b h) = \frac{\lambda h}{\epsilon_0}$이므로 $E = \frac{\lambda}{2\pi \epsilon_0 r_b}$이다. c에서의 전기장의 세기를 구하기 위해 반지름을 r_c로 하는 원통을 잡으면 가우스면의 알짜전하 $q_{\neq t} = \lambda - \lambda = 0$이므로 $E_c = 0$이다. 따라서 $E_a = E_c < E_b$이다.

62 전하량 $-q$를 갖는 전하 A가 $(-\frac{1}{2}, -\frac{1}{2}, -\frac{1}{2})$좌표에 존재하고, (1, 0, 0), (1, 1, 0), (0, 1, 0), (0, 0, 0), (1, 0, 1), (1, 1, 1), (0, 1, 1), (0, 0, 1)를 여덟 개의 꼭짓점으로 하는 정육면체가 놓여 있을 때, 전하 A에 의해 생성된 전기장이 정육면체 표면을 통과하는 알짜 전기 선속의 값을 Φ_A라고 하자. 전하 A를 제거하고 전하량 $+q$를 갖는 새로운 전하 B를 $(\frac{1}{2}, \frac{1}{2}, \frac{1}{2})$좌표에 위치시킬 때, 전하 B에 의해 생성된 전기장이 정육면체 표면을 통과하는 알짜 전기 선속의 값을 Φ_B라고 하면 $\frac{\Phi_A}{\Phi_B}$를 바르게 표현한 것은 무엇인가?

[14. 서울시 7급]

① 2   ② 1   ③ 0
④ -1   ⑤ -2

해설 전하 A가 정육면체 내부에 존재하지 않으므로 $\phi_A = 0$이다.
$\therefore \frac{\phi_A}{\phi_B} = 0$

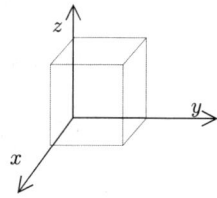

정답 61. ③ 62. ③

63 세 개의 양(+)전하와 하나의 음(-)전하가 그림과 같이 정사각형의 꼭짓점 A, B, C, D에 놓여 있다. 정사각형의 중심 O에서 전기장의 방향은?

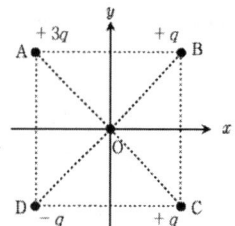

① +x 방향
② -x 방향
③ +y 방향
④ -y 방향

해설 O점에서 양전하가 받는 힘의 크기는 거리가 모두 같으므로 전하량에 비례한다. A와 C에 의해 받는 힘의 합은 C의 방향이고, B와 D에 의해 받는 힘의 합은 D방향이다. D와 C에 작용하는 힘의 합은 -y방향이다.

64 건전지, 전류계, 전압계에 존재하는 내부저항 R_B, R_A, R_V의 바람직한 조건은?

① R_B, R_A, R_V는 작아야 한다.
② R_B, R_A는 작아야 하고, R_V는 커야 한다.
③ R_B, R_V는 작아야 하고 R_A는 커야 한다.
④ R_V는 작아야 하고 R_B, R_A는 커야 한다.
⑤ R_A는 작아야 하고 R_V, R_B는 커야 한다.

해설 직렬연결되어 전류의 크기와 관계된 건전지와 전류계는 저항이 작아야 하며, 병렬연결된 전압계는 저항이 커야 전류의 흐름에 영향을 주지 않는다.

65 전압이 5V인 전지에 전기저항 1Ω, 4Ω이 직렬로 연결되어 있을 때 2초 동안 4Ω에 흐르는 전기에너지는?

① 1J
② 4J
③ 8J
④ 10J

해설
• 합성저항 $R = 1 + 4 = 5[\Omega]$
• 전류 $I = \dfrac{V}{R} = \dfrac{5}{5} = 1A$, $W = I^2 Rt = 1^2 \times 4 \times 2 = 8[J]$

66 110V-60W 텅스텐 필라멘트 전구에 120V를 연결했을 때 전력의 변화와 밝기 변화는?

① 전력은 커지고 밝기는 밝아진다.
② 전력은 작아지고 밝기는 밝아진다.
③ 전력은 작아지고 밝기는 어두워진다.
④ 전력은 커지고 밝기는 어두워진다.

해설 정격저항 110V, 소비전력 60W인 필라멘트의 저항은 $R = \dfrac{V^2}{P} = \dfrac{110^2}{60}$ Ω으로 전류, 전압과 관계가 없다. 전력 $P = \dfrac{V^2}{R}$ 에서 $P \propto V^2$이므로 V가 커지면 P는 커지고 밝아지나 수명은 짧아진다.

정답 63. ④ 64. ② 65. ③ 66. ①

Chapter 03

67 200V-50W인 전구 A와 200V-100W인 전구 B에 대한 다음의 설명 중 맞는 것은?

① 전구 B의 저항이 더 크다.
② 전원에 두 전구를 직렬로 연결하면 전구 B에 흐르는 전류가 더 크다.
③ 전원에 두 전구를 직렬로 연결하면 전구 A가 더 밝다.
④ 전구 B를 100V 전원에 연결하면 밝기는 1/2배가 된다.

해설
① $R=\dfrac{V^2}{P}$ 에서 V가 같으므로 $R\propto\dfrac{1}{P}$, P비=1:2이므로 R비=2:1
② 직렬연결 시 전류 I는 같다.
③ $P=I^2R$에서 I가 같으므로 $P\propto R$, R비=2:1이므로 P비=2:1
④ $P=\dfrac{V^2}{R}$에서 R이 같으므로 $P\propto V^2$, V비=2:1이므로 P비=4:1

68 같은 전구 10개를 직렬연결할 때와 병렬연결할 때에 대한 다음 설명 중 틀린 것은?

① 직렬연결된 전구 1개에 흐르는 전류는 병렬연결된 전구 1개에 비해 10배이다.
② 직렬연결된 전구 1개의 소비전력은 병렬연결된 전구 1개의 $\dfrac{1}{100}$배이다.
③ 직렬연결된 전구에 흐르는 전체 전류는 병렬연결된 전체 전류의 $\dfrac{1}{100}$배이다.
④ 직렬연결된 전구 전체의 소비전력은 병렬연결된 전구 전체의 $\dfrac{1}{100}$배이다.

해설 같은 전원에 연결하므로 전체 전압 V는 같다.
전구 1개의 저항을 R이라 하면 직렬연결할 때는 합성저항이 $10R$이므로 각 전구에 흐르는 전류는 $I_{직}=\dfrac{V}{10R}$로 모두 같다.

병렬연결할 때는 전체 합성저항이 $\dfrac{1}{10}R$이고 전체 전류 $I=\dfrac{V}{\dfrac{R}{10}}=\dfrac{10V}{R}$이므로 각 전구에 흐르는 전류는 $I_{병}=\dfrac{V}{R}$ ∴ $10I_{직}=I_{병}$

소비전력 $P=I^2R$에서 전구 한 개당 직렬 시는 병렬 시보다 전류가 $\dfrac{1}{10}$배이므로 소비전력은 $\dfrac{1}{100}$배이다. 전체 흐르는 전류는 $I_{직}=\dfrac{V}{10R}$, $I_{병}=\dfrac{10V}{R}$이므로 $I_{직}=\dfrac{1}{100}I_{병}$

전체 소비전력은 $P=\dfrac{V^2}{R}$에서 합성저항의 비 $=10R:\dfrac{1}{10}R=100:1$이므로 P비=1:100

정답 67. ③ 68. ①

69 전력선의 전기저항을 0.1Ω이라 하자. 1.1kW의 전열기를 사용할 때 220V의 전원 전압을 공급하는 경우 전력선에 의한 에너지 손실은 110V 전원 전압의 경우에 비해 어떠한가?

① 4배로 증가한다.　　　　② 2배로 증가한다.
③ 1/2배로 감소한다.　　　④ 1/4배로 감소한다.

해설 $P = IV$에서 같은 전력 P 공급 시 $I \propto \dfrac{1}{V}$

송전선 손실 전력 $P_R = I^2 R$에서 $P_R \propto I^2 \propto \dfrac{1}{V^2}$ 이므로 $V : 2$배, $I : \dfrac{1}{2}$배, $P_R : \dfrac{1}{4}$배

70 가정에서 전기 기구를 많이 사용함에 따라 일어나는 현상에 대한 설명으로 옳지 않은 것은?

① 옥내 전선에 흐르는 전류의 양이 증가한다.
② 가정에서는 전기 기구를 직렬로 연결하여 사용되므로 소비전력이 증가한다.
③ 전선의 굵기가 가늘면 과열이 예상된다.
④ 소비전력이 증가하므로 승압을 하거나 배선 공사를 해야 한다.

해설 가정에서는 전기 기구를 병렬로 연결한다.

71 다음 그림과 같은 전기회로에서 20Ω에 흐르는 전류는?

① 0.2A　　　　② 0.4A
③ 0.6A　　　　④ 1.2A

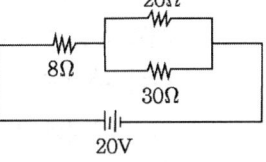

해설 합성저항이 $R = 8 + \dfrac{1}{\dfrac{1}{20} + \dfrac{1}{30}} = 20\Omega$ 이므로 회로 전체

전류의 크기는 1A이다. 병렬연결된 20Ω에 흐르는 전류는 $1A \times \dfrac{3}{5} = 0.6A$이다.

72 Ampere의 법칙을 제공해 주는 이론적 법칙은 어느 것인가?

① 비오-사바르의 법칙　　② 쿨롱의 법칙
③ 렌츠의 법칙　　　　　　④ 패러데이의 법칙

해설 앙페르 법칙은 자기장의 크기 및 방향을 수식으로 표시한 비오-사바르의 법칙에서 유래된다.

정답 69. ④　70. ②　71. ③　72. ①

73 서로 다른 저항 R_1과 R_2에 대해 각각 전류-전압 특성을 측정하였을 때 다음과 같은 결과를 얻었다. 동일한 전압일 때 각 저항에서 소모되는 전력의 비 $P_1 : P_2$는?

① 2 : 1
② 3 : 1
③ 4 : 1
④ 9 : 1

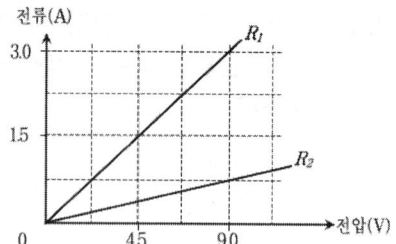

해설 저항 $R = \dfrac{V}{I}$이므로 $R_1(3\Omega)$, $R_2(12\Omega)$이며, 소모 전력 $P = \dfrac{V^2}{R}$이므로 $\dfrac{1}{3} : \dfrac{1}{12} = 4 : 1$이다

74 오른쪽 그림에서 저항 $R_1 = 2\Omega$, $R_2 = 4\Omega$, $R_3 = 6\Omega$일 때, B점과 D점의 전위가 같아지려면 가변저항 Rx의 크기는?

① 3Ω
② 6Ω
③ 8Ω
④ 12Ω

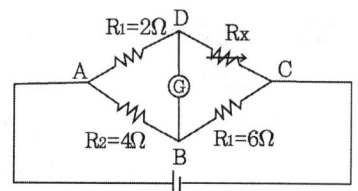

해설 휘트스톤 브리지에 의해 $R_1 R_3 = R_2 R_4$이므로 $2\Omega \times 6\Omega = 4\Omega \times R_x$ ∴ $R_x = 3\Omega$

75 오른쪽 그림과 같이 내부저항이 1Ω이고, 기전력의 세기가 1.5V인 전지를 크기가 1Ω인 저항에 연결한 상태에서 전류계와 전압계의 눈금을 읽었다. 저항의 크기를 2Ω인 것으로 바꿀 때 전류계와 전압계에 나타나는 변화로 옳은 것은?

① 전류계와 전압계의 눈금 모두 증가한다.
② 전류계의 눈금은 증가하고 전압계의 눈금은 감소한다.
③ 전류계의 눈금은 감소하고 전압계의 눈금은 증가한다.
④ 전류계와 전압계의 눈금 모두 감소한다.

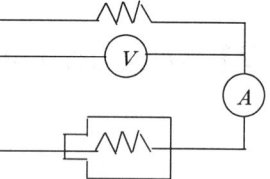

해설 저항이 큰 쪽에 전압이 증가하고, 저항이 증가하면 전체 전류는 감소한다.

76 다음 중 균일한 자기장을 발생시키는 것은?

① 직선 도선 주위
② 원형 도선 주위
③ 솔레노이드 내부
④ 막대자석 주위

해설 균일 자기장은 솔레노이드 내부에 생긴다.

정답 73. ③ 74. ① 75. ③ 76. ③

77 아래 그림은 놀이기구의 일종인 자이로드롭이다. 빠른 속력으로 낙하하다가 갑자기 정지하는 이 놀이기구는 확실한 브레이크가 가장 중요하다. 이 놀이기구에서 쓰이는 브레이크는 다음 전자기 법칙 중 어느 법칙의 응용에 가장 가까운가? [07. 국가직 7급]

① 가우스 법칙과 쿨롱의 법칙
② 암페어 법칙과 렌츠의 법칙
③ 패러데이 법칙과 렌츠의 법칙
④ 암페어 법칙과 가우스 법칙

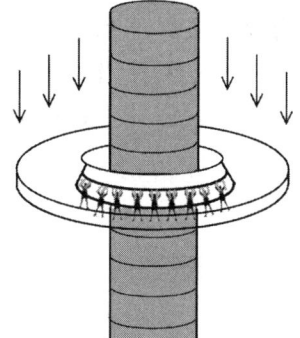

[해설] 자이로드롭과 같은 놀이기구는 중력과 척력을 이용하는데, 여기서 척력은 패러데이 법칙과 렌츠의 법칙에 의해 만들어진다.

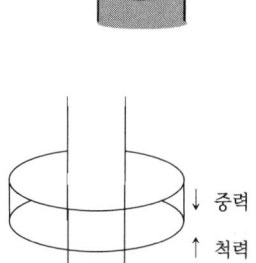

78 한 전자가 그림과 같이 $B = 0.8T$의 자기장하에서 $v = 3 \times 10^5$m/s의 속력으로 움직이고 있다. 이 전자에 작용하는 힘의 크기에 가장 가까운 값과 힘의 방향은? (단, 전자의 전하량은 -1.6×10^{-19}C이다) [10. 국가직 7급]

① 4×10^{-14}N, $+y$방향
② 4×10^{-14}N, $-y$방향
③ 2×10^{-14}N, $+y$방향
④ 2×10^{-14}N, $-y$방향

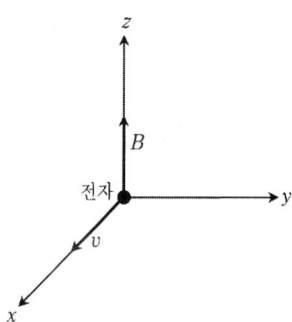

[해설] $\vec{F} = q\vec{v} \times \vec{B} = -e\vec{v} \times \vec{B} = e\vec{B} \times \vec{v}$ ∴ $+y$방향
$= 1.6 \times 10^{-19} \times 0.8 \times 3 \times 10^5 = 3.84 \times 10^{-14} ≒ 4 \times 10^{-14}$N

정답 77. ③ 78. ①

79
전류가 흐르는 가로 폭이 2cm인 구리 띠에 수직으로 자기장을 걸어주었더니 6μV의 전위차가 가로 폭 양단에 발생하였다. 걸어준 자기장의 세기는? (단, 도선에 흐르는 전하 운반자의 유동 속력 $v_d = 1.5 \times 10^{-4}$m/s이다.)   [11. 국가직 7급]

① 0.5T ② 1T
③ 1.5T ④ 2T

해설 $V = E \cdot d$와 $F = qE = qvB$에서 $E = vB$

$\dfrac{V}{d} = vB$, $\dfrac{6 \times 10^{-6}}{2 \times 10^{-2}} = 1.5 \times 10^{-4} \cdot B$

∴ $B = 2(T)$

80
그림과 같이 전압 V, 내부저항 r인 전지에 외부 가변저항 x가 연결되어 있다. 가변저항 x를 조절하여 가변저항에서 소모되는 전력이 최대가 되도록 하였을 때, 내부저항 r에서 소모되는 전력은?   [14. 국가직 7급]

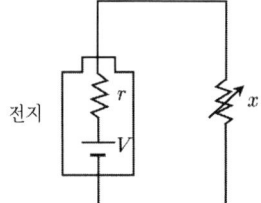

① $\dfrac{V^2}{4r}$ ② $\dfrac{V^2}{2r}$
③ $\dfrac{V^2}{r}$ ④ $\dfrac{2V^2}{r}$

해설 소모 전력이 최대일 때 $x = r$, $I = \dfrac{V}{r+x} = \dfrac{V}{2r}$이며 손실 전력 $P = I^2 r = \left(\dfrac{V}{2r}\right)^2 \cdot R = \dfrac{V^2}{4R}$

81
5A의 전류가 흐르는 긴 직선 도선으로부터 1m 떨어진 점에서 자기장의 세기는 얼마인가?

① $1 \times 10^{-6} T$ ② $2 \times 10^{-6} T$
③ $2.6 \times 10^{-5} T$ ④ $3.0 \times 10^{-6} T$

해설 자속 밀도 $B = 2 \times 10^{-7} \dfrac{I}{r} = 2 \times 10^{-7} \times \dfrac{5}{1} = 1 \times 10^{-6} T$

정답 79. ④ 80. ① 81. ①

82 나란히 놓인 전선에서 왼쪽 전선에는 위쪽으로 전류가 흐르고, 오른쪽 전선은 아래쪽으로 흐를 때 중앙부에서 자기장의 방향은?

① 0
② 위쪽 혹은 아래쪽
③ 종이를 뚫고 들어가는 방향
④ 종이에서 나오는 방향

해설 앙페르의 법칙과 직선 전류에 의한 자기장 $H=\dfrac{I}{2\pi r}$에서 왼쪽 도선의 위쪽 전류에 의한 오른쪽에서의 자기장의 방향은 지면을 뚫고 들어가는 방향이고, 오른쪽 도선의 아래쪽 전류에 의한 왼쪽에서의 자기장의 방향은 역시 지면을 뚫고 들어가는 방향이므로 합성 자기장도 같은 방향이 된다.

83 반경이 2cm인 두 원형 도선이 인접하여 나란히 같은 방향으로 5A의 전류가 흐르고 있다. 중심에서의 자기장의 세기는?

① $5\pi \times 10^{-5}$ A/m
② $5\pi \times 10^{-4}$ A/m
③ 125 A/m
④ 250 A/m

해설 원형 도선에 전류가 흐를 때 중심에서의 자기장 $H=\dfrac{I}{2r}$이므로

$$H=2\times \dfrac{5}{2\times 0.02}=250\,\mathrm{A/m}$$

84 반경이 2cm인 원통에 코일이 300회 감겨져 있고, 2A의 전류가 이 코일에 흐를 때 원통 중심에서의 자기장의 세기는? (단, $\mu_0 = 4\pi \times 10^{-7}$ W/A·m이다.)

① 0
② $2\pi \times 10^{-5}$ Wb/m²
③ $2\pi \times 10^{-5}$ Wb/m²
④ $6\pi \times 10^{-3}$ Wb/m²

해설 원형 전류 중심에서 $B=2\pi \times 10^{-7} \dfrac{I}{r}$인데
N회 감겨져 있으면 자기장의 세기는 N배가 되므로 자기장

$$B=2\pi \times 10^{-7} \times \dfrac{2}{0.02} \times 300 = 6\pi \times 10^{-3}\,\mathrm{Wb/m^2}$$

85 두 장의 금속판을 2mm 간격으로 평행하게 놓고 1,000V의 전위차를 주었다. 두 금속판 사이의 전기장의 세기는 얼마인가?

① 2×10^5 NC
② 4×10^5 NC
③ 5×10^5 NC
④ 6×10^5 NC

정답 82. ③ 83. ④ 84. ④ 85. ③

해설 $E = \dfrac{V}{d}$ 에서 $V = 1,000(\text{V})$, $d = 2(\text{mm}) = 2 \times 10^{-3}(\text{m})$

$\therefore E = \dfrac{1,000}{2 \times 10^{-3}} = 5 \times 10^5 (\text{N/C} = \text{V/m})$

86 그림은 서로 평행한 A도선과 B도선에 각각 5A의 전류가 오른쪽 방향으로 흐르는 것을 나타낸 것이다. 이때 도선에 작용하는 힘에 대하여 바르게 설명한 것은?

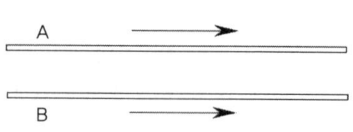

① A와 B도선은 서로 당긴다.
② A와 B도선은 서로 밀어낸다.
③ A와 B도선 모두 위쪽으로 움직인다.
④ A와 B도선 모두 아래쪽으로 움직인다.
⑤ A와 B도선 사이에서 서로 작용하는 힘은 없다.

해설 같은 방향으로 흐르는 평행 전류 사이에는 서로 인력이 작용한다.

87 평행한 두 직선 전류가 흐르고 있다. 도선 사이의 거리를 2배, 각 전류의 세기도 2배로 해주면 두 도선 사이의 전자기력은 처음의 몇 배로 되겠는가?

① 1배 ② 2배
③ 3배 ④ 4배

해설 $F = K \dfrac{I_1 I_2}{r} l$ 에서 I_1, I_2 : 2배, r : 2배이면 F : 2배

88 균일한 자기장 속에 직선 도선이 자기장의 방향과 수직하게 놓여 있다. 이 도선의 길이가 3m이고, 자기장의 세기가 2Wb/m^2일 때, 도선에 흐르는 전류가 2A라면 도선이 받는 힘은 몇 N인가?

① 16N ② 12N
③ 10N ④ 8N

해설 전자기력 $F = BIl \sin\theta = 2 \times 2 \times 3 \sin 90° = 12\text{N}$

정답 86. ① 87. ② 88. ②

89 그림 (가)와 같이 일정한 전류 I가 흐르는 무한히 긴 직선 도선으로부터 거리가 r인 점 P에서 자기장의 세기가 B_0으로 측정되었다. 일정한 전류 I가 같은 방향으로 흐르는 무한히 긴 두 직선 도선이 그림 (나)와 같이 $2r$만큼 떨어져 있다. 점 Q에서 자기장의 세기는?

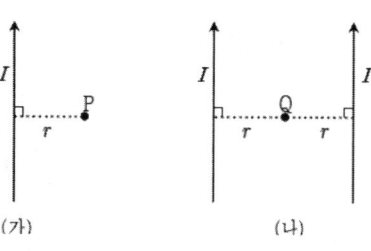

① 0
② B_0
③ $2B_0$
④ $4B_0$

해설 직선 도선에서의 자기장의 세기는 $B_0 = k\dfrac{I}{r}$이고 (가)에서 점 P는 수직하게 들어가는 방향이다. (나)에서 Q점은 각 도선에 의한 자기장의 방향이 반대이고 크기는 같아 자기장의 세기는 0이다.

90 긴 직선 도선에 흐르는 전류가 iA일 때 도선에서 1m 떨어진 곳에 10^{-6}T의 자기장을 형성한다. 같은 세기의 전류 iA가 흐르는 동일한 두 도선을 그림과 같이 직교하도록 놓았을 때, 두 도선이 놓인 평면 위의 점 P에 만들어지는 자기장은? (단, d_1 = 2m와 d_2 = 1m는 각 도선으로부터의 거리이다.) [09. 지방직 7급]

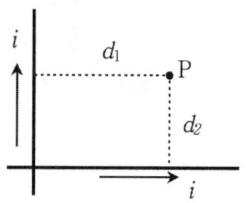

① 지면에서 나오는 방향, 1.5×10^{-6}T
② 지면으로 들어가는 방향, 1.5×10^{-6}T
③ 지면에서 나오는 방향, 0.5×10^{-6}T
④ 지면으로 들어가는 방향, 0.5×10^{-6}T

해설 $B = k\dfrac{I}{r}$이므로 P점에서 두 도선에 의한 자기장의 방향은 반대이므로 상쇄

91 반지름이 R인 길고 속이 찬 원통형 도체에 전류가 흐른다. 전류밀도 J는 원통의 단면에서 균일하지 않고 중심축으로부터의 거리 r의 함수, $J = ar^3$로 주어진다. 거리 r이 반지름 R보다 작은 곳에서의 자기장의 크기는? (단, a는 양의 상수이다.)

[17. 서울시 7급]

① $\dfrac{\mu_0 a}{2} r^4$
② $\dfrac{\mu_0 a}{5} r^4$
③ $\dfrac{\mu_0 a}{2\pi} r$
④ $\dfrac{\mu_0 a}{5\pi} r$

정답 89. ① 90. ③ 91. ②

해설 암페어의 법칙을 적용하면 $\oint \vec{B} \cdot \vec{ds} = B(2\pi r) = \mu_0 i_{enc}$이다.

암페어 고리 내부의 전류를 구하면

$$i_{enc} = \int JdA = \int_0^r ar^3(2\pi rdr) = 2\pi a\left[\frac{1}{5}r^5\right]_0^r = \frac{2}{5}\pi ar^5$$이므로,

$\mu_0 i_{enc} = \mu_0 \cdot \frac{2\pi a}{5}r^5$이다. 자기장의 크기는 $B = \frac{\mu_0 a}{5}r^4$와 같이 나타낼 수 있다.

92 그림과 같이 전류 I_2가 흐르는 직사각형 도선 ABCD가 전류 I_1이 흐르는 무한히 긴 직선 도선에 인접해 있고, 직사각형 도선의 세로 도선들은 직선 도선과 평행하다. 직선 도선이 직사각형 도선 전체에 작용하는 힘의 크기는? (μ_0는 진공의 투자율이다. 단, 모든 도선들의 모양은 바뀌지 않는다.) [11. 지방직 7급]

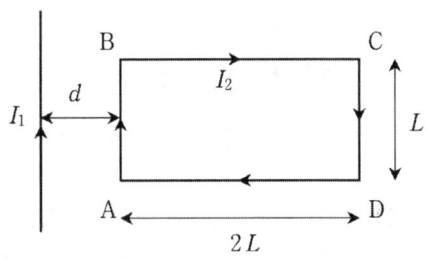

① $\frac{\mu_0}{\pi}\frac{I_1 I_2 L^2}{d(d+2L)}$ ② $\frac{\mu_0}{2\pi}\frac{I_1 I_2 L^2}{d(d+2L)}$

③ $\frac{\mu_0}{2\pi}\frac{I_1 I_2 L}{d}$ ④ $\frac{\mu_0}{2\pi}\frac{I_1 I_2 L}{(d+2L)}$

해설 $F_{AB} = I_2 L\left(\frac{\mu_0}{2\pi} \cdot \frac{I_1}{d} + \frac{\mu_0}{2\pi} \cdot \frac{I_2}{2L}\right)$,

$F_{CD} = I_2 L\left(\frac{\mu_0}{2\pi} \cdot \frac{I_1}{d+2L} + \frac{\mu_0}{2\pi} \cdot \frac{I_2}{2L}\right)$

$F_{Net} = F_{AB} - F_{CD}$

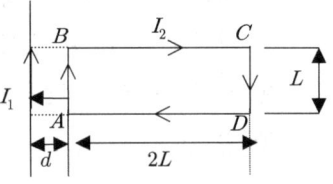

$= \frac{\mu_0}{2\pi} I_1 I_2 L\left(\frac{1}{d} - \frac{1}{d+2L}\right) = \frac{\mu_0}{2\pi} I_1 I_2 L \cdot \frac{d+2L-d}{d(d+2L)} = \frac{\mu_0 I_1 I_2 L^2}{\pi d(d+2L)}$

93 전하량 q로 균일하게 대전된 속이 빈 구 껍질이 진공 속에 놓여 있다. 구 껍질의 안과 밖에서의 전기장의 크기는? (단, 진공에서의 유전율은 ϵ_0, 구의 반지름은 R, 구 중심에서 측정 지점까지의 거리는 r이다.) [17. 서울시 7급]

① 안 : 0, 밖 : 0 ② 안 : 0, 밖 : $\frac{1}{4\pi\epsilon_0}\frac{q}{r^2}$

③ 안 : $\frac{1}{4\pi\epsilon_0}\frac{qr}{R^3}$, 밖 : $\frac{1}{4\pi\epsilon_0}\frac{q}{r^2}$ ④ 안 : $\frac{1}{4\pi\epsilon_0}\frac{qr}{R^2}$, 밖 : $\frac{1}{2\pi\epsilon_0}\frac{q}{r}$

정답 92. ① 93. ②

해설 구 껍질의 안의 폐곡면에서는 전하가 0이므로 가우스 법칙에 의해 전기장 또한 0이 된다. 비례 상수 k는 두 대전체 사이에 있는 물질의 종류에 따라 정해지며 일반적으로 진공(유전율 ϵ_0)에서 상수 $k=\dfrac{1}{4\pi\epsilon_0}$이므로, 구 껍질 밖의 거리 r인 지점에서 전기장의 크기는 $E=\dfrac{1}{4\pi\epsilon_0}\dfrac{q}{r^2}$이 된다.

94 한 평면에 놓인 반경이 d, $2d$, $4d$인 세 개의 원형 도선 A, B, C의 중심을 일치시키고 전류 I를 원형 도선 A는 반시계 방향으로, 원형 도선 B는 같은 전류 I를 시계 방향으로 흘린다. 세 원형 도선의 중심에서 자기장의 세기를 영으로 만들려면 원형 도선 C에 얼마의 전류를 어느 방향으로 흘려야 하는가? [12. 국가직 7급]

① $2I$, 시계 방향(↻)   ② $2I$, 반시계 방향(↺)
③ $6I$, 시계 방향(↻)   ④ $6I$, 반시계 방향(↺)

해설 $B=\dfrac{\mu_0 i}{2r}$ 에서 $B\propto\dfrac{i}{r}$ 이므로 B=0이 되려면

$\therefore \dfrac{1}{1}-\dfrac{1}{2}+\dfrac{i}{4}=0$

$\dfrac{i}{4}=-\dfrac{1}{2}$ 이어야 하므로 $i=-2(I)$

∴ $2I$의 전류를 시계 방향으로 흘려야 세 개의 원형 도선이 만드는 자기장의 세기는 0이 된다.

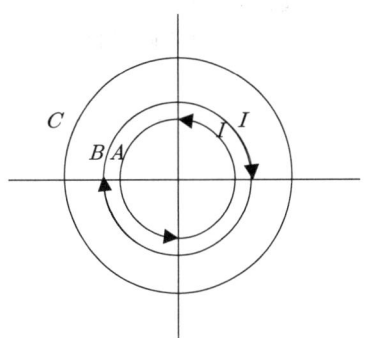

95 아래 표는 단면의 모양이 같고 밀도가 균일한 두 도선 A와 B에 관한 것이다. 도선 A와 B의 비저항을 각각 ρ_A와 ρ_B라 할 때, $\dfrac{\rho_B}{\rho_A}$는? [14. 국가직 7급]

	길이[m]	단면적[mm²]	저항[Ω]
도선 A	3	2	3
도선 B	5	1	4

① $\dfrac{2}{5}$ ② $\dfrac{5}{8}$
③ $\dfrac{9}{10}$ ④ $\dfrac{40}{9}$

해설 $R=\rho\dfrac{l}{s}$ 에서 도선 $A:3\Omega=\rho_A\dfrac{3}{2}$, 도선 $B:4\Omega=\rho_B\dfrac{5}{1}$

$\therefore \dfrac{\rho_B}{\rho_A}=\dfrac{2}{5}$

정답 94. ① 95. ①

Chapter 03

96 그림과 같이 수직 방향으로 균일한 세기의 자기장에 평평한 고리 모양의 도선이 놓여 있다. 자기장과 수직한 고리 모양 도선의 내부 면적은 1m²이다. 0.5초 동안 자기장의 세기가 1T에서 2T로 일정한 비율로 증가한다면, 저항이 2Ω인 이 도선에 흐르는 유도 전류의 크기[A]와 방향은?
[14. 국가직 7급]

	전류의 크기[A]	방향
①	1	위에서 볼 때 시계 반대 방향
②	2	위에서 볼 때 시계 반대 방향
③	1	위에서 볼 때 시계 방향
④	2	위에서 볼 때 시계 방향

해설 렌츠의 법칙에 의해 시계 방향이며,
패러데이 법칙에 의해
$$i = \frac{E}{R} = \frac{\frac{\Delta BS}{t}}{R} = \frac{\Delta BS}{Rt} = \frac{(2-1) \times 1}{2 \times 0.5} = 1A$$

97 그림과 같이 전류 I가 양쪽으로 무한히 긴 직선 도선을 따라 흐를 때, 점 P에서 자기장의 크기는? (단, 이 도선은 진공에 놓여 있고, μ_o는 자유 공간의 투자율이다.)
[15. 국가직 7급]

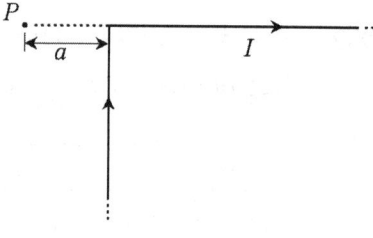

① $\dfrac{\mu_0 I}{4\pi a}$ ② $\dfrac{\mu_o I}{2\pi a}$

③ $\dfrac{\mu_o I}{\pi a}$ ④ 0

해설 무한히 긴 직선 전류가 만드는 자기장의 $\dfrac{1}{2}$배이다.
$$B = \frac{\mu_0 I}{2\pi a} \times \frac{1}{2} = \frac{\mu_0 I}{4\pi a}$$

정답 96. ③ 97. ①

98 자기장 B 속에서 자장과 나란한 방향으로 v의 속력으로 움직이는 양성자(전하 e)가 받는 힘의 크기는?

① $\dfrac{e}{c}v^2B$ ② $\dfrac{e}{c}vB^2$

③ $\dfrac{e}{c}vB$ ④ 0

해설 $F = Bqv\sin 0° = 0$

99 그림과 같이 지면에 직각으로 들어가는 방향으로 자기장이 형성되어 있다. 이 자기장에 직각인 화살표 방향으로 전자가 입사하면 어떤 운동을 하는가?

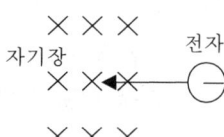

① 그대로 직진한다.
② 반시계 방향으로 원운동한다.
③ 시계 방향으로 원운동한다.
④ 속력이 빨라지면 직선운동을 계속한다.

해설 질량 m, 전하량 q인 전자가 자기장 B인 곳에 수직으로 입사하면 로렌츠의 힘 $F = Bqv$를 받는다. 이때 로렌츠의 힘은 구심력으로 작용하며 대전 입자는 시계 방향으로 등속 원운동하게 된다.

100 자기장 영역에 전자가 입사할 때의 설명 중 맞는 것은?

① 자기장에서 평행하게 입사할 때 가장 큰 힘을 받는다.
② 자기장에 수직으로 입사하면 등속 원운동을 한다.
③ 등속 원운동을 하는 경우 속도는 반경과 무관하다.
④ 힘을 받는 경우 힘의 방향은 속도와 자기장에 수직인 방향이다.

해설 ① 로렌츠 힘 $F = Bqv\sin\theta$에서 $\theta = 0$이면 $F = 0$
② 균일 자기장에서 수직으로 입사할 때만 등속 원운동을 한다.
③ $Bqv = \dfrac{mv^2}{r}$에서 $r = \dfrac{mv}{Bq}$, $r \propto v$
④ F의 방향은 v와 B가 만드는 평면에 수직

정답 98. ④ 99. ③ 100. ④

Chapter 03

101 균일 자기장 B에 수직으로 운동하는 질량 m, 전하량 q인 입자의 각속도는?

① Bqm
② $\dfrac{Bq}{m}$
③ $\dfrac{m}{Bq}$
④ $\dfrac{qm}{B}$

해설 로렌츠 힘 = 구심력
$Bqv = \dfrac{mv^2}{r}$, $r = \dfrac{mv}{Bq}$
각속도 $\omega = \dfrac{v}{r} = \dfrac{Bq}{m}$

102 세기가 각각 E, B이고 방향이 서로 수직인 전기장과 자기장 속에서 대전 입자가 속도 v로 직진하고 있다. 속도가 $2v$인 대전 입자를 직진하게 하려면 전기장과 자기장의 세기를 어떻게 변화시키면 되는가?

① 전기장의 세기만 $2E$로 한다.
② 자기장의 세기만 $2B$로 한다.
③ 전기장과 자기장의 세기를 각각 $2E$, $2B$로 한다.
④ 전기장의 세기는 $2E$로, 자기장의 세기는 $\dfrac{B}{2}$로 한다.

해설 반대 방향이고 $qE = Bqv$일 때 직진한다.
$v = \dfrac{E}{B}$이므로 E: 2배이면 v: 2배이다.

103 그림과 같이 균일한 자기장이 지면에서 나오고 있다. 입자 1과 입자 2를 위에서 아래 방향으로 v의 속력으로 이 공간으로 입사시켰을 때, 곡선은 두 입자의 궤적을 각각 나타낸 것이다. 다음에서 옳은 것은?

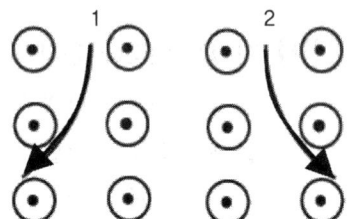

① 입자 1은 양의 전하, 입자 2는 음의 전하를 갖는다.
② 두 입자 모두 양의 전하로 대전되어 있다.
③ 두 입자 모두 음의 전하로 대전되어 있다.
④ 입자 1은 음의 전하, 입자 2는 양의 전하로 대전되어 있다.
⑤ 입자의 휘는 궤적 방향은 입자의 대전된 전하 극성이 아닌, 입자의 속력의 크기에 따라 결정된다.

해설 자기장 B인 곳에 수직으로 입사하면 로렌츠의 힘 $F = Bqv$를 받는다. 이때 로렌츠의 힘은 구심력으로 작용하며 (−)전하는 반시계 방향으로 (+)전하는 시계 방향으로 회전한다.

정답 101. ② 102. ① 103. ①

104 유도 기전력이 발생되지 않는 경우는?

① 전류가 흐르는 코일에 다른 코일을 가까이하거나 멀리할 경우
② 코일에 일정한 직류가 흐를 때 이웃하는 코일
③ 코일에 자석을 가까이하거나 멀리할 경우
④ 자석을 고정시키고 코일을 가까이하거나 멀리할 경우

해설 $V = -\dfrac{\Delta \varphi}{\Delta t}$ 시간에 따른 자속의 변화가 생길 때 발생한다.

105 도선을 20번 돌려 감은 어떤 코일의 단면적이 $0.01m^2$이고 저항은 3Ω이다. 시간 t가 경과함에 따라 세기가 변하는 균일한 자기장 $B(t)$가 이 코일의 단면적에 수직한 방향으로 걸려 있다. $t = 2$초일 때 코일에 흐르는 유도전류의 크기[A]는?
[단, $B(t) = \alpha t - \beta t^2$; $\alpha = 0.5 T/s$, $\beta = 0.5 T/s^2$이다.]   [08. 국가직 7급]

① 10 ② 1.0
③ 0.1 ④ 0.01

해설 도선의 감은 수 $N = 20$, 단면적 $S = 0.01$이고, 저항 $R = 3$이며 $t = 2$일 때 주어진 조건에 의해
$B = 0.5t - 0.5t^2$이며 $V_e = -N\dfrac{d\phi_B}{dt} = -N\dfrac{SdB}{dt} = -NS|(0.5-t)|_{t=2} = -20 \times 0.01 \times (-1.5)$
$= 0.2(1.5) = 0.3(V)$이므로 i는 $i = \dfrac{V_e}{R} = \dfrac{0.3}{3} = 0.1(A)$이다.

106 균일한 자기장과 직각인 평면 내에서 원운동을 하는 하전 입자에 대하여 자기장의 세기를 반으로 줄이게 되면 원운동은 어떻게 바뀌는가?

① 궤도 반경이 $\dfrac{1}{2}$로 줄고 회전 각속도는 2배가 된다.
② 궤도 반경이 2배가 되고 회전 각속도는 $\dfrac{1}{2}$로 준다.
③ 궤도 반경과 회전 각속도 모두 $\dfrac{1}{2}$로 준다.
④ 궤도 반경과 회전 각속도 모두 2배가 된다.

해설 로렌츠 힘 = 구심력 $Bqv = \dfrac{mv^2}{r}$,
$w = \dfrac{v}{r} = \dfrac{Bq}{m}$, $B : \dfrac{1}{2}$배 $w : \dfrac{1}{2}$배
$r = \dfrac{mv}{Bq}$에서 $r : 2$배

정답   104. ②   105. ③   106. ②

107 다음 중 원형 회로에 유도전류가 흐르지 않는 경우는?

① 막대자석을 원형 회로가 놓인 평면에 수직 방향으로 세워 가까이 가져갈 때
② 균일한 자기장 내에서 원형 회로의 한 지름이 자기장과 수직이고 그 수직인 지름을 축으로 원형 회로가 회전할 때
③ 균일한 자기장 내에서 닫힌 원형 회로가 회전하지 않고 병진운동을 할 때
④ 원형 회로를 통과하는 자속이 변할 때

해설 패러데이의 법칙 $\varepsilon = -N\dfrac{\Delta\phi}{\Delta t}$ 에서 면을 관통하는 자속이 변할 때 유도전류가 흐른다.

108 크기가 일정하고 균일한 자기장 $\vec{B}$가 있는 공간에 전하량이 q이고 질량이 m인 입자가 입사하였다. 이 입자의 속도의 크기가 v일 때, 입자의 운동에 관한 설명으로 옳지 않은 것은?

[09. 국가직 7급]

① 입자의 속도 $\vec{v}$가 자기장 $\vec{B}$에 수직이라면 입자는 qB/m의 각속도로 원운동을 한다.
② 질량 m이 다른 입자가 자기장에 수직으로 입사하였을 경우에, 입자의 질량 m이 크면 클수록 원운동의 반지름 R은 커진다.
③ 자기장 $\vec{B}$에 수직으로 입사하지 않은 입자에 작용하는 자기력은 입자의 운동에너지를 변화시킨다.
④ 자기장 $\vec{B}$에 수직으로 입사하지 않은 입자의 운동은 자기장 $\vec{B}$와 나란한 방향의 등속 운동과 자기장에 수직한 면 위에서의 원운동이 결합된 운동이다.

해설 ① $\vec{w} = -\dfrac{q}{m}\vec{B}$, $w = |\vec{w}| = \dfrac{q}{m}B$ (○)
② 곡률 반경 $R = \dfrac{mv}{qB} \propto m$ (○)
③ 경로만 변한다(×).
④ 보기의 설명은 나선운동을 말한다(○).

109 전기장 내에 존재하는 대전된 입자는 전기장의 크기에 비례하는 힘을 받는다. 균일한 전기장($\vec{E}$) 내에서 정지 상태에 있던 양성자와 α입자가 전기장의 방향으로 같은 거리 d만큼 이동하였다. 이동 후 양성자의 속력(v_p)과 α입자의 속력(v_α)의 비율은?

[15. 서울시 7급]

① $v_\alpha = \sqrt{2}\,v_p$ ② $v_\alpha = 2v_p$
③ $v_\alpha = \dfrac{1}{2}v_p$ ④ $v_\alpha = \dfrac{1}{\sqrt{2}}v_p$

정답 107. ③ 108. ③ 109. ④

해설 전기력 $F=qE=ma$에서 $\therefore a=\dfrac{q}{m}E$

힘이 일정하므로 등가속도 운동 $2as=v^2-v_0^2$

$2\cdot\dfrac{q}{m}E\cdot d=v^2$이므로 $\therefore v\propto\sqrt{\dfrac{q}{m}}$

$v_\alpha=\sqrt{\dfrac{2}{4}}=\dfrac{1}{\sqrt{2}}$, $v_p=\sqrt{\dfrac{1}{1}}=1$이므로 $\therefore v_\alpha=\dfrac{1}{\sqrt{2}}v_p$

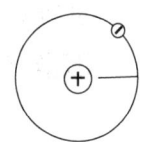

110 전류가 흐르는 도선 고리의 자기모멘트는 전류와 고리의 면적의 곱으로 정의한다. 수소 원자의 행성 모형은 정지한 양성자 주위의 원 궤도를 전자가 회전운동을 하는 것이다. 전자의 궤도의 반지름이 0.5×10^{-10}m이고 속력이 2.0×10^6m/s라고 할 때 이 수소 원자의 자기모멘트의 크기는? (단, 전자의 전하량은 1.6×10^{-19}C이다.) [09. 국가직 7급]

① 8.0×10^{-24}A·m^2
② 1.6×10^{-23}A·m^2
③ 8.0×10^{-23}A·m^2
④ 8.0×10^{-25}A·m^2

해설 주어진 조건들을 정리하면 $\mu=iS$, $v=2\times10^6=wR=\dfrac{2\pi R}{T}$,

$R=0.5\times10^{-10}$

$w=\dfrac{v}{R}=\dfrac{2\times10^6}{0.5\times10^{-10}}=4\times10^{16}$

$\mu=\dfrac{e}{t}\cdot\pi R^2=\dfrac{e}{T}\pi R^2=\dfrac{e}{\frac{2\pi}{w}}\pi R^2=\dfrac{we}{2\pi}\pi R^2$

$=\dfrac{1}{2}\times4\times10^{16}\times1.6\times10^{-19}\times0.25\times10^{-20}$

$=0.8\times10^{16-19-20}=8\times10^{-24}$

111 수평으로 놓인 딱딱한 종이판을 관통하여 연직 하방으로 세기가 균일한 자기장 B가 형성되어 있다. 이 종이판 위에 원형 도선을 놓은 후 전류 I를 흘려주었을 때, 이 도선의 운동 상태에 대한 설명으로 옳은 것은? [15. 국가직 7급]

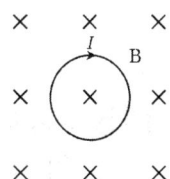

① 시계 방향으로 회전한다.
② 반시계 방향으로 회전한다.
③ 떠오른다.
④ 움직이지 않는다.

해설 원형 도선의 자기력의 합력은 0이다.

정답 110. ① 111. ④

Chapter 03

112 그림과 같이 전류가 흐르는 솔레노이드의 중간 지점 A에서의 자기장을 바르게 나타낸 것은? (단, 점선은 솔레노이드의 단면을, 실선은 자기장을 나타낸다.)

①    ②

③    ④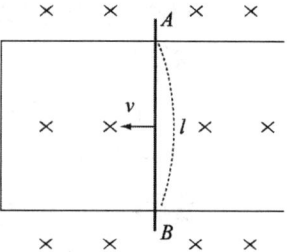

> **해설** 오른나사의 법칙 이용

113 감은 수가 50회, 한 변의 길이가 10cm인 정사각형 도선의 단면을 통과하는 자속 밀도가 0.2초 사이에 6Wb/m² 에서 10Wb/m² 으로 변하였다. 유도되는 기전력의 크기는?

① 10V   ② 15V
③ 25V   ④ 30V

> **해설** 패러데이의 법칙
> $\varepsilon = -N\dfrac{\Delta\phi}{\Delta t} = -N\dfrac{\Delta(BA)}{\Delta t} = NA\dfrac{\Delta B}{\Delta t} = -50 \times 0.1 \times 0.1 \times \dfrac{10-6}{0.2} = -10\,V$

114 감은 횟수가 400회, 단면적이 20cm²인 코일을 통과하는 자속 밀도가 0.4초 사이에 4Wb/m²만큼 변화했다면 코일에 유도되는 기전력의 크기는?

① 8V   ② 12V
③ 16V   ④ 32V

> **해설** 패러데이의 법칙
> $\varepsilon = -N\dfrac{\Delta\phi}{\Delta t} = -N\dfrac{\Delta(BA)}{\Delta t} = NA\dfrac{\Delta B}{\Delta t} = 400 \times 20 \times 10^{-4} \times \dfrac{4}{0.4} = -8\,V$

115 길이 0.4m인 도선을 자기장 0.1T인 공간에서 자기장에 직각으로 5m/s의 속도로 이동시키면 유도되는 기전력은?

① 0.2V   ② 0.4V
③ 1.25V ④ 2V

> **해설** $\varepsilon = Blv\sin 90° = 0.1 \times 0.4 \times 5 = 0.2\,V$

정답 112. ① 113. ① 114. ① 115. ①

116 가로 1m, 세로 2m인 직사각형 도선의 단면을 수직으로 지나는 자기장이 5초 동안 100Wb/m²만큼 변하였다면 이 도선에 유도되는 기전력의 크기는?

① 10V ② 20V
③ 30V ④ 40V

해설 면적 $=1\times 2=2m^2$, $2m^2\times 100W_b/m^2=200W_b$, $V=-\dfrac{\Delta\phi}{\Delta t}=\dfrac{200\,Wb}{5s}=40\,V$

117 2T의 균일 자기장과 수직으로 길이 0.1m, 저항이 2Ω인 직선 도선을 5m/s의 속도로 운동시킬 때 10초 동안 도선에 발생되는 전력량은?

① 0.5J ② 1J
③ 5J ④ 10J

해설
- 플레밍의 오른손 법칙 : $\varepsilon = Blv\sin 90° = 2\times 0.1\times 5 = 1\,V$
- 전류 $I=\dfrac{V}{R}=\dfrac{1}{2}A$
- 전력량 $W=IVt=\dfrac{1}{2}\times 1\times 10 = 5\,J$

118 1Ω, 2Ω, 3Ω짜리 저항 세 개를 직렬로 연결하고 5V의 건전지에 연결하였다. 2Ω짜리 저항에서 소비되는 전력은?

[15. 서울시 7급]

① $\dfrac{25}{6}W$ ② $\dfrac{25}{18}W$
③ $\dfrac{25}{24}W$ ④ $\dfrac{25}{81}W$

해설
- 합성저항의 크기 $R=1+2+3=6(\Omega)$
- 전류 $i=\dfrac{V}{R}=\dfrac{5}{6}(A)$
- 소비 전력 $P=i^2R=\left(\dfrac{5}{6}\right)^2\times 2=\dfrac{25}{36}\times 2=\dfrac{50}{36}=\dfrac{25}{18}(W)$

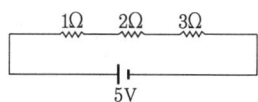

정답 116. ④ 117. ③ 118. ②

119 동일한 크기의 저항을 가진 3개의 저항체를 전지의 양단에 직렬로 연결했을 때 전지가 전달하는 일률이 10W였다. 이 저항체들을 같은 전지의 양단에 병렬로 연결하면 전지가 전달하는 일률[W]은? (단, 도선의 저항은 무시한다.) [13. 국가직 7급]

① 10   ② 30
③ 50   ④ 90

해설 직렬연결이므로 합성저항의 크기는 $3R$이며, $p = \dfrac{V^2}{3R} = 10W$ ∴ $\dfrac{V^2}{R} = 30$

병렬 시 합성저항의 크기는 $\dfrac{1}{3}R$이므로 $p' = \dfrac{V^2}{\frac{1}{3}R} = 3\dfrac{V^2}{R} = 3 \times 30 = 90(W)$

120 그림과 같이 폭 0.1m인 ㄷ자형 도선이 $50T$인 자기장에 수직하게 놓여 있다. 이 위에 놓인 도선 a, b를 오른쪽으로 20m/s의 일정한 속도로 잡아당겼을 때 생기는 유도 기전력은?

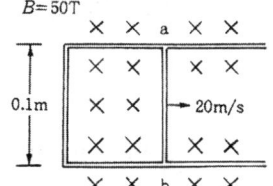

① 10V   ② 25V
③ 100V ④ 500V

해설 $\epsilon(\text{유도 기전력}) = Blv\sin\theta = 50 \times 0.1 \times 20 \times \sin 90° = 100(V)$

121 다음 그림은 자석 또는 코일이 속력 v로 운동하는 경우를 나타낸다. 이때 코일에 흐르는 전류의 방향이 나머지 세 경우와 반대인 것은?

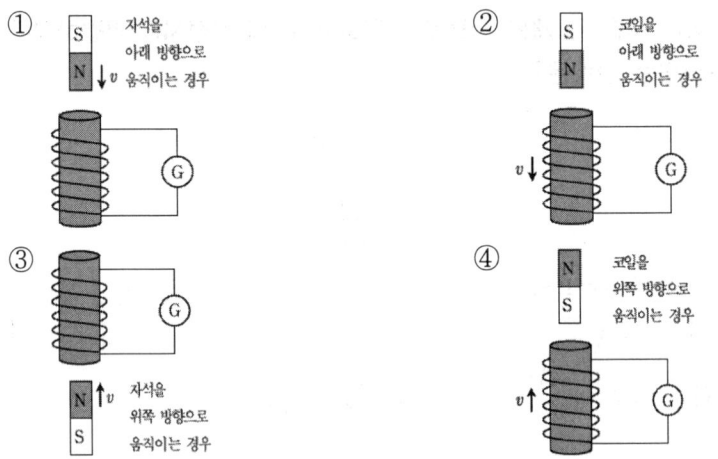

해설 렌츠의 법칙에 의해 변화를 방해하는 방향으로 유도 기전력이 만들어지며, ②, ③, ④는 모두 코일의 위쪽에 S극이 유도된다.

정답 119. ④ 120. ③ 121. ①

122 그림은 검류계가 연결된 코일 근처에서 막대자석이 화살표 방향으로 움직이는 것을 나타낸 것이다. 이에 대한 설명으로 옳지 않은 것은?

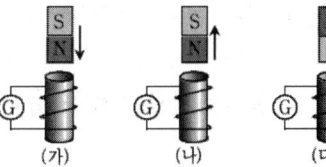

① (가)에서 자석과 코일 사이에는 척력이 작용한다.
② (나)에서 자석과 코일 사이에는 인력이 작용하다.
③ (다)에서 자석과 코일 사이에는 인력이 작용한다.
④ 자석이 빠르게 움직일수록 검류계에 흐르는 전류의 세기가 증가한다.

해설 자석이 코일에 다가오면 척력이 작용한다.

123 입력 전압이 500V이고 1차 코일의 감은 수가 100회, 2차 코일의 감은 수가 400회인 변압기가 있다. 이 변압기의 효율이 80%라고 할 때, 2차 코일에 100Ω의 저항을 연결했다면 1차 코일에 흐르는 전류의 크기는? [18. 3. 서울시 7급]

① 10A ② 40A
③ 50A ④ 100A

해설 코일 양단의 감은 수와 전압은 비례하므로 $\frac{500}{V_2}=\frac{100}{400}$이다. 따라서 2차 코일의 출력 전압 $V_2=2000V$이다.

2차 코일의 전류 $I_2=\frac{2000}{100}=20A$이고, 효율이 80%이므로 $I_1V_1\times0.8=I_2V_2$이다.

$I_1\times500\times0.8=20\times2000$, $I_1=\frac{80}{0.8}=100A$이다.

124 1차 코일과 2차 코일의 감은 수의 비가 10:1인 변압기가 있다. 전압 강하된 코일 쪽에 20Ω의 전열기를 사용하였더니 5A의 전류가 흘렀다면 1차 코일의 전압은?

① 1000V ② 1500V
③ 2000V ④ 4000V

해설 $\frac{N_1}{N_2}=\frac{I_2}{I_1}=\frac{V_1}{V_2}$에서, $\frac{10}{1}=\frac{V}{100}$ ∴ $V=1000$

정답 122. ③ 123. ④ 124. ①

Chapter 03

125 상호 유도를 이용하여 교류의 전압을 변화시키는 장치를 변압기라고 한다. 1차 코일의 감은 횟수를 n₁, 2차 코일의 감은 횟수를 n₂, 1차 코일에 걸린 교류 전압을 V₁이라고 할 때, 2차 코일에 유도되는 전압은?

① $n_1 n_2 V_1$
② $\dfrac{V_1}{n_1 n_2}$
③ $\dfrac{n_2 V_1}{n_1}$
④ $\dfrac{n_1 V_1}{n_2}$

해설 $\dfrac{V_1}{V_2} = \dfrac{n_1}{n_2}$, $V_2 = \dfrac{n_2}{n_1} V_1$

126 교류 전압이 800V가 걸린 감긴 수가 200회인 1차 코일과, 50Ω의 저항이 연결된 감긴 수가 500회인 2차 코일로 된 효율이 80%인 변압기가 있다. 1차 코일의 전류의 세기는?

① 20A
② 40A
③ 100A
④ 125A

해설 $\dfrac{N_1}{N_2} = \dfrac{V_1}{V_2}$ 에서 $\dfrac{200}{500} = \dfrac{800}{V_2}$ ∴ $V_2 = 2,000\,V$

$I_2 = \dfrac{V_2}{R} = \dfrac{2,000}{50} = 40A$

$I_1 V_1 \times \dfrac{80}{100} = I_2 V_2$ 에서

$I_1 \times 800 \times \dfrac{80}{100} = 40 \times 2,000$, ∴ $I_1 = 125A$

127 그림과 같이 1차 코일은 100회, 2차 코일은 50회 감긴 변압기가 있다. 2차 코일에 50Ω의 저항을 연결하니 2A의 전류가 흘렀다. 이때 1차 코일에 흐르는 전압(V₁)과 전류(I₁)의 세기를 바르게 나타낸 것은? (단, 변압기의 효율은 100%이다.)

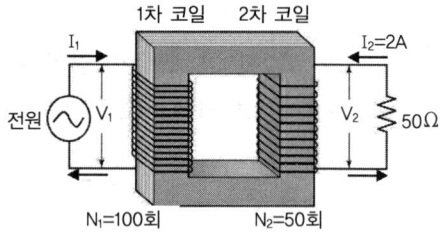

① 100V, 0.5A
② 100V, 1A
③ 200V, 0.5A
④ 200V, 1A
⑤ 200V, 4A

정답 125. ③ 126. ④ 127. ④

해설 50Ω에 흐르는 전류가 2A이므로 $V_2 = 100\,V$이다. $\dfrac{N_1}{N_2} = \dfrac{V_1}{V_2}$ 이므로 $V_1 = 200\,V$이고, 전력이 같으므로 $P = VI$에서 2차 코일 전력 200W와 같아야 하므로 1차 코일 전류는 1A이다.

128 전기 용량이 1F인 축전기와 자체 유도계수가 1H인 코일로 만든 전기 진동 회로에서 발생하는 진동 전류의 주파수는?

① 2π
② $\dfrac{1}{2\pi}$
③ $\sqrt{2}\,\pi$
④ $\dfrac{1}{\sqrt{2}}\pi$

해설 $f = \dfrac{1}{2\pi\sqrt{LC}} = \dfrac{1}{2\pi\sqrt{1 \times 1}} = \dfrac{1}{2\pi}$ (C : 전기 용량, L : 인덕턴스, 자체 유도계수)

129 다음 그림과 같은 교류 발전기에서 코일이 일정한 속력으로 회전하고 있다. 이에 대한 설명으로 옳지 않은 것은? (단, ㉠과 ㉡은 유도전류의 방향을 나타낸다.)

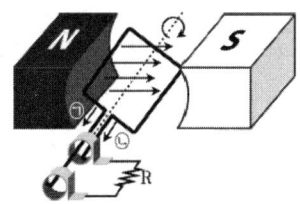

① 코일의 감은 수가 두 배가 되면 유도전류의 세기는 네 배가 된다.
② 영구자석의 세기가 두 배가 되면 저항 R에서 소모되는 전력은 네 배가 된다.
③ 코일이 더 빠르게 회전할수록 더 센 유도전류가 흐른다.
④ 그림과 같은 순간에 코일에 흐르는 유도전류의 방향은 ㉡이다.

해설 유도 기전력은 코일의 감은 수에 비례한다.

130 길이가 1m, 단면적이 1m²인 도체를 고르게 늘여서 길이가 2m 되도록 했다면 저항은 처음의 몇 배인가? (단, 밀도는 변하지 않는다.)

① 1/2배
② 1배
③ 2배
④ 4배

해설 $R = \rho\dfrac{l}{s}$, $R' = \rho\dfrac{2l}{\frac{1}{2}s} = 4\rho\dfrac{l}{s} = 4R$

정답 128. ② 129. ① 130. ④

131 그림과 같이 단면이 둥근 두 개의 도선에 같은 크기의 전압을 각각 걸어주면 도선에 흐르는 전류비($I_A : I_B$)는 어떻게 될까? (단, A도선 길이는 B도선의 2배이고, A도선 반지름은 B도선의 1/2배이다.)

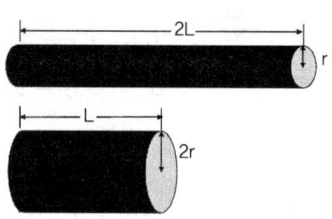

① 1 : 2 ② 1 : 4
③ 1 : 8 ④ 4 : 1
⑤ 8 : 1

해설 도선저항 $R = \rho \dfrac{l}{s}$ 이므로 단면적의 비 1 : 4, 길이비 2 : 1이므로 저항비 8 : 1이다.
전압이 일정할 때 전류와 저항은 반비례하므로 전류비는 1 : 8이다.

132 대전된 전하량이 다른 $4q$인 양전하와 q인 음전하 주위의 전기량을 가장 옳게 표시한 전기력선의 그림은? (단, 두 전하는 점전하이다.)

① 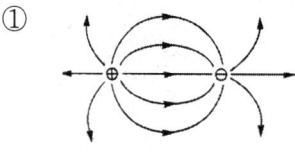 ②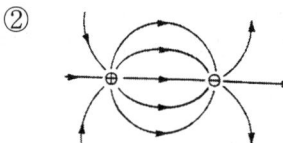

③   ④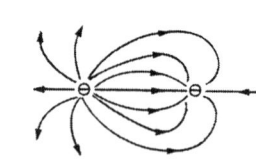

해설 전기력선은 전하량에 비례하며, 양전하에서 수직으로 나와 음전하에 수직으로 들어간다.

133 그림과 같이 점 A에는 +1C, 점 B에서는 +4C의 전하가 배치되어 있다. 전기장이 0이 되는 곳은 어느 곳인가? (단, 각 점 사이 간격은 동일하다.)

① (가) ② (나)
③ (다) ④ (라)
⑤ (마)

해설 전기장의 세기는 $E \propto \dfrac{1}{r^2}$ 이므로 전기장의 세기가 같아지는 곳은 거리비가 1 : 2인 곳이다.

정답 131. ③ 132. ④ 133. ②

134 교류 발전기의 코일이 도선 고리 면적 A=0.1m²인 도선으로 50회 감겨 있으며, 도선의 전체 저항은 12Ω이다. 이 도선 고리는 0.5T의 자기장 내에서 자기장과 수직인 방향을 회전축으로 하여 60Hz의 일정한 진동수를 가지고 회전한다. 이 발전기의 출력 단자에 저항을 무시할 수 있는 도체가 연결되어 있다면 이때 최대 유도 전류의 크기는? (단, π=3.14이다.)

[18. 3. 서울시 7급]

① 78.5A
② 80.0A
③ 82.0A
④ 84.5A

해설 t초 후 코일면을 지나는 자속 $\Phi_B = BA\cos\omega t$이므로

유도 전류 $V = -N\dfrac{d\Phi_B}{dt} = -\omega NBA\sin\omega t$과 같다.

따라서 최대 유도 전류의 크기는

$I = \dfrac{V_{\max}}{R} = \dfrac{\omega NBA}{R} = \dfrac{2\pi f NBA}{R} = \dfrac{2\times\pi\times 60\times 50\times 0.5\times 0.1}{12} = 78.5A$

135 자속 밀도 B인 자기장과 세기 E인 전기장의 방향이 서로 직각인 장 안에서 전하가 전기장과 자기장에 직각 방향으로 등속도 운동을 하고 있을 때, 전하의 속력은?

① $\sqrt{BE}$
② BE
③ B/E
④ E/B

해설 • 로렌츠 힘 = 전기력
• $Bqv = qE$ (q : 전하량, v : 운동속도) ∴ $v = \dfrac{E}{B}$

136 간격이 d인 축전기의 두 극판 사이를 전하량 q인 대전체를 이동시키는 데 W의 일이 필요하다. 이 축전기의 두 극판 사이의 전위차 V는? (단, 중력은 무시된다.)

① Wq/d
② Wqd
③ W/qd
④ W/q

해설 전위차(V) : 두 점 사이에서 단위 양전하를 이동시키는 데 드는 일이다.

$V = \dfrac{W}{q}$ (q : 전하량, W : 전하를 이동하는 데 드는 일)

정답 134. ① 135. ④ 136. ④

Chapter 03

137 그림과 같이, 축전기 3개가 연결된 회로에서 두 지점 a와 b 사이의 전위차가 9V이다. 축전기 C_3에 저장된 전기에너지[μJ]는? (단, C_1 =4μF, C_2 =2μF, C_3 =3μF이고, 전선의 저항은 무시한다.)

[12. 국가직 7급]

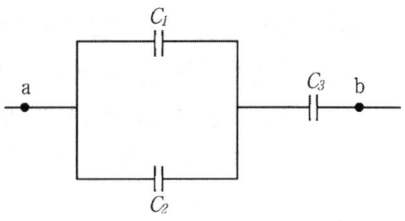

① 27　　② 54
③ 81　　④ 108

해설 병렬연결 전기 용량 $C = C_1 + C_2$이므로 $C = 6\mu F$이며, 전기 용량이 작은 C_3에 전압이 2배 크므로 전압은 6V이다. 이때 저장된 전기에너지는 $W = \frac{1}{2}CV^2$이므로 $54\mu J$이다.

138 평행판 축전기의 두 판 사이가 진공일 때 200V의 전위차를 주어 충전시킨 후, 외부 회로와 절연시키고 두 극판 사이를 어떤 유전체로 채웠더니 전위차가 1/5로 감소하였다. 다음 중 옳은 것은?

[07. 국가직 7급]

① 전기 용량이 1/5로 감소하였다.
② 극판에 축전된 전하가 5배로 증가하였다.
③ 축전기에 저장된 에너지의 양에는 변화가 없다.
④ 유전체를 채울 때 축전기가 외부에 일을 해주었다.

해설

$C = \epsilon_0 \frac{S}{d}$　　$V' = \frac{1}{5}V = \frac{1}{5} \times 200 = 40V$

200V　　$Q = CV = C \times 200$

전하량은 변함없으므로 $Q = CV = C'V'$ 일 때 $\epsilon_0 \frac{S}{d} \times 200 = \epsilon \frac{S}{d} \times 40$　∴ $\epsilon = 5\epsilon_0$

① C'는 $5C$이다(5배).
② 전하량=일정
③ $E = \frac{1}{2}CV^2 = \frac{Q^2}{2C}$에서 C가 변했으므로 에너지는 $\frac{1}{5}$배가 된다.
④ 에너지가 밖으로 빠져나갔다는 뜻이므로 옳다.

정답　137. ②　138. ④

139 지표면으로부터 900m 상공에 떠있는 구름층과 지표면을 평행판 축전기의 두 판으로 생각하자. 구름층의 면적이 1km²일 때 전기 용량[F]은? (단, 공기의 유전율 $\epsilon_0 = 9 \times 10^{-12} C^2/Nm^2$)

[07. 국가직 7급]

① 10^{-6} ② 10^{-8}
③ 10^{-12} ④ 10^{-14}

해설
$$C = \epsilon_0 \frac{S}{d}$$
$$= 9 \times 10^{-12} \times \frac{1000 \times 1000}{900}$$
$$= 10^{-8}$$

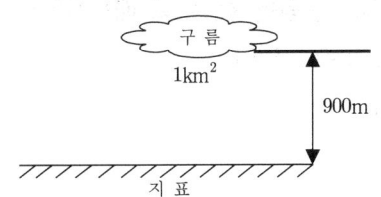

140 공기로 채워진 평행판 축전기를 전지에 연결하여 완전히 충전하였다. 전지 연결을 끊은 후 유전상수가 공기보다 크고, 넓이가 평행판 넓이의 $\frac{1}{2}$ 인 유전체판을 그림과 같이 평행판 사이에 집어넣어 축전기를 정전기적 평형에 이르게 하였다. 다음 보기 중 옳은 것을 모두 고른 것은? (단, 축전기 평행판과 유전체 모두에서 경계영역 효과는 무시한다.)

[11. 지방직 7급]

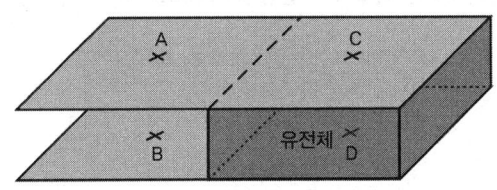

※ ×표시들은 축전기 성질에 영향을 주지 않는 위치표시로서, 표시 A와 B는 공기가 있는 영역의 두 판 위에 있고, 표시 C와 D는 유전체가 있는 영역의 두 판 위에 있다.
㉠ A와 B 사이의 전위차는 C와 D 사이의 전위차와 같다.
㉡ A와 B 사이의 전기장은 C와 D 사이의 전기장보다 그 세기가 약하다.
㉢ A와 C에서 표면 전하밀도는 같다.

① ㉠ ② ㉠, ㉢
③ ㉡ ④ ㉡, ㉢

해설 유전체를 넣을 경우 두께만큼 거리가 짧아지는 효과를 얻어 전기 용량이 증가하고, 더 많은 전하량을 모을 수 있다. 즉 전하밀도는 높으나 유전체를 넣으면 유전 분극현상이 발생 내부 전기장이 A와 B 사이보다 약하다.

정답 139. ② 140. ①

141 공기 중에서 거리가 d만큼 떨어진 면적이 A인 두 도체판으로 된 축전기의 전기 용량은 $C_0 = \varepsilon_0 A/d$이다. 여기에서 ε_0는 공기의 유전율이다. 만일 이 축전기에 그림과 같이 유전상수(dielectric constant)가 $\kappa = 2$이고 두께가 $d/3$인 유전체를 삽입하였다면 이 축전기의 전기 용량은 C_0의 몇 배인가? (단, 유전체의 유전율은 $\varepsilon = \kappa \varepsilon_0$이다.) [09. 국가직 7급]

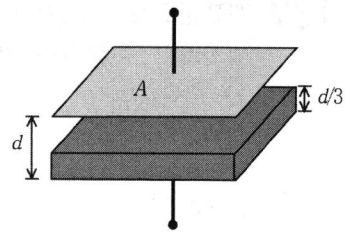

① $\dfrac{6}{5}$ ② 3

③ 7 ④ $\dfrac{15}{2}$

해설 $C_0 = \epsilon_0 \dfrac{A}{d}$일 때 유전체 삽입 후 축전기 사이의 거리 변화에 의한 전기 용량과

$C_1 = \epsilon_0 \dfrac{A}{\frac{2}{3}d} = \dfrac{3}{2}C_0$

유전체를 삽입한 부분의 전기 용량은 $C_2 = 2\epsilon_0 \dfrac{A}{\frac{1}{3}d} = 6C_0$이다.

이때 C_1과 C_2는 직렬로 연결된 모양이므로 $C = \dfrac{C_1 C_2}{C_1 + C_2} = \dfrac{\frac{3}{2} \times 6}{\left(\frac{3}{2} + 6\right)} C_0$

$= \dfrac{\frac{3 \times 6}{2}}{\frac{15}{2}} C_0 = \dfrac{6}{5} C_0$

142 0.1F의 축전기에 20J의 에너지를 저장하려고 한다. 몇 V의 전압을 써야 하는가?

① 10V ② 20V
③ 30V ④ 40V

해설 정전에너지

$W = \dfrac{1}{2}QV = \dfrac{1}{2}CV^2 = \dfrac{1}{2}\dfrac{Q^2}{C}$, $V^2 = \dfrac{2W}{C} = \dfrac{2 \times 20}{0.1} = 400$ ∴ $V = 20\text{V}$

정답 141. ① 142. ②

143 고립되어 있는 반경 r인 도체구의 반경을 3배로 늘이면 그 도체구의 정전 용량은 얼마인가?

① 3배
② 1/3배
③ 9배
④ 1/9배

해설 정전용량 $C = 4\pi\epsilon_0 r$ ∴ $C' = 4\pi\epsilon_0(3r) = 3C$

144 축전기들로 다음 그림과 같은 회로를 구성할 경우, 이 회로의 유효 전기 용량[C]은? (단, 축전기의 부호는 각 축전기의 전기 용량을 나타낸다.)

[09. 지방직 7급]

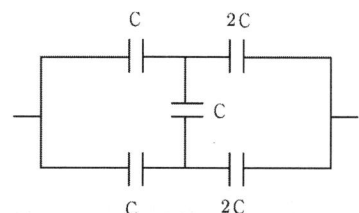

① 3
② $\frac{4}{3}$
③ $\frac{7}{3}$
④ $\frac{1}{3}$

해설 휘트스톤 브리지를 이용하면 직렬의 전기 용량은 $\frac{1 \times 2}{1+2}c = \frac{2}{3}c$

직렬 2개가 다시 병렬구조이므로 ∴ $\frac{2}{3}c + \frac{2}{3}c = \frac{4}{3}c$

145 두 판 사이의 거리가 d인 평행판 축전기를 전지에 연결하여 충전시켰다. 축전기를 전지로부터 분리하고 절연된 손잡이로 두 판 사이의 거리를 증가시킬 때, 옳은 것은? (단, 판 사이는 공기로 채워져 있다.)

[10. 국가직 7급]

① 전기 용량은 증가한다.
② 판에 저장된 전하는 감소한다.
③ 판 사이의 전기장은 일정하다.
④ 판 사이의 전위차는 일정하다.

해설 ① 전기 용량은 감소한다.
② 전하는 일정하다.
③ 전하가 일정하므로 전기장은 일정하다.
④ 전위차는 증가한다.

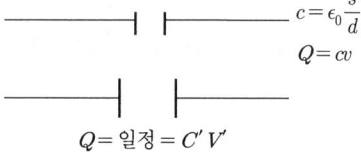

정답 143. ① 144. ② 145. ③

146 전력 수송에서 송전 전압이 10배로 승압되어 송전선의 열손실이 2W가 된다면 승압하기 전 송전선의 손실은 몇 W인가?

① 2W ② 20W
③ 200W ④ 400W

 $P' = \dfrac{P^2}{V^2}R$, $P' \propto \dfrac{1}{V^2}$ 이므로 $\dfrac{1}{10^2}$ 배로 전력 손실이 일어난다.
(P' : 손실 전력, P : 송전 전력, V : 송전 전압)
∴ 승압 전의 손실 전력 $= 100 \times 2 = 200$(Watt)

147 발전소에서 전기를 보낼 때 송전선의 저항으로 전력 손실이 발생한다. 발전소에서 변전소까지 송전선의 전압을 220V로 보낼 때 손실되는 전력을 P라 하면, 송전선의 전압이 22,000V일 때 손실되는 전력은? [18. 3. 서울시 7급]

① P/10,000 ② P/100
③ P ④ 100P

 손실 전력 $P = I^2R = \left(\dfrac{P_0}{V_0}\right)^2 R$ 이므로 송전선의 전압 V_0가 $220\,V$에서 $22,000\,V$로 100배가 되면 손실 전력은 $\left(\dfrac{1}{100}\right)^2 = \dfrac{1}{10,000}$ 배가 된다.

148 단자전압이 6V인 전지를 이용해서 전기 용량이 $1\mu F$인 축전기 A를 충분히 충전시켰다. 전지를 제거하고 축전기 A를 전기 용량이 $2\mu F$이고 충전되지 않은 축전기 B에 연결했다. 충분한 시간이 지난 후 축전기 B에 충전된 전하량[μC]은? [10. 지방직 7급]

① 2 ② 3
③ 4 ④ 6

정답 146. ③ 147. ① 148. ③

해설 총 전하량은 같으나 극판은 두 개로 나눠진다. 병렬에서는 V가 같으므로 q는 c에 비례한다. 즉, $1\mu F$인 C_A에 $2\mu C$, $2\mu F$인 C_B에 $4\mu C$이 충전된다.

$$\therefore q = CV = 1 \times 6 = 6[\mu C]$$

회로: $6V$ — $C_A = 1\mu F$
$C_A' $ — $C_B = 2\mu F$

149 용량이 각각 1mF, 2mF, 3mF인 3개의 축전기와 전위차가 4V와 6V인 2개의 건전지가 있다. 이들을 연결했을 때 저장할 수 있는 최대 전기에너지[mJ]는? (단, 건전지의 내부저항은 무시한다)

[13. 국가직 7급]

① 100
② 200
③ 300
④ 400

해설 $E = \frac{1}{2}CV^2$에서 $C = 1+2+3(\text{mF}) = 6 \times 10^{-3}(\text{F})$와 $V = 4+6 = 10(\text{V})$가 주어진 조건에 의해 증가

$$\therefore E = \frac{1}{2}CV^2 = \frac{1}{2} \times 6 \times 10^{-3} \times 100 = 300 \times 10^{-3}(\text{J}) = 300(\text{mJ})$$

150 교류의 주파수가 많아지면 교류 회로를 흐르는 전류는?

① 코일에서는 잘 흐르나 축전기에서는 흐르기 어려워진다.
② 축전기에서는 잘 흐르나 코일에서는 흐르기 어려워진다.
③ 코일, 축전기 모두 흐르기 쉬워진다.
④ 둘 다 흐르기 어려워진다.

해설
• 코일의 유도 리액턴스 $X_L = 2\pi fL$, $I = \frac{V}{X_L} = \frac{V}{2\pi fL}$ $\therefore I \propto \frac{1}{f}$ (반비례)
• 축전기의 용량 리액턴스 $X_C = \frac{1}{2\pi fC}$, $I = \frac{V}{X_C} = 2\pi fCV$ $\therefore I \propto f$ (비례)

정답 149. ③ 150. ②

151 그림 (가)는 극판 사이의 간격이 d, 극판 사이 물질의 유전율이 ϵ, 그리고 극판의 면적이 A일 때 전기 용량이 C인 평행판 축전기를 나타낸 그림이다. 그림 (가)의 축전기에서 $\frac{d}{2}$의 간격에는 유전율 2ϵ의 유전물질로 채우고 나머지 $\frac{d}{2}$의 간격에는 미지의 유전물질을 그림 (나)와 같이 채웠더니 이 축전기의 전기 용량이 $\frac{8}{3}C$가 되었다. 미지의 유전물질의 유전율은? (단, 축전기의 평행판과 유전체 모두에서 경계영역 효과는 무시한다)

[13. 국가직 7급]

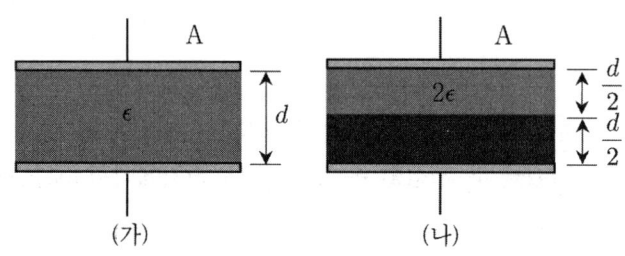

① ϵ　　　　② 2ϵ
③ 3ϵ　　　　④ 4ϵ

해설 $C = \epsilon \frac{A}{d}$ 에서 $\frac{1}{C_\text{나}} = \frac{1}{C_1} + \frac{1}{C_2}$ 이므로

$\frac{1}{C_\text{나}} = \frac{1}{\frac{8C}{3}} = \frac{1}{C_1} + \frac{1}{C_2}$ 은 $\frac{3}{8C} = \frac{3}{8} \times \frac{d}{\epsilon A} = \frac{1}{\frac{4\epsilon A}{d}} + \frac{1}{\frac{2xA}{d}} = \frac{d}{4\epsilon A} + \frac{d}{2xA}$

$\frac{3}{8\epsilon} = \frac{1}{4\epsilon} + \frac{1}{2x}$　　$x = 4\epsilon$

152 그림은 RLC 회로를 나타낸다. 다음 설명 중 옳지 않은 것은?　　[10. 지방직 7급]

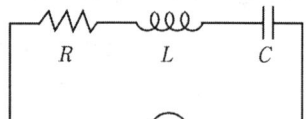

① 각 소자에 걸리는 전압의 위상은 서로 같지 않다.
② L값이 커지면 전류의 변화가 억제된다.
③ C값이 커지면 공명진동수가 커진다.
④ 교류전원은 전류를 강제진동 시킨다.

해설 공진주파수 $f_0 = \frac{1}{2\pi\sqrt{LC}}$ 이다. C값이 커지면 공명진동수는 작아진다.

정답　151. ④　152. ③

153 그림 (a)와 같이 전기 용량이 2μF인 축전기를 100V로 충전한 후, 이 축전기를 그림 (b)와 같이 충전되지 않은 축전기와 직렬로 연결하니 두 축전기 양단에 걸리는 전압이 200V가 되었다. 충전되지 않은 축전기의 전기 용량은 얼마인가?

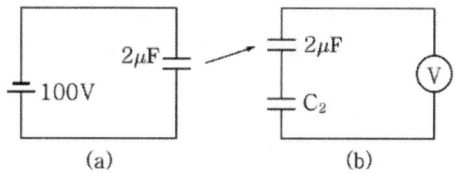

[14. 서울시 7급]

① 1μF ② 2μF ③ 3μF
④ 4μF ⑤ 5μF

해설 $Q = CV = 2 \times 10^{-6} \times 100 = 2 \times 10^{-4}(C)$

직렬 : $Q =$ 일정

$\therefore C_2 = \dfrac{Q}{V} = \dfrac{2 \times 10^{-4}}{100} = 2 \times 10^{-6}(C)$
$= 2(\mu F)$

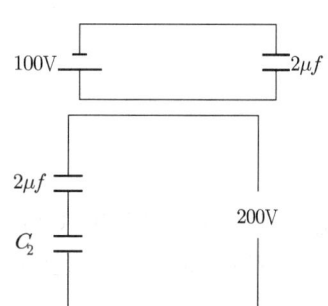

154 교류 전원의 진동수(주파수)가 증가할 때, 회로에 흐르는 실효 전류가 감소하게 되는 것만을 모두 고른 것은? (단, 교류 전원의 실효 전압은 일정하다.)

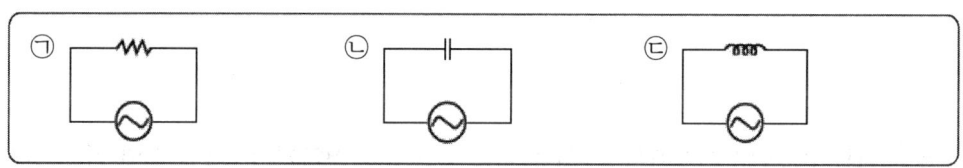

① ㉠ ② ㉡
③ ㉢ ④ ㉠, ㉡

해설 진동수와 저항체의 저항은 관계없어 전류가 일정하다. 코일의 유도 리액턴스 $X_L = 2\pi f L$는 진동수가 증가하면 증가하므로 전류가 감소하고, 축전기의 용량 리액턴스 $X_C = \dfrac{1}{2\pi f C}$는 진동수가 증가하면 저항이 감소하여 전류가 증가한다.

정답 153. ② 154. ③

Chapter 03

155 교류 기전력이 200V인 회로에 R, L, C가 직렬로 연결되어 있다. R=30Ω, X_L=30Ω, X_C=70Ω일 때 회로의 최대 소모 전력은?

① 480W ② 800W
③ 960W ④ 1600W

해설 임피던스 $Z=\sqrt{R^2+(X_L-X_L)^2}=\sqrt{30^2+(30-70)^2}=50\,\Omega$
전류 $I=\dfrac{\epsilon}{Z}=\dfrac{200}{50}=4A$
저항에서만 전력 소모가 일어나며 $P_R=I^2R=4^2\times30=480\,W$
최대 소모 전력은 실횻값의 2배이므로 $P_m=2P_R=960\,W$

156 자체 인덕턴스가 20mH인 코일이 0.1초 사이에 3A의 전류가 증가한다면 이 회로에 생기는 유도 기전력은 몇 V인가?

① 6V ② 0.3V
③ 0.6V ④ 3V

해설 유도 기전력
$V=L\dfrac{\Delta I}{\Delta t}$ (L : 자체 인덕턴스)
$\therefore V=0.02\times\dfrac{3}{0.1}=0.6(\text{V})$

157 교류 100V인 전선에서 2V의 전압을 얻으려면 변압기의 1차 코일의 감은 수가 2,000회일 때 2차 코일은 몇 회 감으면 되는가?

① 400회 ② 4,000회
③ 1,000회 ④ 40회

해설 $\dfrac{V_1}{V_2}=\dfrac{n_1}{n_2}=a$ (n : 권선 수) $\dfrac{100}{2}=\dfrac{2,000}{n_2}$ $\therefore n_2=40$회

정답 155. ③ 156. ③ 157. ④

158 그림의 전기 진동 회로에서 축전기 C의 최대 전하량이 Q이다. 코일 L에 흐르는 전류의 크기가 최댓값에 도달했을 때, 축전기 전하량은?

[15. 국가직 7급]

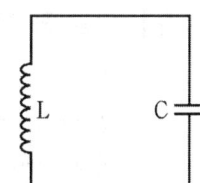

① 0
② $\dfrac{Q}{2}$
③ Q
④ $\dfrac{Q}{\sqrt{2}}$

해설 축전기에 전지를 연결하여 충분한 시간이 지나면 $I=0$이고, 전하량 $Q=CV$로 충전된다. 축전기에 저장된 에너지는 $U=\dfrac{1}{2}CV^2$이다. 이때 위 그림처럼 자체 유도계수가 L인 코일과 연결되면 전기 공진이 일어나며 축전기에 저장되었던 전기에너지가 전류로 전환되며 전류의 크기가 최대일 때 축전기 전하량은 0이 된다.

159 $R=10\Omega$, $L=1\mu H$, $C=100pF$인 RLC직렬 공진회로의 공진주파수에서의 임피던스는?

① $10^{-8}\Omega$
② 1Ω
③ 10Ω
④ 100Ω

해설 $f=\dfrac{1}{2\pi\sqrt{LC}}$ 은 $X_L=X_C$일 때 $Z=\sqrt{R^2+(X_L-X_C)^2}=R=10\Omega$

160 다음에 설명한 전자기파의 성질 중 잘못된 것은?

① 전기장과 자기장은 서로 수직인 방향으로 나타나고, 이들에 수직한 방향으로 진행한다.
② 전자기파는 횡파이다.
③ 전자기파의 전파속도는 $\sqrt{\mu\epsilon}$ 이다.
④ 전자기파는 빛과 같이 반사, 굴절, 회절, 간섭을 한다.

해설 전자기파의 성질
- 전기장과 자기장은 서로 수직인 방향으로 나타나고, 이들에 수직한 방향으로 진행한다.
- 전자기파는 횡파이다.
- 전자기파의 전파속도는 광속과 같다. 진공 속에서 3×10^8m/s가 된다. $\epsilon=\dfrac{1}{\sqrt{\mu\epsilon}}$
- 전기적 파동과 자기적 파동은 단독으로 존재할 수 없고 반드시 동시에 존재하며 그들의 진동면은 서로 수직이다.
- 빛과 같이 반사, 굴절, 회절, 간섭을 한다.
- 전자기파는 운동량과 에너지를 갖고 있다.

정답 158. ① 159. ③ 160. ③

161 다음 중 자기력선에 대한 틀린 설명은?

① 자기장 속에서 자침의 N극이 향하는 방향으로 연속적으로 그려 놓은 것
② 자기력선에 그은 접선 방향은 그 점의 자기장의 방향
③ S극에서 나와 N극으로 들어간다.
④ 자기력선이 밀집한 곳일수록 자기장의 세기는 크다.

해설 자기력선 : 전기장 내에 자유롭게 움직일 수 있는 (+)전하가 있을 때 이 (+)전하가 움직이는 선을 자기력선이라고 한다.

> **참고**
> **자기력선의 성질**
> 1. N극에서 나와 S극으로 들어간다.
> 2. 자기력선은 진행 도중 분리되거나 교차하지 않는다.
> 3. 자기력선에 그은 접선 방향은 그 점의 자기장의 방향이다.
> 4. 자기력선이 밀하게 나타나는 곳은 자기장의 세기가 큰 곳이며, 자기장의 세기는 자기력선의 밀도에 비례한다.

162 가변 인덕터($L \geq 0$)를 이용하여 그림과 같은 $R-L$ 교류 회로를 구성하였다. 저항 R에서 소비되는 전력이 최댓값의 반이 되도록 하는 인덕턴스 L값은? (단, 입력교류의 각진동수는 ω이다.) [09. 지방직 7급]

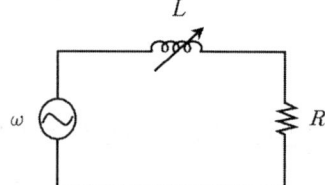

① $\dfrac{R}{2\omega}$ 　　② $\dfrac{R}{\sqrt{2}\,\omega}$

③ $\dfrac{R}{\omega}$ 　　④ $\dfrac{2R}{\omega}$

해설 $P = I^2 R = \left(\dfrac{I_0}{\sqrt{2}}\right)^2 R = \dfrac{1}{2} I_0 R$ 에서, I는 실횻값이므로 $I = \dfrac{V}{Z} = \dfrac{V}{\sqrt{R^2 + X_L^2}}$

$Z = \sqrt{R^2 + X_L^2}$ 에서 임피던스 Z가 최소가 되려면 $R = X_L = \omega L$

∴ $L = \dfrac{R}{\omega}$

정답 161. ③ 162. ③

163 저항이 200Ω인 저항, 인덕턴스가 25mH인 인덕터, 전기 용량이 $2\mu F$인 축전기가 직렬로 연결된 RLC 회로에 각진동수가 $\omega = 10^4 \text{rad/s}$인 사인파 형태의 교류전압을 가한다. 교류 전압과 교류 전류 사이의 위상차에 대한 설명으로 옳은 것은? [10. 국가직 7급]

① 전압의 위상이 전류의 위상보다 90° 앞선다.
② 전압의 위상이 전류의 위상보다 45° 앞선다.
③ 전류의 위상이 전압의 위상보다 45° 앞선다.
④ 전류의 위상이 전압의 위상보다 90° 앞선다.

해설 $R = 200\,(\Omega)$
$X_L = wL = 10^4 \times 25 \times 10^{-3} = 250\,(\Omega)$
$X_C = \dfrac{1}{wC} = \dfrac{1}{10^4 \times 2 \times 10^{-6}} = 50\,(\Omega)$
V가 i보다 45° 앞선다.

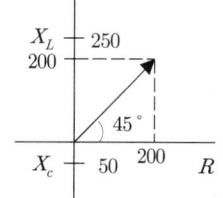

164 가정에서 사용하는 전압 100V 또는 200V 교류 전압이 의미하는 값은 무엇인가?

① 최댓값 ② 최솟값
③ 평균값 ④ 실횻값

해설 교류의 실횻값 : 교류에서는 전압과 전류가 주기적으로 변하므로 그 크기를 평균하는데 순간값을 제곱하여 그것을 평균한 값의 제곱근이 실횻값이다.

165 교류 전압이 100V일 때 500W인 전열기에 흐르는 전류의 최댓값은?

① 0.2A ② 5A
③ 250A ④ 7.07A

해설
• 실횻값 $I_c = \dfrac{P}{V} = \dfrac{500}{100} = 5(\text{A})$
• 최댓값 $I_m = \sqrt{2}\,I_c = \sqrt{2} \times 5 = 7.07(\text{A})$

정답 163. ② 164. ④ 165. ④

Chapter 03

166 영숙이는 MBC FM 91.9MHz를 듣고 있다가 교통방송 FM 95.1MHz를 듣기 위해 라디오 튜닝을 하였다. 이때 라디오 수신기 회로 내의 어느 전기 소자를 변화시켜야 하는가?

① 저항을 증가
② 사용 전압을 증가
③ 코일의 자체 유도계수를 감소
④ 축전기의 전기 용량을 감소

해설 LC 전기공진회로에서 전파와 동조시키기 위해 회로의 고유주파수 $f = \dfrac{1}{2\pi\sqrt{LC}}$ 를 증가시켜야 한다. 여기서 L은 중파, FM을 결정하는 데 쓰이고 같은 FM 내에서 주파수 f 를 증가시키려면 C를 감소시켜야 한다.

167 전자가 10N/A·m의 자기장에 직각 방향으로 1m/sec의 속도로 나오고 있다. 이때 전자가 받는 힘은?

① $9.1 \times 10^{-19} N$
② $1.6 \times 10^{-18} N$
③ $9.1 \times 10^{-3} N$
④ $1.6 \times 10^{-19} N$

해설 로렌츠의 힘 : 자기장 내에 대전 입자가 받는 힘
$F = BQV$, 전자 1개의 전기량 $e = 1.6 \times 10^{-19}[C]$
$F = 10 \times 1.6 \times 10^{-19} \times 1 = 1.6 \times 10^{-18}[N]$

168 코일과 콘덴서가 직렬로 연결되어 있는 L-C 회로의 설명으로 바르지 못한 것은?

① 공진주파수에서 콘덴서 C에 걸리는 전압은 최소가 된다.
② 공진주파수에서 코일 L에 걸리는 전압은 최소가 된다.
③ 공진주파수에서 그 전류는 최대가 된다.
④ 공진주파수에서 그 전류는 최소가 된다.

해설 $X_L = X_C$, 즉 $2\pi f L = \dfrac{1}{2\pi f C}$ 일 때,
회로에 흐르는 전류가 최대가 되기 때문에 전기 진동이 발생한다.

169 주파수 $f = 60[Hz]$인 두 교류 전압의 위상차가 $\pi/6$rad이다. 위상차를 시간으로 표시하면?

① $\dfrac{1}{20}$초
② $\dfrac{1}{120}$초
③ $\dfrac{1}{360}$초
④ $\dfrac{1}{720}$초

해설 각속도 $w = \dfrac{\theta}{t}$, $\theta = wt$, $t = \dfrac{\theta}{w} = \dfrac{\theta}{2\pi f} = \dfrac{\dfrac{\pi}{6}}{2\pi \times 60} = \dfrac{1}{720}$초

정답 166. ④ 167. ② 168. ④ 169. ④

170 R, L, C가 직렬로 접속된 회로에서 $X_C > X_L$이 되면 이 회로는 어떤 상태인가?

① 용량성 ② 유도성
③ 공진상태 ④ 저항만의 회로

해설
- $X_C > X_L$: 용량성 = 전류가 전압보다 $\frac{\pi}{2}$ 앞선다.
- $X_C < X_L$: 유도성 = 전압이 전류보다 $\frac{\pi}{2}$ 앞선다.

171 저항 8Ω과 용량 리액턴스 6Ω이 직렬로 접속된 회로에 10A의 전류가 흐른다. 가한 단자 전압은 몇 V인가?

① 60 ② 80
③ 100 ④ 140

해설 $R = 8$, $X_C = 6$이므로 $Z = \sqrt{R^2 + X_C^2} = \sqrt{8^2 + 6^2} = 10[\Omega]$
$V = Z \cdot I = 10 \times 10 = 100[V]$

172 60Hz, 220V 교류 전원에서 1000W의 전력을 소비하는 전열기를 60Hz, 110V 교류 전원에 연결하였을 때 소비하는 전력[W]은?　　[16. 국가직 7급]

① 100 ② 250
③ 500 ④ 1000

해설 $R = \dfrac{V^2}{P} = \dfrac{220^2}{1000}$ 이므로 110V 교류 전원에 연결하였을 때 소비하는 전력은

$\dfrac{110^2}{\frac{220^2}{1000}} = \dfrac{1}{4} \times 1000 = 250W$이다.

173 저항 8Ω와 유도 리액턴스 X_LΩ이 직렬로 접속된 회로에 100V, 60HZ의 교류를 가했을 때, 10A의 전류가 흐른다. X_L은?

① 10Ω ② 8Ω
③ 6Ω ④ 4Ω

해설 $Z = \dfrac{V}{I} = \sqrt{R^2 + X_L^2}$ 이므로 $10 = \sqrt{8^2 + X_L^2}$ 으로부터
$X_L^2 = 100 - 64 = 36$ ∴ $X_L = 6\Omega$

정답　170. ①　171. ③　172. ②　173. ③

Chapter 03

174 RC 직렬 회로에서 R = 100kΩ, C = 2μF일 때 시상수 T[sec]는?

① 0.2
② 0.5
③ 2
④ 50

해설 $T = RC = 100 \times 10^3 \times 2 \times 10^{-6} = 2 \times 10^{-1} = 0.2[\text{sec}]$

175 대전된 입자가 자기장의 방향과 나란하게 움직이고 있다. 만약 자기장의 세기를 2배로 하였다면 이 전하에 작용되는 힘은?

① $\frac{1}{2}$배
② $\frac{1}{4}$배
③ 2배
④ 처음과 같다.

해설 자기장의 방향과 대전 입자의 방향이 나란하다면 대전 입자에는 힘이 작용하지 않는다.

176 반지름이 R인 도체구 A에 전하량 Q를 대전시켰다. 이 도체와 멀리 떨어져 있는 곳에 대전되지 않은 반지름 $r = \frac{R}{10}$인 도체구 B가 있다. 두 도체를 도선으로 연결하였더니, 두 도체구는 각각 σ_A와 σ_B의 표면 전하밀도로 대전되었다. 두 도체구의 표면 전하밀도의 비는?

[15. 서울시 7급]

① $\frac{\sigma_A}{\sigma_B} = \frac{1}{100}$
② $\frac{\sigma_A}{\sigma_B} = \frac{1}{10}$
③ $\frac{\sigma_A}{\sigma_B} = 10$
④ $\frac{\sigma_A}{\sigma_B} = 100$

해설 $V = k\frac{q_A}{r_A} = k\frac{q_B}{r_B}$ 일 때, $r_A : r_B = 10 : 1$ 이므로 $q_A : q_B = 10 : 1$이다.

표면적의 비는 $r_A^2 : r_B^2 = 10^2 : 1 = 100 : 1$이다

$\frac{\sigma_A}{\sigma_B} = \frac{\frac{10}{100}}{\frac{1}{1}} = \frac{1}{10}$

정답 174. ① 175. ④ 176. ②

177 표면 전하밀도 σ로 균일하게 대전된 무한히 넓은 평면 도체판이 있다. 이 도체판으로부터 1m 떨어진 곳에서 전기장의 크기는 10m 떨어진 곳에서 전기장의 크기의 몇 배인가?

[16. 국가직 7급]

① 1
② $\sqrt{10}$
③ 10
④ 100

해설 무한히 넓은 평면 도체판에 의한 전기장 $E = \dfrac{\sigma}{2\epsilon_0}$이므로 거리에 관계없이 일정하다.

178 자기장의 세기가 균일한 곳에 직각으로 입사한 전자는 등속 원운동을 한다. 이 자기장의 세기를 2배로 하면 원운동의 반경은 원래 반경의 몇 배가 되는가?

① $\dfrac{1}{4}$배
② $\dfrac{1}{2}$배
③ 2배
④ 4배

해설 자기장 내에 대전 입자가 받는 힘(로렌츠의 힘)이 구심력 역할을 한다.
$$F = BQV = m\dfrac{V^2}{r} \quad \therefore r' = \dfrac{m \cdot V}{BQ} = \dfrac{1}{2} \cdot \dfrac{mV}{BQ} = \dfrac{1}{2}r$$

179 그림은 입자의 전하와 질량비 q/m을 측정하여 다양한 입자들 중에서 특정 입자를 알아내는 질량 분석기를 도식적으로 나타낸 것이다. 다양한 입자들이 양(+)으로 이온화된 후 정지된 상태에서 전위차 V에 의해 가속되어 균일한 자기장 B가 걸려 있는 영역으로 들어간다. 자기장으로 들어간 입구에서 거리 d만큼 떨어진 곳에서 검출한 입자의 q/m는 얼마인가? (단, 중력에 의한 효과는 무시한다.)

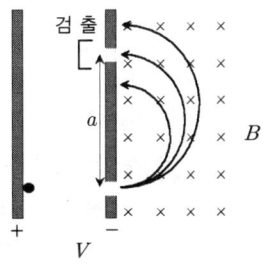

① $\dfrac{V}{4B^2d^2}$
② $\dfrac{V}{2B^2d^2}$
③ $\dfrac{V}{B^2d^2}$
④ $\dfrac{4V}{B^2d^2}$
⑤ $\dfrac{8V}{B^2d^2}$

해설 전위차 V인 평행판 축전기 사이에서 전자가 가속될 때 입자의 운동에너지 $\dfrac{1}{2}mv^2 = eV$에서 속도 v는 $v = \sqrt{\dfrac{2eV}{m}}$이 된다. 전자가 자기장 B에 수직 입사되면 구심력이 자기력과 같아 $\dfrac{mv^2}{r} = evB$이고 여기에 속도 v를 대입하고, 반지름 $\dfrac{d}{2}$를 대입하여 정리하면 $\dfrac{e}{m} = \dfrac{8V}{B^2d^2}$

정답 177. ① 178. ② 179. ⑤

180 단면적 S인 도선에서 전자들이 평균 v의 속력으로 운동할 때 전류의 세기는 어느 것인가? (단, 단위 체적당 전자의 수는 n, 전자의 전하량은 e이다.)

① $\dfrac{en}{vS}$ ② $\dfrac{env}{S}$
③ env ④ $envS$

해설 단면적 S를 전자들이 t초 동안 이동하였다면 t초 동안 휩쓸고 지나간 부피는 $V=Svt$이고, 그 부피 속에 총 자유 전자 수는 $N=nV=nSvt$이다. 전자의 전하량 e를 t초 동안 지난 총 전하량은 $Q=eN=enSvt$이며 전류 I는 $I=\dfrac{Q}{t}=Sevn$이다.

181 5[A], 100[V], 역률 0.8인 회로의 전력[W]은?

① 300[W] ② 400[W]
③ 500[W] ④ 600[W]

해설 $P=VI\cos\theta=100\times 5\times 0.8=400[W]$

182 용량 4[μF]의 축전기를 5[V]로 충전하였고, 이 축전기에 용량을 모르는 축전기를 병렬로 연결하였더니 4[V]로 되었다. 연결한 축전기의 용량은 얼마인가?

① $\dfrac{5}{4}$[μF] ② $\dfrac{4}{5}$[μF]
③ 9[μF] ④ 1[μF]

해설 4[μF]의 축전기에 충전된 전체 전기량 $Q=CV=4[\mu F]\times 5[V]=20[\mu C]$
연결한 축전기의 용량이 $x[\mu F]$라 하면, 합성 용량 $C'=4[\mu F]+x[\mu F]$
$Q=C'V$이므로, $20[\mu C]=(4+x)[\mu F]\times 4[V]$
$(4+x)[\mu F]=\dfrac{20[\mu C]}{4[V]}=5[\mu F]$ ∴ $x=5-4=1[\mu F]$

183 평행한 두 개의 도선을 0.1[m] 떨어뜨려 같은 방향으로 각각 1[A], 2[A]의 전류를 흐르게 할 때 도선 1[m]가 받는 힘은 얼마인가?

① $2\times 10^{-6}[N]$ ② $2\times 10^{6}[N]$
③ $4\times 10^{6}[N]$ ④ $4\times 10^{-6}[N]$

정답 180. ④ 181. ② 182. ④ 183. ④

해설 평행 도체 사이에 작용하는 힘 : 일정한 간격을 유지하고 평행을 이루는 2개의 도체에 전류가 흐르면, 각각의 도체에 힘이 작용하는데 한쪽 전류에 의한 자기장 내에 다른 전류가 흐르는 도체가 있기 때문이다.

$$F = 2 \times 10^{-7} \times \frac{I_1 \cdot I_2}{r} \text{이므로} \quad \therefore F = \frac{2 \times 1 \times 2}{0.1} \times 10^{-7} = 4 \times 10^{-6} [N]$$

184 어떤 저항에 100[V]의 전압을 가했을 때 3[A]의 전류가 흐르고 360[cal]의 열량이 생겼다. 전류가 흐른 시간은 몇[s]인가?

① 5　　　　　　　　　　　　② 10
③ 20　　　　　　　　　　　　④ 25

해설 $H = 0.24 I^2 R t \, [cal]$ 에서 $t = \dfrac{H}{0.24 I^2 R} = \dfrac{360}{0.24 \times 3^2 \times \left(\dfrac{100}{3}\right)} = 5 [\sec]$

185 10[A]의 전류를 흘렸을 때 전력이 50[W]인 저항에 30[A]의 전류를 흘렸을 때의 전력은?

① 350[W]　　　　　　　　　② 400[W]
③ 450[W]　　　　　　　　　④ 500[W]

해설 $P_1 = I^2 R, \; R = \dfrac{P_1}{I^2} = \dfrac{50}{100} = 0.5 [\Omega]$

$\therefore P_2 = (30)^2 \times 0.5 = 450 [W]$

186 그림과 같이 R_1이 4Ω이고 R_2가 2Ω일 경우 각 저항에 걸리는 전압비($V_1 : V_2$)와 흐르는 전류비($I_1 : I_2$)를 바르게 나열한 것은?

	$V_1 : V_2$	$I_1 : I_2$
①	1 : 1	1 : 2
②	1 : 1	2 : 1
③	1 : 2	1 : 1
④	2 : 1	1 : 2
⑤	2 : 1	2 : 1

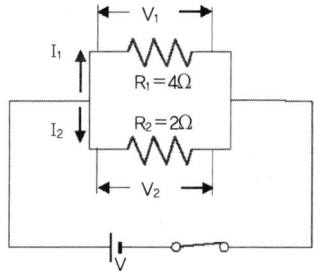

해설 병렬연결에서 전압의 크기는 같고, 전류는 저항과 반비례 관계이다.

정답 184. ①　185. ③　186. ①

187 그림은 우리 가정에서 사용하는 220V용 전기 기구를 나타낸 회로도이다. 현재 집안에 220V 교류전원이 들어오고, 모든 전기 기구가 정상적으로 작동된다면 옳은 것만을 〈보기〉에서 모두 고른 것은?

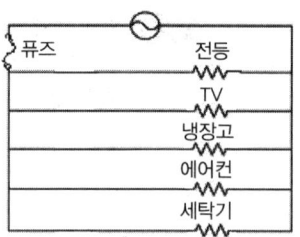

㉠ 각 전기 기구에 걸리는 전압은 220V로 모두 같다.
㉡ 에어컨을 끄면 바로 옆에 있는 냉장고나 세탁기에 좀 더 많은 전류가 흐른다.
㉢ 퓨즈에 흐르는 전류는 연결된 전기 기구 수와 관계없이 언제나 일정하게 흐른다.
㉣ 모든 전기 기구를 연결하여 사용하고 있을 때 갑자기 에어컨의 전원을 끄면 전체 합성저항은 증가한다.

① ㉠, ㉣
② ㉡, ㉢
③ ㉡, ㉣
④ ㉠, ㉡, ㉢
⑤ ㉡, ㉢, ㉣

해설 병렬연결이므로 전압은 같다. 각각의 전기 기구에 전압이 같으므로 다른 전기 기구의 영향을 받지 않으나 병렬연결된 전기 기구가 많을수록 합성저항이 감소하므로 퓨즈에 많은 양의 전류가 흐른다.

188 다음 중 투자율이 가장 작은 것은?

① 공기
② 강철
③ 주철
④ 페라이트

해설
- 강자성체($\mu_s \gg 1$) : 철, 니켈, 코발트, 망간 등
- 상자성체($\mu_s > 1$) : 주석, 백금, 공기 등
- 반자성체($\mu_s < 1$) : 물, 수소, 질소 등

189 $e = E_m \sin(wt + 30°)[V]$와 $i = I_m \cos(wt - 90°)[A]$와의 위상차는 몇 도인가?

① 30°
② 60°
③ 90°
④ 120°

해설 $i = I_m \cos(wt - 90°) = I_m \sin wt [A]$이므로 위상차는 30°이다.

정답 187. ① 188. ① 189. ①

190 검류계의 내부저항이 40[Ω]일 때, 0.4[V]의 전압을 걸었더니 전류계의 바늘이 최대 눈금을 가리켰다. 이 검류계를 10[A]용 전류계로 사용하려면 얼마의 저항을 병렬로 연결하면 되는가?

① 0.004Ω　　　　　　　　② 0.04Ω
③ 40Ω　　　　　　　　　④ 400Ω

해설
- 검류계의 허용 전류 I는 $I = \dfrac{0.4 volt}{40 \Omega} = 0.01(A)$
- 분류기의 저항을 x라 하면, $x \propto \dfrac{1}{I}$ 이므로, $x : 40\Omega = 0.01 : 10$

$\therefore x = \dfrac{0.4}{10} = 0.04(\Omega)$

191 그림과 같이 똑같은 규격의 막대자석을 유리관과 구리관 속으로 동시에 자유 낙하시켰을 때, 나타나는 현상에 대해 잘못 설명한 것은?

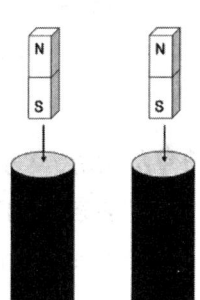

① 렌츠의 법칙과 관련 있다.
② 자석이 떨어지면 구리관 주위에 유도전류가 생긴다.
③ 자석이 들어오는 순간 구리관 위쪽 입구에서는 S극이 형성된다.
④ 구리관을 통과한 자석이 유리관을 통과한 자석보다 더 천천히 떨어진다.
⑤ 막대자석 대신에 더 자성이 강한 네오디뮴자석을 구리관 속으로 자유 낙하시키면 막대자석보다 더 빨리 떨어진다.

해설 자기장의 변화율에 따라 유도 기전력이 생기며, 자성이 강한 네오디뮴자석을 구리관이 자유 낙하시키면 막대자석보다 기전력을 많이 받으므로 천천히 떨어진다.

192 다음 회로의 3.0Ω 저항에서 소비되는 전력 [W]은? [10. 국가직 7급]

① 2　　　　　　　　② 3
③ 4　　　　　　　　④ 5

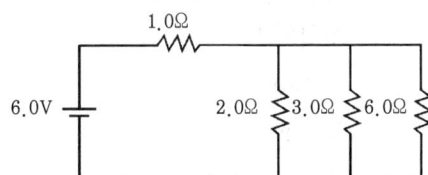

해설 병렬연결된 합성저항은 1Ω이다. 직렬연결된 1Ω 저항과 같으므로 전압은 1 : 1이다. 즉 3V의 전압이 걸려 있으므로 소비전력은 $p = \dfrac{V^2}{R} = \dfrac{3^2}{3} = 3W$이다.

정답 190. ② 191. ⑤ 192. ②

193 그림과 같이 같은 평면에 중심을 공유하는 반지름이 r과 2r 인 두 원형 도선이 있다. 반지름이 r인 도선에는 전류 I가 반시계 방향으로, 반지름이 2r인 도선에는 2I가 시계 방향으로 흐르고 있다면 원의 중심에서 자기장의 크기 B와 방향은? (μ_0는 진공에서의 투자율이다.)

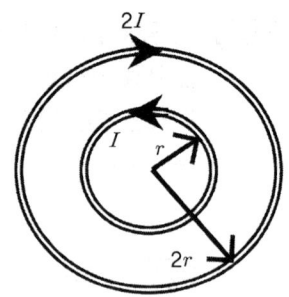

① B=μ_0I/r 지면에서 나오는 방향
② B=μ_0I/r 지면으로 들어가는 방향
③ B=3μ_0I/4r 지면에서 나오는 방향
④ B=3μ_0I/4r 지면으로 들어가는 방향
⑤ B=0

해설 자기장의 세기는 안쪽 원형 도선과 바깥 원형 도선이 만드는 반대이므로 다음과 같다.
$B = k\dfrac{I}{r} - k\dfrac{2I}{2r} = 0$이다.

194 100V용 500W의 전열기를 100V의 전원에 연결하였다. 이때 흐르는 전류와 전열기의 저항은 얼마인가?

① 5A, 20Ω
② 5A, 30Ω
③ 10A, 20Ω
④ 10A, 30Ω

해설 100[V]용 500[W]는 100[V] 전압에서 500[W]의 전력을 소비한다는 뜻이다.
$P = VI$에서 $500 = 100 \times I$, 따라서 $I = 5[A]$,
옴의 법칙 $V = IR$에서 $100 = 5 \times R$, $R = 20[\Omega]$

195 그림과 같은 회로에서 15Ω짜리 저항체 1개가 10초 동안 소모하는 에너지[J]는? (단, 도선의 저항은 무시한다.)
[13. 국가직 7급]

① 150
② 200
③ 250
④ 300

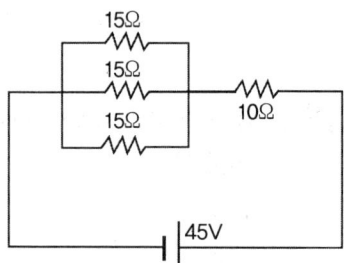

해설 병렬연결된 저항 15Ω 저항체 3개의 합성저항은 5Ω이다. 직렬연결된 저항체 10Ω과 저항비가 1 : 2이므로 전압비도 1 : 2이므로 병렬연결된 저항체 15Ω에 걸린 전압은 15V이다.
소모된 에너지 $P = \dfrac{V^2}{R} t$이므로 대입하여 계산하면 150J이다.

정답 193. ⑤ 194. ① 195. ①

196 저항값이 R인 전구 4개가 220V의 전원에 그림과 같이 연결되어 있는 회로가 있다. 이때, 어느 전구의 밝기가 가장 밝겠는가?

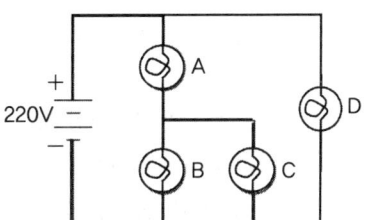

① A
② B
③ C
④ D
⑤ A, B, C, D 모두 같은 밝기

해설 $P=\dfrac{V^2}{R}$에서 R의 크기는 같고 B와 C는 병렬연결되어 있으므로 합성저항은 $\dfrac{R}{2}$, A의 저항 R과의 비는 1:2이므로 전압은 A에 $\dfrac{2}{3}V$, B와 C에 $\dfrac{1}{3}V$, D에 전압 V가 걸리므로 전구 D가 가장 밝다.

197 전하 2×10^{-9}C, 질량 2×10^{-3}kg을 갖는 두 개의 동일한 물체가 2×10^{-2}m만큼 떨어져 고정되어 있다. 두 물체를 움직일 수 있게 한다면, 두 물체의 최대 상대속력은? (단, 쿨롱 상수는 9×10^9N·m²/C²이다.) [15. 서울시 7급]

① 0m/s
② 0.02m/s
③ 0.04m/s
④ 0.06m/s

해설 전기장에 의한 위치에너지가 모두 운동에너지로 전환되었을 때의 속력을 구한다.

$$k\dfrac{Q^2}{r}=\dfrac{1}{2}(2m)v^2$$

$$v=\sqrt{\dfrac{kQ^2}{mr}}=\sqrt{\dfrac{9\times10^9\times4\times10^{-18}}{2\times10^{-2}\times2\times10^{-3}}}=\sqrt{9\times10^{-4}}=0.03 m/s$$

상대속도이므로 $2v=0.06 m/s$

198 50W의 전구를 30분 동안 사용할 때, 소모되는 에너지의 크기는? [18. 6. 서울시 7급]

① 25J
② 250J
③ 1,500J
④ 90,000J

해설 전기 에너지 $E=VIt=Pt$이며 전력은 초당 사용한 전기 에너지이므로
$E=VIt=50\times30\times60=90,000J$이다.

정답 196. ④ 197. ④ 198. ④

Chapter 03

199 균일한 자기장이 있는 공간으로 자기장에 수직으로 입사된 네 개의 대전 입자 A, B, C, D가 있다. 이 입자들이 모두 같은 전하량을 가지고 있다면 입사할 때 속력도 모두 같다. 이 네 개의 입자들이 원운동을 하며 벽면에 충돌한 위치가 다음 그림과 같을 때, 이 중에서 가장 질량이 큰 입자는? [18. 국가직 7급]

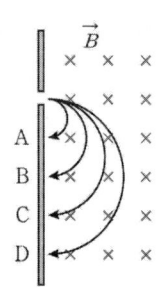

① A ② B
③ C ④ D

해설 $F = Bqv = \dfrac{mv^2}{r}$, $m = \dfrac{Bqr}{v}$ 이므로 원운동의 반지름이 가장 큰 D가 질량이 가장 크다.

정답 199. ④

CHAPTER 04

파동과 빛

01 파동
02 빛

CHAPTER 04 파동과 빛

> **출제포인트**
> 공무원 시험에서는 빛의 회절과 간섭에 관한 그림 문제가 자주 출제되었고, 또한 거울과 렌즈에서 상의 종류 및 위치에 관한 간단한 계산문제도 출제되었다. 특히 파동의 성질에 관한 자연 현상의 예도 정리해야 한다.

01 파동

1. 파동의 발생과 전파

수면 위에 돌을 던지면 물결이 사방으로 퍼져 나간다. 이와 같이 물질의 한 곳에서 생긴 진동 상태가 물질을 따라 퍼져 나가는 현상을 파동이라고 한다. 이때, 파동이 처음 발생한 곳을 파원이라 하고, 파동을 전달시켜 주는 물질을 매질이라고 한다. 파동이 진행함에 따라 매질은 이동하는 것이 아니고, 그 자리에서 진동만 할 뿐이다. 매질을 통하여 파원에서 발생한 에너지가 이동해 가는 것이 파동의 본질이다.

1 파동의 표시

파동은 삼각함수로 나타내는 것이 편리하다.

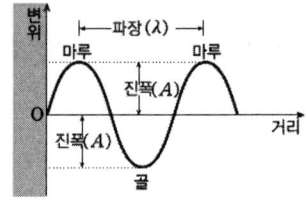 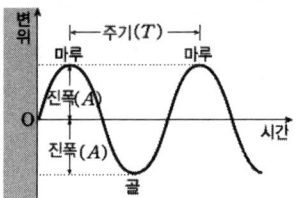

(1) **마루와 골**

횡파에서 매질의 변위가 (+)방향으로 최대인 점을 마루라 하고, (−)방향으로 최대인 점을 골이라고 한다.

(2) 진폭(A)

매질의 진동 중심에서 마루나 골까지의 거리, 즉 매질의 최대 변위를 뜻한다.

(3) 파장(λ)

매질이 한 번 진동하는 동안에 진행한 거리로, 위상이 같은 이웃한 두 점 사이의 거리를 뜻한다. 즉 마루와 마루 또는 골과 골 사이의 거리이다.

(4) 주기(T)

파동이 한 파장의 거리를 진행하는 데 걸리는 시간으로, 매질의 진동 주기와 같다.

(5) 진동수(f)

매질의 각 점이 1초 동안에 진동하는 횟수로, 주기와 진동수는 서로 역수관계에 있다

$$T = \frac{1}{f}(s),\ f = \frac{1}{T}(Hz)$$

▶ 파동에서 수평축이 거리축일 때에는 마루와 마루 사이가 파장(λ)이 되고, 수평축이 시간축일 때에는 마루와 마루 사이가 주기(T)가 된다.

참고

매질의 운동과 위상

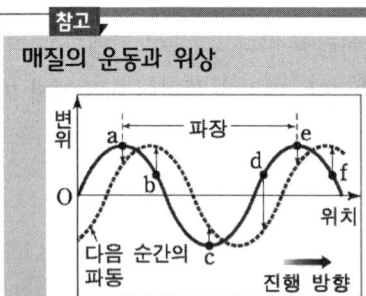

- **매질의 운동** : 파동의 실선의 모습에서 다음 순간 매질 a는 아래로, b, c는 위로, d, e는 아래로, f는 위로 움직이면서 점선과 같은 모양으로 파형이 이동한다.
- **위상** : 매질의 운동 상태(변위와 운동 방향)를 위상이라고 한다.

a와 e는 마루로, 마루와 마루는 변위와 운동 방향이 같으므로 위상이 같다. 위상이 같은 인접한 두 점 사이의 거리가 한 파장이다. b와 d는 변위는 같지만 운동 방향이 다르므로 위상이 다르다.

---

2 파동의 전파속도

$$v = f\lambda = \frac{\lambda(파장)}{T(주기)} = \frac{s(이동\ 거리)}{t(시간)}$$

파동의 전파속도는 파동의 진동수와 파장에 비례한다.
① 동일한 매질에서 파동의 속도는 일정하다.

② 진동수가 같을 때 파동의 속도가 **빠를수록** 파동의 파장이 길다.

③ 줄을 따라 진행하는 파동의 속도 $v = \sqrt{\dfrac{\tau}{\mu}}$ (τ : 줄의 장력, μ : 줄의 선밀도)

　㉠ 줄에서 탄성파의 속도는 매질의 탄성이 클수록 크다.
　㉡ 줄에서 탄성파의 속도는 매질의 선밀도(질량)가 작을수록 **빠르다**.

④ 매질에 따른 음파의 속도 : 고체 > 액체 > 기체이며, 공기 중에서 온도가 높을수록 빠르다.

⑤ 매질의 종류는 매질의 밀도와 관계없이 파동의 속력을 기준으로 속력이 **빠른** 매질을 소한 매질, 속력이 느린 매질을 밀한 매질로 구분한다.

3 파동의 세기

파동에너지는 파동의 진행과 함께 전달되므로 진행 방향으로 전파된다. 파동이 사방으로 균일하게 퍼져 나갈 때 파동의 파면(같은 위상의 점을 연결한 면)은 점점 더 넓어진다. 이때 에너지는 보존되어야 하므로 단위 면적당 에너지는 감소한다.

파동에너지는 단위 부피($1m^3$)속에 포함된 매질의 진동에너지를 말하며, 파동에너지를 U, 밀도를 ρ, 진폭을 A, 진동수를 f라고 할 때 파동에너지는 다음과 같다.

$$U = 2\pi^2 \rho f^2 A^2 \left(\rho = \dfrac{m}{V}\right)$$

파동이 전파될 때 진행 방향에 수직한 단위 면적($1m^2$)을 통하여 단위 시간(1초)에 지나는 파동에너지를 파동의 세기라고 한다.

파동의 속도가 v, 파동에너지가 U, 파동의 세기가 I이면

$$I = Uv = 2\pi^2 \rho f^2 A^2 v \; (J/m^2 \cdot s)$$

이고, 평면파의 경우 파동의 세기는 장소에 따라 변하지 않는다.

4 파동의 종류

(1) 횡파

매질의 진동 방향과 파동의 진행 방향이 서로 수직을 이루는 파동으로 횡파는 높아지는 부분과 낮아지는 부분이 생기므로 고저파라고도 한다.
　예 전파, 빛, 지진의 S파, 용수철 횡파 등

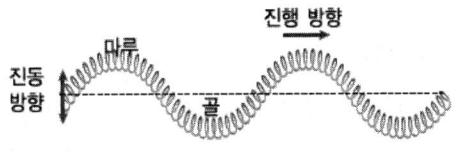

(2) 종파(소밀파)

매질의 진동 방향과 파동의 진행 방향이 일치하는 파동을 종파라 하고, 종파는 매질의 간격이 소한 부

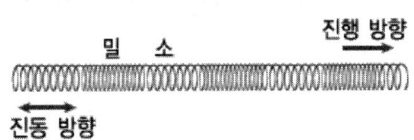

분(성긴 부분)과 밀한 부분(빽빽한 부분)이 생기면서 진행하므로 소밀파라고도 한다.
⑩ 음파, 초음파, 지진의 P파, 용수철 종파 등

(3) 종파의 횡파 표시법

종파를 실제 모양과 같이 그리기가 어려우므로, 종파의 x변위(수평 변위)를 횡파의 y변위(연직 변위)로 하여 그림과 같이 나타낸다.
밀한 부분은 마루에서 골로

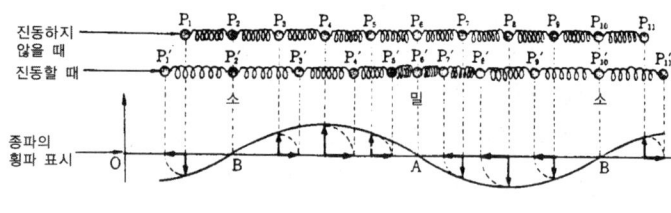

┃종파의 횡파 표시법┃

가는 중간점이 되고, 소한 부분은 골에서 마루로 가는 중간점이 된다.

(4) 탄성파와 전자기파 : 매질의 유무에 따른 구분

① **탄성파(역학적 파동)** : 매질을 통해 에너지를 전달
 ⑩ 물결파, 음파(소리), 지진파, 용수철 파동 등
② **전자기파** : 매질이 없어도 에너지를 전달
 ⑩ 감마(γ)선, X선, 자외선, 가시광선, 적외선, 전파 등

5 파동의 전파

(1) 평면파와 구면파

평면파	구면파
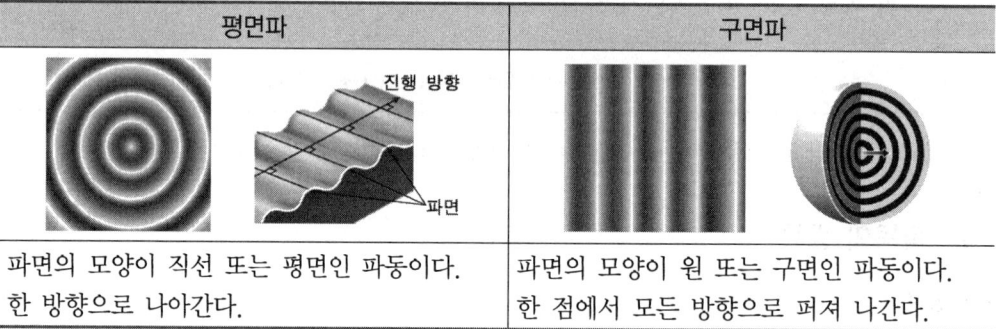	
파면의 모양이 직선 또는 평면인 파동이다. 한 방향으로 나아간다.	파면의 모양이 원 또는 구면인 파동이다. 한 점에서 모든 방향으로 퍼져 나간다.

(2) 파면

파동이 생긴 점을 파원이라고 한다. 파동이 퍼져나갈 때, 파원으로부터 같은 거리에 있는 점들은 같은 위상을 가지고 진동하게 된다. 이와 같이, 위상이 같은 모든 점들을 이은 면을 파면이라고 한다. 특히, 파면이 평면인 파동을 평면파라 하고, 구면인 파동을 구면파라고 한다.

(3) 펄스(Pulse)

파동처럼 연속적으로 진행하는 것이 아니라, 일시적으로 발생한 파동을 말한다.

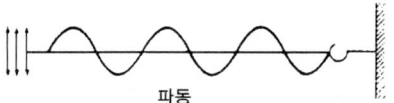
파동

펄스

(4) 하위헌스(Huygens)의 원리

파동이 전파될 때, 하나의 파면이 형성되면 그 위의 모든 점들이 새로운 파원으로 하는 2차적인 구면파에 공통으로 접하는 면이 다음 순간의 새로운 파면이 된다. 이것을 하위헌스의 원리라고 한다. 이때 2차적인 구면파의 속력은 그 매질 속에서의 파동의 속력과 같다. 그리고 파면의 진행 방향이 파동의 진행 방향이 되며, 파면과는 수직이다.

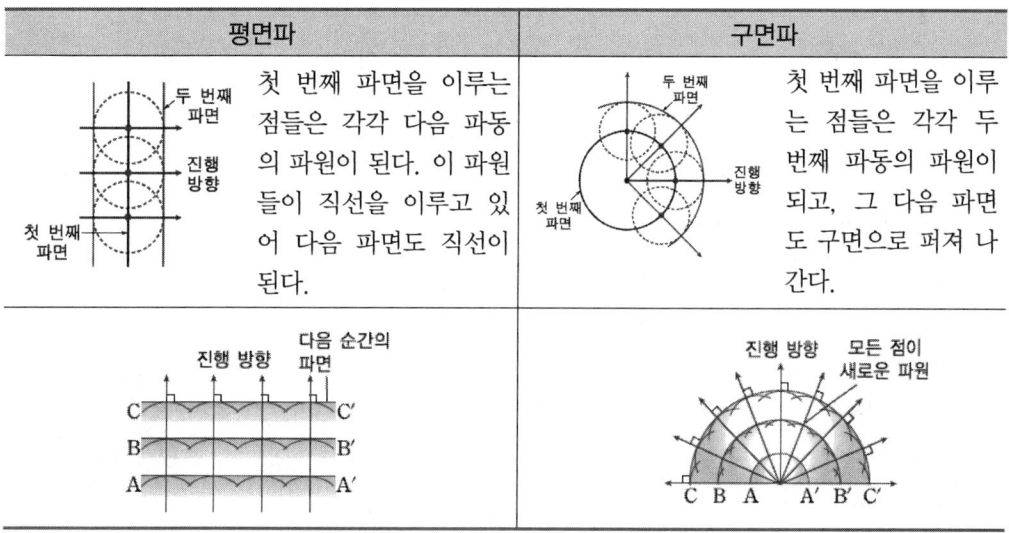

평면파	구면파
첫 번째 파면을 이루는 점들은 각각 다음 파동의 파원이 된다. 이 파원들이 직선을 이루고 있어 다음 파면도 직선이 된다.	첫 번째 파면을 이루는 점들은 각각 두 번째 파동의 파원이 되고, 그 다음 파면도 구면으로 퍼져 나간다.

2. 파동의 반사와 굴절

1 파동의 반사

(1) 반사의 법칙

파동이 장애물에 입사하여 반사할 때, 입사파와 반사파는 입사점에서 반사면에 세운 수선의 양쪽에 있으며, 동일 평면에 있고 입사각(i)과 반사각(i')은 같다.

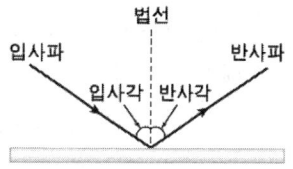

(2) 반사파의 위상

① 고정단(소→밀)에서의 반사 : $\frac{\lambda}{2}$ 또는 180°의 위상차가 생긴다.

② 자유단(밀→소)에서의 반사 : 위상차가 생기지 않는다.

고정단	자유단
입사파 / 반사파	입사파 / 반사파
입사파 → 반사파 ← 투과파	입사파 → 반사파 ← 투과파

(3) 하위헌스 원리를 이용한 반사 법칙 증명

입사하는 파면 OC와 반사하는 파면 AB가 있다. 점 O에 도달한 파동은 구면파를 만들어 같은 파면 위에 있는 점 C를 통과한 파동이 점 A에 도달하는 동안 구면파를 만들어 점 B를 통과한다. 반사가 되어도 파동의 진행 속도 v는 변하지 않으므로 같은 시간 t 동안 같은 거리 vt를 이동한다. 따라서 $\overline{OB} = \overline{AC} = vt$이다. $\overline{OA}$는 공통, $\angle B = \angle C = 90°$, $\overline{OB} = \overline{AC} = vt$이므로 두 삼각형은 합동이다. $\triangle OAB \equiv \triangle OAC$이며 따라서 $i = i'$으로 항상 같다.

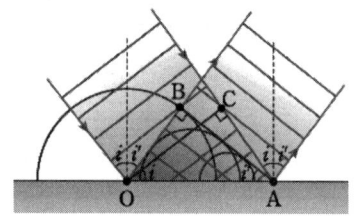

2 파동의 굴절

파동이 어떤 매질 속을 진행하다가 다른 매질로 비스듬히 입사하면 그 경계면에서 파동의 진행 방향이 바뀐다. 이와 같은 현상을 파동의 굴절이라고 한다. 파동이 굴절하는 것은 두 매질의 경계면에서 속도와 파장이 달라지기 때문이며, 이때 진동수는 변하지 않는다.

다음 그림에서 입사각을 i, 굴절각을 r이라 하고, 매질 Ⅰ, Ⅱ에서의 속도를 각각 v_1, v_2라고 하면, 입사각 $i = \angle Q'PQ$이고 굴절각 $r = \angle PQ'P'$이므로

$$\sin i = \sin \angle Q'PQ = \frac{v_1 t}{PQ'}$$

$$\sin r = \sin \angle PQ'P' = \frac{v_2 t}{PQ'}$$

따라서 매질 Ⅰ에 대한 매질 Ⅱ의 굴절률 n_{12}는

$$n_{12} = \frac{\sin i}{\sin r} = \frac{\frac{v_1 t}{PQ'}}{\frac{v_2 t}{PQ'}} = \frac{v_1}{v_2} = \frac{f\lambda_1}{f\lambda_2} = \frac{\lambda_1}{\lambda_2}$$ 이 된다.

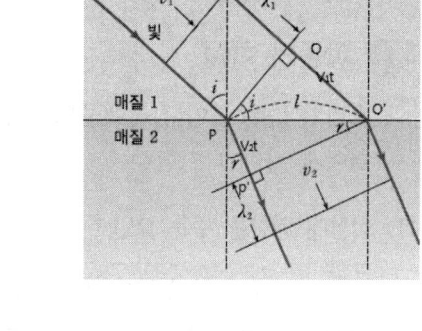

이 관계를 굴절의 법칙 또는 스넬의 법칙이라고 한다. 파동이 굴절할 때 위상과 진동수는 변하지 않는다. 굴절률이 큰 매질을(광학적으로) 밀한 매질, 굴절률이 작은 매질을 소한 매질이라고 한다.

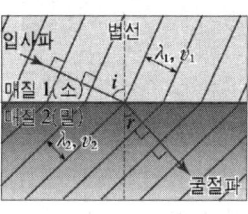
소한 매질 → 밀한 매질

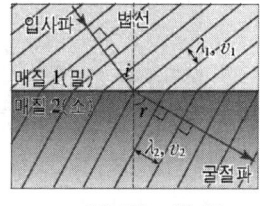
밀한 매질 → 소한 매질

$$n_{12} = \frac{v_1}{v_2} = \frac{\lambda_1}{\lambda_2} = \frac{\sin i}{\sin r} = \frac{n_2}{n_1} = 일정 \ (n_{12} : 매질 1에 대한 매질 2의 상대 굴절률)$$

낮과 밤의 소리의 굴절 : 낮에는 소리가 위로 굴절하고, 밤에는 소리가 아래로 굴절한다.

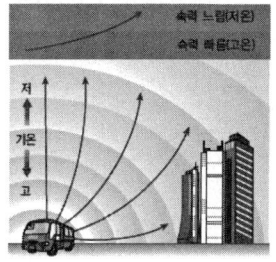   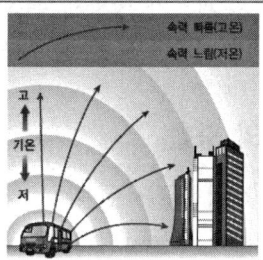

- 낮 : 높이 올라갈수록 기온이 낮아진다. ⇨ 소리의 속력이 느려진다. ⇨ 소리가 위로 휘어진다.
- 밤 : 높이 올라갈수록 기온이 높아진다. ⇨ 소리의 속력이 빨라진다. ⇨ 소리가 아래로 휘어진다.
- 소리가 휘어지는 이유 : 공기층의 온도가 연속적으로 변하므로 소리는 점진적으로 굴절되어 휘어진다.

3. 회절과 간섭

1 파동의 회절

소리가 좁은 틈이나 장애물의 가장자리를 지날 때 좁은 틈이나 장애물의 가장자리를 돌아서 휘어져 나아가는 현상

(1) **회절에 영향을 주는 요인** : 틈의 폭이 좁을수록, 소리의 파장이 길수록 회절이 잘 된다.

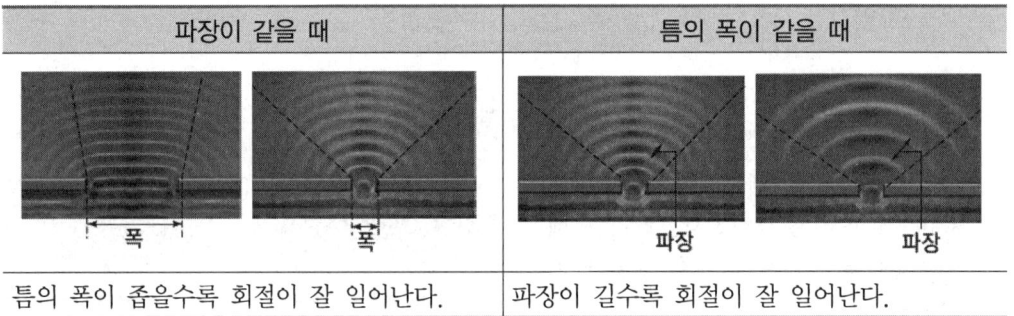

파장이 같을 때	틈의 폭이 같을 때
틈의 폭이 좁을수록 회절이 잘 일어난다.	파장이 길수록 회절이 잘 일어난다.

(2) 파동이 회절할 때 파동의 속력, 파장, 진동수는 변하지 않고, 진폭은 변할 수 있다.

(3) **소리의 회절의 예**

① 담 너머의 사람이 보이지 않아도 대화하는 소리는 들린다.
② 밀려온 파도가 방파제 뒤쪽까지 돌아 들어간다.
③ 건물 너머에서도 방송 전파를 수신할 수 있다.

2 파동의 중첩

그림과 같이 A, B 두 파동이 만나면 이들이 겹쳐서 합성파가 생긴다. 이 때 새로운 파동의 변위 y는 A, B 두 파동의 변위 y_1, y_2를 합성한 것과 같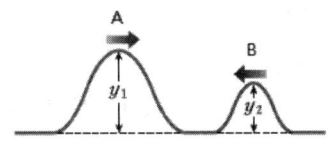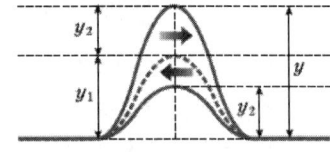

다. 이것을 파동의 중첩의 원리라고 한다.

$$y = y_1 + y_2$$

3 파동의 독립성

중첩된 후에 각각의 파동은 중첩되기 전 각 파동의 특성을 그대로 유지하면서 독립적으로 진행한다.

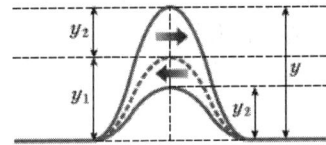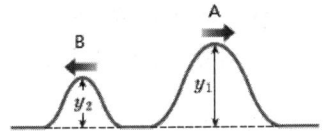

4 파동의 간섭

(1) 보강 간섭과 상쇄 간섭

두 개 또는 그 이상의 파동이 서로 중첩되어 진폭이 커지거나 작아지는 현상

① 보강 간섭 : 각 파동의 마루(골)와 마루(골)가 중첩되어 합성파의 진폭이 커지는 간섭

② 상쇄 간섭 : 각 파동의 마루(골)와 골(마루)이 중첩되어 합성파의 진폭이 작아지는 간섭

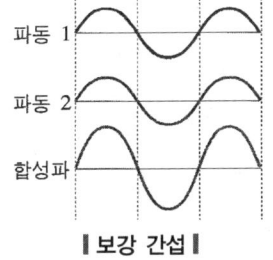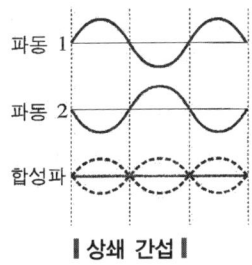

| 보강 간섭 | | 상쇄 간섭 |

(2) 간섭 조건

두 점파원 S_1, S_2에서 나온 파장이 같은 두 파동이 만나면 파동의 중첩의 원리에 따라 새로운 파동이 생긴다. 위상이 같은 두 파동이 서로 간섭을 일으킬 때, 두 파원으로부터 경로차가 반 파장 $\left(\dfrac{\lambda}{2}\right)$의 짝수배가 되는 곳에서는 보강 간섭, 두 파원으로부터 경로차가 반 파장 $\left(\dfrac{\lambda}{2}\right)$의 홀수배가 되는 곳에서는 상쇄 간섭이 일어난다.

① 보강 간섭 조건 : 경로차(Δ) $= \dfrac{\lambda}{2}(2m)$ ($m = 0, 1, 2, \cdots\cdots$) $\Rightarrow$ $0, \lambda, 2\lambda, 3\lambda, \cdots\cdots$

② 상쇄 간섭 조건 : 경로차(Δ) $= \dfrac{\lambda}{2}(2m+1)$ $m = 0, 1, 2, \cdots\cdots$) $\Rightarrow$ $\dfrac{1}{2}\lambda, \dfrac{3}{2}\lambda, \dfrac{5}{2}\lambda, \cdots\cdots$

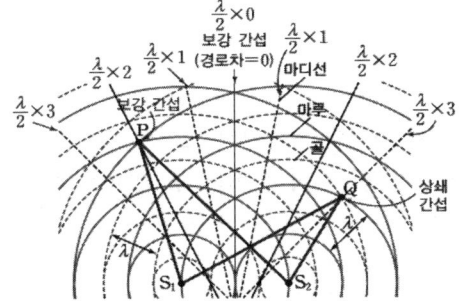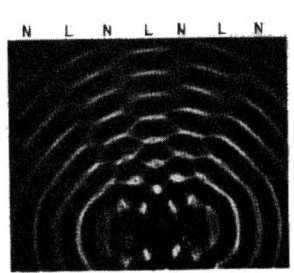

(3) 소음의 제거

소리의 간섭(상쇄 간섭)을 이용하여 소음을 줄일 수 있다.
- **예** 소음 제거 헤드셋, 소음 제거 휴대전화기
  비행기 엔진 소음 감소 장치

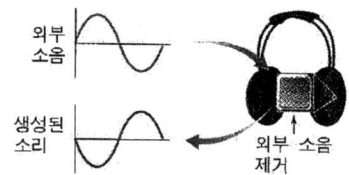

5 정상파

똑같은 두 파동이 서로 반대 방향으로 진행하다가 중첩되어 배와 마디가 나타나는 파동을 정상파라고 한다. 정상파에서는 배가 되는 곳은 항상 배, 마디가 되는 곳은 항상 마디가 되며, 배와 배, 마디와 마디 사이

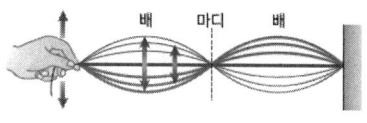

의 거리는 반 파장이다. 정상파는 진행하는 두 파동이 중첩되어 생기지만, 진동하는 배와 진동하지 않는 마디만 나타날 뿐 어느 쪽으로도 진행하지 않는 것처럼 보인다.

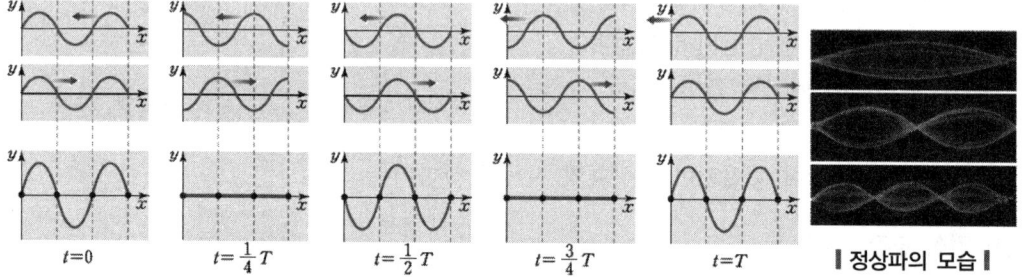

| 정상파의 모습 |

6 음파

(1) 음파의 속도

일반적으로, 음파의 속도는 밀할수록 빨라서 고체, 액체, 기체의 순으로 빠르다. 한편, 공기 중에서 음파의 속도는 기온의 영향을 가장 심하게 받는데, 0℃ 때의 음파의 속도는 331 m/s이고 기온이 1℃ 높아짐에 따라 0.6m/s씩 빨라진다. 따라서 대기 중에서 t ℃ 때의 음파의 속도 v_t는 다음과 같다.

$$v_t = 331 + 0.6t \, (m/s)$$

(2) 맥놀이

진폭이 같고 진동수가 비슷한 두 음파가 간섭을 일으키면 소리의 세기가 주기적으로 변하는데, 이와 같은 현상을 맥놀이라고 한다. 맥놀이의 횟수는 두 음파의 진동수의 차와 같다.

$$N = f_1 - f_2$$

(3) 도플러 효과(Doppler effect)

파원과 관측자의 상대적인 운동에 의해서 관측되는 음파의 진동수가 달라지는 현상

- **도플러 효과의 예** : 기차가 다가올 때에는 소리가 고음(큰 진동수)으로 들리지만, 기차가 멀어질 때는 소리가 저음(작은 진동수)으로 들린다.

① 음원과 관측자가 모두 정지해 있는 경우 : 음원 S에서 발생한 소리의 진동수, 파장 그대로 관측자가 듣게 된다.

② 음원만 운동하고 관측자는 정지해 있는 경우 : 음원과 가까워지는 관측자(A)는 같은 속도지만 짧은 파장으로 음을 듣게 되므로 높은 진동수의 음을 듣게 된다.

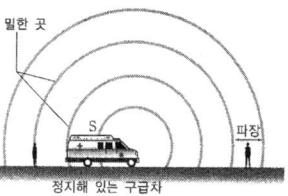

음원의 속력이 v_s, 소리의 속력이 v, 소리의 파장이 λ, 소리의 주기가 T, 관측자가 듣는 소리의 파장이 λ'라고 하면, 소리가 한 번 진동할 때마다 음원은 거리 $v_s T = \dfrac{v_s}{f}$만큼 진행하므로 파장의 변화는 $\Delta \lambda = \dfrac{v_s}{f}$가 되어 관측자 A가 듣는

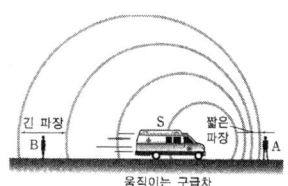

소리의 파장은 $\lambda' = \lambda - \dfrac{v_s}{f}$이다. 또한 $\lambda = \dfrac{v}{f}$이므로 관측자 A가 듣는 소리의 진동수 f'를 구해보면 다음과 같다.

$$f' = \frac{v}{\lambda'} = \frac{v}{\lambda - \Delta\lambda} = \frac{v}{\lambda - \dfrac{v_s}{f}} = \left(\frac{v}{v - v_s}\right)f$$

음원과 멀어지는 관측자(B)는 같은 속도지만 긴 파장으로 음을 듣게 되므로 낮은 진동수의 음을 듣게 된다. 관측자 A와 반대로 파장의 변화가 생기는데, 즉 다음과 같다.

$$f' = \frac{v}{\lambda'} = \frac{v}{\lambda + \Delta\lambda} = \frac{v}{\lambda + \dfrac{v_s}{f}} = \left(\frac{v}{v + v_s}\right)f$$

③ 음원은 정지하고 관측자만이 운동할 때(v_0 : 관측자의 속도)

구분	음원에 가까워질 때	음원에서 멀어질 때
속도(v')	$v + v_0$	$v - v_0$
파장	$\lambda = \dfrac{v}{f}$	
진동수(f')	$f' = \left(\dfrac{v + v_0}{v}\right)f$	$f' = \left(\dfrac{v - v_0}{v}\right)f$

④ 도플러 효과의 일반적인 관계식(음원과 관측자의 운동을 모두 고려한 경우)

$$f' = (\frac{v \pm v_0}{v \mp v_s})f \ (v_0 : 관측자의\ 속력,\ v_s : 음원의\ 속력)$$

(4) **충격파**

① 음원과 음파의 속력이 같을 때 : 음원이 소리의 속력과 같은 속력으로 날아가면 파동이 계속 중첩되어 음원 앞부분에 압축된 공기의 장벽을 만든다. 비행기의 음속 돌파를 어렵게 만든 원인이다.

② 음원의 속력이 음파보다 클 때 : 음원이 소리의 속력보다 빠르면 파원에서 발생한 소리의 파면이 서로 겹쳐 원뿔 모양의 파면인 마하 원뿔면이 생기며, 이 원뿔 모양의 파면이 지나갈 때 공기의 압력이 급격히 증가했다가 감소하게 되며 폭발음과 같은 굉음을 내는데, 이 현상을 충격파라고 한다. 이 폭발음을 소닉 붐이라고 한다.

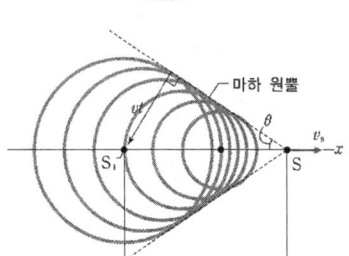

㉠ 마하 원뿔의 반각을 θ라고 하면 $\sin\theta = \dfrac{vt}{v_s t} = \dfrac{v}{v_s}$

㉡ 마하수 : 음원의 속도 v_s와 소리의 속도 v의 비

$$마하수 = \frac{v_s}{v} = \frac{1}{\sin\theta}$$

7 발음체의 진동

(1) **현의 진동**

현의 양 끝을 고정시키고 팽팽하게 당겨 진동시키면, 진행파와 반사파가 간섭하여 양 끝을 마디로 하는 정상파가 생긴다. 현의 길이를 l, 정상파의 파장을 λ라고 하면 다음 관계가 성립한다.

구분	기본 진동	2배 진동	3배 진동
진동의 모양	마디 $n=1$ 마디 $\lambda_1 = \dfrac{2l}{1}$	마디 $n=2$ 마디 $\lambda_2 = \dfrac{2l}{2}$	마디 $n=3$ 마디 $\lambda_3 = \dfrac{2l}{3}$
진동수	$f_1 = \dfrac{v}{\lambda} = \dfrac{v}{2l}$	$f_2 = \dfrac{2v}{2l} = 2f_1$	$f_3 = \dfrac{3v}{2l} = 3f_1$

> **참고**
> - n배 진동 : $\lambda_n = \dfrac{2l}{n}$, $f_n = \dfrac{nv}{2l} = nf_1$
> - 현 속을 지나는 음파의 속도 : $v = \sqrt{\dfrac{T}{\rho}}$ $\begin{bmatrix} T : \text{줄의 장력} \\ \rho(\text{선밀도}) : \text{줄 } 1cm \text{의 질량} \end{bmatrix}$

(2) 개관의 진동

양 끝이 열린 관을 개관이라고 한다. 개관에서는 양 끝이 모두 정상파의 배가 된다. 개관의 길이를 l, 정상파의 파장을 λ라고 하면 다음 관계가 성립한다.

구분	기본 진동	2배 진동	3배 진동
진동의 모양	$n=1$ $\lambda_1 = \dfrac{2l}{1}$	$n=2$ $\lambda_2 = \dfrac{2l}{2}$	$n=3$ $\lambda_3 = \dfrac{2l}{3}$
진동수	$f_1 = \dfrac{v}{\lambda} = \dfrac{v}{2l}$	$f_2 = \dfrac{2v}{2l} = 2f$	$f_3 = \dfrac{3v}{2l} = 3f$

> **참고**
> - n배 진동 : $\lambda_n = \dfrac{2l}{n}$, $f_n = \dfrac{nv}{2l} = nf$
> - 개관 속에서 음파의 속도 : 개관 속에서 공기가 진동하므로 $v = 331 + 0.6t$

(3) 폐관의 진동

한쪽 끝이 막힌 관을 폐관이라고 하며, 폐관에서 막힌 쪽은 정상파의 마디가 되고 열린 쪽은 정상파의 배가 된다. 폐관의 길이를 l, 정상파의 파장을 λ라고 하면 다음 관계가 성립한다.

Chapter 04

구분	기본 진동	3배 진동	5배 진동
진동의 모양	$n=1$ $\lambda_1 = \dfrac{4l}{1}$	$n=3$ $\lambda_2 = \dfrac{4l}{3}$	$n=5$ $\lambda_3 = \dfrac{4l}{5}$
진동수	$f_1 = \dfrac{v}{\lambda} = \dfrac{v}{4l}$	$f_2 = \dfrac{3v}{4l} = 3f_1$	$f_3 = \dfrac{5v}{4l} = 5f_1$

> **참고**
> - $(2n-1)$배 진동 : $\lambda_n = 4\dfrac{l}{(2n-1)}$, $f_n = \dfrac{(2n-1)v}{4l} = (2n-1)f_1$
> - 폐관 속에서 음파의 속도 : 폐관 속에서 공기가 진동하므로 $v = 331 + 0.6t$

8 공명

외부에서 가해 준 진동이 물체가 가지고 있는 고유 진동수와 같을 때, 보강 간섭에 의해 진폭이 커지는 현상

(1) 고유 진동수

현악기의 줄을 튕기거나 관악기를 불 때 정상파가 만들어지는 특정한 진동수

(2) 줄과 관에서의 공명 조건

공명으로 정상파가 만들어지면 진폭이 커져서 원래의 소리보다 더 큰 소리를 들을 수 있다.
① 양 끝이 고정된 줄에서 공명 조건 : 줄의 길이=소리의 반 파장의 정수배
② 양쪽 끝이 열린 관(개관)의 공명 조건 : 관의 길이=소리의 반 파장의 정수배
③ 한쪽 끝이 닫힌 관(폐관)의 공명 조건 : 관의 길이=소리의 $\dfrac{1}{4}$ 파장의 홀수배

> 기주 공명 : 소리굽쇠를 진동시켜 유리관 위에 가까이 한 후 수조를 천천히 내리면 소리가 크게 들린다.
> - 소리가 커지는 이유 : 유리관 내부의 공기의 진동과 소리굽쇠의 진동이 공명하기 때문이다. 즉, 유리관 내부의 공기 기둥이 진동하면서 폐관에서의 정상파가 만들어지기 때문이다.
> - 소리가 커지는 위치와 파장 사이의 관계 : 소리굽쇠에서 발생하는 소리의 파장은 λ라고 하면 첫 번째 큰 소리는 $l_1 = \dfrac{\lambda}{4}$ 인 곳, 두 번째 큰 소리는 $l_2 = \dfrac{3}{4}\lambda$ 인 곳에서 들린다.

(3) 공명의 이용

① 악기 : 공명을 이용하여 듣기 좋은 일정한 음파를 만들어 내는 장치로, 악기마다 독특한 정상파를 만든다.

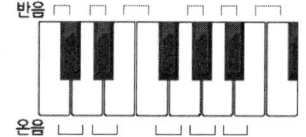
울림통(공명통)

㉠ 악기의 구조 : 소리가 발생하는 부분(발음부)과 발생한 소리를 크게 하는 부분(공명부)으로 구성

구분	원리	종류
현악기	줄의 공명을 이용	기타, 가야금, 바이올린, 피아노 등
관악기	관 내부의 공기의 공명을 이용	피리, 대금, 플루트, 클라리넷 등
타악기	판의 공명을 이용	북, 드럼, 장구 등

㉡ 공명장치 : 악기의 원음과 공명하여 소리를 크게 하는 장치로, 닫힌 관이나 열린 관 모양이다. 예 파이프 오르간의 파이프, 바이올린의 공명 상자, 해금의 공명통, 기타의 울림통 등

② 음정과 음계

㉠ 화음 : 높이가 다른 두 개 이상의 음이 동시에 울려 조화롭게 들리는 현상 ⇨ 소리의 진동수가 간단한 정수비인 (1 : 2, 2 : 3, 3 : 4 등) 관계에 있다(피타고라스 음계).

㉡ 음정 : 소리의 높이(진동수)가 서로 다른 두 음 사이의 간격 ⇨ 진동수의 비율로 나타내며, 두 음 사이의 진동수가 1 : 2인 음정 관계를 옥타브라고 한다.

- 반음 : 한 음과 인접한 음 사이의 음정
- 온음 : 반음의 2배 음정

㉢ 음계 : 어떤 기준음을 으뜸음으로 시작하여 한 옥타브 안에 일정한 음정으로 음을 차례로 늘어놓은 것 ⇨ 동양은 5음계, 서양은 7음계(피타고라스 음계 : 도레미파솔라시)를 기본으로 한다.

㉣ 평균율 : 440Hz를 표준 진동수로 하여 1옥타브를 12개의 반음으로 균일하게 나눈 것 ⇨ 평균율에 따른 음계는 한 옥타브 사이에 들어가는 음계의 숫자가 12개이므로 12음계라고 한다. ⇨ 한 음과 다음 음의 진동수 비는 $2^{\frac{1}{12}} = \sqrt[12]{2}$ 배 ≒ 1.06배이다.

예제

01 진폭이 2m인 파동이 오른쪽 그림과 같이 O점에서 A점까지 진행하는 데 $\frac{1}{3}$초 걸렸다. 이 파동의 전파속도는?

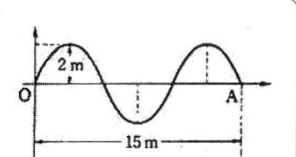

해설
$\begin{pmatrix} \text{파장 } \lambda = 10(\text{m}) \\ \text{주기 } T = \frac{1}{3} \times \frac{2}{3} = \frac{2}{9} \text{초} \end{pmatrix}$ $v = \frac{\lambda}{T} = \frac{10}{\frac{2}{9}} = 45(\text{m/s})$

답 45m/s

02 한 음원에서 발생한 음파가 공간을 퍼져 나가고 있다. 이 음원으로부터 $2r$ 떨어진 관측자의 귀에 도달하는 음파에너지는 r 떨어진 관측자의 귀에 도달하는 에너지의 몇 배인가?

해설 그림과 같이 음파에너지가 공간을 퍼져 나갈 때 거리가 2배가 되면, 같은 음파에너지가 4배 넓은 면적에 퍼지므로 같은 면적에 도달하는 음파에너지는 $\frac{1}{4}$이 된다.

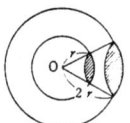

답 ▶ $\frac{1}{4}$

03 다음은 하위헌스의 원리에 대한 설명이다. 잘못된 것은?
① 파동의 진행 방향은 파면에 수직이다.
② 파면상의 모든 점은 이차적인 파면을 형성하기 위한 파원이 된다.
③ 파면이란 위상이 같은 점들을 연결한 면이다.
④ 파면의 진행 방향은 파면과 같은 방향이다.

해설 파동이 전파될 때, 하나의 파면이 형성되면 그 위의 모든 점들이 새로운 파원이 되어 거기서 나온 2차적인 구면파들의 공통 접선면이 다음 순간의 새로운 파면이 된다. 이때, 파면의 진행 방향이 파동의 진행 방향이 되며, 파면과는 수직이다.

답 ▶ ④

04 자유단을 향하여 그림과 같은 정현파(사인파)가 진행해 갈 때, 반사해 나오는 파동으로 옳은 것은?

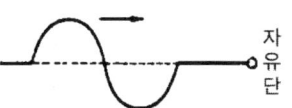

① 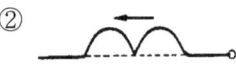   ②

③    ④

해설 자유단에서 반사해 나오는 파는 위상차가 생기지 않는다.

답 ▶ ①

05 A매질에서 B매질로 입사각 60°로 파동을 입사시켰더니 굴절각이 30°이었다. A매질에서의 파동의 속도가 1,732m/s이면 B매질 속에서 이 파동의 속도는 얼마인가?

해설 $n_{AB} = \dfrac{\sin i}{\sin r} = \dfrac{v_A}{v_B}$

$\dfrac{\sin 60°}{\sin 30°} = \dfrac{1,732}{v_B}$ 에서 ∴ $v_B ≒ 1,000 \text{(m/s)}$

답 ▶ 1,000m/s

06 공기 중에서 물속으로 음파가 진행할 때, 음파의 굴절률은 0.25라고 한다. 공기 중에서의 음파의 속도를 340m/s라고 하면, 물속에서의 음파의 속도는 얼마인가?

해설 $\begin{pmatrix} n_{공물} = 0.25 \\ v_{공} = 340(m/s) \end{pmatrix}$

$n_{공물} = \dfrac{v_{공}}{v_{물}}$

$0.25 = \dfrac{340}{v_{물}}$ 에서 ∴ $v = 1,360 (\text{m/s})$

답 1,360m/s

07 파장이 5m, 속력이 20m/s인 물결이 얕은 곳으로 진행하면서 그 속력이 12m/s로 되었다. 얕은 곳에서의 물결의 파장은 얼마인가?

해설 $\begin{pmatrix} \lambda_1 = 5\text{m} \\ v_1 = 20\text{m/s} \\ v_2 = 12\text{m/s} \end{pmatrix}$

$n_{12} = \dfrac{v_1}{v_2} = \dfrac{\lambda_1}{\lambda_2}$, $\dfrac{20}{12} = \dfrac{5}{\lambda_2}$ 에서 ∴ $\lambda_2 = 3(\text{m})$

답 3m

08 오른쪽 그림은 S_1, S_2의 두 파원에서 동시에 발생한 똑같은 두 개의 파동이 간섭하는 모양을 나타낸 것이다. 파원으로부터의 거리 r_1과 r_2의 차가 어느 것일 때 간섭이 가장 세게 일어나겠는가? (단, 파장은 λ이다.)

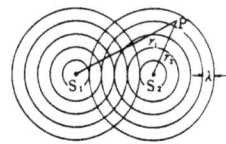

① $\dfrac{\lambda}{4}$ ② $\dfrac{\lambda}{2}$

③ λ ④ $\dfrac{3}{2}\lambda$

해설 $r_1 \sim r_2 = \dfrac{\lambda}{2}(2m)$일 때 합성파의 진폭이 최대가 된다.

$r_1 \sim r_2 = \lambda = \dfrac{\lambda}{2} \times 2$

답 ③

09 진동수가 400Hz인 진동체에서 나오는 음파가 있다. 기온이 20℃인 실내에서의 파장은 얼마나 되겠는가?

해설 $\begin{pmatrix} f = 400(\text{Hz}) \\ v = 331 + 0.6 \times 20 \\ = 343(\text{m/s}) \end{pmatrix}$ $v = f\lambda$ 에서

$\lambda = \dfrac{v}{f} = \dfrac{343}{400} ≒ 0.86(\text{m})$

답 0.86m

Chapter 04

10 간격이 10cm인 두 점 A, B에서 진폭 2cm, 파장이 4cm인 파동이 사방으로 퍼져 나가고 있다. A, B로부터 각각 30cm, 40cm 떨어진 곳에서의 합성파의 진폭은 얼마인가?

해설
$$\begin{cases} r_1 \sim r_2 = \dfrac{\lambda}{2}(2m) \cdots\cdots\cdots (보강 간섭) \\ r_1 \sim r_2 = \dfrac{\lambda}{2}(2m+1) \cdots\cdots (상쇄 간섭) \end{cases}$$

경로차 $= 30 \sim 40 = 10 = \dfrac{4}{2} \times 5$

즉, $\dfrac{\lambda}{2}$의 홀수배이므로 소멸 간섭, 그러므로 진폭은 0이다.

답 ▶ 0

11 (1) 진동수가 500Hz인 소리굽쇠 A와 이것보다 높은 소리를 내는 소리굽쇠 B가 있다. 두 소리굽쇠를 동시에 진동시켰더니 1분간에 120번 맥놀이가 들렸다. 소리굽쇠 B의 진동수는?
(2) 진동수 f인 소리굽쇠가 있다. 이 소리굽쇠와 263Hz의 소리를 동시에 들었더니 매초 3회의 맥놀이가 들렸고, 이 소리굽쇠와 258Hz의 소리를 동시에 들었더니 매초 2회의 맥놀이가 들렸다. 소리굽쇠의 진동수 f는?

해설

(1) $\begin{cases} 120회/분 = 2번/s \\ N = 2 \\ f_1 = 500 \\ f_2 > f_1 \end{cases}$ $N = v_1 \sim v_2$이고 $f_2 > f_1$이므로
$2 = f_2 - 500$
$\therefore f_2 = 502(\text{Hz})$

(2) $\begin{cases} f \sim 263 = 3 \text{에서 } f = 260 \text{ 또는 } 266 \\ f \sim 258 = 2 \text{에서 } f = 260 \text{ 또는 } 256 \end{cases}$
동시에 만족시키는 진동수는 260 Hz

답 ▶ (1) 502Hz (2) 260Hz

12 기차가 진동수 500Hz의 기적을 울리면서 다가오고 있다. 10m/s의 속도로 기차로부터 멀어져 가는 관측자에게 이 기차의 기적소리가 550Hz로 들렸다면, 기차의 속력은 얼마인가? (단, 음속은 340m/s이다.)

해설
$\begin{cases} f = 550\text{Hz} \\ f_0 = 500\text{Hz} \\ V = 340\text{m/s} \\ v_{사} = 10\text{m/s} \\ v_{차} = ? \end{cases}$ $f = f_0 \dfrac{V - v_{사}}{V - v_{차}}$
$550 = 500 \times \dfrac{340 - 10}{340 - v_{차}}$
$\therefore v_{차} = 40\text{m/s}$

답 ▶ 40m/s

13 (1) 장력을 가하여 팽팽해진 줄의 양 끝이 고정되어 있고 그 사이의 거리가 1m이다. 줄을 진동시켰을 때 나타나는 정상파의 가장 긴 파장은 얼마인가?
(2) 기온이 15℃일 때, 관의 길이가 34cm인 개관이 그림과 같이 진동하고 있다. 이 관에서 나오는 음의 진동수는 얼마인가?

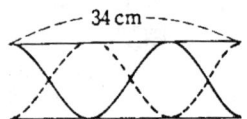

해설 (1) 기본 진동에서 정상파의 파장이 가장 길다.

$\dfrac{\lambda}{2}=1\text{m}$이므로 $\lambda = 2(\text{m})$

(2) 개관에서 문제의 그림과 같이 진동하면 제3배의 진동이다.

$\begin{pmatrix} v = 331 + 0.6 \times 15 = 340(m) = 340 \times 100(cm) \\ l = 34(cm) \end{pmatrix}$

$f = \dfrac{v}{\lambda} = 3 \times \dfrac{v}{2l} = 3 \times \dfrac{340 \times 100}{2 \times 34} = 1,500(\text{Hz})$

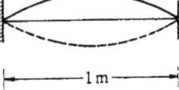

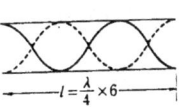

답 (1) 2m (2) 1,500Hz

02 빛

1. 빛의 성질

1 빛의 일반적인 성질

(1) 빛의 입자설

뉴턴은 빛은 매우 빠른 속도로 운동하는 입자의 흐름이라고 생각하였다.

다음은 빛의 입자설을 뒷받침하는 현상들이다.

① 빛의 직진과 반사, 물체의 그림자 등은 빛을 입자라고 생각하면 쉽게 설명할 수 있다.

② 빛을 흡수한 물체의 온도가 올라가는 것은 탄환이 벽에 박힐 때 벽의 온도가 올라가는 것과 같은 이치로 설명된다.

③ 광압현상과 광도, 조명도는 면에 도달한 빛을 입자의 수로 생각하면 쉽게 설명된다.

> **참고**
> **빛의 입자설의 모순점**
> 뉴턴은 빛이 다른 매질의 경계면에서 굴절하는 것도 빛의 입자와 매질 입자 사이에 인력이 작용하여 매질 속에서 빛의 속도가 빨라지기 때문이라고 설명하였다. 이에 의하면 굴절률이 큰 매질 속에서 속도가 빨라져야 하지만, 실제로는 그렇지가 않다. 또한, 빛의 회절, 간섭, 편광현상 등은 입자설로는 설명할 수가 없다.

(2) 빛의 파동설

하위헌스(Huygens)는 빛은 에테르(ether)라고 하는 가상적인 매질을 통해서 파동의 형태로 전달된다고 생각하였다. 이러한 생각은 빛의 반사, 굴절, 복굴절현상을 설명할 수 있었다. 이후 영(Young, T)과 프레넬에 의하여 빛의 간섭현상이 관측되었으며, 푸코(Foucault)에 의하여 빛의 속도가 진공 속에서보다 매질 속에서 더 느려진다는 것이 알려짐으로써 빛의

Chapter 04

파동설을 믿게 되었다. 그 후 영국의 맥스웰(Maxwell)이 전자기파의 존재를 예언하고 빛도 전자기파의 일종이라고 하였으며, 독일의 헤르츠(Hertz)는 전자기파를 발생시켜 이것이 빛과 같이 반사, 회절, 굴절현상을 일으키는 것을 확인함으로써 맥스웰의 이론을 뒷받침하였다.

(3) 빛의 이중성

아인슈타인의 광양자설에 의해 빛이 에너지를 가진 입자임이 증명됨으로써 오늘날에는 빛이 파동성과 입자성을 동시에 가진다는 설이 인정받고 있다.

즉, 빛은 에너지를 가진 입자가 파동처럼 운동하여 전파된다고 생각하고 있다. 여기서는 빛의 파동성으로 인하여 일어나는 현상인 굴절, 간섭, 회절 및 편광현상 등에 대하여 앞에서 배운 파동의 일반적인 성질과 비교하여 살펴보기로 하자.

2 빛의 전파속도

1676년 뢰머(Römer)는 목성에 있는 달의 운동을 관찰하여 빛의 속도를 처음으로 측정하였고, 피조(Fizeau)는 지상에서 회전하는 톱니바퀴를 이용하여 톱니바퀴 틈 사이를 지난 빛의 시간을 이용하여 빛의 속도를 구하였고, 푸코(Foucault)는 회전하는 거울을 사용하여 물속에서 광속을 처음으로 측정하였다. 미국의 마이컬슨(Michelson)은 가장 현대적인 방법으로 빛의 속도를 측정하였다. 8면경을 이용하여 빛이 먼 산을 왕복하는 시간을 측정, 광속을 알아내었다. 빛의 속도는 파장에 관계없이 일정하며, 진공 중에서의 빛의 속도 c는 다음과 같다.

$$c = 2.997925 \times 10^8 \text{m/s} \fallingdotseq 3 \times 10^8 \text{m/s}$$

3 빛의 회절과 간섭

(1) 이중 슬릿에 의한 빛의 간섭(영의 실험)

빛은 보강 간섭하면 밝아지고, 소멸 간섭하면 어두워진다. 앞의 파동의 간섭에서 알아본 바와 같이, 두 점파원으로부터 한 점 P까지의 경로차가 다음과 같다.

보강 간섭(밝은 무늬, 반 파장의 짝수배)	상쇄 간섭(어두운 무늬, 반 파장의 홀수배)
$d\dfrac{x}{L} = \dfrac{\lambda}{2}(2m)\ (m = 0, 1, 2, \cdots)$	$d\dfrac{x}{L} = \dfrac{\lambda}{2}(2m+1)\ (m = 0, 1, 2, \cdots)$

오른쪽 그림과 같이 슬릿 S에서 나온 파장 λ인 빛이 슬릿 S_1, S_2에서 회절하여 P점에서 만나면, 간섭하여 스크린에 명암의 무늬를 만들게 된다. 이 무늬를 회절에 의한 간섭 무늬라고 한다. 슬릿 S_1, S_2 사이

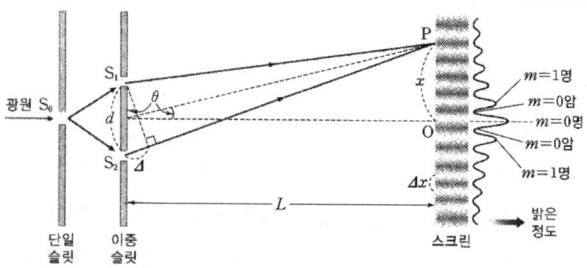

의 간격을 d, 슬릿과 스크린까지의 거리를 l, 중심으로부터 P까지의 거리를 x라고 하면 θ가 매우 작을 때 광로차 $S_1P \sim S_2P$는 $S_1P \sim S_2P \fallingdotseq S_2Q = d\sin\theta \fallingdotseq d\tan\theta \fallingdotseq d\dfrac{x}{l}$이다.

따라서 이중 슬릿에 의한 빛의 간섭 조건은

경로차 $S_1P \sim S_2P = d\sin\theta = \dfrac{\lambda}{2}(2m)$ → 밝은 무늬(보강 간섭)

경로차 $S_1P \sim S_2P = d\sin\theta = \dfrac{\lambda}{2}(2m+1)$ → 어두운 무늬(상쇄 간섭)

$$\overline{S_1P} = \overline{S_2P} = d\sin\theta \fallingdotseq d\tan\theta = d\dfrac{x}{L}$$

(2) 인접한 밝은 무늬 또는 어두운 무늬 사이의 간격(Δx)

중앙으로부터 m번째 밝은 무늬까지의 거리를 x_m이라 하면 $x_m = \dfrac{L\lambda}{2d}(2m)$이다.

$$\Delta x = x_{m+1} - x_m = \dfrac{L\lambda}{d}$$

(3) 빛의 간섭현상의 예

물 위에 뜬 기름막의 색깔 무늬, 입체 영상, 홀로그램 등

(4) 단일 슬릿에 의한 빛의 회절과 간섭

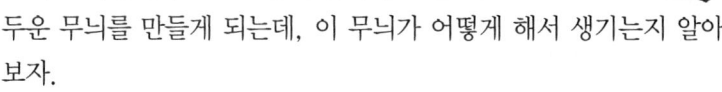

그림과 같이 단일 슬릿을 통하여 단색광을 보내면 회절되어 스크린상에 밝거나 또는 어두운 무늬를 만들게 되는데, 이 무늬가 어떻게 해서 생기는지 알아보자.

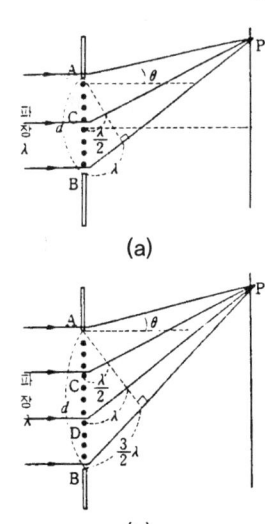

그림 (a)에서 광로차 $AP \sim BP = d\sin\theta = \lambda$이면 $AP \sim CP = \dfrac{\lambda}{2}$

가 되어 AP로 진행하는 빛과 CP로 진행하는 빛은 소멸된다. 같은 방법으로 A 바로 아래를 지나는 빛과 C 바로 아래를 지나는 빛도 소멸된다. 따라서 AC 사이를 지나는 모든 빛과 CB 사이를 지나는 모든 대응되는 빛이 소멸되어 스크린에 어두운 무늬를 만든다.

그러나 그림 (b)와 같이 광로차 $AP \sim BP = \dfrac{3}{2}\lambda$이면 $AP \sim DP$ $=\lambda$가 되어 위의 경우와 같으므로 소멸되지만, DB를 지나는 빛은 소멸되지 않아서 스크린 P에 밝은 무늬를 만든다.

$$AP \sim BP = d\sin\theta = \frac{\lambda}{2}(2m+1) \quad \rightarrow \text{밝은 무늬}$$

$$AP \sim BP = d\sin\theta = \frac{\lambda}{2}(2m) \quad \rightarrow \text{어두운 무늬}$$

(5) 얇은 막에 의한 간섭

비눗방울이나 물 위에 뜬 얇은 기름막이 착색되어 보이는 것은 빛의 간섭 때문이다. 그림과 같이 평행 광선이 두께 d인 얇은 막에 비스듬히 입사하면 A에서 굴절하여 C에서 반사되어 나오는 빛과 D에서 반사되는 빛이 만나서 간섭하게 된다. 매질 I, II, III의 굴절률을 각각 n_1, n_2, n_3라고 하면, 이 경우 광로차는 $2n_2AC - n_1BD$가 된다.

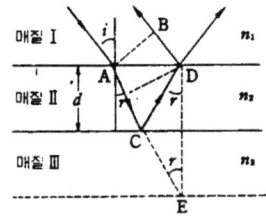

① $n_1 < n_2$이고 $n_2 < n_3$인 경우의 간섭(물 위에 뜬 기름막) : 매질 I보다 매질 II가 밀하고, 매질 II보다 매질 III이 밀하면 두 반사점 A, C에서 두 빛이 똑같이 위상이 180°씩 달라지므로, 두 광선의 위상차는 경로차에만 관계된다. 이때, 두 경로 사이에 포함된 파동수의 차이가 정수 m이면 두 광선은 E에서 만날 때 위상이 같으므로 서로 보강되어 밝아지고, 이 차이가 $\left(m+\frac{1}{2}\right)$이면 만날 때 위상이 180° 달라져서 서로 상쇄되어 어둡게 보인다.

$$2n_2AC - n_1BD = 2n_{12}d\cos r = \frac{\lambda_1}{2}(2m) \quad \rightarrow \text{보강 간섭(밝아진다)}$$

$$2n_2AC - n_1BD = 2n_{12}d\cos r = \frac{\lambda_1}{2}(2m+1) \quad \rightarrow \text{상쇄 간섭(어두워진다)}$$

② $n_1 < n_2$이고 $n_2 > n_3$인 경우의 간섭(비눗물 막) : 매질 I보다 매질 II가 밀하고, 매질 II보다 매질 III이 소하면 반사점 C에서는 위상이 바뀌지 않고, D에서는 위상이 바뀌므로 다음과 같다.

$$2n_2AC - n_1BD = 2n_{12}d\cos r = \frac{\lambda_1}{2}(2m) \quad \rightarrow \text{상쇄 간섭(어두워진다)}$$

$$2n_2AC - n_1BD = 2n_{12}d\cos r = \frac{\lambda_1}{2}(2m+1) \quad \rightarrow \text{보강 간섭(밝아진다)}$$

4 편광과 복굴절

(1) 편광

모든 방향으로 진동하는 자연광을 전기석에 통과시켜 보면, 전기석은 결정축에 나란하게 진동하는 빛만 통과시킨다. 이와 같이, 일정한 진동면을 갖는 빛을 편광이라고 한다. 그림 (a)와 같이 A와 B를 통과하지만, 그림 (b)와 같이 서로 수직일 때는 A를 통과한 편광이 B를 통과하지 못한다. 따라서 빛은 진행 방향과 진동 방향이 서로 수직임을 알 수 있고, 이것은 빛이 횡파임을 뜻한다. 종파에서는 편광현상이 일어나지 않는다.

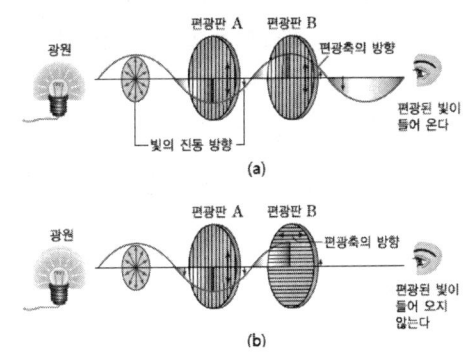

> **참고**
>
> **브루스터(Brewster)의 법칙**
> 자연광이 유리와 같은 매질에서 반사할 때에도 편광되는데, 그림과 같이 반사광과 굴절광이 서로 수직일 때 반사광은 완전 편광된다. 이것을 브루스터의 법칙이라 하고, 이때의 입사각을 편광각이라고 한다. 굴절률 n인 매질에 입사각 θ로 빛이 입사하여 완전 편광되었다면, 굴절의 법칙에서
> $$n = \frac{\sin\theta}{\sin r} = \frac{\sin\theta}{\sin(90°-\theta)} = \frac{\sin\theta}{\cos\theta} = \tan\theta$$
>
> |브루스터의 법칙|

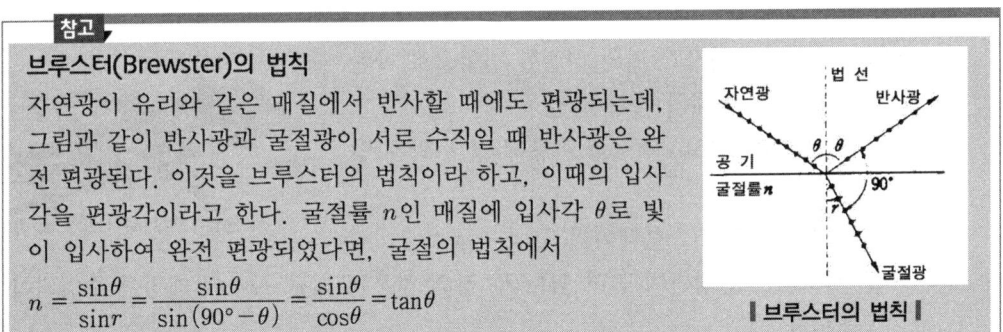

(2) 복굴절

빛이 방해석을 통과할 때 둘로 나누어지기 때문에 방해석을 통하여 물체를 보면 이중으로 보인다. 이것을 복굴절이라고 한다. 이때 굴절의 법칙에 따르는 광선을 정상 광선, 그렇지 않은 것을 이상 광선이라고 하며, 두 광선은 서로 90°로 편광되어 있다. 복굴절현상은 결정 속에서 빛의 속도가 방향에 따라 다르기 때문에 나타나는 현상이다.

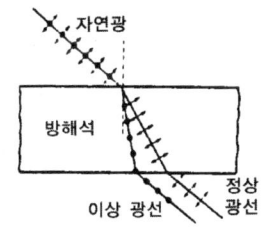

(3) 광도

광원의 밝기를 광도라 하고, 단위로는 칸델라(cd)와 촉광(cp)을 사용한다.
1cp = 1.0067cd ≒ 1cd

(4) 조명도

광원에서 나온 빛이 어떤 면에 닿을 때, 그 면의 밝기를 조명도라 하고 단위로는 럭스(lx)를 사용한다. 1cd의 광원으로부터 1m 떨어져 있는 광선에 수직인 면을 1럭스라고 한다.

> **참고**
>
> **조도에 관한 람베르트(Lambert)의 법칙**
> 점광원에 의한 어떤 면의 조명도(L)는 광원의 세기(I)에 비례하고 거리의 제곱에 반비례하며, 입사각 θ의 여현(cosine)에 비례한다.
> 즉, $L = \dfrac{I}{r^2}\cos\theta$ (점광원)
> 평행 광선에 의한 조명도는 거리와 무관하다.

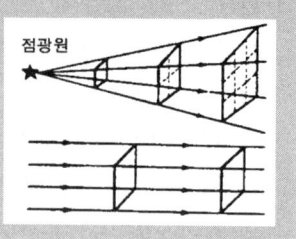

(5) 편광의 이용

암석의 성질을 조사하기 위해 사용하는 편광 현미경, 빛에 의한 눈부심을 막아주는 편광 선글라스, 영상 장치의 화면에 사용되는 액정 영상 장치(LCD), 입체 영화를 볼 때 사용하는 입체 안경 등이 있다.

① 액정 : 가늘고 긴 분자가 거의 일정한 방향으로 나란히 있는 고체와 액체의 중간 물질

② 액정 디스플레이(LCD) : 액정을 이용해 얇게 만든 영상 표현 장치

  ㉠ 액정 셀 : 액정 디스플레이의 구성 부품으로, 서로 직교하는 편광판이 붙어 있는 두 장의 얇은 유리판 사이에 액정이 주입되어 있는 구조이다.

  ㉡ LCD의 구조와 원리 : 광원에서 나온 빛을 액정에 걸린 전압과 컬러 필터로 빛의 양과 색을 조절하고 빛을 혼합하여 다양한 색을 표현한다.

화소 켜짐 (전압 없음, 액정 분자의 불규칙 배열)	화소 꺼짐 (전압 걸어줌, 액정 분자의 규칙적 배열)
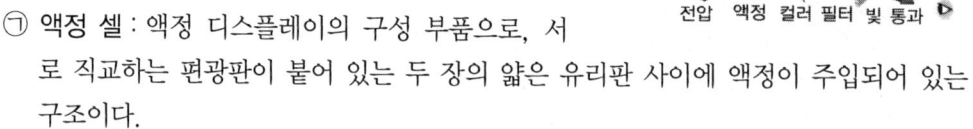	

2. 거울과 렌즈

1 빛의 반사

(1) 반사의 법칙

파동의 반사와 같다.

① 입사각과 반사각은 같다($i = i'$).

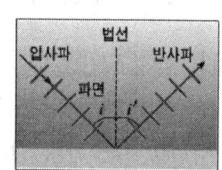

② 입사 광선과 반사 광선은 입사점에서 세운 수선(법선)의 양쪽에 있으며, 동일 평면 내에 있다.

> **참고**
>
> **빛의 산란**
> 빛이 분자와 같은 입자에 의하여 난반사하는 현상을 산란이라고 한다. 빛이 분자에 입사하면 빛에너지에 의해 분자 내의 전자가 진동을 하고, 이 전자의 진동이 다시 빛이 되어 사방으로 흩어지기 때문에 산란이 일어난다. 하늘이 푸르게 보이는 것이나 저녁놀이 붉게 물드는 것은 공기 분자에 의한 빛의 산란현상 때문이다. 빛의 산란의 세기 I는 $I \propto \dfrac{1}{\lambda^4}$이다.
> 따라서 파장이 짧은 빛일수록 산란이 잘 일어난다.

(2) 평면거울에 의한 상

평면거울 앞에 있는 물체 AB가 있을 때 물체에서 나온 빛이 반사의 법칙에 따라 반사하여 관측자의 눈에 도달하면 관측자에게는 반사된 빛이 마치 거울 뒤 A′B′에서 나오는 것처럼 보인다. 이때 A′B′을 AB의 허상이라고 한다. 평면거울에 의한 물체의 상은 거울면에 대칭인 곳에 생기고, 상의 크기는 실물의 크기와 같다.

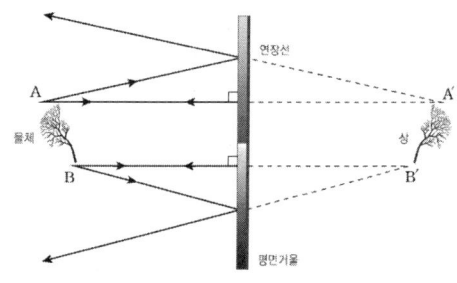

(3) 구면경

① 구면거울 용어
  ㉠ 구심(O 또는 C) : 거울을 이루는 곡면을 원 또는 구라고 하면, 그 원 또는 구의 중심
  ㉡ 거울 중심(M 또는 V) : 거울면의 중심
  ㉢ 광축(거울축) : 구심과 거울 중심을 지나는 직선
  ㉣ 초점(F) : 광축 가까이에서 광축과 나란하게 입사한 빛이 반사하여 모이는 광축 위의 지점
  ㉤ 거울 중심에서 초점까지의 거리는 거울 중심에서 구심까지 거리의 절반이다.
  따라서 $f = \dfrac{1}{2}r$ ($\overline{MF} = f$, $\overline{MO} = r$)

② **오목거울에 의한 상의 작도** : 오목거울에 입사한 빛도 반사의 법칙에 따라 반사한다.
  ㉠ 거울축에 평행하게 입사한 광선은 반사 후 초점을 지난다.
  ㉡ 초점을 지나는 광선은 반사 후 거울축에 나란하게 반사한다.

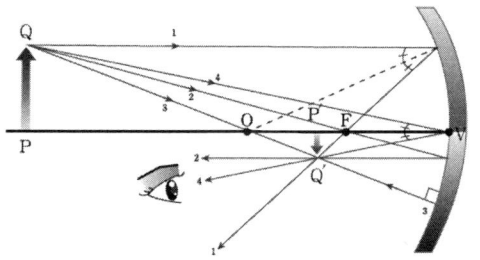

ⓒ 구심을 지나 입사한 광선은 반사 후 되돌아간다.
ⓓ 경심으로 입사한 광선은 입사각과 같은 각으로 반사한다.

③ 볼록거울에 의한 상의 작도

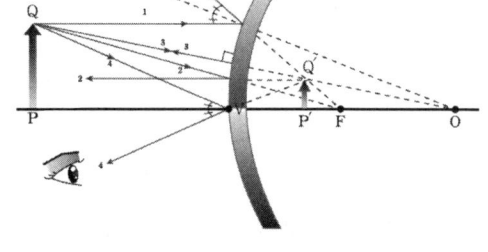

ⓐ 거울축에 평행하게 입사한 광선은 반사 후 허초점에서 나오는 것처럼 반사한다.
ⓑ 허초점을 향하여 입사한 광선은 거울축에 평행하게 반사한다.
ⓒ 구심을 향하여 입사한 광선은 반사 후 되돌아간다.
ⓓ 경심으로 입사한 광선은 입사각과 같은 각으로 반사한다.

④ 구면경의 공식

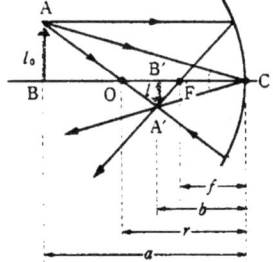

배율 $m = \dfrac{l}{l_0} = \dfrac{b}{a} (\because \triangle ACB \sim \triangle A'CB')$

$= \dfrac{r-b}{a-r} (\because \triangle AOB \sim \triangle A'OB')$

$\therefore \dfrac{b}{a} = \dfrac{r-b}{a-r}$

$br + ar + 2ab$의 양변을 $abr \neq 0$로 나누면

$\dfrac{1}{a} + \dfrac{1}{b} = \dfrac{2}{r} = \dfrac{1}{f} \begin{pmatrix} b > 0(실상), & b < 0(허상) \\ f > 0(오목거울), & f < 0(볼록거울) \end{pmatrix}$

$$m = \dfrac{l}{l_0} = \dfrac{b}{a}$$

⑤ 구면경의 수차 : 오목거울에 평행 광선을 입사시키면 반사 후 한 점에 모이지 않는다. 이와 같은 현상을 구면 수차라고 하는데, 구면 수차를 없앤 오목거울이 포물면경이다.

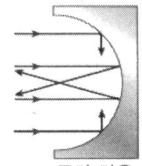 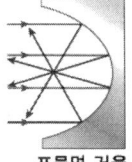

구면 거울   포물면 거울

(4) 구면거울에 의한 상의 위치와 종류

① 오목거울에 의한 상 : 도립 실상과 확대된 정립 허상이 나타난다.

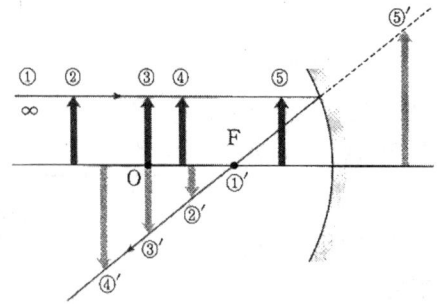

위치	$a=\infty$	$r<a<\infty$	$a=r$	$f<a<r$	$a=f$	$a<f$
	$b=f$	$f<b<r$	$b=r$	$r<b<\infty$	$b=\infty$	$b<0$
모양	점	축소된 도립 실상	같은 크기의 도립 실상	확대된 도립 실상	상이 생기지 않음	확대된 정립 허상

② 볼록거울에 의한 상 : 거울과 허초점 사이에서 항상 물체보다 작은 정립 허상이 나타난다.

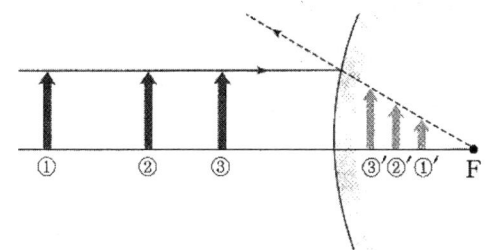

위치	$a=\infty$	$r<a<\infty$	$a=r$	$f<a<r$	$a=f$	$a<f$
	\multicolumn{6}{c	}{$-f<b<0$}
모양	\multicolumn{6}{c	}{항상 축소된 정립 허상}

2 빛의 굴절

(1) **스넬(Snell)의 법칙**

빛이 어떤 매질 속을 통과하다가 다른 매질 속으로 입사하여 굴절할 때

① 입사 광선과 굴절 광선은 입사점에 세운 수선의 양쪽에 있고, 동일 평면 내에 있다.

② 입사각과 굴절각의 사인값의 비, 즉 굴절률은 일정하다. 매질 Ⅰ, Ⅱ 속에서의 빛의 속도를 v_1, v_2, 파장을 λ_1, λ_2라고 하면, 매질 Ⅰ에 대한 매질 Ⅱ의 굴절률 n_{12}는,

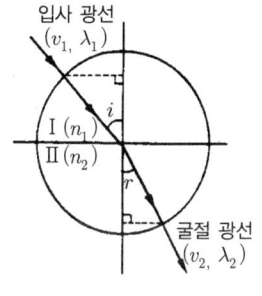

┃빛의 굴절┃

$$n_{12} = \frac{\sin i}{\sin r} = \frac{v_1}{v_2} = \frac{\lambda_1}{\lambda_2} = \frac{n_2}{n_1}$$

이것을 굴절의 법칙 또는 스넬의 법칙이라고 한다.

(2) **절대 굴절률**

빛이 진공 중에서 어떤 매질 속으로 입사할 때의 굴절률을 그 매질의 절대 굴절률이라고 한다. 진공 중에서 빛의 속력이 c, 매질 1, 2에서의 빛의 속력이 각각 v_1, v_2, 매질의 절대 굴

절률이 각각 n_1, n_2이면 다음과 같은 관계가 있다.

$$n_1 = \frac{c}{v_1},\ n_2 = \frac{c}{v_2}$$

(3) 전반사

빛이 광학적으로 밀한 매질에서 소한 매질로 입사할 때는 굴절각이 크다. 굴절각이 90°일 때의 입사각을 임계각이라고 하며, 임계각보다 큰 각으로 입사한 광선은 전부 반사하는데, 이를 전반사라고 한다. 오른쪽 그림에서 매질 Ⅰ에 대한 매질 Ⅱ의 굴절률은 n_{12}, 임계각을 i_c라고 하면,

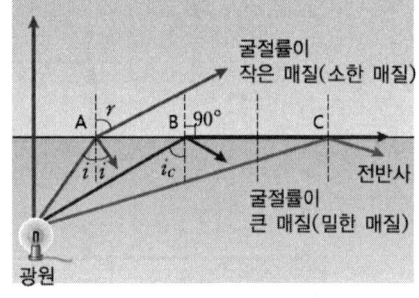

$$n_{12} = \frac{\sin 90°}{\sin i_c} \Rightarrow \sin i_c = \frac{1}{n_{12}}$$

① 빛이 임계각보다 작은 입사각으로 입사한다(A). ⇨ 경계면에서 빛의 일부는 반사하고 일부는 공기로 굴절하여 나간다.
② 빛의 입사각이 점점 커지면, 굴절각도 점점 커진다. 이때 입사각이 임계각과 같아질 때, 굴절각이 90°가 된다(B). ⇨ 빛의 일부는 반사하고, 일부는 경계면을 따라 진행한다.
③ 빛의 입사각이 임계각보다 크다(C). ⇨ 공기 중으로 굴절해 나가는 빛이 없이, 경계면에서 모두 반사하는 전반사가 일어난다.

> **참고**
>
> **전반사 프리즘**
> 밀한 매질에서 소한 매질로 진행하는 빛이 임계각보다 큰 각으로 입사할 때 전반사가 일어난다.

굴절률이 $\frac{3}{2}$인 유리의 임계각은 $\sin\theta_c = \frac{2}{3}$에서 약 42°이다. 그러므로 유리에서 공기 중으로 42°보다 큰 각으로 입사하면 전반사가 일어난다. 이것을 이용하여 빛의 진로를 90°, 180°로 바꿀 수 있다.

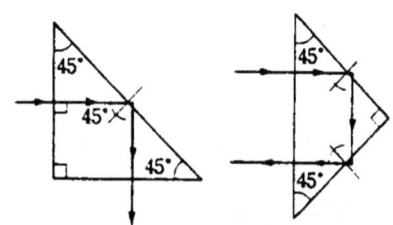

(4) 겉보기 깊이

물속에 있는 물체를 바로 위에서 보면 떠올라 보이는데, 그 깊이를 겉보기 깊이라고 한다. 아래 그림에서와 같이 Q를 A에 가까이 접근시킬 때,

$PQ = PA = h$,　$P'Q = P'A = h'$이다.

$\therefore n = \dfrac{\sin i}{\sin r} = \dfrac{\dfrac{AQ}{P'Q}}{\dfrac{AQ}{PQ}} = \dfrac{PQ}{P'Q} = \dfrac{h}{h'}$

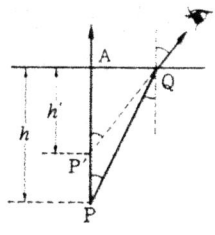

즉, 굴절률 n인 물속 깊이 h인 곳에 있는 물체의 겉보기 깊이 h'는, $h' = \dfrac{h}{n}$이다.

(5) 렌즈

① 볼록렌즈에 의한 상의 작도

㉠ 광축에 평행하게 입사한 광선은 굴절 후 초점을 지난다.

㉡ 초점을 지나는 광선은 굴절 후 광축에 평행하게 진행한다.

㉢ 렌즈의 중심을 지나는 광선은 직진한다.

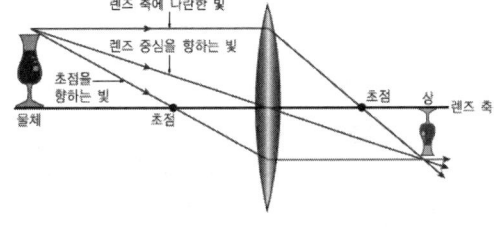

② 오목렌즈에 의한 작도

㉠ 광축에 평행하게 입사한 광선은 굴절 후 허초점에서 나오는 것처럼 진행한다.

㉡ 허초점을 향하여 입사한 광선은 굴절 후 광축에 나란하게 진행한다.

㉢ 렌즈의 중심을 지나는 광선은 직진한다.

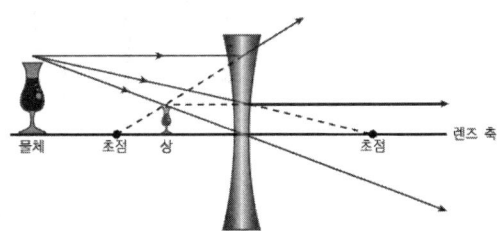

③ 렌즈의 공식

배율 $m = \dfrac{l}{l_0} = \dfrac{b}{a}$ ($\because \triangle ABC \sim \triangle A'B'C$)

$= \dfrac{b-f}{f}$ ($\because \triangle FCC' \sim \triangle FA'B'$)

$\therefore \dfrac{b}{a} = \dfrac{b-f}{f}$에서 $bf + af = ab$

양변을 $abf \neq 0$로 나누면,

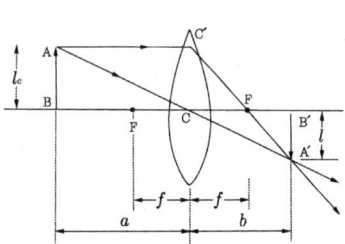

$$\boxed{\dfrac{1}{a} + \dfrac{1}{b} = \dfrac{1}{f}}$$
$\left(\begin{array}{ll} b > 0 (\text{실상}), & b < 0 (\text{허상}) \\ f > 0 (\text{볼록렌즈}), & f < 0 (\text{오목렌즈}) \end{array} \right)$

Chapter 04

(6) 구면렌즈에 의한 상의 위치와 종류

① 볼록렌즈에 의한 상 : 도립 실상과 확대된 정립 허상이 나타난다.

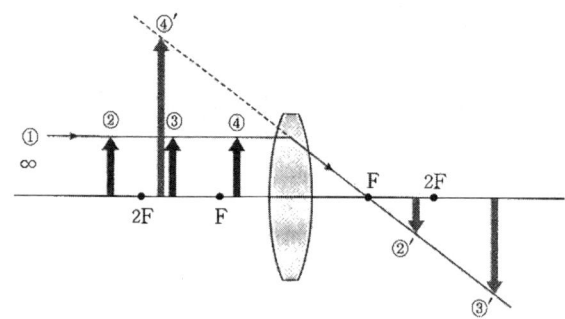

위치	$a = \infty$	$2f < a < \infty$	$a = 2f$	$f < a < 2f$	$a = f$	$a < f$
	$b = f$	$f < b < r$	$b = 2f$	$2f < b < \infty$	$b = \infty$	$b < 0$
모양	점	축소된 도립 실상	같은 크기의 도립 실상	확대된 도립 실상	상이 생기지 않음	확대된 정립 허상

② 오목렌즈에 의한 상 : 렌즈와 초점 사이에서 항상 물체보다 작은 정립 허상이 나타난다.

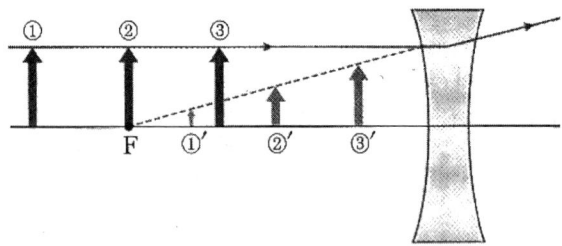

위치	$a = \infty$	$r < a < \infty$	$a = r$	$f < a < r$	$a = f$	$a < f$
	\multicolumn{6}{c}{$-f < b < 0$}
모양	\multicolumn{6}{c}{항상 축소된 정립 허상}

> **참고**
>
> **렌즈의 수차**
> - **구면 수차** : 렌즈에 평행 광선을 입사시키면 굴절 후 한 초점에 정확히 모이지 않는다. 이와 같은 현상을 구면 수차라고 한다.
> - **색수차** : 렌즈에 자연광(백색광)을 입사시키면 색광에 따라 굴절률이 다르므로 색광마다 초점의 위치가 조금씩 다르게 된다. 이와 같은 현상을 색수차라고 한다.
>
>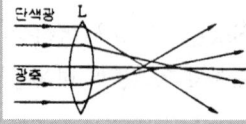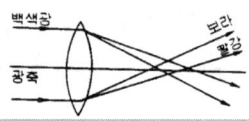

3 빛의 분산과 스펙트럼

(1) 빛의 분산

햇빛을 프리즘에 통과시켜 스크린에 비추면, 파장이 짧을수록 굴절률이 커져 7가지 색광으로 나누어지는 것을 볼 수 있다. 이와 같은 현상을 빛의 분산이라 하고, 분산된 색의 띠를 스펙트럼이라고 한다. 또, 백색광과 같이 프리즘에 의하여 분산되는 빛을 복색광이라 하고, 분산되지 않은 빛을 단색광이라고 한다.

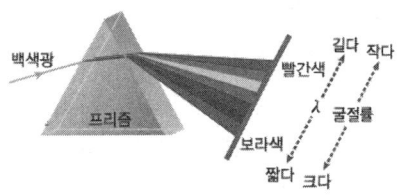

(2) 스펙트럼의 종류

① 연속 스펙트럼 : 고온의 고체나 액체에서 나오는 빛을 프리즘에 분산시켜 보면, 빨강에서 보라까지 연속된 색의 띠가 나타나는데, 이것을 연속 스펙트럼이라고 한다.

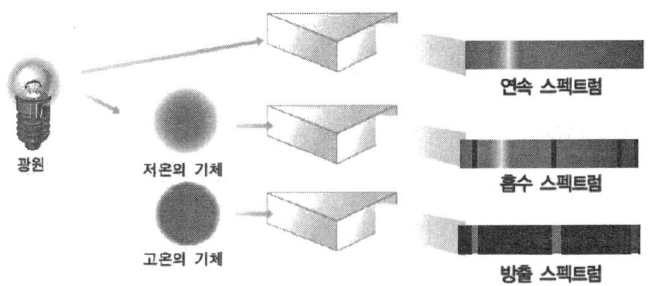

∥ 스펙트럼의 종류 ∥

② 선 스펙트럼 : 고온의 기체에서 나오는 빛을 프리즘에 분산시켜 보면, 그 기체 특유의 색광만 밝은 선으로 나타나는데, 이것을 (휘)선 스펙트럼이라고 한다.

③ 흡수 스펙트럼 : 연속 스펙트럼을 나타내는 백색광을 저온의 기체 속으로 통과시키면, 그 기체가 높은 온도에서 내는 빛을 흡수하여 연속 스펙트럼에 검은 선이 나타나는데, 이것을 흡수 스펙트럼이라고 한다. 태양 스펙트럼에서 발견되는 흡수 스펙트럼을 프라운호퍼 선(Fraunhofer line)이라고 하는데, 이것은 저온의 태양 공기에 의하여 빛의 일부가 흡수되기 때문이다.

4 광학 기기의 구조와 원리

(1) 카메라

카메라는 많은 양의 빛을 통과시키면서 스크린에 빛을 맺히게 하기 위하여 볼록렌즈를 사용한다. 물체에서 나온 빛이 렌즈에서 굴절하여 스크린의 한 점에 맺히면서 상을 만드는데, 스크린에 뚜렷한 상이 생기지 않으면 렌즈의 위치를 앞뒤로 조절하여 뚜렷

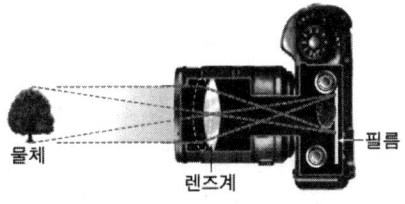

제4장 파동과 빛 421

한 상을 만든다. 조리개로는 빛이 들어오는 양을 조절하고 셔터로는 빛이 들어오는 시간을 조절하여, 볼록렌즈에 의한 실상을 필름 위에 맺게 해서 감광시키는 장치이다.

(2) 현미경

대물렌즈의 초점 바로 밖에 있는 물체의 실상을 접안렌즈의 초점 바로 안에 만들어, 접안렌즈에 의해서 확대된 허상을 명시거리에 맺히게 하는 장치이다.

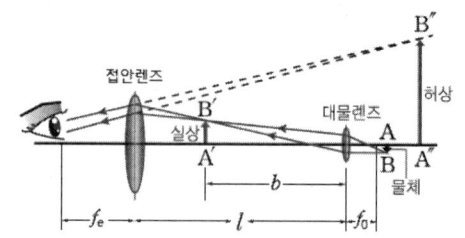

접안렌즈에 의한 배율을 m_e, 대물렌즈에 의한 배율을 m_0, 현미경의 통의 길이를 l, 명시거리를 $D(25\text{cm})$라고 하면, 현미경의 배율 m은,

$$m = m_e \times m_0 = \frac{D}{f_e} \times \frac{l}{f_0}$$

(3) 망원경

렌즈 또는 거울을 사용하여 멀리 떨어진 물체를 관찰하는 광학 기기

① **각배율** : 그림과 같이 AB가 A에 있을 때의 시각을 α, A´에 있을 때의 시각을 β라고 하면, AB가 A´에 있을 때는 마치 AB˝가 A에 있을 때처럼 커 보인다. 이때 배율을 m이라고 하면,

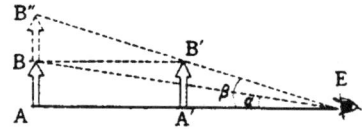

$$m = \frac{AB''}{AB} = \frac{AB''/EA}{AB/EA} = \frac{\tan\beta}{\tan\alpha}$$

즉, 시각에 대한 tan비가 각배율이다.

② **망원경의 작용** : 먼 곳에 있는 물체를 초점거리가 긴 볼록렌즈를 대물렌즈로 사용하여 실상(A´B´)을 접안렌즈의 초점거리 안에 만들고, 초점거리가 짧은 접안렌즈에 의하여 확대된 허상(A˝B˝)을 보다 가까운 곳에 만들어 보는 것이 망원경이다.

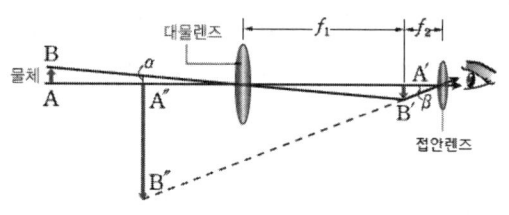

③ **망원경의 배율**

위 그림에서 $m_{각} = \frac{\beta}{\alpha} \approx \frac{\tan\beta}{\tan\alpha} = \frac{\overline{A'B'}/f_1}{\overline{A'B'}/f_2} = \frac{f_1}{f_2}$

($\because \alpha, \beta$가 매우 작기 때문, f_1 : 대물렌즈의 초점거리, f_2 : 접안렌즈의 초점거리)

④ **분해능** : 인접한 두 물체의 형태를 구분해 내는 능력

㉠ 먼 곳에 있는 인접한 두 물체는 빛의 회절현상 때문에 구분하기 어렵다.

ⓒ 대물렌즈의 지름이 크고 빛의 파장이 짧을수록 회절현상이 적어 분해능이 높다.

(4) 망원경의 종류

① 케플러식 망원경 : 두 개의 볼록렌즈를 사용하여 대물렌즈는 물체에서 나온 빛을 모아 도립 실상을 만들고, 이 실상은 접안렌즈에 의해 확대된 도립 허상으로 보이게 된다.

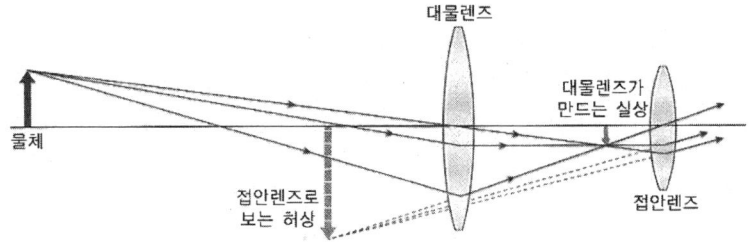

② 갈릴레이식 망원경 : 대물렌즈를 볼록렌즈로, 접안렌즈를 오목렌즈로 하여 대물렌즈의 실상이 접안렌즈의 물체가 되어 정립 허상을 만드는 망원경이다.

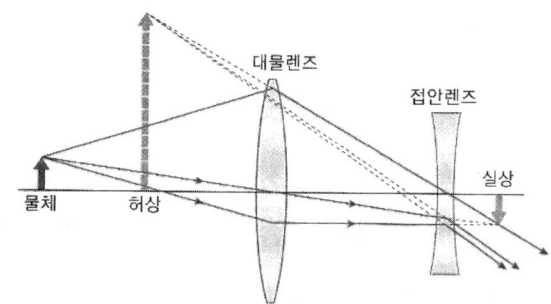

③ 뉴턴식 망원경 : 오목거울과 반사경을 이용한 망원경이다. 빛을 모으는데 오목거울을 이용하고, 접안렌즈로 볼록렌즈를 사용한다. 색수차가 없고, 보다 밝은 상을 관찰할 수 있다.

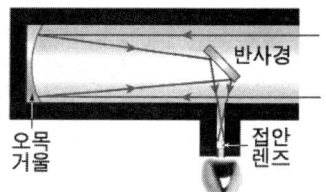

(5) 빔 프로젝터

영상을 확대하여 스크린에 비추는 투영기이다.
물체와 볼록렌즈 사이의 거리가 상과 볼록렌즈 사이의 거리보다 짧아 스크린에 물체보다 큰 실상이 생긴다.

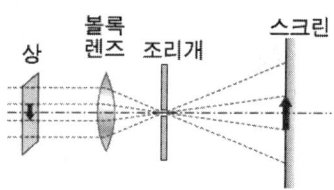

3. 시각

1 눈과 안경

(1) 눈의 작용

사람의 눈은 수정체가 렌즈의 역할을 하는 광학기계라고 할 수 있다. 눈은 물체의 위치에 따라 수정체의 두께를 조절하여 망막에 상을 맺히게 한다. 눈의 피로를 가장 적게 하고 정확히 볼 수 있는 거리를 명시거리(정상안 : 25cm), 가장 멀리 볼 수 있는 거리를 원점거리(정상안 : 무한대), 가장 가까이 볼 수 있는 거리를 근점거리(정상안 : 10cm)라고 한다.

(2) 시각과 광각

물체의 양 끝과 눈을 이었을 때 이루는 각을 시각이라고 하며, 물체의 크기를 판단한다. 양쪽 눈과 물체의 한 점을 잇는 두 시선 사이의 각을 광각이라고 하며, 물체의 원근을 판단한다.

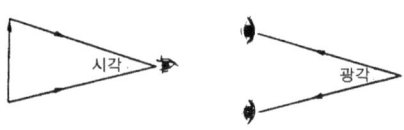

(3) 교정안

안경을 써야 하는 눈을 교정안이라고 한다. 정상안보다 가까이 있는 물체가 잘 보이는 눈을 근시안, 멀리 있는 물체가 잘 보이는 눈을 원시안, 눈의 작용이 쇠약하여 근점이 원점에 치우친 눈을 노안이라고 한다. 근시안은 오목렌즈로, 원시안은 볼록렌즈로 교정한다.

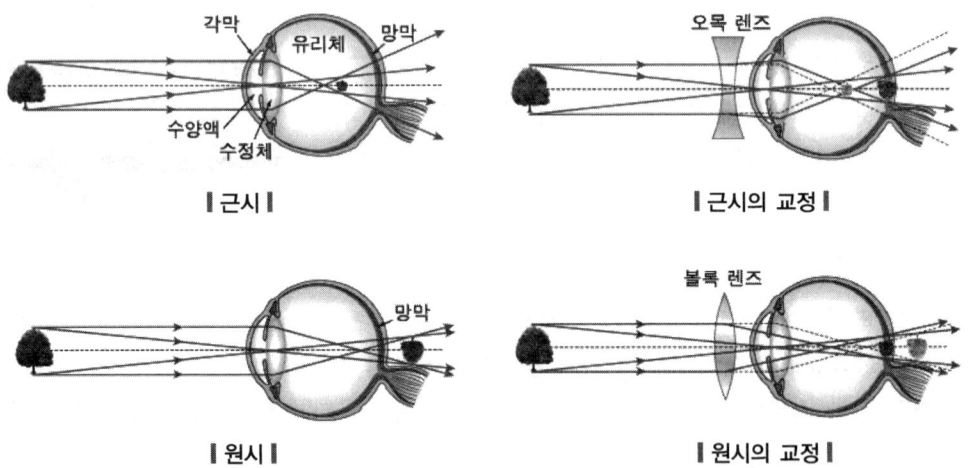

| 근시 | | 근시의 교정 |

| 원시 | | 원시의 교정 |

(4) 안경

정상안의 명시거리($D=25$cm)에 물체를 놓았을 때 교정안의 명시거리(d)에 허상을 만들어 주는 것이 안경이다.

명시거리 d인 사람은 다음 식을 만족하는 초점거리 f의 안경을 쓰면 된다.
$$\frac{1}{25} - \frac{1}{d} = \frac{1}{f} \begin{bmatrix} f>0 : 볼록렌즈(원시안) \\ f<0 : 오목렌즈(근시안) \end{bmatrix}$$

2 돋보기(확대경)

볼록렌즈의 초점 안에 있는 물체의 확대된 허상을 명시거리에 만드는 것으로, 돋보기에 의한 상의 배율 m은,
$$\frac{1}{a} - \frac{1}{b} = \frac{1}{f} (\because 허상이므로\ b<0)에서$$
양변에 b를 곱하면,
$$m = \frac{b}{a} = \frac{b}{f} + 1$$

① 눈을 렌즈에 밀착했을 때 : $b = D$ $\therefore m = \dfrac{D}{f} + 1$ (최대 배율)

② 눈이 초점에 있을 때 : $b = D - f$ $\therefore m = \dfrac{D-f}{f} + 1 = \dfrac{D}{f}$

▼ 예제

01 다음 중에서 빛의 입자 모형으로 설명이 가능한 현상은?
 ① 간섭   ② 회절
 ③ 편광   ④ 반사

  해설 간섭과 회절 및 편광은 파동만이 갖는 특성이다.

  답▶ ④

02 다음 중에서 빛의 입자성에 대해 설명 가능한 현상이 아닌 것은?
 ① 광전 효과   ② 콤프턴 효과
 ③ 편광   ④ X선 산란 실험

  해설 편광은 파동만이 갖는 특성이다.

  답▶ ③

03 오른쪽 그림과 같이 단색광 S에서 나온 파장 λ인 빛이 슬릿 S_1, S_2를 동시에 통과하여 간섭을 일으켜서 스크린의 P점에 어두운 무늬를 만들었다. $\overline{S_2A}$의 거리는? (단, m은 정수이다.)

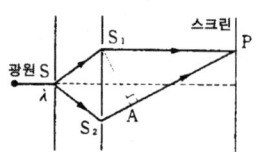

① $\left(m+\dfrac{1}{2}\right)\lambda$ ② $m\lambda$

③ $\left(m+\dfrac{1}{4}\right)\lambda$ ④ $m\lambda+\dfrac{1}{2}$

해설 광로차 $\overline{S_2A}$가 $\dfrac{\lambda}{2}$의 홀수배일 때 어두운 무늬를 만든다.

$\overline{S_2A}=\left(m+\dfrac{1}{2}\right)\lambda=\dfrac{\lambda}{2}(2m+1)$

답 ①

04 파장이 6,000Å 인 빛을 광원으로 하여 그림과 같이 단일 슬릿에 의한 간섭무늬를 얻었다. P점까지의 두 빛의 경로차 $AP\sim BP$는?

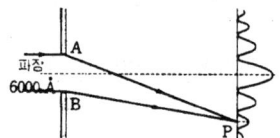

① 3,000Å   ② 6,000Å
③ 9,000Å   ④ 15,000Å

해설 $\lambda=6,000$Å

$m=2$(두 번째 밝은 무늬이므로 $m=2$이다.)

$AP\sim BP=\dfrac{\lambda}{2}(2m+1)=\dfrac{6,000}{2}(2\times2+1)=15,000(\text{Å})$

답 ④

05 굴절률 $n(n<$ 유리의 굴절률$)$인 투명한 막을 유리에 도포하여 수직으로 입사한 파장 λ인 빛의 반사광의 세기를 가장 작게 하려면 막의 최소 두께는?

① $\dfrac{\lambda}{n}$ ② $\dfrac{\lambda}{2n}$

③ $\dfrac{\lambda}{4n}$ ④ $n\lambda$

해설 $2nd\cos r=\dfrac{\lambda}{2}(\text{홀수})$에서 $r=0°$

$2nd\times1=\dfrac{\lambda}{2}(\text{홀수})$ $\therefore d=\dfrac{\lambda}{4n}(\text{홀수})$

답 ③

06 평면경에서 입사 광선은 그대로 두고 거울만 θ 만큼 회전시키면 반사 광선의 진행 방향은 얼마나 바뀌겠는가?

> **해설** 왼쪽 그림에서 거울을 θ 만큼 회전시키면 입사각은 $i+\theta$ 이다. 반사 광선이 바뀐 각 x 는
> $x = 2(i+\theta) - 2i = 2\theta$

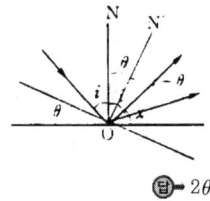

답 2θ

07 초점거리 30cm인 볼록거울 앞 20cm 되는 곳에 물체가 놓여 있다. 이 물체의 상은 어떤 상이며, 어디에 생기는가?

> **해설** $\begin{pmatrix} f = -30\,\text{cm} \\ a = 20\,\text{cm} \end{pmatrix}$ $\dfrac{1}{a}+\dfrac{1}{b}=\dfrac{1}{f}$ 에서 $\dfrac{1}{20}+\dfrac{1}{b}=\dfrac{1}{-30}$ $\therefore b = -12\,(\text{cm})$

답 거울 뒤 12cm 되는 곳에 정립 허상

08 (1) 초점거리 30cm인 오목거울 앞 36cm 되는 곳에 물체가 놓여 있다. 이 물체의 상은 어디에 생기는가?
(2) 길이 4cm인 물체를 초점거리 20cm인 오목거울 앞 30cm 되는 곳에 거울축에 수직으로 놓았다. 이때 생기는 상의 길이는?

> **해설** (1) $\begin{pmatrix} f=30\,\text{cm} \\ a=36\,\text{cm} \\ b=? \end{pmatrix}$ $\dfrac{1}{a}+\dfrac{1}{b}=\dfrac{1}{f}$ 에서 $\dfrac{1}{36}+\dfrac{1}{b}=\dfrac{1}{30}$ $\therefore b=180\,(\text{cm})$
>
> (2) $\begin{pmatrix} f=20\,\text{cm} \\ a=30\,\text{cm} \end{pmatrix}$ $\dfrac{1}{a}+\dfrac{1}{b}=\dfrac{1}{f}$ 에서 $\dfrac{1}{30}+\dfrac{1}{b}=\dfrac{1}{20}$ $\therefore b=60\,(\text{cm})$
>
> $\begin{pmatrix} b=60\,\text{cm} \\ a=30\,\text{cm} \\ l_0=4\,\text{cm} \\ l=? \end{pmatrix}$ 배율 $m=\dfrac{b}{a}=\dfrac{60}{30}=2$
>
> $\therefore m=\dfrac{l}{l_0}$ 에서 $l=m\times l_0=2\times 4=8\,(\text{cm})$

답 (1) 거울 앞 180cm (2) 8cm

09 굴절률이 $\sqrt{3}$ 인 물질에 입사각 60°로 입사한 광선의 굴절각은 몇 도인가?

> **해설** $n_{12}=\dfrac{\sin i}{\sin r}$ 에서 $\sin r=\dfrac{\sin i}{n_{12}}=\dfrac{\sin 60°}{\sqrt{3}}=\dfrac{1}{2}$ 이므로 $r=30°$

답 30°

10 진공에서 파장이 6,000Å 인 단색광이 있다. 굴절률 1.5인 유리 속에서 이 단색광의 파장은?

> **해설** $n_{12}=\dfrac{v_1}{v_2}=\dfrac{\lambda_1}{\lambda_2}$ 에서 $n_{12}=1.5$, $\lambda_1=6,000\,\text{Å}$
>
> 따라서, $\lambda_2=\dfrac{\lambda_1}{n_{12}}=\dfrac{6,000\,\text{Å}}{1.5}$ $\therefore \lambda_2=4,000\,\text{Å}$

답 4,000

제4장 파동과 빛

Chapter 04

11 굴절률이 $\dfrac{3}{2}$인 직육면체의 유리 속을 오른쪽 그림과 같이 빛이 공기 중에서 입사하여 O점에서 굴절한 후 P점에 도달하였다. P점에서의 빛의 진행 방향은? (단, $\sin 42° = \dfrac{2}{3}$)

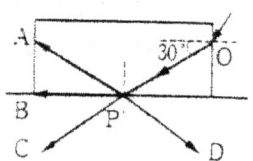

해설 $\sin\theta_c = \dfrac{1}{n}$에서 n이 $\dfrac{3}{2}$이므로 $\sin\theta_c = \dfrac{2}{3}$, 즉 임계각 θ는 42°이다.

P점에서 보면, 밀한 매질(유리)에서 소한 매질(공기)로 진행하는 빛의 입사각(60°)이 임계각(42°)보다 크므로 전반사가 일어난다.

답 A방향

12 그림과 같이 프리즘을 사용하여 어떤 파장의 빛을 전반사시키고자 한다. 이 프리즘 재료의 공기에 대한 굴절률 n은?

① $n < \dfrac{1}{\sqrt{2}}$ ② $n > \sqrt{2}$

③ $n = \sqrt{2}$ ④ $\dfrac{1}{\sqrt{2}} < n < \sqrt{2}$

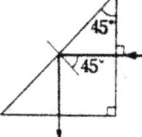

해설 임계각 θ_c가 45°(입사각)보다 작아야 45°에서 전반사가 일어난다. 즉, $\theta_c < 45°$

$n = \dfrac{1}{\sin\theta_c} > \dfrac{1}{\sin 45°} = \sqrt{2}$ $\therefore n > \sqrt{2}$

답 ②

13 수면 아래 50cm 되는 곳에 잠겨 있는 물체를 수면 바로 위에서 보면 몇 cm 깊이로 보이겠는가? (단, 공기에 대한 물의 굴절률은 $\dfrac{4}{3}$이다.)

해설 $\begin{pmatrix} h = 50\,\text{cm} \\ n = \dfrac{4}{3} \end{pmatrix}$ $\therefore h' = \dfrac{h}{n} = \dfrac{50}{\dfrac{4}{3}} = 37.5(\text{cm})$

답 37.5cm

14 초점거리 12cm인 오목렌즈에서 왼쪽으로 36cm 떨어진 지점에 크기가 4cm인 물체가 놓여 있다. 물체의 상은 어느 위치에 생기며, 상의 크기는 몇 cm인가?

해설 $\dfrac{1}{a} + \dfrac{1}{b} = \dfrac{1}{f}$에서 $a = 36cm$이고, 오목렌즈이므로 f의 부호가 $(-)$가 되어 $f = -12cm$가 된다. 따라서 $\dfrac{1}{36} + \dfrac{1}{b} = \dfrac{1}{-12}$에 의해 $b = -9cm$이므로 상은 렌즈에서 왼쪽으로 $9cm$ 떨어진 곳, 배율은 $m = \left|\dfrac{b}{a}\right| = \left|\dfrac{-9}{36}\right| = \dfrac{1}{4}$이므로 상의 크기는 $1cm$이다.

답 왼쪽으로 9cm, 1cm

15 (1) 초점거리 20cm인 볼록렌즈 앞 30cm인 곳에 길이 3cm인 물체를 놓았다. 이때 생기는 상의 위치와 크기는?
(2) 초점거리 15cm인 오목렌즈 앞 60cm 되는 곳에 물체를 놓았을 때 생기는 상의 위치와 종류는?

해설 (1) $\begin{pmatrix} f=20 \\ a=30 \\ l_0=3 \end{pmatrix}$ $\frac{1}{a}+\frac{1}{b}=\frac{1}{f}$ 에서 $\frac{1}{30}+\frac{1}{b}=\frac{1}{20}$ ∴ $b=60(\text{cm})>0$ ∴ 실상

$m=\frac{b}{a}=\frac{60}{30}=2$ ∴ $l=3\times 2=6(\text{cm})$

(2) $\begin{pmatrix} f=-15 \\ a=60 \end{pmatrix}$ $\frac{1}{a}+\frac{1}{b}=\frac{1}{f}$ 에서 $\frac{1}{60}+\frac{1}{b}=-\frac{1}{15}$

∴ $b=-12(\text{cm})<0$ ∴ 허상

답 (1) 렌즈 뒤 60cm인 곳에 6cm 크기의 도립 실상
(2) 렌즈 앞 12cm인 곳에 축소된 정립 허상

16 다음 ( ) 안에 알맞은 말을 써넣어라.
(1) 백열전구의 필라멘트에서 나오는 빛은 ( ) 스펙트럼을 나타낸다.
(2) 네온사인과 같이 기체에서 나오는 빛은 ( ) 스펙트럼을 나타낸다.

해설 (1) 필라멘트 → 고체 → 연속 스펙트럼
(2) 네온사인 → 기체 → 선 스펙트럼

답 (1) 연속 (2) 선

17 대물렌즈에는 ×100, 대안렌즈에는 ×10으로 씌어 있는 현미경이 있다. 이 현미경의 통의 길이가 20cm일 때, 대물렌즈의 초점거리는?

해설 $\frac{D}{f_e}=10$, $\frac{l}{f_0}=100$, $l=20$이므로 $f_0=\frac{l}{100}=\frac{20}{100}=0.2(\text{cm})$

답 0.2cm

18 망원경의 통의 길이가 100cm이고 배율이 9배이면, 대물렌즈의 초점거리 f_0와 대안렌즈의 초점거리 f_e는 얼마인가?

해설 $f_e+f_0=100$, $\frac{f_0}{f_e}=9$ 에서 $f_e=10(\text{cm})$, $f_0=90(\text{cm})$

답 $f_0=90\text{cm}$, $f_e=10\text{cm}$

Chapter 04

19 명시거리가 50cm인 사람이 써야 할 안경의 종류와 초점거리는?

해설 $\begin{pmatrix} D=25 \\ d=50 \end{pmatrix}$ $\dfrac{1}{D} - \dfrac{1}{d} = \dfrac{1}{f}$ 에서 $\dfrac{1}{25} - \dfrac{1}{50} = \dfrac{1}{f}$

∴ $f = 50(\text{cm})$

답 볼록렌즈, 50cm

20 명시거리가 30cm인 사람이 초점거리가 5cm인 돋보기를 사용할 때의 최대 배율은?

해설 $m = \dfrac{D}{f} + 1 = \dfrac{30}{5} + 1 = 7$

답 7배

적중예상문제

물리학개론

01 다음 중 전자기파가 발생하지 않는 경우는?
① 전자가 진동할 때
② 전하가 일정한 속도로 운동할 때
③ 전하가 운동하다가 멈출 때
④ 정지한 전하가 운동하기 시작할 때

해설   전자기파가 발생하려면 전하가 가속 운동을 해야 한다.

02 전자기파에 대한 다음 설명 중 옳지 않은 것은?
① 전자기파는 매질이 없어도 진행할 수 있다.
② 전자기파가 코일을 통과할 때 코일에 유도전류가 생긴다.
③ 전자기파의 전기장과 자기장은 수직이다.
④ 전자기파는 축전기와 코일로 결합된 공진회로에서만 발생된다.

해설   전자기파는 LC 회로에서 발생하는 진동전류 외에도 전하가 가속 운동을 하면 발생한다.

03 전자기파의 파장을 짧은 것부터 차례로 써놓은 것은?
① γ선 − 라디오파 − X선 − 가시광선
② γ선 − X선 − 가시광선 − 라디오파
③ 라디오파 − 가시광선 − X선 − γ선
④ X선 − γ선 − 라디오파 − 가시광선

해설 γ선 < X선 < 적외선 < 가시광선 < 자외선 < 극초단파 < 초단파 < 단파 < 중파 < 장파

04 다음 중 파장이 가장 짧은 전자기파는?
① 마이크로파
② X선
③ γ선
④ 자외선

해설   파장이 짧은 순서 : 중파 > 마이크로파 > 자외선 > X선 > γ선

정답   01. ②   02. ④   03. ②   04. ③

05 다음 파동의 설명 중 틀린 것은?

① 파동이 진행할 때 매질이 이동한다.
② 파동이 진행할 때 파동의 에너지가 이동한다.
③ 파동의 진행은 하위헌스 원리에 의한다.
④ 파동의 에너지는 진폭의 제곱에 비례한다.

해설 파동이 진행할 때 매질은 진동만 일어나고 이동하지 않으며, 이동하는 것은 에너지이다. 파동의 진행 원리와 회절은 하위헌스 원리로 설명할 수 있으며 파동의 에너지는 진폭 제곱 × 진동수 제곱에 비례한다.

06 다음 파동의 설명 중 틀린 것은?

① 매질은 진행하면서 진동한다.
② 회절현상은 파장이 길수록, 슬릿 폭이 좁을수록 잘 일어난다.
③ 파동이 겹치면 합성파의 변위는 각 파동의 변위의 합이다.
④ 해안의 방파제는 파동에너지를 흡수하기 위한 것이다.

해설 매질은 진동만 일어나며 진행하지 않는다.

07 다음 중 파동의 공통 성질이 아닌 것은?

① 반사   ② 간섭
③ 회절   ④ 편광

해설 반사, 간섭, 회절은 종파나 횡파 모두 공통이나 편광은 횡파에서만 일어난다.

08 구면파에 대한 설명으로 틀린 것은?

① 점 파원일 때 구면파가 발생한다.
② 구면상의 모든 점의 위상은 같다.
③ 점 파원에서 거리에 관계없이 세기가 같다.
④ 파면과 파동의 진행 방향은 서로 수직이다.

해설 위상이 같은 점을 모은 면이 파면이며 점 파원일 때 구면파가 발생한다. 파면과 진행 방향은 항상 수직이며, 파동의 세기는 $I \propto \dfrac{1}{r^2}$ 이다.

정답 05. ① 06. ① 07. ④ 08. ③

09 파장이 10m, 전파속도가 340m/s인 파동의 진동수는 몇 Hz인가?

① $\frac{1}{340}$
② 34
③ 340
④ 3,400

해설 $v = f\lambda$에서 $f = \frac{v}{\lambda} = \frac{340}{10} = 34Hz$

10 마루와 마루 사이의 거리가 20m인 파도가 4초마다 방파제에 부딪친다. 이 파도의 속력은?

① 0.4m/s
② 2.5m/s
③ 5.0m/s
④ 10m/s

해설 $T = 4$, $\lambda = 20$
$v = \frac{\lambda}{T} = \frac{20}{4} = 5m/s$

11 파장이 0.5m이고 진동수가 10Hz인 파동의 속력은 몇 m/s인가?

① 0.5m/s
② 20m/s
③ 10m/s
④ 5m/s

해설 파동의 속도 $v = \frac{\lambda}{T} = f\lambda$ [$f = \frac{1}{T}$ (단, λ : 파장, T : 주기, f : 진동수)]
∴ $v = 10 \times 0.5 = 5(m/s)$

12 파장이 5m, 속력이 25m/s인 파동이 다른 매질로 입사하면서 20m/s로 되었다. 이 파동의 파장은?

① 4m
② 5m
③ 10m
④ 20m

해설 $\lambda_1 = 5m$, $v_1 = 25m/s$, $v_2 = 20m/s$ $f = \frac{v_1}{\lambda_1} = \frac{25}{5} = 5(Hz)$
∴ $\lambda_2 = \frac{v_2}{f} = \frac{20}{5} = 4(m)$

정답 09. ② 10. ③ 11. ④ 12. ①

13 어느 파동의 마루 P점이 0.2초 후에 점선 파형 P'까지 이동했다면 이 파동의 주기는?

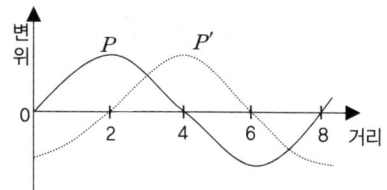

① 0.2초 ② 0.4초
③ 0.6초 ④ 0.8초

해설 P에서 P'까지의 파장은 한 파장의 $\frac{1}{4}$이고 이때 이동시간이 0.2초이므로 한 파장의 이동시간은 0.8초이다.

14 진동수가 60Hz인 파원에서 발생한 수면파의 파장이 2cm였을 때, 수면파의 전파속력 (m/s)은 얼마인가?

① 1.2 ② 30
③ 120 ④ 300

해설 파동속력은 $v=f\lambda$이므로 $f=60Hz$, $\lambda=2cm=0.02m$이므로 대입하여 계산하면 1.2m/s 이다.

15 파동방정식 $y=0.2\sin(5x-4\pi t)$일 때 파장과 파동의 전파속도는 각각 얼마인가? (단, y, x의 단위는 m이고, t의 단위는 s이다.)

① $\frac{1}{5}$m, $\frac{1}{2}$m/s   ② $\frac{2}{5}$m, 2m/s   ③ $\frac{\pi}{5}$m, $\frac{1}{2}\pi$m/s

④ $\frac{2\pi}{5}$m, $\frac{4\pi}{5}$m/s   ⑤ 2πm, 4πm/s

해설 파동방정식 $y=A\sin2\pi(\frac{t}{T}-\frac{x}{\lambda})$로 주어지므로 문제에 주어진 식과 비교하면 파장 $\lambda=\frac{2\pi}{5}$일 때, $T=\frac{1}{2}$이다. 진동수는 주기의 역수이므로 파동속력 $v=\lambda f=\frac{4\pi}{5}m/s$이다.

16 빛이 횡파임을 보여주는 현상은?

① 반사 ② 굴절 ③ 분산
④ 회절 ⑤ 편광

해설 편광은 빛이 횡파라는 증거이다.

정답 13. ④ 14. ① 15. ④ 16. ⑤

17 파장이 짧은 전파일수록 긴 전파에 비해서 어떤 성질이 있는가?

① 직진성이 강하며 속도가 빠르다. ② 직진성이 강하며 속도는 같다.
③ 회절성이 약하며 속도는 빠르다. ④ 회절성이 강하며 속도는 늦다.

해설 파장이 짧을수록 회절하기 어렵고, 전자기파의 속도는 같다.

18 그림과 같이 오른쪽으로 진행하는 파동이 있다. 현재 실선모양의 파동이 0.5초 후에 점선모양의 파동으로 관측되었다. 이 파동에 대하여 잘못 설명한 것은?

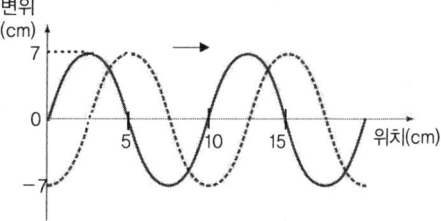

① 주기는 2초이다.
② 파장은 10cm이다.
③ 진동수는 0.5Hz이다.
④ 전파속력은 10cm/s이다.
⑤ 이 파동의 진폭은 7cm이다.

해설 실선에서 점선까지 $\frac{1}{4}\lambda$ 차이이며 진행하는 데 걸린 시간이 0.5초이므로 주기는 2초이다.

진동수는 $f=\frac{1}{T}$ 이므로 $0.5Hz$이며, 그림에서 파장은 10cm이다. 파동의 전파속력은 $v=\frac{\lambda}{T}=f\lambda$ 이므로 0.05m/s이다.

19 주기 π초, 진폭 10cm로 단진동하고 있는 물체가 중심으로부터 5cm 위치에 있을 때의 속도는?

① 6.28cm/s ② 15.7cm/s
③ 16.0cm/s ④ 17.3cm/s

해설 $\begin{pmatrix} 변위(x) = A\sin wt\,(A:진폭,\ w:각속도) \\ 속도(v) = Aw\cos wt,\ T=\frac{2\pi}{w} \end{pmatrix}$

$A=10cm,\ T=\pi(\sec),\ x=5,\ w=\frac{2\pi}{\pi}=2$

$\sin wt = \frac{x}{A} = \frac{5}{10} = \frac{1}{2} \quad \therefore wt=30°$

$v = 10 \times 2 \times \cos 30° = 20 \times \frac{\sqrt{3}}{2} = 10\sqrt{3} = 17.3(cm/s)$

정답 17. ② 18. ④ 19. ④

20 수면파가 20m/s 속도로 진행하고 있다. 어떤 점에서 수면의 높이가 2초에 한번씩 최대로 된다면 이 수면파의 파장은?

① 5m ② 10m
③ 20m ④ 40m

해설 $T=2s$ 이므로 $v=\dfrac{\lambda}{T}$ 에서 $\lambda = vT = 20 \times 2 = 40m$

21 파동방정식이 $y = 5\sin\pi(10t - 4x)$로 주어질 때 주기와 파장은 각각 얼마인가?

① 10, 4 ② 5, 2
③ $\dfrac{1}{5}$, $\dfrac{1}{2}$ ④ $\dfrac{1}{10}$, $\dfrac{1}{4}$

해설 파동방정식 : $y = A\sin 2\pi\left(\dfrac{t}{T} - \dfrac{x}{\lambda}\right)$ 에서

$\dfrac{2\pi}{T} = 10\pi$, $T = \dfrac{1}{5}s$, $\dfrac{2\pi}{\lambda} = 4\pi$, $\lambda = \dfrac{1}{2}m$

22 양쪽 끝이 고정된 현에 파동함수 $y(x, t) = 0.30\sin(0.20x)\cos(300t)$로 표현되는 기본 진동수의 정상파가 발생하였다. 다음 중 옳지 않은 것은? [단, x는 cm 단위로, t는 s (초) 단위로 나타낸 숫자이다.] [09. 국가직 7급]

① 이 파동의 파장은 약 31.4cm이다.
② 이 파동의 주기는 47.7s이다.
③ 이 파동의 속력은 1,500cm/s이다.
④ 이 현의 길이는 약 15.7cm이다.

해설 $y(x,t) = 0.30\sin(0.2x)\cos(300t) = y_m \sin kx \cos wt$ 꼴이다.

① $k = 0.2 = \dfrac{2\pi}{\lambda}$ 에서 $\lambda = \dfrac{2\pi}{0.2} = 10\pi = 31.4 cm (\bigcirc)$

② $T = \dfrac{2\pi}{w} = \dfrac{2\pi}{300}(\times)$

③ $v = \dfrac{\lambda}{T} = \dfrac{10\pi}{2\pi/300} = 1500 cm/s (\bigcirc)$

④ $\lambda = 2L = \dfrac{v}{f}$ 이므로 $\therefore L = \dfrac{\lambda}{2} = \dfrac{10\pi}{2} = 5\pi = 15.7cm (\bigcirc)$

정답 20. ④ 21. ③ 22. ②

23 x축 방향으로 진행하는 어떤 파동이 $y = \sin(\pi x - 5)$ 형태의 함수로 주어진다. 이 파동의 파장과 진행속도는? (단, y는 매질의 변위, x는 x축 방향의 위치로서 x와 y의 단위는 미터[m]이고 t는 시각으로서 단위는 초[s]이다) [10. 국가직 7급]

① 0.4m, 0.2m/s
② 0.4m, 5m/s
③ 2m, 0.2m/s
④ 2m, 5m/s

해설 파동방정식 $y = A\sin 2\pi(\frac{t}{T} - \frac{x}{\lambda})$로 주어진 문제에 주어진 식과 비교하면 파장 $\lambda = 2$일 때, $T = \frac{2}{5} = 0.4$이다. 파동속력 $v = \frac{\lambda}{T} = \frac{2}{0.4} = 5m/s$이다.

24 다음 그림은 파장, 진폭 및 전파속력이 모두 같은 두 파동 A, B가 서로 반대 방향으로 진행

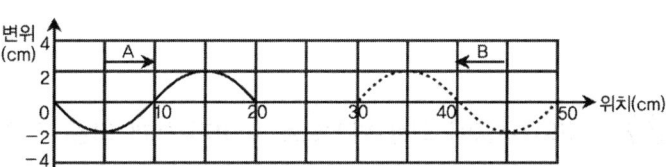

할 때, 어느 순간에서 두 파동의 모습을 나타낸 것이다. 0.5초 후에 두 파동이 중첩하여 위치 25cm에서 변위가 4cm가 되었다. 각 파동의 전파속력[cm/s]은? (단, 두 파동이 전파될 때 각 파동의 파장, 진폭 및 전파속력은 바뀌지 않는다.) [11. 지방직 7급]

① 10
② 15
③ 20
④ 40

해설 위치 25cm에서 변위가 4cm가 되었으므로 파동 A와 B는 0.5초 동안 각각 $\frac{1}{2}\lambda$ 이동하였다. 그러므로 한 파장 이동시간 주기는 1초가 되며 $\lambda = 20cm$이므로, 파동의 전파속력은 $v = \frac{\lambda}{T} = 20cm/s$이다.

25 어느 파동의 변위 y를 파원으로부터의 거리 x와 시간 t에 따라 나타내었더니 $y = 2\sin(4\pi t - 2\pi x)m$이었다. 이 파동의 전파 속력은? [18. 3. 서울시 7급]

① 1m/s
② 2m/s
③ 3m/s
④ 4m/s

해설 $w = kv$에서 $v = \frac{\omega}{k}$일 때, 파수 $k = \frac{2\pi}{\lambda} = 2\pi$, 각진동수 $\omega = 2\pi f = 4\pi$이므로 $v = \frac{\omega}{k} = \frac{4\pi}{2\pi} = 2m/s$이다.

정답 23. ④ 24. ③ 25. ②

26 결이 맞은 두 파동은 간섭을 일으킨다고 하자. 이때 한 파동의 진폭이 다른 파동의 진폭의 2배라면 간섭으로 합성된 파동의 최대 세기 $I_{\max}$와 최소 세기 $I_{\min}$의 비 $I_{\max}/I_{\min}$는? [09. 국가직 7급]

① 2 ② 3
③ 6 ④ 9

해설 파동에너지는 진폭의 제곱과 진동수의 제곱에 비례하므로 문제의 조건에 의해 진폭과의 관계는 다음과 같다.
$I \propto A^2$ ∴ $3^2 : 1 = 9 : 1$

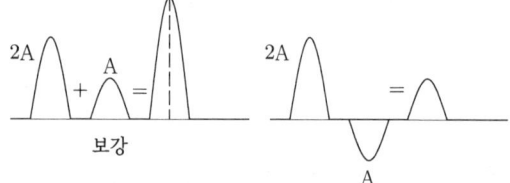
보강

27 빛의 특성에 의한 현상으로 나머지 셋과 다른 것은? [18. 국가직 7급]
① 비눗방울이 여러 색깔로 아름답게 보이는 현상
② 프리즘에 백색광을 입사하면 여러 가지 색이 보이는 현상
③ 볼록 렌즈를 통과한 빛이 한 점에 모이는 현상
④ 물 컵에 담겨있는 빨대가 꺾여 보이는 현상

해설 ①은 빛의 간섭에 의한 현상이고 ②, ③, ④는 빛의 굴절에 의한 현상이다.

28 파동이 한 매질에서 다른 매질로 굴절될 때 달라지는 물리량으로 짝지어진 것은?
① 주기, 파장 ② 파장, 전파속도
③ 진동수, 주기 ④ 진동수, 전파속도

해설 굴절 시 각도, 속도, 파장, 거리는 달라지고 진동수, 위상은 불변한다.

29 수면이 깊은 곳(1)에서 얕은 곳(2)으로 파면이 이동할 때의 설명으로 틀린 것은?
① $n_{12} > 1$ ② $v_1 > v_2$
③ $\lambda_1 > \lambda_2$ ④ $f_1 > f_2$

해설 굴절의 법칙(스넬의 법칙) : $n_{12} = \dfrac{\sin i}{\sin r} = \dfrac{v_1}{v_2} = \dfrac{\lambda_1}{\lambda_2}$ 에서 수면파는 깊은 곳에서 더 빠르다. $v_1 > v_2$이므로 $n_{12} > 1$, $\lambda_1 > \lambda_2$, f는 불변이다.

정답 26. ④ 27. ① 28. ② 29. ④

30 그림은 지름이 27cm, 높이가 36cm인 덮개가 없는 원통형 용기에 액체가 가득 차 있고, 이 용기로부터 40cm 떨어진 위치에서 용기의 바닥 끝부분을 보는 것을 나타낸 것이다. 용기의 바닥 끝부분을 볼 수 있기 위한 용기 윗면으로부터 눈의 높이(h)의 최솟값은? (단, 공기의 굴절률은 1이고, 액체의 굴절률은 4/3이다.)

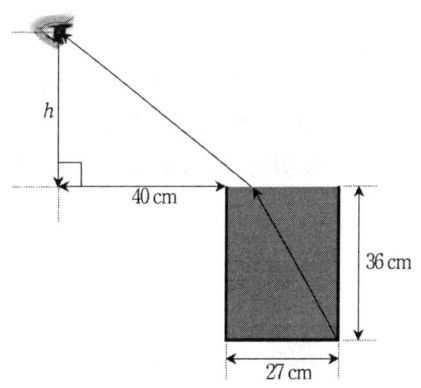

[11. 국가직 7급]

① 30cm   ② 40cm
③ 50cm   ④ 53.3cm

해설 내부 전반사가 생기지 않아야 한다.
$BC = \sqrt{36^2 + 27^2} = 45 cm$
굴절의 법칙에 의해

$$\frac{n_2}{n_1} = \frac{\sin i}{\sin r} = \frac{\sin i}{\frac{27}{45}} = \frac{\frac{4}{3}}{1}$$

$$\sin i = \frac{27}{45} \times \frac{4}{3} = \frac{4}{5} = \frac{40}{\sqrt{40^2 + h^2} = 50}$$

이므로
$\sqrt{40^2 + h^2} = 50$ ∴ $h = 30(cm)$

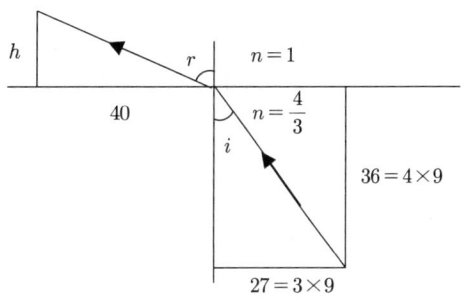

31 연못에 살고 있는 물고기가 환한 대낮에 물속에서 물 표면을 향하여 위로 보고 있다. 만약 물고기가 물 표면에 대해 수직 방향으로부터 60°의 각도로 보고 있을 때 물고기가 볼 수 있는 것은? (단, 여기서 물-공기 경계면에 대한 임계각은 49°이다.)

[07. 국가직 7급]

① 연못 밖에 멀리 떨어진 물체   ② 연못 바닥에 있는 물체
③ 연못 밖에 가까이 있는 물체   ④ 아무것도 볼 수 없다.

해설

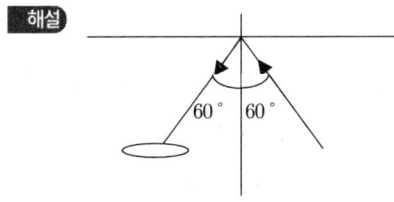

입사각이 임계각보다 클 때, 전반사가 일어나므로 물고기는 물 밖을 볼 수 없다. 그러나 반사의 법칙에 따라 연못 바닥은 볼 수 있다.

정답 30. ① 31. ②

Chapter 04

32 굴절률이 n인 균일한 물질로 이루어진 원통형 광섬유의 끝이 중심축과 수직인 평면으로 절단되어 있다. 이 절단 평면에 입사된 빛이 공기 중에서의 입사각과 상관 없이 광섬유 내부 경계면에서는 항상 전반사를 일으킨다. 이러한 현상이 일어나기 위한 광섬유 물질의 최소 굴절률은? (단, 공기의 굴절률은 1이다.) [12. 국가직 7급]

① $\dfrac{\sqrt{5}}{2}$ ② $\sqrt{2}$
③ 1.5 ④ $\sqrt{3}$

해설 $\dfrac{n_2}{n_1} = \dfrac{\sin\theta_c}{\sin 90°}$ 이므로 전반사 공식은

$\dfrac{1}{n} = \sin\theta_c \quad \therefore \theta_c = \sin^{-1}\dfrac{1}{n} < 45°$

(입사각이 임계각보다 클 때 전반사 발생
= 임계각 θ_c가 입사각 45°보다 작다.)

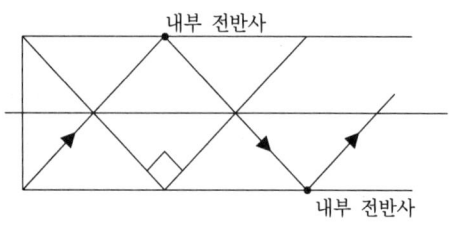

양변에 sin를 취하면

$\sin\left(\sin^{-1}\dfrac{1}{n}\right) < \sin 45°$ 이므로

$\dfrac{1}{n} < \dfrac{1}{\sqrt{2}} \quad \therefore n > \sqrt{2}$

33 다음 그림은 주기가 1초인 파동의 한순간 모습을 나타낸 것이다. 이 파동에 대한 설명으로 옳지 않은 것은? (단, 파동은 화살표 방향으로 진행한다.)

① 파장은 20cm이다.
② 진동수는 1Hz이다.
③ 전파속력은 20cm/s이다.
④ 진폭은 2cm이다.

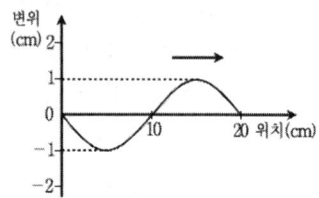

해설 주기가 1초이므로 $f = \dfrac{1}{T}$ 이므로 1Hz이다. 파장은 20cm이다. 진폭은 변위 1cm이다.

34 선밀도가 다른 5개의 줄들에 동일한 장력이 걸려 있다. 이 줄들에 아래 보기와 같은 파동함수의 현파들이 각각 진행할 때, 선밀도가 가장 큰 것은?

① $y = 5\sin(2x - 3t + 7)$ ② $y = 4\sin(3x - 2t - 4)$
③ $y = 3\sin(x - 3t + 4)$ ④ $y = 2\sin(3x + t - 5)$
⑤ $y = \cos(2x - 4t + 2)$

정답 32. ② 33. ④ 34. ④

해설 파동함수에서 $y = A\sin 2\pi(\frac{t}{T} - \frac{x}{\lambda})$에서 진폭 A는 선밀도가 클수록 작다.

35 깊은 곳에서는 파장이 5m, 얕은 곳에서는 2m인 수면파의 깊은 곳에 대한 얕은 곳의 굴절률은?

① 0.4
② 2.5
③ 7
④ 10

해설 굴절의 법칙 : $n_{12} = \frac{v_1}{v_2} = \frac{\lambda_1}{\lambda_2} = \frac{5}{2} = 2.5$

36 오른쪽 그림과 같이 매질 Ⅰ에서의 파장이 λ인 파동이 매질 Ⅱ로 굴절해 들어간다. 입사각이 45°이고 굴절각이 30°라면, 이 파동의 매질 Ⅱ에서의 파장은?

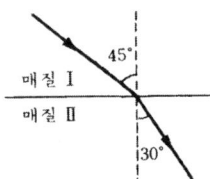

① $\frac{1}{\sqrt{2}}\lambda$
② $\sqrt{\frac{2}{3}}\lambda$
③ λ
④ $\sqrt{2}\lambda$

해설 $n_{ⅠⅡ} = \frac{\sin i}{\sin r} = \frac{\lambda_Ⅰ}{\lambda_Ⅱ}$ $\frac{\sin 45°}{\sin 30°} = \frac{\lambda}{\lambda_Ⅱ}$ ∴ $\lambda_Ⅱ = \frac{\lambda}{\sqrt{2}}$

37 오른쪽 그림은 물결파가 진행하다가 화살표 방향으로 굴절하는 것을 나타낸 것이다. 매질 Ⅰ에 대한 매질 Ⅱ의 굴절률의 표시로 옳은 것은?

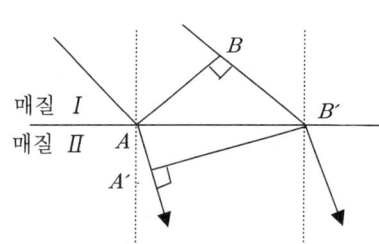

① $\frac{A'B'}{AB}$
② $\frac{BB'}{AA'}$
③ $\frac{AB}{A'B'}$
④ $\frac{AA'}{BB'}$

해설 스넬의 법칙에 의해 $n_{12} = \frac{v_1}{v_2} = \frac{\lambda_1}{\lambda_2} = \frac{\sin i}{\sin r} = \frac{n_2}{n_1}$ 일정하므로 같은 시간 동안 이동한 거리비는 속력의 비와 같으므로 $\frac{BB'}{AA'}$ 이다.

정답 35. ② 36. ① 37. ②

Chapter 04

38 공기 중에서 진동수가 $5 \times 10^{14} Hz$ 인 빛이 어떤 투명한 매질로 입사하여 진행한다. 이 매질 안에서 빛의 파장이 500nm일 때, 매질의 굴절률은? (단, 빛의 속도는 $3 \times 10^8 m/s$ 이다.)

[15. 국가직 7급]

① 1.2 ② 1.4
③ 1.6 ④ 1.8

해설 $c = \lambda f$ 에서 대입하여 계산하면 $\lambda = 600nm$ 이다. $n_{12} = \dfrac{\lambda_1}{\lambda_2} = \dfrac{n_2}{n_1}$ 이므로 $\dfrac{600nm}{500nm} = 1.2$

39 그림과 같이 서로 다른 물질의 경계면에서 빛이 진행되고 있다. 다음 〈보기〉 중 옳은 것을 모두 고른 것은?

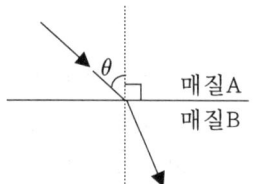

㉠ 매질 A에서 빛의 속력이 B보다 더 빠르다.
㉡ 매질 A의 굴절률이 B의 굴절률보다 더 크다.
㉢ 입사각 θ를 아무리 크게 하여도 전반사는 일어나지 않는다.

① ㉠ ② ㉢
③ ㉠, ㉡ ④ ㉠, ㉢

해설 굴절각이 작으므로 매질 B의 굴절률이 크고 속력은 느린 곳이다. 전반사는 매질 B에서 매질 A로 진행할 때만 일어난다.

40 다음 중 광통신의 원리와 가장 관계가 깊은 현상은 어느 것인가?

① 빛의 굴절 ② 빛의 회절
③ 빛의 분산 ④ 빛의 전반사

해설 광통신은 정보를 전파 대신 빛을 이용한 것으로 빛을 전반사하면 입사광과 반사광의 세기가 같기 때문에 빛을 멀리까지 보낼 수 있는 원리를 이용한다.

41 물에서 공기로 빛이 굴절할 때의 설명이다. 다음 중 옳은 것을 모두 고른 것은?

㉠ 속력이 증가한다. ㉡ 파장이 증가한다.
㉢ 진동수가 증가한다. ㉣ 진폭이 증가한다.

① ㉠, ㉡ ② ㉠, ㉢
③ ㉡, ㉢ ④ ㉡, ㉣

정답 38. ① 39. ④ 40. ④ 41. ①

> **해설** 공기에서 빛으로 굴절할 때, 굴절률이 작은 곳으로 진행하므로 속력은 증가하고, 진동수는 일정하므로 파장이 증가한다.

42 $2\sin(\frac{2\pi}{T}+90°)$, $3\sin\frac{2\pi}{T}t$인 두 파형이 중첩되면 그 진폭은?

① 5
② $2\sqrt{2}$
③ $3\sqrt{2}$
④ $\sqrt{13}$

> **해설** 파동식 $y_0 = A\sin(\frac{2\pi}{T}t)$에서 A는 진폭, T는 주기이므로 ∴ A=2+3=5

43 다음 그림은 빛이 공기에서 물로 진행하는 경로를 나타낸 것이다. 이에 대한 설명으로 옳은 것은?

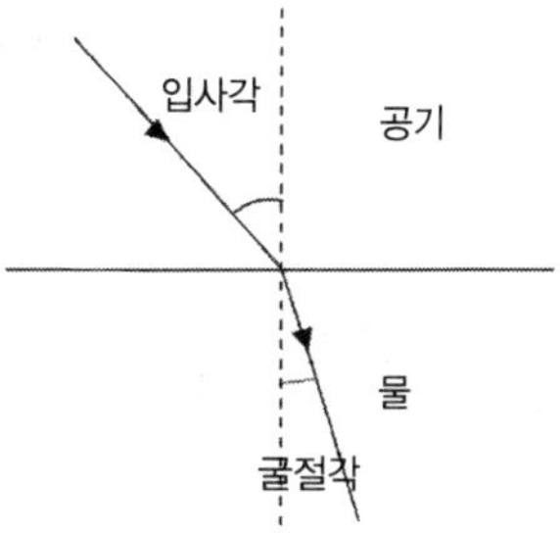

① 굴절각은 입사각보다 크다.
② 빛의 진동수는 매질에 관계없이 일정하다.
③ 빛의 파장은 공기 속보다 물속에서 더 길다.
④ 빛의 속도는 공기 속보다 물속에서 더 빠르다.
⑤ 빛이 공기에서 물로 진행할 경우 입사각을 적절히 조절하면 전반사가 일어난다.

> **해설** 빛의 진동수는 다른 매질로 진행하더라도 항상 일정하다. 공기에서 물로 진행하면 굴절률이 큰 곳으로 진행하였으므로 속력은 감소하고 파장은 작아진다. 전반사는 굴절률이 큰 곳에서 작은 곳으로 진행하는 경우에만 일어나므로 물에서 공기로 진행하는 경우에만 일어난다.

44 그림 (가)는 단색광이 입사각 θ_0으로 매질 1에서 매질 2로 입사하여 반사와 굴절이 일어난 것을 나타낸 것이고, 그림 (나)는 동일한 단색광이 입사각 θ_0으로 매질 1에서 매질 3으로 입사하여 전반사가 일어난 것을 나타낸 것이다. 이 단색광이 매질 1에서 매질 3으로 진행할 때의 임계각을 θ_1, 매질 2에서 매질 3으로 진행할 때의 임계각을 θ_2라고 할 때, 다음 중 옳은 것은?

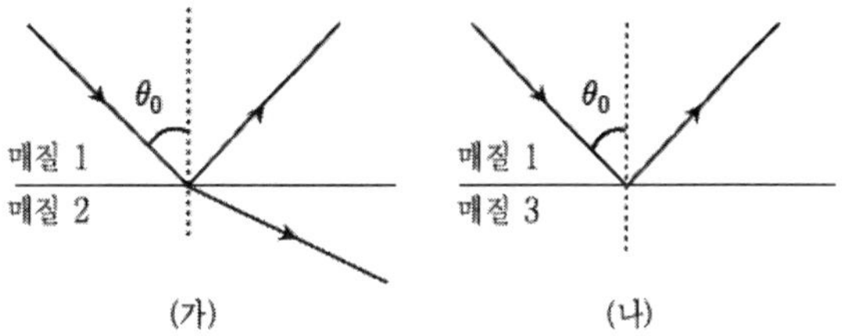

① $\theta_0 > \theta_1 > \theta_2$이다.
② $\theta_2 > \theta_1 > \theta_0$이다.
③ $\theta_0 > \theta_1$이고, $\theta_2 > \theta_1$이다.
④ $\theta_1 > \theta_0$이고, $\theta_1 > \theta_2$이다.

정답 42. ① 43. ② 44. ③

Chapter 04

해설 매질 1에서 매질 2로 진행할 경우 전반사가 일어나려면 입사각이 θ_0보다 커야 하며, 매질 1에서 매질 3으로 진행할 경우 이미 전반사가 일어났으므로 임계각은 θ_0작다. 굴절률의 차이가 클수록 임계각이 작으므로 매질 1과 3의 차이가 큼을 알 수 있다. 결국 굴절률은 매질 1 > 매질 2 > 매질 3이고, 매질 2에서 매질 3으로 빛이 진행할 경우 굴절률 차이가 매질 1과 3보다 작아 임계각 θ_2은 크다. 따라서 $\theta_2 > \theta_0 > \theta_1$이다.

45 다음 그림은 빛이 공기 중에서 물로 진행하는 모습을 나타낸 것이다. 이에 대한 설명으로 옳은 것은? (단, i와 r은 각각 입사각과 굴절각을 나타내며 $i > r$이다.)

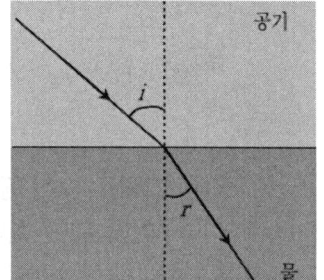

① 굴절된 후 빛의 파장은 짧아진다.
② 입사각이 커지면 굴절각은 작아진다.
③ 굴절된 후에도 빛의 속력은 일정하다.
④ 물의 굴절률이 공기의 굴절률보다 작다.

해설 $i > r$이므로 굴절률은 물이 크다. 속력은 느려지고 $v = \lambda f$에서 진동수는 일정하므로 파장이 짧아진다.

46 아래 그림과 같이 고정된 짧은 튜브에 줄을 통과시키고, 그 끝에 질량 M인 추를 매단 후 줄의 다른 쪽 끝을 진동자에 연결하였다. 진동자가 100Hz로 진동하니 줄에 5배 진동의 정상파가 형성되었다. 줄의 길이가 1m이고 줄의 선밀도가 2.45g/m일 때, 추의 질량 (kg)은? (단, 줄과 튜브 사이의 마찰력과 공기 저항은 무시하고, 중력 가속도 g = 9.8m/s²이다.)

[15. 국가직 7급]

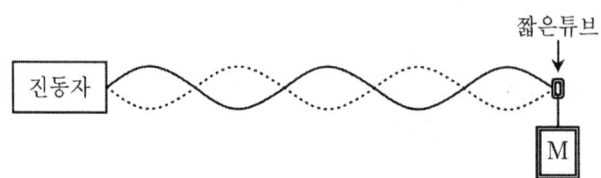

① 0.2   ② 0.4
③ 0.6   ④ 0.8

해설 5배 음의 파장 $\lambda = \dfrac{1}{2.5}(\text{m})$이며 파동속력과 선밀도의 관계 $\therefore \lambda f = v = \sqrt{\dfrac{T}{\rho}}$

$\dfrac{1}{2.5} \times 100 = \sqrt{\dfrac{M \times 9.8}{2.45 \times 10^{-3}}}$, $(40)^2 = \dfrac{9.8M}{2.45 \times 10^{-3}}$

$\therefore M = \dfrac{1}{9.8} \times 1600 \times 2.45 \times 10^{-3} = \dfrac{1}{9.8} \times 1.6 \times 2.45 = \dfrac{1}{9.8} \times 3.92 = 0.4(\text{kg})$

정답 45. ① 46. ②

47 길이 12cm의 줄에 그림과 같은 정상파가 형성되었다. 이 정상파의 파장은?

① 6cm ② 12cm
③ 18cm ④ 24cm

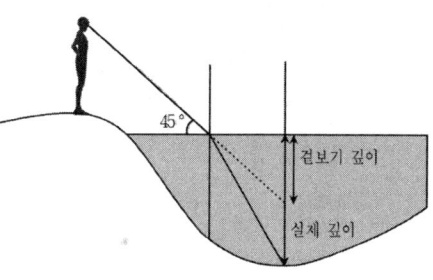

해설 현의 진동 : $\lambda_n = \dfrac{2l}{n}(n=1,2,3,\cdots)$ (λ : 파장, l : 길이)

∴ $\lambda = 2l = 2 \times 12\text{cm} = 24(\text{cm})$

48 강둑에서 사람이 수면을 통하여 강바닥을 바라보고 있다. 이때 바라보고 있는 각도가 수면에 대하여 45°이고, 물의 실제 깊이가 3m라면 사람이 느끼는 강물의 깊이(겉보기 깊이)[m]는? (단, 물의 굴절률 $n = \sqrt{2}$ 로 한다.) [16. 국가직 7급]

① $\sqrt{2}$ ② $\sqrt{3}$
③ 2 ④ $\sqrt{5}$

해설 $\dfrac{\sin 45°}{\sin r} = \dfrac{\sqrt{2}}{1}$, $\sin r = \dfrac{1}{2} r = 30°$

두 법선 사이의 거리를 x라 하고, 겉보기 깊이를 h라 하며

$\tan 30° = \dfrac{x}{3}$, $x = \dfrac{3}{\sqrt{3}} = \sqrt{3}\,m$

$\tan 45° = \dfrac{h}{\sqrt{3}} = 1$이므로 $h = \sqrt{3}\,m$

정답 47. ④ 48. ②

49 기적을 울리며 달려오고 있는 기차의 기적 소리를 정지해 있는 사람이 들을 때는 더 높은 소리로 들리는 현상은?

① 도플러 효과 ② 맥놀이 효과
③ 반사작용 ④ 회절작용

해설 도플러 효과(Doppler effect) : 발음체와 듣는 사람의 상대적인 거리가 가까워지고 있을 때에는 원래 음보다 높은 음으로 들리고, 멀어지고 있을 때에는 원래 음보다 낮은 음으로 들린다.

서로 접근할 때 : $n = n_0 \dfrac{v+V}{v-u}$, 서로 멀어질 때 : $n = n_0 \dfrac{v-V}{v+u}$

$\begin{pmatrix} n : \text{관측자가 듣는 진동수} & n_0 : \text{음원의 진동수} \\ v : \text{음속} & V : \text{관측자의 속도} \quad u : \text{음원의 속도} \end{pmatrix}$

50 정지 상태에서 9520Hz의 소리를 내는 비행기가 관제탑에서 60m/s로 멀어져 가고 있을 때 관제탑에서 듣는 소리의 진동수는? (단, 음속은 340m/s이다.)

① 7722Hz ② 7982Hz
③ 8092Hz ④ 8925Hz

해설 $f = f_0 \dfrac{V \pm v_L}{V \pm v_S}$ 에서 $f = 9520 \times \dfrac{340}{340+60} = 8092 Hz$

51 도로면 위에서 속력 v로 절벽을 향해 달려가는 자동차에서 진동수 f의 경적을 울린다. 자동차에 정지해 있는 관측자가 절벽에서 반사되어 돌아오는 음파의 진동수를 측정했을 때, 그 진동수는? (단, V_s는 공기 중 음속이고, 절벽은 결함 없이 평평하며 도로면과 수직이다.)

[11. 지방직 7급]

① $\dfrac{V_s + v}{V_s - v} f$ ② $\dfrac{V_s}{V_s - v} f$

③ $\dfrac{V_s + v}{V_s} f$ ④ $\dfrac{V_s - v}{V_s + v} f$

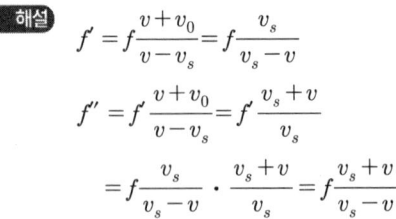
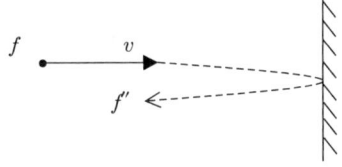

정답 49. ① 50. ③ 51. ①

52 기차가 진동수 320Hz의 경적을 울리며 20m/s의 속력으로 역을 통과하고 있다. 이 기차가 역에 다가오는 동안 역에 서 있는 사람이 듣는 경적 소리의 파장은? (단, 소리의 속력은 340m/s이다.)

[18. 3. 서울시 7급]

① 0.5m ② 1.0m
③ 1.5m ④ 2.0m

해설 도플러 효과에 의해 사람이 듣는 경적 소리의 진동수는 $f = f_0 \frac{V}{V-v}$ 이므로

$$f = 320 \times \frac{340}{340-20} = 340 Hz$$

$$\lambda = \frac{v}{f} = \frac{340}{340} = 1.0 m$$

53 지점 A에 놓인 정지한 음원에서 속도 180km/h로 달려오는 기차를 향해 진동수 1,000Hz의 음파를 보낸다. 달려오는 기차에 반사되어 오는 음파의 진동수를 A지점에서 측정하면 그 값[Hz]은 약 얼마인가? (단, 음파의 속도는 340m/s이다.)

[09. 지방직 7급]

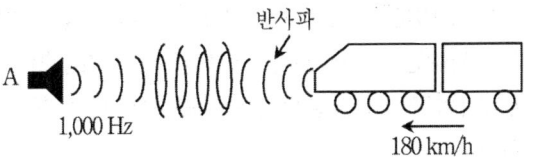

① 1,147 ② 1,172
③ 1,345 ④ 1,514

해설
$$f' = f \cdot \frac{v+v_0}{v-v_s} = 1000 \times \frac{340+50}{340} = 1000 \times \frac{390}{340}$$

$$f'' = f \cdot \frac{v+v_0}{v-v_s} = 1000 \times \frac{390}{340} \times \frac{340}{340-50}$$

$$= 1000 \times \frac{390}{290} = 1344.8 ≒ 1345 (Hz)$$

A • 1000Hz ← 180km/h = 50m/s

정답 52. ② 53. ③

Chapter 04

54 진동수 400Hz인 음원을 실은 자동차가 정지해 있는 관측자를 향하여 일정한 속도로 가까워질 때 진동수 500Hz의 음으로 들렸다. 이때 자동차의 접근속력[m/s]은? (단, 소리의 속력은 340m/s이다.) [11. 국가직 7급]

① 14
② 32
③ 50
④ 68

해설 $\dfrac{f}{f_0} = \dfrac{v}{v-v_S}$ 이므로 $\dfrac{500}{400} = \dfrac{340}{340-v_S}$ ∴ $v_S = 68(m/s)$

55 진동수 f의 소리를 내는 피아노에서 음파의 0.6배 속도로 멀어져 가는 사람이 듣는 피아노 소리의 진동수는? [14. 국가직 7급]

① $0.4f$
② $0.6f$
③ $1.4f$
④ $1.6f$

해설 도플러 효과 : $f' = f\dfrac{v-v_0}{v+v_s} = f\dfrac{v-0.6v}{v} = f\dfrac{0.4v}{v} = 0.4f$

56 경찰차가 진동수 f의 사이렌을 울리면서 일정한 속력으로 교차로를 통과하고 있다. 경찰차가 다가올 때의 사이렌 주파수는 멀어져 갈 때 주파수의 1.5배가 됨을 교차로에 서 있던 보행자가 측정하였다. 이 경찰차의 속도를 바르게 표현한 것은 무엇인가? (단, 음속은 v_0로 표기한다.) [14. 서울시 7급]

① $0.01v_0$
② $0.05v_0$
③ $0.1v_0$
④ $0.15v_0$
⑤ $0.2v_0$

해설 도플러 효과이므로
$f' = f\dfrac{v+v_0}{v-v_s} = f\dfrac{v_0}{v_0-v}$, $f'' = f\dfrac{v-v_0}{v+v_s} = f\dfrac{v_0}{v_0+v}$ 이다. 멀어져 가는 주파수가 1.5배이므로
$f' = 1.5f''$ 이며, $f\dfrac{v_0}{v_0-v} = \dfrac{3}{2}f\dfrac{v_0}{v_0+v}$ 각 변을 정리하면 $3v_0 - 3v = 2v_0 + 2v$
$v_0 = 5v$ ∴ $v = \dfrac{1}{5}v_0 = 0.2v_0$

정답 54. ④ 55. ① 56. ⑤

57 두 지점 A와 B에 동일한 주파수의 소리를 내는 정지된 음원이 있다. 두 지점을 잇는 일직선상에서 관찰자가 일정한 속력 v_0로 움직이고 있다. A지점에서 나는 소리는 f_A =504Hz로 관측되었고, B지점에서 나는 소리는 f_B=516Hz로 관측되었다. 관찰자의 속력과 운동 방향은? (단, 소리의 속력은 340m/s이다.) [15. 서울시 7급]

① 4m/s, A에서 B방향으로
② 4m/s, B에서 A방향으로
③ 8m/s, A에서 B방향으로
④ 8m/s, B에서 A방향으로

정지된 음원이므로 $v_S=0$이다.

$$f_A = 504 = f_0 \frac{v-v_0}{v+v_s} = f_0 \frac{v-v_0}{v}, \quad f_B = 516 = f_0 \frac{v+v_0}{v-v_s} = f_0 \frac{v+v_0}{v}$$

각 변을 나누어 정리하면 $\frac{504}{516} = \frac{v-v_0}{v+v_0} = \frac{340-v_0}{340+v_0}$ 이므로

$43 \times 340 - 43v_0 = 43 \times 340 + 42v_0$

$85v_0 = 340$에서 $\therefore v_0 = \frac{340}{85} = 4(\text{m/s})$

58 주파수 1.0kHz인 음파를 방출하는 장치가 있다. 이 장치가 100m/s의 속력으로 관측자를 향해 다가오고 있고, 관측자 또한 장치를 향해 100m/s의 속력으로 다가가고 있다면, 관측자가 측정하는 음파의 주파수에 가장 가까운 것은? (단, 주어진 속력은 정지된 공기를 기준으로 하며, 음파의 속력은 340m/s로 가정한다.) [16. 서울시 7급]

① 0.17kHz
② 0.53kHz
③ 1.83kHz
④ 3.42kHz

해설 $f' = f \frac{v+v_0}{v-v_s} = 1 \times (\frac{340+100}{340-100}) = \frac{440}{240} = \frac{11}{6} ≒ 1.83 kHz$

정답 57. ① 58. ③

Chapter 04

59 다음은 공기 중에 물방울이 많이 있을 때 무지개가 생기는 원리를 설명하기 위한 그림이다. 이 그림으로부터 알 수 있는 것만을 〈보기〉에서 모두 고른 것은?

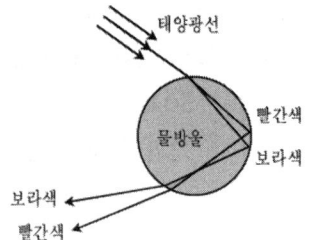

㉠ 태양광선은 여러 파장의 빛이 합성된 것이다.
㉡ 태양과 무지개는 같은 방향에서 보인다.
㉢ 빛은 파장에 따라 굴절되는 정도가 다르다.

① ㉠, ㉡　　　　　　　② ㉠, ㉢
③ ㉡, ㉢　　　　　　　④ ㉠, ㉡, ㉢

해설 태양광선이 물방울 안에서 분산되는 것은 여러 파장의 빛이 모여 있기 때문이며, 빛의 굴절률에 따라 굴절되는 정도가 다르다. 가시광선 계열에서는 빨간색이 굴절률이 가장 작고, 보라색이 가장 크다. 무지개는 태양의 반대편에 있어야 물방울 안에서 반사되어 보인다.

60 회절에 대한 다음의 설명 중 맞는 것은?

① 슬릿 간격이 넓을수록 회절이 잘 일어난다.
② 파장이 짧으면 회절이 잘 일어난다.
③ 회절은 입자와 파동의 공통 현상이다.
④ 소리가 벽 너머에서 들리는 것은 회절현상 때문이다.

해설 회절은 파장이 길수록, 슬릿 간격이나 물체의 크기가 작을 때 잘 일어나며 파동만의 특성이다.

61 440Hz로 진동하는 소리굽쇠 A와 진동수를 모르는 소리굽쇠 B를 동시에 때렸더니 초당 4회의 맥놀이가 들렸다. 소리굽쇠 B의 가지에만 알루미늄 테이프를 붙인 후, 두 소리굽쇠를 동시에 때렸더니 초당 2회의 맥놀이가 들렸다. 테이프를 붙이기 전의 소리굽쇠 B의 진동수(Hz)는? [15. 국가직 7급]

① 436　　　　　　　② 438
③ 442　　　　　　　④ 444

해설 $f_1 T - f_2 T = 1$, $T = \dfrac{1}{f_1 - f_2}$ 에서 맥놀이 수 $N = f_1 \sim f_2 = |f_1 - f_2|$ 이므로
$4 = |440 - f'| = \pm(440 - f')$　∴ $f' = 436(\text{Hz})$ 또는 $f' = 444(\text{Hz})$
$2 = |440 - f''| = \pm(440 - f'')$　∴ $f'' = 438(\text{Hz})$ 또는 $f'' = 442(\text{Hz})$
그런데 질량이 증가하면 진동수는 감소하므로 $f' = 444(\text{Hz})$이다.

정답 59. ② 60. ④ 61. ④

62 깊은 산속에서 라디오가 텔레비전 화면보다 더 잘 나오는 이유는?

① 라디오파는 음성파만 있기 때문에
② 라디오파는 음파이고 텔레비전파는 전자기파이기 때문에
③ 라디오파는 파장이 더 길기 때문에
④ 라디오파는 횡파이기 때문에

해설 라디오파와 텔레비전파(초단파)는 모두 전자기파이고 횡파이지만 발생 방법과 파장(진동수)이 다르다. 라디오파는 텔레비전파보다 파장이 더 길어 회절현상 때문에 장해물 뒤에서도 더 잘 들린다.

63 물 위에 뜬 얇은 기름막에 알록달록한 무늬가 생기는 현상과 관계 깊은 것은?

① 분산 ② 간섭
③ 회절 ④ 산란

해설
① 분산 : 햇빛을 프리즘에 통과시킬 때 여러 가지 색깔의 빛으로 나누어지는 현상
② 간섭 : 점광원에서 나온 파장이 같은 두 광파가 서로 다른 경로를 통해 한 점에 도달하면 차이가 생기는 현상으로 얇은 막에 의한 간섭과 2중 슬릿에 의한 간섭무늬가 있다.
③ 회절 : 파동이 장애물을 만나거나 틈을 지날 때, 원래의 진행하던 방향과는 다른 방향으로도 전달되는 현상
④ 산란 : 파동이 진행할 때 파동의 파장 정도 또는 그보다 작은 장애물을 만나면 그 장애물을 중심으로 하여 사방으로 퍼져 나가는 현상

64 굴절률이 n_1, n_2(단, $n_2 < n_1$)인 두 매질에 대해 굴절률이 n_1인 매질로부터 n_2인 매질로 빛이 입사될 때 두 매질의 경계면에서 전반사가 일어나는 임계각이 $\theta = 30°$였다. 만약, 굴절률이 n_1, n_3(단, $n_3 < n_1$)인 두 매질에 대해 굴절률이 n_1인 매질로부터 n_3인 매질로 빛이 입사될 때 전반사가 일어나는 임계각이 $\theta = 45°$이었다면, $\dfrac{n_2}{n_3}$의 값은 얼마인가?

[14. 서울시 7급]

① $\sqrt{\dfrac{5}{6}}$ ② $\dfrac{2}{\sqrt{5}}$ ③ $\dfrac{\sqrt{3}}{2}$
④ $\sqrt{\dfrac{2}{3}}$ ⑤ $\dfrac{1}{\sqrt{2}}$

해설
$$\sin i_c = \dfrac{\frac{n_2}{n_1}}{\frac{n_3}{n_1}} = \dfrac{n_2}{n_3} = \dfrac{\sin 30°}{\sin 45°} = \dfrac{\frac{1}{2}}{\frac{1}{\sqrt{2}}} = \dfrac{\sqrt{2}}{2}$$

정답 62. ③ 63. ② 64. ⑤

65 그림은 수면상의 다른 두 점 S_1과 S_2에서 동일한 진폭과 진동수를 가지는 수면파를 같은 위상으로 발생시킨 후 어느 한 순간의 모습을 도식적으로 나타낸 것이다. 수면파의 마루는 실선으로, 골은 점선으로 나타냈다. 이에 대한 설명으로 옳은 것을 보기에서 모두 고른 것은?

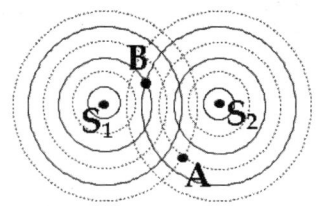

㉠ A에서 완전 소멸 간섭이 일어난다.
㉡ B에서 완전 보강 간섭이 일어난다.
㉢ B에서 수면파의 높이는 변하지 않는다.

① ㉠
② ㉡
③ ㉢
④ ㉠, ㉡
⑤ ㉡, ㉢

해설 A지점에서 점선과 점선이 만났으므로 위상이 같으므로 보강 간섭이 일어나며 B지점도 마루와 마루 위상이 만나 보강 간섭이 나타난다. 수면파의 높이는 각 파동의 진폭의 2배로 나타난다.

66 빛의 편광현상으로 어떤 성질을 알 수 있는가?
① 굴절
② 회절
③ 종파(소밀파)
④ 횡파(고저파)

해설 편광현상 : 진동 방향이 한 방향으로만 된 빛을 편광이라 하고, 이 편광현상으로 빛이 횡파임을 알 수 있다.

67 영의 간섭 실험에서 슬릿의 간격을 0.1mm, 슬릿과 스크린 사이의 거리를 1m로 하여 4,000Å의 빛을 입사시킬 때, 밝은 무늬의 간격은 몇 mm인가?
① 1mm
② 2mm
③ 3mm
④ 4mm

해설 영의 간섭 조건 $\Delta cd = \lambda l \Rightarrow \Delta x = \dfrac{\lambda l}{d}$

(d : 슬릿의 간격, λ : 파장, l : 슬릿과 스크린의 간격)

$\therefore \Delta x = \dfrac{1 \times 10^3 \times 4 \times 10^3 \times 10^{-7}}{0.1} = 4(\text{mm})$

정답 65. ② 66. ④ 67. ④

68 4개의 슬릿을 가지고 있는 원판 스트로보스코프가 있다. 5초 동안에 20회전하고 있을 때 측정할 수 있는 시간 간격은 몇 초인가?

① 16초　　　　　　　　　　② 1/16초
③ 1/4초　　　　　　　　　　④ 4초

해설 슬릿 1개당의 시간 간격 : $t = \dfrac{T}{f \cdot n}$ (n : 슬릿 개수, f : 회전수)

$\therefore t = \dfrac{5}{4 \times 20} = \dfrac{1}{16}$

69 공기 중에서 파장이 5,700Å인 빛이 굴절률 1.5인 유리에 입사했을 때 유리 속에서의 빛의 파장은 몇 Å인가?

① 3,800Å　　　　　　　　　② 7,200Å
③ 5,550Å　　　　　　　　　④ 3,600Å

해설 $n_{12} = \dfrac{n_2}{n_1} = \dfrac{v_1}{v_2} = \dfrac{\lambda_1}{\lambda_2}$　　$1.5 = \dfrac{5,700}{\lambda_2}$　　$\therefore \lambda_2 = 3,800\,\text{Å}$

70 똑같은 빛을 동위상으로 발생하는 두 광원에서 광로차가 3cm인 곳에 상쇄 간섭을 일으키는 파장은?

① 1cm　　　　　　　　　　② 2cm
③ 3cm　　　　　　　　　　④ 4cm

해설 상쇄 간섭 조건

$\Delta = 3 = \dfrac{\lambda}{2}(2m+1)$에서　$\lambda = \dfrac{6}{2m+1}$

$m = 0$일 때 $\lambda = 6\,\text{cm}$

$m = 1$일 때 $\lambda = 2\,\text{cm}$

$m = 2$일 때 $\lambda = \dfrac{6}{5}\,\text{cm}$

$m = 3$일 때 $\lambda = \dfrac{6}{7}\,\text{cm}$

정답　68. ②　69. ①　70. ②

71 오른쪽 그림은 이중 슬릿에 의한 빛의 간섭 실험을 하기 위한 장치이다. 단색광 레이저(S_0)를 이중 슬릿($S_{1\sim 2}$)에 쪼여줄 때 스크린 위에 밝고 어두운 간섭무늬가 나타나는 것을 확인하였다. 이 실험을 설명한 것으로 옳지 않은 것은? (다만, O는 중앙점이며, P는 첫 번째 밝은 무늬를 나타낸다.)

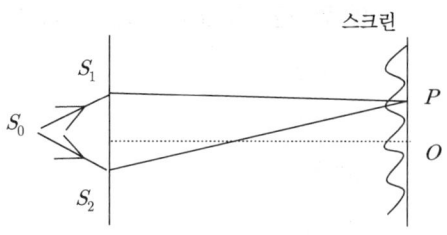

① 이중 슬릿 $S_{1\sim 2}$로부터 점 P까지의 거리의 차이는 단색광레이저의 파장과 같다.
② 단색광의 파장을 긴 것으로 바꾸면 첫 번째 밝은 무늬점 P는 O에 가까워진다.
③ 이중 슬릿의 간격이 좁아지면 스크린 위의 첫 번째 밝은 무늬점 P는 O에서 멀어진다.
④ 스크린을 슬릿으로부터 더 멀리 가져가면 첫 번째 밝은 무늬점 P는 O에서 멀어진다.

해설 첫 번째 밝은 무늬의 간격은 한 파장이며 무늬 사이의 간격은 $\Delta x = \dfrac{L\lambda}{d}$이다. 파장이 길어지면 무늬 사이의 간격 Δx도 증가하므로 P와 O 사이는 멀어진다. 이중 슬릿 간격 $S_{1\sim 2}$, 즉 d가 작아지면 Δx는 증가하고 스크린까지의 거리인 L이 증가하면 Δx도 증가한다.

72 그림과 같이, 영의 이중 슬릿 간섭 실험에서 슬릿과 스크린 사이의 거리는 $L=50$cm이고, 빛의 파장은 500nm, 두 슬릿 사이의 거리는 $d=0.10$mm이다. 스크린에서 간섭무늬의 중심 근처에 있는 서로 이웃한 밝은 띠 사이의 거리[mm]와 가장 가까운 값은? [12. 국가직 7급]

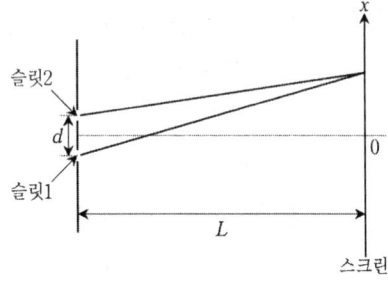

① 0.15　　　　　② 0.25
③ 1.5　　　　　④ 2.5

해설 영의 간섭 실험 : 무늬 사이의 간격이 $\Delta x = \dfrac{L}{d}\lambda$이므로
$= \dfrac{0.5}{0.1 \times 10^{-3}} \times 500 \times 10^{-9} = 2500 \times 10^{-6} (\mathrm{m}) = 2.5 \times 10^{-3} (\mathrm{m}) = 2.5 (\mathrm{mm})$

정답 71. ②　72. ④

73 z방향으로 진행하고 있는 편광되지 않은 빛의 경로에 3개의 편광판이 z방향과 수직으로 놓여있다. 첫 번째 편광판의 편광 방향은 y축에 평행하고, 두 번째 편광판의 편광 방향은 y축으로부터 반시계 방향으로 45° 기울어져 있으며, 세 번째 편광판의 편광 방향은 x축에 평행하다. 편광되지 않은 빛의 세기를 I_0라 하면, 3개의 편광판을 투과한 빛의 세기는?

[13. 국가직 7급]

① 0
② $\frac{1}{2}I_0$
③ $\frac{1}{4}I_0$
④ $\frac{1}{8}I_0$

해설

$I' = \frac{1}{2}I_0\cos 45° = \frac{1}{2}I_0\left(\frac{1}{\sqrt{2}}\right)^2 = \frac{1}{4}I_0$

$I'' = I'\cos^2 45° = \frac{1}{4}I_0\left(\frac{1}{\sqrt{2}}\right)^2 = \frac{1}{8}I_0$

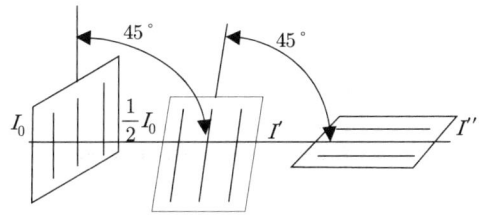

74 그림과 같이 펄스 파동이 선밀도가 낮은 줄에서 높은 줄로 진행할 때, 반사파와 투과파의 모양을 나타낸 것 중 가장 적절한 것은?

[14. 국가직 7급]

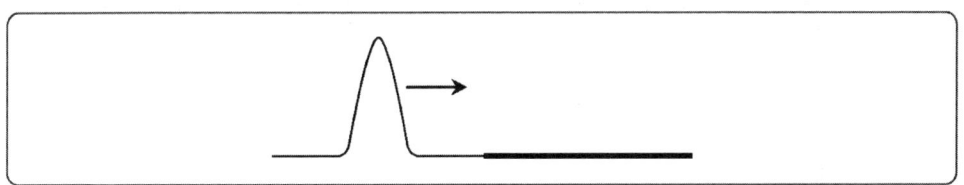

① ② ③ ④

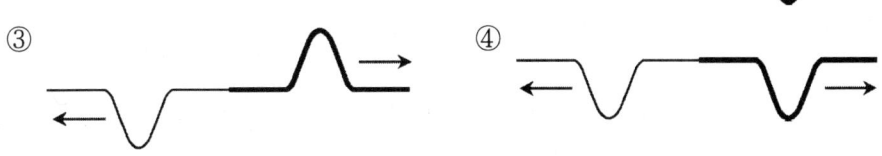

해설 얇은 줄은 소한 매질이며 두꺼운 줄은 밀한 매질이다. 소한 매질에서 밀한 매질로 진행할 경우 투과파의 위상은 변함없고 반사파의 경우 고정단 반사가 일어나 위상이 180° 차이가 생긴다.

정답 73. ④ 74. ③

75 〈보기〉 그림은 단일 파장의 빛이 공기(굴절률 $n=1$) 중에서 전파하는 파형을 나타낸다. 이 빛이 굴절률 $n=2$인 매질로 반사와 흡수 없이 수직으로 입사한 후, 매질 내 파형의 모양을 나타낸 것은?

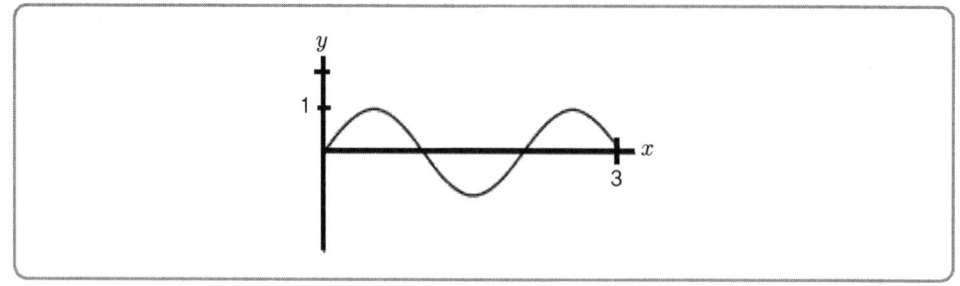

① 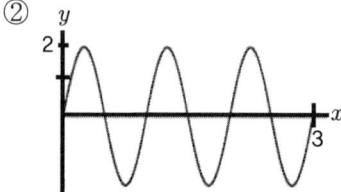 ②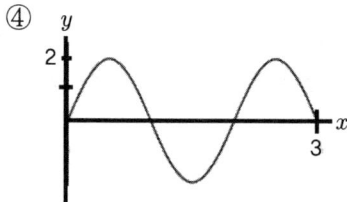

③ 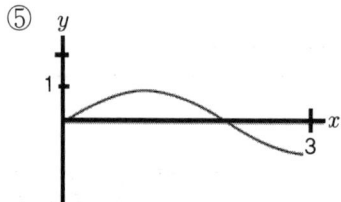 ④

⑤

해설 스넬의 법칙에 의해 $n_{12}=\dfrac{v_1}{v_2}=\dfrac{\lambda_1}{\lambda_2}=\dfrac{\sin i}{\sin r}=\dfrac{n_2}{n_1}$ 일정하므로 굴절률이 2배인 곳으로 진행하면 속력이 $\dfrac{1}{2}$ 줄어든다. 이때 진동수는 일정하나 파장이 $\dfrac{1}{2}$ 로 줄어든다. 그러므로 동일 거리 (x)에 파장이 2배 많이 관측된다.

정답 75. ①

76 전자제품이나 자동차 등 현대의 기계들은 소음을 줄이기 위해 반대의 파동을 이용하는데 이와 관련된 파동의 성질은?

① 반사 ② 굴절
③ 간섭 ④ 회절

해설 파동이 소멸 간섭을 할 때 합성파의 진폭은 $A=0$이므로, 파동의 세기 $I \propto A^2$에서 $I=0$이 된다.

77 낮보다 밤에 소리가 더 잘 들리는 까닭은 음파의 무슨 현상 때문인가?

① 직진 ② 반사
③ 굴절 ④ 회절

해설 해가 지면 근처와 상공의 공기의 온도차로 속도가 달라져 지면으로 음파가 굴절한다.

78 일정한 음원으로부터 나온 음파의 속도가 매질에 따라 다른 이유는?

① 진폭이 변하기 때문이다.
② 파장이 변하기 때문이다.
③ 진동수가 변하기 때문이다.
④ 종파(소밀파)에서 횡파(고저파)로 변하기 때문이다.

해설 파동·파장·속도의 관계: $v = \dfrac{\lambda}{T} = f\lambda$ (진동수는 매질이 변해도 불변)

79 다음 중 음속과 관계없는 것은?

① 진동수 ② 온도
③ 매질 ④ 습도

해설 음속 크기: 기체 < 액체 < 고체
공기 중 음속 $v = 331 + 0.6t$
즉 매질에 따라, 온도에 따라, 공기보다 물속에서 빠르므로 습기가 있으면 음속이 빨라진다.

정답 76. ③ 77. ③ 78. ② 79. ①

80 소리의 세기 dB에 대한 설명 중 맞는 것은?

① 인간이 느낄 수 있는 한계는 1dB이다.
② 20dB은 10dB의 2배 세기이다.
③ 60dB은 20dB의 3배 세기이다.
④ 120dB은 100dB의 100배 세기이다.

> **해설** 최저 가청음이 0dB이고 10dB 증가 시 실제 세기는 10배로 강해진다.
> 20dB은 10dB의 10배 세기이고, 60dB은 20dB의 10^4배 세기이다.

81 소리의 세기 90dB은 70dB보다 몇 배나 큰 소리인가?

① $\frac{9}{7}$배   ② 20배
③ 50배   ④ 100배

> **해설** $dB = 10 \log \frac{I}{I_0}$ 에서
> $90dB = 10 \log \frac{I_1}{I_0}$ ∴ $I_1 = 10^9 I_0$
> $70dB = 10 \log \frac{I_2}{I_0}$ ∴ $I_2 = 10^7 I_0$

82 맥놀이 현상이 잘 일어날 조건은?

① 진동수와 진폭이 같을 때   ② 진동수가 같고 진폭이 다를 때
③ 진동수가 다르고 진폭이 같을 때 ④ 진동수와 진폭이 다를 때

> **해설** 음파의 맥놀이 현상은 진폭은 같고 진동수만 약간 다를 때 진동수의 차로 일어난다.

83 지구로부터 멀어지고 있는 천체에서 나오는 빛은 천체의 운동이 없는 경우에 비해 어떻게 관측되는가?

① 짧은 파장쪽으로 그 파장이 변화한다.
② 긴 파장쪽으로 그 파장이 변화한다.
③ 그 세기가 약해진다.
④ 그 세기가 강해진다.

> **해설** 멀어지므로 f는 작아지고 $c = f\lambda$에서 λ는 길어진다(적색편위 현상).

정답 80. ④ 81. ④ 82. ③ 83. ②

84 건물의 단열을 위하여 파장 500nm인 빛을 최대로 반사시키도록 건물 유리에 코팅을 하려 한다. 두꺼운 유리의 굴절률은 1.45, 코팅 소재의 굴절률은 1.25라 할 때, 사용할 수 있는 가장 얇은 코팅 두께 t는 얼마인가? (단, 표면 및 계면에 수직으로 입사·반사가 일어난다고 가정한다.)

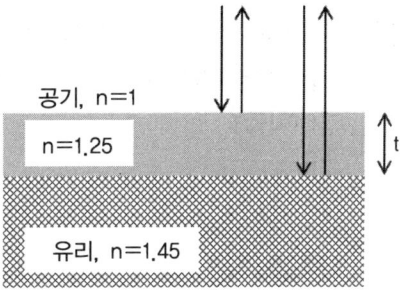

① 100nm
② 125nm
③ 150nm
④ 175nm
⑤ 200nm

해설 주어진 조건을 이용하면 공기 $n=1$ < 코팅막 $n=1.25$ < 유리 $n=1.45$으로 모두 고정단 반사한다. 총 위상의 변화는 λ이므로 $\frac{\lambda}{2}(2m+1)$일 때 상쇄 간섭이 일어난다. 가장 얇은 코팅 두께 t는 $m=0$일 때이므로 $\frac{\lambda}{2}$이다. 굴절의 법칙 $n_{12}=\frac{\lambda_1}{\lambda_2}=\frac{n_2}{n_1}$에 의해 공기에서 코팅막으로 진행 시 상대 굴절률을 계산하면 $\frac{1.25}{1}=\frac{500nm}{\lambda_2}$에서 $\lambda_2=400nm$이며, 반 파장인 200nm일 때 조건을 만족한다.

85 파장이 $0.9\mu m$인 단색광이 굴절률이 1.5인 막에 수직으로 입사하였을 때 반사광의 세기가 최소가 되는 막의 최소 두께는?

① $0.15\mu m$
② $0.3\mu m$
③ $0.45\mu m$
④ $0.6\mu m$

해설 입사파와 굴절률이 1.5인 막에서 반사되어 나오는 파의 위상이 반대일 때 반사광이 최소가 되므로 $n_{12}=\frac{\lambda_1}{\lambda_2}=\frac{n_2}{n_1}$에서 $\frac{1.5}{1}=\frac{0.9\mu m}{\lambda_2}$, $\lambda_2=0.6\mu m$이다. $\frac{\lambda}{2}(2m+1)$일 때 상쇄 간섭이 일어나며 막의 최소 두께는 $m=0$일 때이므로 $\frac{\lambda}{2}$이다. 조건을 만족하는 막의 두께는 $0.3\mu m$이다.

정답 84. ⑤ 85. ②

Chapter 04

86 굴절률이 1.25인 물질을 평평한 유리(굴절률 1.56)에 얇은 막으로 코팅하였다. 유리에 수직으로 입사하는 파장이 500nm인 빛의 반사를 최소화하기 위한 코팅의 최소 두께 [nm]는?   [10. 지방직 7급]

① 80 　　　　　② 100
③ 155 　　　　　④ 200

해설 빛은 막의 표면과 유리 표면에서 반사될 때 고정단 반사로 위상이 180° 변한다. 이때의 간섭 조건으로서, 보강 간섭일 때에는 $2nd = \frac{\lambda}{2} \cdot 2m$ 이며, 상쇄 간섭일 때에는 $2nd = \frac{\lambda}{2} \cdot (2m+1)$ 이다.

막의 최소한의 두께는 $\therefore d = \frac{\lambda}{4m} = \frac{500}{4 \times 1.25} = 100$

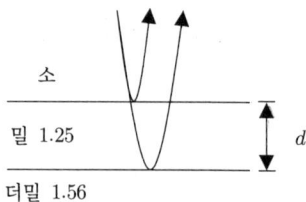

87 굴절률이 1.6인 강화유리 위에 굴절률이 1.4인 투명한 물질을 100nm의 두께로 코팅하였다. 이 강화유리의 코팅된 면 위에 수직으로 입사된 백색광 중에서 투과율이 가장 높은 가시광선의 파장[nm]은?   [11. 국가직 7급]

① 480 　　　　　② 560
③ 640 　　　　　④ 720

해설 $2nd = \frac{\lambda}{2}(2m+1)$ 에서 $m=0$ 이므로 $\therefore \lambda = 4nd$
$4nd = 4 \times 1.4 \times 100 \times 10^{-9} = 5.6 \times 100 \times 10^{-9}$
$= 560(\text{nm})$

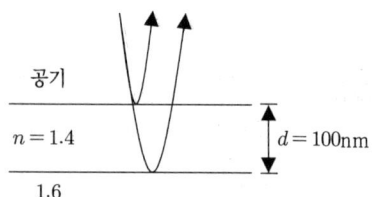

88 굴절률이 1.8인 유리 위에 굴절률이 1.5인 투명한 박막을 입혀서 빛의 반사를 줄이고자 한다. 파장이 600nm인 빛이 이 박막에 수직으로 입사할 때, 이 빛의 반사를 최소로 하기 위한 박막의 최소 두께(nm)는?   [15. 국가직 7급]

① 100 　　　　　② 200
③ 300 　　　　　④ 400

해설 $2nd = \frac{\lambda}{2}(2m+1)$ 에서 $m=0$ 이므로 $d = \frac{\lambda}{4n} = \frac{600}{4 \times 1.5} = 100(\text{nm})$

정답 86. ② 87. ② 88. ①

89 비누막을 공기 중에서 파장 600nm인 빛으로 비출 때, 막에서 반사되는 빛이 보강 간섭을 일으키기 위한 비누막의 최소 두께는? (단, 공기의 굴절률은 1, 비누막의 굴절률은 1.33이다.) [15. 서울시 7급]

① 113nm
② 150nm
③ 338nm
④ 451nm

해설 $2nd = \dfrac{\lambda}{2}$ 에서 $d = \dfrac{\lambda}{4n}$ 이므로 $d = \dfrac{600}{4 \times 1.33} = 112.78nm ≒ 113nm$

90 양 끝이 고정된 100cm의 현에 생길 수 있는 정상파의 파장으로 가능하지 않은 것은?

① $\lambda = 10\,\text{cm}$
② $\lambda = 20\,\text{cm}$
③ $\lambda = 30\,\text{cm}$
④ $\lambda = 40\,\text{cm}$

해설 $\lambda_n = \dfrac{2l}{n}(n=1,2,3\cdots)$ 에서 $\lambda = \dfrac{2 \times 100}{1},\ \dfrac{2 \times 100}{2},\ \dfrac{2 \times 100}{3},\ \dfrac{2 \times 100}{4},\ \cdots$

91 그림 (가)와 (나)는 각각 길이가 L_1, L_2인 관악기를 나타낸 것이다. (가)는 한쪽 끝이 막힌 관악기이고 (나)는 양쪽 끝이 뚫린 관악기이다. (가)와 (나)에서 공명으로 발생하는 소리의 가장 낮은 진동수가 서로 같을 때 $L_1 : L_2$는?

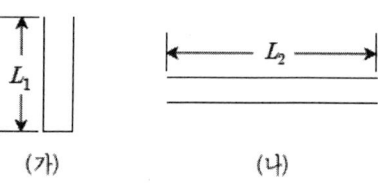

① 1 : 1
② 1 : 2
③ 2 : 1
④ 2 : 3

해설 한쪽 끝이 닫힌 폐관의 진동 (가)의 정상파 파장은 $\lambda_n = \dfrac{4l}{2n-1}$ 이므로 $n=1$인 기본 파장은 관의 길이의 4배이다. (나)의 개관의 정상파 파장 $\lambda_n = \dfrac{2l}{n}$ 이며 $n=1$인 기본 파장은 관의 길이의 2배이다. 따라서 매질이 같은 곳에서 파동의 속력은 같고, 공명으로 발생하는 관악기의 진동수는 같다고 하였으므로 $v = \lambda f$에서 파장의 비가 2 : 1이므로 관의 길이는 1 : 2가 된다.

정답 89. ① 90. ③ 91. ②

92 사람이 262Hz로 진동하는 소리굽쇠를 가지고 2.0m/s의 속력으로 벽 정면을 향해서 똑바로 걷고 있다. 소리굽쇠로부터의 소리는 벽면으로부터 반사된다. 이때 걷고 있는 사람이 소리굽쇠와 반사파 사이에서 듣게 되는 맥놀이 진동수는? (단, 공기에서 소리의 속도는 340m/s이다.) [17. 서울시 7급]

① 1.0Hz ② 1.5Hz
③ 1.6Hz ④ 3.1Hz

해설 맥놀이 진동수는 $f = f_1 - f_2$이며, 벽면에서 반사되는 소리를 사람이 듣는 소리의 진동수는 도플러 효과를 이용하여 계산하면 $f_1 = 262 \times \dfrac{340+2}{340-2}$Hz, $f_2 = 262$이므로 맥놀이 진동수 $262 \times \dfrac{342}{338} - 262 = 262 \times \left(\dfrac{342}{338} - 1\right) \fallingdotseq 3.1$Hz

93 사람의 귀를 한 끝이 닫힌 관으로 간주할 때 귓구멍 입구에서 고막까지의 거리가 약 2.5cm인 사람이 다음 진동수의 소리들 중에서 비교적 잘 들을 수 있는 것으로만 짝지은 것은? (단, 소리의 속력은 340m/s이다.) [09. 국가직 7급]

㉠ 3.4kHz ㉡ 6.8kHz ㉢ 10.2kHz
㉣ 17.0kHz ㉤ 23.8kHz

① ㉠, ㉡, ㉢, ㉣, ㉤ ② ㉠, ㉢, ㉤
③ ㉠, ㉢, ㉣ ④ ㉡, ㉣, ㉤

해설 폐관에서 정상파의 기본 파장 크기는 $2.5\text{cm} = \dfrac{1}{4}\lambda$이며, 파동의 속력 $v = \lambda f$이므로
$f_1 = \dfrac{v}{\lambda_1} = \dfrac{340}{4 \times 2.5 \times 10^{-2}} = \dfrac{340}{10^{-1}} = 3400$Hz
$= 3.4$kHz이다.

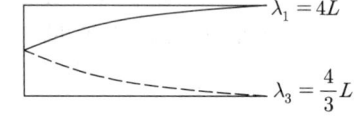

폐관에서의 정상파 조건에 의해
$f_3 = \dfrac{3v}{4l} = 3f_1 = 3 \times 3.4 = 10.2$kHz이다.
$f_5 = \dfrac{5v}{4l} = 5f_1 = 5 \times 3.4 = 17.0$KHz
$f_7 = 7f_1 = 23.8$kHz는 가청 주파수 범위를 넘는다.

정답 92. ④ 93. ③

94 양쪽 끝이 열려 있는 길이 l_0인 관에서의 기본 진동이 f_0였다면, 관의 길이가 4배인 경우의 기본 진동수는?

① $\frac{1}{2}f_0$ 　　　　　　　② $\frac{1}{4}f_0$

③ $2f_0$ 　　　　　　　　　④ $4f_0$

해설 $f = \frac{v}{\lambda}$이며, $\lambda_n = \frac{2l}{n}$에서 $\lambda_1 = 2l$이므로 $f = \frac{v}{2l}$가 된다.

95 유리관 내의 수면 높이를 조절함으로써 공기기둥의 길이를 조절할 수 있는 장치에 진동하는 소리굽쇠가 유리관의 열린 끝에 놓여 있다. 수면의 높이를 조절하여 공기기둥의 길이가 37.5cm일 때 공명이 감지되었고, 62.5cm일 때 다시 공명이 감지되었다면 소리굽쇠의 진동수[Hz]에 가장 가까운 값은? (단, 공기 중 소리의 속도는 340m/s이다.)

[13. 국가직 7급]

① 170 　　　　　　　　② 340
③ 680 　　　　　　　　④ 1,360

해설 반 파장의 크기는 $\frac{\lambda}{2} = (62.5 - 37.5) = 25cm$ 이므로
한 파장의 크기는 $\lambda = 2 \times 25 = 50(cm) = 0.5(m)$ 이다.
이때 진동수 ∴ $f = \frac{v}{\lambda} = \frac{340}{0.5} = 680(Hz)$

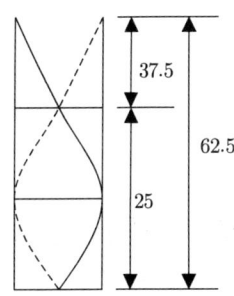

정답 94. ② 95. ③

Chapter 04

96 양 끝이 고정된 길이 L인 팽팽한 줄에서 발생되는 정상파에 대한 설명으로 옳지 않은 것은? (단, 여기서 λ는 정상파의 파장, v는 진행파동의 속력, $n=0, 1, 2, 3, \cdots$ 이다.)

[13. 국가직 7급]

① 정상파에서 배가 되는 점은 $\dfrac{(2n+1)\lambda}{2}$ 가 되는 곳이다.

② 정상파에서 마디가 되는 점은 $\dfrac{n\lambda}{2}$ 가 되는 곳이다.

③ 정상파에서 얻을 수 있는 파장은 $\dfrac{2L}{n}$ 이다.

④ 정상파에서 가장 낮은 공명진동수는 $\dfrac{v}{2L}$ 이다.

해설 정상파의 식 $y(x,t) = [y_m \sin kx]\cos \omega t$ 에서 진폭 요소는 $y_n \sin kx$, 진동 요소는 $\cos \omega t$ 이다.

① 배(진폭이 최대인 위치)는 $\sin kx = 1$ ∴ $kx = \dfrac{\pi}{2}(1, 3, 5, \cdots) = \left(n+\dfrac{1}{2}\right)\pi$

  $k = \dfrac{2\pi}{\lambda}$ 이므로 $\dfrac{2\pi}{\lambda}x = \left(n+\dfrac{1}{2}\right)\pi$ ∴ $x = \dfrac{1}{2}\left(n+\dfrac{1}{2}\right)\pi$ $(n = 0, 1, 2\cdots)$

② 마디(진폭이 0이 되는 위치)일 때 $\sin kx = 0$ 이므로 $kx = n\pi$

  $\dfrac{2\pi}{\lambda}x = n\pi$ ∴ $x = \dfrac{n}{2}\lambda$, $(n = 0, 1, 2, \cdots)$

③ $\lambda_1 = 2L$

  $\lambda_2 = L = \dfrac{2L}{2}$

④ $f_1 = \dfrac{v}{\lambda_1} = \dfrac{v}{2L}$

97 신기루 현상은 파동의 어떤 특성 때문에 가능한가?

① 굴절   ② 반사
③ 회절   ④ 직진

해설 신기루는 굴절현상이다. 떠보이기 현상, 별빛의 반짝임, 별의 위치가 실제 위치보다 높게 보이는 현상, 아지랑이 현상 등이 모두 빛의 굴절에 의한 현상이다.

정답 96. ① 97. ①

98 속도가 3×10^8m/s이고 진동수가 4×10^{14}Hz인 빛이 진공에서 굴절률이 1.5인 유리로 입사되었을 때 유리 속에서의 빛의 파장은?

① $3 \times 10^{-7} m$
② $4 \times 10^{-7} m$
③ $5 \times 10^{-7} m$
④ $7.5 \times 10^{-7} m$

 $n_{12} = \dfrac{n_2}{n_1} = \dfrac{v_1}{v_2}$ 에서 $\dfrac{1.5}{1} = \dfrac{3 \times 10^8}{v_2}$ ∴ $v_2 = 2 \times 10^8$ m/s

진동수는 불변이므로 $v_2 = f\lambda_2$에서

$\lambda_2 = \dfrac{v_2}{f} = \dfrac{2 \times 10^8}{4 \times 10^{14}} = 5 \times 10^{-7}$m

99 어떤 투과 물질에 입사각이 45°로 들어간 광선의 굴절각이 30°이었다. 이 물질의 굴절률은?

① $\sqrt{3}$
② $\sqrt{2}$
③ $\dfrac{4}{3}$
④ $\dfrac{3}{2}$

해설 굴절률 $n = \dfrac{\sin i}{\sin r}$ [입사각$(i) = 45°$, 굴절각$(r) = 30°$]

$n = \dfrac{\sin 45°}{\sin 30°} = \dfrac{\frac{1}{\sqrt{2}}}{\frac{1}{2}} = \dfrac{2}{\sqrt{2}} = \dfrac{2\sqrt{2}}{2} = \sqrt{2}$ ∴ $n = \sqrt{2}$

100 유리에서 공기로 빛이 진행할 때의 변화 중 틀린 것은?

① 속도가 커진다.
② 파장이 길어진다.
③ 진동수는 커진다.
④ 입사각보다 굴절각이 더 크다.

 스넬의 법칙 : $n_{12} = \dfrac{n_2}{n_1} = \dfrac{\sin i}{\sin r} = \dfrac{v_1}{v_2} = \dfrac{\lambda_1}{\lambda_2} < 1$

진동수, 위상은 불변

정답 98. ③ 99. ② 100. ③

Chapter 04

101 두 개의 평면거울을 직각으로 마주 보게 하여 그 사이에 물체를 두면 상은 최대 몇 개로 보일까?

① 1개 ② 2개
③ 3개 ④ 4개

해설 두 개의 평면경이 θ의 각을 이루고 있을 때 생기는 상의 개수 $n = \dfrac{360°}{\theta}$

n이 짝수일 때는 $(n-1)$개, n이 홀수일 때는 n개

따라서 $n = \dfrac{360°}{90°} = 4$이므로 $n-1 = 3$개

102 초점거리 10cm인 볼록렌즈 앞 30cm 되는 곳에 물체가 있을 때 생기는 상의 위치는?

① 렌즈 앞 15cm ② 렌즈 뒤 15cm
③ 렌즈 앞 20cm ④ 렌즈 뒤 20cm

해설 $\dfrac{1}{a} + \dfrac{1}{b} = \dfrac{1}{f}$ (a: 렌즈 중심에서 물체까지의 거리, f: 초점거리, b: 렌즈 중심에서 상까지의 거리)

$\dfrac{1}{30} + \dfrac{1}{b} = \dfrac{1}{10}$ ∴ $b = 15\text{cm}$ (실상, 렌즈 뒤)

103 굴절률 2인 유리의 임계각은 얼마인가?

① 0° ② 15°
③ 30° ④ 45°

해설 임계각 $\sin\theta_c = \dfrac{1}{n}$ (n: 굴절률, θ_c: 임계각) ∴ $\sin\theta_c = \dfrac{1}{2}$이므로 $\theta_c = 30°$

104 파장이 600nm인 빛을 방출하는 레이저를 이용하여 이중슬릿 간섭 실험을 하였다. 슬릿 간격이 0.3mm이고 슬릿에서 스크린까지의 거리가 4m일 때, 간섭 무늬에 인접한 어두운 선 사이의 거리는?

[18. 3. 서울시 7급]

① 2mm ② 4mm
③ 6mm ④ 8mm

해설 간섭 무늬에 인접한 어두운 선 사이의 거리 $\Delta x = \dfrac{L\lambda}{d}$이므로,

$\Delta x = \dfrac{L\lambda}{d} = \dfrac{4 \times 600 \times 10^{-9}}{0.3 \times 10^{-3}} = 0.008m = 8mm$

정답 101. ③ 102. ② 103. ③ 104. ④

105 파장이 λ인 단색광을 이중 슬릿에 쪼였더니 스크린에 명암의 간섭무늬가 나타났다. 중앙에서 첫 번째 어두운 무늬까지의 광로차는?

① 0
② $\frac{1}{2}\lambda$
③ λ
④ $\frac{3}{2}\lambda$

해설 소멸 간섭 시 광로차 $\Delta = \frac{\lambda}{2}(2m+1)$에서

첫 번째 어두운 무늬는 $m=0$인 조건이므로 $\Delta = \frac{\lambda}{2}$

106 전자현미경의 원리는?

① 전자의 속도가 감소되도록 낮은 전압으로 가속시킨다.
② 전자의 파동성인 회절을 잘 일어나게 한다.
③ 분해능이 낮을수록 작은 물체를 잘 볼 수 있다.
④ 분해능은 사용한 파장의 1/2이다.

해설 광학현미경은 아주 작은 물체보다 가시광선의 파장이 훨씬 커 회절현상 때문에 물체를 잘 관찰할 수 없다. 회절을 줄이려면 파장이 짧아야 하므로 전자의 물질파의 파장 $\lambda = \frac{h}{mv}$에서 속도 v를 크게 하기 위해 높은 전압으로 가속시켜야 한다. 분해능은 두 점 사이의 간격을 구분해 낼 수 있는 한계각이며 사용한 빛은 $\frac{1}{2}\lambda$이다.

107 파장이 $0.5\mu m$인 빛이 cm당 500개의 홈이 나 있는 회절격자 면에 그림과 같이 수직으로 입사한다. 1m 떨어진 스크린에서 1차 극대가 관찰되는 높이 h에 가장 가까운 값은? [18. 6. 서울시 7급]

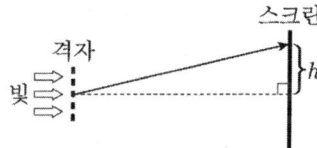

① 1.25cm
② 2.5cm
③ 12.5cm
④ 25cm

해설 스크린에서 무늬 사이의 거리 $\Delta x = \frac{L\lambda}{d}$이므로 주어진 자료를 대입하여 풀이한다.

$$h = \frac{L\lambda}{d} = \frac{1 \times 0.5 \times 10^{-6}}{\frac{10^{-2}}{500}} = 0.025m = 2.5cm$$

정답 105. ② 106. ④ 107. ②

108 햇빛을 분산시킬 때 생기는 스펙트럼에서 빨간빛에서 보랏빛으로 갈수록 파장, 진동수, 회절성의 변화 중 옳은 것은?

① 굴절률이 커진다.　　② 파장이 길어진다.
③ 진동수가 작아진다.　　④ 회절이 잘 일어난다.

해설 보랏빛으로 갈수록 파장이 짧아지므로 회절은 덜 일어나지만 굴절은 커진다.

109 속력 30cm/s, 파장 6cm인 물결파가 얕은 곳으로 굴절하면서 속력이 20cm/s로 되었다. 얕은 곳에서의 파장은?

① 4cm　　② 6cm
③ 20cm　　④ 30cm

해설 스넬의 법칙에서 $n_{12} = \frac{\lambda_1}{\lambda_2} = \frac{v_1}{v_2}$ 이므로 $\lambda_2 = \frac{\lambda_1 v_1}{v_1} = \frac{6 \times 20}{30} = 4 (\text{cm})$

110 태양 광선은 프리즘에 의하여 분산되는데, 분산된 spectrum 중에서 빨강의 굴절률이 가장 작고 보라가 가장 크다. 그렇다면 유리 속에서 광속이 가장 작은 것은?

① 보라　　② 파랑
③ 노랑　　④ 빨강

해설 $v = \frac{C}{n}$ 에서 v가 작으려면 n이 커야 된다.

111 하늘이 파란 이유는?

① 반사　　② 굴절
③ 산란　　④ 분산

해설 모든 색깔이 혼합된 태양 광선이 대기 중의 먼지와 부딪칠 때 먼지 입자의 크기보다 작은 파장인 파랑색 계통의 빛이 흩어지는 산란현상 때문에 하늘이 파랗다.

112 눈이 흰색으로 보이는 이유는?

① 반사　　② 굴절
③ 간섭　　④ 산란

해설 빛의 파장에 비해 굵은 알갱이를 가진 눈 입자가 백색을 이루는 파장이 긴 빨간색으로부터 파장이 짧은 보라색까지 모두 산란시키기 때문에 모든 색깔이 합해져 백색으로 보인다.

정답　108. ①　109. ①　110. ①　111. ③　112. ④

113 영의 실험에서 사용하는 단색광의 파장이 λ일 때 스크린의 중앙에서 세 번째 어두운 무늬까지의 광로차는?

① $\dfrac{3}{2}\lambda$
② $\dfrac{5}{2}\lambda$
③ $\dfrac{7}{2}\lambda$
④ $\dfrac{9}{2}\lambda$

해설 소멸 간섭 시 $\varDelta = \dfrac{\lambda}{2}(2m+1)$에서 세 번째 어두운 무늬는 $m=2$이므로
$$\varDelta = \dfrac{\lambda}{2}(2 \times 2 + 1) = \dfrac{5}{2}\lambda$$

114 편광되지 않은 빛이 평행하게 놓인 두 편광자의 면에 수직으로 들어온다. 두 편광자의 편광 방향이 같은 경우에 두 편광자를 투과한 빛의 세기가 I_0이다. 한 편광자의 편광 방향은 그대로 두고 다른 편광자의 편광 방향을 30° 돌렸을 때 두 편광자를 투과한 빛의 세기가 I이면 $\dfrac{I}{I_0}$의 값은? [10. 국가직 7급]

① $\dfrac{1}{4}$
② $\dfrac{1}{2}$
③ $\dfrac{3}{4}$
④ $\dfrac{\sqrt{3}}{2}$

해설 말루스(Malus) 법칙 : 첫 번째 편광판을 통과한 빛의 세기는 $I_A = kE_A^2$ (k: 비례상수)이다. 편광판 B를 통과한 빛의 세기 $I_B = kE_B^2 = k(E_A \cos\theta)^2 = kE_A^2 \cos^2\theta = I_A \cos^2\theta$인 관계를 말루스 법칙이라고 한다. 전기장의 진동 방향이 편광축과 이루는 각 θ에 따라 빛의 세기는 $\cos^2\theta$배로 줄어든다. 문제의 편광자의 편광 방향을 30° 회전 시 말루스 법칙을 적용하면 $\dfrac{3}{4}$이 된다.

정답 113. ② 114. ③

115 그림 (가), (나)는 길이가 각각 L, 2L이고, 한쪽 끝이 닫힌 관에서 음파의 공명이 일어날 때, 최소 진동수를 갖고 있는 정상파의 모습을 나타낸 것이다. 이에 대한 설명으로 옳은 것만을 모두 고른 것은? (단, 공기의 온도는 일정하다.)

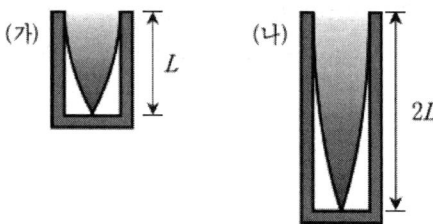

㉠ (가)에서 정상파를 이루고 있는 음파의 파장은 2L이다.
㉡ (가)의 정상파 진동수는 (나)의 정상파 진동수의 2배이다.
㉢ (가)의 관을 이용하여 (나)에서 나는 공명진동수의 소리를 만들 수 있다.

① ㉡
② ㉠, ㉡
③ ㉠, ㉢
④ ㉡, ㉢

해설 한쪽 끝이 닫힌 폐관의 진동 (가)의 정상파 파장은 $\lambda_n = \dfrac{4l}{2n-1}$ 이므로 $n=1$인 기본 파장은 관의 길이의 4배이다. 정상파의 파장은 (가)에서 관의 길이의 4배인 4L, (나)에서 8L이다.
파동속력은 $v=\lambda f$에서 매질이 같으므로 v가 일정할 때 파장의 비가 1:2 이므로 진동수의 비는 2:1이다. 즉 (가)의 정상파 진동수가 (나)의 정상파 진동수의 2배이며, 정상파의 파장의 길이가 달라 (나)에서 나는 공명진동수를 이용하여 (가)에서 정상파를 만들 수 없다.

116 파장 λ인 음파가 한쪽이 막힌 길이가 L인 관에 1차 진동하는 진동 모드는 그림과 같이 $\dfrac{\lambda}{4}$이다. 이 음파가 2차 진동하기 위한 한쪽이 막힌 관의 길이 L'는? [16. 서울시 7급]

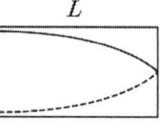

① $2L$
② $3L$
③ $4L$
④ $6L$

해설 한쪽 끝이 닫힌 폐관의 진동 (가)의 정상파 파장은 $\lambda_n = \dfrac{4l}{2n-1}$ 이므로 $n=1$인 기본 파장은 $L = \dfrac{\lambda}{4}$, $\lambda = 4L$이므로 관의 길이의 4배이다. $L' = \dfrac{3}{4}\lambda = 3L$

정답 115. ① 116. ②

117 그림은 결맞음 상태에 있는 빛을 이용한 영(Young)의 이중 슬릿 실험을 나타낸 것이다. 슬릿 사이 간격이 d인 이중 슬릿으로부터 수직으로 L만큼 떨어진 평면 스크린에 맺힌 간섭무늬 패턴에서 2번째 밝은 무늬와 3번째 밝은 무늬 사이의 간격 △x를 줄이기 위한 방법으로 옳은 것은? (단, L ≫ d이다.)

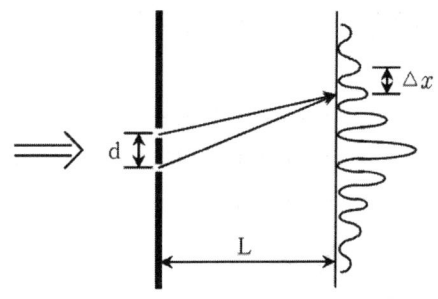

[16. 국가직 7급]

① 슬릿 사이 간격 d를 작게 한다.
② 진동수가 작은 빛을 사용한다.
③ 파장이 짧은 빛을 사용한다.
④ 스크린과 슬릿 사이의 간격 L을 길게 한다.

해설 $\Delta x = \dfrac{L\lambda}{d}$ 이므로 ① 슬릿 사이 간격 d를 크게 한다. ② 진동수가 큰 빛을 사용하여 파장이 작아지면 Δx이 줄어든다. 따라서 진동수가 큰 빛을 사용한다. ③ 파장 λ가 짧은 빛을 사용한다. ④ 스크린과 슬릿 사이의 간격 L을 짧게 한다.

118 물속에 있는 물체를 바로 위쪽 가까운 곳에서 보았을 때 물체의 길이가 1.5m인 것처럼 보였다. 물체의 실제 길이는 얼마인가? (단, 물의 굴절률은 4/3이다.)

① 1m
② 1.2m
③ 2m
④ 2.5m

해설
• 실제 길이 = 겉보기 길이 × 매질의 굴절률
• 실제 길이 $= 1.5 \times \dfrac{4}{3} = 2(\mathrm{m})$

정답 117. ③ 118. ③

Chapter 04

119 다음 중에서 하위헌스의 원리를 바르게 설명한 것은?

① 파면 위의 각 점은 2차파의 파원이 된다.
② 파동에서 매질의 각 점은 평형 위치에서 진동한다.
③ 합성파의 변위는 각 파동의 변위의 합이다.
④ 파동의 전파속도는 진동수와 파장의 곱이다.

해설 하위헌스의 원리 : 파동이 전파될 때 파면상의 수없이 많은 점들은 그 점들 하나하나가 새로운 파원이 되어 무수히 많은 2차적인 구면파를 만들고, 이러한 구면파에 공통으로 접하는 면이 새로운 파면이 된다.

120 수면파가 6m/s의 속도로 진행하고 있다. 어떤 점에서의 수면의 높이가 3초에 한 번씩 최대로 된다면, 이 수면파의 파장은?

① 1/2m
② 2m
③ 9m
④ 18m

해설 $v = \dfrac{\lambda}{T}$, $\lambda = vT = 6 \times 3 = 18\text{m}$

121 임계각이 30°인 투명 물질로 광섬유를 만들어 사용할 때, 광섬유 속에서 빛의 속력은? (단, 진공에서 빛의 속도는 3×10^8m/s이다.)

① 약 1.5×10^8m/s
② 약 1.7×10^8m/s
③ 약 2.0×10^8m/s
④ 약 2.4×10^8m/s

해설
• 광섬유 속에서 빛은 전반사한다.
• $\sin\theta_c = \dfrac{1}{n}$, $\sin 30° = \dfrac{1}{n}$, $n = 2$
• $v = \dfrac{c}{n} = \dfrac{3 \times 10^8}{2} = 1.5 \times 10^8 (\text{m/s})$

122 영의 이중 슬릿 실험에서 단색광의 파장을 2배로 하면 첫 번째 밝은 무늬까지의 간격은 어떻게 되는가?

① 변화가 없다.
② 무늬의 간격은 $\dfrac{1}{2}$배가 된다.
③ 무늬의 간격은 2배가 된다.
④ 무늬의 간격은 4배가 된다.

해설 $d\dfrac{\Delta x}{l} = \lambda$에서 $\Delta x \propto \lambda$

정답 119. ① 120. ④ 121. ① 122. ③

123 단일 슬릿 실험에 대한 설명 중 틀린 내용은?
① 간섭된 무늬는 중앙점이 가장 밝다.
② 단일 슬릿의 무늬 간격은 입사한 단색광의 파장에 따라 다르다.
③ 단일 슬릿의 무늬 간격은 슬릿 폭에 따라 다르다.
④ 단일 슬릿 실험으로 빛이 횡파임을 알 수 있다.

해설 편광현상만 횡파, 종파를 구별할 수 있다.

124 빛의 Brewster 법칙을 이용하면 다음의 어떤 것을 얻을 수 있는가?
① 편광　　　　　　　　　② 간섭무늬
③ 빛의 파장 변화　　　　　④ 회절무늬

해설 브루스터 법칙으로 편광각을 알 수 있다.

125 파동으로서의 소리와 빛이 공통으로 가지는 성질은 무엇인가?
① 도플러 효과가 있다.　　② 매질이 필요하다.
③ 횡파이다.　　　　　　④ 파동의 세기가 진동수에 비례한다.

해설 도플러 효과는 소리나 빛을 모두 가지는 성질이다.

126 음파와 광파의 공통된 성질이 아닌 현상은?
① 직진　　　　　　　　② 반사
③ 간섭　　　　　　　　④ 편광

해설 • 음파 : 종파, 매질 필요, 맥놀이
• 광파 : 횡파, 매질 불필요, 편광

127 키가 180cm인 사람이 평면거울 앞에 가장 보기 알맞은 위치에 섰을 때 전신을 다 보기 위한 거울의 최소 길이는?
① 180cm　　　　　　　② 120cm
③ 90cm　　　　　　　　④ 60cm

해설 사람의 위치에 관계 없이 사람과 상은 항상 거울에 대해 대칭이고 거울의 최소 길이는 키의 $\frac{1}{2}$이 되어야 한다.

정답 123. ④　124. ①　125. ①　126. ④　127. ③

Chapter 04

128 구면거울에 의한 상에 관한 설명으로 옳은 것은?

① 오목거울에 의한 상은 항상 물체가 실물보다 큰 허상이다.
② 오목거울에 의한 상은 물체가 초점거리 안에 있을 때는 실상이다.
③ 볼록거울에 의한 상은 항상 정립 허상이다.
④ 볼록거울에 의한 상은 물체가 초점거리 밖에 있을 때는 실상이다.

해설
- 오목거울 : $a > f$ 이면 실상, $a < f$ 이면 확대된 정립 허상
- 볼록거울 : 항상 축소된 정립 허상

129 오목거울에 나타날 수 없는 상은?

① 확대된 실상
② 축소된 실상
③ 확대된 허상
④ 축소된 허상

해설 오목거울에서는 $a > f$ 일 때 실상(위치에 따라 확대, 축소, 같은 크기)
$a < f$ 일 때 확대된 허상

130 초점거리가 20cm인 오목거울에서 4배의 허상을 얻으려면 물체를 오목거울 앞 몇 cm 되는 곳에 놓아야 하는가?

① 10cm
② 15cm
③ 20cm
④ 40cm

해설
- 배율 $m = \dfrac{b}{a} = 4 \, (b = 4a, \, f = 20)$
- $\dfrac{1}{a} + \dfrac{1}{b} = \dfrac{1}{f}$ (허상 $b < 0$)
- $\dfrac{1}{a} - \dfrac{1}{4a} = \dfrac{1}{20}$ ∴ $a = 15\text{cm}$

정답 128. ③ 129. ④ 130. ②

131 이중 슬릿에 의한 빛의 간섭 실험(영의 실험)으로 간섭무늬의 폭을 넓어지게 하려고 한다. 다음 중 옳은 것은?

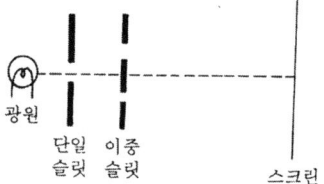

① 광원을 단일 슬릿에 가까이 한다.
② 스크린을 이중 슬릿에 가까이 한다.
③ 파장이 짧은 빛을 광원으로 한다.
④ 이중 슬릿 사이의 슬릿 간격을 작게 한다.

해설 $\frac{dx}{l} = \frac{\lambda}{2}(2m)$에서 $m=1$일 때 $\therefore x = \frac{l\lambda}{d}$
무늬 간격(x)은 l(스크린과 슬릿까지의 거리)과 λ(파장)에 비례하고, d(슬릿 간격)에 반비례한다.

132 볼록렌즈에서 확대된 정립 허상을 보기 위해 물체를 어느 위치에 놓아야 하겠는가?
① 초점에
② 위치에 관계없다.
③ 초점 밖에
④ 초점 안에

해설 $a < f$일 때 확대된 정립 허상이 생긴다.

133 초점거리 10cm인 오목거울 앞 15cm 되는 곳에 길이 5cm의 물체를 놓았을 때 어떤 상이 생기는가?
① 도립 실상 거울 앞 30cm
② 정립 허상 거울 뒤 6cm
③ 정립 허상 거울 앞 30cm
④ 도립 실상 거울 뒤 30cm

해설 $a > f$이므로 도립 실상이고 거울 앞에 생긴다.
$\frac{1}{a} + \frac{1}{b} = \frac{1}{f}$에서 $\frac{1}{15} + \frac{1}{b} = \frac{1}{10}$ $b = 30\text{cm}$

134 반지름 20cm인 오목거울 앞 30cm 되는 곳에 길이 10cm의 물체를 놓았을 때 상의 길이는 몇 cm인가?
① 5
② 10
③ 20
④ 30

해설 $r = 2f = 20$, $f = 10\text{cm}$
$\frac{1}{a} + \frac{1}{b} = \frac{1}{f}$에서 $\frac{1}{30} + \frac{1}{b} = \frac{1}{10}$ $\therefore b = 15\text{cm}$
$m = \frac{b}{a} = \frac{l}{L}$에서 $m = \frac{15}{30} = \frac{1}{2} = \frac{l}{10}$ $\therefore l = 5\text{cm}$

정답 131. ④ 132. ④ 133. ① 134. ①

Chapter 04

135 자동차의 백미러로 사용하는 볼록거울에 대한 대한 설명으로 알맞은 것은?

① 볼록거울에 의한 상은 실상만 만들어진다.
② 볼록거울에 의한 상은 실상과 허상이 모두 만들어진다.
③ 볼록거울에 의한 상은 거꾸로 선 허상이다.
④ 볼록거울에 의한 상은 항상 물체보다 작은 허상이다.

해설 볼록거울에서는 항상 축소된 정립 허상이 생긴다.

136 곡률 반지름이 35cm인 오목거울이 있다. 거울 보는 사람의 얼굴을 2.5배 확대되어 보이게 하려면 거울의 앞에서 얼마의 거리에 얼굴이 있어야 하는가?

① 5cm
② 24cm
③ 10cm
④ 24.5cm

해설 곡률 반지름이 35cm이므로 $r=2f=35cm$, $f=17.5cm$이다.
배율 $m=\dfrac{f}{a-f}$에서 $m=2.5$이므로 물체까지의 거리 $a=24.5cm$이다.

137 볼록거울 앞 10cm인 곳에 물체를 놓았더니 1/4 크기의 정립 허상이 생겼다. 이 거울의 초점거리는?

① 2cm
② 2.5cm
③ $\dfrac{10}{3}$ cm
④ 5cm

해설 배율 $m=\dfrac{1}{4}=\dfrac{b}{a}$에서 $b=2.5$
$\dfrac{1}{a}-\dfrac{1}{b}=-\dfrac{1}{f}$에서
$\dfrac{1}{10}-\dfrac{1}{2.5}=-\dfrac{1}{f}$ $\therefore f=\dfrac{10}{3}$ cm

138 렌즈 앞 60cm의 위치에 물체를 놓았더니 렌즈 뒤에 있는 스크린에 배율 $\dfrac{1}{2}$배의 실상이 선명하게 나타났다. 이 렌즈의 초점거리는 얼마인가?

① 20cm
② 30cm
③ 40cm
④ 50cm

해설 배율 $m=\dfrac{b}{a}=\dfrac{1}{2}$이므로 $a=60cm$일 때 $b=30cm$이며, $\dfrac{1}{a}+\dfrac{1}{b}=\dfrac{1}{f}$에서 $f=20cm$이다.

정답 135. ④ 136. ④ 137. ③ 138. ①

139 초점거리가 5cm인 볼록렌즈 앞 4cm 거리에 물체를 놓았을 때 상의 배율은?

① 5/9배 ② 2배
③ 3배   ④ 5배

해설 $a < f$ 이므로 확대된 정립 허상이다.
$\frac{1}{a} - \frac{1}{b} = \frac{1}{f}$ 에서 $\frac{1}{4} - \frac{1}{b} = \frac{1}{5}$ ∴ $b = 2$cm
∴ $m = \frac{b}{a} = \frac{20}{4} = 5$

140 볼록렌즈 앞 6cm에 물체를 놓았더니 물체와 같은 쪽에 3배의 확대된 상이 생겼다. 이 렌즈의 초점거리는?

① 4.5cm ② 6cm
③ 9cm   ④ 12cm

해설 물체와 같은 쪽이면 허상이므로
$b < 0$ $m = \frac{b}{a} = \frac{b}{6} = 3$ ∴ $b = 18$
$\frac{1}{a} - \frac{1}{b} = \frac{1}{f}$ 에서 $\frac{1}{6} - \frac{1}{18} = \frac{1}{f}$ ∴ $f = 9$cm

141 초점거리가 20cm인 볼록렌즈에 2배로 확대된 도립상을 얻으려면 물체의 위치는?

① 15cm ② 20cm
③ 30cm ④ 35cm

해설 도립상은 실상이므로 $\frac{1}{a} + \frac{1}{b} = \frac{1}{f}$ 에서
배율 $m = \frac{b}{a} = 2$에서 ∴ $b = 2a$
배율 : $\frac{1}{a} + \frac{1}{2a} = \frac{3}{2a} = \frac{1}{20}$ ∴ $a = 30$cm

정답 139. ④ 140. ③ 141. ③

142 초점거리 4cm의 볼록렌즈 앞 6cm인 곳에 4cm 길이의 물체가 놓여 있다. 렌즈에서 상까지의 거리와 상의 길이는?

① 6cm, 2cm
② 6cm, 8cm
③ 12cm, 2cm
④ 12cm, 8cm

해설 $a > f$ 이므로 도립 실상,
$\frac{1}{a} + \frac{1}{b} = \frac{1}{f}$ → $\frac{1}{6} + \frac{1}{b} = \frac{1}{4}$ ∴ $b = 12\,\text{cm}$

배율 $m = \frac{b}{a} = \frac{l}{L}$ 에서 $\frac{12}{6} = \frac{l}{4}$

∴ $l = 8\,\text{cm}$

143 초점거리 8cm인 볼록렌즈가 초점거리 6cm인 오목렌즈 좌측 24cm되는 지점에 위치하고 있다. 작은 물체가 볼록렌즈 좌측 16cm 지점의 위치에 있을 때, 최종적으로 오목렌즈가 만드는 물체의 상의 위치 및 종류는? [08. 국가직 7급]

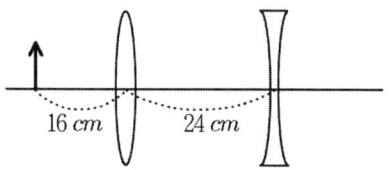

① 오목렌즈 우측 약 1.7cm에 위치하며 실상이다.
② 오목렌즈 우측 약 3.4cm에 위치하며 실상이다.
③ 오목렌즈 좌측 약 1.7cm에 위치하며 허상이다.
④ 오목렌즈 좌측 약 3.4cm에 위치하며 허상이다.

해설 $\frac{1}{a} + \frac{1}{b} = \frac{1}{f}$ 에서 $\frac{1}{16} + \frac{1}{b} = \frac{1}{8}$

∴ $\frac{1}{b} = \frac{1}{8} - \frac{1}{16} = \frac{1}{16}$

∴ $b = 16$ (볼록렌즈가 만든 상)
이 상은 오목렌즈에서 8cm 떨어진 곳이다.

$\frac{1}{8} + \frac{1}{b'} = -\frac{1}{6}$, $\frac{1}{b'} = -\frac{1}{6} - \frac{1}{8} = -\frac{7}{24}$

∴ $b' = -\frac{24}{7} = -3.43$ (허상)

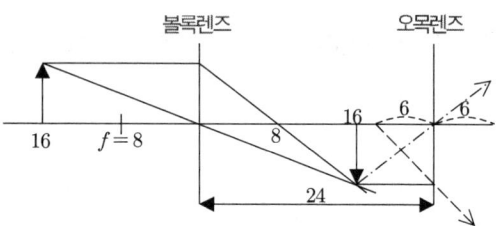

정답 142. ④ 143. ④

144 거울의 면이 평행하게 마주 보고 있는 두 평면거울 A와 B가 있다. 두 거울 사이의 거리는 1.0m이다. 두 거울 사이에 물체를 놓으면 각 거울에 무한히 많은 상이 맺힌다. 거울 A의 면에서 물체까지의 거리가 0.1m일 때, 거울 A에 맺히는 상들 중에서 거울 A의 면에 가장 가깝게 있는 세 개의 상의 위치를 거울 A의 면을 기준으로 옳게 나타낸 것은? (단, 물체는 점으로 간주한다.) [09. 국가직 7급]

① 0.1m, 2.1m, 3.9m ② 0.1m, 1.9m, 2.1m
③ 0.1m, 1.9m, 3.9m ④ 0.1m, 2.1m, 3.3m

해설 평면거울에 의한 물체의 상은 거울면에 대칭인 곳에 생기므로 A면에서 대칭형으로 0.1m, 1.9m, 2.1m 떨어진 곳에 상이 맺힌다.

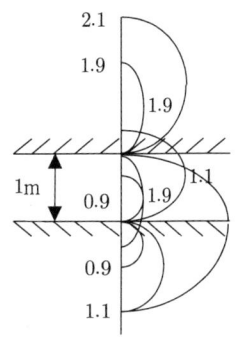

145 초점거리가 15cm인 얇은 두께의 오목렌즈가 있다. 렌즈 앞의 20cm 지점에 물체를 놓았을 때 생기는 물체의 상에 대한 설명으로 옳은 것은? [09. 지방직 7급]

① 렌즈 뒤의 60cm 지점에 생기는 확대된 실상이다.
② 렌즈 뒤의 약 8.6cm 지점에 생기는 축소된 실상이다.
③ 렌즈 앞의 60cm 지점에 생기는 확대된 허상이다.
④ 렌즈 앞의 약 8.6cm 지점에 생기는 축소된 허상이다.

해설 $\frac{1}{a}+\frac{1}{b}=\frac{1}{f}$의 렌즈 공식에 의해 $\frac{1}{20}+\frac{1}{b}=-\frac{1}{15}$에서 풀면 렌즈 앞의 15cm 보다 짧은 곳인 $b=-\frac{60}{7}=-8.57(\text{cm})$에 축소된 정립 허상이 생긴다.

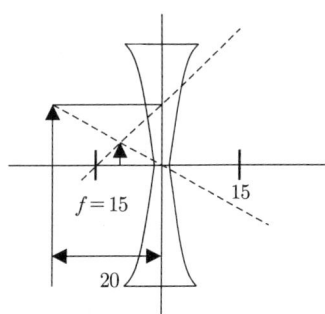

정답 144. ② 145. ④

Chapter 04

146 다음에서 설명하는 광학 기구로 옳은 것은? [10. 지방직 7급]

- 시야가 넓은 장점이 있다.
- 항상 물체보다 크기가 작은 상이 생긴다.
- 항상 실물과 같이 바로 서 있는 상이 생긴다.

① 볼록거울   ② 오목거울
③ 볼록렌즈   ④ 오목렌즈

[해설]

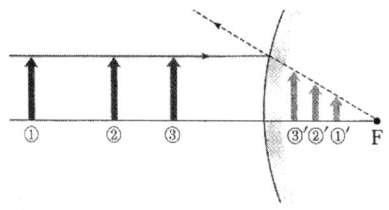

위치	$a=\infty$	$r<a<\infty$	$a=r$	$f<a<r$	$a=f$	$a<f$
			$-f<b<0$			
모양			항상 축소된 정립 허상			

147 그림과 같이 초점거리가 10cm인 얇은 볼록렌즈 앞에 물체 A가 놓여있다. 물체의 한 끝은 렌즈의 중심축에 있으며 물체와 렌즈 사이의 거리는 20cm이다. 이 물체가 그 위치에서 렌즈의 중심축을 따라 렌즈에서 멀어지는 방향으로 10cm 이동할 때 렌즈에 의한 물체의 상이 이동하는 거리[cm]는?

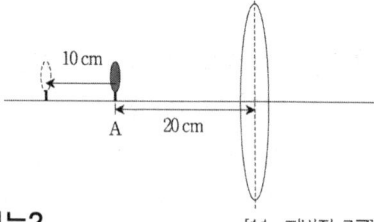

[11. 지방직 7급]

① 5   ② 10
③ 15 ④ 20

[해설] $\frac{1}{a}+\frac{1}{b}=\frac{1}{f}$ 에서 $\frac{1}{20}+\frac{1}{b}=\frac{1}{10}$ 이므로
$\frac{1}{b}=\frac{1}{10}-\frac{1}{20}=\frac{1}{20}$
렌즈부터 상까지의 거리는 $20cm$이다.
물체를 이동시켰을 때 $\frac{1}{a'}+\frac{1}{b'}=\frac{1}{f}$

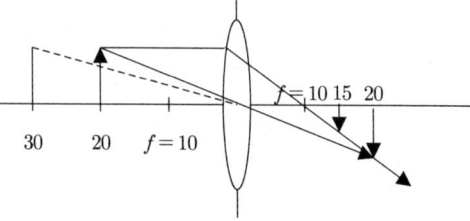

$\frac{1}{30}+\frac{1}{b'}=\frac{1}{10}$ 상까지의 거리는 $\frac{1}{b'}=\frac{1}{10}-\frac{1}{30}=\frac{2}{30}$ 이므로 상까지의 거리 $b'=15(cm)$ 이다.
상의 이동 거리는 $\therefore b-b'=20-15=5(cm)$

정답 146. ① 147. ①

148 근점이 1.5m인 어떤 사람의 근점을 25cm로 바꾸는데 필요한 렌즈의 종류와 초점거리 [cm]는?

[10. 국가직 7급]

① 발산(오목)렌즈, 30
② 수렴(볼록)렌즈, 30
③ 발산(오목)렌즈, 21
④ 수렴(볼록)렌즈, 21

해설 근점이 먼 곳에 있을 때 근점을 당기려면 수렴(볼록)렌즈를 사용해야 하며 $\frac{1}{a} - \frac{1}{b} = \frac{1}{f}$ 에서 a는 명시거리 25cm를, b는 1.5m=150cm 대입하여 계산하면 초점거리는 30이다.

149 초점거리가 4cm인 얇은 볼록렌즈 L_1과 초점거리를 모르는 얇은 볼록렌즈 L_2가 공통의 중심축을 따라 위치해 있으며, L_2는 L_1의 오른쪽으로 24cm 떨어져 있다. 물체가 L_1의 왼쪽으로 5cm 위치에 있을 때 이 물체의 상이 L_1의 오른쪽으로 4cm 떨어진 곳에 생겼다면, L_2의 초점거리[cm]로 가장 가까운 값은?

[13. 국가직 7급]

① 2
② $\frac{10}{3}$
③ 5
④ $\frac{20}{3}$

해설
(L_1) $\frac{1}{a} + \frac{1}{b} = \frac{1}{4}$, $\frac{1}{b} = \frac{1}{4} - \frac{1}{5} = \frac{1}{20}$
∴ $b = 20$

(L_2) $\frac{1}{4} - \frac{1}{20} = \frac{1}{f}$, $\frac{1}{f} = \frac{5-1}{20} = \frac{4}{20} = \frac{1}{5}$
∴ $f = 5(cm)$

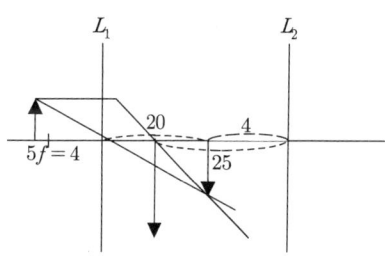

정답 148. ② 149. ③

Chapter 04

150 하나의 얇은 렌즈가 만드는 상에 대한 설명으로 옳은 것만을 모두 고른 것은?

[14. 국가직 7급]

> ㉠ 실상은 항상 도립상이다.
> ㉡ 실상은 항상 확대된 상이다.
> ㉢ 허상은 항상 정립상이다.

① ㉠
② ㉡
③ ㉠, ㉢
④ ㉡, ㉢

해설 • 볼록렌즈에 의한 상 : 도립 실상과 확대된 정립 허상이 나타난다.

위치	$a=\infty$	$2f<a<\infty$	$a=2f$	$f<a<2f$	$a=f$	$a<f$
	$b=f$	$f<b<r$	$b=2f$	$2f<b<\infty$	$b=\infty$	$b<0$
모양	점	축소된 도립 실상	같은 크기의 도립 실상	확대된 도립 실상	상이 생기지 않음	확대된 정립 허상

• 오목렌즈에 의한 상 : 렌즈와 초점 사이에서 항상 물체보다 작은 정립 허상이 나타난다.

위치	$a=\infty$	$r<a<\infty$	$a=r$	$f<a<r$	$a=f$	$a<f$
	\multicolumn{6}{c}{$-f<b<0$}
모양	\multicolumn{6}{c}{항상 축소된 정립 허상}

151 초점거리가 $f=10$cm인 수렴렌즈가 $x=0$인 위치에 있고, $x=-40$cm의 위치에 물체가 놓여 있을 때 수렴렌즈에 의해 물체의 상이 생기는 위치를 q, 이렇게 생긴 상에 대한 배율의 절댓값을 M이라고 할 때 $\frac{q}{M}$을 바르게 표현한 것은 무엇인가?

[14. 서울시 7급]

① 40cm
② 30cm
③ 20cm
④ 10cm
⑤ 5cm

해설 $\frac{1}{40}+\frac{1}{q}=\frac{1}{10}$, $\frac{1}{q}=\frac{1}{10}-\frac{1}{40}=\frac{3}{40}$

∴ $q=\frac{40}{3}$ 이며

$\frac{q}{M}=\frac{q}{\frac{q}{a}}=a$ 이므로 물체까지의 거리와 같다.

∴ $a=40$

정답 150. ③ 151. ①

152 초점거리 10cm인 얇은 볼록렌즈(수렴렌즈)가 있다. 렌즈로부터 60cm 떨어진 곳에 물체가 있을 때, 상의 거리는? [15. 서울시 7급]

① -12cm
② -8.6cm
③ 12cm
④ 8.6cm

해설 $\frac{1}{a}+\frac{1}{b}=\frac{1}{f}$ 이므로 $\frac{1}{60}+\frac{1}{b}=\frac{1}{10}$, $\frac{1}{b}=\frac{1}{10}-\frac{1}{60}=\frac{1}{12}$ ∴ $b=12cm$

153 근점은 사람이 물체를 어려움 없이 초점에 모이게 할 수 있는 가장 짧은 거리이고 정상인의 눈의 근점은 25cm 정도이다. 어떤 사람이 노안으로 인하여 근점이 1m가 되었다면, 이 사람에게 근점을 25cm로 바꾸는 데 필요한 렌즈의 초점거리와 가장 가까운 것은? [16. 서울시 7급]

① 16.7cm
② 25cm
③ 33.3cm
④ 100cm

해설 25cm에 있는 물체를 1m 거리에 상이 맺히도록 하면 된다.
$\frac{1}{0.25}+\frac{1}{-1}=\frac{1}{f}$, $f=\frac{1}{3}m ≒ 33.3cm$

154 그림은 어떤 망원경의 빛의 경로를 나타낸 것이다. 이에 대한 설명으로 옳은 것은?

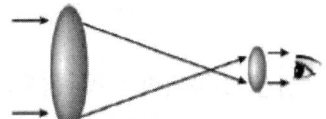

① 대형 망원경의 제작이 어렵고 제작비가 많이 든다.
② 반사 망원경의 원리이다.
③ 오목거울을 사용하여 빛을 모은다.
④ 상이 흔들리는 단점이 있다.

해설

구분	굴절 망원경	반사 망원경
장점	• 상의 명암이 뚜렷하다. • 경통 속이 밀폐되어 공기 대류에 의한 상의 흔들림이 없다.	• 색수차가 발생하지 않는다. • 굴절 망원경에 비하여 큰 구경을 만들 수 있고, 가격이 싸다.
단점	• 색수차가 나탄난다. • 같은 규격의 반사 망원경에 비해 가격이 비싸다.	• 상의 명암이 뚜렷하지 못하다. • 경통 안의 대류에 의해 상이 흔들린다.

정답 152. ③ 153. ③ 154. ①

155 그림 (가)~(다)는 종류가 서로 다른 천체 망원경의 내부 구조 및 빛의 경로를 나타낸 것이다. 이에 대한 설명으로 〈보기〉에서 옳은 것만을 모두 고른 것은?

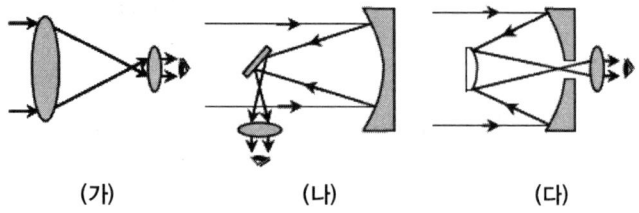

(가)　　　(나)　　　(다)

> ㉠ (가)는 반사 망원경이고, (나)와 (다)는 굴절 망원경이다.
> ㉡ 대형 망원경으로 제작하기에 적합한 것은 (가)이다.
> ㉢ 굴절률의 차이에 의한 색수차가 발생하는 망원경은 (가)이다.
> ㉣ (가)는 볼록렌즈로, (나)는 오목거울로 천체에서 오는 빛을 모아 준다.

① ㉠, ㉣　　　② ㉡, ㉢
③ ㉡, ㉣　　　④ ㉢, ㉣

해설 (가)는 케플러식 굴절 망원경, (나)는 뉴턴식 반사 망원경 (다)는 카세그레인식 반사 망원경이다. 굴절 망원경은 비교적 만들기 쉽지만 렌즈를 일정한 크기 이상으로 만들기 어려우므로 주로 소형 천체 망원경에 이용된다. 반사 망원경은 굴절 망원경에 비해 훨씬 가볍고 제작이 쉬운 편이다. 대형 망원경으로 만들기 쉬우므로 천문대 같이 전문적으로 관측하는 곳에서 주로 사용한다.

156 초점거리 1m인 볼록거울이 있다. 이 거울에서부터 4m 앞에 키 1m인 어린이가 서 있을 때 볼록거울을 통해 비친 어린이 모습의 키는? [18. 3. 서울시 7급]

① 20cm　　　② 80cm
③ 100cm　　　④ 120cm

해설 $\frac{1}{a}+\frac{1}{b}=\frac{1}{f}$ 에서 $\frac{1}{4}+\frac{1}{b}=\frac{1}{-1}$, $b=-\frac{4}{5}=-0.8m$
$4:0.8=1:x$ 이므로 $x=0.2m=20cm$ 이다.

157 폭 a=0.3mm인 단일슬릿에 파장이 600nm인 빛이 입사하여 1.0m 떨어진 스크린에 회절무늬를 만든다. 스크린의 중앙 밝은 무늬의 중심으로부터 첫 번째 어두운 무늬의 중심까지 거리는? [18. 국가직 7급]

① 1.0mm　　　② 2.0mm
③ 3.0mm　　　④ 4.0mm

해설 $\Delta x = \frac{L\lambda}{d} = \frac{1.0 \times 600 \times 10^{-9}}{0.3 \times 10^{-3}} = 0.002m = 2.0mm$

정답 155. ④　156. ①　157. ②

CHAPTER 05

현대물리

01 빛의 이중성과 원자의 구조
02 원자핵과 기본 입자
03 상대론적 질량과 에너지

CHAPTER 05 현대물리

> **출제포인트**
> 본 단원도 수험생들이 어려워하는 분야로서 공무원 시험에서는 최근에 출제비율이 높아지고 있다. 특히 광전효과, 방사선의 종류 및 성질, 핵융합과 핵분열은 출제 가능성이 높다.

01 빛의 이중성과 원자의 구조

1. 빛과 물질의 이중성

1 전자의 발견

(1) 진공 방전

전자가 발견되고 그 성질이 차츰 밝혀지게 된 것은 진공 방전에 관한 연구로부터 시작되었다. 그림과 같이 유리판의 양 끝에 두 개의 전극을 봉해 넣고, 이것을 직류 고압 전원에 연결하여 진공 펌프로 유리관 내의 공기를 뽑아 가면 어느 일정한 압력에 이르러 방전이 시작되는데, 이와 같은 현상을 진공 방전이라고 한다. 방전되는 모양은 관 속의 진공도에 따라 다르게 나타난다.

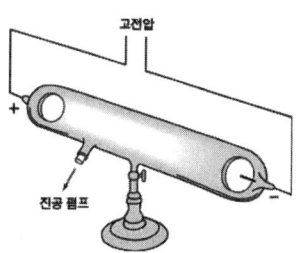

① 진공도 20~40mmHg : 적자색의 선 ⇐ 아크(arc) 방전
② 진공도 10mmHg : 관 전체가 붉은 보라색의 띠
③ 진공도 1mmHg : 관 전체가 보라색 ⇐ 글로우 방전 : 가이슬러(Geisler)관
④ 진공도 10^{-3}mmHg : 양(+)극에 황록색의 형광 ⇐ 크룩스 방전 : 크룩스(Crookes)관

(2) 음극선

진공 방전 시 음극에서 방출하여 양극으로 이동하는 전자의 흐름을 음극선 또는 전자선이라고 한다. 음극선에는 다음과 같은 성질이 있다.
① 직진한다. 음극선의 진로에 (+)자 모양의 금속판

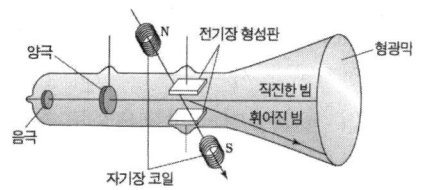

Chapter 05

을 넣어 두면 그림자가 생긴다.
② 전기장이나 자기장을 걸어주면 (−)전기를 띤 입자가 전자기력을 받아 그 진행 방향을 바꾼다.
③ 사진 건판을 감광시키는 감광작용이 있다.
④ 형광작용이 있다.
⑤ 기체를 전리시키는 전리작용이 있다.
⑥ 음극선이 물체에 부딪히면 압력을 나타낸다. 음극선의 진로에 바람개비를 장치해 두면 바람개비가 돌게 된다.

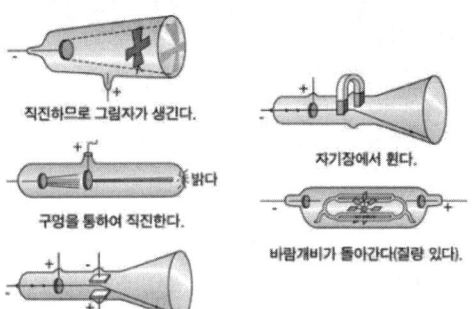

> **참고**
>
> **전자 볼트(eV)**
> 진공 방전에서 음극을 초속도 0으로 출발한 전자가 가속되어 양극에 도달할 때에는 어떤 속도를 가지게 된다. 이것은 전자의 전기적 위치에너지 eV가 전자의 운동에너지로 변환되기 때문이다. 즉, 음극선의 속도는
> $$eV = \frac{1}{2}mv^2 \Rightarrow v = \sqrt{\frac{2eV}{m}}$$
> 1eV는 1.6×10^{-19}J로서, 전자 1개가 1V 가속되었을 때 얻은 운동에너지를 말한다.

2 전자의 전하량과 질량

(1) 톰슨의 비전하 측정 실험(1879년)

톰슨은 음극선 실험을 통해 음극선이 (−)전하를 띤 입자의 흐름이라는 것을 밝혀내고, 이 입자를 전자라고 불렀다. (−)극과 (+)극 사이에 전압 V를 걸어주면, (−)극에서 나온 전자는 전압 V로 가속되어 (+)극의 구멍을 빠져 나온다. 이때 가속된 전자의 속도를 v라고 하면 전자의 운동에너지는 $\frac{1}{2}mv^2 = eV$이므로 전자의 속도 v는,

$$v = \sqrt{\frac{2eV}{m}}$$

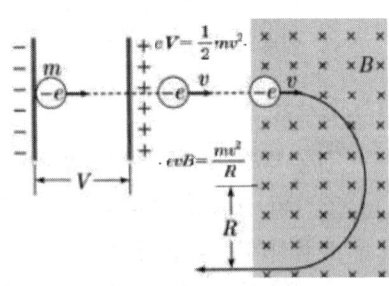

가 된다. 여기서 e는 전자의 전하량의 크기이다. 전기장과 자기장을 조절하여 $eE = evB$가 되게 하면 전자는 어느 방향으로도 휘지 않고 속도 V로 직진한다.

그러므로 $v = \dfrac{E}{B}$로 표시할 수 있으며 이를 앞의 식에 대입하면

$$\dfrac{e}{m} = \dfrac{E^2}{2VB^2}$$

를 얻을 수 있다. 이때 $\dfrac{e}{m}$를 전자의 비전하라 한다.

톰슨은 비전하의 값이 방전관 안의 전극이나 기체의 종류에 관계없이 일정하다는 것을 발견하였다.

$$\dfrac{e}{m} = 1.759 \times 10^{11} C/kg$$

(2) 전자의 전하량 측정(밀리컨의 기름방울 실험)

그림 (a)와 같이 분무기로 기름방울을 뿜어 극판에 뚫려 있는 구멍을 낙하시킨다. 이때 X선을 쬐면 이온화된 공기 분자의 이온이 기름방울에 부착되어 기름방울은 대전된다.

금속판 사이의 전압을 적당히 조절하면 기름방울의 무게 mg와 전기력 qE가 비겨서 기름방울이 판 사이에 머물러 있게 된다. 즉,

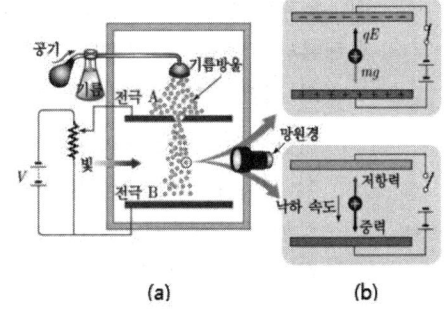

$$mg = qE = q\dfrac{V}{d} \Rightarrow q = \dfrac{mgd}{V}$$

따라서 기름방울의 질량 m, 전위차 V, 극판 사이의 거리 d를 측정하면 기름방울의 전하량 q를 구할 수 있다. 밀리컨은 이와 같은 방법으로 기름방울의 전하량을 측정해 본 결과 그 값이 어떤 기본 전하 e의 정수배가 됨을 알아내었다.
$e = 1.60 \times 10^{-19} C$
연구 결과, 기본 전하의 값은 전자의 전하량과 같음이 밝혀졌다. 따라서 전자의 전하량은 전하량의 최소 단위이고, 대전체의 전하는 전자 전하량의 정수배로 되어 있다.

(3) 전자의 질량

전자의 비전하 $\dfrac{e}{m} = 1.76 \times 10^{11} C/kg$이고 $e = 1.60 \times 10^{-19} C$이므로 전자의 질량 m은,
$m = 9.11 \times 10^{-31}$

3 양자 가설

(1) 열복사

물체가 가열되면 복사에너지를 전자기파의 형태로 방출하는데, 이와 같은 현상을 열복사라고 한다. 복사파의 복사 파장이나 복사에너지는 물질의 종류에는 관계없고, 복사체의 절대온도에만 관계된다.

① **흑체** : 파장에 관계없이 입사하는 모든 빛을 흡수하며 반사하지 않는 이상적인 물체이다. 따라서 외부에서 보면 검게 보이게 되어 흑체라는 이름이 붙었다. 흑체에서 방출되는 빛은 흑체를 이루는 물질의 종류와 관계없이 순수하게 열에너지로부터 나온 곳이다. 따라서 0K보다 높은 온도를 갖는 모든 물체가 흑체복사를 하게 된다.

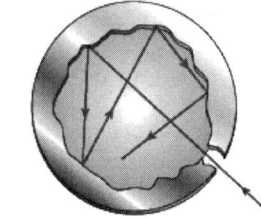

| 흑체 |

② **흑체복사** : 흑체에서 방출되는 복사는 흑체를 구성하고 있는 물질이나 모양 등과 관계없으며, 흑체의 온도에 따라서만 달라진다.

③ **흑체복사의 응용** : 태양의 온도 측정, 용광로의 온도 측정, 귀 체온계 등
  - 별의 색깔로 별 표면의 온도를 알 수 있다.
    - 붉은색 별 : 표면 온도가 3000K 정도인 별은 흑체복사의 세기가 최대인 파장이 적외선 영역에 있어 가시광선 영역($0.4 \sim 0.7 \mu m$)에서는 붉은색의 에너지가 상대적으로 강해 붉은색으로 보인다.
    - 흰색 별 : 표면 온도가 5500K 정도인 별은 흑체복사의 세기가 최대인 파장이 가시광선 영역에 있으며, 가시광선 영역의 에너지가 전체적으로 강하므로 태양과 같이 흰색으로 보인다.
    - 푸른색 별 : 표면 온도가 아주 높은 별은 흑체복사의 세기가 최대인 파장이 자외선 영역에 있으며, 가시광선 영역에서는 상대적으로 푸른색의 에너지가 강해 푸른색으로 보인다.

④ **슈테판-볼츠만 법칙** : 흑체의 단위 표면적에서 단위 시간당 방출되는 전자기파의 에너지는 흑체 표면의 절대 온도의 네 제곱에 비례한다. 여기서 σ는 슈테판-볼츠만 상수이며, 값은 $5.67 \times 10^{-8} W/m^2 \cdot K^4$이다

$$E = \sigma T^4$$

⑤ **빈의 법칙**
  ㉠ 흑체복사의 온도에 따른 색깔 변화 : 흑체의 온도가 높아짐에 따라서 흑체의 색이 붉은색에서 흰색으로, 흰색에서 푸른색으로 변해가는 것을 볼 수 있다. 이는 온도가 높아짐에 따라 복사되는 빛의 파장이 줄어드는 것으로 이해할 수 있다.

ⓒ 빈의 변위 법칙 : 빈은 이 현상을 빛의 파장(λ_{max})과 온도(T)를 이용해 아래와 같이 정량적으로 나타냈다. 여기서 빛의 파장은 흑체복사의 세기가 최대인 파장을 가리킨다.

$$\lambda_{max} T = 2.898 \times 10^{-3} \text{m} \cdot \text{K}$$

(2) 플랑크의 양자 가설

물체를 가열하면 열복사 현상이 일어나서 복사에너지가 방출된다. 이때 온도에 따른 복사파의 파장과 복사에너지와의 관계를 그래프로 그리면 그림과 같게 된다.

19세기 말까지 맥스웰의 전자기파 이론으로 열복사 현상을 어느 정도 설명할 수 있었으나 완전히 설명할 수는 없었다. 그 후 1900년 플랑크(Planck, M)는 복사체에서 방출되는 복사에너지는 에너지 양자라고 부르는 어떤 단위 에너지 $E=hf$의 정수배가 된다는 가정을 하여 열복사 현상을 설명하였는데, 이것을 양자 가설이라고 한다.

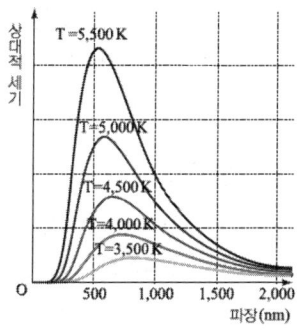

에너지 양자 E는 빛의 진동수 f에 비례한다. 아래에서 h를 플랑크 상수라 하고, 그 값은 $h = 6.63 \times 10^{-34}$ Js이다.

$$E = hf = h\frac{c}{\lambda}$$

플랑크의 양자 가설은 에너지의 불연속성을 주장하여 현대 물리학의 기초를 이루는 양자론의 시작이었다는 점에서 물리학상 대단히 중요한 의의를 갖는다.

> **참고**
> **자외선파탄**
> 자외선 영역에서 파장이 짧을수록 에너지가 ∞로 접근하는 현상 → 측정 결과와 불일치, 고전 물리학 이론으로 흑체복사 설명 불가능(레일리-진스의 이론)

4 광전효과와 광양자설

(1) 광전효과

금속 표면에 자외선과 같은 파장이 짧은 빛을 쬐면 전자가 빛에너지를 받아 튀어나오는데, 이와 같은 현상을 광전효과라 하고, 이때 튀어나오는 전자를 광전자라고 한다.

광전효과에 대한 실험에서 다음과 같은 사실이 발견되었다.

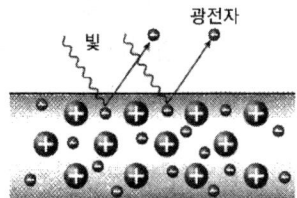

발견 I 튀어나오는 광전자의 수는 빛의 세기에 비례한다. 즉, 빛의 세기가 강한 빛에서 많은 전자가 튀어나온다.

발견 II 어떤 진동수(한계 진동수) f_0보다 진동수가 큰 빛에서만 광전효과가 일어난다. 빛의 세기가 강한 빛, 즉 에너지가 큰 빛에서 많은 전자가 튀어나오는 현상[발견 I]은 빛의 파동성으로 쉽게 이해할 수 있다. 그러나 한계 진동수 f_0보다 진동수가 작은 빛을 아무리 강하게 오래 쬐어도 광전자는 튀어나오지 않지만, 한계 진동수 f_0보다 진동수가 큰 빛을 약하게 쬐어도 광전자가 튀어나오는 현상(발견 II)은 빛의 파동성으로는 설명할 수 없었다. 이러한 현상을 설명하기 위하여 아인슈타인(Einstein, A)은 플랑크의 양자 가설을 도입하여 1905년에 광양자설을 발표하였다.

(2) 광양자설

빛은 광양자라는 에너지 입자의 흐름으로, 광양자의 에너지는 빛의 진동수에 비례한다. 빛의 진동수를 f, 파장을 λ, 빛의 속도를 c라고 할 때 광양자의 에너지 E는,

$$E = hf = h\frac{c}{\lambda}$$

즉, 파장이 짧은 빛일수록 광양자의 에너지가 크다.

> **참고**
> **빛의 세기와 광양자 수**
> 강한 빛은 단위 시간에 도달하는 광양자의 수가 많은 것이고, 약한 빛은 단위 시간에 도달하는 광양자의 수가 적은 것이다. 즉, 빛의 세기는 광양자의 수에 비례한다.

(3) 광양자설에 의한 광전효과의 설명

발견 I 튀어나오는 광전자의 수는 빛의 세기에 비례한다. ⇨ 광전자가 금속 표면에 입사되면, 전자가 광양자와 충돌하여 광양자로부터 에너지를 받아 광전자가 튀어나오게 되는데, 강한 빛은 약한 빛보다 광양자의 수가 많으므로 강한 빛에서 더 많은 전자가 튀어나오게 된다.

발견 II 한계 진동수(f_0)보다 진동수가 큰 빛에서만 광전효과가 일어난다.
⇨ 금속에 구속되어 있는 전자를 금속으로부터 튀어나오게 하는 것은, 가해진 전체 에너지에 의한 것이 아니고 한 번에 얼마만 한 에너지가 주어졌느냐에 관계된다는 것이다. 즉, 구속에너지보다 큰 에너지가 한 번에 전자에 주어졌을 때 전자가 튀어나오게 된다는 것이다.

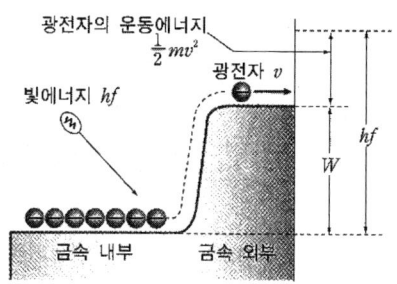
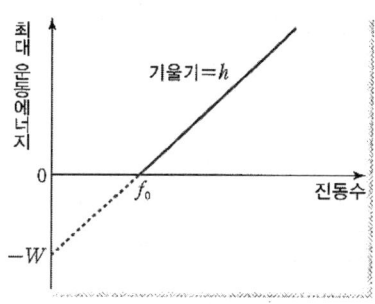

그림과 같이 에너지 hf인 광양자가 W의 에너지로 구속되어 있는 금속 표면의 전자와 충돌하면, 광양자는 흡수되면서 에너지를 전자에게 준다. 이때 받은 에너지가 전자가 튀어나오는 데 필요한 에너지 W보다 크면, W는 전자를 튀어나오게 하는 데 쓰이고 그 나머지가 전자의 운동에너지로 될 것이다. 즉,

$$E_k = \frac{1}{2}mv^2 = hf - W = h(f - f_0)$$

여기서 W는 일함수라고 한다.

광양자 에너지가 일함수와 같게 되는 진동수와 파장을 각각 한계 진동수(f_0), 한계 파장 λ_0이라 하면,

$$h \cdot \frac{c}{\lambda_0} = hf_0 = W \qquad \therefore f_0 = \frac{W}{h}, \ \lambda_0 = \frac{hc}{W}$$

그런데, 광양자의 에너지가 일함수 W보다 큰 빛에서만 광전자가 튀어나올 수 있으므로 f_0보다 진동수가 큰 빛, 즉 λ_0보다 파장이 짧은 빛에서만 광전효과가 일어날 수 있다.

(4) 광전효과의 이용

① **광다이오드** : 빛을 비추었을 때 전자가 금속 밖으로 방출되는 것이 광전효과이지만, 넓게 보면 빛으로 전자가 발생하는 현상을 모두 광전효과로 볼 수 있다.
　예 태양 전지, 광센서, 디지털 카메라, 식물의 광합성 현상 등

② **레이저프린터** : 균일하게 대전된 드럼 위에 인쇄하려는 면의 명암에 대한 정보를 비추어주면 글씨를 제외한 부분은 광전효과에 의해 전자가 떨어져 나가 중성이 된다. 이때 드럼에 토너를 뿌려주면 글씨가 있는 부분만 대전되어 있으므로 토너가 묻고, 이것을 높은 열로 종이에 고정시키면 인쇄가 된다.

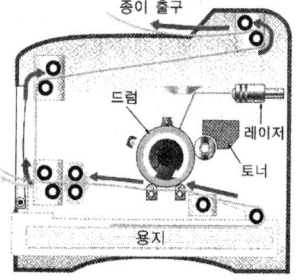

(5) 빛의 이중성

빛이 파동의 성질을 띠고 있음은 회절이나 간섭 또는 편광현상 등을 통하여 알 수 있고, 빛이 입자의 성질을 띠고 있음은 광전효과, 콤프턴 효과, 광압현상 등을 통하여 알 수 있다. 따라서 빛은 파동성과 입자성을 모두 띠고 있는데, 이것을 빛의 이중성이라고 한다.

5 X선과 콤프턴 효과

(1) X선의 발생과 성질

① **X선의 발생** : 고속의 음극선(전자선)을 금속면(대음극)에 충돌시킬 때 나오는 파장이 극히 짧은 전자기파로서, 1895년 뢴트겐(Röntgen, W. K)이 음극선 실험을 하던 중 발견하였다. X선은 높은 전압에 의하여 가속된 전자가 금속면에 충돌하여 정지할 때 가속에 의해 얻어진 전자의 에너지가 전자기파의 에너지로 전환되어 방출되는 것이다.
  X선의 발생은 광전효과의 반대 현상이라고 볼 수 있다.

② **X선의 성질**
  ㉠ 전기장이나 자기장에 의하여 그 진로가 바뀌지 않는다.
  ㉡ 투과력이 강하고 형광작용, 감광작용이 있다.
  ㉢ 기체 분자를 이온화시키는 전리작용이 있고, 광전효과를 일으킨다.
  ㉣ 결정체를 통과시키면 회절되어 간섭무늬가 나타난다(X선의 회절 무늬를 라우에 반점이라고 하며, 결정체의 구조를 연구하는 데 이용된다).
  ㉤ X선은 편광되므로 횡파이다.

(2) X선의 스펙트럼

① **연속 X선** : 그림과 같은 X선 발생 장치를 쿨리지관이라고 한다. X선관의 음극에서 나온 전자가 높은 전압에 의해 가속되어 대음극에 충돌하여 정지할 때 발생하는 전자기파를 연속 X선이라고 하는데, 일반적으로 말하는 X선이다. X선관에서 X선이 발생할 때 가속 전압을 V, 전자의 전기량을 e라고 하면, 전자의 전기적 위치 에너지가 X선의 광양자 에너지로 전환되는 것이므로, X선의 진동수 f와 파장 λ는

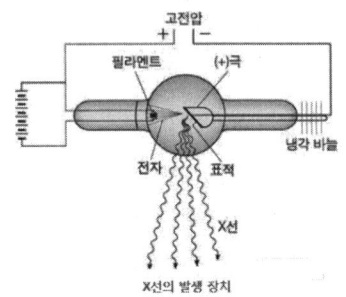

X선의 발생 장치

$$eV = hf = h\frac{c}{\lambda}$$

X선의 파장은 가속 전압에 반비례하는데, 이것은 걸어준 전압이 높을수록 투과력이 센 (파장이 짧은) X선이 방출된다는 것을 뜻한다.

② **특성(고유) X선** : 특성 X선은 선 스펙트럼으로 나타나는데, 가속 전압에 무관하고 대음극을 만드는 원소에 의해서 그 파장이 결정된다. 음극선에 의해서 대음극의 내부 전자가 축출되면, 그 자리를 메꾸기 위하여 바깥 궤도에서 안쪽 궤도로 전자가 떨어지는데, 이때 방출되는 전자기파가 특성 X선이다. 특성 X선은 대음극을 만드는 물질의 고유 특성에 따라 다르므로 물질의 성분을 조사하는 데 쓰인다.

(3) 콤프턴 효과

1923년 콤프턴(Compton, A. H)은 X선을 물체에 쬐면 그 일부가 산란되고, 산란된 X선의 파장이 입사한 X선의 파장보다 길다는 것을 발견하였는데, 이것을 콤프턴 효과 또는 콤프턴 산란이라고 한다.

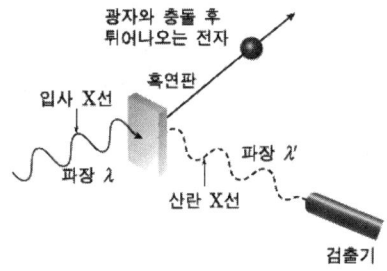

그림과 같이 파장 λ인 X선이 물질 속의 전자(e^-)와 완전 탄성 충돌하여 파장이 λ'로 산란되었다고 하면, 에너지 보존에 따라 다음과 같이

$h\dfrac{c}{\lambda} = h\dfrac{c}{\lambda'} + \dfrac{1}{2}mv^2$ 이 되어 $\lambda' > \lambda$가 된다.

또한 운동량 보존에 따라

$\dfrac{h}{\lambda} = \dfrac{h}{\lambda'} + mv$가 되며

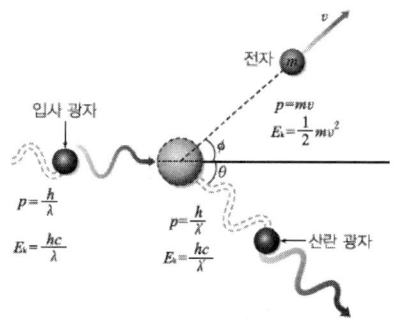

운동량 보존을 x, y 성분으로 분해하여 생각하면

- x방향 : $\dfrac{h}{\lambda} = mv\cos\Phi + \dfrac{h}{\lambda}'\cos\theta$

- y방향 : $0 = mv\sin\Phi - \dfrac{h}{\lambda}'\sin\theta$

위 두 식에서 θ를 소거 후 에너지 보존 식에 대입한 후 v를 소거하여 ($\lambda^2 ≒ \lambda'^2 ≒ \lambda\lambda'$)정리하면 콤프턴 이동(compton shift) Δx는

$\Delta\lambda = \lambda' - \lambda = \dfrac{h}{mc}(1-\cos\Phi) ≒ 0.024(1-\cos\Phi)(Å)$

이 된다. 여기서 $\dfrac{h}{mc}$를 콤프턴 파장(compton wavelength)이라고 한다. 이 관계가 시험 사실과 일치하는 것으로 보아 X선이 광자(입자성)임을 확인시켜 준다.

즉, 콤프턴 효과는 X선이 전자기파(파동성)라 하면 설명할 수 없으나 빛 입자인 광자로 해석할 때 이론적 설명과 실험 결과가 완전히 일치하는 것이 밝혀져 빛의 입자성이 더욱 확실하게 되었다.

6 물질파(드브로이파)

1923년 드브로이(De Brogile)는 빛이 파동성과 입자성을 띠고 있다면, 이와 반대로 전자와 같은 물질 입자도 파동의 성질을 가질 것이라고 생각하였다. 그는 물질 입자가 파동성을 띤다면, 질량 m인 입자가 속도 v로 운동할 때 수반되는 파동의 파장 λ는 다음과 같다.

$$\lambda = \frac{h}{p} = \frac{h}{mv}$$

이와 같이, 물질 입자가 나타내는 파동을 물질파 또는 드브로이파라고 하는데, 이것은 데이비슨(Davisson)과 거머(Germer)의 전자선 회절실험으로 입증되었다.

(1) 물질파의 확인

① **전자의 이중 슬릿 실험** : 전자총으로 전자를 발사하여 이중 슬릿에 통과시키면 간섭무늬가 나타난다. 그림 (가)와 같이 전자가 파동의 성질을 갖지 않으면 직진한다. 따라서 그림 (가)와 같이 스크린에는 2개의 밝은 줄무늬만 나타나야 한다. 하지만 실제 실험에서 스크린에는 그림 (나)와 같이 여러 개의 밝고 어두운 간섭무늬가 나타난다. 이것은 전자가 파동의 성질을 갖기 때문이다.

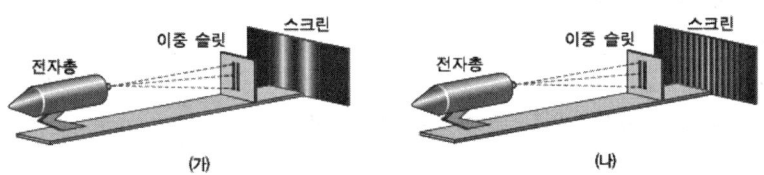

② **데이비슨・거머의 전자 회절 실험** : 니켈 결정에 느린 전자를 쏘았을 때 특정한 각도로 전자가 많이 산란되었는데, 이것은 파동인 X선을 사용할 때와 동일한 결과이다. 이는 니켈 결정 안에서 원자의 배열로 만들어진 면이 얇은 막의 역할을 하여

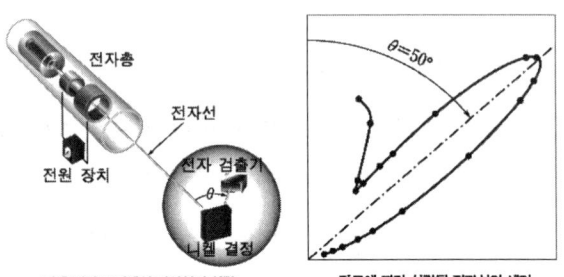

반사하는 전자들이 간섭을 일으키기 때문이다. 따라서 전자의 물질파를 확인할 수 있다. 빛과 물질 입자가 모두 입자성과 파동성을 띠고 있다고 해서 빛이 물질 입자와 똑같다는 것은 아니다. 광자는 정지 질량이 없고, 물질 입자는 정지 질량이 있다. 그리고 거시적인 물리현상에서는 물체에서의 물질파의 파장이 물체의 크기에 비하여 대단히 작기 때문에 파동성을 무시해도 된다. 그러나 전자가 원자의 내부와 같은 좁은 공간에서 운동한다면, 파장이 원자의 크기와 비슷하여 전자가 운동할 때 수반되는 파동성을 무시할 수 없게 된다. 이와 같이 물질 입자가 파동성과 입자성을 다 갖는 성질을 물질의 이중성이라고 한다.

2. 원자 모형과 수소 원자 스펙트럼

1 원자 모형

(1) 톰슨의 원자 모형

19세기 말엽까지 원자는 그 이상 분해할 수 없는 궁극적인 입자로 알려져 왔으나, 톰슨의 진공 방전 실험에서 전자가 발견됨으로써 원자 내부에는 전자가 있다고 생각하게 되었다.

톰슨은, 원자는 전기적으로 중성이므로 전자의 음전하를 중화시키는 양전하가 원자 내부에 있어야 할 것이라고 생각하였다. 이러한 생각에서 그는, 그림과 같이 지름이 약 10^{-10}m인 공 모양의 연속적

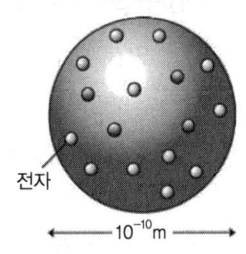

으로 고루 분포된 양전하 덩어리 속에 음전하를 띤 전자가 여기저기 박혀 있는 원자 모형을 제시하였으나, 러더퍼드(Ratherford, R)의 α선 산란 실험으로 이 모형이 옳지 않다는 것이 밝혀졌다.

(2) 러더퍼드의 원자 모형

1911년 러더퍼드는 질량이 헬륨 원자와 같고 전하량이 $+2e$인 α입자를 얇은 금속박에 통과시켜 보았더니, 그림과 같이 소수이긴 하지만 크게 산란되는 α입자를 발견하였다(α 입자의 산란). 이에 러더퍼드는 원자 속에는 α입자를 반발시킬 수 있는, 질량이 크고 양전기를 띤 작은 알갱이가 있을 것이라 생각하고, 다음과 같은 새로운 원자 모형을 제안하였다.

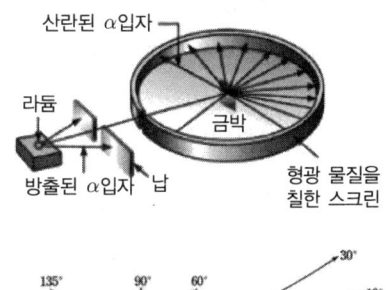

① 원자 중심에는 양전기를 띤 원자핵이 있고, 이것이 원자 질량의 대부분을 차지한다.

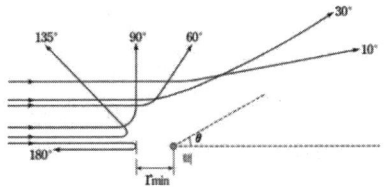

② 원자핵의 크기는 10^{-15}m 정도이고, 그 둘레를 전자가 돌고 있다.

2 원자의 구조

(1) 원자의 구성

원자는 질량의 대부분을 차지하는 원자핵과 그 주위를 돌고 있는 전자로 구성되어 있으며, 그 크기는 지름이 약 $1\text{Å}(10^{-10}\text{m})$ 정도이다.

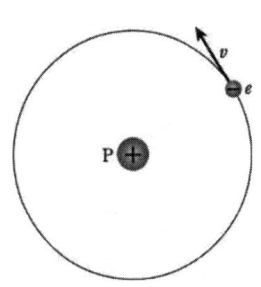

① **원자핵**: 지름이 약 10^{-5}Å 정도이며 $(+)$전기를 띤 양성자와 전기적으로 중성인 중성자로 되어 있는데, 핵 속에 있는 중성

자와 양성자의 수를 합한 수를 질량수라고 한다.
② 궤도 전자 : 중성 원자에서는 핵 속에 들어 있는 양성자의 수와 궤도 전자의 수가 같고, 이 수를 원자번호라고 한다.

(2) 원자핵의 구성 입자(핵자)

① 양성자(proton ; $_1^1H$, p) : 수소의 원자핵으로 $+e$의 전기량을 가지며 전자 질량의 약 1,836배이다.

② 중성자(neutron ; $_0^1n$, n) : 전기적으로 중성이고 양성자와 질량이 거의 같다.

3 수소 원자 스펙트럼

수소가 든 방전관에서 나온 빛의 스펙트럼을 관찰하면 오른쪽 그림과 같은 선 스펙트럼이 매우 규칙적으로 나타나는 것을 볼 수 있는데, 파장이 긴 쪽부터 차례로 H_α, H_β, H_γ … 등으로 불린다.

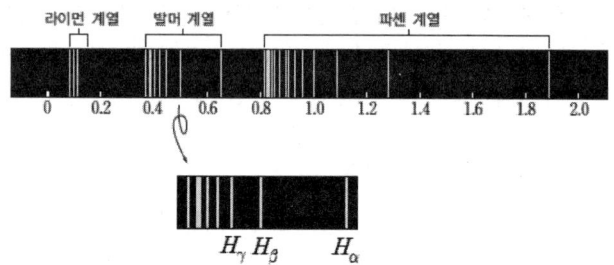

1885년 발머(Balmer, J.J)는 수소 원자의 선 스펙트럼을 조사하여 다음과 같은 관계가 있음을 발견하였다.

$\dfrac{1}{\lambda} = R(\dfrac{1}{2^2} - \dfrac{1}{n^2})$ (단, $n = 3, 4, 5, \cdots$) : 발머 계열

여기서 R을 리드베리 상수라고 하며, 그 값은 $R = 1.09 \times 10^7 \mathrm{m}^{-1}$이다. 그 후 자외선과 적외선 부분에서도 또 다른 계열이 발견되었는데, 이것을 일반화시키면 다음과 같다.

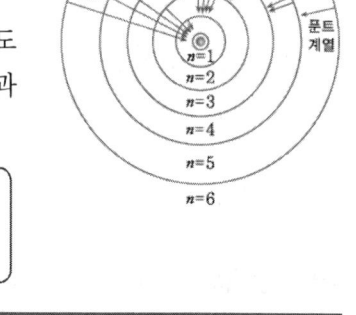

$$\dfrac{1}{\lambda} = R(\dfrac{1}{m^2} - \dfrac{1}{n^2})(m, n \text{은 양의 정수이고 } n > m)$$

계열명	발견 연도	스펙트럼 영역	발머 공식과의 관계
라이먼	1906~1914	자외선	m=1, n=2, 3, 4, …
발머	1885	자외선~가시광선	m=2, n=3, 4, 5, …
파셴	1908	적외선	m=3, n=4, 5, 6, …
브래킷	1922	적외선	m=4, n=5, 6, 7, …
푼트	1924	적외선	m=5, n=6, 7, 8, …

4 보어의 원자 모형

(1) 러더퍼드 원자 모형의 난점

맥스웰의 전자기 이론에 따르면, 대전 입자가 가속 운동을 할 때에는 전자기파의 형태로 에너지를 방출하게 되어 있다. 그러므로 원자핵 주위를 돌고 있는 전자들은 전자기파를 방출하면서 에너지가 감소함에 따라 그림과 같이 궤도 반지름이 점점 줄어들어 결국에는 핵과 충돌하고 말 것이다. 따라서 궤도 전자가 없는 원자만이 존재해야 하는데, 실제로는 그렇지 않다.

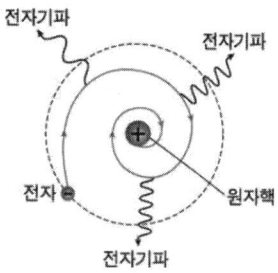

또한 전자가 안쪽 궤도를 돌게 되면 궤도 반지름이 감소함에 따라 주기가 바뀌고, 따라서 진동수가 변화하는 연속 스펙트럼이 나와야 하는데, 실제로는 일정한 진동수의 휘선 스펙트럼이 나온다.

(2) 보어의 원자 가설

1913년 보어(Bohr, N)는 다음과 같은 양자 가설을 도입하여 러더퍼드 원자 모형의 모순점을 해결하고 스펙트럼의 규칙성을 해명하는 데 성공하였다.

① 제1가설(양자 조건) : 전자가 원자핵 주위를 회전할 때, 전자 궤도의 원둘레($2\pi r$)가 전자의 물질파 파장($\frac{h}{mv}$)의 정수배가 되는 궤도를 돌고 있는 동안에는 전자기파를 방출하지 않는다. 즉,

$$2\pi r = \frac{h}{mv} \times n \;(단, n = 1,\ 2,\ 3 \cdots)$$

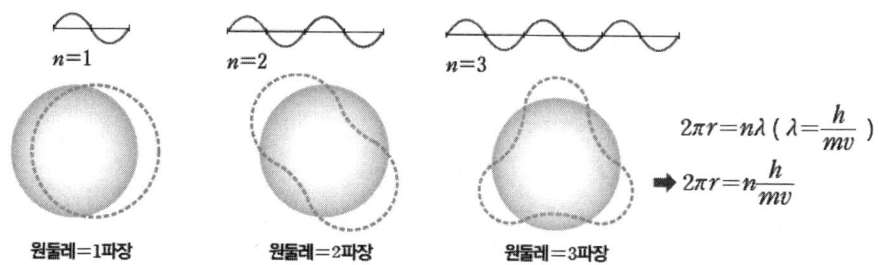

이것을 보어의 양자조건이라 하고, 전자가 이 조건을 만족하는 상태에 있을 때 전자는 정상 상태에 놓여 있다고 한다. 그리고 n은 정수로서 주양자수라고 한다.

또, 전자가 정상 상태에서 가지는 에너지 값을 그 궤도의 에너지 준위라 하고, $n = 1$인 정상 상태를 바닥 상태(기저 상태), $n = 2,\ 3,\ 4 \cdots$인 상태를 들뜬 상태(여기 상태)라고 한다.

② **제2가설(진동수 조건)** : 전자가 에너지 준위가 높은 궤도에서 낮은 궤도로 전이할 때에는 그 차에 해당하는 에너지를 광양자 에너지(빛에너지)로 방출하고, 에너지 준위가 낮은 궤도에서 높은 궤도로 전이할 때에는 그 차에 해당하는 빛에너지를 흡수한다.

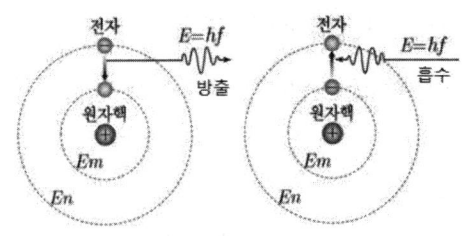

오른쪽 그림에서 궤도 전자의 에너지 준위를 각각 E_m, E_n(단, $E_n > E_m$)이라고 하면, 방출 또는 흡수하는 빛의 진동수 f는

$$E_n - E_m = hf \Rightarrow f = \frac{E_n - E_m}{h}$$

이것을 보어의 진동수 조건이라고 한다.

(3) 보어의 이론에 의한 수소 원자 스펙트럼의 설명

보어의 양자 조건은 $2\pi r = \frac{h}{mv}n$ 이고 전자의 드브로이파(물질파)의 파장 $\lambda = \frac{h}{mv}$ 이므로 $2\pi r = n\lambda$ 가 된다.

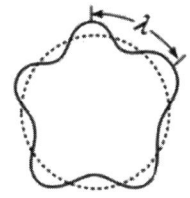

이것은 궤도 전자의 드브로이파가 궤도에서 그림과 같이 정상파가 되는 전자만이 안정한 상태가 된다는 것을 뜻한다.

① **전자의 궤도 반지름** : 그림과 같이 $+e$인 전하를 띤 원자핵 주위에 질량이 m, 전하량 $-e$인 전자가 궤도 반경 r_n인 원둘레 위를 속도 v로 원운동을 한다고 하면, 원자핵과 전자 사이에 작용하는 전기력이 구심력이 되므로

$$k\frac{e^2}{r_n^2} = m\frac{v^2}{r_n} \quad \cdots\cdots\cdots\cdots\cdots\cdots ㉠$$

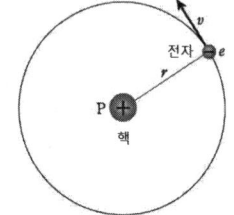

보어의 양자 조건에서

$$2\pi r_n = \frac{h}{mv}n \quad \cdots\cdots\cdots\cdots\cdots\cdots ㉡$$

수소의 원자핵 주위를 도는 전자는 원운동을 하면서 동시에 외부로 전자기파를 방출하지 않아야 하므로 ㉠, ㉡을 동시에 만족하여야 한다.

㉠, ㉡에서 v를 소거하여 궤도 반경을 구하면,

$$r_n = \frac{h^2}{4\pi^2 me^2 k}n^2 \,(n=1,\ 2,\ 3\cdots) \quad \cdots\cdots\cdots ㉢$$

$n=1$인 궤도가 수소 원자에서 K 전자 껍질의 궤도 반지름 r_1이 되는데, 이것을 보어의 반지름이라고 한다.

ⓒ에서
$n=1$, $h=6.63 \times 10^{-34}$ Js, $k=9 \times 10^9 Nm^2/C^2$, $m=9.1 \times 10^{-31} kg$
$e=1.6 \times 10^{-19}$ C이므로, 보어의 반지름 r_1을 구하여 보면,
$r_1 = 0.53$ Å
따라서 ⓒ에서 양자수 n인 궤도 반경은 $r_n = r_1 n^2 = 0.53$ Å 이 된다.

② **전자의 에너지 준위** : 반경 r_n인 궤도 위를 원운동하고 있는 전자의 에너지 준위를 계산하여 보자. 전자의 운동에너지 E_k는 ⓐ에서

$$E_k = \frac{1}{2}mv^2 = \frac{ke^2}{2r_n}$$

$+e$의 전하를 갖는 핵으로부터 r_n인 곳의 전위는(무한원의 전위를 0이라고 했을 때) $k\frac{e}{r_n}$이므로, 전기적 위치에너지 E_p는,

$$E_p = (-e)k\frac{e}{r_n} = -\frac{ke^2}{r_n}$$

그런데, 전자의 에너지 준위는 운동에너지와 위치에너지의 합이므로 n번째 궤도를 도는 전자의 에너지 준위 E_n은

$$E_n = E_k + E_p = \frac{ke^2}{2r_n} + \left(-\frac{ke^2}{r_n}\right) = -\frac{ke^2}{2r_n} \quad \cdots\cdots\cdots\cdots \text{ⓓ}$$

ⓒ에서 반지름 r_n을 ⓓ에 대입하면

$$E_n = -\frac{2\pi^2 k^2 me^4}{h^2} \cdot \frac{1}{n^2}$$

$$= -2.18 \times 10^{18} \times \frac{1}{n^2}(\text{J}) = -\frac{13.6}{n^2}(\text{eV}) \quad \cdots\cdots\cdots\cdots \text{ⓔ}$$

즉, 수소 원자의 에너지 준위는 n^2에 반비례한다.

③ **수소 원자 스펙트럼의 파장** : 수소 원자에서 양자수 n, m일 때의 에너지 준위를 각각 $E_n, E_m (E_n > E_m)$이라고 하면, 전자가 E_n의 상태에서 E_m의 상태로 전이할 때에는 진동수 f인 빛을 방출한다.

ⓔ에서 $E_n = -\frac{13.6}{n^2}$ eV

$E_m = -\frac{13.6}{m^2}$ eV 이므로, 보어의 제2가설에서 전자가 전이할 때 방출 또는 흡수하는 에너지는

$$E_n - E_m = hf = h\frac{c}{\lambda} = 13.6\left(\frac{1}{m^2} - \frac{1}{n^2}\right)$$

$$\therefore \frac{1}{\lambda} = \frac{13.6}{hc}\left(\frac{1}{m^2} - \frac{1}{n^2}\right) \quad \cdots\cdots\cdots\cdots\cdots\cdots\cdots ㉥$$

여기서 $\frac{13.6}{hc} = R$이라고 하면, ㉥에서 수소 원자 스펙트럼 계열의 일반식은

$$\frac{1}{\lambda} = R\left(\frac{1}{m^2} - \frac{1}{n^2}\right)$$

그런데, $R = \frac{13.6\text{eV}}{hc} = \frac{13.6 \times 1.6 \times 10^{-19}}{6.63 \times 10^{-34} \times 3 \times 10^8} = 1.094 \times 10^7 (\text{m}^{-1})$

이 값은 발머가 수소 원자의 스펙트럼 분석에서 실험적으로 얻은 값과 잘 일치하므로, 보어의 원자 모형과 양자 가설은 타당한 것으로 받아들여지고 있다.

5 원자의 에너지 준위

(1) 프랑크-헤르츠의 실험

1914년 프랑크(Franck)와 헤르츠(Hertz)는 아래 그림과 같은 실험 장치를 만들어 원자의 에너지 준위가 있음을 확인하였다.

즉, 3극 진공관의 내부에 수은 증기를 넣고 음극을 가열하여 전자가 방출되면 그리드에 걸린 (+)전압에 의해서 전자가 가속된다. 이때 플레이트의 전압을 그리드보다 0.5~1.5V 정도 낮게 걸어 주어 플레이트에 의한 직접적인 전자의 가속을 막고, 가속 전압과 플레이트 전류와의 관계를 조사한 결과, 가속 전압과 양극 전류와의 관계 그래프가 아래 그림과 같았다. 이 그래프에서 가속 전압을 높이면 전류의 세기가 증가하다가 가속 전압이 4.9V의 배수가 되는 4.9V, 9.8V, 14.7V 부근에서 전류가 급격히 감소하는 것을 알 수 있는데, 이 실험을 프랑크-헤르츠의 실험이라고 한다.

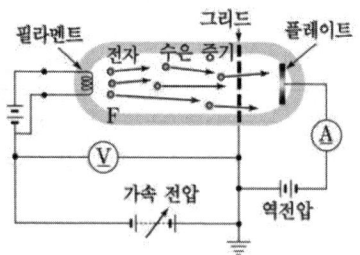
∥프랑크-헤르츠의 실험∥

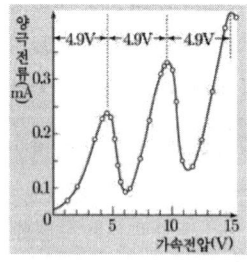
∥가속 전압과 양극 전류∥

(2) 프랑크 – 헤르츠 실험에 대한 설명

음극에서 나온 전자가 수은 원자와 한 번 충돌할 때마다 4.9eV의 에너지를 수은 원자에게 빼앗기게 된다. 따라서 두 번 충돌하면 9.8eV, 세 번 충돌하면 14.7eV의 에너지를 빼앗기게 되어 전자가 플레이트에 도달하기 어려우므로, 4.9V의 정수배가 되는 가속 전압 근처에서 플레이트 전류가 감소하게 된다.

(3) 프랑크 – 헤르츠 실험에 대한 결론

수은 원자가 4.9eV의 불연속적인 에너지만 흡수하게 되는 것은, 수은 원자 내의 전자가 연속적인 에너지를 갖는 것이 아니라 특정한 정상 상태에서 불연속적인 에너지를 갖고 있음을 뜻하며, 이것으로 미루어 보아 원자에는 에너지 준위가 존재함을 알 수 있다.

3. 에너지띠

1 고체의 에너지띠

(1) 에너지 준위

원자핵 주위에 존재하는 전자는 특정한 에너지 값을 갖는 정해진 궤도에서만 존재할 수 있다. 전자가 가질 수 있는 에너지 값 또는 그러한 에너지를 가진 상태를 에너지 준위라고 한다.

① 기체 원자의 에너지 준위 : 전자의 에너지가 충분히 크지 않으면 원자핵과 전자 사이의 인력으로 인해 전자가 원자핵 주변을 벗어나지 못하고 돌게 된다. 이때 기체 원자들은 서로 떨어져 있어 원자 사이에 영향을 주지 않기 때문에 같은 종류의 기체인 경우 에너지 준위 분포가 동일하다.

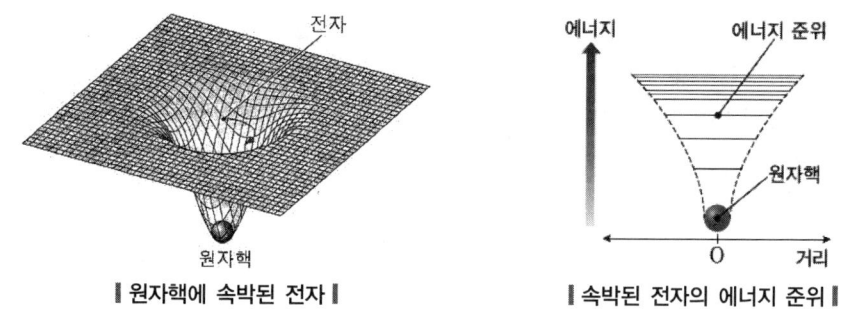

| 원자핵에 속박된 전자 | | 속박된 전자의 에너지 준위 |

② 고체 원자의 에너지 준위 : 원자 사이의 간격이 가까워서 인접한 원자들이 모두 전자 궤도에 영향을 주어 에너지 준위가 겹치게 된다.

Chapter 05

| 원자가 1개일 때 | 원자가 2개일 때 | 원자가 3개일 때 | 원자가 아주 많을 때 |

㉠ **2개의 원자에 의한 에너지 준위** : 2개의 고체 원자가 가까워지는 경우 파울리 배타 원리에 의해 하나의 양자 상태에 동일한 전자가 두 개 있을 수 없다. 따라서 고립된 원자에 대한 각각의 에너지 준위들은 그림과 같이 2개의 에너지 준위로 나누어지게 된다.

㉡ **많은 수의 원자에 의한 에너지 준위** : 고체 내부에 서로 인접한 원자가 3개, 4개, ……로 늘어나면 원자 간의 상호 작용에 의해 원자들의 에너지 준위도 3개, 4개, ……로 나누어지게 되고, 원자의 수가 무수히 많아지면 원자의 에너지 준위도 원자가 아주 많을 때의 그림과 같이 연속적인 띠처럼 나타나게 된다. 실제 고체의 내부에는 많은 수의 원자가 매우 가깝게 존재하므로 금속 내부의 고체 원자는 연속적인 띠 모양의 에너지 준위를 가지게 되는데, 이를 에너지띠라고 한다.

(2) 고체의 에너지띠

① **에너지띠** : 수많은 원자들로 구성된 고체의 경우 원자들 사이의 거리가 매우 가깝다. 이로 인해 원자 사이의 상호 작용에 의해 원자가 가지는 에너지 준위가 미세한 차이를 두고 나누어지면서 서로 겹치게 되어 가지게 되는 연속적인 띠를 에너지띠라고 한다.

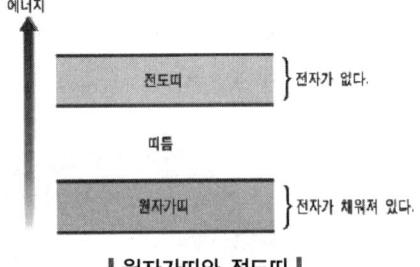

┃ 원자가띠와 전도띠 ┃

② **원자가띠** : 원자의 가장 바깥에 있는 전자가 차지하는 에너지띠로, 전자가 채워져 있다.

③ **전도띠** : 원자가띠 위에 있는 에너지띠로, 전자가 없으며 원자가띠에 있던 전자는 에너지를 흡수하여 전도띠로 이동할 수 있다.

④ **띠틈** : 인접한 허용된 띠 사이의 에너지 간격을 말하며 전자가 존재할 수 없는 영역으로 고체의 전기 전도성을 결정하는 중요한 요인이다.

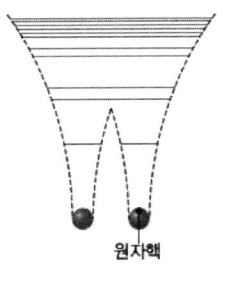
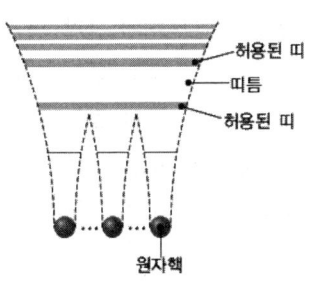

2개의 원자에 의한 에너지 준위   3개의 원자에 의한 에너지 준위   수많은 원자에 의한 에너지 준위

(3) 고체의 전도성

고체 내에서 전류가 흐르기 위해서는 원자가띠의 전자가 전도띠로 이동하여 자유 전자가 되어야 한다. 절연체는 원자가띠가 전자로 가득 채워져 있어 전자가 옮겨갈 수 있는 빈 에너지 상태가 없다. 따라서 전자가 띠틈 이상의 에너지를 받아 전도띠로 이동하지 않는 한 전기장이 걸려도 전류가 흐르지 않는다. 도체의 경우 원자가띠의 일부가 비어 있어 전자의 이동이 자유롭기 때문에 전류가 잘 흐른다.

> **참고**
> **자유 전자와 양공**
> - **자유 전자** : 원자가띠에 있는 전자가 띠틈보다 더 큰 에너지를 얻어 전도띠로 전이된 전자로, 작은 에너지의 공급에 의해서도 원자 사이를 옮겨 다닐 수 있다.
> - **양공** : 전자가 전도띠로 전이할 때 원자가띠에 생기는 구멍으로, (+)전하의 성질을 띤다.

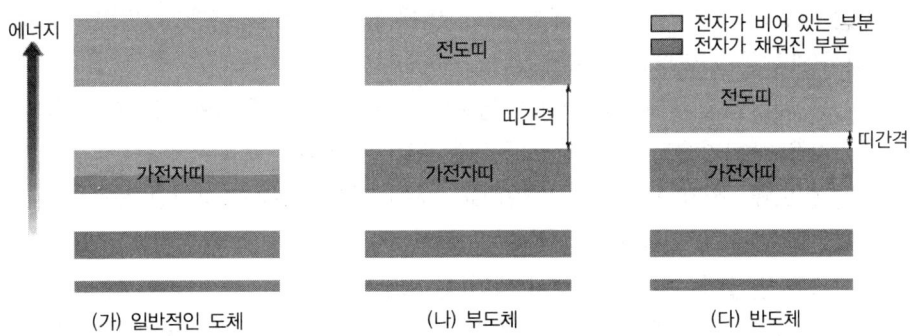

(가) 일반적인 도체   (나) 부도체   (다) 반도체

① **도체** : 전기 전도도가 커서 전류가 잘 흐르는 물질
   ⇨ 원자가띠에 전자가 일부만 채워져 있거나 전도띠와 원자가띠가 일부 겹친 것으로 생각할 수 있으며, 약간의 에너지만 흡수해도 전자는 쉽게 전도띠로 이동하여 전류가 흐른다. **예** 구리, 금, 은, 철, 알루미늄과 같은 금속

② **절연체(부도체)** : 전기 전도도가 매우 작아 전류가 거의 흐르지 않는 물질
  ⇨ 띠틈이 매우 넓어서 전도띠로 전자가 이동하는 것이 거의 불가능하기 때문에 전류가 거의 흐르지 않는다.
    예 다이아몬드, 석영, 나무, 고무, 유리 등
③ **반도체** : 도체와 절연체 중간 정도의 전기 전도도를 가지며, 상황에 따라 전류가 흐르거나 흐르지 않는 물질
  ⇨ 띠틈이 좁아 일정량의 에너지를 흡수하면 전자가 전도띠로 이동하여 전류가 흐른다.
    예 실리콘(Si : 규소), 저마늄(Ge : 게르마늄) 등

2 반도체

(1) 순수 반도체

어떤 불순물도 섞이지 않은 순수한 반도체로, 원자가 전자가 4개인 Ⅳ족 원소에 속하는 실리콘(Si)과 저마늄(Ge) 등이 있다.

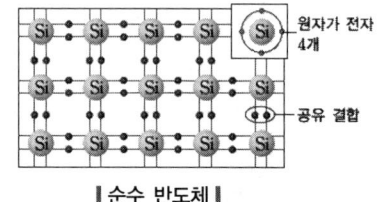

‖ 순수 반도체 ‖

- 순수 반도체의 성질 : 절연체에 비해 띠틈의 간격이 비교적 좁다.

(2) 불순물 반도체

순수 반도체에 특정한 불순물을 섞어서 전류를 흐르게 하는 입자의 수를 증가시켜 전기 전도도를 증가시킨 반도체

① **도핑(doping)** : 순수 반도체에 소량의 다른 물질들을 첨가하여 물질의 성질을 바꾸는 것
② **종류** : 불순물의 종류에 따라 n형 반도체와 p형 반도체로 나뉜다.
  ㉠ **n형 반도체** : 원자가 전자가 4개인 Ge, Si에 원자가 전자가 5개인 인(P), 비소(As), 안티몬(Sb) 등을 도핑한 반도체
    ⇨ 공유 결합을 하고 전자 1개가 남는다. 남는 전자는 원자에 약하게 구속되어 있어 작은 에너지에도 쉽게 전도띠로 올라갈 수 있다.
  ㉡ **p형 반도체** : 원자가 전자가 4개인 Ge, Si에 원자가 전자가 3개인 붕소(B), 알루미늄(Al), 갈륨(Ga), 인듐(In) 등을 도핑한 반도체
    ⇨ 공유 결합 후 여분의 양공이 생긴다. 외부에서 에너지를 가하면 양공 가까이에 있는 전자가 양공을 메우기 위해 이동하고, 전자가 이동한 자리에 양공이 생기므로 양공이 움직이게 된다.

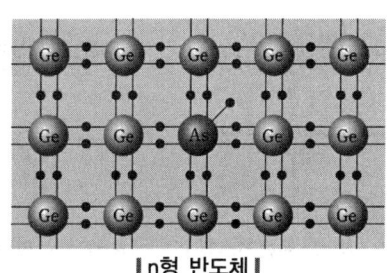
| n형 반도체 |

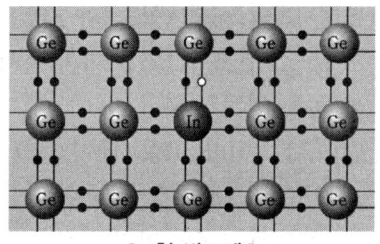
| p형 반도체 |

(3) 반도체의 이용

① 다이오드

  ㉠ p-n 접합 다이오드 : p형과 n형 반도체를 붙여 양 끝에 전극을 붙인 것
  - 순방향 전압 : p형 반도체 쪽에 (+)극, n형 반도체 쪽에 (−)극을 연결한 상태
    ⇨ 전류가 흐른다.
  - 역방향 전압 : p형 반도체 쪽에 (−)극, n형 반도체 쪽에 (+)극을 연결한 상태
    ⇨ 전류가 흐르지 않는다.

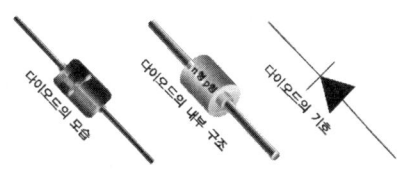
| 다이오드의 표현 |

  ㉡ 이용 : 교류를 직류로 바꾸는 정류 회로, 고주파를 저주파로 바꾸는 검파 회로 등
  ㉢ 종류 : 정류기, 발광 다이오드(LED), 광다이오드 등

> **참고**
>
> **p-n 접합 다이오드의 성질**
>
>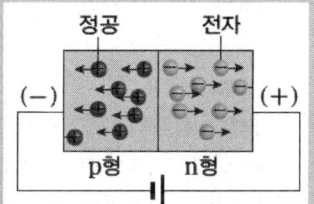
>
> | 순방향 전압이 걸렸을 때 | | 역방향 전압이 걸렸을 때 |
>
> - 전압이 걸리지 않았을 때 : p형 반도체에는 양공이 있고, n형 반도체에는 전자가 있다.
> - 순방향 전압이 걸렸을 때 : 접합면을 통해 양공이 전지의 (−)극 쪽으로 이동하고, 전지는 전지의 (+)극 쪽으로 이동하여 전류가 흐른다.
> - 역방향 전압이 걸렸을 때 : p형 반도체 속의 양공들은 전지의 (−)극 쪽으로 끌려가고, n형 반도체 속의 전자는 전지의 (+)극 쪽으로 끌려간다. 결국 반도체 내부의 양공과 전자들이 접합면에서 멀어지게 되므로 전류가 흐르지 않게 된다.

Chapter 05

② 트랜지스터 : p형 반도체와 n형 반도체가 p-n-p 또는 n-p-n의 순서로 붙여 놓은 전기 소자

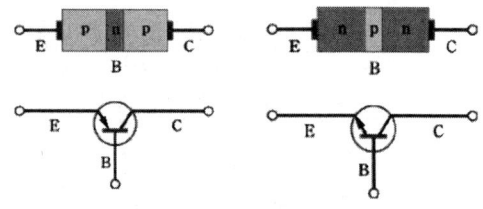

|P-N-P 트랜지스터|　　|N-P-N 트랜지스터|

　㉠ 구조 : 이미터(E), 베이스(B), 컬렉터(C)의 세 단자가 있다.

　㉡ 전기적 성질 : 이미터(E)와 베이스(B) 사이에 순방향 전압, 컬렉터(C)와 베이스(B) 사이에 역방향 전압을 걸고, 이미터(E)와 베이스(B) 사이의 전압을 조절하면 컬렉터(C)에 흐르는 전류의 세기를 조절할 수 있다.

　㉢ 이용 : 트랜지스터는 매우 작게 만들 수 있고 소비 전력이 작으며, 열도 거의 발생하지 않아 전자 장치의 성능 향상과 소형화에 기여하고 있으며, 대부분의 전자 기기에 이용된다.

　㉣ 종류 : 스위치 작용을 이용한 논리 회로, 전류의 세기를 증가시키는 증폭 회로 등

> **참고**
>
> **p-n-p형 트랜지스터**
>
> • 작동 원리 : 이미터와 베이스 사이에 순방향 전압을 걸고, 컬렉터와 베이스 사이에 역방향 전압을 걸면 가운데의 매우 얇은 베이스를 통해 이미터에서 베이스로 이동하던 대다수의 양공이 컬렉터 쪽의 높은 전압에 끌
>
>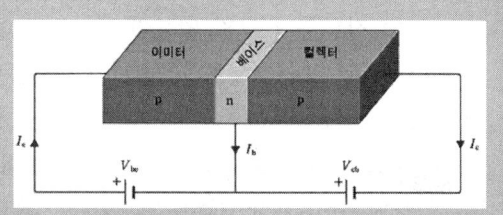
>
> 려 컬렉터 쪽으로 확산된다. 컬렉터로 확산된 양공과 V_{cb}의 (-)단자에서 공급되는 전자가 계속 결합한다.
> ⇨ $I_b \ll I_c$, $I_e = I_b + I_c$
>
> • 증폭 작용 : 컬렉터로 확산되는 양공의 양은 V_{be}의 미세한 변화에 큰 영향을 받으므로 V_{be}의 미세한 변화가 I_c의 커다란 변화로 나타난다. I_b에 비해 큰 I_c를 얻을 수 있다.
>
> • 스위치 작용 : 증폭 기능을 극대화하면 V_{be}가 정해진 값 이하일 때는 I_c가 0이 되도록 하고, 정해진 값 이상일 때에는 다량의 I_c를 얻을 수 있다. V_{be}로 I_c를 제어할 수 있다.

③ 발광 다이오드(LED)

　㉠ 원리 : 다이오드를 제작할 때 n형 반도체에 불순물을 더 많이 넣으면 전류가 흐를 때 주로 전자가 이동한다.

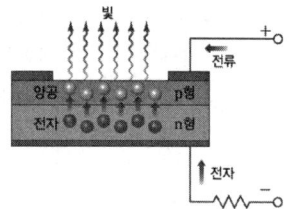

　　⇨ 순방향 전압에 의해 p형 반도체에 도달한 전자들이 에너지 준위가 낮은 양공의 자리로 이동하면서 에너지를 빛의 형태로 방출한다.

ⓒ 이용 : 금전 출납기 화면, 신호등, 대형 전광판의 영상 표현 장치, 디지털 시계의 화면

4. 양자물리

1 불확정성 원리

(1) 불확정성 원리의 역사적 배경

① 양자 역학 : 빛의 입자성, 전자의 파동성과 같이 기존의 이론과 모순을 일으키는 수많은 실험 결과들을 종합적으로 이해할 이론이 요구될 때, 하이젠베르크는 1925년 양자 역학으로 알려진 그의 이론을 발표한다. 양자 역학은 플랑크, 아인슈타인, 보어, 드브로이 등이 제안한 이전의 모든 이론들을 포괄하는 새로운 이론이다.

② 양자 역학은 위치나 운동량과 같은 중요한 물리량들을 제대로 기술하지 못하는 것으로 보여 논란을 일으켰지만, 하이젠베르크는 불확정성 원리를 제시하여 자신의 이론에 문제가 없음을 보인다.

(2) 위치 – 운동량의 불확정성 원리

① 기본 개념 : 그림과 같이 전자가 움직이고 있을 때, 그 위치를 알기 위해 빛을 비춰보면, 콤프턴 효과가 보여주듯, 빛은 운동량을 갖는 입자이기 때문에 전자와 충돌을 하면 전자의 운동량에 변화를 준다. 따라서 위치의 관측은 필연적으로 운동량에 부정확성을 주게 된다. 빛을 비추지 않고 전자의 위치를 알아낼 방법이 없으므로 이것은 자연을 기술할 때 피할 수 없는 본질적인 문제가 된다.

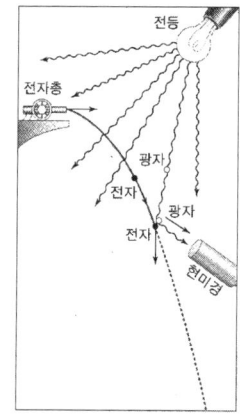

② 불확정성 원리 공식 : 현미경에서 분해능의 한계, 즉 위치 측정에 있어 부정확한 정도 Δx는 사용한 빛의 파장 λ보다 작을 수 없다. 한편, 빛이 전자에 부딪히며 줄 수 있는 운동량의 변화 Δp는 빛의 운동량 $\dfrac{h}{\lambda}$ 정도가 될 것이다. 이로부터 하이젠베르크의 불확정성 원리를 얻을 수 있다.

$$\Delta x \Delta p \geq h$$

③ 물리적 의미 : 불확정성 원리는 양자 역학의 기반이 되는 핵심 원리이다. 입자의 위치와 운동량을 동시에 알 수 없다면 뉴턴 역학에 의해 입자의 운동을 기술하는 것이 불가능하다. 양자 역학은 입자의 위치나 운동량을 정확히 기술하는 것을 포기하는 대신, 확률로서 기술할 것을 제안한다. 양자 역학에서 미래는 완전히 결정된 것이 아니라 가능성만을 알 수 있다.

④ 입자-파동 이중성과의 관계 : 위치-운동량의 불확정성 원리는 파동의 회절현상과 유사하

다. 단일 슬릿의 회절에서 슬릿의 간격 d가 작아지면 그림과 같이 회절이 더욱 크게 일어난다. 양자 역학에서 파동이 입자라는 것을 생각하면, d는 y방향에서 입자의 위치가 부정확한 정도이다. 즉, 회절이 얼마나 일어나는지는 y방향 운동량의 부정확한 정도라고 볼 수 있다. 결국 불확정성 원리는 파동이 입자의 성질을 가지면서 생기는 특성인 것이다.

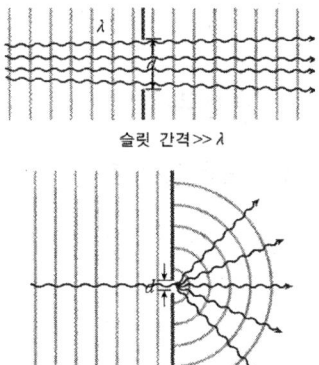

슬릿 간격 >> λ

슬릿 간격 ≈ λ

(3) **에너지 – 시간의 불확정성 원리**

① 불확정성 원리를 따르는 물리량은 위치, 운동량뿐이 아니다. 에너지–시간도 불확정성 원리를 만족하는데, 그 의미는 약간 다르다.

$$\Delta t \Delta E \geq h$$

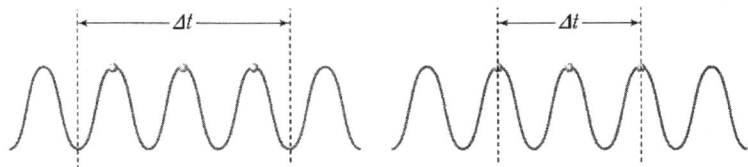

② 개념적 이해 : 진동수를 측정하는 것은 주어진 시간 Δt 동안 마루의 개수 N을 세는 것이다. 같은 파동이라도 시간을 측정하기 시작하는 순간에 따라 마루 하나를 넣거나 뺄 여지가 있다. 따라서 진동수는 $f = \dfrac{N \pm 1}{\Delta t}$로 주어지고, 대략 $\Delta f \geq \dfrac{1}{\Delta t}$라 할 수 있다. 여기에 플랑크 공식 $E = hf$를 고려하면 에너지–시간 불확정성 원리 $\Delta t \Delta E \geq h$를 얻는다.

2 불확정성 원리의 응용

(1) $\Delta x \Delta p \geq h$

① 공간적으로 Δx의 크기 안에 갇혀 있는 입자는 반드시 $\dfrac{h}{\Delta x}$ 정도의 운동량을 가져야 한다. 즉, 갇혀 있는 물체는 절대 정지할 수 없다.

② 분해능을 높이기 위해서는 반경이 큰 망원경을 사용해야 한다.

(2) $\Delta t \Delta E \geq h$

① 기본 입자의 수명은 입자가 존재하는 에너지 상태의 에너지 불확정성에 반비례한다. 측정된 에너지의 부정확도에서 수명을 결정할 수 있다.

② 굉장히 짧은 시간 동안에는 에너지가 극도로 부정확할 수 있으므로 진공 중에서도 입자가 자유로이 생기거나 없어질 수 있다.

3 슈뢰딩거 방정식

(1) 슈뢰딩거 방정식

① 드브로이가 물질파로 보어의 수소 원자 모형을 성공적으로 설명하자 미시 세계를 기술하는 가장 중요한 단서가 입자의 파동성이라는 점이 인식된다. 슈뢰딩거는 이전의 모든 실험 결과를 종합적으로 설명할 수 있는 물질파의 파동 방정식을 고안하였다.

$$-(\frac{h}{2\pi})^2 \frac{1}{2m} \frac{d^2\psi(x)}{dx^2} + V(x)\psi(x) = E\psi(x)$$

② 슈뢰딩거 방정식의 이해 : 슈뢰딩거 방정식은 질량이 m인 입자의 물질파를 $\psi(x)$라는 파동함수로 기술한다. $\psi(x)$는 위치 x에서 물질파의 크기이다. $V(x)$는 퍼텐셜을 나타내며 E는 입자가 갖는 에너지이다. 실제 이 방정식을 풀면 주어진 퍼텐셜에 대해서 가능한 E와 $\psi(x)$가 동시에 구해진다.

(2) 1차원 상자 속의 입자

① 그림과 같이 길이 L인 상자 안에 입자가 있는 경우 슈뢰딩거 방정식을 풀면 다음과 같은 해를 얻게 된다.

$$E_n = \frac{h^2}{8mL^2} n^2 \ (n = 1, 2, 3, \cdots)$$

$$\psi_n(x) = \sqrt{\frac{2}{L}} \sin(\frac{n\pi}{L} x)$$

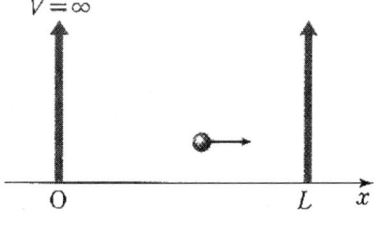

② 에너지는 자연수 n을 포함하여 양자화되어 있으며, 파동 함수는 그림에서 보듯이 길이가 L인 줄에 생긴 정상파와 같다. 이는 드브로이가 보어의 수소 원자 모형을 설명할 때 사용한 정상파 조건과 같은 것이다.

③ 1차원 상자 속의 입자에서 기존대로라면 이해할 수 없는 점의 하나는 가능한 최소 에너지가 0이 아니라 $E_1 = \frac{h^2}{8mL^2}$ 이라는 것이다. 고전 역학에서는 입자가

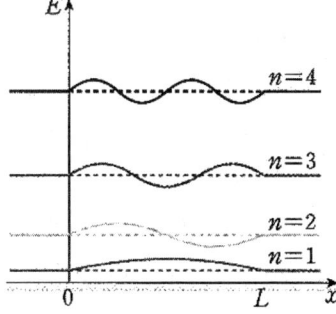

정지하면 운동에너지가 0이 되지만, 양자 역학에서는 입자가 결코 정지할 수 없다는 의미가 된다. 이는 하이젠베르크의 불확정성 원리로 이해할 수 있다.

④ 보어의 수소 원자 모형에서와 마찬가지로 입자는 정상파 상태에만 존재할 수 있으며, 서로 다른 양자수를 갖는 상태로 전이가 일어날 때, 에너지 차이에 해당하는 광자를 흡수하거나 방출해야 한다.

(3) 파동 함수의 물리적 의미

① 파동 함수는 물질파를 나타낸다고 했는데, 이 파동이 의미하는 것이 구체적으로 무엇일까? 그림 (가)와 같이 이중 슬릿을 통과하는 파동은 파동 단원에서 배운 간섭무늬를 만든다. 같은 실험을 입자로 수행하면 그림 (나)와 같이 스크린에 점이 하나씩 찍혀 결국 그림 (다)와 같이 간섭무늬를 만든다.

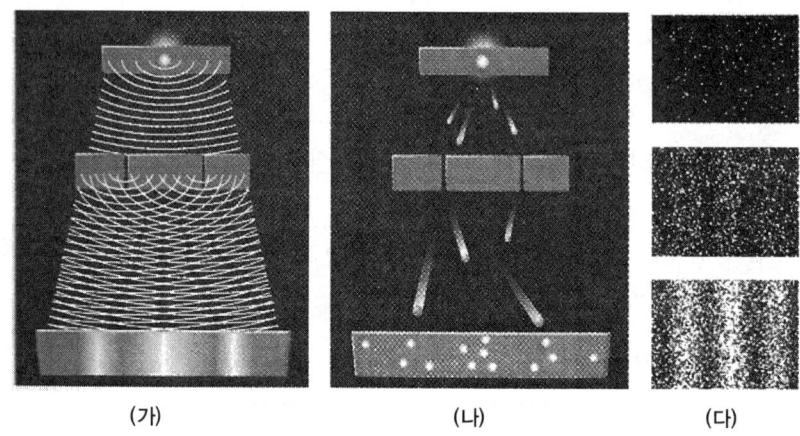

(가)   (나)   (다)

② 입자의 파동성은 하나의 입자로는 볼 수 없고, 수많은 입자가 모여야 드러나는 성질이다. 따라서 입자 하나의 입장에서 볼 때, 간섭무늬는 입자가 스크린의 각 지점에 도달할 확률이라는 해석을 할 수 있다. 보른은 파동 함수의 절댓값 제곱 $|\psi|^2$이 입자가 존재할 확률이라는 제안을 하게 되며, 이것은 양자 역학의 가장 중요한 원리의 하나이다.

4 슈뢰딩거 방정식의 응용

(1) 양자점

양자점은 원자 수백~수천 개가 모인 것을 말하는데, 양자점 내부의 전자는 상자 안에 있는 것과 같다고 볼 수 있다. 따라서 전자의 에너지는 양자화되고, 양자점 크기의 제곱에 반비례한다. 양자점이 커짐에 따라 양자점 내부의 전자가 가질 수 있는 에너지가 작아지므로 흡수하거나 방출할 수

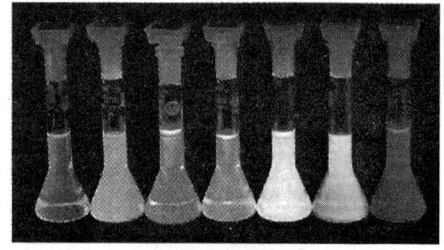

있는 광자의 에너지도 작아진다. 이를 이용하면 그림과 같이 양자점의 크기를 제어하여 여러 가지 색을 내도록 할 수 있다.

(2) 에너지띠

원자가 하나일 때 전자의 에너지가 양자화되는데, 많은 원자가 있는 경우 에너지 레벨들이 모여 에너지띠를 형성하게 된다. 에너지띠 사이에는 띠틈이 생기며, 전자가 이보다 큰 에너지를 갖는 광자를 흡수해야 다른 띠로 전이할 수 있다. 에너지띠는 물질의 전도 특성을 이해하는 데 꼭 필요하다.

▽ 예제

01 두 개의 진공관에 각각 500V와 2,000V의 전압을 걸고서 진공 방전 실험을 하였다. 두 진공관에서 가속된 전자의 운동속도의 비 $v_1 : v_2$는?

해설 $eV = \frac{1}{2}mv^2$ 에서 $v = \sqrt{\frac{2eV}{m}}$ $v \propto \sqrt{V}$

∴ $v_1 : v_2 = \sqrt{500} : \sqrt{2,000} = 1 : 2$

답▶ 1 : 2

02 오른쪽 그림과 같이 두 극판 사이에 전하량이 $-q$이고 질량이 m인 입자를 놓고 V볼트의 전압을 걸어 주었더니 입자가 두 극판 사이에 정지해 있었다. 극판 사이의 간격을 d라고 하면, 이 입자의 전하량은?

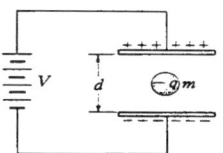

해설 입자가 극판 사이에 정지해 있다면,
(중력) = (전기력)이 되어 힘의 평형이 이루어져 있기 때문이다.
$mg = qE = q\frac{V}{d}$ ∴ $q = \frac{mgd}{V}$

답▶ $\frac{mgd}{V}$

03 전자의 비전하($\frac{e}{m}$)를 구하는 식으로 옳은 것은?

① $\frac{E^2}{2VB^2}$ ② $\frac{E^2}{2VB}$

③ $\frac{VB^2}{E^2}$ ④ $\frac{V^2B^2}{2E^2}$

해설 $eE = evB$, $E = vB$이므로 $v = \frac{E}{B} = \sqrt{\frac{2eV}{m}}$ 이다.

$\frac{e}{m} = \frac{v^2}{2V} = \frac{(E/B)^2}{2V} = \frac{E^2}{2VB^2}$

답▶ ①

Chapter 05

04 서울의 한 방송국에서는 송신 주파수 900kHz, 송신 출력 50kW로 전파를 송신하고 있다고 한다. 매초 몇 개의 에너지 양자가 방출되겠는가? (단, 플랑크 상수 h는 6.63×10^{-34}Js이고, 광속도 c는 3×10^8m/s이다.)

해설 에너지 양자(광양자) 1개의 에너지는
$$E = hf = 6.63 \times 10^{-34} \times 9 \times 10^5 = 5.97 \times 10^{-28} \text{J}$$
$$50\text{kW} = 5 \times 10^4 \text{J/s}$$
(1초 동안 방출되는 총 에너지) = (양자 1개의 에너지) × (1초 동안 방출되는 에너지의 양자 수)
$$5 \times 10^4 = 5.97 \times 10^{-28} \times n \text{에서 } n \fallingdotseq 8.38 \times 10^{31}(\text{개})$$

답 ▶ 8.38×10^{31}개

05 파장 6,600 Å 인 빛의 광양자 에너지는 약 몇 J인가? (단, 플랑크 상수 h는 6.6×10^{-34}Js이다.)

해설 $\begin{pmatrix} \lambda = 6,600(\text{Å}) = 6,600 \times 10^{-10}(\text{m}) = 6.6 \times 10^{-7}(\text{m}) \\ \text{빛의 속도 } c = 3 \times 10^8 (\text{m/s}) \end{pmatrix}$

광양자의 에너지 $E = h\dfrac{c}{\lambda} = 6.6 \times 10^{-34} \times \dfrac{3 \times 10^8}{6.6 \times 10^{-7}} = 3 \times 10^{-19}$

답 ▶ 3×10^{-19}J

06 오른쪽 그래프는 광전효과에 대한 실험에서 방출된 광전자의 최대 운동에너지(E)와 쬐어준 빛의 진동수(f)와의 관계를 나타낸 그래프이다. 금속판을 다른 금속으로 바꾸었을 때, 그래프에서 변화하지 않는 것은?
① 일함수 W
② 한계 진동수
③ 그래프의 기울기
④ W, f_0 그래프의 기울기가 모두 변한다.

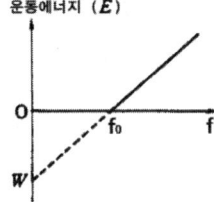

해설 $E = hf - W$에서 금속이 바뀌면 W와 f_0도 바뀐다. 그러나 h는 일정하다. 즉, 기울기는 변하지 않는다.

답 ▶ ③

07 빛은 입자성과 파동성의 양면성을 지니고 있다. 다음 중 빛의 양면성을 올바르게 설명하지 못한 것은?
① 간섭 - 파동성
② 광압 - 입자성
③ 편광 - 파동성
④ 광전효과 - 파동성

해설 빛이 광전효과 현상을 나타내는 것은 빛이 입자성을 띠고 있다는 증거가 된다.

답 ▶ ④

08 X선을 발생시킬 때 가속 전압을 2배로 하면 X선의 파장은 몇 배로 되겠는가?

해설 $eV = h\dfrac{c}{\lambda} \Rightarrow \lambda = \dfrac{hc}{eV}$ 에서 $V' = 2V$ ∴ $\lambda' = \dfrac{hc}{2eV} = \dfrac{1}{2}\lambda$

답▶ 1/2배

09 콤프턴은 파라핀에 X선을 쪼였더니 또 다른 X선이 산란되어 나오는 것을 발견하였다. 다음 설명 중 옳지 않은 것은?
① 운동량 보존의 법칙이 성립한다.
② 에너지 보존의 법칙이 성립한다.
③ 입사 X선의 파장보다 산란 X선의 파장이 짧다.
④ 입사 X선의 진동수가 산란 X선의 진동수보다 크다.

해설 입사 X선의 광양자 에너지가 산란 X선의 광양자 에너지와 전자의 운동에너지로 된다. 즉, 산란 X선의 광양자 에너지는 입사 X선의 광양자 에너지보다 작다.

$h\dfrac{c}{\lambda} = h\dfrac{c}{\lambda'} + \dfrac{1}{2}mv^2$

$h\dfrac{c}{\lambda} > h\dfrac{c}{\lambda'} \Rightarrow \lambda < \lambda'$

답▶ ③

10 파장 λ인 X선을 파라핀에 쪼였더니 산란된 X선의 파장이 λ'로 되고, 전자가 튀어나왔다. $\lambda' > \lambda$이고 플랑크 상수와 광속을 각각 h, c로 표시하면 튀어나온 전자의 운동에너지를 구하는 식은?

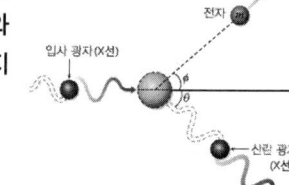

① $\dfrac{hc}{\lambda}$ ② $hc\left(\dfrac{1}{\lambda} - \dfrac{1}{\lambda'}\right)$

③ $hc(\lambda - \lambda')$ ④ $\dfrac{h}{\lambda' - \lambda}$

해설 에너지 보존 법칙에 의하여
전자의 운동에너지=입사 X선의 에너지-산란 X선의 에너지
$= h\dfrac{c}{\lambda} - h\dfrac{c}{\lambda'} = hc\left(\dfrac{1}{\lambda} - \dfrac{1}{\lambda'}\right)$

답▶ ②

11 콤프턴 효과에서 입사 광선의 파장을 λ, 산란 광선의 파장을 λ'라 하면 이들의 관계를 옳게 표현하고, 콤프턴 산란 실험은 X선의 어떤 성질을 설명하는가?

해설 콤프턴 산란 실험은 X선의 입자성에 대한 설명이며, 입사 광선의 에너지 일부가 전자에게 전달되므로 산란 광선의 에너지는 항상 입사 광선보다 작다.
$E = h\dfrac{c}{\lambda}$ 에서 $E \propto \dfrac{1}{\lambda}$ 이므로 파장은 길어진다.

답▶ $\lambda' > \lambda$, X선의 입자성

12 질량 6.6g인 입자가 10m/s로 운동할 때 물질파의 파장은 몇 m인가? (단, 플랑크 상수 $h=6.6\times 10^{-34}$J·s이다.)

해설 $\lambda = \dfrac{h}{p} = \dfrac{h}{mv} = \dfrac{6.6\times 10^{-34}}{6.6\times 10^{-3}\times 10} = 10^{-32}$(m)

답 ▶ 10^{-32}m

13 절대온도 T인 기체 분자의 파장은 _____
① $\sqrt{T}$에 반비례한다.   ② $\sqrt{T}$에 비례한다.
③ T에 비례한다.   ④ T^2에 비례한다.

해설 기체 분자의 운동에너지 $\dfrac{1}{2}mv^2 = \dfrac{3}{2}kT$에서 $v = \sqrt{\dfrac{3kT}{m}}$

$p = mv = m\sqrt{\dfrac{3kT}{m}} = \sqrt{3kTm}$

$\therefore \lambda = \dfrac{h}{p} = \dfrac{h}{\sqrt{3kTm}}$

답 ▶ ①

14 전자의 속력이 v일 때 드브로이 파장이 λ이다. 전자의 속력이 $2v$일 때 드브로이 파장은?

해설 드브로이 파장은 $\lambda = \dfrac{h}{mv}$이므로 v가 2배가 되면 드브로이 파장은 $\dfrac{1}{2}\lambda$가 된다.

답 ▶ $\dfrac{1}{2}\lambda$

15 전자의 운동에너지가 K일 때 드브로이 파장이 λ이다. 전자의 운동에너지가 $2K$일 때 드브로이 파장은?

해설 운동에너지가 $K = \dfrac{1}{2}mv^2$이므로 $mv = \sqrt{2mK}$이다. 드브로이 파장은 $\lambda = \dfrac{h}{\sqrt{2mK}}$이므로 운동에너지가 $2K$가 되면 파장은 $\dfrac{1}{\sqrt{2}}\lambda$가 된다.

답 ▶ $\dfrac{1}{\sqrt{2}}\lambda$

16 원자핵의 존재를 실증하는 것은?
① 광전효과 현상   ② α입자 산란 실험
③ X선 발생 실험   ④ 콤프턴 효과

해설 원자핵의 존재는 러더퍼드의 α선 산란 실험으로 확인되었다.

답 ▶ ②

17 수소 원자의 스펙트럼 계열 중 발머 계열에서 파장이 가장 긴 휘선 H_α의 파장은 얼마인가? (단, 리드베리 상수는 R, 플랑크 상수는 h이다.)

해설 가장 긴 파장은 바로 바깥 궤도에서 전자가 떨어질 때 나오고, 가장 짧은 파장은 무한원에서 떨어질 때 나온다.

$\frac{1}{\lambda} = R(\frac{1}{m^2} - \frac{1}{n^2})$에서 $m=2$, $n=3$이므로

$\frac{1}{\lambda} = R(\frac{1}{2^2} - \frac{1}{3^2})$ ∴ $\lambda = \frac{36}{5R}$

답 $\frac{36}{5R}$

18 다음 중 러더퍼드의 원자 모형에 해당되지 않는 것은?
① 전자는 원자핵에 부딪치게 된다.
② 원자는 그 중심부에 (+)전하를 띤 핵이 있다.
③ 원자에서 방출되는 빛은 불연속적인 파장을 갖는다.
④ 전자가 원 궤도를 돌 때에도 가속 운동을 하므로 전자기파가 방출된다.

해설 원자에서 방출되는 빛은 연속적인 파장을 갖는다. 불연속적인 파장은 보어의 원자 모형이다.

답 ③

19 수소 원자의 전자가 에너지 준위 -1.5eV인 들뜬 상태에서 -13.6eV인 바닥 상태로 전이할 때 나오는 빛을 일함수가 1.6eV인 금속에 쪼일 때 방출되는 전자의 최대 운동에너지는 몇 eV인가?

해설 $\Delta E = E_n - E_m = hf$와 $\frac{1}{2}mv^2 = hf - W$에서 다음과 같다.

$\frac{1}{2}mv^2 = (E_n - E_m) - W = (-1.5 - (13.6)) - 1.6 = 10.5eV$

답 10.5eV

20 수소 원자에서 양성자 주위를 돌고 있는 전자가 에너지 상태 E_2에서 $E_1(E_2 > E_1)$의 상태로 옮아갈 때 내는 빛의 진동수와 파장을 구하여라. (단, 플랑크 상수는 h이다.)

해설 $E_2 - E_1 = hf = h\frac{c}{\lambda}$에서 $f = \frac{E_2 - E_1}{h}$, $\lambda = \frac{hc}{E_2 - E_1}$

답 $f = \frac{E_2 - E_1}{h}$, $\lambda = \frac{hc}{E_2 - E_1}$

Chapter 05

21 수소 원자는 양성자 1개의 둘레를 전자가 등속 원운동하고 있다고 한다. 전자의 속도는?
(단, 수소 원자의 반지름은 r, 전자의 질량은 m, 전하는 e, 쿨롱 상수는 k라고 한다.)

① $\dfrac{kme}{r}$ ② $\dfrac{ke}{\sqrt{mr}}$

③ $\sqrt{\dfrac{ke^2}{mr}}$ ④ $\dfrac{\sqrt{mr}}{ke}$

해설 전자가 양성자 주위를 돌 때, 양성자와 전자 간의 전기력이 구심력이 된다.
$k\dfrac{e^2}{r^2} = m\dfrac{v^2}{r}$ 에서 $v = \sqrt{\dfrac{ke^2}{mr}}$

답 ③

22 보어의 수소 원자 모형에서 $n=2$와 $n=3$인 궤도에 있는 전자의 속력의 비 $v_2 : v_3$는?

해설 주양자수 n인 궤도를 도는 전자의 속도를 v_0라고 하면
양자 조건 $2\pi r_n = \dfrac{nh}{mv_n}$ 와 $rn = r_1 \times n_2$에서 $v_n = \dfrac{nh}{2\pi r_n m} = \dfrac{nh}{2\pi m r_1 n^2} = \dfrac{h}{2\pi m r_1} \times \dfrac{1}{n}$

즉, 전자의 속도는 주양자수에 반비례한다.
∴ $v_2 : v_3 = \dfrac{1}{2} : \dfrac{1}{3} = 3 : 2$

답 3 : 2

23 보어의 수소 원자 모형에서 $n=1$과 $n=2$인 상태에 있는 전자의 에너지 준위의 비를 구하여라.

해설 $E_n = -\dfrac{13.6}{n^2}(\text{eV}) \rightarrow E_n \propto \dfrac{1}{n^2}$ $E_1 : E_2 = \dfrac{1}{1^2} : \dfrac{1}{2^2} = 4 : 1$

답 4 : 1

24 오른쪽은 프랑크 - 헤르츠의 실험 결과를 나타낸 그래프이다. 이 실험에서 전압이 올라감에 따라 전류가 갑자기 떨어지는 부분이 나타내는 것은?
① 원자핵 속에 전자가 들어 있다는 것을 나타낸다.
② 원자가 계속하여 전자기파를 방출하고 있음을 나타낸다.
③ 원자핵 주위를 전자가 돌고 있다는 것을 나타낸다.
④ 전자의 에너지 준위가 존재한다는 것을 나타낸다.

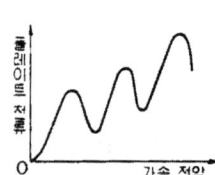

해설 궤도 전자가 연속적인 에너지를 갖는 것이 아니고 특정한 불연속적인 에너지를 갖고 있음을 뜻한다.

답 ④

25 프랑크–헤르츠의 실험에 의하면 전자의 에너지는 4.9eV의 정수 배가 되면 에너지를 흡수 당한다. 이 실험에서 11.0eV로 가속된 전자가 수은 원자와 충돌한 후에 가질 수 있는 최소의 에너지는 몇 eV인가?

해설 $11.0eV - n \times 4.9eV = \Delta E$에서 ΔE가 최소가 되려면 $n = 2$가 되어야 한다.
$11.0 - 2 \times 4.9 = 1.2eV$

답 1.2eV

26 다음 중 바닥 상태에 있는 전자를 원자로부터 분해시키는 데 필요한 에너지는?
① 13.6eV ② 10.2eV
③ 7.4eV   ④ 1.5eV

해설 전자 1개를 원자로부터 분해하여 원자를 이온화 시키는 데 필요한 에너지는 바닥 상태일 때 13.6eV이다.

답 ①

27 다음은 다이오드에 대한 설명이다. 옳은 것을 모두 고르시오.

㉠ n형 반도체와 p형 반도체를 접합하여 만든다.
㉡ 한쪽 방향으로만 전류가 흐른다.
㉢ 증폭 작용과 스위치 작용을 한다.

해설 다이오드는 n형 반도체와 p형 반도체를 접합하여 만들어 전류가 한쪽 방향으로만 흐를 수 있다. 증폭 작용과 스위치 작용은 트랜지스터에 대한 설명이다.

답 ㉠, ㉡

28 질량이 6.6×10^{-8}kg인 먼지 입자의 속력이 $v = 10$m/s이고, 속력의 불확정성은 그 값의 10^{-6}배이다. 위치의 불확정성 Δx와 운동량의 불확정성 Δp는 $\Delta x \Delta p \geq h$를 만족하고, 플랑크 상수는 6.6×10^{-34}J·s이다.
(1) 운동량의 불확정성 Δp는 몇 kg·m/s인가?
(2) 위치의 불확정성 Δx의 최솟값은 몇 m인가?
(3) 양성자의 크기가 10^{-15}m이다. 위에서 구한 Δx는 양성자 크기의 몇 배인가?

해설 (1) $\Delta p = m\Delta v = (6.6 \times 10^{-8}) \times (10^{-5}) = 6.6 \times 10^{-13}(kg \cdot m/s)$
(2) $\Delta x \Delta p \geq h$이므로 $\Delta x \times (6.6 \times 10^{-13}) \geq 6.6 \times 10^{-34}$에서 $\Delta x \geq 10^{-21}m$이다.
(3) $10^{-21} = 10^{-15} \times 10^{-6}$이다.

답 (1) $6.6 \times 10^{-13} kg \cdot m/s$ (2) $\Delta x \geq 10^{-21}m$ (3) $\dfrac{1}{1000000}$배

제5장 현대물리 519

02 원자핵과 기본 입자

1. 원자핵

1 원자핵의 구성

원자의 중심에는 원자 질량의 대부분을 차지하는 원자핵이 존재한다는 것이 러더퍼드의 α 입자 산란 실험으로 알려졌다. 원자핵은 양성자와 중성자로 이루어져 있는데, 양성자와 중성자를 합하여 핵자라고 한다.

(1) **양성자**(proton, ^1_1H)

$+e$의 전하를 가지고 있는 수소의 원자핵으로, 질량은 전자의 약 1,836배이다.

(2) **중성자**(neutron, ^1_0n)

전기적으로 중성이고, 전자 질량의 약 1,840배로 양성자의 질량과 거의 같다. 1932년 채드윅(Chadwick, J)이 발견하였다.

(3) **원자핵의 표시**

질량수 → $^A_Z X$ ← 원소 기호
원자번호 →

핵자의 개수[양성자의 수(Z), 중성자의 수(N)]를 질량수(A)라 하고, 양성자의 수를 원자번호(Z)라고 한다. 따라서 $A = Z + N$이다

예) ^1_1H, ^4_2He, ^7_3Li

2 원자핵의 질량

(1) **원자 질량 단위**(amu)

질량수 12인 탄소 원자, ($^{12}_6C$)의 질량의 $\frac{1}{12}$을 1원자 질량 단위(1amu 또는 1u)라 정하고, 이것을 기준으로 하여 다른 원자의 질량을 나타낸다.

$1\text{amu} = \frac{12.00(g)}{N_0} \times \frac{1}{12} = 1.66 \times 10^{-27} (\text{kg})$

여기서 N_0는 아보가드로수로 6.02×10^{23}이다.

(2) **질량 분석기**

애스턴(Aston, F.W)은 질량 분석기를 이용하여 최초로 원자의 질량을 측정하였다.
아래 그림과 같이 슬릿 S_1, S_2를 통과한 $+q$인 대전 입자가 전기장에서 받는 힘 qE와 자기장에서 받는 힘 qvB'를 같도록 조정하여 직진시키면, 대전 입자의 속도 v는,

$$qE = qvB' \to v = \frac{E}{B'}(\text{일정})$$

이와 같이 하여 속도 v인 입자만을 슬릿 S_3를 지나게 하여 자속 밀도 B인 자기장에 수직으로 입사시키면, 대전 입자는 로렌츠의 힘을 받아 원운동을 한다. 이때, 대전 입자의 질량을 m, 궤도 반경을 R이라 하면,

$$m\frac{v^2}{R} = qvB \quad \therefore m = \frac{qB}{v}R = BB'\frac{q}{E}R$$

여기서 대전 입자의 질량 m은 궤도 반경 R에 비례함을 알 수 있다. 이와 같이 원자를 전리시켜 이온으로 만들고, 이것을 질량 분석기에 입사시키면 원자의 질량을 측정할 수 있다. 또한 동위원소를 이온으로 만들어 질량 분석기 속에 입사시키면 질량에 따라 반지름이 다른 원을 그리게 되므로 동위원소를 분리해 낼 수 있다.

(3) 동위원소

원소의 화학적 성질은 원자핵 주위를 돌고 있는 전자의 배열 상태에 따라 결정되므로, 원자 번호가 같은 원자는 화학적 성질이 서로 같다. 따라서 원자핵을 구성하는 중성자의 수는 달라도 양성자의 수가 같은 원소끼리는 화학적인 성질이 같게 된다. 이와 같이 양성자의 수(원자번호)는 같으나 중성자수가 달라 질량수가 다른 원소를 동위원소라고 한다.

동위원소는 화학적 성질이 같아서 질량의 차이만으로 구별할 수 있으므로, 질량 분석기를 사용하여 구별한다.

2. 원자핵의 인공 변환과 방사능

1 방사능

가벼운 원자핵에서는 양성자와 중성자의 수가 거의 같으나, 무거운 원자핵에서는 중성자의 수가 양성자의 수보다 많아 불안정한 상태를 이루며, 불안정한 원자핵은 방사선을 내면서 보다 안정한 상태의 다른 원소로 변환되어 간다. 이와 같이 물질이 방사선을 내는 성질을 방사능이라 하고, 방사선을 내는 원소를 방사성 원소라고 한다.

방사선은 1896년 베크렐(Becquerel, H)에 의하여 우라늄(U)에서 처음 발견되었고, 퀴리 부부에 의해서 우라늄보다 강한 방사선을 내는 폴로늄(Po)과 라듐(Ra)이 발견되었다.

(1) 방사선의 종류와 성질

방사성 원소가 내는 방사선에는 α선, β선, γ선이 있다. α선은 헬륨의 원자핵이고 β선은 전자이므로, 원자핵에서 이들이 나오면 원자핵의 구성이 변하여 다른 원소로 변하게 되는데, 이와 같은 현상을 붕괴라고 한다.

① α선 : 전기장이나 자기장에 의해서 그 진로가 구부러지는 모양으로 보아 (+)로 대전되어 있고, 그 본체는 양성자 2개와 중성자 2개로 되어 있는 헬륨의 원자핵(^4_2He)의 흐름임이 밝혀졌다. 따라서 **방사성 원소가 α붕괴를 한 번 하면 원자번호 2, 질량수 4가 감소한다.** 세 방사선 중에서 투과력은 가장 약하지만 전리작용이 가장 강하다.

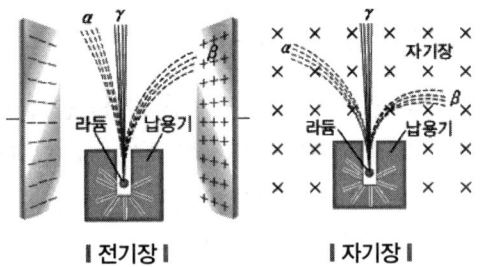
|전기장| |자기장|

$$^A_Z X \xrightarrow{\alpha붕괴} {}^{A-4}_{Z-2} Y + {}^4_2 He \quad \text{예)} \quad {}^{238}_{92} U \xrightarrow{\alpha붕괴} {}^{234}_{90} Th + {}^4_2 He$$

② β선 : 전기장이나 자기장에 의하여 α선과 반대쪽으로 굽어지는 것으로 보아 (+)로 대전되어 있고, 그 본체는 전자($_{-1}^{0}e$)의 흐름임이 밝혀졌다. 우라늄과 같이 질량이 큰 원소 중에는 원자핵이 불안정한 것이 많다. 이와 같은 원소들은 안정해지기 위해서 원자핵 속의 중성자가 양성자와 전자로 변환되고 동시에 이 전자는 원자핵 밖으로 방출되는데, 이것이 곧 β선이다. 따라서 **방사성 원소가 β붕괴를 한 번 하면** 질량수는 변하지 않고 **원자번호만 1 증가한다.**

$$^A_Z X \xrightarrow{\beta붕괴} {}^A_{Z+1} Y + {}^0_{-1} e \quad \text{예)} \quad {}^{14}_{6} C \xrightarrow{\beta붕괴} {}^{14}_{7} N + {}^0_{-1} e$$

③ γ선 : 전기장이나 자기장의 영향을 받지 않고, 또 결정체에 입사시킬 때 X선과 같이 간섭을 일으키는 것으로 보아 일정의 전자기파임이 확인되었다. γ선은 α붕괴나 β붕괴가 있은 후 불안정한 들뜬 상태의 원자핵이 다시 안정한 상태로 되면서 여분의 에너지를 전자기파로 방출하는 것이라고 알려졌다. 따라서 **γ선을 낼 때에는 원자번호나 질량수의 변화가 없다.** 세 방사선 중에서 전리작용은 가장 약하고 투과력은 가장 강하다.

$$^A_Z X \xrightarrow{\gamma붕괴} {}^A_Z X \quad \text{예)} \quad {}^{235}_{92} U \xrightarrow{\gamma붕괴} {}^{235}_{92} U + \gamma선$$

(2) **방사선의 검출 장치**

① 윌슨(Wilson)의 안개 상자 : 방사선의 비적을 알아내는 장치이다.
그림과 같이 통 안에 수증기나 알코올의 증기를 넣고 피스톤을 매우 빨리 잡아당겨 단열 팽창시키면 급격히 냉각되어 과포화 상태가 된다. 이때, 방사선을 쬐면 전리작용으로 이온이 생기고, 이것을 중심으로 과포화 증기가 응결하여 방사선이 지나간 자리에 안개가 생긴다. 이것을 밝은 빛으로 비추면 방사선의 비적을 볼 수 있다.

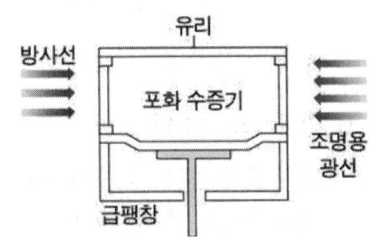

그러나 중성자와 같이 기체를 전리하는 작용이 없는 것은 검출되지 않는다.

② 가이거-뮐러(Geiger-Müller)의 계수관 : 방사선의 세기를 측정하는 장치이다. 그림과 같이 금속 원통에 아르곤이나 알코올의 증기를 넣고 방사선을 쬐면, 기체가 전리되어 관 속에 미소한 전류가 흐르게 된다. 이때 강한 방사선일수록 기체 분자를 많이 전리시킴으로써 전류가 더 많이 흐르게 되며, 전류가 흐를 때마

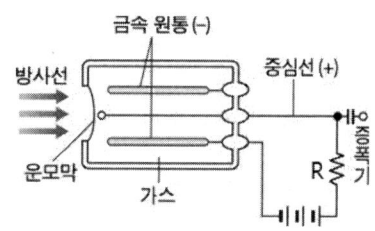

다 저항 R에 전위가 나타나므로, 이것을 전압계에 연결하여 방사선의 세기를 측정할 수 있다. 최근에는 저항 R의 전위 변화를 증폭해서 스피커로 소리를 내게 하거나 오실로 그래프를 써서 기록하는 방법이 쓰이고 있다.

(3) 방사성 원소의 붕괴 계열

방사선 원소의 붕괴는 한 번으로 끝나지 않고 안정한 원자핵으로 될 때까지 계속해서 일어난다. 이와 같이 하여 생긴 원소의 붕괴 순서를 방사성 원소의 붕괴 계열이라고 하는데, 자연 방사성 원소의 붕괴 계열과 인공 방사성 원소의 붕괴 계열이 있다.

(4) 반감기

방사성 원소가 방사선을 내면 질량이 조금씩 감소하게 되는데, 처음 양의 반으로 되는 데 걸리는 시간을 반감기라고 한다. 반감기는 온도나 기압과 같은 외부 조건에 영향을 받지 않는 그 원소의 고유한 값으로 알려져 있다.

반감기 T인 방사성 원소의 원자핵이 처음 N_0개 있었다면 t시간이 지난 후에 남는 양 N은,

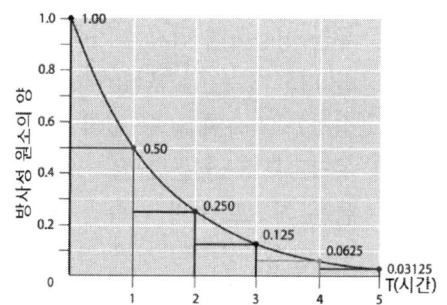

$$N = N_0 \left(\frac{1}{2}\right)^{\frac{t}{T}}$$

▶ $^{238}_{92}U$의 반감기는 45억년, $^{14}_{6}C$의 반감기는 5730년

2 원자핵의 인공 변환

(1) 원자핵 반응식

두 원자핵이 서로 충분히 가깝게 접근하면서 충돌하면 이들 원자핵을 구성하고 있는 핵자들이 재배치가 일어나고 새로운 원자핵이 생성된다. 이와 같이 두 개의 핵이 충돌하여 서로 다른 원자핵으로 변환하는 현상을 핵반응이라 하고, 이것을 다음의 화학 반응식과 같이 간단히 식으로 나타낸 것을 핵반응식이라고 한다.

$$_e^a X + _f^b Y \rightarrow _g^c Z + _h^d U$$

위와 같은 핵반응식에서 질량수는 보존($a+b=c+d$), 원자번호($e+f=g+h$)의 총합인 전하의 총합은 보존된다.

(2) 원자핵 반응

① **양성자의 발견** : 1919년 러더퍼드는 고속의 α입자($_2^4 He$)를 질소의 원자핵에 충돌시켜 최초로 질소를 산소로 변환시키는 데 성공하면서 양성자를 발견하였다.

$_7^{14}N + _2^4 He \rightarrow _8^{17}O + _1^1 H$ (양성자)

이와 같은 식을 핵반응식이라고 한다.

핵반응식에서는 반드시 원자번호, 질량수 및 운동량이 보존된다.

② **중성자의 발견** : 1932년 채드윅은 베릴륨에 α입자를 충돌시켰을 때, 중성자가 나오는 것을 발견하였다.

$_4^9 Be + _2^4 He \rightarrow _6^{12}C + _0^1 n$ (중성자)

③ **사이클로트론(cyclotron)** : 이 장치는 1932년 로렌스와 리빙스턴이 고안한 것으로, 전압이 높은 교류를 이용하여 입자를 가속시키는 장치로서, 전기를 띠고 있는 입자만을 가속시킬 수 있다. 즉, 중성자는 가속시킬 수 없다.

④ **콕크로프트-월튼 실험** : 1932년 콕크로프트와 월튼은 최초로 입자 가속장치인 사이클로트론을 사용, 양성자를 가속시켜 리튬 원자핵에 충돌시켜 2개의 α입자를 인공 변환시키는 데 성공하였다.

$_3^7 Li + _1^1 H \rightarrow _2^4 He + _2^4 He$

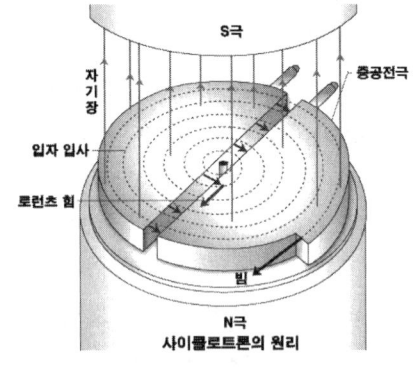

사이클로트론의 원리

⑤ 우리나라는 1988년 건설에 들어가 1994년 세계에서 다섯 번째로 3세대 포항 방사광 가속기를 설치하여 각 분야의 연구에 활용하고 있다. 전자가 가속될 때 움직이는 운동 방향에 접선 방향으로 방출되는 전자기파를 방사광이라 하고, 방사광 가속기는 방사광을 효과적으로 발생시켜 사용할 수 있도록 설계된 가속 장치로서 적외선에서 X선에 이르는 빛이 동시에 나오게 된다.

(3) 인공 방사성 동위원소

1934년 졸리오 퀴리 부부는 $_{13}^{27}Al$에 α입자($_2^4 He$)를 충돌시켜서, 전자와 질량이 같으나 전하가 $+e$인 양전자가 나오는 것을 발견하였다. 또한, α입자의 충돌이 끝난 뒤에도 짧은 시간이나마 양전자의 방출이 계속되는 것으로부터 핵반응이 두 단계로 일어남을 알 수 있었다.

$$^{27}_{13}Al + {}^{4}_{2}He \rightarrow {}^{30}_{15}P + {}^{1}_{0}n$$

$$^{30}_{15}P \rightarrow {}^{30}_{14}Si + {}^{0}_{+1}e$$

$^{30}_{15}P$과 같이 인공적으로 만들어진 원소가 방사능을 가질 때 이것을 인공 방사성 원소라고 한다. 양전자는 $^{0}_{+1}e$ 또는 e^+로 표시하며, 1932년 미국의 앤더슨이 처음으로 발견하였다.

3. 핵에너지

1 핵에너지

(1) 질량 - 에너지 등가원리

1905년 아인슈타인은 그의 특수 상대성 이론에서, 질량은 에너지로 변환될 수 있고 에너지는 질량으로 변환될 수 있어서 질량과 에너지는 동등하다고 밝혔는데, 그의 이론에 따르면 질량과 에너지 사이에는 다음과 같은 관계가 성립된다.

$$E = mc^2$$

여기서 m은 질량이고, c는 진공에서의 빛의 속도이다.

이러한 아인슈타인의 질량-에너지 등가성 원리는 1932년 영국의 콕크로프트와 월턴에 의해 실험적으로 입증되었다. 질량-에너지 등가성 원리를 이용하여 1원자 질량 단위(u)를 질량과 에너지로 환산하면 다음과 같다.

$$E = mc^2 = 1u \times c^2 = (1.66 \times 10^{-27} kg) \times (3 \times 10^8 m/s)^2 = 1.49 \times 10^{-10} J = 931.5 MeV$$

(2) 핵의 결합에너지

원자핵을 구성하고 있는 핵자들은 강력한 핵력으로 결합되어 있다. 따라서 이들을 따로 떼어 놓으려면 외부로부터 에너지를 공급해 주어야 하고, 반대로 따로 떨어져 있던 핵자들이 결합하여 핵을 구성할 때에는 그만큼의 에너지를 방출하게 된다. 이와 같은 에너지를 원자핵의 결합에너지라고 한다.

결합에너지는 전자 볼트(eV) 또는 원자 질량 단위(u)로 나타낸다.

원자핵 자체의 질량은 원자핵을 구성하는 핵자(양성자와 중성자)들의 질량의 합보다 작아진다. 이와 같이, 핵자들이 결합할 때 질량이 줄어드는데, 이것을 질량 결손(Δm)이라고 한다. 줄어든 질량은 아인슈타인의 질량 - 에너지 등가원리에 따라 Δmc^2의 결합에너지로 변환되는 것이다.

2 핵분열과 핵융합

(1) 핵분열

1939년 독일의 한과 슈트라스만은 $^{235}_{92}U$에 느린 중성자를 충돌시키면 $^{235}_{92}U$중성자를 흡수한 후 질량이 비슷한 두 개의 원자로 분열되는 것을 발견하였다. 이와 같이, 원자핵이 비슷한 정도의 크기로 분열되는 현상을 핵분열이라고 한다.

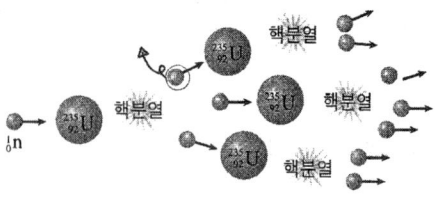

$^{235}_{92}U$가 분열할 때에는 2~3개의 중성자가 나오고 막대한 에너지가 방출된다.

$$^{235}_{92}U + ^{1}_{0}n \rightarrow ^{236}_{92}U \rightarrow ^{92}_{36}Kr + ^{141}_{56}Ba + 3^{1}_{0}n + 200 MeV$$

(느린 중성자)　　　　　　(빠른 중성자)

① **연쇄반응** : $^{235}_{92}U$가 핵분열할 때에는 분열과 동시에 2~3개의 중성자가 나오고, 이들이 다시 옆에 있는 다른 $^{235}_{92}U$에 포획되어 또 다른 중성자를 방출함으로써 연쇄적으로 핵분열을 일으키게 된다. 이와 같은 현상을 연쇄반응이라 하고, 연쇄반응을 일으킬 수 있는 최소 질량을 임계질량 또는 한계질량이라고 한다.

② **원자폭탄** : 임계질량보다 작은 $^{235}_{92}U$, $^{239}_{94}Pu$의 덩어리 여러 개를 갑자기 한데 합치면 임계질량을 넘게 되므로 폭발적인 연쇄반응을 일으키는데, 이 원리를 이용한 것이 원자폭탄이다.

(2) 원자로

1942년 페르미는 $^{235}_{92}U$의 연쇄반응 속도를 적당히 조절하여 일정량의 핵분열 에너지를 지속적으로 얻을 수 있는 원자로를 고안하였다.

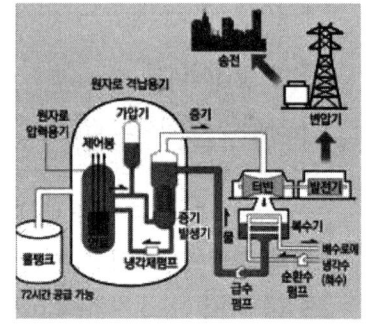

① **농축 우라늄** : 천연 우라늄 $^{238}_{92}U$과 $^{235}_{92}U$의 존재비는 99.3 : 0.7로서, 자연계에는 $^{238}_{92}U$이 많이 존재한다. 그런데, $^{238}_{92}U$은 핵분열을 일으키지 않으므로, $^{238}_{92}U$을 변환시켜 $^{235}_{92}U$의 함량을 높여준 것을 농축 우라늄이라고 한다. 농축 우라늄은 원자로의 연료가 된다.

② **감속제** : $^{235}_{92}U$가 핵분열할 때 나오는 빠른 중성자는 $^{238}_{92}U$에 잘 흡수되지만, 느린 중성자는 $^{238}_{92}U$에 흡수되지 않고 $^{235}_{92}U$에 잘 흡수된다. 그런데, 빠른 중성자는 $^{238}_{92}U$에 흡수되어도 핵분열을 일으키지 않으며, 느린 중성자가 $^{235}_{92}U$에 흡수되어야 핵분열이 일어난다. 그러므로, 원자로에서는 핵분열할 때 나오는 빠른 중성자를 느린 중성자로 만들어 $^{235}_{92}U$

에 잘 흡수되도록 이들을 감속시키는 방법을 택하고 있다. 이와 같이, 중성자의 속도를 느리게 하는 물질을 감속제라고 하는데, 흑연, 중수 등이 쓰인다.
③ 제어 막대 : 연쇄반응이 지나치게 활발히 일어나면 폭발할 우려가 있으므로, 그 속도를 조절하기 위하여 중성자를 잘 흡수하는 성질이 있는 카드뮴(cd)이나 붕소(B)의 화합물로 만든 제어 막대를 사용하고 있다.

(3) 핵융합

핵분열과는 반대로, 가벼운 원자핵이 결합하여 무거운 원자핵이 만들어질 때에도 질량 결손이 생기면서 이에 대응하는 에너지가 방출된다. 이와 같이, 가벼운 원자핵이 결합하여 무거운 원자핵으로 되는 핵반응을 핵융합이라고 한다. 핵융합이 일어나려면 핵과 핵 사이에 작용하는 전기적 반발력을 이길 만한 큰 에너지를 공급하여야 하고, 그러기 위해서는 초고온을 유지해야 한다. 초고온에서는 원자핵과 전자가 완전 분리된 이온으로 되는데, 이러한 상태를 플라스마(plasma) 상태라고 한다. 플라스마 상태에서는 높은 온도에 의한 큰 운동에너지 때문에 핵들이 충돌하여 융합할 수 있다.

태양에서 복사되는 막대한 에너지는 수소 원자 4개가 고온·고압하에서 융합하여 헬륨핵으로 될 때 방출하는 에너지임이 알려졌다.

$$4\,{}^{1}_{1}H \xrightarrow[\text{고압}]{\text{초고온}} {}^{4}_{2}He + 2\,{}^{0}_{1}e + 26\,MeV$$

토카막에서의 핵융합 반응은 초고온 상태에서 중수소(${}^{2}_{1}H$)와 삼중수소(${}^{3}_{1}H$)가 융합하여 헬륨이 생성되는 반응이지만 아직 실용화되지 않았다.

$$\,{}^{2}_{1}H + {}^{3}_{1}H \xrightarrow[\text{고압}]{\text{초고온}} {}^{1}_{0}n + {}^{4}_{2}He + 17.6\,MeV$$

수소폭탄은 핵융합을 이용한 폭탄이고, 초고온을 얻기 위한 기폭제로 원자폭탄을 사용한다.

4. 기본 입자

1 우주선(cosmic rays)

(1) 1차 우주선

지구 대기권 밖의 외계에서 지구로 향하는 모든 방사선을 1차 우주선이라고 한다. 1차 우주선의 대부분은 양성자와 α 입자 등 무거운 원자핵들이다. 이 우주선의 에너지는 매우 크고 $10^{18}eV$ 이상인 것도 있다. 이것은 우주선 입자가 우주 공간을 운동하는 동안 변동하는 자기장 등의 영향을 받아 입자가 조금씩 가속된 결과라고 생각된다.

(2) 2차 우주선

1차 우주선이 대기권으로 들어오면서 공기 분자의 원자핵과 연쇄 충돌하여 공기를 전리시키고 에너지가 약한 입자가 되어 들어오는데, 이러한 우주선을 2차 우주선이라고 한다.
전자, 양전자, μ중간자, π중간자 등으로 되어 있다.

2 소립자

물질을 구성하는 기본 입자를 소립자라고 한다. 소립자는 발생하기도 하고 소멸하기도 하며, 다른 소립자로 변환하기도 한다.

(1) 소립자 변환 반응에서 성립하는 법칙
① 전하 보존 법칙
② 운동량 보존 법칙
③ 질량을 포함한 에너지 보존 법칙

(2) 반입자

음전자(e^-)에 대한 양전자(e^+)처럼 질량이 같고 전하가 반대 부호인 소립자를 서로 반입자라고 한다.

양성자(p) ↔ 반양성자(p^-), 중성자(n) ↔ 반중성자(n^-)

(3) 소립자의 종류

소립자는 질량의 크기에 따라 광자(photon), 경입자(lepton), 중간자(meson), 중입자(baryon)로 분류되는데, 현재까지 알려진 소립자는 다음 표와 같다.

이름		기호		질량 (전자 질량을 1로 함)	수명 (s)
		입자	반입자		
광자(광양자)		r		0	∞
경입자	중성미자	ν	$\bar{\nu}$	0	∞
	전자	e^-	e^+	1	∞
	뮤우 중간자	μ^-	μ^+	206.8	2.20×10^{-6}
중간자	파이 중간자 (pion)	π^0		264.2	1.8×10^{-6}
		π^+	π^-	273.2	2.55×10^{-8}
	케이 중간자 (kaon)	K^+	K^-	966.6	1.23×10^{-8}
		K^0	K^0	974.2	0.92×10^{-10}

중입자	핵자	양성자 중성자	P n	$\overline{P}$ $\overline{n}$	1836.1 1838.7	∞ 1.01×10^3
	중핵자	람다입자	Λ	$\overline{\Lambda}$	2182.8	2.62×10^{-10}
		시그마 입자	Σ^+ Σ^- Σ^0	$\overline{\Sigma}^+$ $\overline{\Sigma}^-$ $\overline{\Sigma}^0$	2327.7 2340.6 2331.8	0.788×10^{-10} 1.58×10^{-10} $\sim 10^{-14}$
		크사이 입자	Ξ^0 Ξ^-	$\overline{\Xi}^0$ $\overline{\Xi}^-$	2566 2580	3.06×10^{-10} 1.74×10^{-10}

3 쌍소멸과 쌍생성

(1) 쌍소멸

전자와 양전자가 만나면 광양자를 내고 소멸한다. 이것은 물질이 에너지로 변하는 예이다.

$$e^+ + e^- \xrightarrow{(충돌)} \gamma + \gamma$$

이와 같이, 입자가 반입자와 충돌하여 소멸되거나 다른 입자로 변하는 현상을 쌍소멸이라고 한다.

(2) 쌍생성

쌍소멸의 반대 과정을 쌍생성이라고 한다.

$$\gamma \xrightarrow{(강한\ 전기장)} e^+ + e^-$$

예제

01 (1) 두 개 원자핵 A, B가 있다. 두 원자핵의 질량비가 $m_A : m_B = 1 : 8$일 때, 원자핵의 반지름의 비 $r_A : r_B$는 얼마인가?

(2) 원자핵의 반지름 1cm인 구슬에 비유할 때 원자의 반지름은 얼마인가?

해설 (1) 원자핵의 부피는 질량수 A에 근사적으로 비례하므로 $r \propto \sqrt[3]{A}$ 이다.
$r_A : r_B = \sqrt[3]{1} : \sqrt[3]{8} = 1 : 2$

(2) 원자의 반지름은 원자핵의 반지름의 10^5배이므로 $1cm \times 10^5 = 10^5 cm = 1000m$

답 (1) $1 : 2$ (2) $1000m$

02 아래 그림은 라듐(Ra)에서 나오는 방사선이 지면 앞쪽에서 뒤쪽을 향하는 자기장 안에서 진행하는 모양을 그린 것이다. 옳은 것을 골라라.

① 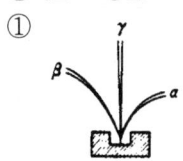 ②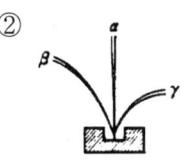

③ 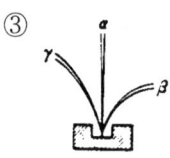 ④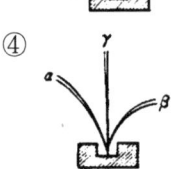

해설 γ선은 전기장이나 자기장에 의하여 그 진로가 변하지 않는다. α선($_2^4He$)은 (+)입자이고, β선($_{-1}^0e$)은 (−)입자이다.
플레밍의 왼손 법칙 적용 → 왼쪽으로 힘을 받는다.

답 ④

03 $_{92}^{238}U$은 자연적으로 방사성 붕괴를 하여 최후에는 납의 동위원소로 된다. 붕괴 후 $_{82}^{208}Pb$, $_{82}^{207}Pb$, $_{82}^{206}Pb$ 중 어느 것으로 변하는가? 또 $_{92}^{238}U$이 납의 동위원소로 될 때까지 α붕괴와 β붕괴는 각각 몇 번 하게 되는가?

해설 질량수 변화는 238−206=32이다. 4의 배수이므로 $_{82}^{206}Pb$로 된다.
α붕괴 횟수는 32÷4=8회이다. β붕괴 횟수는 원자번호의 증가와 감소에서 다음과 같다.
붕괴 횟수를 x라 하면
92−2×8+x=82   ∴ x=6회

답 $_{82}^{206}Pb$, α붕괴 8회, β붕괴 6회

04 우라늄의 반감기는 4.5×10^9년이다. 1.8×10^{10}년 후에는 우라늄이 양의 현재의 몇 분의 1이 되겠는가?

해설
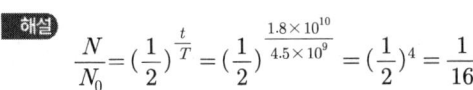

답 $\dfrac{1}{16}$

05 가이거-뮐러 계수기는 방사선의 어떤 성질을 이용하여 방사선을 검출하는가?
① 사진작용   ② 형광작용
③ 전리작용   ④ 인광 작용

해설 가이거−뮐러 계수기는 방사선의 전리작용을 이용하여 방사선의 세기를 측정하는 장치이다.

답 ③

06 다음은 졸리오 퀴리 부부에 의해서 발견된 인공 방사성 원소 인(P)이 방사성을 내면서 규소(Si)로 변환되는 핵반응식이다. ( ) 안에 해당하는 입자는?

$$^{30}_{15}P \rightarrow ^{30}_{14}Si + (\quad)$$

① 중성자 (^1_0n) ② 양성자 (^1_1H)
③ 전자 ($^{\ 0}_{-1}e$) ④ 양전자 ($^{\ 0}_{+1}e$)

해설 핵반응식에서는 $\binom{원자번호}{질량수}$가 보존된다.

답 ④

07 질량 m인 어떤 물질이 완전히 에너지로 변환되어 1.8×10^{14}J이 되었다. 질량 m은 몇 kg이겠는가?

해설 질량-에너지 등가원리에서 $E = mc^2$
$E = 1.8 \times 10^{14}$J, $c = 3 \times 10^8$m/s
$1.8 \times 10^{14} = m = (3 \times 10^8)^2$ ∴ $m = 2 \times 10^{-3}$(kg)

답 2×10^{-3}kg

08 질량 m_1, m_2인 두 원자핵이 융합하여 질량이 m인 원자핵으로 되었다. 이때, $m_1 + m_2 > m$이면 방출된 에너지는 얼마인가? (단, 광속도는 c이다.)

① $(m_1 + m_2)c^2$ ② $(m + m_1 + m_2)c^2$
③ mc^2 ④ $(m_1 + m_2 - m)c^2$

해설 $\Delta m = m_1 + m_2 - m$ $\Delta E = \Delta mc^2$

답 ④

09 다음 소립자에 대한 설명 중 잘못된 것은?
① 물질을 이루는 기본 입자이다.
② 반입자를 갖고 있다.
③ 쌍생성과 쌍소멸을 한다.
④ 입자끼리 서로 작용은 하지만 변하지는 않는다.

해설 소립자는 서로 작용하여 변하기도 하고, 생성되기도 하며 소멸되기도 한다.

답 ④

10 쌍소멸 반응식($e^+ + e^- \rightarrow 2\gamma$)에서 전자와 양전자의 질량을 m이라 할 때, 광자(γ선)의 파장은 얼마인가?

해설 $2mc^2 = 2 \cdot h\dfrac{c}{\lambda}$에서 $\lambda = \dfrac{h}{mc}$이다.

답 $\dfrac{h}{mc}$

11 정지해 있는 $_Z^A X$의 원자핵이 α붕괴 후 Y의 핵이 되었다. 방출된 α입자의 운동에너지가 E라면 Y의 원자핵이 갖는 운동에너지는?

해설 원자핵 붕괴 전후에 운동량은 보존된다. 따라서 $E_k = \frac{1}{2}mv^2 = \frac{(mv)^2}{2m}$ 에서 $E_k \propto \frac{1}{m}$ 이다. α붕괴 후 $_Z^A X \to {}_2^4 He + {}_{Z-2}^{A-4} Y$ 이므로 α입자와 Y의 질량비는 $4 : (A-4)$ 이다. $E : E' = \frac{1}{4} : \frac{1}{A-4}$ $E' = \frac{4E}{(A-4)}$

답 $\frac{4E}{(A-4)}$

12 어느 핵반응에서 1.0×10^{-29} kg의 질량 감소(결손)가 생겼다. 이 질량 감소에 대응하는 에너지를 갖는 광자의 파장은 몇 m인가?(단, 플랑크 상수 $h = 6.6 \times 10^{-34}$ J·s이고, 광속도 $c = 3.0 \times 10^8$ m/s이다.)

해설 $E = \Delta mc^2 = h\frac{c}{\lambda}$ 에서 $\lambda = \frac{h}{\Delta mc} = \frac{6.6 \times 10^{-34}}{1.0 \times 10^{-29} \times 3 \times 10^8} = 2.2 \times 10^{-13} m$

답 $2.2 \times 10^{-13} m$

03 상대론적 질량과 에너지

1. 상대론적 질량과 에너지

1 특수 상대론

1905년 아인슈타인이 발표한 특수 상대성 이론은 다음 두 가정에 기초를 두고 있다.

가정 1 물리학의 법칙은 서로 등속으로 운동하는 기준계에서는 모두 같은 형태의 방정식으로 표현된다.

가정 2 자유 공간에서의 빛의 속도는 관측자의 운동 상태와는 관계없이 모든 관측자에 대하여 동일하다.

이 가정들은 얼핏 보기에는 그 내용이 조금도 혁신적인 것같이 보이지 않으나, 실제로는 우리의 일상 경험을 토대로 하여 형성되어 온 시간과 공간에 대한 직관적인 거의 모든 개념을 뒤엎어 버린 것이라고 할 수 있다.

(1) 특수 상대성 이론에서 나타나는 현상

① **두 사건의 동시성** : 시간은 상대적이기 때문에 관찰자에 따라 동시성이 달라진다. 즉, 한 관찰자에게는 동시에 일어난 사건이 다른 관찰자에게는 동시에 일어나지 않을 수 있다.
⇨ 시간의 상대성

  ㉠ **특수 상대성 이론 이전의 동시성** : 시간은 누구에게나 똑같이 흐르고, 어떤 두 사건이 동시에 일어났다면 그 두 시간은 누구에게나 동시에 일어난다.

  ㉡ **특수 상대성 이론에 의한 동시성** : 한 관찰자에게 동시에 일어난 사건이 다른 관찰자에게는 동시에 일어나지 않을 수도 있다.

  ㉢ 우주선 안과 밖에서 사건의 특성

우주선에서 빛의 관찰	행성에서 빛의 관찰
두 검출기에 빛이 동시에 도달한다. ⇨ 두 사건 A, B는 동시에 일어난다.	빛이 이동하는 동안 왼쪽 검출기에 빛이 먼저 도달한다. ⇨ 사건 B가 먼저 일어난다.

② **시간 팽창** : 두 사건 사이의 시간 간격이 좌표계에 따라 달라진다. ⇨ 정지한 관찰자가 운동하는 관찰자를 보면 상대편의 시간이 느리게 가는 것으로 관측된다.

  ㉠ **고유 시간** : 어떤 물체의 시간을 측정할 때 그 물체와 함께 운동하는 관찰자가 측정한 시간이다. 어떤 사건이 발생한 시간을 측정할 때 고유시간이 가장 짧다.

> 우주선 내의 관찰자가 빛의 왕복 시간을 관측한 경우 우주선 내의 관찰자가 관측한 빛 시계에서 빛이 한 번 왕복하는 데 걸리는 시간 $\Delta t_{고유}$: 빛의 속도 c가 일정하고, 빛 시계의 길이가 l일 때 고유 시간 $\Delta t_{고유}$는 다음과 같다. $\Delta t_{고유} = \dfrac{2l}{c}$

  ㉡ **시간 팽창** : 정지한 관찰자가 운동하는 관찰자를 보면 상대편의 시간이 느리게 가는 것으로 관찰되는 것이다. 정지한 관찰자가 속도 v로 운동하는 물체의 시간을 측정할 때, 측정시간 t와 고유시간 $t_{고유}$ 사이에는 다음과 관계가 성립한다.

$$t = \gamma t_{고유} = \frac{t_{고유}}{\sqrt{1-(v/c)^2}} \left(\gamma = \frac{1}{\sqrt{1-(v/c)^2}} : 로렌츠 인자 \right)$$

Chapter 05

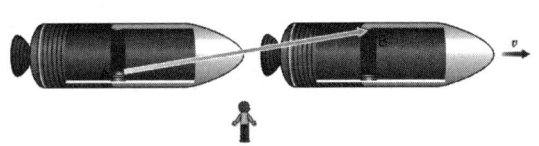

우주선 밖의 관찰자가 빛의 왕복시간을 관측한 경우 지면에 정지해 있는 관찰자가 우주선의 빛 시계에서 빛이 A→B까지 이동하는 데 걸리는 시간을 지상의 시계로 측정한 시간 Δt : 피타고라스 정리에 의해 Δt는 다음과 같다.

$$c\frac{\Delta t}{2} = \sqrt{(v\frac{\Delta t}{2})^2 + l^2} \Rightarrow \Delta t = \frac{2l}{\sqrt{c^2-v^2}} = \frac{2l}{c}\frac{1}{\sqrt{1-(v/c)^2}} = \frac{1}{\sqrt{1-(v/c)^2}}\Delta t_{\text{고유}}$$

③ **길이 수축** : 매우 빠르게 움직이는 물체에는 시간 팽창뿐만 아니라 길이 수축도 일어난다.
  ㉠ **고유 길이** : 물체가 정지한 상태에서 동시에 물체의 앞과 뒤를 측정했을 때 얻은 거리
  ㉡ **길이 수축** : 운동하는 관찰자가 운동 방향과 나란한 방향의 거리를 측정하면 고유 길이보다 짧은 것. 속도 v인 관찰자가 측정한 길이 L과 고유 길이 $L_{\text{고유}}$ 사이에는 다음 관계가 성립한다.

$$L = \frac{L_{\text{고유}}}{\gamma} = L_{\text{고유}}\sqrt{1-(v/c)^2}$$

  ㉢ 철수가 그림과 같이 속도 v인 우주선을 타고 고유 길이가 $L_{\text{고유}}$인 지구에서 목성까지 여행할 때, 철수와 달에 정지해 있는 진수가 측정한 거리를 비교해보자.

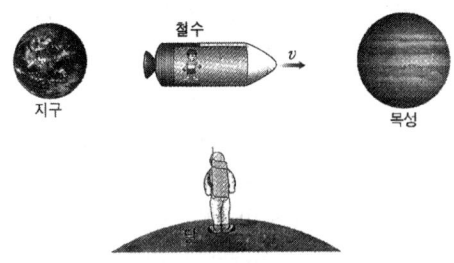

  • **진수** : 진수는 정지해 있으므로 지구와 목성 사이의 거리는 $L_{\text{고유}}$이다. 철수가 지구에서 목성까지 갈 때 자신의 시계로 측정한 시간이 $\Delta t_{\text{고유}}$였다면 진수가 관찰한 시간은 $\Delta t = \gamma \Delta t_{\text{고유}}$가 된다. 따라서 $L_{\text{고유}} = v\Delta t$이다.
  • **철수** : 철수에게는 목성이 속력 v로 다가오는 것처럼 보이며 진수가 측정한 시간이 Δt이므로 시간 팽창에 의해 철수가 측정한 시간은 $\Delta t_{\text{고유}} = \frac{\Delta t}{\gamma}$이다. 따라서 철수가 측정한 지구와 목성 사이의 거리 L은 다음과 같다.

$$L = v\Delta t_{\text{고유}} = \frac{v\Delta t}{\gamma} = \frac{L_{\text{고유}}}{\gamma} = L_{\text{고유}}\sqrt{1-(v/c)^2}$$

⇨ 철수가 측정한 지구와 목성 사이의 거리는 진수가 측정한 거리보다 $\sqrt{1-(v/c)^2}$ 배 짧게 측정된다. 이를 길이 수축이라고 한다.

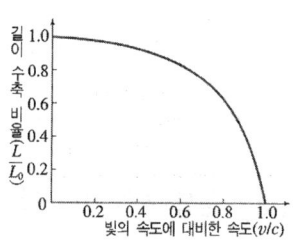

> **참고**
>
> **시간 팽창과 길이 수축의 예 : 뮤온 입자**
> 지표면으로부터 약 10km의 지구 대기권에 도달한 우주선(cosmic ray)이 공기와 충돌하여 뮤온(muon)을 만든다. 이때 생긴 뮤온은 광속 약 $99\% ≒ 3 \times 10^8 m/s$로 운동하고, 고유 수명은 $2.2 \times 10^{-6}s$이다. 이 시간 동안 뮤온이 이동할 수 있는 거리는 약 660m($= 3 \times 10^8 m/s \times 2.2 \times 10^{-6}s$)로 예상된다. 그런데 실제로 많은 뮤온이 지표면에서 발견되고 있다. 그 이유가 무엇일까?
>
> • 산 정상 부근에서 발생한 뮤온을 지표면의 정지 좌표계에서 보았을 때 시간 팽창에 의해 뮤온이 고유 수명보다 약 7.1배 더 긴 시간을 여행하여 지표면에 도달한다.
>
> $$r = \frac{1}{\sqrt{1-(\frac{99c}{100c})^2}} ≒ 7.1$$
>
> • 산 정상 부근에서 발생한 뮤온을 뮤온과 함께 움직이는 좌표계에서 보았을 때 여행 거리가 길이 수축으로 0.14배 짧아지기 때문에 자신의 수명 내에 지표면에 도달한다.
>
> $$\frac{1}{r} ≒ 0.14$$

2 상대론적 질량

아인슈타인의 특수 상대성 이론에 의하면, 입자의 질량 m은 뉴턴의 운동법칙에서와 같이 일정한 값이 아니고 속도에 따라 달라지는 상대적인 질량의 값을 갖는다는 것이다.
광속에 가까운 속도 v로 운동하고 있는 입자의 정지 질량을 m_0라고 하면, 이 입자의 상대론적 질량 m은 다음과 같이 표시된다.

$$m = m_0 \frac{1}{\sqrt{1-\frac{v^2}{c^2}}}$$

$\begin{bmatrix} m : \text{속도 } v\text{로 운동하는 입자의 질량(상대론적 질량)} \\ m_0 : \text{정지해 있을 때의 입자의 질량(정지 질량)} \\ v : \text{입자의 운동 속도} \\ c : \text{진공 중에서의 빛의 속도} \end{bmatrix}$

이 식에서 입자의 속도 v가 광속 c에 가까워지면 $\sqrt{1-\frac{v^2}{c^2}} \to 0$이 되어 $m \to \infty$가 되므로, 어떤 물체라도 빛의 속도보다 빠를 수 없다는 것을 알 수 있다.

한편, 일상생활에서 물체의 속도는 광속에 비해 너무 작기 때문에 $\sqrt{1-\dfrac{v^2}{c^2}} ≒ 1$이므로 $m = m_0$가 되어 정지 질량과 상대론적 질량이 같게 된다.

3 상대론적 질량과 에너지 등가 관계

방사성 원소가 붕괴할 때, 붕괴 후의 원자의 질량은 붕괴 전의 원자의 질량보다 작아지며, 이때 감소한 질량이 빛으로 방출된다고 여겨진다.

앞에서 질량과 에너지는 따로 보존되는 양이 아니라 서로 변환될 수 있는 양이기 때문에 질량과 에너지는 동등하다고 하는 질량 - 에너지 등가원리에서, 질량과 에너지 사이에는 $E = mc^2$의 관계가 있음을 알고 있다.

아인슈타인의 상대론적 질량 $m = \dfrac{m_0}{\sqrt{1-\dfrac{v^2}{c^2}}}$ 이므로

$$E = mc^2 = \dfrac{m_0 c^2}{\sqrt{1-\dfrac{v^2}{c^2}}}$$

속도 v가 c보다 대단히 작을 때 위 식을 근사식으로 계산하면,

$$E = m_0 c^2 + \dfrac{1}{2} m_0 v^2$$

즉, 운동하고 있는 물체는 정지하고 있는 물체보다 $\dfrac{1}{2} m_0 v^2$의 에너지가 더 나타나게 된다.

물체가 정지 상태에 있을 때는 $v = 0$이므로, 정지에너지 E_0는 $E_0 = m_0 c^2$이다.

이 식은 앞에서 배운 식과 같음을 알 수 있다.

4 일반 상대성

(1) 일반 상대성 이론

모든 가속계에서도 같은 물리 법칙이 성립한다는 확장된 상대성 원리와 관성력과 중력이 동등하다는 등가의 원리를 바탕으로 하고 있는 이론

(2) 가속 좌표계 : 가속도 운동하는 좌표계

① **관성력** : 가속 좌표계에서 볼 때 작용하는 것처럼 보이는 힘
② **관성력의 방향** : 좌표계의 가속 방향과 반대 방향
③ **관성력의 크기(F)** : 관성력을 받는 물체의 질량과 좌표계의 가속도의 크기에 비례한다.

$$F = -ma$$

- 엘리베이터의 가속도와 관성력의 관계
  - 엘리베이터 안의 저울 위에 몸무게가 500N인 사람이 올라가 몸무게를 측정하는 경우

가속도	위쪽으로 일정할 때		가속도가 0일 때		아래쪽으로 일정할 때	
엘리베이터의 운동 상태	(a↑, 관성력↓)	• 올라가면서 속력 증가 • 내려가면서 속력 감소	(a=0)	• 정지해 있을 때 • 등속 운동 할 때	(관성력↑, a↓)	• 올라가면서 속력 감소 • 내려가면서 속력 증가
관성력의 방향	아래쪽		작용하지 않음		위쪽	
저울의 눈금	500N+관성력 ⇨ 몸무게보다 크다.		500N ⇨ 몸무게와 같다.		500N−관성력 ⇨ 몸무게보다 작다.	

(3) 등가원리

관성력에 의한 효과와 중력에 의한 효과는 근본적으로 동일하므로 관성력과 중력을 구별할 수 없다.

① **중력에 의해 나타는 현상** : 중력에 의해 물체가 아래로 떨어진다.

② **가속에 의해 나타나는 현상** : 가속 운동하는 로켓 안에서 물체를 놓으면 물체는 관성에 의해 일정한 속력으로 운동한다. 그러나 로켓이 가속되고 있으므로 로켓 안의 사람은 물체가 아래쪽으로 가속되는 것으로 본다.

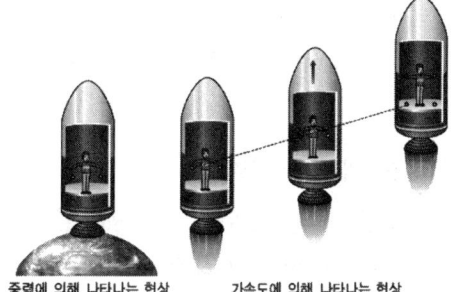

중력에 의해 나타나는 현상   가속도에 의해 나타나는 현상

(4) 중력에 의한 공간의 휨

아인슈타인은 중력을 힘으로 간주하지 않고 공간의 휘어짐으로 설명하였다. ⇨ 중력에 의해 공간이 휘어져 있고, 빛도 휘어진 공간을 따라 휘어서 진행한다.

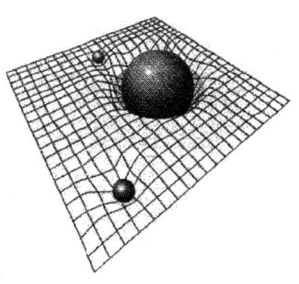

① **중력 렌즈 효과** : 매우 멀리 떨어진 별빛이 지구에 도달할 때, 중간에 있는 은하단 등의 영향으로 별빛이 굴절되어 보이는 현상(예 아인슈타인의 원, 아인슈타인의 십자가)

② 공간의 휨 : 특수 상대성 이론에 위배되지 않으면서 등가원리를 적용하면, 중력이나 에너지가 있으면 공간이 휘게 된다.

5 일반 상대성 이론의 적용

(1) 중력에 의한 시간 팽창

중력이나 관성력이 작용하면 시간이 천천히 흐른다. 상대적인 것이 아니라 실제로 시간이 느리게 간다. 원판 위의 중심에 시계 1이 있고 가장자리에 시계 2가 있으며, 원판이 회전하고 있다고 하자.

① 원판 밖의 관찰자 : 시계 1은 정지해 있고 시계 2는 운동하고 있으므로, 시계 2의 시간이 더 천천히 흐른다.

② 원판 위의 관찰자 : 시계 1과 시계 2는 상대 운동이 없는 상태지만 원판 밖과 위의 관찰자가 측정한 결과가 같아야 하므로 시계 2에는 관성력이 작용하여 시간이 천천히 흐른다.

③ 결론 : 관성력이 작용하는 시계는 시간이 천천히 흐른다. ⇨ 등가원리에 의해 중력이 작용하는 시계도 시간이 천천히 흐른다.

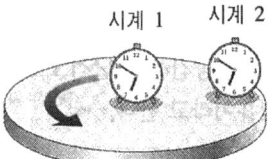

(2) 빛의 휨

① 뉴턴 : 빛은 직진하고 중력의 영향을 받지 않는다고 생각

② 아인슈타인 : 중력이 작용하는 공간이나 가속 좌표계 모두 휘어진 공간을 따라 빛이 휜다고 주장 ⇨ 개기 일식 때 태양 뒤편에 있는 별이 관측됨으로써 사실로 입증되었다.

(3) 수성의 세차 운동

수성은 태양 주위를 타원 궤도를 그리며 돌고 있다. 이 궤도가 태양의 중력 효과에 의해 약간씩 변화하면서 세차 운동을 하여 근일점이 이동한다.

⇨ 뉴턴의 중력 이론이 설명할 수 없었던 수성의 세차 운동을 일반 상대성 이론으로 증명함으로써 일반 상대성 이론이 옳은 이론이 되었다.

(4) 블랙홀

공간을 극단적으로 휘게 만들어 천체 근처를 지나는 빛마저도 흡수하는 질량이 큰 천체로 질량이 태양의 20배를 넘는 별이 핵융합을 멈추면 중력에 의해 계속 수축하면서 영원히 붕괴하여 블랙홀이 된다. 블랙홀은 중력이 너무 커서 물체를 빛의 속도로 잡아당기기 때문에 물질은 물론 빛도 빠져나오지 못한다.

✔ 예제

01 (1) 정지한 사람이 속력 5만km/s의 속도로 달리는 사람에게 레이저를 쏘았을 때 달리는 사람이 본 빛의 속도는 얼마인가? (단, 레이저 빛의 속도는 30만km/s이다.)
(2) 로렌츠 좌표 변환에서 정지 좌표계에서 측정된 x를 좌표축과 같은 방향으로 v의 속도로 운동하는 좌표에서 측정하였을 때 x의 값은 어떻게 되는가?

해설 (1) 빛의 속도는 관찰자와 광원의 속도와 관계없이 항상 일정하다.

(2) $x' = \dfrac{1}{\sqrt{1-(\dfrac{v}{c})^2}}(x-vt)$ 이다.

답 (1) $30만 km/s$ (2) $x' = \dfrac{x-vt}{\sqrt{1-(\dfrac{v}{c})^2}}$

02 정지 길이가 L_0인 자를 가지고 자의 길이 방향으로 v의 속도로 움직일 때 정지 관찰자에게는 얼마로 측정되는가? (단, 빛의 속도는 c이다.)

해설 정지 관찰자에게 길이 수축이 일어난다.

답 $L = L_0\sqrt{1-(\dfrac{v}{c})^2}$

03 아인슈타인의 특수 상대성 이론에 의하면, 물체는 빛보다 더 빨리 운동할 수 없다고 한다. 그 이유로 타당한 것은?
① 물체는 빛보다 무거운 입자이기 때문이다.
② 물체의 속도가 빛의 속도와 같아지면 상대론적 질량이 무한대로 커지기 때문이다.
③ 입자가 빠른 속도로 움직이면 파동성을 갖기 때문이다.
④ 물체의 속도가 빛의 속도보다 더 커지면 상대론적 질량이 0이 되기 때문이다.

해설 상대론적 질량 $m = m_0 \dfrac{1}{\sqrt{1-\dfrac{v^2}{c^2}}}$ 에서 v가 c에 접근하면 $\sqrt{1-\dfrac{v^2}{c^2}} \to 0$이므로 $m \to \infty$가 되어 물체의 속도는 빛보다 빠를 수 없다.

답 ②

04 어떤 물체가 $0.6c$의 속력으로 운동할 때의 에너지는 이 물체의 정지에너지의 몇 배인가? (단 빛의 속력은 c이다.)

해설 정지한 물체의 질량이 m_0일 때

$m = m_0 \dfrac{1}{\sqrt{1-(\dfrac{v}{c})^2}} = m_0 \dfrac{1}{\sqrt{1-(\dfrac{0.6c}{c})^2}} = m_0 \dfrac{1}{0.8}$ 이다.

답 $\dfrac{5}{4}$ 배

Chapter 05

05 (1) 사람이 우주선을 타고 지구에서 6광년 떨어진 어떤 행성으로 출발했다. 우주선의 속력이 $0.6c$로 일정할 때, 사람이 행성에 도착할 때까지 측정한 시간은 얼마인가? (1광년은 빛이 1년간 이동한 거리이다.)
(2) 정지 좌표계의 관찰자가 관측한 우주선이 행성에 도착한 시간은 얼마인가?

해설 (1) 지구에서 행성까지의 거리를 L이라고 하면 다음과 같이 길이 수축이 일어난다.

$$L' = L \times \sqrt{1-(\frac{v}{c})^2} = 6광년 \times \sqrt{1-(\frac{0.6c}{c})^2} = 6광년 \times 0.8 = 4.8광년$$

사람이 측정한 여행 시간은 $\frac{이동\ 거리}{시간} = \frac{4.8광년}{0.6c} = 8년$

(2) 정지 좌표계의 관찰자 입장에서는 고유길이는 6광년이므로 $0.6c$로 움직이는 우주선이 행성에 도착하는 시간은 $\frac{이동\ 거리}{시간} = \frac{6광년}{0.6c} = 10년$

답 (1) 8년 (2) 10년

06 특수 상대성으로 설명할 수 없지만 일반 상대성 이론으로 설명할 수 있는 것만을 모두 고르시오.

> ㉠ 중력 질량과 관성 질량은 같다.
> ㉡ 질량과 에너지는 같다.
> ㉢ 중력에 의해 시간이 지연된다.
> ㉣ 빛의 속력은 일정하다.

해설 일반 상대성 이론의 등가원리에 의해 중력과 관성력을 구별할 수 없으므로 중력 질량과 관성 질량은 같다. 일반 상대성 이론에서 중력이나 관성력에 의해 시간 지연 효과가 나타나며 특수 상대성 이론에서 질량과 에너지가 같으며, 광속은 관찰자의 속력에 관계없이 일정하다.

답 ㉠, ㉢

CHAPTER 05 적중예상문제

물리학개론

01 현대 물리학에서는 시간의 기준을 어디에 두고 있는가?
① 지구의 자전 주기
② 지구의 공전 주기
③ Cs이 발하는 빛의 진동 주기
④ Kr이 발하는 빛의 진동 주기

해설 $_{55}Cs^{133}$(세슘)에서 방출되는 빛의 진동 주기의 약 90억 배를 1초라 정의한다.

02 다음 중 빛을 금속에 쬐어서 전자가 방출될 때, 그 에너지가 가장 큰 것은?
① 적외선
② γ선
③ 자외선
④ X선

해설 빛이 가진 에너지는 $E=hf$이며 진동수에 비례하므로 f가 가장 큰 γ선이 에너지가 가장 크다.

03 X선관은 진공에서 금속 표적에 다음 중 무엇을 충돌시켰을 때 발생하는가?
① 광양자
② 음극선
③ 7선
④ 전자파

해설 음극선은 고속 전자의 흐름이다.

04 감마선의 본질은 무엇인가?
① 광양자
② He핵
③ 양성자
④ 고속중성자

해설 감마선은 에너지가 큰 눈에 보이지 않는 빛인 광양자 혹은 전자기파이다.

05 살균작용 등 화학작용이 강한 전자기파는?
① 적외선
② 가시광선
③ 자외선
④ X선

해설 자외선은 살균작용 및 화학작용이 강하다.

정답 01. ③ 02. ② 03. ② 04. ① 05. ③

Chapter 05

06 음극선에 대한 설명으로 옳지 않은 것은?
① 투과력이 γ선보다 크다.
② 전기장과 자기장에 의해 진로가 굽어진다.
③ 전자의 흐름이다.
④ 사진 건판을 감광시킨다.

> **해설** 음극선의 성질 : 그림자가 생긴다. 전기장, 자기장 내에서 휘어진다. 바람개비를 돌게 한다.
> γ선은 가장 짧은 파장의 전자기파로 투과력이 가장 크다.

07 음극선과 X선의 공통된 성질이 아닌 것은?
① 전기장과 자기장 내에서 굽어진다.   ② 에너지를 가진다.
③ 입자성과 파동성을 가진다.   ④ 사진 건판을 감광시킨다.

> **해설**
> • 음극선의 성질
>   • 직진한다.
>   • 물체에 부딪치면 압력을 미친다.
>   • 형광·인광을 발생한다.
>   • 사진 건판을 감광시킨다.
>   • 전기장이나 자기장을 걸어주면 진로가 굽어진다.
>   • 음극선이 금속판에 부딪치면 X선을 발생한다.
> • X선의 성질
>   • 투과력이 강하여 형광작용이 있다.
>   • 기체 분자를 이온화시키는 전리작용이 있다.

08 X선을 발생시키는 방법으로 옳은 방법은?
① 고속의 중성자를 금속에 충돌시킨다.   ② 금속에 파장이 짧은 빛을 쬔다.
③ 금속을 높은 온도에 가열한다.   ④ 고속의 음극선을 금속에 충돌시킨다.

> **해설** 고속의 음극선(전자선)을 금속면에 충돌시킬 때 나오는, 파장이 극히 짧은 전자기파가 X선이다.

09 광자(광양자)의 에너지가 증가하였을 때 나타날 수 있는 현상은?
① 광자의 속도가 증가한다.   ② 광자의 속도가 감소한다.
③ 파란 빛이 빨간 빛으로 된다.   ④ 빨간 빛이 파란 빛으로 된다.

> **해설** $E=hf$, 진동수가 클수록 광자에너지가 크다.

정답 06. ① 07. ① 08. ④ 09. ④

10 전자기파를 진동수가 작은 것부터 큰 순서대로 바르게 나열한 것은?

① 장파 → 단파 → 적외선 → γ선
② 단파 → 장파 → γ선 → 적외선
③ γ선 → 적외선 → 단파 → 장파
④ 적외선 → γ선 → 장파 → 단파

해설 전자기파를 진동수에 따라 분류한 것을 전자기파의 스펙트럼이라 한다. 전자기파를 진동수가 작은 것부터 큰 순서로 분류하면 다음과 같다. 장파 → 중파 → 단파 → 초단파 → 극초단파 → 마이크로파 → 적외선 → 가시광선 → 자외선 → X선 → γ선

11 전파와 광파의 차이점은?

① 속도가 다르다.
② 진폭이 다르다.
③ 광파는 진공 중을 통과할 수 있으나 전파는 통과할 수 없다.
④ 진동수가 다르다.

해설 전자기파의 속도는 광속도와 같고, 파장의 범위는 $10^4[m] \sim 10^{-13}[m]$이다. 광파와 전자기파는 파장과 진동수로 구분한다.

12 방사선의 검출에는 가이거-뮐러 계수관과 윌슨의 안개상자를 사용한다. 이들 장치는 원리적으로 방사선의 어느 작용을 이용한 것인가?

① 투과
② 방전
③ 광전효과
④ 전리

해설 방사선의 전리작용을 이용하여 방사선을 검출할 수 있는 장치에는 윌슨의 안개상자, 가이거-뮐러 계수관, 신틸레이션 계수기 등이 있다.

13 광전효과에 대한 설명 중 가장 옳은 것은?

① 보통 광자의 진동수가 너무 적어도 많은 광전자를 방출할 수 있다.
② 일함수에서 광자의 에너지는 표면으로부터 전자를 이탈시키는 데 필요한 최소 에너지인 일함수와 같지 않다.
③ 자외선이나 열광자는 항상 광전자를 방출하는 것은 아니다.
④ 금속 표면의 전자가 이탈할 수 있도록 광에너지를 크게 하려면 빛의 파장이 충분히 짧아야 한다.

해설 빛의 진동수가 크게, 즉 빛의 파장이 충분히 짧아야 한다.

정답 10. ① 11. ④ 12. ④ 13. ④

Chapter 05

14 광전 효과는 빛을 금속판에 쪼여줄 때 금속판으로부터 전자가 방출되는 현상이다. 광전 효과에 대한 설명으로 옳은 것은?　　　　　　　　　　　　　　　　　　　　　　[17. 서울시 7급]

① 전자가 금속판으로부터 방출될 때, 빛의 세기가 증가하더라도 방출되는 전자의 수는 일정하다.
② 금속판으로부터 전자가 방출되느냐 그렇지 않느냐는 빛의 진동수와 관계가 있다.
③ 전자의 운동 에너지는 빛의 진동수와는 상관없이 빛의 세기가 증가할수록 커진다.
④ 금속의 종류와 상관없이 빛의 세기가 충분히 강하면 전자는 금속판으로부터 일정 시간 후에 방출된다.

해설　① 금속판에서 전자가 방출될 때 빛의 세기가 증가하면 방출되는 전자의 수도 증가한다.
② 문턱 진동수 이상의 진동수를 가진 빛을 쪼여 주면 전자가 방출된다.
③ 전자의 운동 에너지는 빛의 진동수가 증가할수록 커진다.
④ 빛의 세기가 충분히 강해도 진동수가 작으면 전자는 금속판에서 방출되지 않는다.

15 다음에 설명한 전자기파의 성질 중 잘못된 것은?

① 전기장과 자기장은 서로 수직인 방향으로 나타나고, 이들에 수직한 방향으로 진행한다.
② 전자기파는 횡파이다.
③ 전자기파의 전파속도는 $\sqrt{\mu\epsilon}$ 이다
④ 전자기파는 빛과 같이 반사, 굴절, 회절, 간섭을 한다.

해설　전자기파의 성질
- 전기장과 자기장은 서로 수직인 방향으로 나타나고 이들에 수직한 방향으로 진행하며 횡파이다.
- 광속과 같고, 진공 속에서 $3\times 10^8[m/s]$이다.
- 파동과 자기적 파동은 반드시 동시에 존재하며 그들의 진동면은 서로 수직이다. (두 파동은 단독으로 존재할 수 없다.)
- 같이 반사, 굴절, 회절, 간섭을 한다.
- 에너지와 운동량을 가진다.

16 핵분열에는 느린 중성자가 필요하다. 빠른 중성자를 느린 중성자로 만들기 위하여 사용되는 물질은?

① 카드뮴　　　　　　　　　　② 코발트
③ 납　　　　　　　　　　　　④ 흑연

해설　감속제 : 흑연, 중수, 경수

정답　14. ②　15. ③　16. ④

17 광전효과(Photoelectric Effect)에서 알 수 있는 사실은?

① 빛의 파동성　　　　　　② 빛의 입자성
③ 빛과 전자의 파동성　　　④ 빛과 전자의 입자성

해설　광전효과는 빛의 입자성을 증명한다.

18 다음 물리량 중 플랑크 상수 h와 차원이 같은 것은?　　　　[09. 지방직 7급]

① 에너지　　　　　　　　② 일률
③ 운동량　　　　　　　　④ 각운동량

해설　각운동량은 $L = Iw = \dfrac{1}{2}MR^2 \cdot w = [ML^2T^{-1}]$

19 알칼리 금속과 같은 금속이 빛을 흡수하여 금속 표면에서 전자가 튀어나오는 현상은?

① 도플러 효과　　　　　　② 광전효과
③ 빛의 간섭　　　　　　　④ 원소의 자연붕괴

해설　광전효과 : 금속 표면에 빛을 비출 때, 금속 내에 있는 전자가 방출되는 현상으로 알칼리 금속의 원자가 전자는 1개로서, 다른 원소에 비해 쉽게 전자를 내놓는다.

20 광전효과에서 튀어 나오는 광전자의 수는?

① 진동수에 비례한다.　　　② 파장에 비례한다.
③ 광양자의 수에 비례한다.　④ 광속에 비례한다.

해설　광전효과에서 광양자 1개는 광전자 1개를 튀어 나오게 한다. 따라서 빛의 세기가 커지면 단위 시간당 방출되는 전자의 수는 많아진다.

21 광전효과 실험에서 어떤 금속 표면에 단일 파장의 빛을 1W/m의 세기로 일정 시간 쬐어주었으나 금속 표면으로부터 광전자가 방출되지 않았다. 이 금속 표면으로부터 광전자가 방출되게 하기 위해서는 다음 중 어느 것을 증가시켜 주어야 하는가?

① 빛의 세기　　　　　　　② 빛의 파장
③ 빛의 진동수　　　　　　④ 빛을 쬐어 주는 시간

해설　광전효과는 한계 진동수보다 큰 빛을 쬐었을 때 전자가 튀어나온다.

정답　17. ②　18. ④　19. ②　20. ③　21. ③

22 광전효과에 대한 다음 설명 중 바른 것은?

① 빛의 세기는 광전자의 수와 무관하다.
② 진동수가 많은 빛은 높은 에너지의 광전자를 방출한다.
③ 빛의 세기가 증가하면 높은 에너지의 광전자가 방출된다.
④ 방출되는 광전자의 운동에너지는 금속 표면의 일함수와 무관하다.

해설 $hf - W = \frac{1}{2}mv^2$에서 진동수 f가 클수록 광전자의 운동에너지는 커진다.

23 어떤 금속은 빛을 비추어주면 광전자를 방출한다. 이때 광전자 한 개의 운동에너지를 크게 하는 방법으로 가장 옳은 것은?

① 진동수가 큰 빛을 금속면에 쬔다.
② 파장이 긴 빛을 금속면에 쬔다.
③ 세기가 강한 빛을 금속면에 쬔다.
④ 빛을 일함수가 큰 금속면에 쬔다.

해설 $hf - W = \frac{1}{2}mv^2$에서 금속판의 일함수 W가 일정할 때 운동에너지가 증가하려면 f가 커야 한다.

24 진동수가 f, 파장이 λ인 빛을 금속 표면에 비추었을 때 방출되는 광전자의 최대 운동에너지를 E라고 할 때, 일함수가 다른 금속 A와 금속 B에 대한 E와 f와의 관계를 옳게 나타낸 그래프는?

① 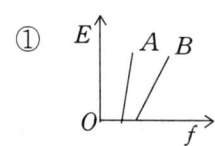 ②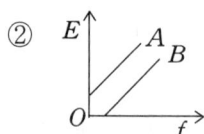

③ 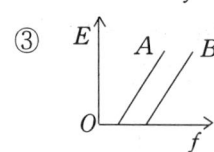 ④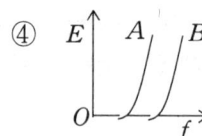

해설 광전효과에서 $\frac{1}{2}mv^2 = hf - w = hf - hf_0$이다. 그래프의 형태가 $y = ax$에서 기울기가 h이며 플랑크 상수로 일정하다.

정답 22. ② 23. ① 24. ③

25 다음 그림은 광전효과에 관한 아인슈타인의 식을 그래프로 나타낸 것이다. 그림에 대한 설명으로 옳은 것은?

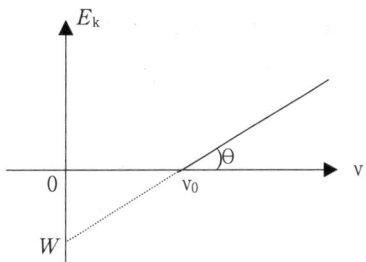

① E_k는 광양자의 운동에너지이다.
② v는 광전자의 진동수이다.
③ v_0는 한계파장이다.
④ $\tan\theta$는 플랑크 상수이다.

해설 E_k는 전자의 운동에너지이고, v는 광양자의 진동수이다. v_0는 한계진동수이며, 기울기는 플랑크 상수이다.

26 문턱(차단)진동수가 f인 금속을 사용한 광전효과 실험에서, 진동수 $2f$인 빛이 입사했을 때 튀어나오는 전자의 최대 속력이 v였다. 진동수 $3f$인 빛이 입사한다면, 튀어나오는 전자의 최대 속력은?

[11. 국가직 7급]

① $\sqrt{2}\,v$ ② $\sqrt{3}\,v$
③ $2v$ ④ $3v$

해설 $\frac{1}{2}mv^2 = hf - w = hf - hf_0$에서 문제의 조건을 대입하면 $f \propto v^2$이다.

$\frac{1}{2}mv^2 = h2f - hf = hf$, $\frac{1}{2}mV^2 = h3f - hf = 2hf$이며 $\frac{v^2}{V^2} = \frac{1}{2}$이므로 $V^2 = 2v^2$

∴ $V = \sqrt{2}\,v$

27 같은 금속에 A, B 두 종류의 빛을 쪼여주어 광전관 실험을 하였을 경우 양극 전압-광전류 사이의 그래프가 우측 그림과 같을 때 옳은 것은?

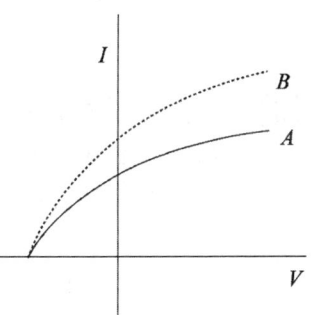

① 쪼여준 빛의 진동수는 A, B 모두 같다.
② 쪼여준 빛의 세기는 A가 B보다 더 크다.
③ 튀어나오는 광전자의 최대 운동에너지는 B가 A보다 더 크다.
④ 금속의 일함수는 B의 경우에 더 크다.

해설 $\frac{1}{2}mv^2 = hf - w = hf - hf_0$에서 동일 금속이므로 일함수 w가 같다. 그림에서 정지전압이 같으므로 전자의 운동에너지도 같다. 광전류는 B가 더 크므로 빛의 세기는 B > A이다.

정답 25. ④ 26. ① 27. ①

28 그림은 금속판에 빛을 비추었을 때 광전자가 방출되는 광전효과의 모식도이다. 이에 대한 설명으로 옳은 것은?

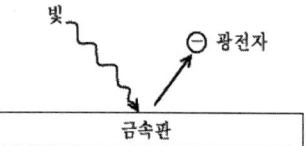

① 방출되는 광전자의 수는 빛의 파장에 비례한다.
② 광전자의 운동에너지는 빛의 세기(밝기)와 관계가 없다.
③ 빛의 파동성을 설명하는 현상이다.
④ 입사하는 빛의 진동수는 문턱(한계) 진동수보다 작다.

해설 방출되는 광전자의 수는 빛의 세기에 비례하며 운동에너지는 광양자의 진동수에 비례한다. 광전효과는 빛의 입자성을 설명하며 광양자의 진동수가 금속판의 문턱 진동수보다 작은 경우 광전자가 방출되지 않는다.

29 300W 광원에서 파장이 660nm인 빛이 방출되고 있다. 1초당 방출되는 가장 가까운 광자(photon)의 수[개]는? (단, 플랑크 상수는 $h \simeq 6.6 \times 10^{-34} J \cdot s$이다)

[12. 국가직 7급]

① 10^{19}　　　　　　　　　② 10^{20}
③ 10^{21}　　　　　　　　　④ 10^{22}

해설 광양자설 $E = Nhf = Nh\dfrac{c}{\lambda}$, $E = p \cdot t$

$\therefore pt = Nh\dfrac{c}{\lambda}$

$300 \times 1 = N \times 6.6 \times 10^{-34} \times \dfrac{3 \times 10^8}{660 \times 10^{-9}}$ 일 때

$\therefore N = \dfrac{10^{2+2-9}}{10^{-34+8}} = \dfrac{10^{-5}}{10^{-26}} = 10^{26-5} = 10^{21}$ (개)

30 진동수가 f이고 광 출력이 1W인 레이저 광을 세슘 판에 비추었더니 전자가 튀어 나왔다. 광 출력이 같고 진동수가 f보다 큰 레이저 광을 비출 때 발생하는 현상에 대한 설명으로 옳은 것만을 모두 고른 것은?

[14. 국가직 7급]

㉠ 진동수가 f인 경우에 비해 세슘 판의 일함수가 더 커진다.
㉡ 세슘 판에서 방출되는 전자의 최대 운동에너지가 증가한다.
㉢ 같은 시간 동안 세슘 판에서 방출되는 전자 개수가 감소한다.

① ㉠　　　　　　　　　② ㉡
③ ㉠, ㉢　　　　　　　　④ ㉡, ㉢

정답　28. ②　29. ③　30. ④

해설 세슘 판의 일함수의 크기는 일정하고, 진동수가 큰 빛을 비출 때 전자의 최대 운동에너지는 증가하고 광 출력이 같은 상태에서 진동수가 증가하면 광전자의 수가 감소하므로($E=Nhf$) 방출되는 전자의 개수도 감소한다.

31 운동에너지가 60keV인 전자가 1차로 파장이 λ_1인 광자를 방출하면서 20keV로 감속되어 진행하다가, 2차로 파장이 λ_2인 광자를 방출하면서 정지하였다. 이때 $\dfrac{\lambda_2}{\lambda_1}$의 값은? (단, 전자가 잃은 운동에너지는 모두 광자의 에너지로 전환되었다.) [15. 국가직 7급]

① 4
② 2
③ $\dfrac{1}{4}$
④ $\dfrac{1}{2}$

해설 $\Delta E_{k_1} = (60-20)\text{keV} = 40\text{keV} = h\dfrac{c}{\lambda_1}$, $\Delta E_{k_2} = (20-0)\text{keV} = 20\text{keV} = h\dfrac{c}{\lambda_2}$

양변을 정리해 나누면 $\dfrac{\lambda_2}{\lambda_1} = 2$

32 탄소의 일함수는 5eV이다. 탄소 표면에 광자에너지가 6eV의 빛을 쪼이면 탄소 표면으로부터 전자가 방출된다. 이때 방출되는 전자가 지니는 최대 속력은? (단, 전자의 질량 $=0.5 MeV/c^2$, 여기서 c는 진공 중의 빛의 속력 $=3\times10^8$m/s) [14. 서울시 7급]

① $5\times10^5 m/s$
② $5\times10^7 m/s$
③ $6\times10^5 m/s$
④ $6\times10^6 m/s$
⑤ $3\times10^8 m/s$

해설 $(6-5)\text{eV} = 1\text{eV} = \dfrac{1}{2}mv^2$

$v = \sqrt{\dfrac{2}{m}} = \sqrt{\dfrac{2\text{eV}\times(3\times10^8)^2}{0.5\times10^6}} = \sqrt{36\times10^{10}} = 6\times10^5 m/s$

33 물체 속도가 광속보다 빨라지면 어떠한가?

① 질량은 무한대로 적어진다.
② 무한히 적은 힘으로 된다.
③ 질량은 일정하다.
④ 물체는 광속보다 큰 속도로 운동할 수 없고 질량은 무한대로 되며 무한한 힘이 필요하게 된다.

정답 31. ② 32. ③ 33. ④

해설
$$m = \frac{m_0}{\sqrt{1-(\frac{v}{C})^2}}$$

34 일함수가 4.0eV인 금속의 표면에 파장이 λ인 빛을 비출 때 금속에서 방출된 광전자의 최대 운동에너지가 2.0eV이었다. 이 빛의 파장 λ에 가장 가까운 값[nm]은? (단, 에너지가 1eV인 광자(photon)의 파장은 1,240nm이고 1nm = 1×10^{-9}m이다.)

[10. 국가직 7급]

① 207 ② 310
③ 413 ④ 620

해설 $hf = E_k + W$ 이므로 $E_{K\max} = h\frac{c}{\lambda} - W$, $2.0\text{eV} = \frac{hc}{\lambda} - 4.0\text{eV}$ 이다.

즉 ∴ $\frac{hc}{\lambda} = (2+4)\text{eV} = 6\text{eV}$

$\lambda = \frac{hc}{6\text{eV}}$ 에서 주어진 조건 $1250\text{nm} = \frac{hc}{1\text{eV}}$ 에 의해 $\frac{\lambda}{1250} = \frac{1}{6}$

∴ $\lambda = \frac{1250}{6} = 206.6(\text{nm})$

35 파장이 6×10^{-7}m인 광자(photon)를 연속적으로 방출하는 레이저의 평균 출력이 12mW이다. 이 레이저에서 10초 동안 나오는 광자의 수에 가장 가까운 값은? (단, 플랑크 상수는 6.6×10^{-34}J·s이고 빛의 속도는 3×10^8m/s이다.)

[10. 국가직 7급]

① 3.6×10^{17} ② 2.5×10^{21}
③ 6.0×10^{23} ④ 1.0×10^{30}

해설 $E = N \cdot h\nu$ 이며 $p \cdot t = N \cdot h\frac{c}{\lambda}$ 와 같다.

$12 \times 10^{-3} \times 10 = N \times 6.6 \times 10^{-34} \times \frac{3 \times 10^7}{6 \times 10^{-7}}$ ∴ $12 \times 10^{-2} = N \times 3.3 \times 10^{-19}$

$N = \frac{4}{1.1} \times 10^{17} ≒ 3.6 \times 10^{17}$

36 정지해 있던 양성자가 전위차 8000V에 의하여 가속되어 금속 표면에 충돌한다. 이 충돌에 의하여 광자 1개가 생성된다면 그 광자가 가질 수 있는 최소 파장[nm]에 가장 가까운 값은? (단, 양성자의 전하량은 1.6×10^{-19}C, 플랑크 상수는 6.6×10^{-34}J·s, 진공에서 빛의 속도는 3.0×10^8m/s이다.)

[16. 국가직 7급]

① 0.15 ② 1.5
③ 15 ④ 150

정답 34. ① 35. ① 36. ①

해설 최소 파장이므로 일함수는 0이다. $eV = hf = h\dfrac{c}{\lambda}$

$$\lambda = \dfrac{hc}{eV} = \dfrac{6.6 \times 10^{-34} \times 3.0 \times 10^{8}}{1.6 \times 10^{-19} \times 8000} \fallingdotseq 1.54688 \times 10^{-10} m$$

$$\therefore \lambda \fallingdotseq 0.15 nm$$

37 광전효과에 대한 설명으로 옳은 것으로만 묶인 것은? [13. 국가직 7급]

㉠ 빛의 세기를 더 강하게 하면 더 많은 전자가 방출된다.
㉡ 빛에 의해 방출된 전자의 운동에너지는 빛의 세기와 무관하다.
㉢ 빛에 의해 방출된 전자의 운동에너지는 빛의 파장에 비례한다.
㉣ 자외선이 적외선보다 더 많은 전자를 방출시킬 수 있다.

① ㉠, ㉡
② ㉠, ㉣
③ ㉡, ㉢
④ ㉢, ㉣

해설 ㉠ 빛의 세기 = 쪼여주는 광양자 수 = 튀어나오는 광전자 수
㉡ 전자의 운동에너지는 쪼여주는 빛의 진동수와 관계하며, 빛의 세기와는 관계없다.
㉢ 전자의 운동에너지와 빛의 파장은 $E_k = h\dfrac{c}{\lambda} - W$의 관계가 있다.
㉣ 광전자 수는 빛의 세기와 관계하며 빛의 진동수와는 무관하다.

38 정지 질량 80g, 참길이(proper length) 1m인 자가 있다. 자가 길이 방향으로 균일한 속도로 운동할 때 자의 질량이 100g으로 관측된다. 이 관찰자의 기준계에서 자의 길이 [cm]는? [12. 국가직 7급]

① 80
② 90
③ 100
④ 125

해설 고유 질량 $m_0 = 80g$, 고유 길이 $L_0 = 1m$

상대론적 질량 $m = \dfrac{m_0}{\sqrt{1 - \dfrac{v^2}{c^2}}} = 100$, $\sqrt{1 - \dfrac{v^2}{c^2}} = \dfrac{80}{100} = 0.8$이므로

$\therefore$ 상대론적 길이 $L = L_0 \sqrt{1 - \dfrac{v^2}{c^2}} = 1 \times 0.8 = 0.8(m) = 80(cm)$

정답 37. ① 38. ①

Chapter 05

39 우주비행사가 $0.8c$의 일정한 속력으로 지구로부터 12광년 떨어져 있는 어떤 별까지 여행을 떠났다. 지구를 출발하여 이 별에 도착할 때까지 우주비행사가 측정한 여행 시간은? (단, c는 진공 중에서 빛의 속력이다.)

① 6년 ② 9년
③ 12년 ④ 15년

해설 길이 수축한 거리는
$$L' = L \times \sqrt{1-(\frac{v}{c})^2} = 12광년 \times \sqrt{1-(\frac{0.8c}{c})^2} = 12광년 \times 0.6 = 7.2광년 이다.$$
우주비행사가 측정한 여행 시간은 $\frac{7.2광년}{0.8c} = 9년$

40 기차역에 서 있는 관찰자 A가 v의 속력으로 등속 운동하는 기차를 관찰하고 있다. 기차 객실 안에는 또 다른 관찰자 B가 있다. B가 측정한 결과 기차 객실의 길이는 L이다. B가 A에 가까운 기차 객실의 한쪽 끝에 있는 전등의 불을 켰을 때, 불빛이 객실의 반대편 끝에 도달할 때까지 관찰자 A에게는 얼마의 시간이 흘렀을까? [15. 서울시 7급]

① $\dfrac{L}{c}\sqrt{\dfrac{c+v}{c-v}}$ ② $\dfrac{L}{c}$

③ $\dfrac{L}{c\sqrt{1-(v/c)^2}}$ ④ $\dfrac{L\sqrt{1-(v/c)^2}}{c}$

해설
- B가 측정한 기차의 길이는 고유 길이 : L
- A가 측정한 기차의 길이 : $L\sqrt{1-(v/c)^2}$
- A가 측정한 시간 : $ct - vt = L\sqrt{1-(v/c)^2}$
$$t = \frac{L}{c-v}\sqrt{1-(\frac{v}{c})^2} = \frac{L}{c}\sqrt{\frac{c+v}{c-v}}$$

41 전자의 전하량을 알아낸 실험은?

① 톰슨의 음극선 실험 ② 밀리컨의 기름방울(유적) 실험
③ 러더퍼드의 산란 실험 ④ 데이비슨과 거머의 전자 회절 실험

해설 전자의 전하량을 측정한 실험은 톰슨의 비전하 측정 실험(1897년), 밀리컨의 기름방울 실험이 있다. 이때, 밀리컨의 기름방울 실험은 X선 쬐인 기름방울이 대전되면 기름방울의 무게와 전기력 사이의 관계를 이용하여 전하량 q를 구한다.

정답 39. ② 40. ① 41. ②

42 들뜬 상태의 어떤 원자가 파장이 4000Å인 전자기파를 방출하며, 바닥 상태로 전이하였다. 이 사실만으로 알 수 있는 이 원자에 대한 물리적 양은?

① 바닥 상태의 에너지
② 들뜬 상태의 에너지
③ 바닥 상태에서의 전자의 궤도 반지름
④ 들뜬 상태와 바닥 상태의 에너지 차이

해설 원자는 두 에너지 준위의 차와 똑같은 에너지를 가진 광자를 방출하거나 흡수하기 때문이다.

43 다음 중 전자기파가 발생되지 않는 경우는 어느 것인가?

① 전자가 진동할 때
② 전하가 일정한 속도로 운동할 때
③ 전하가 운동하다가 멈출 때
④ 전하가 멈추었다가 운동하기 시작할 때

해설 보어의 양자가설에서 전자는 보어의 양자조건을 만족하는 안정한 상태로 회전을 할 때 이를 정상상태라 하는데, 이때는 전자기파를 전혀 방출하지 않는다.

44 X선 발생 장치에서 가속 전압을 2배로 하면 X선의 최대 파장은 몇 배로 되는가?

① $\frac{1}{8}$
② $\frac{1}{4}$
③ $\frac{1}{2}$
④ $\sqrt{2}$

해설 X선의 파장은 전자의 물질파 파장과 같다. $E=\frac{hC}{\lambda}$에서 물질 입자의 파장이 $\lambda \propto \frac{1}{v}$이므로 $\frac{1}{2}$배가 된다.

45 콤프턴(Compton) 효과는 파라핀에 X선을 쪼였더니 또 다른 X선이 산란되어 나오는 것을 발견하였다. 콤프턴 효과의 설명 중 옳지 않은 것은?

① 쪼이는 입사 X선의 파장보다 산란 X선의 파장이 길다.
② 운동량과 에너지가 보존된다.
③ 산란 X선의 파장은 산란되는 각도에 따라 다르다.
④ 입사 X선의 진동수는 산란 X선의 진동수보다 작다.

해설 입사 광선의 에너지는 산란 광선의 에너지보다 크기 때문에 입사 광선은 산란 광선보다 진동수는 크고, 파장은 짧다.

정답 42. ④ 43. ② 44. ③ 45. ④

46 그림은 감마선-전자의 콤프턴 효과를 간략히 나타낸 것이다. 콤프턴 효과에 대한 설명 중 가장 옳은 것은? (단, 산란 전후 감마선의 파장은 각각 λ, λ'이다.)

[18. 3. 서울시 7급]

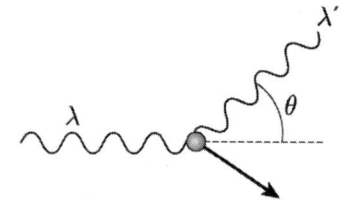

① $\theta=90°$일 때 광자의 파장 변화는 입자의 콤프턴 파장과 같다.
② 산란 파장 λ'은 $\theta=90°$일 때 가장 크다.
③ 콤프턴 효과는 입자의 파동성을 설명하는 데 큰 역할을 하였다.
④ 산란된 전자의 에너지 $E=h\dfrac{c}{\lambda'}-h\dfrac{c}{\lambda}$이다.

해설 ① 광자의 파장 변화 $\triangle\lambda=\dfrac{h}{mc}(1-\cos\theta)$이므로 $\theta=90°$일 때 광자의 파장 변화 $\triangle\lambda=\dfrac{h}{mc}$이다. 따라서 입자의 콤프턴 파장과 같다.
② $\lambda'-\lambda=\triangle\lambda=\dfrac{h}{mc}(1-\cos\theta)$이므로 $\theta=180°$일 때 산란 파장 λ'는 가장 크다.
③ 콤프턴 효과는 빛의 입자성을 설명하는 데 큰 역할을 하였다.
④ 산란된 전자의 에너지는 $E=h\dfrac{c}{\lambda}-h\dfrac{c}{\lambda'}$이다.

47 관성기준틀에 있는 어떤 관찰자가 관찰자를 지나가는 직선을 따라 서로 반대 방향으로 운동하는 우주선과 운석을 관찰하였다. 우주선과 운석의 속력은 각각 0.6c와 0.4c로 일정하였다. 우주선 안에 있는 다른 관찰자가 측정한 그 운석의 속력으로 가장 가까운 것은? (c는 진공 중 광속이다. 단, 우주선과 운석이 운동하는 공간은 진공이며, 각 관성기준틀 안에 있는 각 관찰자는 정지해 있다.)

[11. 지방직 7급]

① 0.7c ② 0.8c
③ 0.9c ④ 1.0c

해설 상대론적 속도 변환식
$$u=\dfrac{u'+v}{1+\dfrac{u'v}{c^2}}=\dfrac{(0.6+0.4)c}{1+0.6\times0.4}=\dfrac{1}{1.24}c ≒ 0.8c$$

48 원자핵력이란 무엇인가?
① 원자들 사이의 결합력 ② 핵자들 사이의 결합력
③ 핵과 전자 사이의 결합력 ④ 원자핵과 광자 사이의 결합력

정답 46. ① 47. ② 48. ②

해설 핵력 : 핵자(양성자와 중성자)를 원자핵 속에 결합시키는 힘으로 원자핵의 반지름 $10^{-14}[m]$ 이내에서 작용하며, 전하와는 관계가 없다.

49 러더퍼드의 α선 산란 실험으로 알아낸 것은 원자의 무엇인가?

① 에너지 준위 ② 결합 모형
③ 유핵 모형 ④ 발광 모형

해설 러더퍼드의 α선 산란 실험에서 얇은 금속박을 통과하는 α입자 중 소수의 α입자가 산란되는 것을 발견하여 원자에는 (+)전하를 가지는 작은 핵이 있다는 것을 알아냈다.

50 프랑크-헤르츠의 실험으로 확인할 수 있는 것은?

① 원자의 크기 ② 에너지 준위의 불연속
③ 원자핵의 크기 ④ 원자의 구성 물질

해설 수은 증기에 전자를 충돌시킬 때 수은 원자가 에너지를 흡수하는 경우 일정량의 정수배씩을 흡수한다는 사실을 발견하고, 이 사실로 원자의 에너지 준위가 불연속임을 증명하였다.

51 한 물체가 전자기파의 형태로 에너지 E를 방출하면 이 물체의 질량 m은 얼마만큼 감소되는가? (단, c는 빛의 속도이다.)

① $\left(\dfrac{c}{E}\right)^2$ ② $\dfrac{c}{E}$
③ $\dfrac{c}{E^2}$ ④ $\dfrac{E}{c^2}$

해설 $E=mc^2$에서 $m=\dfrac{E}{c^2}$

52 광자의 에너지는 파장에 따라 에너지가 달라진다. 파장이 1/2로 감소될 때 광자의 에너지는 몇 배로 될까?

① $\dfrac{1}{2}$배 ② 2배
③ 4배 ④ $\dfrac{1}{4}$배

해설 $E=\dfrac{hc}{\lambda}$에서 λ가 $\dfrac{1}{2}$배이면 E는 2배가 된다.

정답 49. ③ 50. ② 51. ④ 52. ②

53 정지 상태의 전자를 가속시켜 파장이 λ인 전자기파를 얻고자 할 때 필요한 가속 전위차를 올바로 표현한 식은? (단, m과 e는 각각 전자의 질량과 전하량이고 h는 플랑크 상수이다.)

① $\dfrac{1}{2me} \cdot \dfrac{\lambda}{h}$ ② $\dfrac{1}{2me} \cdot \dfrac{h^2}{\lambda}$

③ $\dfrac{1}{2me} \cdot \dfrac{h}{\lambda^2}$ ④ $\dfrac{1}{2me} \cdot \dfrac{h^2}{\lambda^2}$

해설 전기력이 한 일 $W = eV = \dfrac{1}{2}mv^2 - 0 = \dfrac{(mv)^2}{2m} = \dfrac{h^2}{2m\lambda^2}$ $\therefore V = \dfrac{h^2}{2me\lambda^2}$

54 상대론적 운동에너지가 $2 \times 10^{15} eV$인 양성자의 드브로이 파장[m]은? (단, 플랑크 상수는, $h \simeq 4 \times 10^{-15} eV \cdot s$이며, 위의 운동에너지는 양성자의 정지에너지 $m_0 c^2 \simeq 10^3 eV$ 보다 훨씬 크다는 사실에 유의하라.)

[08. 국가직 7급]

① 약 6×10^{-22} ② 약 6×10^{-19}
③ 약 6×10^{-16} ④ 약 6×10^{-13}

해설 $E = mc^2 + K \simeq K = h\dfrac{c}{\lambda}$ 일 때, 주어진 조건에 의해 $K = 2 \times 10^{15} eV$, $h = 4 \times 10^{-15} eV \cdot s$

$\therefore \lambda = \dfrac{hc}{E} = \dfrac{hc}{K} = \dfrac{4 \times 10^{-15} \cdot 3 \times 10^8}{2 \times 10^{15}} = 6 \times 10^{-22} (m)$

55 질량 0.6kg인 농구공을 20m/s로 던졌을 때, 농구공이 갖는 물질파의 파장으로부터 판단할 수 있는 물리적 사실은? (단, 플랑크 상수는 6.6×10^{-34} J·s이다.)

① 모든 물체에는 파동적 성질이 있음을 알 수 있다.
② 물질의 이중성은 자연의 본성임을 알 수 있다.
③ 물체에 나타나는 파동성은 입자성과 동시에 일어난다.
④ 물질파의 파장이 극히 작은 경우에는 입자성이 현저하게 나타난다.

해설 농구공의 드브로이 파장은 $\lambda = \dfrac{h}{mv}$

$= \dfrac{6.6 \times 10^{-34}}{0.6 \times 20} \simeq 5.5 \times 10^{-35}$

λ가 너무 작아 파동성보다는 입자성이 강하다.

정답 53. ④   54. ①   55. ④

56 질량이 0.25kg인 야구공이 20m/s의 속력으로 날아가고 있을 때 야구공의 드브로이 파장은 몇 m인가?

① 6.6×10^{-17}m ② 1.3×10^{-17}m
③ 6.6×10^{-34}m ④ 1.3×10^{-34}m

해설 질량 $m = 0.25kg$, 속력 $v = 20m/s$이고, $h = 6.6 \times 10^{-34} J \cdot s$이므로 드브로이 파장 λ는 다음과 같다.
$$\lambda = \frac{h}{mv} = \frac{6.6 \times 10^{-34} J \cdot s}{0.25kg \times 20m/s} = 1.3 \times 10^{-34} m$$

57 중성자의 드브로이 파장이 2배로 변하였을 때 그 중성자의 운동에너지는 몇 배로 변하는가?

① $\frac{1}{4}$배 ② $\frac{1}{2}$배
③ 2배 ④ 4배

해설 $\lambda = \frac{h}{mv}$, $v \propto \frac{1}{\lambda}$, $\frac{1}{2^2} = \frac{1}{4}$배, $\frac{1}{2}mv^2 \propto \frac{1}{\lambda^2}$

58 질량 m, 전자의 드브로이 파장을 λ라고 할 때, 전자의 운동에너지는? (단, c는 빛의 속도이고, h는 플랑크 상수)

① $\frac{h^2}{2m\lambda^2}$ ② $\frac{hc}{m\lambda}$
③ $\frac{h}{m\lambda^2}$ ④ $\frac{hc}{2m\lambda}$

해설 드브로이 파장은 $\lambda = \frac{h}{mv}$이다. 따라서 전자의 운동에너지는 $\frac{1}{2}mv^2$이므로 $v = \frac{h}{\lambda m}$를 대입하면 $e = \frac{1}{2}m\left(\frac{h}{\lambda m}\right)^2 = \frac{h^2}{2m\lambda^2}$

59 양자 물리학에서 물질의 이중성과 관계가 없는 것은?

① 톰슨의 원자 모형 ② 물질파
③ 콤프턴 효과 ④ 광전효과

해설 톰슨의 원자 모형은 (+)로 대전된 원자 전체에 전자가 드문드문 박혀있는 모형으로 입자성과 파동성인 이중성과는 관계가 없다.

정답 56. ④ 57. ① 58. ① 59. ①

Chapter 05

60 질량 m의 입자가 E의 운동에너지를 갖고 운동하고 있을 때 이 입자의 드브로이(de Broglie) 파장이 λ이었다. λ와 E 사이의 관계가 바르게 된 것은?

① λ는 E에 비례한다.
② λ는 $\sqrt{E}$에 비례한다.
③ λ는 $\sqrt{E}$에 반비례한다.
④ λ는 E^2에 반비례한다.

해설 드브로이 파장 $\lambda = \dfrac{h}{P} = \dfrac{h}{mv}$

운동에너지 $E_k = \dfrac{1}{2}mv^2 = \dfrac{P^2}{2m}$ $P = \sqrt{2mE_k}$

$\lambda = \dfrac{h}{P} = \dfrac{1}{\sqrt{2mE_k}}$ $\therefore \lambda \propto \dfrac{1}{\sqrt{E_k}}$

61 최초의 원자핵의 인공변화에 성공한 물리학자는?

① 퀴리
② 페르미
③ 아인슈타인
④ 러더퍼드

해설 $_7N^{14} + _2He^4 \rightarrow _8O^{17} + _1H^1$ (1919년 러더퍼드의 최초의 인공 변환)

• 원자핵의 인공 변환 : 원자핵을 구성하고 있는 핵자들(양성자, 중성자)의 재배치가 일어나 새로운 원자핵이 생성되는 핵반응

62 콤프턴(Compton) 산란 실험에서 입사된 x-선의 파장을 λ_0, 입사 방향에 대한 산란각을 θ라고 하자. 콤프턴 효과에 대한 설명으로 옳지 않은 것은? [09. 지방직 7급]

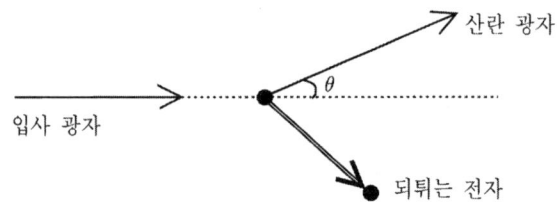

① 입사 x-선 광자의 운동량은 h/λ_0이다.
② 산란각 $\theta = 0°$에서 관측된 x-선의 파장은 입사된 x-선의 파장과 같다.
③ 산란각 θ가 0°에서 180° 쪽으로 커질수록 산란된 x-선의 파장은 길어진다.
④ 산란각 $\theta = 0°$로 산란되는 x-선이 전자에 가장 많은 에너지를 전달한다.

해설 ① 운동량 $p = \dfrac{h}{\lambda_0}$

정답 60. ③ 61. ④ 62. ④

② 콤프턴 이동

$$\Delta\lambda = \frac{h}{mc}(1-\cos\theta)$$

$$\lambda' - \lambda = \frac{h}{mc}(1-\cos 0°) = 0$$

∴ $\lambda' = \lambda$ 이다.

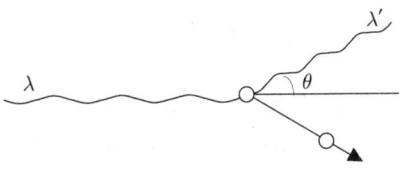

③ $\cos 0° = 1$, $\cos 180° = -1$이므로 $\lambda' = \lambda + \lambda_0(1-\cos\theta)$가 된다. 산란된 파장의 길이는 길어진다.

④ x선이 그대로 통과된다는 뜻이므로 전파에 전달하는 에너지는 0이다.

63 콤프턴(Compton) 산란실험에서 타겟에 입사하는 X-ray의 방향에 대하여 산란각이 60°인 콤프턴 이동과 파장에 대한 설명으로 옳은 것은? (단, h는 플랑크 상수, m은 전자의 질량, c는 광속도이다.)

[12. 국가직 7급]

① $\frac{h}{2mc}$, 짧아진다 ② $\frac{h}{2mc}$, 길어진다

③ $\frac{\sqrt{3}\,h}{2mc}$, 짧아진다 ④ $\frac{\sqrt{3}\,h}{2mc}$, 길어진다

해설 콤프턴 이동의 $\Delta\lambda$는 $\Delta\lambda = \lambda' - \lambda = \frac{h}{mc}(1-\cos\theta)$이다.

$\Delta\lambda = \lambda' - \lambda = \frac{h}{mc}(1-\cos 60°) = \frac{h}{mc}\left(1-\frac{1}{2}\right) = \frac{h}{2mc}$

전자와 충돌 후 X선의 파장은 길어진다.

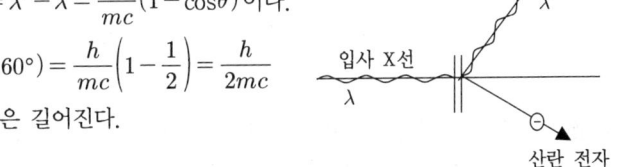

64 광속의 $\frac{1}{30}$ 속력으로 운동하는 전자의 드브로이 파장이 λ_1로 주어질 경우, 질량은 전자의 3배이고 운동 속도는 광속의 $\frac{1}{15}$인 입자의 드브로이 파장을 바르게 나타낸 것은 무엇인가?

[14. 서울시 7급]

① $\frac{\lambda_1}{6}$ ② $\frac{\lambda_1}{5}$ ③ $\frac{\lambda_1}{3}$

④ $\frac{\lambda_1}{\sqrt{6}}$ ⑤ $\frac{\lambda_1}{\sqrt{3}}$

해설 드브로이 파장은 운동량에 반비례하므로

운동량이 $\frac{1}{30}$에서 $3 \times \frac{1}{15} = \frac{1}{5}$로 6배 증가하였으므로 파장은 $\frac{1}{6}$이 된다.

정답 63. ② 64. ①

65 파장이 λ인 X선을 전자와 탄성 충돌시켰더니 X선의 파장이 변화하였다. 이때 충돌 전후의 X선의 파장 차이는 $\Delta\lambda = \dfrac{h}{m_e c}(1-\cos\theta)$이다. 이 현상에 대한 설명으로 옳은 것만을 모두 고른 것은? (단, h는 플랑크 상수, m_e는 전자의 정지 질량, c는 진공에서 빛의 속력, θ는 충돌 전 X선의 진행 방향과 충돌 후 X선의 진행 방향 사이의 각이다.)

[16. 국가직 7급]

㉠ X선이 전자와 충돌 후 입사 방향에 대하여 정반대 방향으로 진행할 때 $\Delta\lambda$가 최대이다.
㉡ 충돌 후 전자의 운동에너지 변화는 $\dfrac{hc}{\lambda} - \dfrac{hc}{\lambda+\Delta\lambda}$이다.
㉢ X선이 $\Delta\lambda$는 충돌 전 X선의 진동수에 따라 달라진다.

① ㉠
② ㉢
③ ㉠, ㉡
④ ㉠, ㉡, ㉢

해설 ㉠ X선이 전자와 충돌 후 입사 방향에 대하여 정반대 방향으로 진행할 때 $\cos\theta = -1$이므로 $\Delta\lambda = \dfrac{2h}{m_e c}$의 최댓값을 갖는다.
㉡ 충돌 후 전자의 운동에너지 변화는 $\dfrac{hc}{\lambda} - \dfrac{hc}{\lambda+\Delta\lambda}$이다.
㉢ X선의 $\Delta\lambda$는 X선을 산란하는 전자의 정지 질량 m_e에 의존한다.

66 원자 주위에 배치되어 있는 전자는 그 에너지의 준위에 따라 K, L, M, N…… 등으로 나누어지는데 허용되는 전자의 수가 옳은 것은?

① K = 2, L = 10, M = 16
② K = 8, L = 2, M = 18
③ K = 2, L = 8, M = 18
④ K = 2, L = 10, M = 20

해설 pauli의 배타 원리에 의하여 $N = 2n^2$

67 다음은 원자핵의 인공 변환에 주로 사용하는 입자들이다. 핵 속을 가장 쉽게 통과할 수 있는 것은?

① 중성자
② 양성자
③ α 입자
④ 가속 전자

해설 전하가 없는 것이 반발력이 없으므로 쉽게 통과한다.

정답 65. ③ 66. ③ 67. ①

68 그림과 같이 침투 불가능한 두 벽 사이에 전자 하나가 갇혀 움직이고 있다. 두 벽 사이에서 전자는 일차원 운동만 가능하고, 그 위치에너지가 0일 때 전자의 운동에 대한 설명으로 옳지 않은 것은?

[10. 지방직 7급]

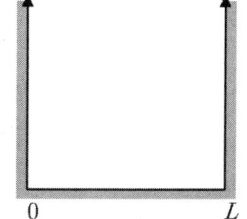

① 전자의 에너지는 양자화된다.
② 가장 낮은(첫 번째로 낮은) 상태의 에너지를 E라고 하면, 세 번째로 낮은 상태의 에너지는 $9E$이다.
③ 두 번째로 낮은 에너지를 갖는 상태에서는 전자를 두 벽의 가운데에서 가장 잘 발견할 수 있다.
④ 전자가 들뜬 상태에서 에너지가 더 낮은 상태로 전이할 때 광자를 방출한다.

해설 무한 1차원 퍼텐셜 추출
두 번째로 낮은 에너지를 갖는 상태에서는 ($n=2$), 전자는 두 벽의 가운데에서 발견할 확률은 0이다. 따라서 ③이 정답이다.

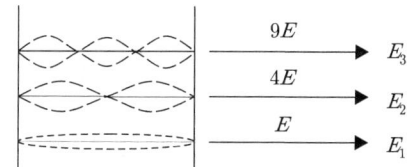

69 양자역학적 터널링 효과에 의한 것이 아닌 경우는?

① 에사키(Esaki) 다이오드
② 조셉슨(Josephson) 접합
③ 훑기 전자현미경(Scanning electron microscope)
④ 컴퓨터 단층 촬영장치(Computerized axial tomography)

해설 입자는 장애물을 만나면 통과하지 못하고 반사하여 되돌아오는데 양자역학에서는 대단히 작은 입자인 경우 장애물을 지나서 운동할 가능성이 존재한다는 것이 터널링 효과이며, 에사키 다이오드와 조셉슨 접합, 스캐닝 전자현미경인 경우 등이 터널링 효과를 나타낸다.

70 러더퍼드의 α선 산란 실험과 관계있는 것은?

① 빛의 입자 모형
② 핵의 질량 측정
③ 전자의 전하량 측정
④ 궤도 전자의 Energy 준위

해설 러더퍼드의 α선 산란 실험 : α선을 금박에 투사시켰더니 대부분 직진할 것으로 생각되나 몇 개는 90° 이상의 각도로 산란하였다. 이는 원자의 중심부에 양전하를 띤 핵이 있으며, 그 주위를 전자들이 돌고 있기 때문이다. 러더퍼드는 이와 같은 실험을 통하여 산란하는 각도를 계산하여 원자핵의 크기, 원자핵의 전하를 알아냈다.

정답 68. ③ 69. ④ 70. ④

Chapter 05

71 다음 중 러더퍼드의 원자 모형으로 설명할 수 없는 것은?

① 원자핵은 (+)전기를 띠고 있다.
② 원자 내부의 대부분은 빈 공간이다.
③ 원자 질량의 대부분은 원자핵이 지니고 있다.
④ 전자는 원자핵 주위의 특정한 궤도만을 돌 수 있다.

해설 전자가 원자핵 주위의 특정한 궤도(정상 궤도)만을 도는 것은 보어의 제1가정에 의한 결과이다.

72 Bohr의 원자 모형은 어떤 사실을 설명하기 위해서 제안되었는가?

① 수소 원자가 방출한 광의 스펙트럼
② 가열된 고체가 방출한 광의 스펙트럼
③ 자외광선이 고체를 투과하는 것
④ 광전효과

해설 보어의 원자 궤도
- 정상 상태 : 전자가 양자 조건을 만족한 상태(전자파 발생이 없음)
- 바닥 상태(기저 상태) : 원자가 가장 낮은 에너지 준위를 갖는 정상 상태
- 여기 상태 : 원 궤도에서 에너지가 높은 궤도로 전이한 상태

73 보어의 원자 모형에서 양자 조건을 만족하는 것은?

① $2\pi r = \frac{1}{2}\lambda$
② $\pi r = \frac{1}{2}\lambda$
③ $\varDelta E = hf$
④ $\varDelta E = h\lambda$

해설 보어의 양자 조건(제1조건) : $2\pi r = n\lambda$
n은 1, 2, 3, …
n = 1일 때, $\pi r = \frac{1}{2}\lambda$
n = 2일 때, $\pi r = \lambda$
n = 3일 때, $\pi r = \frac{3}{2}\lambda$

74 보어의 원자 모형에서 첫 번째 들뜬 상태에서 바닥 상태로 떨어질 때 그 값이 1/2로 감소되는 물리량은?

① 각운동량
② 반경
③ 속도
④ 에너지

정답 71. ④ 72. ① 73. ② 74. ①

해설 보어의 1조건 : $2\pi r = n\lambda = n\dfrac{h}{mv}$ 에서 각운동량 $L = mrv = \dfrac{h}{2\pi}n$ 이므로 $L \propto n$

$n = 2$에서 $n = 1$로 떨어지면 $L : \dfrac{1}{2}$배가 된다.

궤도 반경 $r = 0.53\text{Å} n^2$ 에서 $r \propto n^2$, 속력 $v \propto \dfrac{1}{n}$

에너지 $E = -\dfrac{13.6eV}{n^2}$ 에서 $E \propto \dfrac{1}{n^2}$

75 다음 중 보어의 원자 모형에 대한 설명으로 옳지 않은 것은?

① 양자수가 클수록 원자의 에너지 준위는 높다.
② 전자가 선택된 궤도를 회전할 때에는 가속되는 전자도 전자기파를 방출하지 않는다.
③ 보어의 원자 모형 이론에 의하면 원자는 연속 스펙트럼을 방출한다.
④ 전자는 높은 에너지 궤도에서 낮은 에너지 궤도로 천이할 때 전자기파를 방출한다.

해설 원자는 불연속적인 에너지 준위를 가지므로 선 스펙트럼을 방출한다.

76 수소 원자에서 궤도전자가 바닥 상태($n=1$)에서 갖는 에너지는 −13.6eV이다. 전자가 $n=2$에서 $n=1$인 상태로 천이할 때 방출되는 광양자의 에너지는 얼마인가? (단, n은 양자수이다.)

① 10.2eV ② 3.4eV
③ 6.8eV   ④ 11.6eV

해설 에너지 준위 $E_n = -\dfrac{13.6}{n^2}eV$ 이므로 $n=1$과 $n=2$의 차이는 $10.2eV$이다.

정답 75. ③ 76. ①

Chapter 05

77 오른쪽 그림은 같은 에너지 준위를 갖는 어떤 원자가 있다. 만일 이 원자로부터 파장이 6.6×10^{-7}m인 빛이 방출되었을 때, 전자가 전이한 궤도로 옳은 것은? (다만, 플랑크 상수는 6.6×10^{-34} J·s, 빛의 속도는 3×10^{8} m/s이다.)

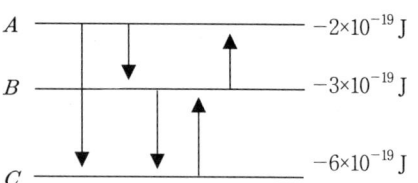

① B → C
② C → B
③ B → A
④ C → A

해설 $E = \dfrac{hc}{\lambda} = \dfrac{6.6 \times 10^{-34} \times 3 \times 10^{8}}{6.6 \times 10^{-7}} = 3 \times 10^{-19} J$이며, 빛을 방출할 때 전자는 에너지 준위가 낮은 곳으로 이동하므로 $B \to C$로 이동한다.

78 질량이 m, 속력이 v인 입자의 물질파 파장이 λ이다. 질량이 2m, 속력이 2v인 입자의 물질파 파장은?

① 1/4λ
② 1/2λ
③ 2λ
④ 4λ

해설 물질파 파장은 $\lambda = \dfrac{h}{mv}$이며 $\dfrac{1}{2}mv^2 = eV$, $mv = \sqrt{2meV}$이므로 $\lambda = \dfrac{h}{\sqrt{2meV}}$이다. 주어진 조건을 물질파 파장에 대입하면 물질파 파장은 $\dfrac{1}{4}\lambda$이다.

79 다음 중 핵력이 작용하는 입자는?

① 양성자, 중성미자
② 양성자, 중성자
③ 중성미자, 전자
④ 양성자, 중간자

해설 강한 상호작용(핵력)은 원자핵을 구성하는 핵자(양성자와 중성자)를 강하게 결합하는 힘이다.

80 전자의 질량이 m, 전하량이 e이고 전자를 가속시키는 전압이 V일 때 전자의 물질파의 파장은? (단, 플랑크 상수는 h이다.)

① $\dfrac{h}{meV}$
② $\dfrac{h}{\sqrt{meV}}$
③ $\dfrac{h}{2meV}$
④ $\dfrac{h}{\sqrt{2meV}}$

해설 $\dfrac{1}{2}mv^2 = eV$, $mv = \sqrt{2meV}$이며, 물질파 파장은 $\lambda = \dfrac{h}{mv}$이므로 $\lambda = \dfrac{h}{\sqrt{2meV}}$이다.

정답 77. ① 78. ① 79. ② 80. ④

81 전자를 진공관에서 가속시킬 때 전압을 2배로 하면 전자의 드브로이 파장은 몇 배가 되는가?

① $\frac{1}{\sqrt{2}}$ 배
② $\frac{1}{2}$ 배
③ $\sqrt{2}$ 배
④ 2 배

해설 $\lambda = \frac{h}{\sqrt{2meV}}$ 이므로 전압을 2배로 하면 드브로이 파장은 $\frac{1}{\sqrt{2}}$ 이 된다.

82 보어의 수소 원자 모형에서 $n=1$의 바닥 상태에 있던 전자를 $n=3$의 두 번째 들뜬 상태로 옮기기 위해 공급해주어야 하는 에너지는? (단, n은 양자수이고 수소의 바닥 상태의 에너지를 E_g라 한다.) [10. 국가직 7급]

① $\frac{1}{4}|E_g|$
② $\frac{2}{3}|E_g|$
③ $\frac{3}{4}|E_g|$
④ $\frac{8}{9}|E_g|$

해설 수소 원자 모형에서 에너지 준위 차이는 $E_n - E_m = hf = h\frac{c}{\lambda} = 13.6(\frac{1}{m^2} - \frac{1}{n^2})$ 이므로 $m=1$, $n=3$을 대입하여 계산하면 된다.

83 핵융합이나 핵분열 등 핵 반응 시 변하는 물리량은?

① 전하량
② 질량
③ 운동량
④ 질량수

해설 모든 핵반응 시 전하 보존에 의해 반응 전후 Z의 합이 같고 양성자수 + 중성자수의 합인 A, 즉 질량수의 합이 같아야 한다. 외력이 없는 한 운동량 보존이 성립하나 질량 보존이나 E 보존은 성립하지 않는다.

정답 81. ① 82. ④ 83. ②

84 수소 원자의 라이먼 계열의 최대 파장은 발머 계열의 최소 파장의 몇 배인가?

① $\frac{5}{36}$ 배 ② $\frac{5}{27}$ 배

③ $\frac{1}{4}$ 배 ④ $\frac{1}{3}$ 배

> **해설** • 라이먼 계열의 최대 파장
> $$\frac{1}{\lambda}=R\left(\frac{1}{1^2}-\frac{1}{2^2}\right)=\frac{3}{4}R \qquad \lambda_L=\frac{4}{3R}$$
> • 발머 계열의 최소 파장
> $$\frac{1}{\lambda}=R\left(\frac{1}{2^2}-\frac{1}{\infty^2}\right)=\frac{R}{4} \qquad \lambda_B=\frac{4}{R}$$

85 수소 원자에서 전자가 바닥 상태에 있을 때 에너지 준위는 −13.6eV이다. 전자가 첫 번째 들뜬 상태에 있을 때 이 전자의 에너지 준위[eV]는? [07. 국가직 7급]

① −9.6 ② −6.8
③ −3.4 ④ −1.7

> **해설** $E_n=-\dfrac{13.6}{n^2}\text{eV}$ 에서
> $E_1=-\dfrac{13.6}{1}\text{eV}, \ E_2=-\dfrac{13.6}{4}\text{eV}=-3.4\text{eV}$

86 원자의 전자 상태를 나타내는 양자수는 주(n), 궤도 각운동량(l), 궤도 자기(m_l), 스핀 자기(m_s)들로 구성되어 있다. 주양자수가 n = 5인 상태의 수는? [07. 국가직 7급]

① 30 ② 40
③ 50 ④ 60

> **해설** 상태 $= 2m^2 = 2(5)^2 = 50$

정답 84. ④ 85. ③ 86. ③

87 그림은 보어의 수소 원자 모형에서 전자의 물질파가 정상파를 이룬 모양을 모식적으로 나타낸 것이다. 수소 원자에 있는 전자가 그림과 같은 물질파 파장을 가질 때 수소 원자의 에너지는 바닥 상태 에너지 E_0의 몇 배인가? [10. 지방직 7급]

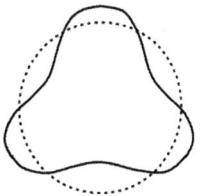

① $\frac{1}{9}$ ② $\frac{1}{4}$

③ $\frac{1}{3}$ ④ $\frac{1}{2}$

해설 $n=3$이므로 에너지 준의의 크기 $E_n = -\frac{13.6}{n^2} \text{eV}$에서

$E_3 = -\frac{13.6}{9}$, $E_1 = -13.6$이므로 $\frac{E_3}{E_1} = \frac{1}{9}$ 이다.

88 보어는 몇 가지의 가설을 세워서 수소 원자로부터 나오는 빛의 스펙트럼을 성공적으로 설명할 수 있었다. 보어 원자모델의 바탕이 되는 기본 가정이 아닌 것은? [08. 국가직 7급]

① 전자는 핵 주위를 광속에 가까운 속력으로 운동한다.
② 핵과 전자 사이에 작용하는 쿨롱의 힘에 의해 전자는 핵 주위를 원 궤도를 따라 운동한다.
③ 전자는 어떤 특정 궤도에서는 에너지를 방출하지 않고 궤도운동을 할 수 있다.
④ 전자의 궤도 각운동량 값은 어떤 값의 정수 배로만 주어진다.

해설 ①은 보어의 가설과 관계가 멀다.

89 바닥 상태의 수소 원자가 흡수할 수 있는 광자의 에너지가 아닌 것은? [09. 지방직 7급]

① 10.2eV ② 12.1eV
③ 12.5eV ④ 12.8eV

해설 $E_n = -\frac{13.6}{n^2} \text{eV}$

$n=1 \to n=2$ $13.6\left(1-\frac{1}{4}\right) = 13.6 \times \frac{3}{4} = 10.2(\text{eV})$

$n=1 \to n=3$ $13.6\left(1-\frac{1}{9}\right) = 13.6 \times \frac{8}{9} = 12.1(\text{eV})$

$n=1 \to n=4$ $13.6\left(1-\frac{1}{16}\right) = 13.6 \times \frac{15}{16} = 12.8(\text{eV})$

정답 87. ① 88. ① 89. ③

90 보어의 원자 모형에서 궤도 반지름이 가장 작은 $n=1$인 상태와 두 번째로 작은 $n=2$인 상태에서 전자의 속력은 각각 v_1, v_2이다. v_1 / v_2는? [11. 국가직 7급]

① 1/4   ② 1/2
③ 1   ④ 2

해설 주양자수 n인 궤도를 도는 전자의 속도를 v_0라고 하면 양자 조건
$2\pi r_n = \dfrac{nh}{mv_n}$ 와 $rn = r_1 \times n_2$에서 $v_n = \dfrac{nh}{2\pi r_n m} = \dfrac{nh}{2\pi m r_1 n^2} = \dfrac{h}{2\pi m r_1} \times \dfrac{1}{n}$
즉, 전자의 속도는 주양자수에 반비례한다.
$v_1 : v_2 = \dfrac{1}{1} : \dfrac{1}{2} = 2 : 1$이므로 $\dfrac{v_1}{v_2} = \dfrac{2}{1}$이다.

91 보어의 수소 원자 모형에서 양자수가 n인 전자의 궤도 반경 r_n과 물질파 파장 λ_n에 대한 설명으로 옳은 것은? [11. 지방직 7급]

① r_n은 n^2에 비례하고, λ_n은 n에 비례한다.
② r_n은 n^2에 비례하고, λ_n은 $\dfrac{1}{n}$에 비례한다.
③ r_n은 n에 비례하고, λ_n은 n에 비례한다.
④ r_n은 n에 비례하고, λ_n은 $\dfrac{1}{n}$에 비례한다.

해설 보어의 양자조건은 $2\pi r = \dfrac{h}{mv} n$이고 물질파 파장은 $\lambda = \dfrac{h}{mv}$이므로 $2\pi r = n\lambda$가 된다.
궤도 반지름에 작용하는 전기력이 구심력이므로 $k\dfrac{e^2}{r_n^2} = \dfrac{mv^2}{r_n}$
보어의 양자조건에 대입하면 $r_n = \dfrac{h^2}{4\pi^2 me^2 k} n^2$이다.

정답 90. ④ 91. ①

92 보어가 제안한 수소의 원자 모형에 대한 설명으로 옳은 것은? (단, n은 양자수이다.)
① 전자가 원운동하는 궤도의 반지름은 연속적인 값을 가진다.
② 전자의 에너지 준위는 연속적이다.
③ n=1인 궤도에 있는 전자가 n=2인 궤도로 전이할 때 전자기파를 방출한다.
④ n=3인 궤도의 에너지 준위는 n=1인 궤도의 에너지 준위보다 높다.

해설 보어의 원자 모형은 궤도 반지름이 양자화 되어 있어 불연속적이며 에너지 준위도 불연속적인 모양이다. 에너지 준위가 낮은 곳에서 높은 곳으로 전이할 경우 전자기파를 흡수해야 한다.

93 양자 수가 1인 바닥 상태의 수소 원자에서 전자의 궤도 반지름을 R이라 하자. 이때 보어의 원자 모형에 의한 전자의 드브로이 파장 λ와 속력 v는? (단, 전자의 질량은 m이고, 플랑크 상수는 h이다) [14. 국가직 7급]

	λ	v		λ	v
①	πR	$\dfrac{h}{2\pi Rm}$	②	πR	$\dfrac{h}{\pi Rm}$
③	$2\pi R$	$\dfrac{h}{2\pi Rm}$	④	$2\pi R$	$\dfrac{h}{\pi Rm}$

해설 $rmv = n\dfrac{h}{2\pi}$ 에서 양자수가 1, 궤도 반지름이 R이므로 $Rmv = 1 \cdot \dfrac{h}{2\pi}$
$\lambda = \dfrac{h}{mv} = 2\pi R$, $v = \dfrac{h}{2\pi Rm}$

94 그림 (가)와 (나)는 각각 고체의 에너지띠 구조를 나타낸 것으로, 음영 부분은 전자가 채워진 부분을, 흰색 부분은 전자가 채워져 있지 않은 부분을 나타낸 것이다. 이에 대한 설명으로 〈보기〉에서 옳은 것만을 모두 고른 것은?

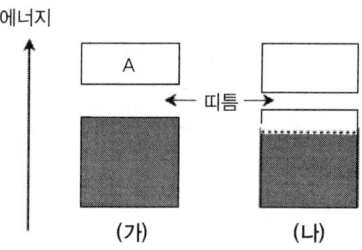

〈보기〉
㉠ A는 전도띠이다.
㉡ 반도체는 (나)에 속한다.
㉢ (가)보다 (나)의 전기 전도도가 더 높다.

① ㉠
② ㉠, ㉢
③ ㉡, ㉢
④ ㉠, ㉡, ㉢

정답 92. ④ 93. ③ 94. ②

해설 전자가 채워져 있지 않은 곳을 전도띠라고 하며, 띠틈 사이의 간격이 (나)보다 (가)가 크므로 전기 전도도는 (나)가 더 높다. 원자가 띠와 전도띠가 붙어 있는 (나)가 도체이다.

95 보어의 수소 원자 모형에서 전자가 첫 번째 들뜸 상태(양자수 n = 2)의 궤도를 따라 운동하고 있을 때, 궤도 반지름이 r이다. 이때 전자의 운동량의 크기는? (단, h는 플랑크 상수이다.) [15. 국가직 7급]

① $\dfrac{\pi r}{h}$ ② $\dfrac{2\pi r}{h}$

③ $\dfrac{h}{\pi r}$ ④ $\dfrac{h}{2\pi r}$

해설 $2\pi r = n\lambda$에서 $2\pi r = 2 \times \dfrac{h}{mv}$ 이므로 운동량 $mv = \dfrac{h}{\pi r}$ 이다.

96 보어 원자 모델에 대한 다음 보기 내용 중 옳은 것을 모두 고르면? [14. 서울시 7급]

> ㉠ 원자의 전자는 복사선을 방출하지 않으면서 안정된 원형 궤도에서 회전한다.
> ㉡ 서로 다른 두 에너지 준위의 전이와 연관된 광자의 방출은 불연속적이다.
> ㉢ 전자가 안정된 상태에 있기 위해서 전자의 각운동량은 양자화 되어 있다.

① ㉠ ② ㉡
③ ㉠, ㉡ ④ ㉡, ㉢
⑤ ㉠, ㉡, ㉢

해설 ㉠ 원자의 전자는 복사선을 방출하지 않으면서 안정된 원형 궤도에서 회전한다.
㉡ 서로 다른 두 에너지 준위의 전이와 연관된 광자의 방출은 불연속적이다.
㉢ 전자가 안정된 상태에 있기 위해서 전자의 각운동량은 양자화 되어 있다. 따라서 모두 옳다.

정답 95. ③ 96. ⑤

97 질량이 2×10^{-27}kg인 물체의 드브로이 파장이 6.6×10^{-10}m라면, 이 물체의 속력은? (단, 플랑크 상수 $h = 6.6 \times 10^{-34}$ J·s이다.) [15. 서울시 7급]

① 100m/s
② 250m/s
③ 500m/s
④ 1000m/s

해설 $\lambda = \dfrac{h}{mv}$

$v = \dfrac{h}{m\lambda} = \dfrac{6.6 \times 10^{-34}}{2 \times 10^{-27} \times 6.6 \times 10^{-10}} = \dfrac{1}{2 \times 10^{-3}} = 500 m/s$

98 다음은 태양의 빛에너지를 전기에너지로 전환하는 장치의 모식도이다. 이에 대한 설명으로 옳지 않은 것은?

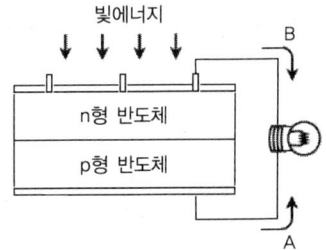

① 전류가 흐르는 방향은 A이다.
② 위의 장치는 인공위성의 에너지원으로 널리 쓰인다.
③ 광다이오드는 위의 장치와 마찬가지로 광신호를 전기신호로 바꾸어준다.
④ 위 그림의 경우, p-n접합에서 만들어진 전기장에 의해 전자는 접합면에서 p형 반도체 쪽으로 이동한다.

해설 접합면에서 전자는 n형 반도체 쪽으로 이동한다. B방향으로 전자가 이동하므로 전류의 방향은 A이다.

> **참고**
> **태양 전지의 원리**
> - p-n접합부 근처에서는 n형 반도체의 전자가 이동해 p형 반도체의 양공을 만나 함께 소멸한다. 따라서 n형 반도체는 (+)전하를 띠고, p형 반도체는 (-)전하를 띠므로 n형 반도체에서 p형 반도체로 향하는 전기장이 형성된다.
> - 태양 빛을 비추면 원자가띠에 있던 전자는 빛에너지를 흡수하여 전도띠로 이동하면서 전자와 양공이 생성된다.
>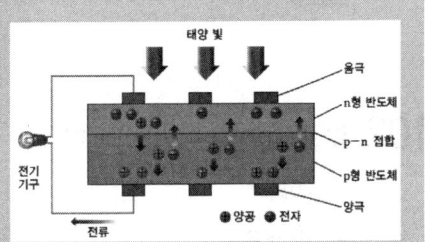
> - p-n 접합부에서 만들어진 전기장에 의해 전자는 n형 반도체 쪽으로, 양공은 p형 반도체 쪽으로 이동한다.
> - p형 반도체 표면과 n형 반도체 표면의 전극에 전선을 연결하면, 전자가 외부 회로를 통해 이동하므로 전류가 흐르게 된다.

정답 97. ③ 98. ④

Chapter 05

99 $^{235}_{92}U$ 가 α붕괴가 2회, β붕괴가 2회 일어났을 때 생성된 물질은?

① $^{235}_{82}Pb$
② $^{227}_{88}Ra$
③ $^{227}_{90}Po$
④ $^{227}_{92}U$

해설
- α붕괴 2회시 : $A-2\times4=235-8=227$
  $Z-2\times2=92-4=88$
- β붕괴 2회시 : A는 그대로 227
  $Z=88+2=90$, 즉 $^{227}_{90}Po$

100 방사선의 양을 측정하는 장치는 무엇인가?

① 사이클로트론
② 가이거 – 뮬러 계수기
③ 휘트스톤 브리지
④ 광정관

해설 방사선의 양을 측정하는 장치로는 방사선의 전리작용을 이용한 가이거 – 뮬러 계수기와 윌슨의 안개상자가 있고 형광작용을 이용한 신틸레이션 계수기가 있다.

101 다음 중 지구의 연대를 측정할 때 사용하는 것은?

① 퇴적층의 순서
② 방사성 원소의 반감기
③ 공기 중의 산소 비율
④ 지구의 물 함유량

해설 지구의 연대 측정은 방사성 원소의 반감기를 이용한다.

102 반감기가 25일인 어느 방사성 원소 400kg이 있다. 100일 후의 남은 질량은?

① 25kg
② 50kg
③ 100kg
④ 200kg

해설
$$N=N_0\left(\frac{1}{2}\right)^{\frac{t}{T}}=400\left(\frac{1}{2}\right)^{\frac{100}{25}}=400\left(\frac{1}{2}\right)^4$$
$$=400\times\frac{1}{16}=25kg$$

정답 99. ③ 100. ② 101. ② 102. ①

103 반감기 2.7년인 ^{55}Fe는 270년 후 방사능이 몇 배로 줄어드는가?

① $\frac{1}{100}$
② $\frac{1}{270}$
③ $\left(\frac{1}{100}\right)^2$
④ $\left(\frac{1}{2}\right)^{100}$

해설 $N = N_0 \left(\frac{1}{2}\right)^{\frac{270}{2.7}} = N_0 \left(\frac{1}{2}\right)^{100}$

104 라듐(^{226}Ra)의 질량이 100g일 때, 이 라듐이 25g이 되려면 몇 년이 지나야 하겠는가? (다만, ^{226}Ra의 반감기는 1600년이다.)

① 2,000년
② 2,400년
③ 2,800년
④ 3,200년

해설 $\frac{N}{N_0} = \left(\frac{1}{2}\right)^{\frac{t}{T}}$ 에서 $\frac{25}{100} = \frac{1}{4} = \left(\frac{1}{2}\right)^{\frac{t}{T}}$

$\frac{t}{T} = 2$, $t = 2T = 2 \times 1,600 = 3,200$년

105 어느 방사성 물질의 반감기가 400년이라면 2,000년 후에 남는 그 물질의 양은?

① 원래 양의 1/4
② 원래 양의 1/8
③ 원래 양의 1/16
④ 원래 양의 1/32

해설 $N = N_0 \left(\frac{1}{2}\right)^{\frac{t}{T}} = N_0 \left(\frac{1}{2}\right)^{\frac{2000}{400}} = N_0 \left(\frac{1}{2}\right)^5 = \frac{1}{32} N_0$

106 반감기가 1,600년인 라듐(Ra)이 4kg 있다. 이 라듐은 3,200년 후에는 몇 kg이 남는가?

① 0.5kg
② 1kg
③ 1.5kg
④ 2kg

해설 $\frac{N}{N_0} = \left(\frac{1}{2}\right)^{\frac{t}{T}}$ 에서 반감기가 1600년인 라듐이 3200년 후이므로 $\frac{t}{T} = 2$, 라듐은 처음 양의 $\frac{1}{4}$ 만 남는다. [N_0 : 처음 원자수, T : 반감기, t : 경과시간, N : 나중 원자수]

정답 103. ④ 104. ④ 105. ④ 106. ②

Chapter 05

107 어느 방사성 원소가 처음 양의 $\frac{1}{16}$이 되는데 16일이 걸렸다면 이 원소의 반감기는?

① 2일 ② 4일
③ 6일 ④ 8일

해설 $\frac{N}{N_0}=(\frac{1}{2})^{\frac{t}{T}}$에서 $\frac{N}{N_0}=(\frac{1}{2})^4=(\frac{1}{16})$이므로 $\frac{t}{T}=4$이다. 16일 동안 반감기가 4번 있었으므로 원소의 반감기는 4일이다.

108 우라늄은 스스로 방사능 붕괴를 일으켜 납으로 변해가는 데, 우라늄 238의 반감기는 45억년이다. 이에 대한 설명으로 옳은 것을 다음에서 모두 고르면?

> ㉠ 우라늄 238 10g은 45억년 뒤에 5g만 남게 된다.
> ㉡ 2g의 우라늄 238이 1g이 되는데 걸리는 시간과 0.2g의 우라늄 238이 0.1g이 되는데 걸리는 시간은 같다.
> ㉢ 우라늄의 온도를 낮춘다면 반감기는 증가할 것이다.

① ㉠, ㉡ ② ㉠, ㉢
③ ㉡, ㉢ ④ ㉠, ㉡, ㉢

해설 반감기를 거치면 처음 원자수에서 $\frac{1}{2}$만 남게 된다. 우라늄 238의 반감기가 같으므로 원자수가 $\frac{1}{2}$이 되는데 걸리는 시간은 같다.

109 원자핵의 에너지 상태가 불안정하면 원자핵으로부터 입자 또는 에너지를 방출하면서 방사능 물질을 내는 것을 방사성 붕괴라고 한다. X원소가 α붕괴를 1회 하여 Y원소로 되는 과정을 다음의 원자핵 반응식으로 표시할 때 (가)와 (나)에 들어갈 것으로 옳은 것은? (다만, α입자는 헬륨의 핵으로서 ^4_2He로 표시한다.)

$$^A_Z X \rightarrow \,^{(나)}_{(가)} Y$$

	(가)	(나)		(가)	(나)
①	Z	A	②	Z	A−4
③	Z−2	A	④	Z−2	A−4

해설 원자핵에서 ^4_2He이 방출되면 원자번호는 2 감소, 질량수는 4가 감소한다.

정답 107. ② 108. ① 109. ④

110 암 치료를 하는 데 이용되는 방사선 동위 원소 $^{131}_{53}I$(이리듐)은 다음과 같이 핵 붕괴를 하여 $^{A}_{Z}Xe$(크세논)이 된다. 이 핵반응에서 Xe의 양성자수는?

$$^{131}_{53}Xe \rightarrow ^{A}_{Z}Xe + ^{0}_{-1}e$$

① 52　　　　　　　　　　② 53
③ 54　　　　　　　　　　④ 77

해설 전하량 보존 법칙에 의해 $Z=54$이다.

111 같은 원소의 동위원소들에 대한 설명으로 옳은 것은? [18. 국가직 7급]

① 스핀값이 같다.
② 원자번호는 같으나 원자량이 다르다.
③ 화학적 성질이 같기 때문에 분리할 수 없다.
④ 세 가지 이상의 동위원소가 존재하는 원소는 없다.

해설 ① 중성자수가 다르므로 스핀값이 다르다.
③ 동위원소도 핵분열에 의해 분리할 수 있다.
④ $^{1}_{1}H$, $^{2}_{1}H$, $^{3}_{1}H$와 같이 세 가지 이상의 동위원소가 존재한다.

112 원자핵이 α, β, γ 붕괴를 할 때 원자번호(양성자수)와 질량수의 변화를 설명한 것으로 옳은 것은? [09. 국가직 7급]

① α붕괴를 하면 원자번호와 질량수가 각각 2 감소한다.
② β^{+} 붕괴를 하면 원자번호는 변하지 않고 질량수가 1 감소한다.
③ β^{-} 붕괴를 하면 원자번호는 1 감소하고 질량수는 변하지 않는다.
④ γ붕괴를 하면 원자번호와 질량수는 모두 변하지 않는다.

해설 ① 원자번호는 2 감소, 질량수는 4 감소한다.
② $^{A}_{Z}X \rightarrow ^{A}_{Z-1}Y + e^{+} + \nu$이므로 원자번호 1 감소, 질량수는 불변한다.
③ $^{A}_{Z}X \rightarrow ^{A}_{Z+1}Y + e^{-} + \nu$ 원자번호 1 증가, 질량수는 불변한다.
④ γ분리 : 에너지 방출이므로 원자번호, 질량수 모두 변하지 않는다.

정답　110. ③　111. ②　112. ④

Chapter 05

113 다음은 우라늄-239가 넵투늄-239로 붕괴되는 핵변환 과정을 나타낸다. (가)에 들어갈 하전 입자는?   [11. 국가직 7급]

$$^{239}_{92}U \rightarrow {}^{239}_{93}Np + \boxed{(가)}$$

① 전자　　　　　　　　　　② 양전자
③ 양성자　　　　　　　　　④ 알파입자

해설　$^{239}_{92}U \rightarrow {}^{239}_{93}Np + \boxed{}$
반응 전후에 질량수와 전하량이 보존되어야 한다. 이 반응은 β^- 붕괴 과정이다.

114 핵융합과 핵분열의 공통점은?

① 임계질량 이상의 질량 필요　　② 느린 중성자가 필요
③ 질량 결손에 의한 에너지 방출　④ 고온이 필요

해설　핵분열은 임계질량 이상, 느린 중성자가 필요하고 핵융합은 고온이 필요하다.
공통점은 질량 결손이 일어나 질량 결손에 해당하는 에너지($E = \Delta mc^2$)를 방출한다는 것이다.

115 표적 원자에 입자를 충돌시키는 핵반응에서 중성자가 원자핵 내부로 잘 들어가는 주된 이유는?   [13. 국가직 7급]

① 중성자와 원자핵을 결합하는 핵력 때문
② 중성자는 전하가 없기 때문
③ 중성자와 양성자의 질량이 비슷하기 때문
④ 중성자의 스핀(spin) 값과 전자의 스핀 값이 동일하기 때문

해설　중성자는 전하가 없기 때문 전기력이 작용하지 않는다.

116 다음 중 물질의 파동성과 가장 관련이 없는 것은 무엇인가?   [16. 서울시 7급]

① 수소 원자의 불연속적인 흡수선 스펙트럼
② 이중 슬릿을 통과하는 전자 다발의 간섭무늬
③ 하이젠베르그의 불확정성의 원리
④ 광전자 방출에 대한 하한(문턱) 주파수 존재

해설　광전자 방출에 대한 하한(문턱) 주파수 존재는 빛의 입자성과 관련 있다.

정답　113. ①　114. ③　115. ②　116. ④

117 다음 핵융합 반응에 대한 설명 중 옳은 것은?

① 질량이 큰 핵이 작은 질량으로 나누어지며 이때의 에너지는 질량차에 비례한다.
② 임계질량 이상의 핵 반응 시 연쇄반응이 일어난다.
③ 반응 전의 질량의 합보다 반응 후의 질량의 합이 커지며, 질량차가 크면 에너지는 크게 증가한다.
④ 질량이 작은 핵이 반응을 통해 더 무거운 핵으로 바뀌며 질량차에 비례하여 에너지를 방출한다.

> **해설** 핵융합은 작은 핵이 더 큰 핵으로 바뀌는 반응이며, 반응 후의 질량의 합이 감소하며 질량 결손에 해당되는 에너지를 방출한다($E = \Delta mc^2$).

118 핵융합 반응에 대한 설명 중 사실과 다른 것은?

① 수소폭탄의 원리는 핵융합 반응에 해당한다.
② 태양에너지의 생성도 핵융합 반응이다.
③ 우라늄, 플루토늄 등의 핵물질이 극고온에서 핵반응하여 큰 에너지를 내는 반응이다.
④ 중수소, 삼중수소 같은 가벼운 물질이 극고온에서 핵반응하여 큰 에너지를 내는 반응이다.

> **해설** 핵분열과는 반대로 원자번호가 작은 가벼운 원자핵이 서로 반응하여 원자번호가 큰 원자핵이 될 때에도 질량 결손에 해당되는 에너지가 방출된다. 이러한 현상을 핵융합 또는 열핵반응이라 한다.

119 광자의 에너지가 가장 큰 경우에 일어나는 현상은?

① 광전효과
② 결정에 의한 회절
③ Compton 효과
④ 전자 − 양전자의 쌍생성

> **해설** 쌍생성이 일어나려면 전자쌍의 질량으로 전환될 수 있도록 적어도 $2mc^2$ 이상의 에너지를 가진 광양자이어야 한다.

120 태양은 핵융합 과정을 통하여 에너지를 만들어 낸다. 태양이 매초 9.0×10^{26} J만큼의 에너지를 만들어 낸다면 매초당 감소하는 질량[kg]에 가장 가까운 값은?

[13. 국가직 7급]

① 1.0×10^{10}
② 1.0×10^{11}
③ 3.0×10^{10}
④ 3.0×10^{11}

> **해설** $E = mc^2$에서 $m = \dfrac{E}{c^2} = \dfrac{9 \times 10^{26}}{(3 \times 10^8)^2} = 1 \times 10^{10}$

정답 117. ④ 118. ③ 119. ④ 120. ①

Chapter 05

121 보어의 이론에 의하면, 에너지가 가장 낮은 상태에 있는 수소 원자에서 전자의 물질파 (드브로이파)의 파장은 그 원자 반지름의 몇 배인가?

① 2배
② $\frac{1}{2}$ 배
③ 2π배
④ $\frac{1}{2\pi}$ 배

해설 $2\pi r = n\lambda$ 에서 n = 1(기저 상태)이므로 $2\pi r = \lambda$

122 동위원소는 원자번호가 같고 질량수가 다른 원소이다. 질량수가 다른 이유는 다음 중 무엇이 다르기 때문인가?

① 중성자
② 양성자
③ 전자
④ 핵

해설 동위원소 : 원자핵 내의 양성자수는 같으나 중성자수가 다른 원소

123 원자로에서 흑연의 사용 목적을 옳게 설명한 것은?

① 연쇄반응을 위한 중성자를 공급하는 데 있다.
② 빠른 중성자를 느린 중성자로 만드는 데 있다.
③ 우라늄과 함께 반응하여 에너지를 방출하는 데 있다.
④ 핵 반응 시 방출되는 중성자를 흡수하는 데 있다.

해설 원자로
• 카드뮴(cd), 붕소(B) : 제어봉(중성자를 흡수)
• 흑연, 경수, 중수 : 감속제(중성자를 감속)

124 $^{235}_{92}U$가 α붕괴 5번, β붕괴 4번 하였다. 질량수 감소는?

① 20
② 16
③ 10
④ 6

해설 원자핵에서 α붕괴는 α입자가 방출되므로 원자번호는 2 감소되고 질량수는 4가 감소된다. β붕괴는 원자핵에서 전자가 방출되므로 원자번호만 1 증가하고 질량수는 변하지 않는다. 따라서 α 붕괴 5번, β붕괴를 4번하면 α붕괴에서만 질량수가 감소되므로 $5 \times 4 = 20$이다.

정답 121. ③ 122. ① 123. ② 124. ①

125 어떤 방사성 물질 80[g]이 붕괴를 시작해서 10[g]이 되는데 24초 걸렸다. 20[g]이 되는 데는 몇 초 걸리겠는가?

① 10
② 12
③ 16
④ 18

해설 $\frac{N}{N_0} = (\frac{1}{2})^{\frac{t}{T}}$ 에서 $\frac{10}{80} = (\frac{1}{2})^3 = (\frac{1}{2})^{\frac{24}{T}}$, ∴ $3 = \frac{24}{T}$

$T = 8$을 대입하면 $\frac{20}{80} = (\frac{1}{2})^2 = (\frac{1}{2})^{\frac{t}{8}}$에서 $2 = \frac{t}{8}$, $t = 16$

126 어느 방사능 물질의 반감기가 6시간이다. 낮 12시에 이 방사능 물질의 1분당 붕괴 횟수가 1000번이었다면, 1분당 250번의 붕괴 횟수가 측정되는 것은 몇 시일까?

① 오후 6시
② 오후 9시
③ 밤 12시
④ 다음 날 낮 12시

해설 방사능 붕괴는 반감기마다 $\frac{1}{2}$씩 줄어들므로 6시간 뒤에는 500번, 12시간 뒤에는 250번의 방사능 붕괴가 예상된다.

127 다음 식은 원자력 발전소의 원자로에서 우라늄 원자핵이 핵분열하는 핵반응식을 나타낸 것이다. 이에 대한 설명으로 옳은 것을 〈보기〉에서 모두 고른 것은?

$$^{235}_{92}U + (ⓐ) \rightarrow ^{141}_{56}Ba + ^{ⓑ}_{36}Kr + 3(ⓐ) + 에너지$$

㉠ ⓐ는 전자이다.
㉡ ⓑ는 94이다.
㉢ 에너지의 발생은 질량 결손에 의한 것이다.

① ㉠, ㉡
② ㉠, ㉡, ㉢
③ ㉡
④ ㉢

해설 우라늄 235는 저속 중성자와 결합하여 2~3개의 고속 중성자를 방출하므로 ⓐ는 중성자이다. 반응 전후에 질량수 보존 법칙이 성립하므로 우라늄 235 + 저속 중성자 = 236은 반응 후에도 유지된다.

정답 125. ③ 126. ③ 127. ④

Chapter 05

128 열이나 빛을 가하면 저항이 감소하는 성질이 있고 정류작용이나 증폭작용을 하는 물질은?

① 세라믹　　　　　　　　② 초전도체
③ 반도체　　　　　　　　④ 비정질 금속

> 해설 반도체는 열, 빛, 불순물, 압력에 따라 저항이 변하는 물질로 다이오드는 정류작용을, 트랜지스터는 스위치 작용이나 증폭작용을 한다.

129 현재 우리나라에서 사용하고 있는 원자로는?

① 핵융합 반응에서 나오는 질량의 결손을 에너지로 이용한 것이다.
② 핵분열 반응에서 나오는 에너지를 이용한 것이다.
③ 가속시킨 입자를 사용하여 원자핵을 인공 변환시킬 때 나오는 에너지를 이용한 것이다.
④ U-235의 핵에 고속의 중성자를 흡수시킴으로써 일어나는 현상에 바탕을 두고 있다.

> 해설 우리나라의 원자력 발전소는 중수로나 경수로를 사용한다. 우라늄 235에 저속의 중성자를 흡수시킨다. 핵융합은 아직 상용화 되지 않았으며, 가속시킨 입자를 사용하여 원자핵의 인공 변환을 시키는 경우는 고속 증식로이다.

130 그림은 양성자 하나와 전자 하나로 이루어진 수소 원자를 나타낸 보어의 원자 모형이다. 이에 대한 설명으로 옳은 것은?

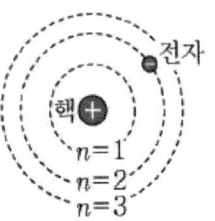

① 전자의 전하량이 원자핵의 전하량보다 크다.
② $n=1$과 $n=2$ 사이에는 전자가 존재할 수 없다.
③ $n=2$의 전자가 $n=1$로 떨어지기 위해서는 외부의 에너지를 흡수해야 한다.
④ $n=2$의 전자가 $n=3$으로 올라가기 위해서는 외부로 에너지를 방출해야 한다.

> 해설 ① 전자의 전하량이 원자핵의 전하량과 같다.
> ② 에너지 준위는 양자화 되어 있으므로 $n=1$과 $n=2$ 사이에는 전자가 존재할 수 없다.
> ③ $n=2$의 전자가 $n=1$로 떨어지기 위해서는 에너지를 방출해야 한다.
> ④ $n=2$의 전자가 $n=3$으로 올라가기 위해서는 외부의 에너지를 흡수해야 한다.

정답　128. ③　129. ②　130. ②

131 그림은 수소 원자의 전자 전이를 나타낸 것이다. 전자 전이 a~e에 대한 설명으로 옳은 것을 〈보기〉에서 모두 고른 것은? (단, 수소 원자의 에너지 준위는 $E=-\dfrac{1312}{n^2}kJ/$몰 이다.)

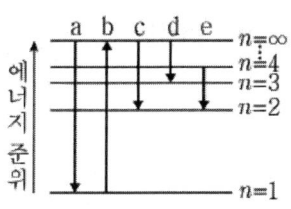

> ㉠ 파장이 가장 짧은 빛을 방출하는 것은 a이다.
> ㉡ d에 의해 방출되는 빛은 적외선 영역에 해당한다.
> ㉢ b에 해당하는 에너지는 수소 원자의 이온화 에너지와 같다.

① ㉠, ㉡　　　　　　　　② ㉠, ㉡, ㉢
③ ㉠, ㉢　　　　　　　　④ ㉡, ㉢

해설 $E=hf=\dfrac{hc}{\lambda}$이므로 에너지 준위가 차이가 가장 큰 a와 b가 진동수가 가장 크고, 진동수와 파장은 반비례 관계이므로 파장이 가장 짧다. 이때 에너지를 방출하는 것은 a이다. d는 파셴 계열 영역으로 적외선이며, b의 에너지를 흡수할 경우 수소 원자는 이온화 된다. 수소 원자의 경우 E≥13.6 eV의 에너지를 공급하면 전자가 원자에서 떨어져 나간다.

132 온도 10K인 흑체가 방출하는 에너지 복사율은 5.0mW였다. 이 물체의 온도가 20K로 증가했을 때 방출하는 에너지 복사율[mW]은? [10. 지방직 7급]

① 80　　　　　　　　② 40
③ 20　　　　　　　　④ 10

해설 흑체 복사에너지 $E=aT^4$에서 $5\times 10^{-3}=\sigma(10)^4$, $E=\sigma(20)^4$

$\dfrac{5\times 10^{-3}}{E}=\left(\dfrac{1}{2}\right)^4=\dfrac{1}{16}$

∴ $E=16\times 5\times 10^{-3}=80\times 10^{-3}(W)=80[mW]$

133 구형의 두 이상적인 흑체가 복사에너지를 방출하고 있다. 절대온도가 T이고 반지름이 R인 흑체와 절대온도가 2T이며 반지름이 $\dfrac{R}{2}$인 흑체의 단위 시간당 복사하는 에너지를 각각 $P_1 : P_2$라고 할 때 $P_1 : P_2$는? [11. 지방직 7급]

① 2 : 1　　　　　　　　② 1 : 2
③ 4 : 1　　　　　　　　④ 1 : 4

정답　131. ②　132. ①　133. ④

해설 $E = \sigma T^4 = \dfrac{P}{S}[\text{w/m}^2]$이므로 $\dfrac{P_1}{4\pi R^2} = \sigma T^4$, $\dfrac{P_2}{4\pi\left(\dfrac{R}{2}\right)^2} = \sigma(2T)^4$

$\dfrac{P_1}{P_2} \times \dfrac{1}{4} = \left(\dfrac{1}{2}\right)^4 = \left(\dfrac{1}{4}\right)^2$, $\dfrac{P_1}{P_2} = \dfrac{1}{4}$

$\therefore P_1 : P_2 = 1 : 4$

134 온도가 6000K인 어떤 물체의 총 에너지 복사율은 H_1이고, 이 물체가 5400K로 식었을 때, 총 에너지 복사율은 H_2이다. 이때 $\dfrac{H_2}{H_1}$에 가장 가까운 값은? (단, 물체의 크기 변화는 무시한다.)

[15. 국가직 7급]

① 0.85　　　　　　　　　② 0.75
③ 0.65　　　　　　　　　④ 0.45

해설 $E = H = \sigma T^4$일 때, $H_1 = \sigma(6000)^4$, $H_2 = \sigma(5400)^4$

$\dfrac{H_2}{H_1} = \left(\dfrac{54}{60}\right)^4 = \left(\dfrac{9}{10}\right)^4 = \left(\dfrac{81}{100}\right)^2 = \dfrac{6561}{10000} = 0.66$

135 그림과 같이 너비 d의 단일 슬릿으로 전자빔을 통과시켜 L만큼 떨어진 스크린에 부딪히도록 하였다. 스크린에는 형광 물질이 발라져 있어 전자가 닿은 곳에서 빛이 나도록 하였더니 그림과 같은 회절무늬가 관찰되었다. 중앙의 밝은 지점에서 첫 번째 어두운 지점까지의 거리가 r일 때 전자빔의 속도는? (단, 전자의 상대론적 효과는 무시하고, 플랑크 상수는 h, 전자의 질량은 m이며, $L \gg r$, d이다)

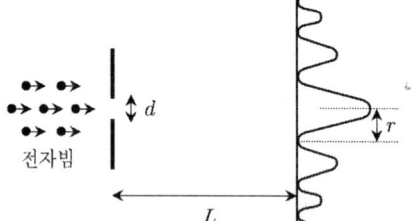

[14. 국가직 7급]

① $\dfrac{Lhd}{2mr}$　　　　　　　　② $\dfrac{Lhd}{mr}$

③ $\dfrac{Lh}{2mrd}$　　　　　　　　④ $\dfrac{Lh}{mrd}$

해설 $r = \dfrac{L\lambda}{d}$, $\lambda = \dfrac{rd}{L}$

$\lambda = \dfrac{rd}{L} = \dfrac{h}{mv}$

$\therefore v = \dfrac{Lh}{mdr}$

정답　134. ③　135. ④

136 수소 원자에서 방출되는 선스펙트럼 종류로 라이만, 파셴, 브래킷 계열 등이 있으며 실험식은 $\frac{1}{\lambda} = R\left(\frac{1}{n'^2} - \frac{1}{n^2}\right)$로 주어진다. n, n'은 모두 자연수이고, $n > n'$일 때 빛을 방출할 수 있다고 한다. 수소 원자의 에너지 준위 $E_{n'}$, E_n을 바르게 표시한 것은?

[17. 서울시 7급]

① $E_n = -\frac{hcR}{n^2}$, $E_{n'} = -\frac{hcR}{n'^2}$ ② $E_n = -\frac{n^2}{hcR}$, $E_{n'} = -\frac{n'^2}{hcR}$

③ $E_n = -\frac{n}{hcR}$, $E_{n'} = -\frac{n'}{hcR}$ ④ $E_n = -\frac{hcR}{n^4}$, $E_{n'} = -\frac{hcR}{n'^4}$

해설 식 $\frac{1}{\lambda} = R\left(\frac{1}{n'^2} - \frac{1}{n^2}\right)$의 양변에 hc를 곱하면 $h\frac{c}{\lambda} = hf = hcR\left(\frac{1}{n'^2} - \frac{1}{n^2}\right)$

$hf = \Delta E = E_{high} - E_{low} = E_n - E_{n'}$이므로 식을 정리하면

$hf = E_n - E_{n'} = -\frac{hcR}{n^2} - \left(-\frac{hcR}{n'^2}\right)$

$E_n = -\frac{hcR}{n^2}$, $E_{n'} = -\frac{hcR}{n'^2}$

137 반감기가 2일인 방사성 동위원소가 있다. 이 동위원소를 방사선 측정기로 측정해보니 1분당 16,000회의 붕괴수가 측정되었다. 처음 측정일로부터 8일이 지난 후 다시 측정할 때, 1분당 붕괴수는?

[18. 6. 서울시 7급]

① 4,000회   ② 2,000회
③ 1,000회   ④ 500회

해설 반감기가 2일이므로 반감기가 4번 지난 8일 후에는 방사선 원소의 양이 $\left(\frac{1}{2}\right)^4 = \frac{1}{16}$배가 된다. 따라서 1분당 붕괴수 또한 $\frac{1}{16}$배가 되어 $\frac{16,000}{16} = 1,000$회가 된다.

정답 136. ① 137. ③

최근 기출문제

- **01** 2024년 국가직 7급 물리학개론
- **02** 2024년 지방직·서울시 7급 물리학개론
- **03** 정답 및 해설

국가직 7급 물리학개론

• 일시 : 2024.10.12.   • 정답 및 해설 : 606p

01 그림과 같이 수평면에 대해 60°와 30°로 기울어진 두 경사면 위에 가벼운 바퀴와 줄로 연결된 두 물체, A와 B가 정지해 있다. A와 B의 질량이 각각 m_A와 m_B이면, 물체의 질량비($\frac{m_B}{m_A}$)는? (단, 줄은 경사면과 평행하고 마찰은 무시한다)

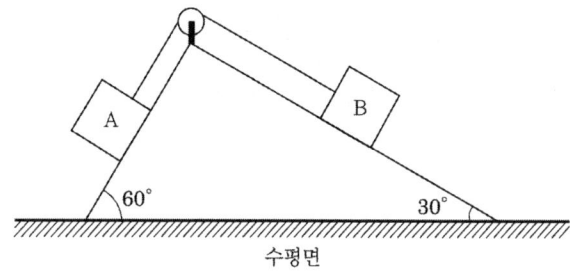

① $\frac{1}{2}$ ② $\frac{\sqrt{3}}{3}$

③ $\sqrt{3}$ ④ 2

02 금속 표면에 빛을 비추고 주파수를 점점 증가시키면서 방출되는 광전자의 속력 분포를 측정한다. 주파수가 f_0가 되었을 때 처음으로 광전자가 표면에서 방출되기 시작한다. 주파수가 $2f_0$에 이르자 광전자의 최대 속력이 v로 측정된다. 주파수가 $4f_0$인 빛이 가해질 때, 광전자의 최대 속력은?

① v ② $\sqrt{2}\,v$

③ $\sqrt{3}\,v$ ④ $2v$

03 추에 가벼운 실을 묶고 고정점에 달아 진자를 만든다. 진자 추의 운동에서 그 질량중심으로부터 고정점까지 거리 L은 일정하게 유지된다. 다음 중 진자의 주기적 진동에 대한 설명으로 옳지 않은 것은? (단, 공기저항은 무시한다)

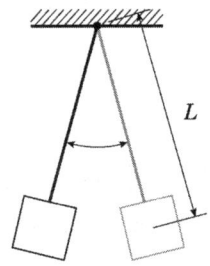

① 진자 추의 크기는 진동 주기에 영향을 주지 않는다.
② 길이 L이 커지면 진동 주기는 늘어난다.
③ 순항 중인 비행기에서 진동 주기는 지면에서보다 미세하게 길다.
④ 진자 운동에서 추가 최저점일 때 운동에너지가 최대가 된다.

04 질량 2.0kg의 끓는 물을 10°C 온도의 알루미늄 용기에 부으면 짧은 시간 후에 열적 평형에 이른다. 알루미늄 용기의 질량이 1.0kg이고 물의 비열이 알루미늄보다 4배 더 크다면, 평형 상태에서 알루미늄 용기의 온도(°C)는? (단, 외부압력은 1atm이다)

① 20   ② 40
③ 90   ④ 113

05 마찰이 있는 수평면 위에 놓인 질량 20kg의 상자에 수평 방향으로 힘을 가한다. 처음 60N의 힘을 가하니 움직이지 않고, 120N의 힘을 가하니 상자가 운동한다. 이후 80N의 일정한 힘을 가하니 상자가 등속 운동한다. 이로부터 알 수 있는 사실은? (단, 중력가속도는 10m/s²이다)

① 운동 마찰계수는 0.4이다.
② 정지 마찰계수는 0.3이다.
③ 정지 마찰계수는 0.6이다.
④ 정지 마찰력은 120N이다.

06 반감기가 8일인 방사성 물질이 지난 4일 동안 알파선 입자 4×10⁸개를 방출했다. 이후 방출할 수 있는 알파선 입자 수에 가장 근접한 것은?
① 6×10^8
② 10×10^8
③ 14×10^8
④ 23×10^8

07 이상적 카르노 열펌프로 외부로부터 내부에 열을 공급한다. 외부의 온도가 −23℃이고 열펌프에 매초(s) 300J의 일을 가하여 내부의 온도가 27℃를 유지하도록 한다면, 열펌프가 매초 내부에 공급하는 열량(kJ)은? (단, 열펌프는 열기관의 열적 과정을 거꾸로 수행한다)
① 0.2
② 0.5
③ 1.5
④ 1.8

08 전기용량 C의 평행판 축전기가 전하량 Q로 충전되고 이후 절연된 상태를 유지한다. 충전된 상태로 축전기의 평행판 사이 거리를 2배로 증가시키면, 축전기 에너지의 증가량은? (단, 평행판 사이는 공기로 채워진다)
① $\dfrac{Q^2}{4C}$
② $\dfrac{Q^2}{2C}$
③ $\dfrac{Q^2}{C}$
④ $\dfrac{2Q^2}{C}$

09 실린더에 담긴 2.0몰의 헬륨기체가 절대온도 300K인 상태이다. 등압과정으로 헬륨기체 온도를 500K까지 올리는 데 필요한 열(kJ)은? (단, 기체상수는 R = 8J mol⁻¹ K⁻¹이다)
① 5
② 8
③ 10
④ 16

10 절대온도가 T_0인 흑체의 복사 스펙트럼이 500nm 파장에서 가장 큰 세기를 보인다. 이 흑체의 온도를 $T_0/2$로 낮추고 복사광을 관찰할 때 결과로 적합하지 않은 것은?

① 복사의 전체 일률은 이전의 1/20 이하가 된다.
② 복사 스펙트럼은 1000nm 파장에서 최대 세기를 보인다.
③ 복사 스펙트럼에서 400nm 파장 성분의 세기가 감소한다.
④ 복사 스펙트럼은 연속 스펙트럼이다.

11 무중력의 우주 공간에서 영희와 철수가 우주 유영 중이다. 처음 둘이 15m의 거리에서 모두 정지한 상태이다. 그리고 철수가 영희에 연결된 가벼운 줄을 당겨 서로 운동을 시작한다. 철수가 영희보다 질량이 2배 더 크다면, 영희와 철수가 만날 때까지 영희의 이동 변위(m)는?

① 2　　　　　　　　　　② 5
③ 8　　　　　　　　　　④ 10

12 그림은 x축을 따라 움직이는 입자의 가속도 a를 시간 t의 함수로 보여 주는 그래프이다. 처음($t=0$)에 입자의 속도가 0이라면, 이에 대한 설명으로 옳은 것만을 모두 고르면?

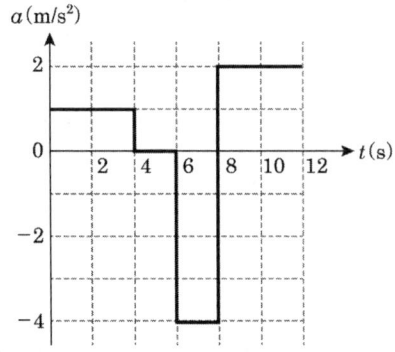

㉠ 입자가 $0 < t < 4$s에서 등속도 운동을 한다.
㉡ $0 < t < 12$s에서 입자의 운동 방향은 두 번 전환된다.
㉢ $0 < t < 12$s에서 입자의 총 이동 거리는 26 m보다 길다.
㉣ 입자가 출발점에서 가장 멀리 위치하였을 때는 $t = 7$s이다.

① ㉠, ㉢　　　　　　　　② ㉡, ㉣
③ ㉠, ㉡, ㉣　　　　　　④ ㉡, ㉢, ㉣

13 그림과 같이 긴 직선 도선에 x축 방향으로 전류 I가 흐르고 직선 도선으로부터 y축 방향으로 얼마만큼 떨어진 위치에 xy평면에 평행한 정사각형의 고리 도선이 놓인다. 시간에 따라 직선 도선의 전류 I가 일정한 변화율로 감소할 때 고리 도선에 전류가 유도된다. 이에 대한 설명으로 옳지 않은 것은?

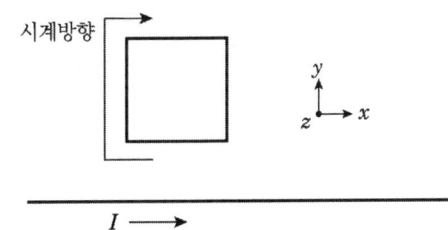

① 고리 면의 자기선속 크기는 시간에 따라 감소한다.
② 고리의 유도 전류는 반시계 방향으로 흐른다.
③ 고리에 y축 방향의 자기력이 작용한다.
④ 만약 고리 면이 yz평면에 평행하면 유도 전류는 0이다.

14 다음은 파동 P와 Q의 파동함수, Ψ_P와 Ψ_Q를 위치 x와 시간 t의 함수로 각각 나타낸 것으로 양의 상수 A, k와 ω로 표현된다.

$$\Psi_\text{P} = A\cos(kx - \omega t)$$
$$\Psi_\text{Q} = 2A\cos(-2kx - 3\omega t)$$

이에 대한 설명으로 옳은 것만을 모두 고르면?

㉠ 진폭은 Q가 P보다 2배 크다.
㉡ 파장은 Q가 P보다 2배 길다.
㉢ 진행 속력은 Q가 P보다 1.5배 빠르다.
㉣ P와 Q의 파동 진행 방향은 동일하다.

① ㉠
② ㉠, ㉢
③ ㉡, ㉣
④ ㉡, ㉢, ㉣

15 굴절률이 2.0인 투명 기판 위에 두께 100nm의 얇은 박막을 코팅한다. 코팅된 박막의 굴절률은 1.5이다. 단파장의 빛이 코팅된 기판에 일정한 세기로 수직 입사한다. 다음 중 투과광의 세기가 최대가 되는 빛의 공기 중 파장(nm)은? (단, 빛은 공기로부터 박막에 입사한다)

① 200
② 300
③ 400
④ 500

16 이중슬릿 간섭실험에서 두 슬릿의 간격이 1.0mm이고 슬릿으로부터 2.0m만큼 떨어진 스크린에서 간섭무늬를 관찰한다. 입사광이 파장 200nm와 600nm의 두 단파장 성분들로 구성된다면, 간섭무늬에서 세기가 0인 띠들의 배열 주기(mm)는?

① 0.4
② 0.6
③ 0.8
④ 1.2

17 마찰이 없는 수평면에서 물체에 수평 방향으로 힘을 가한다. 물체 A에 힘 F를 작용하니 가속도가 a_1이고, 물체 B에 힘 $2F$를 작용하니 가속도가 a_2이다. 두 물체를 함께 묶어 힘 $3F$를 작용하면 가속도가 a로 나타난다. 가속도 a를 a_1과 a_2에 관하여 올바르게 표현한 것은?

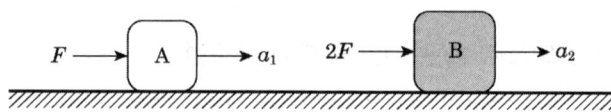

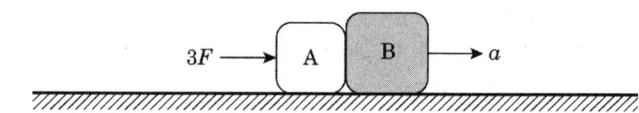

① $a = 2\left(\dfrac{3a_1 + a_2}{a_1 a_2}\right)$
② $a = 2\left(\dfrac{a_1 a_2}{3a_1 + a_2}\right)$
③ $a = 3\left(\dfrac{a_1 a_2}{2a_1 + a_2}\right)$
④ $a = 3\left(\dfrac{2a_1 + a_2}{a_1 a_2}\right)$

18 그림과 같이 반지름 $R = 10$cm, 질량 $M = 2.0$kg의 원통형 바퀴에 실을 감고 실의 끝에 질량 m의 물체를 달고 놓아주니 물체가 5.0m/s^{2}의 가속도로 낙하한다. 중력가속도는 10m/s^{2}이고 바퀴의 관성모멘트는 10g·m^{2}이다. 이로부터 알 수 있는 질량 m의 크기(kg)는? (단, 마찰과 공기저항은 무시한다)

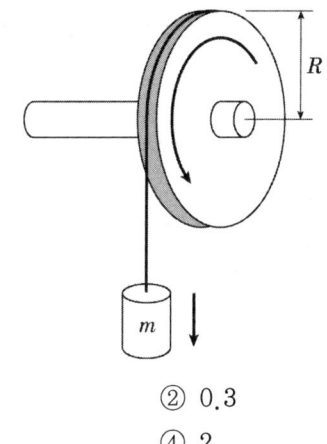

① 0.1   ② 0.3
③ 1   ④ 2

19 두 직선 도선이 z축에 평행하게 배열되어 xy평면에서 그림과 같이 나타난다. 한 도선은 y축 위 $y = d$인 점을 지나며 I_1의 전류가 흐르고, 다른 도선은 x축 위 $x = 2d$의 점을 지나며 I_2의 전류가 흐른다. 전류 I_1과 I_2는 z축 방향으로 설정되어, 만약 I_1과 I_2가 음이면 z축 반대 방향으로 전류가 흐른다. xy평면의 원점에서 자기장 벡터 $\vec{B}$의 방향이 x축에 대해 45°의 방향각을 갖는다면, 도선의 전류 특성으로 옳은 것은?

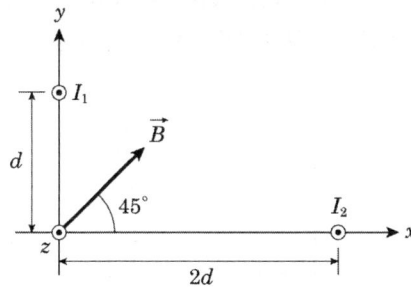

① $I_1 > 0$이고, $I_2 = -2I_1$이다.
② $I_1 > 0$이고, $I_2 = -4I_1$이다.
③ $I_1 > 0$이고, $I_2 = 4I_1$이다.
④ $I_1 < 0$이고, $I_2 = 2I_1$이다.

20 다음 회로도와 같이 기전력원(E), 축전기(C), 스위치, 그리고 두 개의 저항, R_1과 R_2를 연결하여 RC회로를 구성한다. 시간에 따라 스위치가 a와 b의 접점 사이를 전환하며, 그 사이 축전기 C의 전압 V_C를 계측한 결과가 그래프에 제시되어 있다. 이에 대한 설명으로 옳은 것만을 모두 고르면?

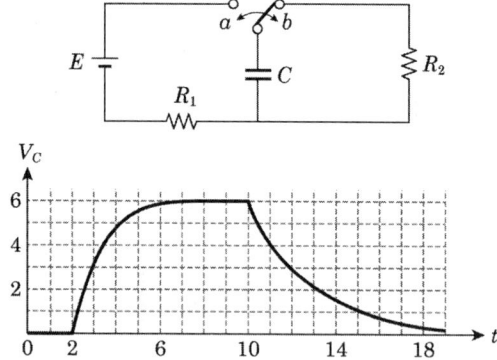

- ㄱ. $t = 2$ 시점에 스위치가 b에서 a로 전환된다.
- ㄴ. $t = 12$ 시점에 R_2 저항의 전압은 크기가 2 이상이다.
- ㄷ. R_2 저항이 R_1 저항보다 3배 이상 크다.
- ㄹ. 기전력원 E의 전압은 6이다.

① ㄴ, ㄷ
② ㄱ, ㄴ, ㄹ
③ ㄱ, ㄷ, ㄹ
④ ㄱ, ㄴ, ㄷ, ㄹ

21 그림은 얇은 볼록렌즈(L)로 만든 물체의 상을 분석하기 위한 광선도이다. 물체(O)의 상(I)이 광선도에 도시된 것과 같은 위치 관계를 갖는다면, 렌즈 초점의 위치로 옳은 것은?

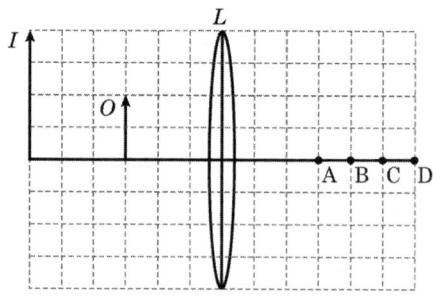

① A
② B
③ C
④ D

22 길이 L의 가벼운 줄에 질량 m의 물체를 달고 연직한 평면에서 회전 운동시키면, 실이 팽팽한 상태를 유지하며 물체가 일정한 주기로 회전한다. 물체가 최저점에서 v_0의 속력을 갖는다면, 물체의 지속적 회전 운동이 가능한 v_0의 조건은? (단, g는 중력가속도이다)

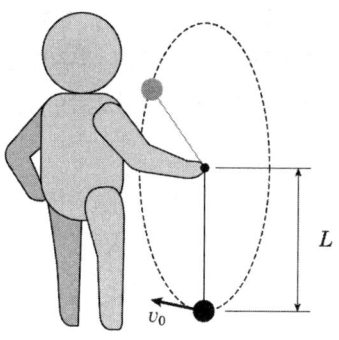

① $v_0 \geq \sqrt{2gL}$
② $v_0 \geq \sqrt{3gL}$
③ $v_0 \geq 2\sqrt{gL}$
④ $v_0 \geq \sqrt{5gL}$

23 1차원 무한퍼텐셜 우물에서 전자가 첫 번째 들뜬상태에 있다. 외부로부터 전자기파가 입사될 때 전자에 흡수될 수 있는 전자기파의 파장은? (단, E_1은 전자의 바닥상태 에너지, h는 플랑크 상수, c는 광속이다)

① $\dfrac{hc}{3E_1}$
② $\dfrac{5E_1}{hc}$
③ $\dfrac{14E_1}{hc}$
④ $\dfrac{hc}{21E_1}$

24 그림은 단원자분자 이상기체의 상태를 압력 P와 부피 V의 그래프로 나타낸 것이다. 1몰의 기체가 처음 P_0의 압력, V_0의 부피, T_0의 온도를 갖는 A 상태에 있다. 그리고 부피가 각각 $2V_0$와 $5V_0$이고 압력이 각각 P_0와 $P_0/5$인 B와 C 상태를 거쳐 A 상태로 회복한다. 이상기체는 단열과정, 등온과정, 등압과정 및 등적과정 가운데 세 가지 과정을 거치며 각각 외부에 W의 일을 하고 내부에너지 변화량 ΔU를 겪는다. 이러한 열역학적 순환과정에 대한 설명으로 옳지 않은 것은?

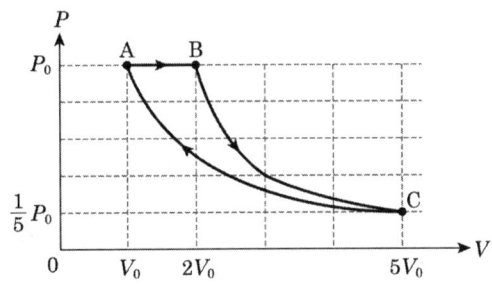

① A→B 과정에서 온도 변화량은 T_0이다.
② B→C 과정에서 W의 크기는 ΔU의 크기보다 더 크다.
③ C→A 과정에서 기체가 한 일 W는 $-P_0V_0\ln 5$이다.
④ 순환과정을 완성하면 기체가 한 일의 합은 양의 값이다.

25 100Ω의 저항 10개를 그림과 같이 연결한다. 회로 연결의 양단, A와 B에 12V의 전압을 가할 때, 저항 R_5를 통해 흐르는 전류의 양(mA)은?

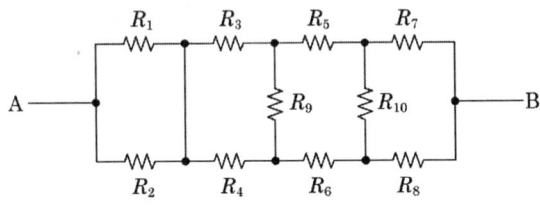

① 12　　　　　　　　　　② 24
③ 30　　　　　　　　　　④ 48

지방직·서울시 7급 물리학개론

• 일시 : 2024.11.2.   • 정답 및 해설 : 615p

01 이상기체의 온도가 4배로 증가하고 부피는 1/2배로 감소할 때, 압력은 처음의 몇 배인가? (단, 이상기체의 분자수 변화는 없다)
① 2배
② 8배
③ 1/2배
④ 1/8배

02 여름날 측정된 공기의 온도가 40℃일 때, 이 온도를 화씨[°F]로 나타내면?
① 72
② 54.2
③ 102
④ 104

03 보어의 수소 원자 모형에서 바닥 상태 전자의 드브로이 파장이 π Å 일 때, 이 전자의 궤도 둘레 길이[Å]가 될 수 있는 것은?
① $\frac{1}{2}\pi$
② $\frac{3}{2}\pi$
③ 2π
④ $\frac{5}{2}\pi$

04 모양이 다른 4개의 용기에 동일한 액체가 채워져 있다. 액체와 닿는 바닥면에서 압력이 가장 높은 것은? (단, 용기와 액체는 정지 상태며, 각 용기의 열린 쪽 액체 표면에서의 압력은 대기압이다)

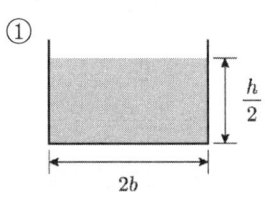
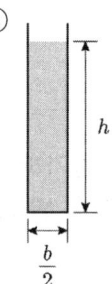
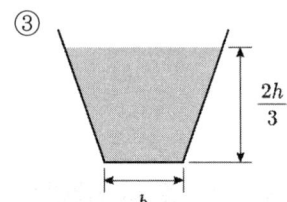
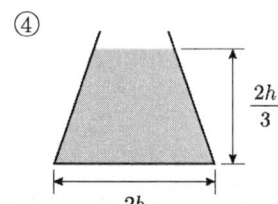

05 그림은 전기용량이 C로 동일한 축전기들을 이용하여 만든 회로를 나타낸 것이다. 이 회로의 A, B 사이의 모든 축전기를 포함한 등가 전기용량은?

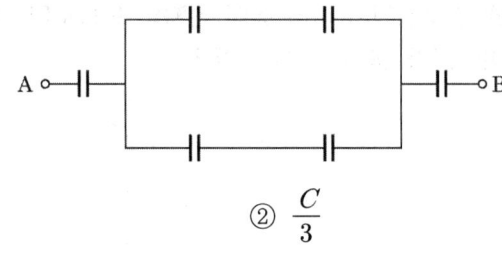

① $\dfrac{C}{2}$ ② $\dfrac{C}{3}$

③ $\dfrac{C}{4}$ ④ $\dfrac{C}{5}$

06 그림과 같이 xy평면에서 두 점전하 A, B가 각각 전하량 Q_A, Q_B를 가지고, 좌표 원점으로부터 각각 거리 d만큼 떨어져 x축 위에 고정되어 있다. 이때, y축 위 어떤 지점 P에서 측정된 전기장은 $+x$축 방향이다. 이에 대한 설명으로 옳은 것만을 모두 고르면?

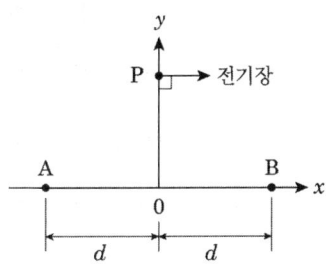

㉠ A는 양전하이다.
㉡ B는 양전하이다.
㉢ Q_A와 Q_B의 절댓값의 크기는 같다.

① ㉠
② ㉢
③ ㉠, ㉢
④ ㉡, ㉢

07 반지름이 R인 원통형 직선 도선이 진공 중에 놓여있고, 이 도선의 단면에 균일하게 분포된 정상전류 I가 도선의 길이 방향으로 흐른다. 도선의 중심으로부터 도선의 길이 방향에 수직하여 R만큼 떨어진 지점에서 자기장의 세기는? (단, 진공의 투자율은 μ_0이다)

① $\dfrac{\mu_0 I}{2\pi R}$
② $\dfrac{\mu_0 I}{\pi R}$
③ $\dfrac{2\mu_0 I}{\pi R}$
④ $\dfrac{3\mu_0 I}{2\pi R}$

08 그림과 같이 균일한 자기장이 xy평면에 수직 방향으로 형성되어 있다. xy평면에 직사각형 모양인 도선에 전류 I가 흐를 때, 전체 도선이 자기장에 의하여 받는 합력에 대한 설명으로 옳은 것은? (단, 도선은 고정되어 있다)

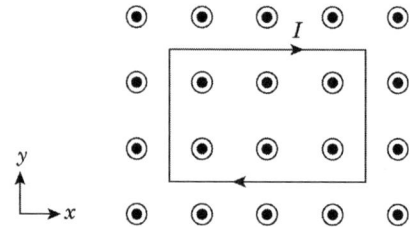

① 합력은 0이다.
② $-x$축 방향으로 합력이 작용한다.
③ $+x$축 방향으로 합력이 작용한다.
④ $+y$축 방향으로 합력이 작용한다.

09 광전효과 실험에서 진동수가 f인 빛을 일함수가 $2E_0$인 금속판에 비추었을 때, 금속판에서 방출되는 광전자의 최대운동에너지는 E_0이었다. 진동수가 $2f$인 빛을 동일한 금속판에 비춘다면 방출되는 광전자의 최대운동에너지는?

① E_0 ② $2E_0$
③ $3E_0$ ④ $4E_0$

10 그림은 길이가 L인 1차원 무한퍼텐셜 우물에 갇힌 질량이 m인 입자의 양자수(n)에 따른 에너지 준위(E_n)와 파동함수(ψ_n)를 나타낸 것이다. 이에 대한 설명으로 옳은 것만을 모두 고르면? (단, 파동함수는 잘 보이게 하기 위하여 수직으로 분리된 축에 그려져 있다)

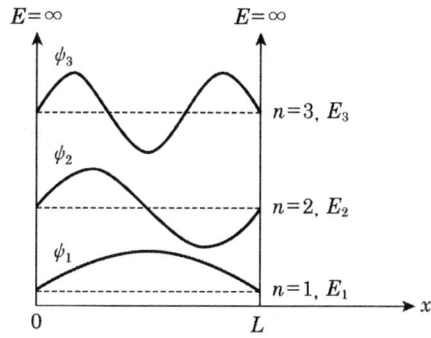

㉠ $n = 3$일 때 입자의 파장은 $\lambda = \dfrac{3L}{2}$이다.

㉡ $n = 2$일 때 입자의 에너지는 $E_2 = \dfrac{h^2}{2mL^2}$이다.

㉢ $x = 0$과 $x = L$ 지점에서 입자를 발견할 확률은 0이다.

① ㉠
② ㉢
③ ㉠, ㉢
④ ㉡, ㉢

11 수평면에서 질량이 2kg인 물체가 정지 상태에서 수직 방향으로 발사되어 최대 높이 15m에 도달하였다. 운동하는 동안 물체의 퍼텐셜에너지가 운동에너지의 2배가 되었을 때 물체의 속력[m/s]은? (단, 물체의 크기와 공기저항은 무시하고, 중력가속도는 10m/s² 이다)

① $5\sqrt{2}$
② 10
③ $10\sqrt{2}$
④ $\sqrt{10}$

12 활주로에 착륙하고 있는 비행기가 있다. 활주로에 바퀴가 닿는 순간의 비행기 수평 방향 속력이 360km/h이고, 크기 10m/s²의 일정한 가속도로 감속하여 정지하였다면 비행기가 정지할 때까지 활주로에서 이동한 거리[m]는? (단, 활주로는 수평이고, 바퀴가 닿는 순간부터 비행기는 활주로 위에서 직선운동 한다)

① 300
② 360
③ 480
④ 500

13 그림과 같이 두 개의 카르노 열기관 A_1과 A_2가 서로 연결되어 있다. A_1은 고열원으로부터 열 Q_1을 흡수하여 외부로 W_1만큼 일을 하고 A_2로 열 Q_2를 방출한다. A_2는 A_1으로부터 열 Q_2를 흡수하여 외부로 W_2만큼 일을 하고 저열원으로 열 Q_3를 방출한다. A_1과 A_2의 열효율이 각각 e_1과 e_2일 때, 열효율의 비율 $\dfrac{e_1}{e_2}$을 Q_1, Q_2, Q_3를 이용하여 나타내면?

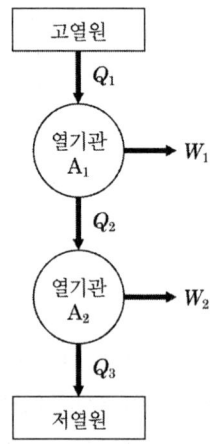

① $\dfrac{Q_1(Q_1 - Q_2)}{Q_2(Q_2 - Q_3)}$

② $\dfrac{Q_2(Q_1 - Q_2)}{Q_1(Q_2 - Q_3)}$

③ $\dfrac{Q_1(Q_1 - Q_2)}{Q_2(Q_3 - Q_2)}$

④ $\dfrac{(Q_1 - Q_2)}{(Q_2 - Q_3)}$

14 높이가 5cm인 물체가 초점 거리 2cm인 수렴렌즈의 왼쪽 10cm 지점에 놓여 있다. 이 렌즈의 수직 배율은?

① 도립된 0.20배
② 정립된 0.20배
③ 도립된 0.25배
④ 정립된 0.25배

15 50m/s의 속력으로 등속도 운동하는 자동차 A가 정지 상태의 자동차 B를 지나가는 순간, B도 A와 같은 방향으로 등가속도 운동을 시작하였다. B의 가속도가 $20m/s^2$이라면, B가 A를 처음 앞지르기 시작하는 것은 B가 출발한 순간부터 몇 초 후인가? (단, A, B의 크기는 무시하며 직선운동 한다)

① 2.5
② 3
③ 5
④ 10

16 그림과 같이 도르래에 늘어날 수 없는 줄이 걸쳐있고, 줄의 양쪽에는 각각 질량이 5kg, 20kg인 추가 매달려있다. 20kg의 추가 낙하하는 동안 줄의 장력[N]은? (단, 도르래와 줄의 질량과 모든 마찰은 무시하며, 중력가속도는 $10m/s^2$이다)

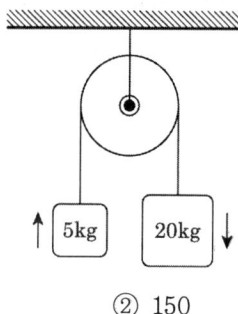

① 80
② 150
③ 160
④ 200

17 그림은 질량이 각각 m, $2m$, $3m$인 입자 A, B, C의 위치를 나타낸다. 이 세 입자로 이루어진 계의 질량 중심 위치는? (단, 모든 입자의 크기는 무시한다)

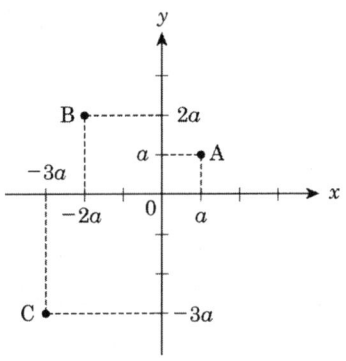

① $\left(-a, \dfrac{1}{3}a\right)$ ② $(-a, 0)$

③ $\left(-2a, -\dfrac{1}{3}a\right)$ ④ $\left(-2a, -\dfrac{2}{3}a\right)$

18 직선도로의 양 끝에서 각각 출발한 두 자동차 A, B가 서로를 향해 같은 속력 v로 달리고 있다. 이때 A에서는 진동수가 f인 사이렌이 울리고 있고, B에 탄 운전자에게 들리는 A의 사이렌 진동수가 $1.5f$라면 v는? (단, 음파의 속력은 v_s이다)

① $\dfrac{1}{2}v_s$ ② $\dfrac{1}{3}v_s$

③ $\dfrac{1}{4}v_s$ ④ $\dfrac{1}{5}v_s$

19 그림과 같이 용수철 상수가 k인 용수철에 질량이 m인 물체가 달려있다. 평형상태인 용수철의 길이에서 A 만큼 늘인 후 물체를 가만히 놓았을 때 나타나는 단순조화운동에 대한 설명으로 옳은 것은? (단, 모든 마찰은 무시한다)

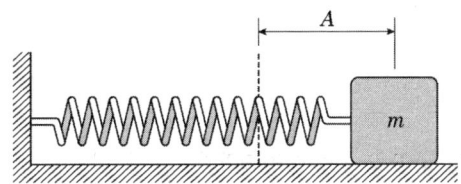

① 용수철 상수가 k에서 $k/2$로 감소하면 진동의 주기는 증가한다.
② 물체의 질량이 m에서 $2m$으로 증가하면 진동의 주기는 감소한다.
③ 물체의 질량이 m에서 $2m$으로 증가해도 진동의 주기는 변하지 않는다.
④ 평형상태에서 처음 늘이는 길이를 A 대신 $A/2$로 하면 진동의 주기는 감소한다.

20 그림과 같이 굴절률 n이 서로 다른 세 층으로 이루어진 매질에 빛이 45°의 각도로 입사하였다. $n=1.5$와 $n=2.0$의 경계면에서 굴절각이 θ일 때 $\cos\theta$는?

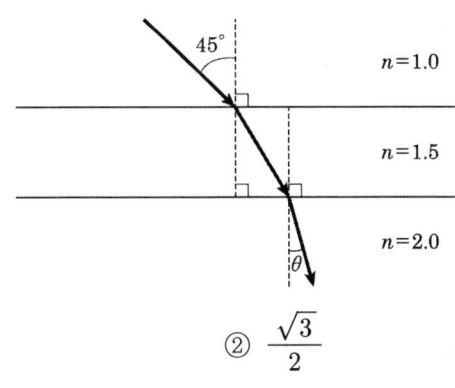

① $\dfrac{\sqrt{14}}{4}$ ② $\dfrac{\sqrt{3}}{2}$

③ $\dfrac{\sqrt{7}}{4}$ ④ $\dfrac{1}{2}$

정답 및 해설

| 빠른 정답 | 2024.10.12. 국가직 7급 물리학개론

01	02	03	04	05	06	07	08	09	10
③	③	①	③	①	②	④	②	②	①
11	12	13	14	15	16	17	18	19	20
④	④	③	②	①	④	③	③	①	②
21	22	23	24	25					
④	④	④	②	③					

01. ③

- 빗면에서의 가속도 : $a_A = g\sin\theta$

  $F_A = m_A a_A = m_A g\sin\theta = m_A g\sin 60°$

  $F_B = m_B a_B = m_B g\sin\theta = m_B g\sin 30°$

- 힘의 평형 : $F_A = F_B \rightarrow m_A g\sin 60° = m_B g\sin 30°$

  $\dfrac{m_B}{m_A} = \dfrac{\sin 60°}{\sin 30°} = \dfrac{\frac{\sqrt{3}}{2}}{\frac{1}{2}} = \sqrt{3}$

02. ③

주파수가 f_0가 되었을 때 처음으로 광전자가 표면에서 방출되기 시작했으므로 이 주파수(f_0)가 한계진동수이고 이 때 일함수(W)는 $W = hf_0$이다.

- 광전자의 운동에너지 : $E_K = hf - W = h(f - f_0)$
- $2f_0$일 때 광전자의 최대 운동에너지

  $E_K = \dfrac{1}{2}mv^2 = hf - W = h(f - f_0) = h(2f_0 - f_0) = hf_0$

- $4f_0$일 때 광전자의 최대 운동에너지

  $E_K = \dfrac{1}{2}mv'^2 = hf - W = h(f - f_0) = h(4f_0 - f_0) = 3hf_0 = 3E_K$

  $\dfrac{1}{2}mv'^2 = 3 \times \dfrac{1}{2}mv^2 \rightarrow v' = \sqrt{3}\,v$

03. ①

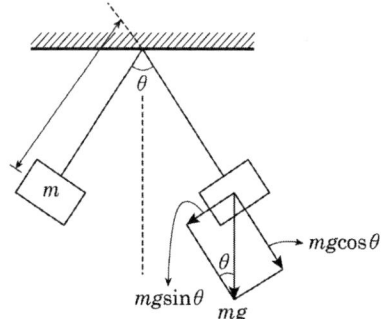

추의 질량을 m, 실과 수직선 사이의 각도를 θ라 하면 실에 수직한 방향의 접선성분 $mg\sin\theta$는 항상 추의 각변위를 줄이려는 방향으로 작용하여 회전운동을 평형상태로 복원시키려는 토크를 만든다.

- 복원토크 : $\tau = -mg\sin\theta L$
- 운동 제2법칙 : $I\dfrac{d^2\theta}{dt^2} = -mgL\sin\theta$
- 각도 θ가 작은 경우 $\sin\theta \approx \theta$

$-I\omega^2\theta = -mgL\theta \to \omega = \sqrt{\dfrac{mgL}{I}}$ 이고 $T = \dfrac{2\pi}{\omega} = 2\pi\sqrt{\dfrac{I}{mgL}}$

추의 질량 중심에서의 관성모멘트를 I'라 하면 고정점에서의 관성모멘트 $I = I' + mL^2$이고 주기는 $T = \dfrac{2\pi}{\omega} = 2\pi\sqrt{\dfrac{I' + mL^2}{mgL}}$ 이다.

① 진자 추의 크기가 커지면 질량관성모멘트 I'가 커지므로 진동 주기는 커진다.
② 길이 L이 커지면 진동 주기는 늘어난다.
③ 순항 중인 비행기에서는 중력가속도 g가 작아지므로 진동 주기는 지면에서보다 미세하게 길어진다.
④ 역학적에너지 보존법칙에 의해 진자 운동에서 추가 최저점일 때 운동에너지가 최대가 된다.

04. ③

외부압력이 1atm일 때 물의 끓는점은 100℃이다.
물이 잃은 열 = 알루미늄이 얻은 열
알루미늄의 비열을 c라고 하면 물의 비열은 $4c$이다. $Q = cm\Delta t$에서
$4c \times 2 \times (100 - T) = c \times 1 \times (T - 10) \to T = 90℃$

05. ①

80N의 일정한 힘을 가할 때 상자가 등속 운동하므로 운동 마찰력은 80N이 된다. 운동 마찰계수를 μ라 하면
$F(외력) = f(운동 \ 마찰력) = 80N = \mu mg = \mu \times 20 \times 10$
운동 마찰계수 $\mu = 0.4$

- 120N의 힘을 주었을 때 상자가 '움직이기 시작했다'가 아니라 '상자가 운동한다'라고 했으므로 이 문제에서 정지 마찰력은 80N보다 크고 120N보다 작다는 범위만 알 수 있을 뿐 그 값을 특정할 수는 없다.

Appendix

06. ②

핵의 붕괴과정을 1차 반응으로 가정하면 $-\dfrac{dN}{dt} \propto N \rightarrow -\dfrac{dN}{dt} = kN$

$\dfrac{dN}{dt} = -kN \xrightarrow{\text{변수분리}} \dfrac{dN}{N} = -k\,dt \xrightarrow{\text{양변적분}} \int_{N_0}^{N} \dfrac{dN}{N} = \int_0^t k\,dt$

$\ln\left(\dfrac{N}{N_0}\right) = -kt \rightarrow N = N_0 e^{-kt}$ (t일 후 남아 있는 핵의 개수)

$t_{1/2} = 8$일 $\quad N_0 e^{-8k} = \dfrac{1}{2} N_0 \rightarrow e^{-8k} = \dfrac{1}{2} \rightarrow e^{8k} = 2$

4일 후 남아 있는 핵의 개수 $N_4 = N_0 e^{-4k} \rightarrow N_0 = N_4 e^{4k}$

4일간 방출한 알파선 입자수가 4×10^8개이므로 $N_0 - N_4 = 4 \times 10^8$

$N_4 e^{4k} - N_4 = 4 \times 10^8 \rightarrow N_4 = \dfrac{4 \times 10^8}{e^{4k} - 1} = \dfrac{4 \times 10^8}{\sqrt{2} - 1} = 4(\sqrt{2} + 1) \times 10^8$

$N_4 = 4(\sqrt{2} + 1) \times 10^8 \fallingdotseq 9.657 \times 10^8$이므로 가장 근접한 것은 10×10^8

다른 해법

T : 반감기, t : 경과시간이라 하면

$N_4 = N_0 - 4 \times 10^8 = N_0 \left(\dfrac{1}{2}\right)^{\frac{t}{T}} = N_0 \left(\dfrac{1}{2}\right)^{\frac{4}{8}} = \dfrac{N_0}{\sqrt{2}}$

$\sqrt{2}\,N_0 - N_0 = 4\sqrt{2} \times 10^8 \rightarrow N_0 = (8 + 4\sqrt{2}) \times 10^8$

$N_4 = (8 + 4\sqrt{2}) \times 10^8 - 4 \times 10^8 = (4 + 4\sqrt{2}) \times 10^8 \fallingdotseq 9.656 \times 10^8$

07. ④

- 카르노 열펌프

$\dfrac{Q_L}{W} = \dfrac{T_L}{T_H - T_L} = \dfrac{Q_L}{Q_H - Q_L} \rightarrow \dfrac{Q_L}{300} = \dfrac{250}{300 - 250} \quad \therefore Q_L = 1500\,J$

$Q_H = Q_L + W = 1500 + 300 = 1800\,J$

08. ②

전기용량 $C = \varepsilon \dfrac{S}{d}$ (ε : 유전상수, S : 극판의 면적, d : 극판 사이의 간격)

축전기의 평행판 사이의 거리를 2배로 증가시키면 전기용량은 $\dfrac{1}{2}$배로 된다.

축전기의 에너지 증가량 : $\Delta E = \dfrac{Q^2}{2C'} - \dfrac{Q^2}{2C} = \dfrac{Q^2}{2 \times \dfrac{C}{2}} - \dfrac{Q^2}{2C} = \dfrac{Q^2}{2C}$

09 ②

- 정압비열 $(C_P) = \dfrac{5}{2}R$

- 열량 $Q = nC_P\Delta T = 2\,mol \times \dfrac{5}{2} \times 8\,Jmol^{-1}K^{-1} \times (500-300)K = 8000\,J = 8\,kJ$

10. ①

① Stefan-Boltzmann의 법칙 : $E = \sigma A T^4$ 에서 흑체의 복사에너지는 절대온도의 4제곱에 비례한다. 온도가 $\dfrac{1}{2}$ 배가 되면 복사에너지는 $\left(\dfrac{1}{2}\right)^4 = \dfrac{1}{16}$ 배가 된다. $\dfrac{1}{16} > \dfrac{1}{20}$ 이므로 $\dfrac{1}{20}$ 이상이 된다.

② Wien의 변위법칙 : $\lambda_{max} = \dfrac{a}{T} \rightarrow \lambda \propto \dfrac{1}{T}$ 이므로 온도가 $\dfrac{1}{2}$ 배가 되면 파장은 2배가 된다. 따라서, 복사 스펙트럼은 500nm의 2배인 1000nm 파장에서 최대 세기를 보인다.

③ 온도가 $\dfrac{1}{2}$ 배가 되어 낮아지면 모든 파장에서 빛의 세기가 감소하므로 400nm 파장 성분의 세기도 감소한다.

④ 흑체는 입사된 모든 파장의 전자기파를 흡수하므로 복사 스펙트럼은 연속 스펙트럼이다.

11. ④

영희의 질량을 m, 가속도를 a' 라 하고 철수의 질량을 $2m$, 가속도를 a 라 하면 작용반작용의 법칙에 따라 힘의 크기는 같고 방향은 반대이다.
F_1(철수가 당기는 힘) $= F_2$(영희가 당기는 힘)
$2ma = ma' \rightarrow a' = 2a$
등가속도 운동을 하므로 $s = v_0 t + \dfrac{1}{2}at^2\ (v_0 = 0) \rightarrow s \propto a$
철수가 이동한 거리를 x 라 하면 영희가 이동한 거리는 $15-x$ 가 되고
$x : (15-x) = a : 2a = 1 : 2 \rightarrow x = 5m$
영희의 이동 변위 $= 15 - 5 = 10m$

12. ④

㉠ 입자가 $0 < t < 4s$에서 가속도가 $1m/s^2$으로 일정하므로 등가속도 운동을 한다.
㉡ 아래 그래프에서 속도의 부호가 바뀌는 시간이 운동 방향이 전환되는 때이다. 속도의 부호가 두 번 바뀌었으므로 입자의 운동 방향은 두 번 전환된다. $0 < t < 12s$에서 입자의 운동 방향은 두 번 전환된다.

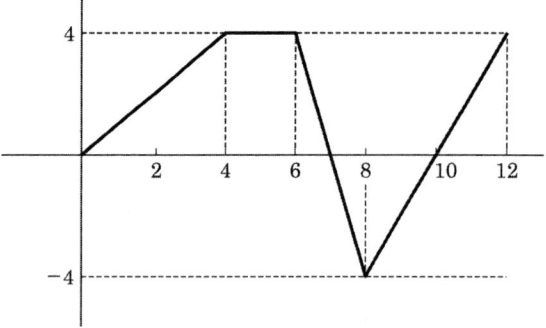

㉢ 위 그래프에서 면적이 이동 거리이다. $0 < t < 12s$에서 입자의 전체 이동 거리는 28m로 26m보다 길다.
㉣ 다음 그림에서와 같이 입자가 출발점에서 가장 멀리 위치하였을 때는 $t = 7s$이다.

13. ③

① 직선 도선의 전류 I가 감소하면 $B = k\dfrac{I}{r}$에서 자기장 B가 감소하므로 자기력선속(자속)의 크기는 시간에 따라 감소한다.
② 고리 내부의 자기장이 감소하므로 자기장의 세기를 증가시키는 쪽으로 변화가 일어난다. 즉, 고리 내부에는 종이면에서 나오는 방향의 자기장이 형성되어야 하므로 앙페르의 오른손 법칙에 따라 반시계 방향의 전류가 흐른다.
③ 반시계 방향으로 전류가 흐를 때 각 도선이 받는 자기력을 나타내면 다음 그림과 같다. 이 때 x축 양 방향의 힘은 크기가 같고 방향이 반대이므로 서로 상쇄되어 0이 되고 y축 방향의 힘은 전류 I가 흐르는 도선에 가까운 쪽이 더 큰 힘을 받으므로 자기력의 방향은 $-y$축 방향이다.

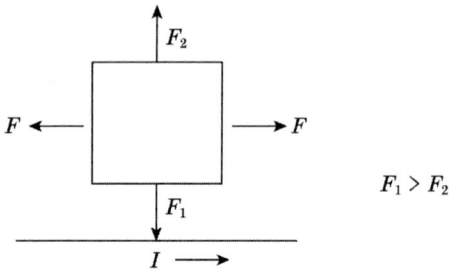

④ 자기장 벡터($\vec{B}$)는 $+z$ 방향이고 $\vec{dA}$는 $+x$ 방향으로 서로 수직이므로
자기력선속 $\phi = \int \vec{B} \cdot \vec{dA} = 0$이 된다.
따라서, 유도 전류값은 0이다.

14. ②

㉠ $\Psi = A\cos(kx - \omega t)$ 에서 A는 진폭, k는 각파동수이다.

P의 진폭은 A이고 Q의 진폭은 2A이므로 진폭은 Q가 P보다 2배 크다.

㉡ 각파동수 $|k| = \dfrac{2\pi}{\lambda}$ 이다.

$$k = \dfrac{2\pi}{\lambda_P} \quad 2k = \dfrac{2\pi}{\lambda_Q} \;\rightarrow\; \lambda_P : \lambda_Q = \dfrac{2\pi}{k} : \dfrac{2\pi}{2k} = 2 : 1$$

㉢ $kx - \omega t =$ 상수 $\;\rightarrow\; k\dfrac{dx}{dt} - \omega = 0 \;\rightarrow\; k\dfrac{dx}{dt} = \omega$

$\dfrac{dx}{dt} = v = \dfrac{\omega}{k}$ 이고 $v_P = \left|\dfrac{\omega}{k}\right| = \dfrac{\omega}{k}$, $v_Q = \left|\dfrac{-3\omega}{-2k}\right| = \dfrac{3\omega}{2k} = \dfrac{3}{2}v_P$

㉣ P는 $+x$ 방향으로 진행하고, Q는 $-x$방향으로 진행하는 파동이다.

15. ①

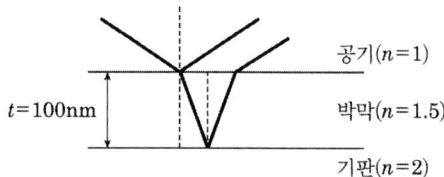

- 공기$(n=1)$ < 박막$(n=1.5)$ < 기판$(n=2)$로 모두 고정단 반사이므로 위상의 변화는 180°이다.
- 파동이 굴절률이 다른 매질을 만날 때 일부는 반사되고 일부는 굴절되어 투과된다. 이 때 반사되는 빛이 다른 빛과 상쇄간섭을 일으켜 사라진다면 반사파로 전달되는 에너지가 없으므로 투과파에 모든 에너지가 전달되고 투과광의 세기가 최대가 된다. 따라서, 코팅된 박막 표면에서 반사된 빛과 투명기판 표면에서 반사된 빛이 서로 상쇄간섭을 할 때 투과율이 가장 높게 된다.
- 상쇄간섭조건 : 경로차 = $\dfrac{\text{코팅된 박막에서의 빛의 파장}}{2}$ × 홀수배

$\Delta = \dfrac{\lambda}{2n}(2m+1)$

$2 \times 100 \times 10^{-9} = (2m+1) \times \dfrac{\lambda}{2 \times 1.5}\;(m = 0, 1, 2, \cdots)$

$\lambda = \dfrac{6 \times 10^{-7}}{2m+1}\;(m = 0, 1, 2, \cdots)$

$m = 1$ 일 때 $\lambda = 2 \times 10^{-7}m = 200nm$

16. ④

- 파장 200nm : $\Delta x_1 = \dfrac{L\lambda}{d} = \dfrac{2 \times 10^3 \times 200 \times 10^{-6}}{1.0} = 0.4mm$
- 파장 600nm : $\Delta x_2 = \dfrac{L\lambda}{d} = \dfrac{2 \times 10^3 \times 600 \times 10^{-6}}{1.0} = 1.2mm$

Δx_1 : 0.4mm마다 반복, Δx_2 : 1.2mm마다 반복
간격이 더 큰 1.2mm마다 반복된다.

17. ③

- 물체 A : $F = m_A a_1 \rightarrow m_A = \dfrac{F}{a_1}$

- 물체 B : $2F = m_B a_2 \rightarrow m_B = \dfrac{2F}{a_2}$

- A, B가 함께 묶여 있는 물체

  $3F = (m_A + m_B)a = \left(\dfrac{F}{a_1} + \dfrac{2F}{a_2}\right)a = F\left(\dfrac{2a_1 + a_2}{a_1 a_2}\right)a$

  $\therefore a = 3\left(\dfrac{a_1 a_2}{2a_1 + a_2}\right)$

18. ③

실의 장력을 T, 질량 m인 물체의 가속도를 a라 하면

- 운동방정식 : $mg - T = ma \rightarrow 10m - T = 5m \rightarrow T = 5m$

- 원통형 바퀴의 운동방정식 : $T \cdot R = I \cdot \alpha = I \cdot \dfrac{a}{R}$

  $T = \dfrac{I \cdot a}{R^2} = \dfrac{10 \times 10^{-3} \times 5}{0.1^2} = 5\,N$

  $T = 5N = 5m \rightarrow m = 1\text{kg}$

19. ①

- 원점에서 I_1의 전류가 흐르는 도선에 의한 자기장의 방향
  1) $+z$방향 전류일 때 : $+x$방향
  2) $-z$방향 전류일 때 : $-x$방향

- 원점에서 I_2의 전류가 흐르는 도선에 의한 자기장의 방향
  1) $+z$방향 전류일 때 : $-y$방향
  2) $-z$방향 전류일 때 : $+y$방향

- 자기장의 방향이 x축에 대하여 45°의 각도를 가지려면 I_1에 의한 자기장과 I_2에 의한 자기장이 크기가 같아야 한다. I_1의 전류가 흐르는 도선에 의한 자기장의 방향은 $+x$방향이고 I_2의 전류가 흐르는 도선에 의한 자기장의 방향은 $+y$방향이므로 I_1과 I_2의 방향은 서로 반대이다.

- $I_1 > 0\,(+z) \rightarrow I_2 < 0\,(-z)$

  $B_1 = k\dfrac{I_1}{d},\ B_2 = k\dfrac{-I_2}{2d} \rightarrow |B_1| = |B_2|\quad \therefore I_2 = -2I_1$

20. ②

㉠ $t = 2$ 시점에 축전기가 충전되기 시작하므로 스위치가 b에서 a로 전환된다.

㉡ $t = 12$ 시점에 축전기는 방전되고 있으며 축전기의 전압은 약 3 정도이고 저항 R_2에 걸리는 전압과 축전기에 걸리는 전압은 같으므로 R_2 저항의 전압은 크기가 2 이상이다.

㉣ 축전기 완전충전 후 전압 $V_C = 6$이므로 기전력원 E의 전압은 6이다.

㉢ 시정수 $\tau = RC$

- 전원전압의 약 63% 충전하는 데 걸리는 충전시간 또는 충전전압의 37%가 되는 데 걸리는 방전시간
- 전원전압이 6이고, 따라서 $6 \times 0.63 = 3.78$이 된다. 그래프에서 3.78 충전하는 데 걸리는 시간을 읽으면 약 1.4 정도이다.
- 방전 시에는 $6 \times 0.37 = 2.22$이고 그래프에서 시간을 읽으면 약 2.6정도이다.
  축전기의 전기용량(C)는 같으므로 $\tau_{충전} : \tau_{방전} = R_1 C : R_2 C = R_1 : R_2$
  따라서, $R_1 : R_2 = 1.4 : 2.6$으로 R_2 저항이 R_1 저항보다 3배 이상 클 수 없다.

21. ④

한 칸의 길이를 1로 가정하면 $a = 3, b = -6$이다.

$\dfrac{1}{a} + \dfrac{1}{b} = \dfrac{1}{f} \rightarrow \dfrac{1}{3} + \dfrac{1}{-6} = \dfrac{1}{f} \rightarrow f = 6$이 된다.

22. ④

최고점에서 $\dfrac{mv^2}{L} = mg \rightarrow mv^2 = mgL$

역학적에너지 보존의 법칙

$\dfrac{1}{2}mv_0^2 \geq \dfrac{1}{2}mv^2 + mg \times 2L = \dfrac{1}{2}mgL + 2mgL = \dfrac{5}{2}mgL$

$v_0^2 \geq 5gL \rightarrow v_0 \geq \sqrt{5gL}$

23. ④

- 1차원 무한퍼텐셜 우물에서 에너지 준위 : $E_n = \dfrac{n^2 h^2}{8mL} = n^2 E_1$

- 바닥상태(n=1) 에너지 : $E_1 = \dfrac{h^2}{8mL}$

- 첫 번째 들뜬상태(n=2) 에너지 : $E_2 = \dfrac{2^2 h^2}{8mL} = 4E_1$

- 첫 번째 들뜬상태에서 전자기파가 입사될 때 전이될 수 있는 에너지
  $\Delta E = E_n - E_2 = n^2 E_1 - 4E_1 = (n^2 - 4)E_1 \ (n \geq 3)$

- 전자기파의 파장 : $\lambda = \dfrac{hc}{\Delta E} = \dfrac{hc}{(n^2 - 4)E_1}$

  n=5일 때 가능한 파장 $\lambda = \dfrac{hc}{(5^2 - 4)E_1} = \dfrac{hc}{21E_1}$

24. ②

① A → B 과정(등압과정)
$$\frac{P_A V_A}{T_A} = \frac{P_B V_B}{T_B} \to \frac{P_0 V_0}{T_0} = \frac{P_0 \times 2V_0}{T_B} \to T_B = 2T_0$$
온도 변화량 $= 2T_0 - T_0 = T_0$

② B → C 과정(단열과정)
열역학 제1법칙 $\Delta U = Q - W$ 에서 $Q = 0$이므로 $\Delta U = -W$
W의 크기는 ΔU의 크기와 같다.

③ C → A 과정(등온과정) ← $P_C V_C = P_A V_A = P_0 V_0$
열역학 제1법칙 $\Delta U = Q - W$ 에서 $\Delta U = 0$이므로
$$Q = W = \int P dV = \int_{5V_0}^{V_0} \frac{RT_0}{V} dV = RT_0 \ln \frac{V_0}{5V_0}$$
$$= -RT_0 \ln 5 = -P_0 V_0 \ln 5$$

④ A → B → C 과정의 내부 면적이 해준 일의 양이므로 순환과정을 완성하면 기체가 한 일의 합은 양의 값이다.

25. ③

A와 B 사이의 저항이 없는 도선, 저항 R_9와 R_{10} 양단의 전위차가 0이므로 이들에는 전류가 흐르지 않는다. 따라서, 등가회로로 바꾸면 다음 그림과 같다.

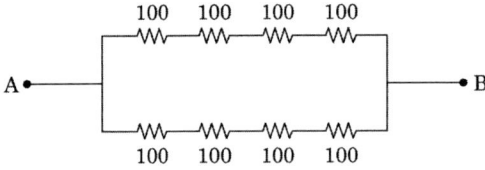

R_5를 통해 흐르는 전류 $I_5 = \dfrac{12}{4 \times 100} = 0.03\text{A} = 30\text{mA}$

| 빠른 정답 | 2024.11.2. 지방직·서울시 7급 물리학개론

01	02	03	04	05	06	07	08	09	10
②	④	③	②	②	③	①	①	④	④
11	12	13	14	15	16	17	18	19	20
②	④	②	③	③	①	④	④	①	①

01. ②

초기 온도, 압력, 부피를 T_1, P_1, V_1이라 하고 나중 상태를 T_2, P_2, V_2라 하면 $T_2 = 4T_1$, $V_2 = \frac{1}{2}V_1$의 관계가 성립한다.

• 보일-샤를의 법칙

$$\frac{P_1 V_1}{T_1} = \frac{P_2 V_2}{T_2} = \frac{P_2 \times \frac{1}{2} V_1}{4 T_1} \rightarrow P_2 = 8 P_1$$

02. ④

$t(°F) = 1.8 t(°C) + 32 = 1.8 \times 40 + 32 = 104 °F$

03. ③

• 보어의 양자조건 : 전자의 원궤도 둘레의 길이($2\pi r$)에 전자의 운동량(mv)을 곱한 값은 플랑크상수(h)의 정수배에 해당한다.

$2\pi r \times mv = nh \rightarrow 2\pi r = \frac{nh}{mv} = n\lambda$

궤도 둘레 길이는 드브로이 파장의 정수배이므로 ③만이 이에 해당한다.

04. ②

$P = \frac{F}{A} = \frac{mg}{A}$ 분모, 분자에 높이 h를 곱해 주면

$P = \frac{mg \times h}{A \times h} = \frac{mgh}{V} = \rho g h$에서 ρ(밀도), g가 일정하므로 $P \propto h$

따라서, 높이가 가장 높은 ②의 압력이 가장 높다.

05. ②

병렬회로의 합성전기용량(C')

$$C_1 = \frac{C}{2} + \frac{C}{2} = C$$

가운데 병렬로 접속되어 있는 회로를 등가회로로 바꾸면 다음 그림과 같다.

A o—||—||—||—o B
    C C C

전체 합성전기용량 $\dfrac{1}{C'} = \dfrac{1}{C} + \dfrac{1}{C} + \dfrac{1}{C} = \dfrac{3}{C} \rightarrow C' = \dfrac{C}{3}$

06. ③

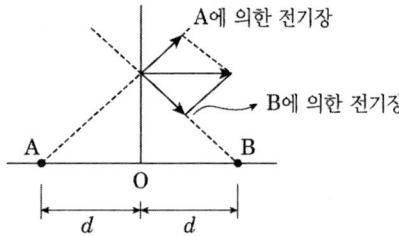

㉠ 그림에서와 같이 A의 전기장의 방향은 A → P이므로 A는 양전하이다.
㉡ 그림에서와 같이 B의 전기장의 방향은 P → B이므로 B는 음전하이다.
㉢ P점에서 전기장의 방향이 x축과 평행하게 나오려면 A와 B에 의한 전기장의 크기가 같아야 한다. 따라서, Q_A와 Q_B의 절댓값의 크기는 같다.

07. ①

- 자계(H) : 앙페르의 주회적분의 원리에 따라 다음 식과 같다.

$$\oint H \cdot dl = H \times 2\pi R = I \rightarrow H = \frac{I}{2\pi R} \,(AT/m)$$

$$B = \mu_0 H = \frac{\mu_0 I}{2\pi R}$$

08. ①

고정된 도선에 일정한 전류가 흐르고 자기장의 변화가 없으므로 도선에 작용하는 힘은 0이다.

09. ④

$E = hf = E_K + W$에서 $W = 2E_0$, $E_K = E_0 \rightarrow E = hf = 3E_0$
진동수가 2배가 되면 광자에너지도 2배가 되고 일함수는 일정하므로
$E' = 2hf = 6E_0 = E_K' + 2E_0$
$E_K' = 4E_0$

10. ④

㉠ 주양자수와 길이 L 사이에는 $L = \dfrac{n\lambda}{2}$의 관계가 성립한다. 따라서 $n=3$일 때 $L = \dfrac{3\lambda}{2}$ 이고 파장은 $\lambda = \dfrac{2L}{3}$ 이 된다.

㉡ 주양자수 n일 때 입자의 에너지 : $E_n = \dfrac{n^2 h^2}{8mL^2}$

$n=2$일 때 입자의 에너지 : $E_2 = \dfrac{2^2 h^2}{8mL^2} = \dfrac{h^2}{2mL^2}$

㉢ 입자발견확률 $\psi_n^2(x) = A^2 \sin^2\left(\dfrac{n\pi}{L}x\right)$

$x = 0 \rightarrow \psi_n^2(x) = A^2 \sin^2\left(\dfrac{n\pi}{L}x\right) = A^2 \sin^2 0 = 0$

$x = L \rightarrow \psi_n^2(x) = A^2 \sin^2\left(\dfrac{n\pi}{L}x\right) = A^2 \sin^2(n\pi) = 0$

11. ②

- 최고점에서 중력퍼텐셜 : $E_P = 2 \times 10 \times 15 = 300\,J$
- 역학적에너지 보존의 법칙

$mgh = \dfrac{1}{2}mv_1^2 + mgh_1 = \dfrac{1}{2}mv^2$ 에서 물체의 퍼텐셜에너지가 운동에너지의 2배가 되었을 때 $mgh_1 = 2 \times \dfrac{1}{2}mv_1^2$ 의 관계가 성립한다.

$mgh = 300\,J = \dfrac{1}{2}mv_1^2 + mgh_1 = \dfrac{1}{2}mv_1^2 + 2 \times \dfrac{1}{2}mv_1^2 = \dfrac{3}{2}mv_1^2$

$300 = \dfrac{3}{2} \times 2 \times v_1^2 \rightarrow v_1^2 = 100 \rightarrow v_1 = 10\,m/s$

12. ④

- 활주로에 바퀴가 닿는 순간의 비행기 수평 방향 속력

$v_0 = 360\left(\dfrac{km}{h}\right)\left(\dfrac{1000\,m}{1\,km}\right)\left(\dfrac{1\,h}{3600\,s}\right) = 100\,m/s$

- 등가속도 운동 공식 $2as = v^2 - v_0^2$ 을 이용하면

$2 \times (-10) \times s = 0^2 - 100^2 \rightarrow s = 500\,m$

13. ②

- 열기관의 열효율 $e = \dfrac{\text{일의 양}}{\text{고온체의 열량}} = \dfrac{W}{Q_H} = \dfrac{Q_H - Q_C}{Q_H}$

- 열기관 A_1 : 고열원 → Q_1, 저열원 → Q_2

  $e_1 = \dfrac{Q_1 - Q_2}{Q_1}$

- 열기관 A_2 : 고열원 → Q_2, 저열원 → Q_3

  $e_2 = \dfrac{Q_2 - Q_3}{Q_2}$

$\dfrac{e_1}{e_2} = \dfrac{\dfrac{Q_1 - Q_2}{Q_1}}{\dfrac{Q_2 - Q_3}{Q_2}} = \dfrac{Q_2(Q_1 - Q_2)}{Q_1(Q_2 - Q_3)}$

14. ③

- 초점 거리 공식 : $\dfrac{1}{a} + \dfrac{1}{b} = \dfrac{1}{f}$, $f = 2cm$, $a = 10cm$

$\dfrac{1}{10} + \dfrac{1}{b} = \dfrac{1}{2}$ → $b = 2.5\ cm$

$m = \dfrac{b}{a} = \dfrac{2.5}{10} = 0.25$

실제 빛이 모인 실상이며 거꾸로 선 상(도립)이다.

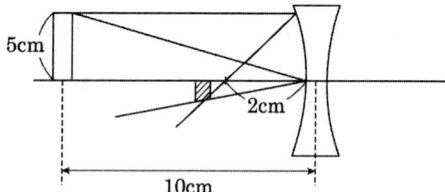

15. ③

이동거리가 같아지는 시간을 t라 하면 이 시간이 처음 앞지르기 시작하는 시간이다.

- t초 동안 A의 이동거리 : $S_A = 50t$

- t초 동안 B의 이동거리 : $S_B = v_0 t + \dfrac{1}{2} at^2 = \dfrac{1}{2} \times 20 \times t^2$

$50t = 10t^2$ → $t = 5\ s$

16. ①

- 운동방정식 : $\Sigma F = m_A g - m_B g = (m_A + m_B)a$

  $20 \times 10 - 5 \times 10 = (20+5) \times a \rightarrow a = \dfrac{150}{25} = 6\, m/s^2$

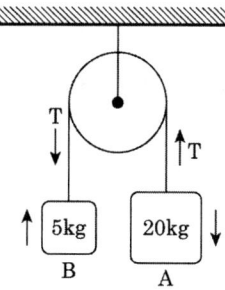

장력 T와 5kg 물체 사이의 운동방정식
$T - m_B g = m_B a \rightarrow T - 5 \times 10 = 5 \times 6$
$T = 80\, N$

17. ④

- 질량 중심 (x_c, y_c)

  $x_c = \dfrac{1}{M}\sum_{i=1}^{n} m_i x_i,\ y_c = \dfrac{1}{M}\sum_{i=1}^{n} m_i y_i,\ M = \sum_{i=1}^{n} m_i$

  $x_c = \dfrac{m_1 x_1 + m_2 x_2 + m_3 x_3}{M} = \dfrac{ma + 2m \times (-2a) + 3m \times (-3a)}{6m} = -2a$

  $y_c = \dfrac{m_1 y_1 + m_2 y_2 + m_3 y_3}{M} = \dfrac{ma + 2m \times 2a + 3m \times (-3a)}{6m} = -\dfrac{2}{3}a$

  질량 중심의 좌표 : $\left(-2a, -\dfrac{2}{3}a\right)$

18. ④

- 도플러효과

  $f_B = f_A \left(\dfrac{v_s + v}{v_s - v}\right) \rightarrow 1.5f = f \times \left(\dfrac{v_s + v}{v_s - v}\right)$

  $1.5(v_s - v) = (v_s + v) \rightarrow 0.5v_s = 2.5v$

  $\therefore v = \dfrac{1}{5}v_s$

19. ①

- 용수철의 진동주기 : $T = 2\pi\sqrt{\dfrac{m}{k}}$

① 용수철 상수가 k에서 $k/2$로 감소하면 진동의 주기는 증가한다.
② 물체의 질량이 m에서 $2m$으로 증가하면 진동의 주기는 증가한다.
③ 물체의 질량이 m에서 $2m$으로 증가해도 진동의 주기는 증가한다.
④ 진동의 주기는 진폭 A와 무관하므로 평형상태에서 처음 늘이는 길이를 A 대신 $A/2$로 해도 진동의 주기는 변하지 않는다.

20. ①

- Snell의 법칙 : $n_1 \sin\theta_1 = n_2 \sin\theta_2$

그림과 같이 각도를 표시하면

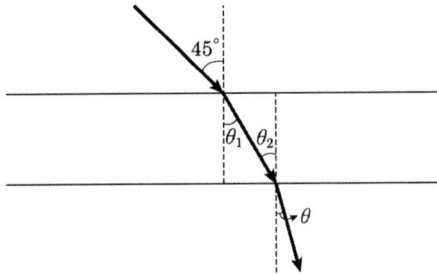

$n_1 \sin 45° = n_2 \sin\theta_1 \;\rightarrow\; 1 \times \dfrac{\sqrt{2}}{2} = 1.5 \times \sin\theta_1 \;\rightarrow\; \sin\theta_1 = \dfrac{\sqrt{2}}{3}$

$n_2 \sin\theta_1 = n_3 \sin\theta \;\rightarrow\; 1.5 \times \dfrac{\sqrt{2}}{3} = 2 \times \sin\theta \;\rightarrow\; \sin\theta = \dfrac{\sqrt{2}}{4}$

$\cos\theta = \sqrt{1 - \sin^2\theta} = \sqrt{1 - \left(\dfrac{\sqrt{2}}{4}\right)^2} = \sqrt{\dfrac{14}{16}} = \dfrac{\sqrt{14}}{4}$